고려사

열정과 자존의 오백년

고려사

열정과 자존의 오백년

ⓒ 이상각 2010

초판 1쇄	2010년 6월 11일			
초판 4쇄	2023년 11월 30일			

지은이　이상각

출판책임	박성규	펴낸이	이정원
편집주간	선우미정	펴낸곳	도서출판 들녘
기획이사	이지윤	등록일자	1987년 12월 12일
편집	이동하·김혜민·이수연	등록번호	10-156
디자인	하민우·고유단	주소	경기도 파주시 회동길 198
마케팅	전병우	전화	031-955-7374 (대표)
경영지원	김은주·나수정		031-955-7381 (편집)
제작관리	구법모	팩스	031-955-7393
물류관리	엄철용	이메일	dulnyouk@dulnyouk.co.kr

ISBN　978-89-7527-863-1(03900)

값은 뒤표지에 있습니다. 잘못된 책은 구입하신 곳에서 바꿔드립니다.

고려사

열정과 자존의 오백년

高麗史

이상각 지음

• 머리글

열정과 자존의 오백년을 정사로 읽는다

　우리 민족 최초의 통일국가 고려는 건국 초기 막강한 국력을 과시하던 거란의 연이은 침쇄했을 뿐만 아니라 13세기 이래 유라시아 대륙을 제패했던 초강대국 원 제국에 맞서 28년 동안 끈질긴 항쟁을 통해 국체를 보존했던 열정과 자존의 제국이었다. 고려인들은 그와 같은 민족적 자긍심과 강인한 의지를 바탕으로 독자적인 문화유산을 창조, 발전시키면서 조선에 역사의 바통을 물려줄 때까지 무려 470여 년 동안 왕조를 유지했다.

　고려가 발흥하던 10세기 초, 동아시아에서는 엄청난 변화의 폭풍이 불어닥쳤다. 3백여 년 동안 대륙을 지배하던 당(唐)이 붕괴하고 5대 10국이 난립하는 가운데 만주에서 거란족이 세운 요(遼)가 이민족 최초로 북중국 일대를 석권한 다음 발해를 병합하는 등 기세를 떨쳤다. 한반도의 정세도 혼란에 휩싸였다. 신라가 내분으로 인해 지배력을 상실하자 각처에서 반란이 일어났고, 그 여파로 후백제와 후고구려가 일어나 삼한의 패권을 다투었다.

　그와 같은 대 변혁기에 후고구려의 기반으로 일어선 고려의 태조 왕건은 신라와 후백제를 멸망시킴으로써 민족 최초의 통일국가를 완성시켰다. 그 무렵 중국에서는 당의 문화적 전통을 이어받은 송(宋)이 건국했다. 그때부터 동아시아에서는 고려, 송, 요가 각축전을 벌이는 새로운 국제질서가 형성되었다. 그와 같은 양상은 14세기부터 여진족의 금, 몽고족의 원, 한족의 명이 차례로 흥기할 때까지 오랫동안 지속되었다.

고려는 건국 이후 삼한을 일통했다는 긍지를 바탕으로 제국 체제를 지향했다. 하지만 통일 이후에는 후당, 후진, 송, 요, 금 등 대륙의 실세들과 조공과 책봉 관계를 통해 사대자소(事大字小)라는 전통적인 외교 관례를 수용함으로써 중원 국가들로부터 정치적 독립을 보장받았다.

고려는 또 중앙과 지방간에 유기적인 연대를 통해 다양한 종교와 사상을 수용함으로써 민족의 내부 통합을 일궈냈다. 정치적으로는 중앙의 외척과 문벌세력이 등장해 위세를 떨쳤지만 향리 등 지방 세력을 기반으로 하는 사대부 집단도 동시에 형성되어 균형을 맞추었다. 사회적으로는 국적과 종족을 가리지 않고 관리로 임용했던 개방성, 하층민의 활발한 이동에서 비롯된 역동성, 불교·유교·도교·풍수지리·도참사상 등 여러 사상을 공존시킨 다양성을 가지고 있었다.

그런 토대 위에서 고려인들은 청자와 불화, 대장경, 금속활자 등 찬란한 문화유산을 창조해 낼 수 있었고, 민중의 염원이 아로새겨진 거대 불상, 성황 신앙, 향도 신앙 등 다양한 지방문화를 꽃피웠다. 그렇듯 고려는 지역적, 정치적 통합만이 아니라 사회문화 전반에 걸쳐 동질감을 형성시킴으로써 실질적인 민족통일을 달성했던 것이다.

고려는 초기 계승 문제와 왕권 확립 과정에서 비롯된 혼란에서 벗어나자마자 대외적으로 거란, 몽고, 홍건적, 왜구 등 이민족들의 끊임없는 외침에 시달렸고, 대내적으로는 무신들의 정변으로 빚어진 왕권 상실과 민생의 파멸적인 상황을 겪었다. 그럼에도 불구하고 고려는 전 세계를 공포에 떨게 했던 몽고의 폭풍을 30여 년 동안 견뎌낸 다음 국혼을 통해 제국의 일원이 됨으로써 국체를 지켜냈다.

고려사 집필 과정에서 나는 특히 고려와 원 제국의 관계에 주목했다. 약소국 고려가 도저히 감당할 수 없는 원 제국의 강대한 무력 앞에서 무릎 꿇지 않고 오랜 항쟁과 타협, 조정 과정을 거쳐 백여 년 동안의 평화를 구가했다는 것은 실로 기적 같은 일이 아닐 수 없다.

역사는 현재의 거울이다. 오늘날 초강대국 미국의 그늘 아래 안주하면서 민주주의 체제를 유지하고 있는 대한민국의 상황은 원 제국과 고려의 밀월 관계가 가지고 있는 상황과 크게 다르지 않다. 무릇 난세에 평화를 향유하려면 대가가 따르기 마련이다. 상대적으로 작은 희생을 침소봉대하여 더 큰 가치를 왜곡해서는 안 된다는 뜻이다. 역사는 승자만의 것이 아니라 그것을 이어받아 현재를 살아가는 우리들의 몫이기 때문이다.

현재 우리 민족은 동서냉전의 여파로 분단된 남과 북의 불화, 북쪽의 교조주의와 일방주의, 남쪽의 보수와 진보의 대결, 지역 간 갈등을 비롯한 각종 내홍에 시달리고 있다. 이런 참담한 현실 속에서 고려인들이 보여주었던 민족 통합 정책과 자주 정신, 민활한 외교정책, 외적에 대한 끈질긴 투쟁의지 등은 우리들에게 최상의 본보기가 될 것이다.

고려는 국초부터 왕조실록을 편찬해 왔지만 거란의 침공으로 소실된 이후 현종 때 황주량이 「7대 실록」을 편찬했다. 그 후에도 계속 왕조실록을 편찬했지만 조선 선조 때 임진왜란으로 춘추관이 불타면서 고려의 정사 기록은 깨끗이 사라져버렸다. 게다가 조선 초 성리학을 신봉하던 유학자들에 의해 에둘러 쓰인 「고려사」는 많은 부분이 윤색되어 본 모습을 잃었다. 때문에 세종은 "고려사의 공민왕 이하 사적은 정도전이 들은 바에 따라 필삭하였고, 사신의 본초(本草)와도 같지 않은 곳이 매우 많으니 어떻게 후손에게 전하겠는가? 차라리 없는 편이 낫다"라며 수차례 개수를 명하기도 했다. 하지만 그 후에 편찬된 「고려사」 역시 유교적 관점으로 씌어졌음은 두 말 할 나위가 없다.

그런 이유로 고려사는 공간적, 시간적 상황이나 개별 사건의 기록에 모호한 점이 많지만 최근 다양한 사료의 발굴과 연구를 통해 저간의 오류가 많이 시정되었다. 때문에 집필 과정에서 필자는 기존의 자료에 연구자들의 새로운 해석을 대입하느라 많은 시간을 할애했다. 그러므로 이 책은 편의상 왕조실록의 형태를 취했지만, 역동적인 고려의 진면목을 이해하는 데 부족함이 없을 것이다.

고려사

머리글

제1장 민족 통합의 새 아침을 열다
−고려의 건국과 국가 체제의 정비

제1대 태조

보육 설화	025
작제건과 용녀 설화	027
고승 도선 설화	028
고려 기원설화에 대한 이제현의 비판	030
개국 이전	031
후삼국 시대의 개막	032
왕건의 등장	034
궁예의 독주와 태봉의 멸망	035
개국과 통일	037
관제의 정비와 북방 정책	038
변화하는 국제정세	039
힘겨운 통일 전쟁	040
대야성 전투	041
공산 전투	042
병산 전투	043
임진 해전	044
운주 전투	045
후백제의 내분	046

최후의 통일 전쟁 일선 전투	047
통일 이후	049
거란과의 불화	051
영웅의 최후	052
태조의 가족	053
토성분정과 본관제	054
지방행정제도의 개편	055
호족들에 대한 회유와 견제	056

사심관 제도 | 기인 제도

불교 진흥 정책	058

팔관회 | 연등회

태조의 유훈, 훈요십조	060

훈요십조 위조 논란

태조 시대의 주요 인물	064

고려의 건국을 예언한 도선

제2대 혜종

민활한 외교정책 수행	067
왕권 분쟁과 혜종의 고립	068
그날 이후	069
혜종의 가족	070

제3대 정종

무일의 시대	073
서경 천도 계획과 광군 창설	074
죽음의 징조	076
정종의 가족	076

제4대 광종

평화 시대의 개막	079
노비안검법	082
과거 제도	083
공포 시대의 도래	084
신세대와 귀화인들의 약진	085
균여의 불교 통합	087
평주 세력 척결	088
정수의 균여 고발사건	089
고독한 독재자의 최후	090
광종의 가족	092

제5대 경종

보복 정치의 폐해	094
전시과	095
짧은 경종의 치세	096
경종의 가족	097
고려 초기 정국의 타파책 근친혼	098

제2장 불굴의 민족혼을 떨쳐 일으키다
-요의 침공과 원교근공의 삼각 외교

제6대 성종

최승로의 시무이십팔조	103
중앙관제의 확립과 지방행정제도의 개편	104

유학의 진흥	106
요의 1차 침공과 강동 6주 획득	107
요, 송, 고려의 삼각 외교	110
성종의 가족	111
성종시대의 주요 인물	112

올바른 신하 상을 정립한 김심언 | 냉철한 외교전략가 서희

제7대 목종

태후의 섭정 시대	117
김치양의 득세	119
대량원군 왕순의 반격	120
강조의 변심과 목종의 최후	121
거대불상의 출현	123

제8대 현종

군현제의 확립과 고려의 안정	128
요의 2차 침공	129
전후복구사업과 무관들의 반발	135
요의 3차 침공과 강감찬의 귀주대첩	138
평화시대의 도래	140
현종의 가족	141
군현제도의 확립	142
군사제도의 확립	143
현종 시대의 주요 인물	145

귀주대첩의 노익장, 강감찬 | 현종의 경호대장 지채문

제9대 덕종

요에 대한 공세	150
과거제 확립과 실록의 복원	151
덕종의 가족	152

제10대 정종

평화시대의 유비무환	154
거듭되는 천재지변과 성군의 요절	155
정종의 가족	157

제3장 태평성대의 주춧돌을 심다
-각종 제도의 확립과 선진 문물의 도입

제11대 문종

각종 법률의 정비	161
경정전시과의 시행	163
고려, 요, 북송의 삼국시대	164
북송과의 국교 재개와 벽란도의 융성	166
군사력의 강화와 여진 정벌	168
유교와 불교의 진흥	170
문종의 가족	171
문종 시대의 주요 인물	172

사립학교의 창시자 최충 | 문종 치세의 일등공신 이자연

제12대 순종

순종의 가족	178
과거 제도	178

음서 제도   180

제13대 선종

불교와 유교의 발전   183
동아시아 외교 주도   184
선종의 가족   186
선종 시대의 주요 인물   187
천태종의 시조 대각국사 의천

제14대 헌종

계림공 왕희의 보위 찬탈   191

제15대 숙종

초기의 태평성대   194
별무반 편성   197
숙종의 가족   199

제16대 예종

윤관의 여진 정벌과 9성 개척   201
9성의 반환   204
금의 건국과 북방 정세의 불안   206
유학의 진흥과 내정의 안정   208
시인 예종의 낭만   209
예종의 가족   211
고려 문화의 꽃 청자의 절정시대   212
예종 시대의 주요 인물   213
냉철한 현실주의자 김인존

제4장 머나먼 평화의 길
-금의 압력과 무신정권의 출현

제17대 인종

국제 정세의 변화	219
한안인의 실각	221
친위쿠데타의 실패와 인종의 위기	222
요의 멸망, 금과의 화친	223
이자겸의 난	225
서경파의 약진과 천도 계획의 추진	226
묘청의 난	229
동북아의 안정과 인종의 죽음	231
인종의 가족	232
인종 시대의 주요 인물	233

개경 세력의 주역, 김부식 | 「고려도경」의 주인공 서긍

제18대 의종

연이은 역모와 문신들과의 불화	238
의종의 사치와 정사의 실종	240
의종의 방종과 백성들의 눈물	242
간신들의 득세와 의종의 착각	245
보현원의 참극과 의종의 최후	246
의종의 가족	249
의종 시대의 주요 인물	249

환관정치의 주역 정함

제19대 명종

이의방의 권력 독점	253
문신들의 반격	254
정중부의 집권	257
망이와 망소이의 난	258
정중부의 피살, 경대승의 집권 5년	259
명종의 일탈	261
전주 관노의 난	261
이의민의 무소불위 13년	263
효심과 김사미의 난	264
최충헌과 최충수의 정변	265
봉사 10조	267
명종의 퇴위	268
명종의 가족	269

제20대 신종

형제간의 권력 다툼	271
만적의 난	272
이어지는 민란	273
신종의 가족	275
신종 시대의 주요 인물	275

고려 선종의 중흥조 지눌

제21대 희종

최충헌의 독주와 교정도감의 설치	279
최충헌 암살 작전	282
희종의 가족	283

제22대 강종

강종의 가족	286
유라시아를 휩쓴 대제국 몽고의 쓰나미	287

제5장 세계제국의 동반자가 되다
-몽고의 침공과 항쟁, 제국과의 밀월

제23대 고종

급변하는 국제 정세	293
거란의 침공	293
최이의 등장과 몽고의 압박	298
몽고 사신 저고여 피살의 여파	299
최이의 독재와 사치	301
몽고의 1차 침공과 귀주성의 혈투	303
강화 천도와 몽고의 2차 침공	306
금의 멸망과 홍복원의 반역	308
몽고의 3차 침공	310
몽고의 4차 침공	312
최이의 죽음과 최항의 집권	313
몽고의 5차 침공	314
몽고의 6차 침공	316
최씨 무신정권의 종식	318
몽고의 7차 침공과 고종의 죽음	319
고종의 가족	321
팔만대장경의 판각	321
고종 시대의 주요 인물	323

민족의식을 고취시킨 문장가, 이규보

제24대 원종

쿠빌라이와의 만남	326
쿠빌라이의 등극과 제위 분쟁	327
무신 정권의 종식	329
삼별초의 대몽항쟁	332
공녀들의 눈물	334
원종의 가족	335

제25대 충렬왕

제1차 일본 정벌	338
급변하는 고려사회의 변천	340
왕실의 분란과 실지 회복	343
남송의 멸망	344
제2차 일본 정벌	346
카다안의 침공	348
충렬왕의 하야와 복위	350
기와르기스의 노비제도 개혁	353
충렬왕과 충선왕의 불화	354
충렬왕의 가족	356
정동행성	358
충렬왕 시대의 주요 인물	360

「삼국유사」를 쓴 국존, 일연 | 동방의 주자, 안향 | 고려의 대쪽 선비, 이조년

제26대 충선왕

적극적인 개혁 의지	368

차례

17

강제 퇴위와 복위	370
전지 통치	373
유학의 발전, 고려의 세계화	374
충선왕의 가족	376
권문세족의 등장	377
활발해진 해외 인적 교류	378

제27대 충숙왕

내정의 혼란과 복국장 공주의 죽음	381
백응구 사건과 입성책동	383
충숙왕의 반격	385
원 황실의 분란과 순제의 등장	387
충숙왕의 재기와 최후	389
충숙왕의 가족	390
농장의 확산과 폐해	392

제28대 충혜왕

입성책동의 무산	395
충혜왕의 엽색행각과 조적의 난	396
원의 실력자 바얀의 실각	398
충혜왕의 복위	399
납치, 독살	401
충혜왕의 가족	403
충혜왕 시대의 주요 인물	404

공녀에서 황후가 된 여인, 기씨

제29대 충목왕

유학자와 노비출신 신료들의 대결	409
덕령공주의 개혁과 좌절	410
충목왕 시대의 주요 인물	413
혼란기의 현실주의자 이제현	

제30대 충정왕

왜구의 등장과 홍건적의 출현	417

제6장 열정과 자존의 불꽃이 지다
- 명의 건국과 고려의 멸망

제31대 공민왕

은인자중의 초기 개혁	422
조일신의 난	424
홍건적의 맹위와 남벌	425
기씨 일파의 제거와 반원정책의 가동	428
고려 여인들의 방종과 편조의 등장	430
홍건적의 1차 침공	432
홍건적의 2차 침공	435
3원수의 비극	437
나하추의 침입	438
흥왕사의 변란	439
두 명의 고려 국왕 덕흥군과 공민왕의 대결	441
신돈의 등장과 후기 개혁의 시작	443
대대적인 숙청과 신돈의 비상	444
유학자들의 반발과 내정의 안정	446
신돈의 개혁과 수구세력의 반동	448

명의 건국과 원의 축출	450
새로운 관계	452
이성계의 요동 정벌	453
신돈의 제거와 무장들의 약진	455
최영의 탐라 정벌	457
공민왕의 최후	460
공민왕의 가족	461
공민왕 시대의 주요 인물	463

가문의 매국 이력을 벗겨낸 이자춘 |
고려의 의복 혁명을 이룩한 문익점

제32대 우왕

줄타기 외교 전략	468
왜구의 침습과 홍산 전투	471
최무선의 진포구 전투	472
이성계의 황산 전투	473
최영의 무진정변	476
요동정벌과 위화도 회군	477
우왕의 가족	482
세계 최고의 금속 활자본 「직지심체요절」	483
우왕 시대의 주요 인물	485

여말 선초의 풍운아 정도전

제33대 창왕

개혁의 높은 파고	489
박위의 대마도 정벌	491
이색의 실각	492

김저, 김득후 사건, 창왕의 폐위   494

제34대 공양왕

개혁의 박차   497

윤이, 이초 사건과 공양왕의 반발   498

공양왕의 반발   499

정몽주의 공세와 이방원의 역습   500

고려 왕조의 최후   503

공양왕의 가족   505

공양왕 시대의 주요 인물   505

단심과 충절의 대명사, 정몽주 | 고려 선비들의 절개, 두문동 72현

- ●주   509
- ●찾아보기   530
- ●참고문헌   536
- ●고려 왕실계보

● 일러두기

-「고려사」 기초 자료는 북한사회과학원에서 간행한 신서원 판 「북역고려사」이다.

-「고려사절요」 기초 자료는 고전번역원의 「고려사절요」 번역본을 사용했다.

-각 사건별 발생연월일은 서기와 음력을 사용하고 필요한 경우 왕대(王代)를 부기했다.

-고려 초기의 임금은 황제를 칭했는데 이 책에서는 국왕(國王)으로 표기했다.

-송(宋)은 1127년을 기준으로 북송(北宋)과 남송(南宋)으로 분리했다.

-거란은 937년 요 태조의 국호 개정을 기준으로 모두 요(遼)로 통일했다.

-몽고의 국호는 원 세조 쿠빌라이의 황제 즉위 이후 원(元)으로 표기하고, 명(明) 건국 이후에는 북원(北元)으로 표기했다.

-거란족과 여진족의 인명은 한자로 표기했지만, 몽고족의 인명은 원래 발음대로 표기하고 필요한 경우 한자를 부기했다.

제1장

민족 통합의 새 아침을 열다
-고려의 건국과 국가 체제의 정비

10세기 무렵 동아시아의 정세가 요동치고 있었다. 중국에서는 황소의 난과 번진세력의 발호로 907년 당(唐)이 멸망하고 군소 제국들이 난립하는 오대십국의 분열상태가 50여 년 동안 이어졌다. 그 틈을 타 거란의 야율아보기가 분열되었던 부족을 통일하여 916년 거란국을 세운 다음 발해를 멸망시키고 북방을 일통했다. 거란은 후진의 건국을 도운 대가로 장성 남쪽의 연운 16주까지 차지하더니 937년 국호를 요(遼)로 바꾸었다. 한반도에서는 918년 잃어버린 제국 고구려의 기치를 내걸며 태조 왕건이 건국한 고려(高麗)가 936년에 이르러 신라와 후백제를 병합하여 삼한의 통일을 완성했다. 한편 중원의 강국 후주에서는 조광윤이 진교의 변을 일으켜 정권을 탈취한 뒤 960년 송(宋)을 건국했다. 송은 979년까지 주변국들을 복속시켜 중원을 평정했다. 그때부터 고려는 건국 초기 북방의 요, 중원의 송과 경쟁하며 도도한 역사의 물줄기를 타기 시작했다.

| 세계 | 국내 |

912 신성로마제국 황제, 오토 1세 출생
916 아울이보기, 요 건국
918 왕건, 고려 건국
925 전축 멸망
927 후백제의 옹주 침공
932 이란, 부와이왕조 시작
932 고승 이엄 입적
934 발해 대광현, 주민을 이끌고 고려에 투항
936 독일, 오토 1세 즉위
936 태조, 후삼국 통일
939 일본, 평장문 반란

제1대 태조
신성원명광렬대정장효인용용렬
神聖元明光烈大定章孝仁勇勇烈

　태조(太祖) 신성원명광렬대정장효인용용렬대왕(神聖元明光烈大定章孝仁勇勇烈大王)의 성은 왕(王), 이름은 건(建), 자는 약천(若天)이다. 한주(漢州) 송악군 출신으로 금성태수 왕융의 맏아들이다. 877년 1월 14일에 송악산 남쪽 저택에서 태어났는데, 신기한 광채와 자줏빛 기운이 방을 비추고 뜰에 가득 차더니 종일토록 서려 있어 마치 교룡 같았다. 어려서부터 총명하고 지혜로웠으며, 기상이 탁월하고 음성이 웅장하였으므로 세상을 건질 만한 도량이 있었다. 용의 얼굴에 이마가 해처럼 둥글고, 턱은 모났으며 낯이 널찍했다.

　고려 의종 때의 문신 김관의가 편찬한 「편년통록」, 충숙왕 때의 문신 민지가 편찬한 「본조편년강목」¹에는 고려 왕조의 기원 설화가 기록되어 있다. 그것은 당의 숙종 황제가 조상임을 주장하는 보육 설화, 3대 후에 창업을 암시하는 작제건과 용녀 설화, 왕건의 삼한 통일을 예언하는 고승 도선 설화 등이다.

보육 설화

옛날 성골장군 호경(虎景)이란 사람이 부소산에서 아내와 함께 살았다. 그는 어느 날 마을 사람 9명과 함께 평나산에 매 사냥을 갔다가 날이 저물자 빈 동굴에 들어가 잠을 잤다. 그런데 한밤중에 범 한 마리가 동굴 입구에서 울부짖었다. 사람들이 두려움에 떨다가 마침내 한 사람을 희생시키기로 하고 모두 관(冠)을 벗어 던져주자 범이 호경의 관을 물었다. 드디어 호경이 죽음을 각오하고 혼자 밖으로 나가자 갑자기 범이 사라지더니 동굴이 무너져 그 안에 있던 사람들이 모조리 깔려 죽었다. 호경이 그들을 장사지내고 제사를 지내는데 갑자기 산신이 나타나 이렇게 말했다.

"나는 본래 과부로 이 산을 지키고 있었는데 당신과 부부의 인연을 맺고자 한다. 우선 당신을 이 산의 대왕으로 봉하겠다."

그와 함께 산신은 호경을 데리고 홀연 사라져버렸다. 그때부터 평나군 사람들은 호경을 대왕으로 모시고 사당을 세웠다. 또 마을 사람 9명이 죽었다 하여 평나산을 구룡산으로 고쳐 불렀다. 그 후 산신이 된 호경은 조강지처를 잊지 못하고 밤마다 찾아왔다. 그리하여 부인이 아들을 낳았는데 이름을 강충(康忠)이라고 지었다.

장성한 강충은 서강 영안촌의 부잣집 딸 구치의와 결혼한 뒤 부소군에 있는 오관산 마가갑에 살았다. 그런데 신라의 방술가 팔원이 강충에게 거처를 부소산 남쪽으로 옮기고 소나무를 심어 바위가 보이지 않게 하면 삼한을 통일할 인물이 나오게 될 것이라고 알려주었다. 그러자 강충은 마을 사람들과 함께 부소산 남쪽으로 이사하고 산에 소나무를 가득 심은 다음 부소군을 송악군으로 고쳤다. 그 후 송악군의 상사찬이 된 강충은 두 아들을 얻었는데 첫째가 이제건, 둘째가 손호술이었다. 손호술은 나이가 들자 이름을 보육(寶育)으로 고쳤다.

보육은 어린 시절 출가하여 지리산에서 불도를 닦다가 하산한 뒤 평나산을 거쳐 마가갑에 가서 살았다. 어느 날 그는 기이한 꿈을 꾸었다. 자신이 곡령재에 올라 남쪽을 향해 소변을 보았는데 천하에 오줌이 가득 차 산천이 온통 은빛으로 변했다. 보육에게 꿈 이야기를 들은 형 이제건은 네가 반드시 하늘을 버티는 기둥을 낳을 것이라며 딸 덕주를 아내로 삼게 했다. 그 후 보육은 두 딸을 낳았는데 둘째 딸 진의의 미모가 몹시 뛰어나고 지혜로웠다. 그러던 어느 날 언니가 꿈을 꾸었는데 오관산 마루에 올라앉아 오줌을 누었더니 천하에 가득 찼다. 그 이야기를 들은 진의는 아끼던 비단치마를 주고 꿈을 샀다.

그 무렵 당의 숙종이 즉위하기 전에 산천을 유람하다 바다를 건너 패강 서포에 도착했다. 그런데 강바닥이 진흙 때문에 질척거리자 시종들이 돈을 던져 단단하게 다진 다음 상륙했으므로 그곳을 전포라고 불렀다. 이윽고 송악군의 곡령재에 오른 숙종은 남쪽 땅을 보고 가히 도읍지로 쓸 만하다며 찬탄한 뒤 마가갑 양자동에 있는 보육의 집에 유숙했다.

그때 숙종은 보육에게 찢어진 옷을 꿰매 달라고 부탁하자 아버지의 명을 받은 큰딸이 문지방을 넘어가는데 갑자기 코피가 나서 돌아 나왔다. 그로 인해 둘째 딸 진의가 들어가 옷을 꿰매주고 숙종의 시중을 들었다. 한 달 뒤 진의가 임신한 것을 알게 된 숙종은 그녀에게 자신의 신분을 밝히고 활과 화살을 주면서 훗날 아들을 낳거든 자신에게 보내라고 이른 뒤 당으로 돌아갔다. 진의는 아홉 달이 지난 뒤 아들을 낳자 이름을 작제건(作帝建)이라고 지었다.

고려 왕실에서는 보육을 국조원덕대왕, 그의 딸 진의를 정화왕후로 추존했다. 그러나 왕건 조상의 숙종황제 관련설은 너무나 황당해서 대외적으로 망신을 당하기도 했다. 훗날 고려 26대 국왕 충선왕이 연경에 머물 때 원의 한림학사가 이 설화에 대한 의문을 표시했다.

"대왕의 조상이 당의 숙종이라는데 사실입니까? 제가 알기에 숙종은 어려서부터 궐 밖에 나간 일이 없고 안녹산의 난이 일어났을 때 영무에서 즉위했는데 어느 겨를에 조선 땅에 가서 자식을 둘 수 있었겠습니까?"

당황한 충선왕이 머뭇거리자 곁에 있던 민지가 대신 대답했다.

"사실은 숙종이 아니라 선종입니다. 선종은 일찍이 광왕에 봉해졌는데, 광군은 양주의 속군이고 염관현은 항주의 속현이므로 바다에 접해있어 상선들의 왕래가 잦았습니다. 선종은 그 무렵 신변의 위협을 느꼈으므로 천하 유람을 구실로 바다를 건너 신라에 갔던 것입니다. 그런데 그 무렵 「당사」가 편찬되지 않았으므로 고려 사가들이 선종황제의 일을 숙종선황제의 일로 잘못 기록한 것입니다."

그 말을 들은 한림학사는 선종은 오랫동안 외방에서 고생했으니 그럴 수도 있겠다며 고개를 끄덕였다고 한다.

작제건과 용녀 설화

작제건은 어려서부터 총명하고 용맹스러웠다. 16세 때부터 그는 아버지가 남긴 활과 화살로 궁술을 연마했는데 얼마 지나지 않아 백발백중의 명궁이 되었다. 그러던 어느 날 작제건은 아버지를 찾아가기 위해 사신 김양정의 배에 올랐다.

이윽고 배는 순풍을 타고 바다 한가운데 이르렀는데 갑자기 구름과 안개가 자욱하더니 사흘 동안 앞으로 나아가지 못했다. 그때 김양정의 꿈에 백발노인이 나타나 배에서 한 사람을 내려놓으면 순풍을 얻을 것이라고 알려 주었다. 그 말을 들은 작제건이 바다에 솟아있는 바위에 뛰어내리자 서해용왕을 자처하는 노인이 나타나 이렇게 말했다.

"요즘 늙은 여우 한 마리가 치성광여래의 형상으로 강림해 이 바위에서 옹종경을 읽고 있다. 그 때문에 내 머리가 아파 견딜 수가 없으니 그대가 도와주기를 바란다."

작제건은 노인의 부탁에 따라 바위 뒤에 숨어 때를 기다렸다. 얼마 후 갑자기 공중에서 음악소리가 들리며 서북쪽에서 부처의 형상이 내려왔다. 작제건이 화살을 쏘아 맞히자 늙은 여우 한 마리가 바닥으로 떨어졌다. 용왕이 몹시 기뻐하며 소원을 묻자 작제건은 자신이 동방의 왕이 되는 것이라고 말했다.

그러자 노인은 그 소원을 이루려면 '건(建)' 자 붙은 이름이 3대까지 이어져야 한다고 말하면서 자신의 딸 용녀를 아내로 주었다. 작제건은 용녀의 조언에 따라 용왕에게 버드나무 지팡이와 돼지 한 마리를 얻은 다음 신라로 되돌아왔다.

작제건이 돌아오자 백주, 정조, 유상희 등이 영안성을 쌓고 집을 지어 주었다. 용녀는 처음 개주 동북 산기슭에 가서 땅을 파고 은그릇으로 물을 떴는데, 그것이 개성의 큰 우물이다. 1년 뒤 돼지가 우리에 들어가지 않고 송악산 남쪽 기슭에 가서 누웠다. 작제건 부부가 그 터에 새 집을 지었는데, 바로 옛날에 강충이 살던 곳이었다.

당시 용녀는 집 앞에 우물을 파고 서해용궁을 드나들면서 남편에게 자신이 용궁에 갈 때 절대로 지켜보지 말라고 청했다. 그러나 작제건은 호기심을 이기지 못하고 숨어서 바라보니 용녀는 황룡으로 변해 오색구름을 일으키며 우물 속으로 들어가는 것이었다. 이윽고 용궁에 다녀온 용녀는 약속을 어긴 작제건을 원망하면서 딸과 함께 사라져버렸다. 작제건은 만년에 속리산 장갑사에서 도를 닦다가 세상을 떠났다.

고려 왕실에서는 작제건을 의조 경강대왕, 용녀를 원창왕후로 추존했다. 원창왕후는 네 아들을 낳았는데 장남의 이름을 용건이라 했다. 용건은 훗날 이름을 융(隆)으로 고쳤는데, 그가 곧 세조(世祖)이다. 이 설화를 바탕으로 고려 역대 국왕들은 용의 후손임을 자랑스러워했고, 왕실의 각종 상징물에 용 문양을 새겨 넣었다. 야사에 따르면 고려 말 이성계 일파에게 신돈의 아들로 폄하되었던 우왕은 죽기 전 시종에게 자신은 어깨에 용 비늘이 있으므로 분명히 공민왕의 아들이라 주장했다고 한다.

고승 도선 설화

작제건의 맏아들 용건은 어느 날 꿈속에서 아름다운 처녀를 보고 가슴에 새겨 두었다. 그러던 어느 날 그는 송악산에서 영안성으로 가는 길에 꿈에 본 처녀를 만나 결혼했다. 그로 인해 용건의 부인을 몽부인 혹은 몽녀라고 불렀는데, 바로 태조의 모후인 위숙황후이다. 그녀는 훗날 삼한의 어머니가 되었다 하여 성을 한씨(韓氏)로 했다. 그 후 용건이 송악산 남쪽에 새 집을 지었는데 연경궁 봉원전 터다. 그 무렵 도선이 당에서 승려 일행(一行)에게 풍수지리를 배워 귀국했다. 그는 백두산에 올랐다가 곡령을 지나면서 용건의 새 집을 보더니 이렇게 중얼거렸다.

"기장을 심을 터에 어찌하여 삼을 심었을까?"

그 말을 들은 몽녀가 남편에게 달려가 그 말을 전했다. 용건이 급히 달려가 도선을 집으로 모셔와 후하게 대접했다. 그러자 도선은 이 땅의 지맥이 백두산으로부터 내려온 명당으로 물의 기운을 얻었으니 36칸의 집을 지으면 천지의 대수에 부합해 뛰어난 아이를 얻을 것이라고 말했다. 그와 함께 도선은 아이의 이름을 왕건(王建)으로 지으라고 했다.

용건은 감읍하며 도선에게 백 번을 절한 다음 그가 일러준 대로 집을 지었다. 그 달부터 몽녀에게 태기가 보이더니 열 달 뒤에 아들을 낳았다. 용건은 기뻐하며 이름을 왕건이라고 지었다. 그 후 왕건이 17세가 되었을 때 도선이 찾아와 말했다.

"당신은 혼란기에 상응하여 하늘이 정한 명당에서 태어났으니, 말세의 창생들은 당신이 구제해주기를 기다리고 있습니다."

그때부터 도선은 왕건에게 군대를 지휘하고 진을 치는 법, 유리한 지형을 선택하고 적당한 시기를 택하는 법, 산천의 형세를 보고 이치를 헤아리는 법 등을 가르쳐 주었다. 887년 5월 용건이 금성에서 세상을 떠나자 왕건은 그를 영안성 강변 석굴에 장사지내고 창릉이라 했다.

고려 기원설화에 대한 이제현의 비판

고려사

「고려사」에서는 세계(世系)에 실려 있는 여러 가지 왕실 탄생 설화를 기록하고, 대학자 이제현의 혹독한 비판 내용을 부기해 두었다.

'김관의의 기록에 따르면 성골장군 호경이 강충을 낳고 강충이 보육을 낳았다. 그 보육의 딸이 당의 귀인에게 시집 가서 작제건을 낳고, 작제건이 용건을 낳고, 용건이 왕건을 낳았다고 한다. 그렇다면 당의 귀인은 작제건의 아버지이고, 보육은 귀인의 장인이다. 그런데 어찌하여 보육을 국조(國祖)라고 칭할 수 있는가.

김관의는 또 태조가 3대 조상을 추존했는데, 아버지를 세조위무대왕으로, 어머니를 위숙왕후로, 증조모를 정화왕후로, 증조모의 아버지 보육을 국조 원덕대왕으로 각각 추존했다고 한다. 그렇다면 증조부를 생략하고 증조모의 아버지를 합해 3대 조상이라고 한 것은 말이 되지 않는다.

기이한 것은 「왕대종족기」에는 국조가 태조의 증조이고 정화왕후가 국조의 왕후라 했다. 「성원록」에 따르면 보육은 원덕대왕의 외조부라 했다. 그렇다면 원덕대왕은 당 귀인의 아들로 의조 작제건의 아버지이며, 정화왕후는 보육의 외손부로서 의조의 어머니가 된다. 그러므로 김관의가 보육을 국조 원덕대왕이라 한 것은 잘못된 것이다. 김관의는 또 작제건이 당에 아버지를 찾아가다가 용왕을 만났는데, 소원을 묻자 다시 동방으로 가겠다고 한 것은 이치에 맞지 않는다. 「성원록」에는 작제건의 아내 용녀가 평주 사람 두은점 각간의 딸이라는 기록이 있다.

한편 도선은 용건의 송악 남쪽 집을 보고 기장 심을 밭에 삼을 심었다고 말했다. 기장과 왕은 말이 비슷하기 때문에 태조의 성을 왕씨로 삼았다는데, 자기 아버지가 살아있음에도 불구하고 자식 혼자 성을 고쳤다는 것은 말이 되지 않는다. 그러므로 본래부터 태조의 조상이 왕씨였으므로 기장을 심었다는 설화는 거짓이다. 김관의는 또 의조 작제건으로부터 세조 용건, 태조 왕건의 이름이 같다고 했다. 하지만 의조는 육예에 정통하고 글씨와 궁술이 으뜸이었고, 세조는 삼한을 차지할 뜻이 있던 대인인데 어찌 삼대에 같은 이름을 정할 수 있었겠는가.'

한편 정인지로 추측되는 사관은 이렇게 평했다.

'의종 때 검교 군기감 김관의는 여러 사람의 장서를 참고해 「편년통록」을 지은 뒤 동지추밀 병부상서 김영부의 검열을 받았다. 그 후 민지가 「본조편년강목」을 편찬할 때 김관의 설을 따랐다. 하지만 이제현은 「왕대종족기」와 「성원록」을 이용해 당나라 숙종이나 선종 조상설, 용녀 이야기 등 그들의 황당한 기록을 반박했다. 「태조실록」은 현종 대에 정당문학 수국사 황주량이 편찬했으므로 국초의 일을 실제 보고 들었음에도 그와 같은 설화는 기록하지 않았다. 김관의는 의종 대의 하급관원이고 태조 대로부터 260여 년 후의 사람인데 실록을 버리고 황당무계한 잡서들을 신용하여 기이한 설화를 만들어놓았다. 어쨌든 3대 추증에 관한 기록은 옳은 것이니 기록하고, 김관의 설도 오래 된 것이므로 덧붙여둔다.'

개국 이전

천년왕국 신라가 35대 경덕왕 대부터 귀족들의 세력 다툼으로 인해 왕권이 급속히 약화되었고, 36대 혜공왕 대에 이르러 외부적으로는 수많은 반란이 일어났으며 내부적으로는 왕족들의 권력투쟁이 극에 달했다. 그 후 왕실에서 비정상적인 왕위 승계가 반복되면서 신라의 내정이 불안해지자 지방 호족들이 각처에서 독자적인 세력을 모으기 시작했다.

신라는 822년 발발한 웅천 도독 김헌창의 난을 기화로 지방에 대한 통제력을 완전히 잃어버렸다. 그때 장보고의 거대한 해상군벌이 등장해 청해진을 근거지로 동아시아 무역을 독점하면서 왕권을 뒤흔들었고, 청해진 세력이 무너진 뒤에는 양순과 흥종의 반란, 김식과 대흔의 반란이 이어지면서 신라 조정의 지방에 대한 지배력이 와해되었다. 그 후 경문왕과 헌강왕, 정강왕 대를 거쳐 진성여왕 대에 이르자 여왕과 각간 위홍의 추문으로 왕실의 권위까지 추락해버렸다.

그 무렵 사벌에서 일어난 원종과 애노의 난은 말기 증상에 허덕이던 신라 분열의 도화선에 불을 붙였다. 몇 년 동안 이어진 기근과 조정의 혹독한 세금으로 신음하던 백성들은 손에 괭이와 낫을 쥐고 봉기에 동참했다. 신라 조정에서는 장군 영기를 보내 진압을 시도했지만 반란군과의 싸움에서 패하고 사벌촌주 우연까지 전사하고 말았다. 그처럼 신라의 군사력이 지방의 반란군조차 제압하지 못하는 사태가 벌어지자 그 동안 암중모색하고 있던 호족들과 큰 무리의 도적들이 일제히 신라 조정에 반기를 들었다.

후삼국 시대의 개막

신라의 약화를 틈타 반기를 든 계층은 매우 다양했다. 지방의 호족과 관리를 비롯해 병사와 왕족도 있었고, 적고적이라는 도적도 있었다. 그 가운데 사벌의 아자개, 죽주의 기훤, 국원의 청길, 북원의 양길, 중원의 원회 등의 세력이 가장 강성했다. 얼마 후 청길, 원회, 신훤 등의 중부 세력은 죽주의 기훤에게, 서라벌 주변 세력은 사벌의 아자개에게, 서라벌 북동부 지역은 양길에게 흡수되어 3파전의 양상을 띠게 되었다.

그때 사벌의 아자개[2]는 지역적으로 신라의 도읍인 서라벌과 근접했으므로 정부군과 가장 많은 전투를 벌이면서 세력을 과시했다. 아자개에게는 비장 출신의 걸출한 맏아들 견훤[3]이 있었는데 890년 그는 아버지 아자개의 그늘에서 벗어나 5천여 명의 군사를 끌어 모은 다음 무진주를 장악하면서 서남해안 일대의 맹주로 기세를 올렸다. 당시 나이 26세에 불과했던 견훤은 892년에 완산주를 도읍으로 삼고 후백제[4]를 세웠다. 그러나 왕을 칭하지는 않고 '신라서면도통지후병마제치지철도독전무공등주군사행전주자사 겸 어사중승상주국한남국개국공 식읍이천호'라는 긴 책봉 형식의 호칭을 자처했다. 견훤은 곡창 지대인 호남의 풍부한 자원을 바탕으로 짧은 기간 동안 새 나라의 기틀을 잡았다.

그 무렵 죽주의 기훤은 휘하의 궁예가 청길, 원회, 신훤 등과 함께 양길에게 투항하면서 힘을 잃었다. 양길은 뛰어난 지략과 무용을 자랑하던 궁예를 이용해 경상도 북부, 충청도, 강원도 동부 지역까지 손을 뻗치며 세력을 확장해 나갔다. 그러나 신라 왕족 출신으로 영웅적인 기질을 가지고 있던 궁예는 견훤의 건국 소식에 자극받아 독립을 결심했다. 894년 궁예는 양길의 곁을 떠나 독자적으로 명주를 장악한 다음 3천5백여 명의 병력을 이끌고 강원도 북부 일대와 경기도, 황해도 지역을 장악했다. 895년 궁예는 철원을 근거지로 삼고 관제를 마련했지만, 그의 배신에 격분한 양길의 위협에 직면하고 있었다.

이듬해인 896년 그는 해상무역의 요충지였던 송악의 호족 왕융을 휘하로 받아들이면서 세력 확장의 호기를 맞았다. 898년 7월, 궁예는 도읍을 송악으로 옮기고 경기도와 황해도 일대의 성 30여 개를 확보했다. 그러자 899년 양길이 청길, 원회, 신훤 등과 함께 총공격을 단행했다. 그러나 궁예는 양길의 대군을 물리친 다음 여세를 몰아 오랜 라이벌이었던 충청도의 청길, 신훤, 원회의 세력까지 흡수해버렸다. 드디어 한반도 중북부 지역을 장악함으로써 막강한 세력을 구축한 궁예는 901년 공식적으로 왕을 칭하고 고려[5]를 창업했다. 신라 왕족 출신인 궁예가 고려라는 명칭을 이용한 것은 고구려 유민들의 근거지인 송악 지역 호족들의 지지를 끌어내기 위함이었다. 그때부터 한반도에는 신라와 후백제, 고려라는 1약 2강 체제의 후삼국시대가 개막되었다.

왕건의 등장

"대왕께서 만약 조선, 숙신, 변한 땅의 왕이 되고자 하신다면, 먼저 송악에 성을 쌓고 제 아들을 성주로 삼으십시오."

896년 송악군의 사찬 왕융은 궁예에게 귀부하면서 맏아들 왕건을 추천했다. 그러자 궁예는 나이 20세의 청년 왕건에게 발어참성(勃禦槧城)을 쌓게 하고, 898년 성이 완성되자 성주로 삼고 정기대감에 임명했다. 900년 왕건은 경기도 광주, 충주, 청주, 괴산 등을 복속시키는 전쟁에서 공을 세워 아찬이 되었다. 903년 왕건은 장군 김인훈의 요청을 받아 양산에서 후백제군을 물리쳤고, 그해에 수천 명의 수군을 이끌고 해로를 따라 남하하여 후백제의 영역이었던 나주를 급습해 십여 개의 군현을 점령하는 획기적인 전과를 올렸다. 그때부터 후백제는 후고구려로부터 앞뒤로 협공 받는 형세가 되었다.

904년 궁예는 국호를 고려에서 마진(摩震)[6]으로 바꾸고 도읍을 철원으로 옮겼다. 더이상 고구려 계승이라는 불확실한 짐을 짊어지지 않겠다는 자립 선언이었다. 그로 인해 궁예를 지지했던 평산, 송악 일대의 호족들은 커다란 불만을 품게 되었다. 905년 마진은 죽령을 넘어 경상도 북부 지역을 장악했고, 후백제는 그에 뒤질세라 서라벌 남부 지역을 유린하고 경상도의 일선 지역까지 흡수했다. 그 무렵 무기력한 신라는 합천의 대야성을 경계로 서라벌 일대만을 사수하며 왕조를 근근이 유지해 나가고 있었다.[7]

909년 궁예의 신임을 받아 벼슬이 한찬에 오르고 해군대장군에 임명된 왕건은 서해의 제해권을 완전히 장악했다. 그리하여 전남 영광 해안에서 중국의 오월(吳越)로 가는 후백제의 사신을 생포하기까지 했다. 그때까지 육상 전투에서 패배를 몰랐던 견훤이었지만 나주를 배후기지로 이용하는 왕건의 해상활동에는 속수무책이었다.

910년 왕건이 철원에 갔다는 정보를 입수한 견훤은 나주에 웅거한 마진군 축출을 목표로 대대적인 군사 작전을 전개했다. 그러자 후백제의 해군은 함선을 총동원해 나주 해역을 봉쇄했고, 국왕 견훤이 직접 지휘하는 기병 3천 명이 나주성을 포위했다. 급보를 받은 왕건은 정예부대를 이끌고 후백제의 수군 기지인 진도를 급습해 후방을 정리한 후 나주 연안의 고이도에 진을 쳤다. 그리하여 처음으로 후백제군와 마진군 사이에 해상 전투가 벌어졌다.

당시 수군의 규모나 전력은 후백제군이 압도적으로 우세했다. 더군다나 국왕 견훤이 직접 나선 터라 군사들의 사기도 드높았다. 그러나 왕건은 뛰어난 해상 전술을 발휘하여 후백제의 수군을 격파하고 대승을 거두었다. 그로 인해 수세에 몰린 후백제군이 나주에서 퇴각하자 왕건은 그동안 마진군을 괴롭히던 해적 능창을 체포해 철원으로 압송했다.

궁예의 독주와 태봉의 멸망

후백제와의 전쟁에서 연승을 거두자 고무된 궁예는 911년 국호를 태봉(泰封)으로 바꾸고 수덕만세(水德萬歲)라는 연호를 선포했다. 그는 강력한 왕권을 토대로 하는 중앙집권체제를 완성함으로써 만년대계를 삼고자 했다. 궁예는 곧 토지제도와 조세제도를 개정하여 민심을 끌어들인 뒤 그때까지 호족들이 거느리고 있던 군대를 중앙군으로 일원화하는 작업을 시작했다. 또한 순군부를 설치하고 지방 병력에 대한 감찰권과 지휘권을 주었다. 오랫동안 호족들로부터 부역과 수탈에 시달리던 백성들은 그런 궁예의 조치를 크게 환영하며 미륵불의 환생이라고 칭송했다. 그러나 궁예의 정책은 정의로웠지만 한편 무모한 것이었다.

호족들은 궁예가 자신들의 권력 기반인 경제권과 군권을 빼앗으려 하자 일제히 반발했다. 특히 서북부 지역의 평산, 신천, 송악 일대 호족들의 배신감은 매우 컸다. 하지만 궁예는 그들을 회유하기보다는 가혹한 처벌을 통해 억누르려 했다. 그 과정에서 주변 사람들에 대한 불신의 골이 깊어진 궁예는 점차 이상성격을 드러내며 신천 출신의 왕비 강씨와 아들 청광, 신광 등을 잔인하게 처형하기까지 했다.

궁예의 광포가 도를 더하던 913년, 나주에 머물고 있던 왕건은 백관의 우두머리인 광치나에 임명되어 철원으로 돌아왔다. 그는 무장으로써 일인지하 만인지상의 위치에 올랐지만 그 무렵 태봉의 조정은 의심과 모함이 난무하는 아수라장이었다. 특히 아지태 같은 신료는 궁예의 최측근으로 활동하며 왕건을 몹시 경계했다. 그로 인해 신변에 위협을 느낀 왕건은 914년 궁예에게 외직을 자청해 허락받은 뒤 정주에서 수리한 전함 70척에 군사 2천 명을 싣고 나주로 내려갔다. 그때까지도 궁예는 왕건을 자신의 충신이라 여기며 "나의 장수들 중 누가 이 사람과 비교할 수 있겠는가"라고 자랑하기까지 했다. 그 무렵 왕건은 온화한 인품과 적절한 처신으로 호족들과 대신, 무장들의 폭넓은 지지를 받고 있었다.

그 후 궁예는 미륵불을 자처하면서 소위 미륵관심법을 동원해 반대세력을 색출해 제거하는 데 골몰했다. 그러던 어느 날 궁예는 갑자기 왕건을 철원으로 호출하더니 역모를 추궁했다. 당황한 왕건은 완강히 부인했지만 장주 최응의 눈짓을 받고는 순순히 혐의를 인정했다. 그러자 궁예는 그가 정직하다며 말안장과 굴레를 상으로 주었다. 그것은 왕건의 충성심을 재확인하고 더욱 고삐를 당기려는 궁예의 작전이었지만, 거꾸로 자신의 운명을 재촉하는 계기가 되었다. 왕건은 그로 인해 궁예에 대한 믿음을 접을 수밖에 없었던 것이다.

918년 3월, 상인 왕창근이라는 자가 궁예를 찾아와 거울을 바쳤는데, 거기에는 의미심장한 예언이 새겨져 있었다. 그것은 '장차 두 마리의 용이 나타나 하나는 청목 속에 몸을 감추고 다른 하나는 흑금의 동쪽에 모습을 드러내는데 그중에 하나인 용의 아들 서넛이 서로 대를 바꾸어가며 여섯 갑자를 계승하게 될 것이다'라는 내용이었다.

호기심이 동한 궁예는 학사 송사홍과 백락, 허원에게 그 글귀의 숨은 뜻을 풀어보게 했다. 그때 송사홍 등은 예언의 뜻이 청목은 송악을 가리키고 흑금은 철원을 가리키니 장차 왕건이 궁예를 멸망시킬 뜻이라는 것을 알았지만, 왕건이 피해를 입을까 우려해 별다른 내용이 아니라고 보고해 버렸다. 이미 태봉의 신료들은 모두 궁예를 외면하고 있었다.

918년 6월 을묘일, 마침내 기병장군 홍유, 배현경, 신숭겸, 복지겸[8] 등이 왕건을 찾아와 궁예를 옥좌에서 끌어내리자고 제안했다. 그들은 과거 궁예가 양길 휘하에 있을 때부터 함께 했던 심복들이었다. 왕건이 망설이는 기색을 보이자 부인 유씨가 갑옷을 들고 방에 들어와 대업을 독려했다. 그것은 왕건의 세력이 정변을 일으킬 준비가 완료된 상태였음을 말해준다.

마침내 결심을 굳힌 왕건이 장병들을 이끌고 궁궐로 출동했다. 군사들이 '왕공께서 의기를 들었다'라고 소리 높여 외치자 수많은 백성들이 거리로 뛰쳐나와 성원했다. 갑작스런 왕건의 정변 소식에 깜짝 놀란 궁예는 측근들과 함께 급히 궁궐을 빠져나가 산야를 전전하다가 부양 땅에서 농부들에게 살해 당하고 말았다.[9] 일국을 호령하던 제왕의 비참한 말로였다.

개국과 통일

918년 6월 병진일, 신료들의 추대로 포정전에서 왕위에 오른 태조 왕건은 고구려를 계승한다는 뜻으로 국호를 고려(高麗), 연호를 천수(天授)라 했다. 그의 나이 42세 때의 일이었다.

태조가 궁예를 축출하고 왕위에 오른 지 불과 나흘 만에 마군장군 환선길이 아우 환향식과 모의한 뒤 50명의 병사들을 이끌고 내전에 침입했다. 애초에 태조는 마군장 복지겸에게 환선길의 모반 사실을 보고받았지만 대비를 게을리 했다가 위험을 자초했다. 당시 학사들과 국사를 논의하고 있던 태조는 환선길을 보자 태연자약한 표정으로 그를 꾸짖었다. 그러자 환선길은 복병이 있는 줄 알고 제풀에 놀라 도망쳤다가 근위병들에게 체포되어 처형되었다.

충격적인 환선길의 내전 기습 사건에 이어 웅주성주 이흔암의 역모 사건이 발생해 고려 조정을 뒤흔들었다. 궁예에게 충성심이 깊었던 이흔암은 왕건이 즉위하자마자 웅주성을 버리고 철원으로 올라왔다. 그로 인해 무주공산이 된 웅주를 후백제가 손쉽게 차지해버렸다. 실망한 태조는 이흔암의 이웃에 사는 수의형대령 염장이 이흔암의 역모를 고변하자마자 그를 잡아들여 참수형에 처했다. 그처럼 태조가 반역의 증거가 확실하지 않은 이흔암을 죽인 것은 철원 지역의 반 왕건 분위기를 억누르기 위한 고육책으로 보인다. 또 9월에는 청주 출신의 순군리 임춘길과 배총규, 강길아차, 경종 등이 반역을 모의했다가 발각되어 처형되었고, 10월에는 청주의 파진찬 진선이 아우 선장과 함께 반역을 도모하다 발각되어 모두 처형되었다.

그처럼 개국 초기에 연이어 역모가 발생한 것은 그때까지 철원 백성들에게 궁예의 인기가 남아 있었고, 태조는 호족들과 손잡은 쿠데타군의 수괴로 인식되었기 때문이다. 그런 분위기로 인해 명주의 김순식, 명지성(포천)의 성달, 문소(의성)의 홍술 등은 고려에 귀부를 거부했고, 웅성과 홍성, 서산 일대의 성주들이 견훤에게 투항해버렸다.

그와 같은 불안정 속에서도 희소식이 있었다. 918년 9월 갑오일 사벌에 웅거하고 있던 견훤의 아버지 아자개가 고려에 투항해온 것이다. 갑작스런 낭보에 접한 태조는 대대적인 환영식을 준비하고 미리 예행연습까지 하는 등 몹시 기뻐했다. 아자개 환영 리허설에서 태조는 자리다툼을 벌이던 광평낭중 유문율과 직성관 주선길을 꾸짖는 등 몹시 흥분한 모습을 보이기까지 했다. 그럼에도 불구하고 철원 백성들과 주변 호족들의 적대적 분위기에 부담을 느낀 태조는 이듬해 1월 고려의 도읍을 자신의 근거지인 송악으로 옮겼다.

관제의 정비와 북방 정책

태조는 즉위하자마자 이전에 1경에 6석이었던 조세를 1경에 2석으로 대폭 줄임으로써 백성들의 부담을 덜어주었고, 8월에는 토목공사와 기근 등으로 몸을 팔아 노비가 된 자들 가운데 1,200명을 면천시켜 주는 등 적극적인 민심유화책을 발동했다. 또 신료들에 대한 논공행상도 잊지 않았다. 그리하여 개국 1등 공신으로 홍유, 배현경, 신숭겸, 복지겸, 2등 공신으로 견권, 능식,

권신, 염상, 김락, 연주, 마난, 3등 공신으로 2천여 명의 신료들을 포상했다.

관제의 정비도 서둘렀다. 초기에는 태봉의 정치제도를 이어받아 광평성[10], 내봉성[11], 순군부[12], 병부[13] 등 4개 재상부를 중심으로 정사를 돌보았지만 신료들에게 조정의 조직을 신라의 제도에 맞춰 고치도록 재촉했다. 그 결과 문필비서실로 원봉성[14]이 설치되었고, 치세 중반에는 정무비서실인 내의성[15]이 신설되었다. 그때부터 평시에 광평성과 내봉성이 정무를, 순군부와 병부가 군무를 협의해 정사를 협의했다. 재상부의 서열은 광평성, 내봉성, 순군부, 병부의 순이었으므로 광평성의 시중이 수상의 역할을 했다. 이와 같은 정치구조는 신하들의 논의를 활성화시킴으로써 국왕의 독단을 견제할 수 있었다.

태조는 고구려의 계승을 선언했으므로 북방 영토 개척을 위한 가시적인 정책을 추진해야 했다. 그 첫 행보로 고구려의 옛 도읍인 평양에 대도호부를 설치하고 서경(西京)으로 명명하여 제2의 수도로 삼았다. 신라 통일 이래 폐도가 되다시피 했던 서경의 재건은 신생국 고려의 정체성과 맞물린 중대한 과제가 되었다. 또 인근의 황주, 해주, 봉주, 백주, 염주 등의 주민을 대거 서경으로 이주시킨 다음 토지를 주고 조세를 경감해주었을 뿐만 아니라 서경의 책임자로 종제인 왕식렴을 파견함으로써 북방정책에 대한 자신의 의지를 확고하게 보여주었다.

922년(태조 5년)에 태조는 개경의 고관과 각 고을의 양가 자제들을 서경에 이주시켰고 직접 서경을 순행하며 주민의 생활을 돌아보았다. 아울러 서경에 관부와 학교를 세우고 성곽을 수축했으며 주변의 용강, 함종, 평원 등 20여 곳에도 성곽을 쌓는 등 재위 내내 북방 진출을 위한 기초를 닦는 데 진력했다.

변화하는 국제정세

태조 왕건이 고려를 건국하고 북방 지역의 축성에 전념하던 922년, 거란 국왕 야율아보기(耶律阿保機)[16]가 건국을 축하하며 선물로 낙타와 말, 털방석을 예물로 보냈다. 건국 이후 거란과의 첫 접촉이었다. 그 무렵 통일전쟁에 전념하던 고려는 거란의 호의를 받아들이는 한편 중국의 후량과 후당에 사신을 보냈으며 남쪽의 오월과도 통교했다. 그러나 거란이 발해와 중원 공략에 힘을 기울이자 경각심을 품은 태조는 서경을 중심으로 국방 태세를 점검하면서 동북쪽으로 신라의 경계였던 원산 이북 개척에 힘을 기울였다.

그 무렵 대륙의 형세는 한 치 앞을 가늠하기 힘들었다. 916년부터 북중국 일대를 점령하면서 제국의 면모를 갖춘 거란은 동진을 거듭하다가 926년 발해의 수도 홀한성(상경용천부)을 함락시켰다. 오랜 라이벌 발해를 멸망시킨 거란은 발해의 관리와 유민을 회유하기 위해 괴뢰국 동단국을 세운 뒤 황태자 야율돌욕을 인황왕(人皇王)으로 임명했다. 그해 7월 야율아보기가 발해에서 귀환하다 부여성에서 갑자기 죽자 여걸 술률황후는 야율돌욕을 제쳐두고 둘째 아들 야율덕광을 황제로 옹립했다. 그때부터 발해인들을 향한 거란의 탄압이 가중되자 수많은 유민들이 고려로 밀려들어 왔다. 태조는 그들을 받아들이면서도 거란을 자극하지 않는 선에서 서북쪽 영토를 개척해 나갔다.

928년 고려는 청천강가의 요새지인 안북(안주)에 행정 관서를 설치하고 숙천, 순안, 영유, 개천 등지에 진을 설치했다. 이어서 대동강과 청천강 사이에 13개의 진을 설치함과 동시에 동북 지역에 거주하는 흑수부와 여진족들을 회유하여 거란의 침공에 대비했다.

힘겨운 통일 전쟁

태조는 즉위 이후 궁예의 전철을 밟지 않기 위해 유력한 호족 가문의 딸과 혼인하여 연대감을 조성했고, 신라와 발해의 귀화인들을 적극적으로 받아들였다. 그로 인해 고려의 호족들은 태조를 신뢰하게 되었고, 발해인들은 물론 신라인들도 그에게 호감을 갖게 되었다.

후백제의 견훤 역시 궁예 대신 왕건이 경쟁자로 등장하자 내심 반기면서 일길찬 민합을 축하사절로 파견했다. 920년 9월에는 아찬 공달을 보내 공작선과 지리산 대로 만든 화살을 선물하기도 했다. 하지만 그해 10월 후백제가 신라의 대야성을 공격하면서 양국 사이에 평화는 끝났다. 901년과 916년 두 차례에 걸쳐 대야성 공략에 실패했던 견훤은 세 번째 도전에 성공함으로써 신라 병합의 열쇠를 쥐게 되었다. 그로 인해 서부 경남과 경북 지역이 후백제의 직접 영향권 아래 들어가자 진주, 거창, 산청 등의 호족들이 고려에 보호를 요청했다.

925년 10월, 고려와 후백제는 안동과 상주에 인접한 조물성에서 탐색전을 치렀다. 그때 양국은 승부를 결하지 못하고 화의를 맺으면서 견훤은 처가의 진호를, 왕건은 사촌 동생 왕신을 인질로 맞바꾸었다. 그런데 이듬해인 926년 송악에 있던 후백제의 인질 진호가 병으로 죽자 견훤은 고려의 인질 왕신을 죽인 다음 공주성을 공격함으로써 본격적인 통일 전쟁이 개막되었다.

대야성 전투

926년 가을 후백제군이 공주를 기습 점령했지만 태조는 후백제에 있는 인질 왕신의 안전을 위해 군사대응을 자제했다. 그런데 왕신이 처형되었다는 소식을 들은 그는 927년 1월 직접 대군을 이끌고 후백제의 용주성을 공격했다. 견훤이 왕신의 시신을 보내며 달랬지만 왕건은 운주성(홍성)에 있던 후백제 긍준의 부대를 격파한 다음 근품성(문경)까지 함락시키고 공주로 치달았다.

공주는 고려 개국 당시 이흔암이 후백제에 헌상하다시피 했던 지역으로 태조가 항시 수복의지를 불태우던 곳이었다. 견훤은 급히 공주에 지원군을 급파했다. 하지만 그것은 대야성을 공략하기 위한 태조의 교묘한 전략이었다. 후백제군의 움직임을 파악한 태조는 수군 대장 영창과 능식에게 수천 명의 군사를 주어 남해를 돌아 강주(진주)를 공격함으로써 적을 혼란에 빠뜨린 다음 김락에게 기병을 주어 대야성을 급습했다.

927년 4월부터 벌어진 태조의 대야성 공략 작전은 그가 얼마나 병법에 능통했는지를 보여주는 일전이었다. 영창과 능식은 해로를 통해 왕봉규가 다스리던 강주성을 기습 점령했고, 3개월 뒤인 7월에 이르러 김락은 대야성을 함락시킨 다음 추허조 등 후백제 장수 30여 명을 포로로 잡았다. 견훤은 태조의 궤계에 넘어가 주력이 공주성에 고립되면서 신라 공략의 요지인 대야성을 빼앗기자 실의에 빠졌다.

공산 전투

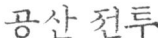

927년 9월 견훤은 환갑의 나이에도 불구하고 직접 군사를 이끌고 북상해 고려의 근품성을 함락시켰다. 갑작스런 후백제의 총공세에 긴장한 고려가 수비태세를 정비하는데, 견훤은 돌연 진로를 바꿔 신라의 도읍 서라벌로 군세를 휘몰아쳤다. 신라의 경애왕이 장군 연식을 고려에 급파해 구원을 요청하자 태조는 직접 대군을 이끌고 출동했다. 당시 후백제군이 서라벌에 몰려들자 국가의 안녕을 기원하며 포석정에서 제사를 지내던 신라의 경애왕은 급히 남쪽 별궁으로 몸을 숨겼다. 하지만 후백제군이 궁성에 난입하자 치욕을 면하기 위해 왕비와 함께 자살했다.

성동격서의 전략으로 고려군의 시선을 분산시킴으로써 신라 점령에 성공한 견훤은 실력자인 국상 김웅렴을 척살하고 경애왕의 외종제 김부를 56대 국왕으로 세웠으니, 그가 신라 최후의 왕 경순왕이다. 견훤은 고려의 대군이 서라벌을 포위하기 전에 재빨리 괴뢰정권을 세우고 철수했다. 고려군이 급히 서라벌에 들어왔을 때 후백제군은 이미 종적을 감춘 뒤였다. 견훤은 태조가 대야성을 공략했을 때와 똑같은 허허실실, 성동격서의 방식으로 고려군을 농락했던 것이다.

태조는 갑작스런 변고로 상심한 경순왕을 위로한 뒤 신숭겸, 김락과 함께 기병 5천을 이끌고 후백제군을 추격했다. 이윽고 대구 근방의 공산(팔공산)

동수에 이르자 태조는 후백제군이 공산을 우회할 것으로 판단했다. 그러나 먼저 그곳에 도착한 견훤은 퇴각하는 척하면서 계곡에 주력군을 매복시켜 놓았다. 예상치 못했던 후백제군의 역습을 받은 고려군은 진퇴양난에 빠졌다. 접전 중에 장군 김락이 죽고 사방에서 적군이 몰려왔다. 바야흐로 태조의 목숨이 절체절명의 위기에 빠지자 신숭겸이 그의 갑옷과 투구를 빼앗아 입고 후백제군을 유인하여 장렬히 전사했다. 태조는 신숭겸과 5천 병사들의 희생 덕분에 가까스로 사지를 빠져나올 수 있었다.

견훤은 이때의 승리를 바탕으로 고려에 빼앗겼던 요충지들을 하나하나 되찾았다. 이듬해인 928년 1월 장군 홍종이 강주로 출동한 고려의 원윤 김상을 죽였다. 5월에는 본격적인 강주 수복전을 펼쳐 강주 원보 진경을 죽이고 장군 유문의 항복을 받았다. 8월에는 장수 관흔이 대야성을 탈환함으로써 견훤의 한을 풀어주었다. 이어서 죽령을 차단하여 고려군의 진로를 막아선 후백제는 11월 고려의 장군 양지와 명식이 지키던 부곡성을 점령했다.

병산 전투

929년 7월 견훤은 5천 명의 군사를 직접 지휘하여 의성부를 함락하고 성주 장군 홍술을 죽이는 등 노익장을 과시했다. 연이은 승전에 고무된 견훤은 북진을 계속해 고려가 장악하고 있던 경상도 최후의 보루인 고창(안동)을 도모하려 했다. 후백제군은 우선 충청과 경상을 잇는 죽령을 장악함으로써 문경과 상주에 주둔하고 있던 고려군을 고립시켰다. 그러자 태조가 친히 군사를 이끌고 죽령을 돌파한 다음 영주와 풍기에 다다라 후백제군과 맞섰지만 형세가 불리해지자 다시 죽령 이북으로 퇴각했다.

그해 12월, 후백제군은 3천 명의 고려군이 지키고 있던 고창성을 포위하고 맹공을 펼쳤다. 급보를 들은 태조가 다시 죽령을 넘어가려 하자 홍유와 공훤이 과거 공산전투의 패배를 상기시키며 제지했다. 하지만 태조는 일전불사를 외치는 유금필의 의견을 받아들여 출전을 결심했다. 그 무렵 고창성과 가까운 재암성(경북 진보)의 신라 장군 김선필이 귀순하면서 고려군은 후백제군을 이길 수 있다는 자신감을 갖게 되었다.

이윽고 태조는 대군을 이끌고 죽령을 돌파해 고창에 진입한 뒤 후백제군이 주둔하고 있는 석산 맞은편에 있는 병산에 진을 쳤다. 공산전투 이후 두 번째로 양국의 국왕이 맞붙은 것이었다. 그때 선봉을 자원한 유금필은 수적인 열세에도 불구하고 후백제군과 정면으로 충돌하여 조금도 밀리지 않았다. 얼마 후 후백제군은 고려의 김선평, 권행, 장길 등이 측면을 강타하자 대오가 무너지면서 패퇴하고 말았다. 이 전투에서 고려군은 후백제군 8천 명을 죽이고 시랑 김악까지 생포하는 등 대승을 거두었다.

병산전투는 그 동안 후백제에 밀리던 고려가 통일전쟁의 주도권을 되찾은 계기가 되었다. 후백제군이 물러나자 태조는 김선필의 주선으로 서라벌에 가서 신라의 경순왕과 신하들을 위로했다. 그와 같은 왕건의 신라에 대한 배려는 왕족들은 물론이고 그동안 고려에 적대적이었던 호족들까지 감동시켰다. 그리하여 궁예의 축출 이후 태조에 반기를 들었던 강릉의 김순식, 의성의 홍술, 포천의 성달 등이 고려에 귀순하고 울산과 주변 110여 성까지 항복해 왔다.

임진 해전

공산 전투의 참패를 병산 전투의 완승으로 말끔하게 되갚은 태조는 신라 왕실과 친분을 나누며 주변의 호족들을 회유하는 일에 진력했다. 932년 6월 후백제의 장군 공직이 투항하면서 기세가 오른 고려는 그해 7월 후백제의 최북단에 있는 청주의 일모산성을 함락했다. 그로 인해 북진의 교두보를 잃은 견훤은 분개했지만 은인자중하면서 복수의 기회를 노렸다. 그 무렵 국세의 팽창으로 자만에 빠진 고려 조정에서는 신료들 사이에 내분이 일어나 명장 유금필이 곡도(백령도)에 유배당하는 사건이 벌어졌다. 그 정보를 입수한 견훤은 쾌재를 부르며 고려를 일거에 궤멸시킬 전략 구상에 골몰했다.

그해 9월 일길찬 상귀가 이끄는 후백제의 수군이 은밀히 서해를 거슬러 올라가 개경에 인접한 예성강 포구를 급습했다. 후백제군은 염주와 백주, 정주에 정박해 있던 고려군의 전함 1백여 척을 모조리 격파한 다음 수시로 병사들을 상륙시켜 개경 주변을 공략하고 저산도에 있던 군마 3백 필을 빼앗아가는 등 기세를 올렸다. 그러나 전함을 잃어버린 고려군은 강 건너 불구경하듯 당할 수밖에 없었다. 나주 탈환 이후 오랫동안 해군력의 우위를 자신하던 고려군으로서는 치욕적인 상황이었다.

10월에는 후백제의 해군장군 상애가 고려 북방의 대우도(용천)를 공격했다. 태조는 대광 만세를 보내 대적하게 했지만 대패하고 물러났다. 그로 인해 무방비 상태에 빠진 고려를 구한 것은 유배 중이던 유금필이었다. 유금필은 백제군의 내침 소식을 듣자 곡도의 백성들과 함께 전함을 만든 다음 후백제의 수군을 급습해 고려의 영역 밖으로 쫓아냈던 것이다. 그러자 왕건은 참소에 귀를 기울였던 자신을 몹시 책망하며 유금필을 다시 조정으로 불러들였다.

임진년에 벌어진 후백제의 해상공세는 해군 전술의 대가로 알려진 태조의 자존심에 커다란 상처를 입혔다. 실로 임진해전은 견훤이 20여 년 동안 대야성을 도모했던 것처럼 강력한 고려 해군을 목표로 암암리에 전력을 키움으로써 태조의 자만심에 허를 찌른 명국이었다. 그해 11월에는 전 내봉경 최응이 세상을 떠나 태조의 가슴을 더욱 아프게 했다.

운주 전투

933년 3월 후당(後唐)에서 사신 왕경과 양소업을 보내 태조를 고려국왕으로 책봉하고, 역서(曆書)를 선물로 가져왔다. 그러자 고려는 자국의 연호인 천수(天授) 대신 후당의 연호 장흥(長興)을 사용했다. 중국 국가와의 첫 수교였다.

934년 7월, 발해의 태자 대광현이 수만 명의 유민을 이끌고 귀순했다. 태조는 크게 기뻐하며 그에게 왕계(王繼)라는 이름을 내리고 왕실족보에 등록시킨 뒤 백주를 식읍으로 내려 조상의 제사를 받들게 했다.

그해 9월 태조는 운주성(홍성)을 수복함으로써 임진해전으로 잃었던 자존심을 회복했다. 운주는 과거 태조 즉위와 동시에 공주와 함께 후백제의 수중에 들어갔고, 926년 잠시 고려의 영역이 되었다가 공산 전투 이후 다시 후백제가 장악한 지역이었다. 백제는 932년부터 운주성을 거점으로 당진과 아산 일대를 장악하고 있었다. 이 지역은 해상의 요충지로써 개경을 공략하기에 안성맞춤이었다.

태조가 운주에 병력을 파견하자 5천 명의 군사를 이끌고 출전한 견훤은 편지를 보내 화친을 제의했다. 그때 흔들리는 왕건을 설득한 유금필은 스스로 정예 기병 수천을 이끌고 후백제군을 급습해 적병 3천 명을 죽이고 술사 종훈, 의사 훈겸, 장군 상달과 최필을 생포했다. 그러자 공주 이북의 30여 성이 고려에 귀순했다. 승세를 탄 고려군은 929년부터 후백제가 장악했던 나주를 탈환하는 데 성공했다.

후백제의 내분

운주 전투의 대승과 나주 탈환으로 고려는 군사적으로 우위를 점했지만 후백제의 국세를 뒤엎을 정도에는 미치지 못했다. 때문에 태조의 삼한 일통의 꿈은 차기 국왕에게 미루어야만 할 것 같았다. 그런데 불현듯 천재일우의 기회가 찾아왔다. 935년, 후백제에서 후계자를 둘러싼 분쟁이 일어났던 것이다.

당시 견훤에게는 10여 명의 아들이 있었는데 견훤은 후비 소생의 넷째 아들 금강을 총애하여 태자로 삼았다. 그러자 그해 3월 적자인 신검과 양검, 용검 등이 이찬 능환과 함께 정변을 일으켜 금강을 죽이고 69세의 견훤을 금산사에 유폐했다. 그때 거사에 동참한 신덕, 영순, 혼강, 부달, 우봉, 견달 등 40

여 명의 반정주도세력은 모두 완산의 호족 출신이었다. 견훤 역시 궁예와 마찬가지로 호족들의 지지를 잃어버리면서 실각했던 것이다.

그로부터 석 달 뒤인 6월, 견훤은 경계가 느슨해진 틈을 타 막내아들 능예, 딸 애복, 애첩 고비 등과 함께 금산사를 탈출했다. 첩자를 통해 견훤의 귀순 의사를 확인한 태조는 장군 유금필, 대광 만세, 원보 향우, 오담, 능선, 충질 등에게 전함 40척을 주어 나주에 급파했다. 이윽고 개경에서 견훤을 맞이한 태조는 그를 상부(尙父)로 부르며 극진히 환대했다. 견훤의 고려 귀순은 태조의 삼한 통일이 눈앞에 다가왔음을 알리는 낭보였다.

최후의 통일 전쟁 일천 전투

935년 10월 후백제에서 신검이 정변을 일으킨 지 8개월 만에 왕위에 올랐다. 그의 즉위가 지연된 것은 남아 있던 견훤 추종세력들과의 불화가 있었거나, 형제들끼리의 왕권 다툼이 있었으리라 짐작된다.

그 무렵 후백제군의 압박과 내정의 파탄을 견디지 못한 신라의 경순왕은 신료들과 함께 고려에 항복하기로 결정했다. 경순왕이 시랑 김봉휴를 보내 고려 조정에 항복 의사를 밝히자 태조는 십시중 왕철과 시랑 한헌옹을 신라에 파견하여 복속을 허락했다. 935년(태조 18) 11월 경순왕 김부는 신하들과 함께 송악으로 와서 태조에게 무릎을 꿇었다. 천년왕국 신라의 종말이었다.

태조는 김부를 위국공신 낙랑왕으로 봉하고 자신의 맏딸 낙랑공주를 시집보냈다. 훗날 두 사람 사이에서 태어난 딸이 고려의 5대 국왕인 경종의 왕비가 되었다. 이와 같은 고려와 신라 왕실의 끈끈한 인연은 오랫동안 경주 출신 사대부들의 권력기반으로 작용했다. 신라의 수도 서라벌은 그때부터 경주(慶州)로 고쳐져 김부의 식읍이 되었다.

936년 2월에는 견훤의 사위 박영규가 고려에 귀순했다. 바야흐로 대업을 완성시킬 호기가 도래했음을 확신한 태조는 그해 9월 가용한 병력을 총동원하여 후백제 정벌에 나섰다. 당시 고려군은 총 8만7천5백 명, 장군으로 거명된 장군과 성주 38명, 군사 수 6만3천 명이었다. 전체 군사의 70%가 지방 세력과 발해유민들이었고 왕건의 중앙군은 1만5천여 명이었다. 이는 고려가 후삼국 시대를 종식시키고 통합 왕조를 건설하는 데 지방 호족세력의 지원이 절대적이었다는 증거였다. 특이한 점은 그때 고려군의 중군에 흑수부와 철리부의 여진기병 9천5백 명이 참전했다는 점이다. 개국 이래 태조의 지속적인 북방정책이 거둔 효과였다.

고려군과 후백제군은 일선군(선산)의 일리천을 사이에 두고 마주쳤다. 일촉즉발의 대치상태 속에서 후백제의 좌장군 효봉, 덕술, 애술, 명길 등이 고려군의 선봉에 섰던 견훤에게 항복했다. 그때까지 견훤에 대한 후백제인들의 존경심이 변치 않았던 것이다. 이윽고 고려군은 대장군 공훤을 선봉장으로 하여 총공격을 감행했다. 그러자 이미 사기가 땅에 떨어진 후백제군은 제대로 전투도 해보지 못하고 지리멸렬 흩어졌다. 승기를 잡은 고려군은 맹공을 펼쳐 혼강, 견달, 은술, 금식, 우동 등 후백제군의 장수와 병사 3천2백 명을 생포하고 5천7백 명의 목을 베었다. 대세가 기울어지자 견훤을 그리워하던 후백제군 일부가 창을 거꾸로 겨누었다. 당황한 신검은 급히 완산주로 퇴각해 반격을 준비했다. 하지만 고려군이 파죽지세로 진격하여 황산의 탄령을 넘어서자 결국 항복하고 말았다.

드디어 숙원이었던 삼한 통일에 성공한 태조는 신검을 살려주었지만 양검과 용검은 진주로 귀양 보낸 뒤 처형했고, 주군을 배신한 능환을 참수형에 처했다. 그러나 사로잡은 후백제 장병들은 모두 풀어주고 고려의 신민이 되게 했다. 그해 왕건의 나이 60세, 신라 병합 1년, 고려를 창업한 지 19년만의 일이었다. 한편, 자신이 세운 나라를 자신이 무너뜨렸다는 회한 때문이었을까, 견훤은 전쟁이 끝난 지 며칠 후에 등창으로 황산의 절에서 세상을 떠났다. 그의 나이 70세였다.

통일 이후

고려의 통일과 함께 우리 민족은 처음으로 한반도 내에서 단일문화를 형성할 수 있게 되었다. 문화의 중심지도 변방인 경주에서 국토의 중심에 위치한 개성으로 옮겨졌다. 그와 함께 고구려의 고토를 회복할 수 있는 기반이 마련되었다.

고려는 삼한을 일통했다는 자부심을 바탕으로 제국을 자처했다. 국왕은 황제와 천자[17]로 지칭했고 조서(詔書), 제서(制書), 칙서(勅書), 짐(朕) 등의 용어를 사용했으며 귀족들의 작위 또한 봉작 제도를 실시했다. 국가의 행정단위로 개경, 서경, 남경과 같이 경(京)을 사용했고 관제 역시 당의 삼성육부 체제를 본받았다. 수도인 개경은 황도(皇都)였고 원구단에서 천자의 의식인 제천의식까지 행했다. 왕족들의 작위는 공(公), 후(候), 백(伯), 사도(司徒), 사공(司空)으로 나누고 이들을 통틀어 제왕(諸王)으로 불렀다. 그러나 왕족들에게는 실직이 아니라 품계만 있는 산직(散職)을 내림으로써 조정 내에서의 세력화를 방지했다.

통일 이후 태조 왕건에게는 두 가지 과제가 놓여 있었다. 첫째는 호족들을 결집시켜 중앙집권체제를 확립하는 일이었고, 둘째는 고려가 고구려의 계승자[18]임을 확고히 함으로써 국체를 공고하게 다지는 일이었다.

고려 초기 지방의 호족들은 여전히 독자적인 세력을 유지했고, 장수들 또한 사병을 거느리고 있었으므로 언제라도 왕권을 위협할 수 있는 위험요소로 존재했다. 때문에 태조는 본관제를 실시하여 호족들에게 향촌의 지배권과 특권적 지위를 인정해주는 한편 혼인정책을 통해 왕실과 인척관계를 맺게 함으로써 그들의 손발을 묶었다.

940년(태조 23) 태조는 고려시대 토지제도인 전시과의 원형이 되는 역분전(役分田) 제도를 시행했다. 이는 개국공신에 대한 논공행상의 일환이었지만 통일 이후 처음으로 토지를 분급했다는 점에서 매우 뜻깊은 것이었다. 당시 시행된 역분전은 벼슬의 등급과 관계없이 국가에 대한 충성도, 왕조 건국에 협력한 지방 세력의 크기에 따라 지급되었다. 이 제도는 신라 시대의 문무관료전(文武官僚田)을 계승한 것이며, 경종 대부터 시행된 전시과(田柴科) 제도의 선구가 되었다. 그처럼 태조는 호족들과의 새로운 관계설정을 바탕으로 지방행정제도를 정비함으로써 제국 통치의 기본 틀을 완성했다.

그 후 태조는 대제국 고구려의 계승의지를 보여주기 위해 고구려 왕족인 고씨들에게 수도인 개경을 본관으로 하사했다. 그와 함께 영토 확장에 나서 서쪽으로 청천강, 북쪽으로 영흥 이북까지 진출했다. 그 무렵 요동지역에는 거란이 강력한 무력을 자랑하고 있었으며 여진족이 북변에서 세력을 키우고 있었던 상황을 감안하면 절반의 성공이라고 봐도 무방할 것이다.

한편 태조는 통일전쟁의 와중에 이반된 민심을 바로잡기 위해 불교를 국교로 삼고 숭불정책을 적극적으로 시행했다. 신라 출신의 승려 충담을 왕사로 임명했으며, 940년 그가 열반하자 원우의 영봉산 흥법사에 탑을 세우고 친히 비문을 썼다. 12월에는 개태사를 완성했고, 신흥사를 중수하고 공신탑을 설치한 다음 공신들의 초상을 벽에 붙여놓고 무차대회(無遮大會)[19]를 개최했다.

관제의 정비에도 소홀하지 않았다. 당시 고려는 태봉의 관제를 바탕으로 신라의 관제를 병용하고 지방호족들의 자치권을 인정하는 과도기적 형태였다. 태봉의 관제는 최고관부로 광평성을 두고 재상으로 광치나 휘하에 7부 5성 2단을 설치해 국사를 분담하는 형태였다. 태조는 여기에 지방의 호족자치제를 가미하여 호족들에게 호장, 부호장 등의 향직을 주고 지방의 치안을 책임지게 했다. 그 대가로 호족의 자제들을 개경에 머물게 하는 기인제도를 실시하여 반란을 예방했다.

그럼에도 불구하고 초기 고려의 체제는 불안했다. 호족들이 여전히 지방의 맹주로 앙앙불락했으며 개국과 통일에 공헌한 다수 호족과 장군들은 개경에서 막강한 권력을 행사하고 있었다. 이는 국왕의 권위를 해치고 중앙의 관료들에게 커다란 부담으로 작용했다. 때문에 태조는 몸소 「정계(政誡)」와 「계백료서(誡百僚書)」를 지어 반포함으로써 신료들의 단합을 요구했다. 이와 같은 태조의 온건한 조치는 화합을 통한 정치 안정을 기도했다는 점에서 매우 긍정적으로 평가된다.

거란과의 불화

거란은 2대 황제 태종 야율덕광이 제위에 오르면서 동진을 멈추고 당 멸망 이후 분열된 대륙 경략에 국력을 집중했다. 936년 후당의 부마였던 하동절도사 석경당은 거란의 협력을 받아 후당을 멸망시키고 태원에서 후진(後晉)을 세웠다. 그때 거란은 후진에 대한 군사지원의 대가로 북경을 포함한 북쪽의 연운 16주(燕雲十六州)를 차지하고 해마다 비단 30만 필의 조공을 거두었다. 그로 인해 자신감을 얻은 거란은 937년 국호를 요(遼)로 고쳤다.[20]

그와 같은 대륙의 정세를 예의 주시하던 고려는 937년 왕규와 형순을 후진에 보내 석경당의 등극을 축하하고 왕자 왕인적을 인질로 보냈다. 그러자 후진에서는 인도 승려 멸라를 고려에 파견해 우호를 표시했다. 멸라를 만난 태조는 "발해는 우리와 혼인한 사이인데, 그 왕이 거란에게 사로잡혔으니, 청컨대 조정과 함께 거란을 쳐서 빼앗기를 원한다"라며 후진에 군사 협력을 요구했지만 성사되지는 않았다. 그 후 고려에서 정순을 비롯한 92명의 사절단을 파견하자, 후진은 사번을 사신으로 보내 태조를 고려국왕에 책봉하고 개부의동삼사검교태사(開府儀同三司檢校太師)로 삼은 다음 인질 왕인적을 되돌려 보냈다.

942년 6월, 후진은 태조 석경당이 죽고 출제가 등극하면서 요와의 일전을 준비했다. 고려가 이에 호응하는 움직임을 보이자 요는 그해 10월 사신 30명과 낙타 50필을 보내 회유했다. 하지만 태조는 '거란은 일찍이 발해와 서로 우호관계를 맺었는데 갑자기 두 마음을 먹어 동맹을 깨고 멸망시켰다. 무도함이 지나쳐 이웃으로 우호를 맺을 수 없다'면서 사신 일행을 섬으로 귀양 보내고, 낙타는 개경의 만부교 아래 매어놓아 굶겨 죽였다. 이와 같은 태조의 요에 대한 강경책은 후대 국왕들에게 이어져 장차 요의 침공을 불러들이는 계기가 되었다.

영웅의 최후

태조의 치세 말년, 통일의 대업에 동참했던 홍유, 배현경, 복지겸, 최응, 유금필 등 공신들이 차례로 세상을 떠남으로써 태조는 향후 국정에 대한 정치적 부담을 덜었다. 943년(태조 26) 4월, 병석에 누운 태조는 대광 박술희에게 훈요십조(訓要十條)를 전함으로써 후세 국왕들에게 고려의 통치 이념과 방향을 제시했다.

당시 태조는 박술희에게 군국(軍國)의 일을 위임하며 정윤 왕무를 잘 보좌해 달라고 일렀다. 군국의 일이란 군사지휘권을 포함한 국가 중대사를 뜻한다. 그때부터 박술희는 혜종의 후견인으로서 고려의 최고 권력자로 떠올랐다. 또 병상을 지키던 재상 염상과 왕규, 박수문 등에게 기무(機務)를 맡김으로써 그들이 신료의 대표임을 추인해 주었다.

943년 5월 29일 태조는 신덕전에 나아가 학사 김악에게 유언을 작성한 다음 재위 26년 만에 67세를 일기로 세상을 떠났다. 시호는 신성원명광렬대정장효인용용렬(神聖元明光烈大定章孝仁勇勇烈), 묘호는 태조(太祖)이다. 정윤 왕무는 6월에 정사를 보는 편전인 상정전에서 발상하고 학사 김악에게 유언서를 낭독하게 한 다음 상정전 서쪽 계단에 빈소를 마련했다. 능호는 현릉(顯陵)으로 앞서 세상을 등진 제1비 신혜왕후 유씨와 합장되었다.

태조의 가족

태조 왕건은 즉위 이전 정주를 지나다가 호족 유천궁의 딸 유씨를 아내로 맞이했고, 후백제 땅인 나주를 공략해 태봉의 교두보로 삼을 때 오다련의 딸 오씨를 취하는 등 지방 호족들과의 혼인정책[21]을 통해 꾸준히 세력을 모았다. 즉위 이후에도 태조는 전략 요충지, 교통 요충지의 호족들을 대상으로 적극적인 혼인정책을 펼쳤다.

그 범위를 잠깐 살펴보면 임진강과 대동강 사이의 개경 세력권[22]에서 11명, 광주-충주로 이어지는 한강 유역, 충주-진주(진천)-홍주(홍성)로 이어지는 중부, 태백산맥 동쪽의 강릉, 백제와의 주요 전장인 낙동강 유역의 의성, 해평(선산), 합주(합천)와 경주에서 6, 7명, 후백제 지역인 승주(순천)까지 포함되어 있다.

「고려사」 후비전에 따르면 태조의 부인은 29명이지만 기록에 누락되어 있는 이정언의 딸 대량원부인까지 합하면 부인은 모두 30명이다. 제1비 신혜왕후와 제2비 장화왕후는 왕건의 즉위 이전에 혼인했고 제3비 신명순성왕후를 비롯한 나머지 부인들은 모두 즉위 이후에 맞아들였다. 제5비 신성왕후 김씨는 935년 신라의 경순왕 김부가 항복하면서 바친 왕족 김억렴의 딸이다.

태조의 자식으로는 왕자 25명, 공주 9명이 있었는데 그중에 11명이 태자[23]로 불렸다. 아들의 순서는 장화왕후 오씨의 아들 왕무, 신명순성왕후 유씨 소생의 왕태, 왕요, 왕소의 순이다.

순서	이름	순서	이름
1	신혜왕후 유(柳)씨	15	광주원부인 왕(王)씨
2	장화왕후 오(吳)씨	16	소광주원부인 왕(王)씨
3	신명순성왕후 유(劉)씨	17	동산원부인 박(朴)씨
4	신정왕후 황보(皇甫)씨	18	예화부인 왕(王)씨
5	신혜왕후 유(柳)씨	19	대서원부인 김씨
6	정덕왕후 유(柳)씨	20	소서원부인 김씨
7	헌목대부인 평(平)씨	21	서전원부인
8	정목부인 왕(王)씨	22	신주원부인 강(康)씨
9	동양원부인 유(庾)씨	23	월화원부인
10	숙목부인 임(林)씨	24	소황주원부인

11	천안부원부인 임(林)씨	25	성무부인 박(朴)씨
12	홍복원부인 홍(洪)씨	26	의성부원부인 홍(洪)씨
누락	대량원부인	27	월경원부인 박씨
13	신혜왕후 유(柳)씨	28	몽량원부인 박씨
14	대명주원부인 왕(王)씨	29	해량원부인

토성분정과 본관제

후삼국시대로 일컬어지는 신라 말기 50여 년 동안 지방에는 촌주, 성주 등이 이끄는 수천여 개의 지방 세력이 독자적으로 존재하고 있어서 지역 간 계층 간에 갈등이 극심했다. 고려는 그와 같은 분열상을 극복하고 민족의 통합을 장기적으로 지속시켰다는 역사적 의미를 가지고 있다. 태조는 과거 신라처럼 외세를 빌리지 않고 통일을 달성했으므로 권력 행사에 자유로웠지만 승자의 특권을 과시하지 않고 덕치를 통해 고려를 통치하고자 했다. 그리하여 호족들에게는 중폐비사(重幣卑辭), 즉 많은 폐물과 공손한 언사로 그들을 회유했고, 백성들에게는 취민유도(取民有道), 곧 수취에 법도가 있어야 한다는 방책으로 다스렸다.

940년(태조 23) 태조는 지방행정단위인 주·부·군·현의 호칭을 개정하고, 그 지역의 격을 정한 다음 유력자들에게 성씨를 부여함으로써 지방사회를 국가의 지배질서 속에 편제시켰다. 곧 토성분정(土姓分定)을 통해 지방 세력에게 거주지와 영역에 대한 지배권을 인정해 줌으로써 초기 국가 경영의 틀을 마련하고자 했던 것이다. 그렇게 시작된 본관제[24]는 성관제(姓貫制)라고도 하는데 오늘날 보편화된 성씨 제도의 근본이 되었다.

예를 들어, 복주의 호족 김행은 고려군이 당도하자 싸우지도 않고 항복했다. 그러자 태조는 기뻐하며 권(權) 씨 성을 내림으로써 명문 안동 권씨가 탄생했다. 태조는 또 경산부(성주)의 호족 이총언에게 벽진군 주변의 정호 229호, 충주·원주·광주·죽주·제주에서 생산되는 곡식과 소금을 주고 본읍장군으로 임명함으로써 성주 이씨가 탄생했다. 그처럼 국왕으로부터 성씨를 부여받아 권력에 권위까지 더하게 된 호족들은 자신들을 족망(族望), 혹은 관족(冠族), 군망(郡

望)이라고 칭했다.

고려 초기에 일반 양인들은 성씨와 관계없이 본관을 가지고 있었다. 그것은 통일 이후 각 지역의 토지와 백성들의 적(籍)을 작성하면서 거주 지역을 본관으로 정했기 때문이었다. 그러므로 본관과 성관이 반드시 일치하지 않았다. 그러던 것이 토성분정으로 인해 본관과 성관이 일치하는 강력한 호족들이 등장하게 된 것이다.

본관제는 고려 초기 중앙정부가 지방 세력에게 성씨와 본관을 주어 그들의 영역에 대한 지배권을 인정하고 그들의 자율성을 최대한 존중하고자 취한 정책이다. 이 제도는 백성들의 유망을 방지하고 조세와 역역의 수취를 원활하게 하여 국가 경영의 물적 기반을 확보하는 효과를 불러왔고, 지방사회가 안정됨으로써 지역적 계층적 통합력을 제고하게 되었다.

이처럼 고려 통합의 커다란 특징으로 규정되는 본관제는 한편으로 복잡한 사회구조를 낳았다. 지방행정구역에 따라 군현에서도 주현과 속현이 구분되고, 주현은 다시 경·목·도호부·군·현·진으로 나뉜다. 부곡에서는 향·부곡·소·장·처·진·역 지역으로 구분된다. 그처럼 본관과 본관 사이의 서열화로 인해 지방사회는 다양한 층위의 차별성을 갖는 등차적인 구조로 변형되었던 것이다.

한편 본관제의 한계도 있었다. 본관을 부여받은 사람은 직업선택과 이동에 규제를 받았다. 탈출구가 있다면 과거에 급제하여 관리나 군인이 되는 방법뿐이었다. 또 거주와 이주의 제한이 있었다. 때문에 개경에 거주하던 관료가 부정행위나 범죄를 저지르면 본관으로 돌려보내는 형벌도 있었다. 12세기 초에는 본관을 벗어나 다른 지역으로 도망치는 유망이 대거 발생하여 감무(監務)라는 지방관을 파견하기도 했다.

지방행정제도의 개편

940년(태조 23), 고려 조정에서는 지방행정제도를 전면적으로 개편했다. 교통의 요지, 전략 거점, 지역적 생산력, 지방 세력의 비중에 따라 주현과 속현으로 군현의 격을 정하고 명칭을 고쳤으며 중요 물자의 생산지역이나 개발이 필요한 지역은 소나 부곡[25]으로 편성했다. 시기적으로 건국 19년, 통일 4년 만에 이루어진 군현의 개편은 본관제를 전제로 했다.

고려 지방행정제도의 가장 큰 특징이랄 수 있는 군현제는 기존 호족들의 세력 관계를 그대로 인정하고 대호족의 세력권을 주현(州縣)으로, 중소 호족의 세력권을 속현(屬縣)으로 각각 개편했다. 그러므로 주현과 속현의 관계는 행정 편의보다는 호족 간의 위계질서를 반영한 것이었다.

구체적으로는 북진정책을 위해 서경을 적극적으로 경영하면서 북방의 군사 요지에 진(鎭)을 설치했다. 이미 930년(태조 13) 천안도독부를 설치했던 태조는 통일 직후 후백제의 수도였던 완산(完山)에 안남도호부를 설치했고, 940년에는 신라의 고도였던 경주에 안동대도독부를 두었다. 당시 군사적 거점에는 중앙군의 군사들을 배치했으며, 이들을 지휘하는 외관이 파견되었다. 그 밖에 금유(今有)·조장(租藏)이라는 외읍사자(外邑使者)가 있었는데 그들의 임무는 불분명하다.

「고려사」지리지에 의하면, 고려 전기에 주현이 130개였는데 비해 속현은 374개로 훨씬 많은 수를 차지하고 있었다. 지역별로는 경상도가 114개로 가장 많고, 양광도 97개, 전라도 87개, 교주도 25개, 서해도 17개, 경기 13개의 순으로 분포했다. 한편, 동계에 17개, 북계에 4개가 있었으나, 모두 남부 지역에만 분포했고 순수 변경 지역에는 전혀 존재하지 않았다.

호족들에 대한 회유와 견제

사심관 제도

사심관 제도는 고려 시대에 지방에 연고가 있는 고관에게 자기의 고장을 다스리도록 임명한 특수관직을 말한다. 935년(태조 18) 태조는 고려에 항복한 신라의 경순왕 김부를 경주의 사심관(事審官)으로 삼고 이전과 마찬가지로 다스리게 했다. 이어서 통일전쟁에서 공을 세운 신하들을 각각 출신 주의 사심관으로 임명하여 부호장(副戶長) 이하의 향직(鄕職)을 다스리게 했다.

지방행정제도가 완비되지 않았던 초기 고려 조정에서는 지방관 대신 호족들에게 지방의 권리를 위임한 상태였으므로 사심관 제도는 기인 제도와 함께 지방 세력에 대한 중앙의 통제 수단으로 작용했다. 그 후 지방관제가 실시되고 체제가 정비되면서 조정에서는 사심관의 권력 남용을 막기 위해 각 주에 1명만 임명하던 것을 최하 2명으로 늘였다. 또 중앙의 관료들이 연고지의 사심관을 겸임할 수 있도록 그 범위를 확대했다. 그러자 사심관과 관할 지방의 향리가 동향·동족인 경우가 많아졌다. 그에 따른 폐해를 우려한 조정에서는 이들의 혈연적 유대를 단절시키기 위하여 아버지나 친형제가 호장인 사람, 향리의 자손으로 향역(鄕役)이 면제되었어도 자기 처의 친척이 향직에 있는 사람은 사심관이 될 수 없게 했다.

사심관은 지방통제의 강력한 권능을 가지고 있었고 관료로서 출세할 수 있는 정치적·경제적 기반도 마련할 수 있었으므로 관리들은 서로 연고지의 사심관을 겸임하려고 다투었다. 그로 인해 사심관의 수효가 늘어나면서 다양한 민폐를 불러왔다.

국가 시스템이 안정되어 있을 때는 조정에서 사심관들을 통제할 수 있었으나, 이런저런 이유로 중앙의 감시가 느슨해지면 사심관들은 공전(公田)을 점유하고 민호(民戶)와 노비를 가로채 사복을 채웠다. 그와 같은 작폐로 인해 사심관제도는 1318년(충숙왕 5) 완전히 폐지되었다. 그 후 공민왕 대에 신돈이 5도사심관을 청했다가 왕의 노여움을 사기도 했다. 여말선초의 경재소(京在所)와 유향소(留鄕所) 제도는 고려의 사심관 제도를 답습한 것이다.

기인 제도

고려에서는 건국 초기 호족들에게 해당 지역에 대한 일정한 권한을 주는 대신 자식을 인질로 개경에 머물게 하는 기인(其人) 제도를 시행했다. 신라의 상수리제(上守吏制)를 모체로 하는 이 제도는 태조 왕건이 후삼국을 통일하는 과정에서 지방 호족들을 포섭하기 위한 조처로 고안되었다.

기인의 임무는 10~15년간 중앙관아의 이속이 되어 잡무에 종사하는 한편 과거 응시자들에 대한 신원조사 등 지방에 관련된 업무를 맡았다. 입역이 끝나면 관리가 될 수 있는 기회를 얻었고, 향리전(鄕吏田) 외에 기인전(其人田)이 지급되었다.

그 후 고려사회가 안정되고 중앙집권체제가 확립되면서 호족에 대한 인질정책은 의미가 퇴화되었다. 그에 따라 기인에 대한 국가의 처우도 낮아졌다. 고려 후기에 이르면 기인제도는 일종의 천역제도로 변하여 기인들이 궁궐 축조와 권문세가들의 주택 건설에 동원되기도 했다. 그리하여 1336년(충숙왕 4) 기인제도를 혁파했지만, 1343년(충혜왕 4) 다시 부활되었다. 그 후 기인제도는 조선시대에까지 이어지다가 1609년(광해군 1) 대동법이 실시되면서 완전히 폐지되었다.

불교 진흥 정책

팔관회

팔관회(八關會)는 민속 신앙과 불교의 팔관재계(八關齋戒)[26]를 함께 지키는 신라 시대와 고려 시대의 국가적 행사이다. 팔관재계는 신도들이 하룻밤, 하루 낮 동안 받아 지니는 계율이다. 팔관재계는 육재일(六齋日)[27]이나 삼장재월(三長齋月)인 1월과 5월, 9월에 행한다. 육재일은 매달 6일·14일·15일·23일·29일·30일로, 재가의 신도들이 선을 기르고 악을 막아 스스로 근신하는 날이다. 팔관재계를 행하면 그 공덕으로 목숨을 다한 뒤 욕계의 육천에 태어나서 3악도[28]와 8난[29]에 떨어지지 않게 되며, 5역죄를 없애고 모든 죄업을 소멸할 수 있다.

본래 신라의 팔관회는 호국신앙적인 성격이 강했는데 태봉의 궁예는 매년 팔관회를 열면서 미륵이 현세에 나타나기를 기원하는 불교행사로 변질시켰다. 고려의 팔관회는 918년(태조 1) 11월부터 시작되었는데 신라의 팔관회에 도참사상을 첨가하고 제사의 성격을 더하면서 천하태평과 군신화합을 기원하는 호국 행사로 발전했다. 태조는 팔관회를 일컬어 '부처를 공양하고 신을 즐겁게 하는 모임[30]'이라 했다.

개경의 팔관회는 소회일(小會日)과 대회일(大會日)이 있어 대회 전날인 소회에는 왕이 법왕사(法王寺)로 행차하는 것이 통례였고, 궁중 등에서 하례를 받고 이어 헌수, 지방관리의 축하선물의 봉정 및 가무백희 등의 순서로 행하여졌다. 대회 때도 역시 축하와 헌수를 받고 외국 사신의 조하(朝賀)를 받았다. 법왕사는 919년(태조 2) 국가의 융성을 불법에 의지하고자 개경 내에 10찰을 세울 때 수위에 둔 사찰로서, 비로자나삼존불을 주존으로 봉안한 절이며, 신라의 황룡사에 해당하는 호국사찰이다. 왕이 가장 먼저 법왕사에 행차한 것은 불법에 의한 호국을 염원하는 한 표현이었다.

982년(성종 1) 3월 최승로가 겨울의 팔관회에 사람을 많이 동원하고 노역이 번다하며, 한번 사용하고 부수는 허수아비를 만드는 비용이 많이 들고, 또 중국에서는 허수아비를 흉사에만 사용한다는 이유로 시정을 요구했다. 그해 11월 성종은 팔관회가 잡되고 도리에 맞지 않으며 번거롭다 하여 모두 폐지하게 했다. 987년에는 서경의 팔관회도 폐지했다.

팔관회는 고려 500년을 통하여 여러 번 변화와 성쇠가 있었는데, 대체로 초기에 융성하였고 현종 이후에는 점점 쇠퇴했다. 고려 말까지 팔관회는 국가 최고의 의식으로 계속되었으며, 몽고의 침입으로 강화도에 천도하였던 시기에도 행해지다가 조선 초기에 완전히 폐지되었다.

연등회

신라 진흥왕 때부터 팔관회와 함께 열렸던 연등회(燃燈會)는 정월 보름에 불을 켜고 부처에게 복을 비는 행사이다. 불력의 가피를 믿었던 태조는 연등회를 거국적인 행사로 발전시켰다. 고려 초기에는 정월 15일에 연등이 있었는데 성종 때 중지되었다가 현종 때부터 행사일을 2월 15일로 정한 뒤 다시 시작해 고려 멸망 때까지 계속되었다.

연등회에 관한 기록은 「고려사」에 빈번히 나타나고 있다. 현종 이후의 연등설화에 관한 기록은 104번이지만 반드시 2월에 시행하지는 않았다. 1105년(숙종 10)에는 정월에 연등을 행하였고, 의종 때의 연등회는 20회 모두 정월에 열렸다. 의종 때에는 인종의 기월(忌月)을 피하기 위하여 정월 연등을 행하기도 했고, 명종 때에는 15회 연등회를 대부분 2월에 행했다. 1067년(문종 21)에 흥왕사가 낙성되었을 때는 5일 밤낮으로 연등회가 열렸고, 1073년 2월 봉은사에서 불상을 새로 조성한 뒤 경찬을 위한 연등회가 열리기도 했다.

1102년(숙종 7) 9월에도 궁궐에서 신호사까지의 길에 수만 개의 등을 달았고, 1296년(충렬왕 22) 5월에는 공주가 신효사에 가서 연등을 하였는데, 주옥으로 등을 만들어 매우 화려했다고 한다. 1314년(충숙왕 1) 2월에는 묘련사에서, 3월에는 왕륜사에서, 1319년 2월에는 강안전에서 공주가 연등하였고, 1324년에는 상왕이 정경궁에서 5일 동안 점등했다. 12월에는 정경궁에서, 1331년(충혜왕 1) 정월에는 연복사에서 각각 승려 2,000명을 공양함과 동시에 2,000개의 등을 밝혔다. 만등회는 등 1만 개를 점등하여 공양하는 의식으로 1166년(의종 20)에 열린 기록이 있다.

그 밖에 석가탄신일인 사월초파일의 연등회는 일반 서민층에서도 참여했는데, 어린이들이 연등의 비용을 모으기 위해 한 달 전부터 종이를 오려서 대나무에 기를 만들어 달고 성중을 다니면서 쌀과 베를 구하는 호기풍속(呼旗風俗)이 생겨났다. 공민왕도 두 차례에 걸쳐 어린이들에게 쌀을 하사했다는 기록이 보인다.

태조의 유훈, 훈요십조

태조는 942년(태조 25)에 몸소 훈요십조(訓要十條)를 지은 다음, 943년(태조 26) 죽음을 앞두고 정윤 왕무의 후원자인 대광 박술희를 불러 후세에 전하게 했다. 훈요십조는 태조의 정치 철학과 신앙·사상·정책·규범 등을 보여주는 귀중한 자료로 「고려사」와 「고려사절요」에 기록되어 있다. 훈요십조는 크게 두 부분으로 구성되어 있는데, 앞부분은 서론이라고 할 수 있는 '신서(信書)'이며 뒷부분은 본론격인 10조의 '훈요(訓要)'이다. 훈요의 각 조항에는 말미에 '중심장지(中心藏之)', 곧 '마음에 간직하라'라는 네 글자가 쓰여 있다.

훈요의 1, 2조는 사찰의 무분별한 난립을 경계했고, 기존의 사찰이 「도선비기」의 풍수에 의해 건립되었음을 밝혔다. 3조의 왕위계승에 대한 사항은 대체적으로 잘 지켜졌고, 4조에서는 민족의 주체성을 강조했다. 5조는 역시 도참사상에 의해 서경을 중시했다는 점을 보여준다. 6조에서는 연등회와 팔관회를 중시하라는 뜻이다. 7조는 태조의 애민사상을 드러냈지만, 8조에서는 후백제 지역에 대한 차별 내용으로 후세에 논란을 불러일으켰다. 9조는 국정에 대한 조언과 안보에 관한 훈계이며, 10조는 후대 국왕들에 대한 경계이다. 전체의 내용은 다음과 같다.

제1대 태조

들건대 순은 역산에서 밭을 갈다가 요의 양위를 받았고, 한 고조는 패택에서 일어나 드디어 왕업을 이룩했다. 나도 보통 집안에서 일어나 잘못 추대되어, 더위와 추위를 무릅쓰고 마음과 몸을 몹시 고달프게 하면서도 19년 만에 국내를 통일했다. 즉위한 지 25년에 몸은 이미 늙었으니 행여 후사들이 방탕하여 기강을 문란하게 할까 두려워 훈요를 지어 전한다. 조석으로 읽고 귀감으로 삼으라.

1조. 국가의 대업은 부처님의 가호를 받아야 하므로 선·교 사원을 개창한 것이다. 부디 간신들이 승려들의 간청에 따라 사원을 경영하거나, 쟁탈하지 못하게 하라.
2조. 현재의 사원은 도선의 풍수지리에 따라 세운 것이다. 그 외의 땅에 함부로 절을 세우면 지력이 손상되고 왕업이 길지 못한다고 했다. 후세의 국왕·공후·후비·조신들이 각기 원찰을 세울까 근심이다. 신라 말에 사탑을 다투어 세워 나라가 망했으니, 이를 경계하라.
3조. 왕위 계승은 장자가 상례이지만 장자가 불초하면 차자에게, 차자가 불초하면 그 형제 가운데 덕망이 있는 자에게 대통을 잇게 하라.
4조. 동방은 예로부터 당의 예악문물을 좇고 있지만 풍토와 인성이 다르므로 반드시 같게 할 필요는 없다. 거란은 금수의 나라이므로 풍속과 말이 다르니 그들의 의관제도를 본받지 말라.

5조. 나는 산천의 신비력에 의해 대업을 이룩했다. 서경은 우리나라 지맥의 근본이라 길이 대업을 누릴 만한 곳이니, 사중(四仲)[31]마다 나아가 100일을 머물러 왕실의 안녕을 도모하라.

6조. 나의 마음은 연등회와 팔관회에 있다. 연등회는 부처를 제사하고, 팔관회는 하늘과 5악·명산·대천·용신에게 봉사하는 것이다. 후세에 간신들이 의식 절차의 가감을 건의하지 못하게 하라. 부디 그날이 나라의 기일과 마주치지 않기를 바란다.

7조. 신민의 마음을 얻으려면 간언을 받아들이고 참소를 멀리하라. 백성을 부릴 때는 때를 가려 하고 용역과 부세를 가벼이 하며 농사의 어려움을 안다면 자연히 민심을 얻고 나라가 부강하며 백성이 편안할 것이다. 옛말에 "향긋한 미끼에는 반드시 고기가 매달리고, 후한 포상에는 좋은 장수가 생기며, 활을 벌리는 곳에는 새가 피하고, 인애를 베푸는 곳에는 양민이 있다"고 했다. 상벌이 공평하면 음양도 고를 것이다.

8조. 차현 이남, 공주강 밖의 산형지세가 모두 본주를 배역(背逆)[32]해 인심도 또한 그러하다. 저 아랫녘의 군민이 조정에 참여해 왕후·극척과 혼인을 맺고 정권을 잡으면 혹 나라를 어지럽히거나, 통합의 원한을 품고 반역을 감행할 것이다. 또 일찍이 관노비나 진·역의 잡역에 속했던 자가 세력가에 투신하여 요역을 면하거나, 왕후·궁원에 붙어서 간교한 말을 하며 권세를 잡고 정사를 문란하게 해 재변을 일으키는 자가 있을 것이니, 비록 양민이라도 벼슬자리에 쓰지 말라.

9조. 신료들의 녹봉을 정하면 함부로 증감하지 말라. 고전에 말하기를 '녹은 성적으로써 하고 임관은 사정으로써 하지 말라'고 했다. 또 이웃에 강폭한 나라가 있으면 유비무환의 자세를 견지하라. 항상 병졸들을 사랑하고 애달피 여겨 요역을 면하게 하며, 매년 사열할 때 용맹한 자를 가려 승진시키도록 하라.

10조. 제왕들은 항상 평화로운 때를 경계하며, 널리 경전과 역사서를 읽어 교훈으로 삼도록 하라. 주공(周公)이 일찍이 '무일(無逸)'[33] 1편을 지어

성왕(成王)에게 바쳤으니, 이를 써서 붙이고 출입할 때마다 보고 살피도록 하라.

훈요십조 위조 논란

훈요십조는 고려의 8대 국왕 현종 때 최승로의 아들 최제안이 요의 침공으로 소실된 실록의 재 편찬을 위해 최항의 집에서 사료를 살피다 발견함으로써 세상에 알려졌다. 그런데 국왕에게만 전해져야 할 주요문서가 신료의 집에서 시기적으로 모호한 시점에 발견되었다는 점에서 후대의 위조 가능성이 제기되었다.

그 단초는 현종의 모계혈통으로부터 비롯된다. 신라의 경순왕이 고려에 항복하면서 친척 김억렴의 딸을 태조에게 바쳤다. 현종은 바로 그녀의 손자이다. 그런데 현종 이후 공양왕까지 모든 국왕은 현종의 직계로 이어졌고, 「고려사」 악지에는 현종이 '모든 것을 끊어 삼한을 다시 세웠다'라고 기록되기까지 했다. 그처럼 고려의 권력이 부계에서 모계인 신라계로 교체되는 시기에 장애물로 등장한 후백제계를 축출하기 위해 훈요십조를 위조했다는 것이다.

성종 때 최승로가 윗대의 다섯 왕조를 비평한 「봉사」에 훈요십조에 대한 언급이 전혀 없다는 점, 태조 시대의 상황과 훈요십조의 내용이 일치하지 않으며, 그 핵심사항을 후왕들이 잘 지키지 않았다는 점도 지적되었다. 2조에서 경계한 사찰 건립은 후대에 더욱 활발해졌고, 5조의 서경 순행 유훈을 따른 국왕은 거의 없었다. 6조의 연등회와 팔관회는 성종 대에 전면 금지되었다. 이런 이유로 현종 이전의 국왕들은 훈요십조의 존재 자체를 몰랐다는 주장이 나왔다.

이와 같은 위조설에 대하여 최근 연구자들의 견해는 매우 부정적이다. 애초에 위조설이 나온 이유가 호남에 대한 지역 차별이라는 관점에서 출발했기 때문이다. 8조의 차현 이남 공주강 이북에 대한 표현은 통일 전쟁 과정에서 고난의 행군을 벌였던 태조가 후백제 지역의 반 고려 성향을 후왕들에게 경계한 것이다. 당시 고려의 영역은 영암과 나주 등 호남 남부지역을 포괄했고 후백제의 영역은 충청도와 경상도 일대까지 닿아 있었다는 점을 감안한다면 호남 차별이란 해석은 언어도단일 수밖에 없다. 게다가 후왕들이 태조의 유훈에 맹종하지 않고 시대 상황에 따라 유리하게 이용했다는 관점까지 포용한다면 후대인들의 상상력을 자극하는 위조설은 설 자리가 없어진다.

태조 시대의 주요 인물

고려의 건국을 예언한 도선

승려 도선(道詵)은 전남 영암 출신으로 속성이 김씨이다. 어머니 최씨는 꿈에 광채 나는 구슬을 삼킨 후 도선을 잉태했다고 한다. 도선은 15세에 곡성군 태안사에 출가해 승려가 되었는데, 월유산 화엄사를 거쳐 동리산의 혜철 대사로부터 무설설(無說說)·무법법(無法法)을 배워 크게 깨닫고 23세에 천도사에서 구족계를 받았다. 그 후 운봉산과 태백산 등지에서 수도하다가 희양현 백계산의 옥룡사 주지가 되었다. 그의 명성이 알려지자 신라의 헌강왕이 궁에 초빙했지만 곧 산으로 되돌아왔다. 898년, 72세로 열반하자 제자들은 스승을 추모하며 옥룡사에 탑을 세우고 증성혜등(證聖慧燈)이라 했다. 또 효공왕은 그에게 요공선사(了公禪寺)라는 시호를 내렸다. 그는 죽을 때 "인연으로 와서 인연이 다하여 떠나는 것이니 슬퍼하지 말라"라는 말을 남겼다.

「고려사」에 의하면 도선은 태조 왕건의 탄생과 고려의 건국을 예언했다고 한다. 그러나 도선의 생존 시기에 왕건은 궁예 휘하의 평범한 장수에 불과했고, 그가 무장으로 두각을 드러냈을 때는 도선이 세상을 떠나고 없었다. 또 도선은 당나라에 유학한 적이 없다. 또 그에게 풍수를 가르쳤다는 승려 일행은 도선보다 무려 70년이나 앞선 인물이다. 실제로 당에 유학한 사람은 도선의 스승 혜철이었다. 그럼에도 불구하고 고려 창업에 도선의 그림자가 짙게 드리운 것은 태조의 책사였던 태사공 최지몽이 도선의 도참설을 정치적으로 이용했기 때문이다. 개경에 왕기가 서려 있다든지, 만월대 지역이 금돼지가 누워 있는 형국이라는 등의 송악명당설은 도선을 빙자한 최지몽의 작품으로 추측된다.

「고려사」에는 도선이 남겼다는 「도선비기」, 「옥룡기」, 「도선답산가」, 「삼각산명당기」, 「송악명당기」, 「도선밀기」 등 다양한 비기가 등장하지만 실제 그의 저작

인지도 불분명하다. 그러나 고려에서는 도선의 명성을 이용한 사건이 자주 벌어졌다. 인종 때의 묘청이나 공민왕 때의 신돈 등은 자신들이 도선의 맥을 이었다고 주장했으며, 명장 최영조차 전쟁을 하기 전에 궁궐에서 법회를 열면 적이 스스로 항복한다는 도선의 예언을 추종하기도 했다.

도선의 풍수는 비보풍수, 부족한 풍수지리적 결점을 보완하는 사상이다. 사람이 병들면 침이나 뜸으로 치료하듯 산천의 문제점도 절이나 탑을 세워 고치고 보완하는 비보가 도선풍수의 핵심이다. 후대의 기록에 따르면 도선이 창건한 사찰은 3,800여 개에 이른다. 믿을 수 있는 내용은 아니지만 그가 그만큼 땅에 관심이 많았음을 알 수 있다.

936년 후백제를 멸망시키고 삼한 통일을 완성한 왕건은 도선의 비보풍수를 이용해 연산에 개태사를 세웠다. 개태사의 세 개의 돌 미륵불[34]은 남쪽을 바라보고 서 있다. 왕건이 후백제를 포용하여 불력으로 이 땅을 다스리기 위해 비보한 것이라 한다. 그처럼 불교와 풍수가 결합된 비보사상은 혼란기의 민심을 모으고 국가를 통합해야 하는 태조에게 매우 유용했다. 그리하여 고려 중기에는 흠이 있는 전국의 산천을 국가가 직접 비보하는 산천비보도감이라는 관청이 설립되기도 했다.

전남 광양시 옥룡면 추산리 백계산 자락에 있던 옥룡사는 1878년 화재로 폐사했다. 1997년 순천대 박물관 팀은 그 자리에서 부도 터와 정남향 자리의 묘를 발굴했다. 부도의 탑신에는 사천왕상의 조각이 있는데 오른손으로 칼을 잡고 있는 형상이 9세기 통일신라 말기의 양식이었다. 또 묘에서 발견된 60대 남자의 인골이 발견되었는데 2차장까지 치른 것으로 보아 피장자가 도선일 가능성이 매우 높다고 결론지었다. 천년의 세월을 넘어서 고승의 흔적이 드러난 것이다.

제2대 혜종
의공명효선현고평경헌
義恭明孝宣顯高平景憲

　고려의 제2대 국왕 혜종(惠宗)의 이름은 무(武), 자는 승건(承乾)이다. 태조의 맏아들로 장화왕후 오씨 소생이다. 왕무는 태조가 36세 때인 912년에 태어나 921년(태조 4) 12월 10세의 나이로 정윤[35]에 책봉되었고, 943년 5월 태조가 세상을 떠난 뒤 보위에 올랐다.

　태조의 아들 25명 가운데 후계자로 낙점된 사람은 통일전쟁 당시 혁혁한 공을 세웠던 맏아들 왕무였다. 태조는 고려 건국과 동시에 그를 정윤에 책봉하려 했지만 대신들의 반대로 실패했다. 모후인 장화왕후의 세력이 미약했기 때문이었다. 그때부터 태조는 3년에 걸쳐 박술희와 임희, 왕규 등을 왕무의 지원세력으로 양성했다. 박술희는 바닷가인 혜성(면천) 출신으로 왕무의 외가인 나주와는 서로 통하는 바가 있었다. 진주(진천)의 호족 임희는 딸을 왕무에게 시집보낸 뒤 병부령이 되었고, 경기도 광주의 호족 왕규와 청주의 호족 김긍률의 딸이 태자의 2비와 3비가 되었다.

그 후 태조는 장화왕후에게 자황포[36]를 담은 상자를 주어 자신의 뜻이 변함없음을 알려주었다. 장화왕후로부터 그 일을 전해들은 대광 박술희는 어전에서 태조에게 맏아들 왕무를 후계자로 세우라고 주청했다. 그러자 태조는 왕무를 정윤으로 책봉하고 명망 높은 학자 최언위를 사부로 삼아 힘을 실어주었다. 최언위는 최치원, 최승우와 함께 신라 말 3최로 일컬어졌던 대문장가였다.

그런데 왕무가 정윤이 된 직후 충주 출신의 신명순성왕후 유씨가 아들 왕태에 이어 왕요와 왕소를 연이어 낳자 왕위계승 분쟁의 불씨가 재점화되었다. 그 때문에 왕무는 이복동생들의 외가인 충주, 황주, 평주, 정주, 광주 세력들의 견제로 옴짝달싹할 수 없는 지경에 처하게 되었다.

정윤 왕무는 927년(태조 10) 16세 때부터 부왕을 대리하여 활발한 활동을 펼쳤다. 21세 때에는 부왕의 명을 받아 병석에 누워 있는 최응을 찾아가 채식주의자인 그에게 육식을 권하기도 했다. 930년(태조 13)에는 남정을 떠난 태조를 대신해 북변을 순행했고, 935년(태조 18)에는 신라의 경순왕이 항복하자 그를 개경에서 영접했다. 936년(태조 19)에는 박술희와 함께 천안부를 공략한 다음 통일전쟁 최후의 일전이었던 일리천 전투가 시작되자 맨 먼저 적진에 뛰어 들어가 무용을 떨쳤다. 실로 무(武)라는 이름에 합당한 인물이 바로 혜종[37]이었다.

민활한 외교정책 수행

944년 혜종은 광평시랑 한현규와 예빈경 김렴을 후진에 파견하여 왕위 계승을 통고하고 그 무렵 요와의 전쟁에서 거둔 승리를 축하했다. 그러자 945년 후진의 출제는 광록경 범광정과 태자세마 장계응 등을 사신으로 보내 혜종을 지절 현도주도독상주국충대의군사고려국왕(持節玄菟州都督上柱國充大義軍使高麗國王)으로 책봉했다.

출제는 다시 곽인우를 고려에 파견해 요를 협공하자고 요청했다. 그러나 혜종은 태조와 달리 거란에 적개심을 갖고 있지 않았고, 무모하게 군사들을 희생시키고 싶지도 않았다. 때문에 그는 일부러 흐트러진 고려의 군세를 곽인우에게 보여주면서 간곡하게 그 제안을 거절했다. 그 작전에 넘어간 곽인우는 출제에게 고려의 군사력으로는 도저히 요군과 싸울 수 없다고 보고했다.

그때부터 후진은 독자적으로 요를 공격했다가 연전연패한 뒤 기근과 폭동이 이어져 946년 멸망하고 말았다. 고려는 후진의 뒤를 이어 건국한 후주, 북송과 연대하여 반요 동맹을 맺었다. 그처럼 혜종은 동북아의 정세를 꿰뚫어 보고 시기적절하게 대응함으로써 신생국이 겪을 수 있는 시행착오를 피할 수 있었다.

왕권 분쟁과 혜종의 고립

혜종은 즉위 이후 요와 후진, 여진 등 주변국들과 원활한 관계를 유지하며 내치에 혼신의 힘을 기울였다. 그러나 협소한 국내의 지지기반으로 인해 정적들의 공세가 날로 심화되면서 점차 고립되어갔다. 사부인 한림원경 평장사 최언위가 944년 12월 세상을 떠나자 혜종은 더욱 힘을 잃었다. 외가인 나주와 왕규의 광주, 김긍률의 청주, 박술희의 혜성 세력만으로는 정권을 지키는 데 한계가 있었다. 게다가 조정에서 후견인 박술희와 외척 왕규가 주도권을 놓고 갈등하면서 반대파의 압박은 더욱 강화되었다.

당시 고려 최대의 호족이었던 충주 유씨 가문은 경기 지역의 호족들과 연합하여 혜종을 보위에서 끌어내리고 왕요를 옹립하려는 음모를 꾸몄다. 막강한 사병을 보유하고 있던 그들은 서경의 왕식렴과 힘을 합쳐 혜종의 정사를 방해했다. 또 수시로 자객을 보내 혜종의 목숨을 노렸다. 그로 인해 무용이 뛰어나고 도량이 큰 혜종이었지만 날이 갈수록 지쳐갔다.

945년(혜종 2) 왕규는 왕요와 왕소 형제의 반역 움직임을 간파하고 혜종에게 역모 세력을 진압하도록 주청했다. 하지만 세가 불리함을 절감한 혜종은 오히려 자신의 맏딸을 왕소에게 시집보내며 회유했다. 그들과의 정면대결은 파국뿐이라는 것을 알고 있었기 때문이었다.

이런 혜종의 유화책은 이미 시기를 잃었다. 이미 칼을 뽑아들은 왕요와 왕소 형제는 왕식렴과 박수경의 군대를 끌어들여 무력 정변을 일으킨 다음 개경과 궁궐을 장악해버렸다. 역사에서는 이때의 정변을 외척 왕규의 난으로 기록해 놓았다. 그렇지만 전후 처리 과정을 통해 알 수 있는 것은 당시의 정변이 왕요와 왕소의 일방적인 승리로 끝났다는 점이다.

당시 무력으로 개경을 장악한 왕요 일파는 혜종에게 양위를 요구하고 반대파 신료 3백여 명을 모조리 척살했다. 혜종의 후견인 박술희는 갑곶으로 유배되었다가 살해되었고, 왕규 역시 강화도로 끌려가던 도중 살해되었다. 그때 왕규의 외손자인 광주원군도 반역 혐의를 뒤집어쓰고 사사되었다. 총신들을 잃고 절망감에 빠진 혜종은 945년 9월, 즉위 2년 4개월 만에 중광전에서 34세의 나이로 세상을 떠났다. 시호는 의공명효선현고평경헌(義恭明孝宣顯高平景憲), 묘호는 혜종(惠宗), 능호는 순릉(順陵)이다.

그날 이후

강건했던 혜종이 젊은 나이에 병으로 죽었다는 「고려사」의 기록은 수긍하기 어렵다. 실제로 그가 즉위한 943년 5월 이래 945년(혜종 2) 8월까지도 그가 앓았다는 기록은 전혀 없다. 그러므로 혜종의 죽음은 살해 내지 독살이라고 보는 것이 정치 상황에 맞아 떨어진다.

그처럼 억울하게 생애를 마친 혜종은 사후 대묘에서 신주를 옮기지 않는 불천위 대접을 받았다. 제6대 성종 대에 왕실 사당인 대묘가 만들어진 뒤 오래된 신주는 다른 건물로 옮겼지만 혜종은 창업자 태조와 중흥조로 추앙받는 현종과 함께 제자리를 지켰다. 고려 왕실에서도 혜종의 진면목을 인정했다는 뜻이다.

한편 혜종의 고향인 나주 백성들은 앙암 동쪽에 위치한 흥룡사 안에 사당을 짓고 그를 호국신으로 추앙했다. 고려 말 전북 고창 출신의 문신 윤소종은 혜종의 사당을 알현하고 다음과 같은 시를 읊었다

철원에서 바야흐로 신성함을 여니 금성에서 태자가 태어나
삼한을 통일하는 날 먼저 백제의 성에 올랐도다.
산하가 왕의 기운을 북돋우고 사당의 초상이 민초들의 뜻을 보시니
원컨대 왜구 정벌을 도우사 요새를 도끼로 찍어 만세토록 태평케 하소서.

혜종의 가족

혜종은 의화왕후 임씨, 후광주원부인 왕씨, 청주원부인 김씨, 궁인 애이주 등 4명의 부인으로부터 2남 3녀를 얻었다.

제1비 의화왕후 임씨는 대광 임희의 딸로 921년 12월 당시 정윤이었던 왕무와 혼인했다. 943년 5월 혜종이 보위에 오른 뒤 왕후에 책봉되었다. 소생으로 흥화군과 광종 비 경화궁부인, 진헌공주를 낳았다. 사후 순릉에 혜종과 함께 합장되었다.

제2비 후광주원부인 왕씨는 대광 왕규의 딸이고, 제3비 청주원부인 김씨는 원보 김긍률의 딸로 모두 소생이 없었다. 궁인 애이주는 경주 출신으로 대간 연예의 딸인데 태자 왕제와 명혜부인을 낳았다.

국내 | 943 태조 사망, 혜종 즉위 | 945 정종 즉위 | 949 광종 즉위 | 956 노비안검법 시행 | 960 승려 체관, 「천태사교의」 저술에 투항 | 963 제위보를 둠 | 973 균여대사, 〈보현십원가〉 지음

세계 | 945 시라센 부와이왕조, 바그다드에 입성 | 946 거란, 국호를 대요로 고침 | 950 독일 오토대제, 보헤미아 정복 | 951 곽위, 후주 건국 | 955 후주 축 참공 | 960 조광윤, 송 건국 | 961 신성로마제국 오토 1세, 제2차 로마 원정

제3대 정종
문명장경정숙영인간경장원
文明章敬正肅令仁簡敬莊元

고려의 제3대 국왕 정종(定宗)의 이름은 요(堯), 자는 천의(天義)이다. 태조의 셋째아들이자 신명순성왕후 유씨의 두 번째 소생으로 923년(태조 6) 계미일에 태어났다. 정종은 945년 9월 무신일에 정변을 일으켜 혜종을 제거한 다음 23세의 젊은 나이로 보위에 올랐다.

그때부터 충주[38]의 호족 유씨 가문과 왕식렴의 서경 세력은 혜종을 제거하고 신명순성왕후 소생의 왕요를 추대하려는 음모를 꾸민다. 충주 유씨는 918년 왕건이 궁예를 몰아내는 데 협력했고, 주변의 호족들을 끌어 모으는 데 커다란 역할을 했다. 때문에 통일 이후 태조의 견제에도 불구하고 평산 박씨와 종실 세력까지 끌어들여 막강한 세력을 형성했다.

충주 유씨 가문의 선두주자였던 태조의 장인 유긍달은 충주의 지역사회를 지배하면서 인근 호족 세력들을 관리했고, 중앙의 권신 유권열과 유기적인 관계를 맺으며 왕소와 왕요 형제를 지원했다. 그때부터 고려 건국의 주체였던 송

악의 해양세력이 퇴보하고 충주를 비롯한 내륙세력이 힘을 얻었다.

시랑 유권열은 충주 유씨 가문의 인재들 가운데 가장 두드러진 활약상을 보였다. 태조는 즉위 4개월 만에 광평성 시중을 지낸 구진을 나주 방면의 시중으로 임명했다. 그런데 구진이 왕명을 거부하자 유권열이 앞장서 엄벌을 요구했다. 그 결과 구진이 태조에게 극구 사죄하고 나주로 떠나면서 태조의 신임을 받았다. 유권열은 또 명주의 김순식이 왕명을 따르지 않자 그의 아버지 허월을 보내 회유하게 함으로써 태조의 근심을 덜어주었다. 그처럼 유권열은 초기 고려 조정의 기강을 확립하고 호족과 관련된 문제들을 해결하면서 자신의 입지를 굳혔다.

충주 유씨 약진의 발판은 무엇보다도 태조의 제3비 신명순성왕후 유씨가 5남 1녀를 낳았기 때문이다. 그들은 유씨 소생의 왕자들과 충주 주변의 호족들과 혼인관계를 맺으면서 세력을 넓혀갈 수 있었다. 태자 왕태는 홍주 호족 홍규의 외손녀를, 왕요는 승주 호족 박영규의 두 딸을, 왕소는 신주 호족 강기주의 외손자로 입양된 뒤 황주 호족 황보제공의 외손녀와, 낙랑공주는 경순왕 김부와 혼인했다. 그 외에 왕정과 흥방공주는 각각 정주 유덕영의 외손녀, 외손자와 혼인하는 등 충주 유씨의 후원세력은 한반도 남쪽으로 광범위하게 퍼져 있었다. 그처럼 막강한 충주 유씨 가문과 종실의 선두주자였던 서경의 왕식렴이 손잡으면서 혜종의 위치는 더욱 불안해졌다.

945년 9월, 왕요는 충주 유씨 가문과 평주 박씨 가문의 사병을 동원하고 서경의 왕식렴이 끌고 온 서경군의 지원을 받아 정변을 일으켰다. 그들은 곧 혜종과 박술희, 왕규 등을 제압하고 정권을 탈취하는 데 성공했다. 혜종은 의문의 죽음을 당하고 박술희는 강화도로 유배되었으며 왕규는 외손자 광주원군을 옹립하려 했다는 역모 혐의를 뒤집어쓰고 죽임을 당했다.

왕요는 즉위하자마자 조정과 백성들에게 신망이 높은 최지몽을 끌어들여 자신들의 정변을 합리화했다. 그런 다음 거사의 최고 공로자인 서경의 왕식렴을 광국익찬공신에 봉하고 서열 칭호를 좌승(3품 하)에서 대승(3품 상)으로 올린 뒤 곧 대광(2품 상)으로 승진시키기까지 했다. 당시 정종은 자신을 추대한 왕식렴에 대해 다음과 같이 칭송했다.

'식렴은 삼대의 으뜸 공신이며 한 나라의 주춧돌로, 국량은 바다와 산악을 삼킬 만하고 기운은 바람과 구름을 간직했다. 전번에 선왕이 병들어 위중해 흐림과 맑음이 분간되지 못했을 때에 충과 의를 지니고 추운 겨울철 솔의 절개를 드러내 부족한 나를 도와 추대하고 나로 하여금 군극을 계승하여 맡도록 했다. 이윽고 간신이 사납게 반역하여 흉악한 무리들과 손을 잡고 홀연 담장 안으로부터 갑자기 변란을 일으켰다. 그때 경은 옥이 불에 들어가 더욱 차가워지고 솔이 눈을 뒤집어써 더욱 푸르러지듯 칼을 잡고 적을 무찔러 삶을 잊고 국난을 위해 목숨을 버리려 하니 흉악하고 미친 무리들이 와해되고 반역의 무리들이 죽임을 당했다. 이에 조정의 기강이 추락하려다 다시 일어섰고 종묘사직이 기울다가 다시 가지런해졌다.'

무일의 시대

왕요는 친형 왕태가 요절한 뒤로부터 신명순성왕후의 장자로서 충주 유씨 가문의 희망이었다. 성품이 대담했던 그는 자신의 사명을 외면하지 않았고 후원세력들의 기대에 걸맞게 권력에 대한 의지까지 보여주었다. 때문에 충주 유씨 가문에서는 아들 흥화낭군을 태자로 책봉하려는 혜종의 의도를 번번이 가로막고 왕요를 후계자로 세우려 했다. 그로 인해 건국 초기 고려에서는 배다른 형제들 간에 비극적인 상쟁을 피할 수 없었다.

보위에 오른 정종은 스스로 자를 천의(天義), 혹은 의천(義天)이라 지음으로써 자신이 천명에 따라 왕이 되었음을 암시했다. 그러면서 「훈요십조」의 가르침에 따라 「서경」 무일편[39]을 즐겨 읽으며 의욕적으로 정사를 돌보았다. 때문에 훗날 최승로는 정종에 대해 이렇게 평했다.

'정종은 동생으로써 승계하여 아침 일찍부터 밤늦게까지 열심히 뜻을 예리하게 하고 이치를 캐냈다. 혹은 촛불을 밝혀 조정 신하들을 불러 만나고 혹은 밤이 되어서야 식사하며 만 가지 중요 업무를 듣고 처리했다. 이런 까닭에 즉위 초기에 사람들이 모두 서로 축하했다.'

그 후 정종은 태조의 유훈을 실천하면서 뜻한바 성군의 길을 가려 했지만 정변 과정에서 형제간에 흘린 피가 그의 양심을 뒤흔들었다. 즉위 이듬해 대궐에서 뇌성벽력이 떨어지자 놀란 정종은 전국에 사면령을 내려 감옥에 있는 죄수들을 석방하고 유배자들을 풀어주었다. 또 직접 부처의 사리를 받들고 개국사[40]까지 10리 길을 걸어가 희생자들의 극락왕생을 빌었으며, 곡식 7만 석을 풀어 불명경보와 광학보라는 장학재단을 만들었다.

서경 천도 계획과 광군 창설

정종 즉위 초기 조정은 왕식렴과 왕소, 박수경 등이 장악하고 있었다. 서경을 지지 기반으로 삼고 있던 정종은 개경에 가까운 신주, 황주, 평주 호족들의 후원을 받고 있는 친동생 왕소의 세력이 점차 부담스러워졌다. 만일 왕소가 보위를 노린다면 아무 대책이 없는 상황이었다. 게다가 개경의 신료들과 백성들은 서경 세력의 지원을 받아 권력을 점탈한 정종을 소원하게 대했다. 그런 복합적인 정황으로 인해 정종은 서경 천도 계획을 적극적으로 추진했다. 이는 과거 태조가 철원을 떠나 송악으로 천도한 것과 같은 맥락이었다.

서경 천도의 대의명분은 충분했다. 부왕 태조는 일찍이 고구려의 옛 수도인 평양의 재건을 명하고 서경이라 명명함으로써 양경 체제를 확정지었다. 그 후 후백제와 통일전쟁을 치르는 와중에도 태조는 수시로 서경 일대를 순행함으로써 고려가 고구려의 후신임을 널리 알렸으며, 수도 개경에 7층탑, 서경에는 9층탑을 세움으로써 북방의 중요성을 강조했다.

947년(정종 2) 정종은 서경 천도의 사전작업으로 대광 박수문을 파견해 덕창진과 철옹, 박릉, 삼척, 통덕 등에 성을 쌓게 했다. 또 가을에는 박수경을 파견해 덕성진에 성을 쌓게 했다. 그렇듯 서경을 에워싼 북계(서북면, 평안도 지역)에 축성을 서두른 것은 북진정책을 빌미로 천도를 합리화하려는 의도였다.

정종은 또 시중 권직에게 서경의 궁궐 축조를 명했다. 그로 인해 부역에 동원된 개경 백성들의 원성이 하늘을 찔렀고, 소요되는 자재와 식량을 동원하느라 관리들의 비명이 터져 나왔다. 그럼에도 불구하고 정종이 천도 계획을 밀어붙일 수 있었던 것은 왕식렴의 뒷받침이 있었기 때문이었다. 왕식렴은 창업 이래 북방정책의 최전방인 서경에 머물면서 강력한 군사력을 보유하고 있었다. 실로 그는 고려의 북방을 행정적 군사적으로 지배해온 군벌이자 총독이었다.

그 무렵 후진에 유학했다가 요에 잡혀갔던 최광윤이 사신의 직분으로 고려에 들어왔다. 최광윤은 정종에게 은밀히 요의 침공 위협을 경고했다. 그러자 정종은 조정 신료들에게 30만 명의 광군(光軍) 창설을 명했다. 이윽고 광군사(光軍司)가 설치되었고 호족들을 광군의 지휘관으로 임명하였다. 그렇듯 광군은 호족연합군 형식의 예비군 조직이었다. 그때부터 고려는 중앙의 광군사를 통해 각 지방 호족들의 군사들을 통제할 수 있게 되었다. 그와 같은 군사조직의 정비는 정종의 왕권강화에 도움을 주었을 뿐만 아니라 북진정책과 외적 방어에 기여했고, 성종과 현종 때 요의 침공을 물리칠 수 있었던 기반이 되었다.

서경 천도와 광군 창설은 왕소의 도전을 물리치고 정종의 왕권을 공고화하기 위한 핵심 명제였다. 그렇지만 백성들은 심한 부역과 조세 부담으로 인해 정종을 원망했고, 왕소 세력의 도전 또한 만만치 않았다. 그처럼 불안한 상황 하에서도 정종은 과거 정변의 죄책감으로 번민하고 있었다. 그 양심의 소리가 왕식렴의 죽음과 함께 정종을 파국으로 몰아넣었다.

죽음의 징조

948년(정종 3) 9월 동여진[41]의 대광 소무개 등이 정종을 알현하고 말 7백 필 및 방물을 바쳤다. 사서에서 여진의 이름이 등장하는 것은 이때가 처음이었다. 그때 정종은 정전인 천덕전으로 나아가 말을 세 등급으로 나누고 가치를 평가해 은과 비단을 하사했다. 그런데 갑자기 엄청난 천둥소리와 함께 폭우가 쏟아지는가 싶더니 벼락이 떨어져 물건을 가져온 사람과 천덕전의 서쪽 모서리를 강타했다. 깜짝 놀란 정종이 바닥에 주저앉자 시종들이 왕을 부축해 급히 중광전으로 옮겼다.

그때부터 병석에 누운 정종은 점차 기력을 잃어갔다. 그런데 이듬해인 949년 1월 자신의 최대의 후원자인 대광 왕식렴의 부음이 들려왔다. 병석에 누운 지 4개월 만이었다. 그로 인해 의기소침해진 정종은 그해 3월 동생 왕소에게 왕위를 물려주었다. 그처럼 실권자 왕식렴의 죽음과 정종의 선위가 급박하게 이어졌다는 것은 그 무렵 치열한 권력다툼이 있었음을 암시한다.

기실 정종이 뇌성벽력에 놀라 주저앉았다는 것은 천재지변을 이용하여 국왕의 퇴위를 합리화하기 위한 곡필의 전형이다. 그보다는 광종 즉위 이후 정종의 아들 경춘원군이 살해되었다는 점이 더욱 의미심장하다. 그 사건은 왕소를 후원하는 평산 박씨와 호족연합세력이 정종을 후원하던 서경파 세력을 제압했다는 뜻으로 해석할 수 있기 때문이다. 어쨌든 선위 이후 제석원으로 거처를 옮긴 정종은 27세의 젊은 나이로 세상을 떠났다. 시호는 문명장경정숙영인간경장원(文明章敬正肅令仁簡敬莊元), 묘호는 정종(定宗), 능호는 안릉(安陵)이다.

정종의 가족

정종에게는 문공왕후 박씨, 문성왕후 박씨, 청주남원부인 김씨 등 3명의 부인이 있었는데, 문성왕후 박씨에게서만 1남 1녀를 얻었다.

제1비 문공왕후와 제2비 문성왕후는 견훤의 사위 박영규의 딸로 친자매 간이다. 그녀들은 또 태조의 제17비인 동산원부인 박씨의 친동생이기도 하다. 현대의 상식으로는 이해할 수 없는 족보이지만 고려 왕실에서는 그다지 놀랄만한 일이 아니다. 두 자매 중에 문성왕후 박씨만이 경춘원군과 공주 1명을 낳았다.

제3비 청주남원부인 김씨는 원보 김긍률의 딸인데, 혜종의 제3비 청주원부인 김씨의 친동생이다. 청주 김씨는 충주 유씨와 함께 유력한 호족이었는데 혜종에게 딸을 시집보내면서 혜종파로 분류되었다. 그러나 왕요와 서경파의 세력이 강해지자 정종에게도 둘째딸을 시집보냈다. 그처럼 당시 고려 왕실의 혼인관계는 복잡하게 얽히고설켜 있었다.

국내 | 943 태조 사망, 혜종 즉위 | 945 정종 즉위 | 949 광종 즉위 | 956 노비안검법 시행 | 960 승려 체관, 「천태사교의」 저술에 투항 | 963 제위보를 둠 | 973 균여대사, 《보현십원가》 지음

세계 | 945 사라센 부와이왕조, 바그다드에 입성 | 946 거란, 국호를 대요로 고침 | 950 독일 오토대제, 보헤미아 정복 | 951 곽위, 후주 건국 | 955 후주 측 참공 | 960 조광윤, 송 건국 | 961 신성로마제국 오토 1세, 제2차 로마원정

제4대 광종
대성선열평세숙헌의효강혜
大成宣烈平世肅憲懿孝康惠

    고려의 제4대 국왕 광종(光宗)의 이름은 소(昭)[42], 자는 일화(日華)이다. 태조의 넷째 아들이자 신명순성왕후 유씨의 세 번째 소생으로 925년(태조 8)에 태어났다. 949년 3월 동복형 정종의 선위를 받아 25세의 나이로 보위에 올랐다.

    광종은 왕자 시절 정종과 함께 혜종의 왕권을 위협하던 핵심인물이었고 평주 호족인 박수경, 박수문 형제, 서경의 실력자인 왕식렴과도 밀접한 관계를 유지하고 있었다. 때문에 혜종은 서경세력의 압력으로부터 벗어나기 위해 광종과 자신의 딸을 혼인시키기까지 했다. 그는 우직한 형 정종과는 달리 치밀하면서도 과감한 성격의 소유자였다.

    그는 정종이 즉위한 뒤 막무가내로 서경 천도를 밀어붙이자 내심 불만을 품었다. 광종은 당시 충주 호족들은 물론 신주원부인의 양자로서 신천 강씨 세력의 후원을 등에 업고 있었다. 또 부인 대목왕후의 외가인 황주, 박수경의

평주 세력까지 끌어들여 개경 일대는 물론 서경에도 영향력을 행사하고 있었다. 그 무렵 신주의 강공훤, 강유원, 황주의 황보제공, 황보금산은 강력한 사병들을 거느리고 있었으며, 평주[43]의 군벌 박수경까지 그를 지원했다. 때문에 광종이 보위를 탐냈다면 정종이 물리적으로 진압하기는 힘들었을 것이다.

평화 시대의 개막

광종은 즉위 초기 7년 동안 자신을 후원하던 충주 유씨와 평산 박씨, 청주 김씨 가문과 원만한 관계를 유지했다. 정종 이후 국정 전반에 관해 실질적인 권력을 거머쥔 세 가문과의 정면대결은 자살행위나 다름이 없었기 때문이다.

949년, 광종은 대광 박수경에게 명해 개국 초기의 공신들을 4등급으로 나눈 다음, 공을 네 번 세운 자에게는 쌀 25석, 세 번 세운 자에게는 20석, 두 번 세운 자에게는 15석, 한 번 세운 자에게는 12석을 지급했다. 이는 혜종 이후 정변이 잦았음을 말해준다. 또 원보 식회와 원윤 신강으로 하여금 지방에서 중앙에 바칠 공물의 액수를 산정하게 했다. 여기에는 지방 호족들의 경제력을 샅샅이 파악한 다음 향후 숙청의 빌미를 잡으려는 광종의 속셈이 담겨 있었다.

950년(광종 원년) 1월 큰 바람이 불어 대궐의 나무들이 뿌리 채 뽑히자 광종은 사천대의 관리에게 재앙을 물리칠 방법을 물었다. 그러자 '제왕이 덕을 닦음만 한 것이 없다'는 보고가 올라왔다. 유교의 재이설에 의하면 천재지변은 군왕이 부덕한 탓이니 자중하라는 뜻이었다. 그때부터 광종은 치세의 지침서랄 수 있는 「정관정요」를 탐독하면서 왕권 회복의 청사진을 그렸다. 그런 왕의 야심을 눈치 채지 못한 신료와 호족들은 방심하면서 하염없이 태평성대를 노래하고 있었다.

951년(광종 2) 광종은 고려의 대외적인 위상을 높이기 위해 광덕(光德)이란 독자적인 연호를 발표했다. 그 무렵 대륙에서는 5대10국[44]의 혼란시대가 계속되면서 마땅히 사용할 중국의 연호가 없었기 때문이다. 그러나 그해 12월부터 고려는 후주의 연호를 받아들이고 외교관계를 맺음으로써 북방의 요와 여진을 견제했다. 고려가 황제국[45]을 지향하면서도 중국의 연호를 사용한 것은 북방의 안정을 위한 실리적인 조치였다.

한편 광종은 팔관회와 연등회 등을 통해 적극적으로 불교를 후원하면서 민심을 끌어들였다. 951년(광종 2) 대봉은사를 창건하여 태조의 원찰로 삼고 태조의 진영을 모셨다. 그때부터 고려 국왕들은 매년 6월 태조의 기일에 봉은사를 찾아가 분향하는 전통이 시작되었다. 또 개경 동쪽 교외에 불일사를 창건하여 모후인 신명순성왕후의 원찰로 삼았으며, 954년(광종 5)에는 숭선사를 창건해 모후의 명복을 빌었다.

그 무렵 광종은 화엄종 승려 균여와 교분을 맺고 그의 성상융회사상을 적극적으로 받아들였다. 당시 고려에서 세력을 떨치던 교종은 성종(性宗)과 상종(相宗)으로 분리되어 있었다. 성종의 대표종단은 화엄종이었고, 상종의 대표종단은 법상종이었다. 두 종단은 이질적인 집단을 통합할 수 있는 융회적이고 보편적인 원리를 추구했는데, 균여는 그들을 통해 민심을 하나로 통합할 수 있다고 진언했던 것이다.

광종은 두 종파의 신도들이 대부분 중소호족과 평민들이라는 점에 착안해 균여를 적극적으로 지원했다. 두 종단의 통합으로 교종의 교세가 확산되면 그만큼 선종과 밀접한 관계에 있는 호족들의 기반이 좁아질 것이었다. 953년(광종 4) 광종은 화엄종 승려 겸신을 국사로 임명하기까지 했다.

광종의 초기 치세는 외면적으로 평온하기 이를 데 없었다. 정권의 실세였던 박수경에게 요직을 맡겼으며, 청렴결백한 이천[46]의 서필 등이 그를 보좌하면서 정사는 원만하게 유지되었다. 서필은 수시로 간언을 통해 광종의 방심을 경계했다. 언젠가 광종이 재상 왕함민, 황보광겸, 서필에게 금으로 만든 술잔을 하사하자 서필은 이렇게 쓴소리를 하기도 했다.

'신이 잘못 재상에 올라 외람되이 총애와 은혜를 입고 있는데 또 금 그릇을 하사하시니 두렵고 분수에 넘칩니다. 본래 복장이나 그릇은 등급과 사치, 검소의 기준이라 성세와 난세가 이로써 갈립니다. 저와 같은 신하가 금 그릇을 사용하면 군주는 장차 무엇을 사용하겠습니까.'

그 무렵 조정의 요직에 있던 인물로는 연풍(괴산) 각연사의 통일대사 비석에 새겨진 내의령 광겸, 내봉성령 준홍, 시중 인봉과 곡성 대안사의 광자대사 비문을 쓴 원봉령 손소 등이었다. 당시 한림원 학사로 근무하던 최승로는 훗날 광종의 초기 치세를 중국의 하·은·주 삼대와 비견하면서 다음과 같이 칭송했다.

'신하를 예우하되 아랫사람에게 더 잘해주었고 감식능력이 뛰어나 사람을 알아보는 데 실수하지 않았다. 친귀(親貴)에게 아부하지 않아 항상 호강을 누르며 소천(小賤)을 버리지 않아 은혜가 홀아비와 과부에게까지 비추었다. 즉위 이후 8년에 이르기까지 정치와 교화가 맑고 공평했으며 벌과 상이 넘치지 않았다.'

그처럼 광종은 왕권회복을 모색하면서 중국과 외교관계를 강화해 자신의 역량을 키웠다. 953년, 후주에서는 위위경 왕연 등을 사신으로 보내 광종을 특진검교태보사지절현토주도독충대의군사 겸어사대부고려국왕(特進檢校太保使持節玄菟州都督忠大義軍使兼御史大夫高麗國王)으로 책봉했다. 955년 광종은 답례로 후주의 태조 곽위에 이어 2대 황제에 오른 세종에게 귀화인 왕융을 보내 토산물을 선물했다.

956년, 후주의 세종은 장작감 설문우를 보내 광종에게 개부의동삼사검교태사(開府儀同三司檢校太師) 칭호를 더해 주었다. 그때 후주의 대리평사 쌍기가 사신단의 일원으로 고려에 들어왔다가 병을 얻어 귀국하지 못하고 개경에서 머물렀다. 그는 후주에서 세종을 도와 왕권을 강화하는 데 큰 공을 세운 인물이었다. 쌍기의 명성을 익히 알고 있던 광종은 그를 궁궐로 불러들여 고려의 국정 전반에 대한 조언을 들었다. 그 과정에서 개혁의 당위성을 절감한 광종은 세종에게 쌍기를 신하로 달라고 요청했다. 이윽고 세종의 허락을 받은 광종은 쌍기를 귀화시켜 한림학사로 삼은 뒤 7년 동안의 침묵을 깨고 본격적인 고려의 내정개혁에 착수했다.

노비안검법

956년(광종 7), 광종은 노비의 실태를 조사해 부당하게 노비가 된 자들을 해방시키는 노비안검법(奴婢按檢法)의 시행을 선포했다. 당시 고려의 노비는 통일전쟁 과정에서 포로가 된 양인이거나 강압에 의해 노비로 전락한 사람들이었다. 그런 노비들의 신분 회복은 필연적으로 그들을 이용해 경제적 이익을 취하던 호족 세력의 기반 상실을 예고하는 것이었다.

예상했던 대로 노비안검법에 대해 호족들이 거세게 반발하고 나섰다. 황주 호족의 상징적인 후원자였던 대목황후까지도 광종의 조치에 반대했다. 노비는 마소와 같이 엄연한 사유재산으로 인정되던 시대였으므로 국왕이 독단적으로 재산권을 침범했다는 것이 직접적인 반대의 이유였다. 하지만 광종은 노비안검법이 일방적인 노비해방법이 아니라 불법적인 경위를 통해 억울하게 노비가 된 양인들을 신원시키는 법률이라는 점을 내세웠다.

일찍이 태조는 개국 직후 노비를 일부 해방시킨 적이 있었다. 궁예가 철원에 궁궐을 지을 때 동원되었다가 기근과 질병으로 인해 생활 기반을 잃고 노비가 된 백성들을 조사해 1천여 명의 신분을 양인으로 회복시켜주었던 것이다. 광종이 그런 원칙론을 들고 나서자 호족들은 달리 반격할 만한 논리를 찾을 수가 없었다.[47]

노비안검법의 시행이 본격화되자 호족들은 경제적, 군사적으로 커다란 타격을 입었다. 반대로 고려의 중앙정부는 양인의 증가에 의한 세수 증대로 재정이 풍부해지는 효과를 얻었다. 그때부터 호족들과 관료들은 광종을 의혹에 어린 눈초리로 바라보았지만 이미 때는 늦었다. 광종은 오랫동안 준비해 두었던 개혁의 칼날을 휘두르기 시작했던 것이다.

과거 제도

충격적인 노비안검법의 시행으로 호족들의 기반을 약화시킨 광종은 958년(광종 9) 두 번째 핵 펀치를 날렸다. 그것은 과거제의 실시였다. 과거제는 문장과 유교경전의 지식을 시험해 관료를 선발하는 제도로 중국의 수와 당을 거치며 정비된 국가고시제도였다.

쌍기는 고려에 귀화한 뒤 원보와 한림학사를 거쳐 1년도 되기 전에 국왕의 명령문, 외교문서, 부처에 기원하는 글 등을 책임지는 문병(文柄)에 임명되어 조정의 실세로 부상했다. 광종은 그의 건의에 따라 과거제의 시행을 선포함으로써 호족 가문 후손들의 일방적인 조정 진출을 차단했다. 당시 고려의 관료들은 고려의 건국과 통일 과정에서 전공을 세웠거나 무력을 제공한 호족과 공신들로 채워져 있었다. 대부분 무인 출신인 그들은 음서제도를 통해 관리로 등용되었는데, 유학을 기본으로 하는 과거제는 그들의 정계 진출을 제도적으로 막는 자물쇠와도 같았다.

고려에서 최초의 과거가 치러지던 날 검은 학이 함덕전으로 날아들었다. 일찍이 고구려의 왕산악이 거문고를 연주할 때 날아든 적이 있었다는 길조였다. 그날의 시험은 시무책 논술로 행해졌는데 문장 분야인 제술업에서 2인, 유학 경전 분야인 명경업에서 3인, 천문지리를 관찰해 점을 치는 복업에서 2인의 급제자가 나왔다. 당시 전체 장원급제자는 제술업 분야의 최섬이었다. 광종은 몸소 시험장 앞에 있는 위봉루에 나가 급제자들을 격려했다.

고려의 과거에서는 무과가 시행되지 않았다. 그것은 상무정신에 투철한 고려인들이 평소에 무예 연마가 생활화되어 있었기 때문인 것으로 보인다. 과거제 시행과 함께 고려에서는 문학과 유학을 전공하는 유생이 출현했고, 기술과 상공업을 천시하는 부정적인 풍조도 생겨났다. 또 유생들이 과거 급제를 최상의 목표로 삼고 학업에만 전념함으로써 인재의 중앙 집중화, 지방 공동화 현상이 일어났다.

공포 시대의 도래

960년(광종 11) 1월 쌍기의 조국 후주가 멸망했다. 후주의 영명한 군주 세종이 붕어한 뒤 공제가 보위에 올랐지만 불과 6개월 만에 무장들의 추대를 받은 금군통령 조광윤에 의해 축출되었던 것이다. 이를 진교의 변이라 한다. 그렇듯 군부의 반란으로 북송[48]이 건국하자 광종은 새삼 호족들의 무력을 의식하며 긴장할 수밖에 없었다. 그런 국제정세의 변화에 따라 광종은 그때까지 사용해오던 후주의 연호를 폐지하고 고려의 독자적인 연호인 준풍(峻豊)을 선포했다. 엄하고 풍성하다는 뜻으로 해석될 수 있는 새 연호는 장차 고려에 공포시대의 도래를 예고하는 것만 같았다.

광종은 우선 공복을 제정하여 관료들의 서열을 바로잡아 조정의 기강을 세웠다. 그때부터 원윤(6품 상) 이상은 자삼(紫衫), 그 아래는 관직에 따라 단삼(丹衫), 비삼(緋衫), 녹삼(綠衫)을 착용하게 되었다. 관직 서열에 따른 공복의 구별은 경종 때 시행된 전시과 제도에 중요한 기준으로 작용하게 된다. 광종은 그와 함께 개경을 황도(皇都)로, 서경을 서도(西都)로 칭하고 그때까지 살아있던 서경 천도 논의를 중단시켰다. 그때부터 개경의 서경에 대한 우위가 공식화되었다.

광종은 왕권 강화를 위해 대대적인 관제 개편에 착수했다. 순군부를 군부로 바꾸어 측근들을 요직에 배치했고, 경호부대인 내군을 장위부로 바꾼 다음 무장을 강화했다. 또 물장성을 보천(寶泉)으로 개편하면서 왕실의 운영자금을 확보했다. 그때부터 광종은 광평성을 젖혀 두고 한림원과 내의성을 중심으로 정국을 운용했다. 그처럼 조정에서 국왕의 비서실[49]격인 내의성이 3성

가운데 최고서열이 되었고 수상도 내의령이 맡았다. 광종은 태자 왕주를 정윤에 책봉한 다음 내의령에 임명하기까지 했다.

그와 같은 국왕의 독주에 경각심을 품은 호족들이 세력을 규합하려 하자 광종은 근위병을 늘려 경호를 강화하는 한편 대대적인 정적 소탕작업에 돌입했다. 960년 평농서사 권신이 내봉성령 준홍과 왕동의 역모를 고변하자 광종은 기다렸다는 듯 준홍과 왕동을 비롯해 내의성령 황보광겸, 광평성 시중 인봉 등을 죽이고 혜종의 아들 흥화군과 정종의 아들 경춘원군까지 처형해버렸다.

그때부터 광종은 수시로 대규모 숙청을 감행해 왕권에 방해가 되는 호족들과 친인척들을 모조리 살해했다. 갑작스럽게 몰아닥친 고려 조정의 광풍은 오랫동안 계속되었는데 태자 왕주까지도 역신들과 연루되었다 하여 죽음을 당할 뻔했다. 당시 왕주가 살아남은 것은 그를 대신할 만한 인물이 없었기 때문이었다.

신세대와 귀화인들의 약진

961년(광종 12)부터 광종은 대궐 수리 명목으로 5촌 숙부인 정광 왕육의 저택에 머무르며 과거를 통해 등용된 인재들과 함께 예의 개혁 정책을 적극 추진했다. 963년(광종 14) 6월 공사가 마무리될 무렵 대쪽 재상 서필이 광종에게 '공이 없는 자에게 상 주지 마시고 공이 있는 자를 잊지 마십시오'라고 쓴소리를 했다. 광종이 그게 누구냐고 묻자 서필은 '공이 있는 자는 원보 식회, 공이 없는 자는 약배(若輩)입니다'라고 대답했다. 식회는 광종 즉위년에 원윤 신강과 함께 지방에서 중앙에 바칠 공물의 액수를 정했던 인물이었고, 약배는 젊은 무리들이란 뜻으로 과거를 통해 조정에 진출한 신세대들을 일컫는 말이었다.

「고려사」에 따르면 후주인 쌍기 등용 이후 고려 조정에서는 문사, 중국 선비, 비재(非才), 후생(後生), 남북용인(南北庸人)들이 출세하고 구덕(舊德)

은 소외되었다고 기록되어 있다. 당시 조정에서 구신들과 신진관료들의 주도권 다툼이 치열하게 전개되었음을 알 수 있다.

그 무렵 광종에게 중용된 중국 유학파 문사로는 장유, 최행귀가 대표적이다. 상질현(전북 고창) 출신의 장유는 오월(吳越)에 피난 갔다가 귀국해 외교 담당 관부인 객성(客省)의 관리가 되어 중국사신을 영접했다. 최행귀는 최언위의 차남으로 오월에 유학해 그곳에서 문필 분야의 관직에 있다가 귀국해 한림학사가 되었다. 국내파 문사로는 최지몽, 손소, 최승로, 김악, 김정언, 이몽유, 장단열, 조익 등이 있다. 손소는 청주 출신으로 원봉성장관을 지냈고, 경주 출신의 최승로는 한림원 학사, 백제 출신의 김악은 한림학사, 병부령을 지냈다.

귀화한 중국 선비 가운데 대표적인 인물은 10국의 민(閩) 출신으로 한림학사를 역임한 왕융이었다. 그는 광종 시대 8차례 치러진 과거에서 4차례나 고시관을 역임한 인재였다.[50] 과거 급제자로는 최섬과 진긍, 서희, 김책, 유방헌, 한인경, 최량 등 후백제 지역 출신들이 많았다. 광종은 후백제 출신들을 정치적으로 배려함으로써 진정한 삼한의 통합을 추구했던 것이다. 하지만 구시대의 기득권자들은 그들을 약배 혹은 남북용인이라 하여 못마땅하게 여겼다.

남북용인은 후백제 계열의 과거 급제자와 귀화인들이었다. 고려 개창 무렵 멸망한 발해의 유민 상당수가 광종의 친위대로 활동하며 정적 처단의 역할을 수행했다. 통일전쟁 과정에서 고구려, 발해 계열 및 여진족, 거란족이 귀화했고, 일리천 전투에 참가한 여진족 기병 9천5백 명 중 상당수가 고려에 귀화한 것으로 보인다. 또 후주의 멸망과 북송의 건국 과정에서 수많은 귀화인들이 몰려왔다. 959년(광종 10)에는 쌍기의 아버지 쌍철이 귀화했고, 970년(광종 21)에는 유학자 채인범이 중국 강남의 천주지례사를 따라 고려에 들어왔다.

균여의 불교 통합

963년(광종 14) 2년 동안의 궁궐 수리가 완료되었다. 그때부터 개경은 황성으로서의 위용을 자랑할 수 있었다. 그해 7월 광종은 개경 동북쪽에 귀법사를 창건하고 초대 주지로 균여를 임명했다. 광종의 치세에는 수많은 사찰들이 지어졌는데, 그 가운데 봉은사는 종파를 초월한 최고 권위의 사찰이고, 불일사는 교종을 견제할 목적으로 지어진 사찰이지만 귀법사는 광종 자신의 원찰로 지어졌다. 귀법사는 오관산의 영통사, 송악산 남쪽 법왕사를 연결하는 화엄사찰이었다.

균여는 광종의 치세 초기부터 불교 진흥책에 협력하면서 개혁의 발판을 마련해준 인물로 국내외에 명성이 높았다. 949년 4월에 대목왕후의 성기에 종기가 생기자 승려 의순이 법약으로 치료했지만 그 과정에서 병에 전염되어 고생하자 제자인 균여가 향불을 피우고 주문을 외어 완치시켜 주었다. 제자의 법력이 스승보다 높았던 것이다. 균여는 또 953년(광종 4) 후주의 사신이 고려에 왔을 때 폭우로 영접행사가 불가능해지자 설법으로 비를 그치게 했다. 광종은 그런 균여의 능력을 높이 평가하고 귀법사의 주지 직을 맡긴 것이다. 그때부터 화엄종의 종통이 영통사에서 귀법사로 옮겨졌다.

그로 인해 불교계의 실력자로 등장한 균여는 본격적으로 화엄종과 법상종의 통합을 추진했다. 두 종파는 교종이었지만 성격은 판이했다. 법상종이 현상인 상(相)을 중시하고 차별을 인정하는 반면 화엄종은 본체인 성(性)을 중시하면서 보편을 추구했다. 그렇듯 균여는 자신의 성상융회사상을 통해 갈라진 교종을 통합했던 것이다.

균여의 교종 통합에 부응하듯 광종은 중국 선종의 일파로 선교일치를 꾀하는 법안종을 도입해 선종의 통제를 시도했다. 이어서 교종의 입장에서 선종과의 일치를 추구하는 천태종에도 지원을 아끼지 않았다. 그 무렵 고려 천태종의 수준은 매우 높아서 964년(광종 15)에 오월에 파견된 제관은 현지의 천태종 부흥에 크게 기여했고, 의통은 중국 천태종의 제13조가 되었다.

광종은 또 승과제도와 법계제도를 제정하고 승려들을 승적에 등록시켜 국가적으로 관리했다. 또 법계와는 별도로 최고의 승적인 국사와 왕사 제도를 만들어 국왕의 종교 고문 역할을 맡겼다. 그렇듯 황성의 완공과 귀법사의 창건을 통해 광종은 정치적 승리를 과시했고, 약진한 왕권의 절대적 권위를 행사하고자 했다.

963년 12월부터 광종이 북송의 연호인 건덕(乾德)을 사용하자 북송에서 답례로 책명사절 시찬을 비롯한 90여 명의 사절단을 고려에 파견했다. 그런데 사신단을 태운 배가 폭풍을 만나 난파되어 시찬 혼자만 개경에 들어왔다. 광종은 그를 위로하며 극진히 대접한 다음 돌려보냈다.

평주 세력 척결

호족 세력의 척결을 통해 독재체제를 확립한 광종은 최종적으로 자신의 최대 후원 세력이었던 평주의 박수경 가문을 해체시키고자 했다. 그때까지도 막강한 사병을 유지하고 있던 평산 박씨 가문은 왕권을 위협할 수 있는 최후의 장애물이었다.

964년(광종 15) 광종은 참소를 이유로 박수경의 아들 좌승 박승위, 좌승 박승경, 대상 박승례를 모조리 하옥했다. 노쇠한 박수경은 광종의 처사에 분개했지만 형 박수문이 이미 사망했고 주변의 호족들이 모두 힘을 잃어버린 상황이라 독자적으로 저항할 능력이 없었다.

박수경은 통일 전쟁 당시 조물성 전투에서 고려군의 전멸을 막아냈고, 발성 전투에서 태조를 구원한 인물이었다. 그는 또 혜종의 축출 이후 정종과 광종을 도와 즉위시킨 공신 중에 공신이었다. 그런 공로를 저버리고 광종이 가문을 멸문지경으로 몰아넣자 박수경은 화병을 얻어 죽고 말았다. 그로 인해 태조와 함께 천하를 주유하던 건국공신들의 시대는 종말을 고했다.

평산 박씨 가문의 해체에 성공한 광종은 평주 일대에 영향력을 가지고 있던 유금필의 외손 효은태자와 효목태자를 역모로 몰아 살해했다. 왕권을 위협하는 호족들과 왕족에 대한 광종의 공포정치는 그때까지도 계속되고 있었던 것이다. 드디어 왕권을 위협하는 모든 걸림돌을 깨끗이 제거한 광종은 965년(광종 16) 2월, 11세가 된 태자 왕주에게 원복(元服)[51]을 입힌 다음 내사, 제군사, 내의령, 정윤으로 삼았다.

정수의 균여 고발사건

그 무렵 균여가 광종의 무자비한 정적 제거 작업을 비판하고 나섰다. 게다가 그는 또 글을 모르는 불교 신도들을 위해 「보현십원가」를 지었는데 그것이 두 사람 사이를 결정적으로 갈라놓았다. 보현보살은 비로자나불로 석가모니불을 보좌하면서 부처의 가르침을 심신을 다해 실천하는 보살이다. 화엄경에 의하면 보현보살은 실천하고자 하는 10대 소원을 지녔는데, 균여가 그것을 노래 형식으로 쉽게 풀이하고 뒤에 맺는 노래 하나를 추가한 것이 「보현십원가」이다. 그중에 「참회업장가」[52]의 내용이 광종의 정수리를 강타했다. 그 내용에 악업을 참회하고 상생의 정치를 펴라는 암시가 담겨있었던 것이다.

때마침 귀법사의 승려 정수가 그 내용을 빌미로 균여가 이정(異情)을 닦고 있다고 광종에게 참소했다. 그러자 광종은 균여를 죽이려 했지만 민심의 이반을 염려해 풀어주고 말았다. 그런데 그날 광종의 꿈에 신인[53]이 나타나 침전을 밟고 서서 말했다.

"황제가 참소를 믿어 법왕을 능욕했으므로 반드시 상서롭지 못한 일이 일어나리라."

광종이 꿈에서 깨어 기이하게 생각했는데, 다음 날 귀법사 근처의 숲에서 소나무 몇 천 그루가 스스로 넘어지는 괴사가 일어났다. 광종이 술사를 불러 점을 쳐보니 국왕이 법왕을 욕보여 배척했기 때문이라는 점괘가 나왔다. 그러자 광종은 나라 안에 변괴를 없애는 법회를 열고, 법관에게 명해 균여를 고발한 정수를 참수하게 한 다음 정수가 머물던 방을 허물어 연못으로 만들었다. 또 정수의 속세 형도 잡아들여 참소문서를 쓰고 무고를 사주했다는 혐의로 처형시켜 버렸다.

그 후 불온가요 「보현십원가」는 고려 백성에게 애창되었을 뿐만 아니라 국제적으로도 인기를 끌었다. 「보현십원가」는 967년(광종 18) 한림학사 내의승지 지제고인 최행귀에 의해 한역되어 북송에 전해졌는데, 그것을 읽어본 북송의 황제와 신하들은 균여를 부처의 현신이라 칭송하며 사신을 보내 예를 올리려 했다. 당황한 고려의 중신들은 균여의 용모가 이상하여 멸시를 받을까 걱정된다며 만나지 못하게 했다. 그러자 북송의 사신은 변장을 하고 귀법사에 잠입해 균여를 만나려고 했다. 하지만 균여는 광종의 노여움이 불교계 전반에 피를 부를 것을 우려해 자취를 감추었다. 실망한 사신은 '이제 어느 곳에서 부처를 뵐 수 있겠는가' 하며 통곡했다고 한다.

그처럼 균여의 인기가 국왕의 권위로도 통제할 수 없는 지경에 이르자 광종은 968년(광종 19) 대장경법회를 열고 구룡산의 주지 탄문을 불러 법회를 주관하게 한 다음 귀법사에 머물게 했다. 이어서 홍화사, 유암사, 삼귀사를 창건했으며 혜거를 국사, 탄문을 왕사로 임명했다. 혜거는 정종의 왕사 출신으로 서경세력과 친밀한 인물이었다. 그렇듯 통치 후기에 광종은 균여와 결별하고 혜거와 탄문을 끌어들여 불교계를 장악하려 했다.

고독한 독재자의 최후

균여의 「참회업장가」의 영향 때문이었을까. 광종은 수시로 궁중에서 국왕이 차와 보리를 갈아 공양하는 공덕제와 비로자나불 참회법회를 열었다. 또 귀법사에서 물과 육지의 영혼을 차별 없이 구제한다는 무차수륙회를 열었으며, 내불당의 떡과 과일을 걸인들에게 보시했다. 강화도에 방생처를 정한 다음 1년에 4차례 방생했고, 대궐의 주방에서는 짐승의 도살을 금지했다. 그와 같은 참회의 여정에 왕은 백성들의 동참을 강요했다. 그래서 고려 전국에 때 아닌 참회의 물결이 일어났다. 그럼에도 불구하고 광종은 피의 숙청은 계속되었다.

969년(광종 20) 11월 신정왕후 황보씨의 소생으로 대목왕후와 남매간이었던 황주원낭군 왕욱[54]이 죽었다. 그 무렵 광종은 주변에 대한 의심이 극에 달해 있었으므로 정치적인 살해 가능성이 매우 높았다. 그와 함께 조정은 완전히 광종의 친위세력으로 포진되었다. 972년(광종 23) 북송에 파견된 사신으로 정사에 내의시랑 서희, 부사에 내봉경 최업, 판관에 광평시랑 강례, 녹사에 광평원외랑 유은 등이 임명되었다. 조정 서열 상 비서실격인 내의성 관리가 서열 1위, 신료들을 대표격인 광평성 관리가 서열 3위에 배치된 것이다. 이는 광종식 독재체제가 확고하게 자리 잡았음을 보여준다.

971년(광종 22) 12월과 972년 2월 개경에서 연달아 지진이 발생했다. 유교적 측면에서 천재지변은 군왕의 실덕에 대한 하늘의 경고였다. 그 때문이었는지, 그해 8월 광종은 전국에 사면령을 내리고 공포정치를 종식시켰다. 최승로는 광종의 후반기 치세를 이렇게 비판했다.

> '경신년(광종 11)부터 을해년(광종 26)까지 16년 동안 간흉이 다투어 진출하여 참소하고 헐뜯음이 크게 일어나니 군자는 용납되지 못하고 소인이 그 뜻을 얻었다. 마침내 자식이 부모를 거역하고 노비가 주인을 고소하고 상하가 마음이 멀어지고 임금과 신하가 체통을 잃고 구신(舊臣)과 숙장(宿將)이 차례대로 살해당하고 뼈와 살을 나눈 친척과 인척이 또한 모두 살해당했다.'

973년(광종 24) 6월, 균여[55]가 51세의 나이로 열반했다. 974년(광종 25) 1월에는 서경 거사 연가가 역모를 꾸미다 발각되어 죽음을 당했고, 그와 친분이 있던 국사 혜거가 그해 2월 15일 열반했다. 이어서 국사 탄문이 충청도 가야산 보원사로 내려가더니 이듬해 3월 76세를 일기로 입적했다.

그처럼 광종의 힘의 원천이었던 불교계 인사들이 하나, 둘씩 세상을 뜨자 광종 또한 기력이 쇠잔해졌다. 975년(광종 26) 5월 갑오일, 병으로 누운 광종은 재위 26년 2개월 만에 천덕전에서 51세를 일기로 세상을 떠났다. 시호는 대성선열평세숙헌의효강혜(大成宣烈平世肅憲懿孝康惠), 묘호는 광종(光宗), 능호는 헌릉(憲陵)이다.

광종의 가족

광종의 부인은 대목왕후 황보씨와 경화궁부인 임씨 둘뿐이다. 대목왕후는 경종 왕주와 효화태자, 천추전부인, 보화궁부인, 성종 비 문덕왕후 등 2남 3녀를 낳았다. 혜종의 딸 경화궁부인은 소생이 없다.

제1비 대목왕후 황보씨는 태조의 제4비 신정왕후 황보씨 소생으로 외가의 성씨를 따라 황보씨가 되었다. 두 사람의 혼인 날짜는 정확하게 기록되어 있지 않다. 광종과 대목왕후 황보씨의 결합은 고려 왕실 최초의 족내혼이었다. 광종은 대목왕후의 외가인 황주 황보씨 가문을 친위세력으로 이용했지만 노비안검법의 시행과 호족들을 숙청하는 과정에서 정적이 되었다.

제2비 경화궁부인 임씨는 혜종과 의화왕후 임씨의 맏딸로 외가의 성씨인 임씨를 따랐다. 그녀는 광종의 조카로 944년(혜종 2) 족내혼을 통해 광종의 제2비가 되었다.

세계 | 978 오월, 송에 항복 | 979 송, 북한을 멸하고 중국통일 완성 | 987 송, 심반원을 둠 | 990 송, 순화원보 주조 | 992 송, 상평창 설치 | 993 송, 선관원 설치 | 996 동로마제국-불가리아, 30년 전쟁 시작

국내 | 975 경종 즉위, 977 광음전시를 정함 | 981 성종 즉위, 982 최승로, 시무 28조 올림 | 991 중추원 설치 | 992 국자감 설치 | 993 거란 제1차 침입 | 994 서희, 여진을 물리치고 괘주 구주성 쌓음 | 995 관제 개정, 6부상서의 칭호를 정함 | 996 건원중보 주조

제5대 경종
헌화성목명혜순희정효공의
獻和成穆明惠順熙靖孝恭懿

고려의 제5대 국왕 경종(景宗)의 이름은 주(伷), 자는 장민(長民)이다. 광종의 둘째아들로 대목왕후 황보씨 소생이다. 955년 9월에 태어난 그는 친형 효화태자가 요절하자 965년(광종 16) 11세 때 태자에 책봉되었다. 975년 5월 광종이 세상을 떠나자 21세의 나이로 보위에 올랐다.

경종은 즉위하자마자 광종의 오랜 공포정치로 피해를 입은 호족들과 신료들의 신원에 나섰다. 그는 대사면령을 내려 광종 대에 수감되었던 정치범을 대거 석방하고 억울함을 호소하는 사람은 모조리 재심을 거쳐 풀어주게 했다. 또 광종 대에 무수히 세워졌던 임시 감옥을 헐고 신하들을 참소한 글을 찾아내 모두 불살랐다. 그와 같은 조치는 경종이 광종과 적대 관계에 있었음을 말해준다.

그해 11월 북송에서는 책봉사로 부솔 우연초와 사농시승 서소문을 파견해 경종을 고려국왕에 책봉하고 광록대부검교태부사지절현도주제군사현토주도

독대순군사식읍삼천호(光祿大夫檢校太傅使持節玄菟州諸軍事玄菟州都督大順軍事食邑三千戶)로 삼았다. 그러자 경종은 답례로 사신을 보내 북송의 황제 태종의 즉위를 축하했다. 북송은 979년 6월 합문지후 왕선을 보내 경종에게 시중(侍中)을 가책하고 식읍 1천호를 더해 주었다. 그처럼 즉위 초기 경종은 북송과 순탄한 외교관계를 유지했다.

보복 정치의 폐해

경종은 호족 출신의 왕선을 집정에 임명하면서 살벌했던 과거의 청산 작업에 돌입했다. 광종 초기 수백 명을 헤아리던 호족 공신들 가운데 그때까지 살아남은 공신은 불과 40여 명 남짓이었다. 그들의 대표자격인 집정 왕선은 경종에게 복수법을 제안했다. 그것은 광종 대에 참소로 피해를 입은 공신들의 후손들에게 보복의 기회를 주자는 황당무계한 법이었다. 그런데 경종이 섣불리 그 법을 승인함으로써 일대 파란을 몰고 왔다.

그 무렵 조정에는 광종 대에 과거로 입각한 신진관료들이 새로운 세력을 형성하고 있었다. 복수법이 발효되면서 호족들과 신진관료들 사이에 생존을 둘러싼 암투가 시작되었다. 호족들은 복수법을 앞세워 광종의 친위세력이었던 발해 유민과 후백제 유민, 광종의 친위부대 등을 대거 살해했다. 그들의 복수극은 왕실에도 미쳐 태조의 11비 천안부원부인 임씨 소생인 천안낭군 효성태자와 태조의 10비 숙목부인 임씨 소생의 진주낭군 원녕태자까지 죽음을 당했다.

경종은 부왕 광종조차 손을 대지 않았던 태조의 직계 혈족이 희생되자 뒤늦게 자신의 선택이 잘못되었음을 깨달았다. 경종은 즉시 복수법을 폐지하고 왕선을 귀양 보낸 다음 순질과 신질을 좌우 집정으로 임명하고 내사령을 겸하게 하여 조정을 안정시켰다. 그러나 복수법의 여파는 너무나 컸다. 태조의 자손 중에 살아남은 자는 신라 계열의 대량원군 왕욱 하나뿐이었다. 그 결과 고려 왕실은 지독한 후계자 기근에 시달리게 되었다.

전시과

976년(경종 1) 경종은 전시과(田柴科)를 실시함으로써 고려 전기 토지제도의 주요한 전기를 마련했다. 이때의 전시과를 처음 시행했다 하여 시정전시과(始定田柴科)라 한다. 고려의 토지제도는 태조 때부터 역분전 등을 통해 여러 차례 개선을 시도했지만 번번이 실패한 전력이 있었다. 전시과는 곡물을 재배하는 전지(田地)와 땔 나무를 공급해주는 시지(柴地)를 함께 나누어주었기 때문에 붙여진 명칭이다. 이 전시과의 시행으로 양반, 즉 문반과 무반이라는 개념이 생겨났다.

전시과는 대상과 그 성격에 따라 크게 일반전시·공음전시·공해전시로 나뉜다. 직역을 부담하는 대가로 나누어준 일반전시는 다시 문무양반 및 군한인전시(軍閑人田柴)·무산계전시(武散階田柴)·별사전시(別賜田柴)로 나누어 규정했다. 이 가운데 전시과를 대표하는 문무양반 및 군한인전시는 신라의 문무관료전을 계승한 것이다.

시정전시과에서는 분급기준으로서 관품과 인품을 아울러 사용했다. 관품(官品)이란 관리의 품계, 인품(人品)이란 관리의 덕망이나 학문적 업적을 말한다. 토지 분급에서 관품이 아닌 인품을 고려한 것은 신구 세력의 타협으로 정국의 안정을 모색하던 경종 초기에 지배층 전체에게 토지를 나누어주어야 하는 데 따른 불가피한 조치였다.

분급대상은 광종 때 제정된 자삼·단삼·비삼·녹삼의 4색 공복에 따라 4계층으로 구분했다. 단삼은 다시 문반·잡업·무반으로, 비삼·녹삼은 문반·잡업으로 나눈 뒤 5·8·10·18품으로 세분하여 토지를 나누어 주었다. 단삼 이하의 계층과는 달리 자삼계층은 문반·무반·잡업의 반열에 따라 다시 나누지 않았다. 이는 자삼이 관계(官階)를 기준으로 한데 비해 단삼은 관직을 기준으로 구분했기 때문이다.

고려왕조 개창에 기여한 중앙 및 지방의 유력자인 자삼 계층은 관직의 유무와 관계없이 모두 원윤(元尹) 이상의 고위관계를 가지고 있으면서 특별한 대우를 받은 반면, 신진관료들은 단삼 계층 이하의 실무자들이 대부분이었다. 때문에 관품만을 분급 기준으로 삼는다면 대부분의 토지는 호족들의 차지가 될 것이므로 인품을 기준으로 삼아 실무자들의 역량과 업무를 수행하던 신진관료를 배려한 것이다. 그나마 이와 같은 전시과의 시행이 가능했던 것은 광종 대에 호족 공신들이 대거 숙청되어 왕권이 안정되어 있었기 때문이었다.

짧은 경종의 치세

좌우집정제와 전시과를 통해 경종은 한동안 평화 시대를 지속시켰다. 977년에는 친히 진사시를 주관해 고응 등 6명을 급제시켰으며, 979년에는 요의 압박에 시달리던 발해 유민 수만 명을 받아들인 다음 청새진(희천)에 성을 쌓아 국방을 강화했다.

980년(경종 5) 경종은 광종 재위 시절 지방으로 쫓겨났던 최지몽을 중앙으로 불러들여 대광, 내의령에 임명하고, 동래군후의 봉작에 식읍 1천호를 내렸다. 오랜만에 조정의 실세로 등장한 최지몽은 왕승의 반란을 고변했다. 왕승은 호족 출신으로 왕씨 성을 하사받은 인물이었다. 이로 미루어 경종 즉위 후 세력을 정비한 호족들이 다시금 왕권에 도전하고 있었음을 알 수 있다. 왕승의 역모를 진압한 경종은 최지몽에게 의복과 금띠를 하사했다.

이때부터 정치에 염증을 느낀 경종은 정사를 게을리 하고 여색과 바둑으로 시간을 보냈다. 정윤 시절 부왕 광종의 피의 숙청 속에서 살아남아야 했던 그가 자신의 치세에서도 그와 같은 정쟁에 휘말리게 되자 허망함과 죄책감이 엄습했기 때문이었다.

981년 6월 병석에 누운 경종은 그해 7월 사촌동생이며 매제이자 처남인 개령군 왕치에게 선위하고 재위 6년 만에 정전에서 26세를 일기로 세상을 떠났다. 시호는 헌화성목명혜순희정효공의(獻和成穆明惠順熙靖孝恭懿), 묘호는 경종(景宗), 능호는 영릉(榮陵)이다.

경종의 가족

경종에게는 헌숙왕후 김씨, 헌의왕후 유씨, 헌애왕후 황보씨, 헌정왕후 황보씨, 대명궁부인 유씨 등 5명의 부인이 있었지만 헌애왕후 황보씨로부터 유일한 아들 왕송을 얻었다. 왕송은 훗날 성종의 선위를 받아 목종이 되었다.

제1비 헌숙왕후 김씨는 신라 경순왕 김부의 딸이다. 경종은 즉위하자마자 975년 10월 김부의 관작을 높이고 공신 칭호를 준 다음 식읍을 1만 호로 늘려주었다. 광종의 공포정치 당시 신라 왕족과 경상도 호족들은 은인자중하여 희생되지 않았으므로 세력을 그대로 유지하고 있었다. 때문에 경종은 그들의 힘을 이용해 충주 및 평산 호족들을 견제하려 했다. 헌숙왕후는 경종과 함께 영릉에 합장되었다.

제2비 헌의왕후 유씨는 광종의 동복동생인 문원대왕 왕정과 태조의 6비 정덕왕후 소생의 문혜왕후 사이에서 태어났다. 왕정은 광종의 친동생이므로 경종과 헌의왕후는 친사촌간이다.

제3비 헌애왕후 황보씨는 태조와 신정왕후 황보씨 소생인 대종의 딸이다. 그녀의 어머니는 태조와 정덕왕후 유씨 사이에서 태어난 선의왕후이다. 헌애왕후는 목종을 낳은 뒤 경종 사후 성종에 이어 목종이 등극하자 김치양과 간통하여 아들을 낳았다. 두 사람은 그 아들을 목종의 후사로 삼으려다 강조의 정변으로 실패했다. 그 후 헌애왕후는 황주에서 21년간 살다 1029년 숭덕궁으로 옮겨와 66세를 일기로 죽었다. 능은 유릉이다.

제4비 헌정왕후 황보씨는 헌애왕후 황보씨의 동생이다. 경종이 젊은 나이로 죽자 외로워하던 그녀는 태조와 신성왕후 소생의 안종 왕욱과 간통하여 992년

7월 대량원군 왕순을 낳은 다음 세상을 떠났다. 능은 원릉이다.

고려 초기 정국의 타파책 근친혼

고려는 수많은 호족들의 연맹체 성격으로 건국되었다. 고려의 왕실은 송악의 지방 세력에 불과했다. 그러므로 태조 왕건은 통일 이전에 자신이 활동하던 지방의 호족인 유천궁의 딸, 다련군의 딸을 취했고, 통일전쟁 시기에는 주로 무력 집단인 유금필의 딸, 왕규의 딸 등을 취했으며, 통일 이후에는 국가의 기틀을 잡기 위해 신라 왕족 김억렴의 딸, 견훤의 사위 박영규의 딸 등을 취함으로써 전국적인 세력 기반을 쌓았다.

그와 같은 태조의 혼인정책은 후대에도 이어졌다. 혜종은 광주의 호족 왕규의 딸과 결혼함으로써 태조와 부자지간 겸 동서지간이 되었다. 또 정종 역시 박영규의 두 딸과 결혼함으로써 태조와 부자지간 겸 동서지간이 되었다. 그처럼 비정상적인 혼인 정책은 필연적으로 호족들 간에 권력투쟁을 야기했다. 실제로 혜종과 정종, 광종 시대에 호족들은 왕실과의 인연에 따라 이합집산을 반복했다.

혼인정책의 한계를 절감한 고려 왕실은 더 이상의 족외혼을 중단하고 족내혼을 통해 왕실의 힘을 확대재생산하고자 했다. 그것은 또 다른 형태의 혼인정책이었다. 광종은 형 혜종의 딸이자 자신의 조카를 왕비로 맞이했다.

경종은 모조리 족내혼을 통해 왕비를 맞아들였다. 제1비는 아버지 광종의 친누이의 딸로 고종사촌지간이었고, 제2비는 광종의 여동생의 딸로 역시 고종사촌지간, 3, 4비는 광종의 제1비 대목왕후의 남동생 대종의 딸로 외사촌지간이었다. 한편 성종의 제1비는 광종의 딸로 사촌지간, 목종은 성종의 제1비가 성종에게 재가하기 전에 낳은 딸을 왕비로 받아들였다. 덕종의 1, 2비는 모두 배다른 누이동생이었다.

한편 왕비가 된 공주들은 부계인 왕씨가 아니라 모계 성씨를 따랐다. 고려 왕실의 근친혼의 범위는 태조의 비 가운데 충주 유씨와 황주 황보씨의 왕자, 왕녀의 범위를 벗어나지 않았다는 특징이 있다. 그러므로 왕족과 왕후족이 연합한 형태의 혼인정책이었던 셈이다.

이와 같은 경향은 8대 현종 대부터 변화를 보인다. 현종은 13명의 왕비 가운데 2비, 3비, 5비만이 족내혼이고 나머지는 모두 족외혼을 통해 맞아들였다. 그때부터 고려 왕실의 족내혼의 범위와 사례는 대폭 줄어들었지만 국왕의 제1비는 반드시 근친혼으로 맞아들이는 전통은 원의 부마국이 될 때까지 계속되었다.

훗날 「고려사」를 편찬한 조선의 유학자들은 고려 왕실의 근친혼을 신랄하게 비판했다.

"사람이 금수와 다른 것은 인륜이 있기 때문이다. 인륜의 근본은 남녀에서 시작되므로 성인이 이를 중히 여겨서 반드시 이성을 아내로 맞이하게 했다. 한데 고려는 신라의 풍습을 이어받아 동성끼리 혼인하는 것을 잘못으로 여기지 않았다. 광종·덕종·문종 같은 경우에는 자매를 아내로 삼아서 인도가 끊어지고 천리가 없어졌으니, 이는 오랑캐들도 심히 수치스럽게 여기는 일이다. 고려 시대의 교화가 밝지 못하고 풍속이 음탕하고 괴벽한 것도 까닭이 있는 것이다."

기실 고려 왕실의 족내혼은 호족들의 권력에 대항해 자신들의 정치적 경제적 기반을 유지하기 위한 방편이었고, 고려 초기에는 유교 사상이 보편화되지 않았다는 점을 감안해야 한다. 현종 이후 유교적 도덕질서를 받아들인 다음부터 족내혼이 줄어들고 족외혼이 늘어났지만 동시에 외척인 안산 김씨, 인주 이씨, 정안 임씨 등 강력한 문벌세력이 등장했다.

제2장

불굴의 민족혼을 떨쳐 일으키다
-요의 침공과 원교근공의 삼각 외교

고려가 호족 세력을 억누르고 중앙집권체제를 강화하고 있을 무렵 요는 발해 유민들이 건국한 정안국을 멸망시키고 압록강 연안에 내원성 등 3개 성을 수축해 여진과 북송의 교통을 끊으면서 고려를 압박했다. 이윽고 요의 1차 침공에 직면한 고려는 탁월한 외교가 서희의 담판으로 군사적 충돌을 회피하고 강동 6주를 획득함으로써 국경을 압록강 일대까지 확장했다. 반면 북송과 고려의 연합을 차단시킨 요는 본격적으로 북송에 대해 공세를 취할 수 있었다. 하지만 요를 적대시하던 고려는 은밀히 북송과 왕래하면서 중국의 우수한 문화를 받아들였다. 요는 뒤늦게 강동 6주의 중요성을 깨닫고 반환을 요구하며 고려를 재차 침공했지만 귀주에서 대패하고 물러났다. 그때부터 고려는 요와 형식적인 조공책봉관계를 맺고 오랫동안 평화를 유지했다.

국내

- 975 경종 즉위
- 977 광음전시를 정함
- 981 성종 즉위
- 982 최승로, 시무 28조 올림
- 991 중추원 설치
- 992 국자감 설치
- 993 거란 제1차 침입
- 994 사희, 여진을 물리치고 곽주 구주성 쌓음
- 995 관제 개정, 6부상서의 칭호를 정함
- 996 건원중보 주조

세계

- 978 오월, 송에 항복
- 979 송, 북한을 멸하고 중국통일 완성
- 987 송, 섬반원을 둠
- 990 송, 순희원보 주조
- 992 송, 성광청 설치
- 993 송, 심관원 설치
- 996 동로마제국 - 불가리아, 30년 전쟁 시작

제6대 성종
문의강위장헌광효헌명양정
文懿康威章獻光孝獻明襄定

    고려의 제6대 국왕 성종(成宗)의 이름은 치(治), 자는 온고(溫古)이다. 태조의 제4비 신정왕후 황보씨 소생의 대종 왕욱과 태조의 제6비 정덕왕후 유씨의 딸 선의왕후 유씨의 둘째아들로 960년 11월 신묘일에 태어났다. 왕치는 모후가 요절한 탓에 할머니 신정왕후 황보씨의 보살핌을 받으며 자라났다. 981년 7월 갑진일에 목숨이 경각에 달했던 경종의 선위를 받아 22세의 나이로 보위에 올랐다.

    982년 성종은 시랑 김욱을 북송에 보내 자신의 왕위 계승을 통고했다. 그러자 983년 북송에서 책봉사로 광록소경 이거원과 장작소감 공유를 파견해 성종을 고려국왕으로 책봉하고 광록대부검교태보사지절현도주제군사현토주도독충대순군사상주국식읍이천호(光祿大夫檢校太保使持節玄菟州諸軍事玄菟州都督充大順軍使上柱國食邑二千戶)로 삼았다. 그때부터 고려 국왕의 생일을 천춘절(千春節)이라 했다.

985년 5월 북송은 다시 태상경 왕저와 비서감 여문중을 보내, 성종에게 검교태부(檢校太傅), 988년에는 검교태위(檢校太尉), 990년에는 추성순화공신(推誠順化功臣), 992년에는 검교태사(檢校太師) 등의 직위를 더했다.

성종은 982년 10월 민간인이 운영하는 주점(酒店)[56] 여섯 개를 설치하게 했는데, 이는 우리나라 주막의 효시로서 조정의 관리들이 지방에 갈 때 잠을 자고 통화를 유통시키며 민심을 살피려는 뜻이었다.

최승로의 시무이십팔조

성종은 유교적 정치이념을 바탕으로 하는 왕도정치를 실현하기 위해 개국공신 세력 중심의 귀족들과 광종 대에 과거로 정계에 진출한 신진관료, 신라 귀족 계통의 학자와 유력가들의 힘을 한데 모으고자 했다. 982년 최승로의 「시무28조」와 990년 김심언의 「육정육사(六正六邪)에 관한 봉사」는 그 목표를 이루는 데 안성맞춤이었다.

982년(성종 원년) 6월 성종은 5품 이상의 관리 전원에게 밀봉한 상소문인 봉사(封事)를 올리게 하여 본격적인 체제 정비에 돌입했다. 그때 최승로는 정광행선관어사상주국(正匡行選官御事上柱國)이라는 인사담당 관료 자격으로 봉사를 올렸다. 그 내용은 크게 태조에서 경종까지 역대 국왕의 치적을 평가한 「오조치적평(五祖治績評)」과 「시무28조(時務二十八條)」로 구분된다. 현재까지 전하는 것은 그중에 「시무28팔조」 22개조로 종교와 정치, 문화 전반에 대한 고언이 담겨있다.

종교적인 면에서는 불교의 사회적 폐단을 지적하는 내용이 많다. 광종 때 백성들의 고혈을 짜내 실시한 공덕제의 폐지, 과다한 보시 행위의 제한, 승려의 궁궐 출입 금지, 왕실의 지나친 숭불 비판, 불보(佛寶)와 전곡(錢穀)의 고리대 전환 금지, 승려의 객관과 역사 유숙 금지, 사찰의 남설 비판, 금은을 사용한 불상 제작 행위 금지 등이 그것이다. 그는 유학자였지만 불교 자체를 비판하지는 않았다. 오히려 불교는 마음을 닦는 근본이고 유교는 나라를 다스리는 근원이라 하여 불교의 종교적 성격을 인정했다. 그러나 토속신앙에 대해서는 팔관회와 연등회의 축소, 음사의 제한 등 유교 사상에 입각해 부정적인 입장을 보였다.

정치적인 면에서는 지방관 파견, 토호의 가옥 규모 제한, 신민의 공복 제도를 통한 신분 질서 확립을 주장했다. 그러나 왕권의 전제화에는 반대하는 입장이었고, 시위군의 수효 축소, 궁궐의 노비와 우마의 축소, 삼한 공신과 세가 자손의 예우, 노비환천법의 실시 등을 주장했다. 중국 문물의 무분별한 도입을 삼가고 자주적인 문화적 토대를 갖출 것과 북방민족의 침략에 대비해 국방력의 강화를 강조했다.

중앙관제의 확립과 지방행정제도의 개편

중앙집권체제의 확립과 유교사회 건설을 정치이념으로 내세운 성종은 귀족들과 제휴하면서 광종의 노비안검법을 폐지하고 노비환천법을 시행했다. 그로 인해 속량되었던 사람들이 다시 노비가 되었다. 983년(성종 2) 2월에는 최승로를 문하시랑평장사로 임명하고 본격적인 체제 정비 작업에 돌입했다. 우선 조정에 3성 6부제를 통해 중앙관제를 확립하고, 전국을 10도 12목으로 개편하여 전국을 일사불란한 중앙집권체제 속으로 예속시켰다.

3성 6부제란 당의 체제인 중서성·문하성·상서성의 3성, 이·호·예·병·형·공의 6부를 말한다. 고려는 이를 모방해 982년 내사문하성, 어사도성의 2성과 선관, 병관, 민관, 형관, 예관, 공관 등의 어사 6관을 설치했다. 995년에는 내사문하성을 중서성과 문하성으로 분리하고 어사도성을 상서도성으로 개칭하면서 형식적으로 3성 6부 체제를 완성했다.

지방의 12목은 중국 주나라의 제도를 모방한 체제로, 중앙에서 주목(州牧)을 파견해 호족 세력의 준동을 억제하고 중앙의 정책을 지방에서 효과적으로 시행할 수 있도록 했다. 주목이 파견된 곳은 양주, 광주(경기도), 충주, 청주, 공주, 해주, 진주, 상주, 전주, 나주, 승주, 황주 등으로 광종 대의 숙청으로 인해 호족들의 힘이 약화된 지역이었다. 성종은 12목 설치를 완료한 뒤 주(州), 부(府), 군(郡), 현(縣)의 직제를 개편하고 관리를 새로운 인물로 교체했다. 그리하여 당대등, 대등 같은 직제를 호장, 부호장으로 바꾸고 병부, 창부 등의 부서명을 사병, 사창으로 바꾸었다.

그로부터 4개월 뒤 중앙 조정에서는 각 지역의 관청에 공해전(公廨田)을 지급했다. 공해전이란 국가 기관과 왕실의 자금을 충당하기 위한 목적으로 각 관청에 지급한 토지이다. 당시 지급된 공해전의 수혜자는 주와 부의 관리, 군현의 호장, 향과 부곡의 장까지 그 범위가 매우 넓었다. 전국이 중앙의 통제하에 들어왔음을 의미한다. 공해전은 각 관청에 머물고 있던 장정의 수효를 기준으로 하여 실질적으로 토지를 지급함으로써 각 지역의 토착세력을 회유, 통제하려 했다.

995년에는 전국의 행정구역을 열 개의 도로 나누는 10도제와 절도사 체제를 도입했다. 그때부터 고려의 국토는 관내(關內)·중원(中原)·하남(河南)·강남(江南)·영남(嶺南)·영동(嶺東)·산남(山南)·해양(海陽)·삭방(朔方)·패서(浿西) 등 10도로 구분되었는데, 이것이 우리나라 도제의 시초가 되었다. 비슷한 시기에 성종은 주군현제에서 군을 없애고 주현제를 실시함으로써 행정조직을 간소화했다. 이는 명령체계의 단순화와 인력의 효과적 배치가 목적이었다. 그와 함께 983년 이래 지방행정의 근간이 되어오던 12목을 12절도사로 개편해 군사적인 면을 강조했다. 또 7도단련사·11단련사·21방어사·15자사 등의 지방관제가 새로 설치되었다.

그와 같은 지방행정체제의 개편은 군정적인 지방행정을 통해 지방의 호족세력을 통제함으로써 중앙집권을 이룩하려는 데 그 목적이 있었다. 그러나 10년 뒤인 1005년(목종 8)의 지방관제 재정비과정에서 12절도사·4도호부와 동서북계방어진사·현령·진장만을 남겨두고, 나머지 관찰사·도단련사·단련사·자사 등은 모두 없애버렸다.

유학의 진흥

성종은 집권 초기부터 의도적으로 숭유억불정책을 시행했다. 그는 즉위하자마자 팔관회와 연등회를 폐지하는 한편 개경에 국자감(國子監)[57]을 설치하고 지방에 향교를 세워 유학의 기풍을 진작시켰다. 당시 국자감에서는 과거과목인 사서삼경을 가르쳤고, 향교에서는 역시 경학과목을 비롯해 의학, 지리, 율서, 산학 등의 잡학을 가르쳤다. 국자감과 지방학교는 현실적인 과거 과목을 가르쳤던 것이다.

986년부터 조서(詔書)를 교서(敎書)라고 개칭한 다음, 그해 9월 교서를 내려 지방관들의 청렴을 권장했고, 이듬해 8월에는 중앙 및 지방 관청에서 주달하는 글과 통첩, 공문 양식 등을 제정했다. 986년 8월에는 국자감생 최한과 왕림을 북송에 유학 보냈다. 두 사람은 모두 북송의 과거인 빈공과에 급제하여 비서랑(秘書郎) 벼슬을 제수 받았다.

987년 8월에는 12목에 경학박사와 의학박사를 파견했고, 각 지방에서 유학과 의학에 뛰어난 인재들을 선발하게 하여 개경으로 불러들였다. 또 50세 이하 휴직하지 않은 중앙관료는 매월 한림원에서 문제를 받아 시 3편, 부 1편씩을 제출하게 하고, 지방 관료는 매년 시 30편, 부 1편을 지어 제출하게 했다.

이처럼 성종은 유학을 교육과 과거제, 관료들에게 연계시켜 유교적인 중앙집권체제를 확립해 나갔다. 그와 동시에 불교에 대한 압박도 강화했다. 월령의 규범에 따라 5월과 11월에 불교행사를 피하도록 하고, 유교의 제례에 따라 태조를 원구단에 배향했다. 또 신농씨에게 제사를 지내며 사직의 신위도 함께 배향했다.

989년 12월 성종은 교서를 내려 태조와 친부 대종의 기일 전후 5일 동안, 모후 선의왕후의 기일 전후 3일 동안 불공을 드리게 하고, 제사하는 날에는 짐승의 도살을 금지하는 한편 고기반찬을 금지했다. 이는 당 태종의 전례를 모방한 것으로 유교의 중심사상인 효를 장려하면서 불교의 제례 방법인 불공을 택했다는 점이 특이하다. 그때까지 민간의 백성들은 소수 귀족들의 전유물인 유교보다는 불교에 몰입되어 있다는 점을 감안한 듯하다.

990년 9월 성종은 신하들에게 지방의 효자와 효손, 의로운 남편, 절개를 지키는 부녀들을 추천하도록 한 다음 상을 내렸다. 그는 가정에서 효도하는 자라야만 국가의 충신이 될 수 있다며 관리들에게도 유교의 도덕관념을 권장했다. 그해 10월에는 서경을 순행하며 태평성대를 자축하고 대사령을 내렸다. 12월에는 조카인 왕송을 개령군으로 책봉했다. 이어서 서경에 수서원을 설치하고 역사 서적들을 필사해 보관하게 했다.

991년 2월에 사직(社稷)이 설치되고, 이듬해 12월에는 대묘가 준공됨으로써 고려는 제국으로서의 면모를 완전히 갖추었다. 그해 4월 북송에 사은사로 갔던 한언공이 대장경을 가져오자 성종은 궁궐에 승려들을 불러들여 대장경을 읽게 하고 죄수들을 석방했다.

요의 1차 침공과 강동 6주 획득

성종이 고려의 체제 정비와 문화개혁을 서두르고 있는 동안 요가 발해를 멸망시키고 동아시아의 최강국으로 부상했다. 985년 요가 여진을 정벌하고 발해의 후신인 정안국까지 점령하자 북송은 사신 한국화를 고려에 보내 요를 양면에서 협공하자고 제안했다. 요의 직접적인 위협에 직면하고 있던 북송은 전쟁 중에 노획한 포로나 재화, 병기 등을 모두 고려에게 넘겨주겠다고 유혹했지만 성종은 차일피일 시간을 끌면서 출병하지 않았다.

그 무렵 요는 압록강 변에 위구성, 진화성, 내원성 등 3성을 구축했다. 그중에 내원성은 압록강 안쪽에 세워져 고려를 직접적으로 겨냥하는 위치에 있었다. 얼마 후 요의 성종은 고려에 사신을 보내 고구려의 옛 땅을 내놓으라고 요구했다. 그러자 고려의 성종은 중신들과 숙의 끝에 고려는 고구려를 계승했으므로 당연히 고토를 점유할 권리가 있다고 반박했다. 그러자 요의 성종은

993년 10월 동경유수 소손녕[58]에게 고려 정벌을 명했다.

당시 요가 동원한 80만 대군은 건국 이래 최대 규모였다. 그에 비해 고려의 군세는 30만 명으로 중과부적의 형세였다. 본래 거란족은 전통적으로 국왕과 왕후가 따로 군대를 보유했는데, 당시 요군은 국왕의 군대인 피실군 30만 기병, 왕후의 군대 20만 기병으로 50만 명이 전부였다. 때문에 사료에 기록된 80만이라는 숫자는 허장성세로 여겨진다.

요의 대군은 수도인 상경(임동)에서 출병하여 8월에 요양을 거친 뒤 10월 들어 압록강 변에 다다랐다. 급보에 접한 고려에서는 시중[59] 박양유를 상군사, 서희를 중군사, 최량을 하군사에 임명한 다음 성종이 친히 군사를 이끌고 서경으로 나아갔다. 그때 요군은 보주와 천마, 귀주, 태주를 거침없이 돌파한 다음 봉산성을 함락하고 고려의 선봉군사 윤서안을 생포했다. 연이은 승전에 고무된 소손녕은 고려 조정에 항복을 권유하는 서한을 보냈다.

예상하지 못했던 요군의 강공에 당황한 고려의 중신들은 항전과 강화파로 나뉘어 설전을 벌였다. 그때 중신들은 요의 요구대로 서경 이북의 땅을 할양하자는 할지론(割地論)과, 왕이 군사를 이끌고 나가 항복하자는 솔군걸항(率軍乞降)을 주장했다. 그러자 서희와 이지백이 강력하게 반대하고 나섰다.

당시 서희는 땅을 떼어 주는 것은 만대의 수치라고 강변했고, 이지백은 땅을 내주는 것보다는 연등회, 팔관회, 선랑 등의 전통을 회복하여 잃어버린 고려의 자아를 되찾으면 요를 물리칠 수 있다고 주장했다. 이지백의 견해는 항전이라기보다는 유교의 도덕관념에 빠져 백성들의 민족의식을 희석시킨 국왕 성종에 대한 불만의 표시였다. 그 과정에서 서희는 요의 침공 목적이 고려와 북송과의 관계 차단에 있음을 직시하고 외교적 대응으로 난국을 풀어야 한다고 주장했다. 그러자 성종은 서희의 제안을 받아들여 소손녕에게 강화회담을 요청했다.

고려 조정이 향후 대책으로 부심하고 있을 때 기병 중심의 요군이 남진해 오자 고려군은 적의 이동로에 있는 들판과 가옥을 모조리 불살라버리는 청야전술로 대응했다. 때문에 요군은 11월의 차가운 날씨와 군량미의 부족으로 고전했다. 더군다나 봉산, 박주 일대의 안융진에서 강력한 고려군의 반격에 부딪쳤다. 고려군은 전통적으로 산악지대에 성을 쌓고 적의 공격을 막아내는 농성 전투에 익숙했다. 그런데 안융진에는 평야전투에 익숙했던 발해의 왕자 대광현의 아들 대도수와 낭장 유방이 대기하고 있었다. 발해를 멸망시킨 요군을 발견하고 복수심에 불타오른 대도수와 유방은 성 밖으로 나와 요군과 전면전을 벌였다. 예상치 못한 고려군의 반격을 받은 소손녕은 급히 봉산성으로 퇴각한 다음 고려의 강화회담을 수락했다.

그런 상황에서 서희는 요군 진영을 찾아가 소손녕과 당당하게 마주앉았다. 소손녕이 조빙(朝聘), 곧 국교를 맺자고 요구하자 서희는 양국의 경계에서 준동하고 있는 여진족 때문에 고려가 거란과 화친하기 어렵다는 뜻을 밝히면서 환아구지(還我舊地), 곧 요와 고려 사이에 있는 압록강 동쪽의 6주를 돌려준다면 마땅히 화친하겠다고 맞섰다. 이에 소손녕은 본국에 사자를 보내 성종에게 고려 측의 의사를 전달했다. 그러자 성종이 그 조건을 수락함으로써 고려는 피 한 방울 흘리지 않고 강동 6주[60]를 손에 넣었다. 회담 이후 소손녕은 고려에 낙타 열 마리, 말 백 마리, 양 천 마리, 비단 오백 필의 선물까지 남겨두고 퇴각했다.

이 성공적인 담판의 이면에는 요와 북송이 30년 동안 치열하게 쟁탈전을 벌이던 연운 16주[61] 방면의 이해관계가 숨어 있었다. 당시 북송은 당 말기 거란이 빼앗아간 연운 16주를 노리고 있었으므로 요는 고려와 장기전을 펼칠 수 없었다. 또 본격적으로 북송과 싸우기 전에 후방인 고려를 단속해 두어야 한다는 절박감도 있었다. 그와 같은 국제정세에 정통했던 서희는 요와의 국교 조건으로 강동 6주를 요구해 압록강 동쪽 280리 땅을 고려에 편입시키는 데 성공했다.[62]

요, 송, 고려의 삼각 외교

서희의 담판 이후 고려는 북송의 연호 대신 요의 연호인 통화(統和)를 사용함으로써 그들의 체면을 살려주었다. 994년 6월에는 요의 침략에 복수한다는 명분으로 북송에 원병을 요구하고 그들의 거절을 빌미 삼아 외교관계를 단절시켰다.

고려에서는 그 후 수시로 사신을 파견해 요를 안심시켰고, 소년 10명을 보내 거란어를 배우게 했다. 또 조지린을 보내 혼인을 통한 유대를 제안하자 995년 요의 성종은 우의의 표시로 소손녕의 딸을 성종에게 출가시켰다. 996년 3월 요는 한림학사 장간과 충정군절도사 소숙갈을 파견해 성종을 개부의동삼사상서령고려국왕(開府儀同三司尙書令高麗國王)으로 책봉했다.

그렇듯 고려와의 수교로 배후를 안정시킨 요는 1004년 북송을 굴복시켜 전연의 맹(澶淵之盟)[63]을 맺고 매년 비단 20만 필, 은 10만 냥의 조공을 거두어갔다. 그로 인해 북송의 경제가 파탄지경에 빠졌다. 그처럼 고려와 요는 잠깐 동안의 충돌을 계기로 서로가 실리를 챙겼던 것이다. 그와 같은 고려의 유연한 실리외교에 반감을 품은 북송의 대시인 소동파는 고려와의 무역을 금하자는 상소를 올리기까지 했다.

997년 8월 성종은 동경을 순행하고 9월에는 흥례부(울산)의 태화루에서 잔치를 열었다. 그때 바다에서 큰 고기를 잡은 뒤 병석에 누웠다. 10월이 되어 병이 깊어지자 성종은 조카인 개령군 왕송에게 보위를 넘기고 내천왕사로 거처를 옮겼다. 당시 평장사 왕융이 국왕의 쾌차를 위해 대사령을 제안했지만 성종은 고개를 저었다.

"사람의 명은 하늘에 달렸으니 어찌 죄인들을 용서해 억지로 수명을 늘리고자 하겠는가. 또 만일 내가 미리 대사령을 내리고 죽으면 다음 왕은 무엇으로 백성들에게 은혜를 베풀겠는가."

그처럼 심지가 깊었던 성종은 997년 10월 무오일, 재위 16년 3개월 만에

38세를 일기로 세상을 떠났다. 시호는 문의강위장헌광효헌명양정(文懿康威章獻光孝獻明襄定), 묘호는 성종(成宗), 능호는 강릉(康陵)이다.

성종의 가족

성종은 문덕왕후 유씨, 문화왕후 김씨, 연창궁부인 최씨, 요의 공주 소씨 등 4명의 부인이 있었지만 아들을 얻지 못하고 두 딸을 얻었다. 두 딸은 모두 현종의 왕비가 되었다. 성종은 선례에 따라 제1비는 족내혼으로 광종의 딸 문덕왕후를 취했지만 2명은 족외혼, 1명은 국제통혼으로 취했다. 이는 성종이 추구한 귀족 중심의 정치가 궤도에 올랐음을 보여준다.

제1비 문덕왕후 유씨는 광종과 대목왕후 황보씨의 셋째 딸로 태조의 손자이자 수명태자의 아들 홍덕원군 왕규와 혼인했다가 성종에게 재가했다. 그녀는 왕규와의 사이에서 훗날 목종비가 되는 선정왕후를 낳았다. 고려 초에는 여자들의 이혼이나 재혼이 자유로웠지만 왕비까지 된 경우는 문덕왕후가 처음이었다. 성종이 자식까지 있는 여인을 왕비로 맞아들인 것은 왕위계승과 관련되어 정치적인 거래가 있었음을 암시한다. 그가 대종의 아들로서가 아니라 광종의 사위로 왕위를 계승했다는 뜻이다.

제2비 문화왕후 유씨는 선주의 호족 김원승의 딸이다. 초기에 택호는 연흥궁주였지만 현덕궁주로 바뀌었다. 훗날 딸이 원정왕후가 현종 비가 되자 대비에 책봉되었다.

제3비 연창궁부인 최씨는 우복야 최언행의 딸로 현종 비 원화왕후를 낳았다. 제4비 소손녕의 딸에 대한 기록은 전해지지 않는다.

성종 시대의 주요 인물

올바른 신하상을 정립한 김심언

김심언(金審言)은 정주 영광현 출신으로 영광 김씨의 시조이다. 그는 어렸을 때 상시 최섬의 문하에서 공부했는데, 어느 날 최섬이 김심언의 이마 위에서 불기운이 치솟아 하늘까지 닿는 꿈을 꾸고 나서 딸을 아내로 주었다. 그는 성종 때 과거에 급제하여 조정에 들어가 우보궐 겸 기거주가 되었고, 990년(성종 9)에는 성종의 명에 따라 시무책을 담은 봉사(封事)를 올려 최승로의 「시무 28조」와 더불어 내외의 주목을 받았다.

김심언이 올린 봉사는 크게 두 가지 내용으로 나눌 수 있다. 첫째는 육정육사(六正六邪)의 글과 자사육조(刺史六條)에 관한 내용이고, 둘째는 서경에 사헌(司憲) 한 사람을 파견하자는 내용이었다. 육정육사란 한(漢)의 유향이 편찬한 「설원(說苑)」에 나오는 말로 신하의 행실에 육정과 육사가 있는데, 육정을 행하면 나라가 번영하고 육사를 범하면 쇠망한다는 것이다. 육정육사의 내용은 다음과 같다.

6정(六正)은, 첫째 사단이 발생하지 않고 조짐이 나타나기 전에 혼자만이 흥망의 기미를 보고 미연에 방지하는 것은 성신(聖臣)이요, 둘째 허심탄회하여 선인(善人)을 등용하고 상하의 길을 틔우며, 예의로 임금을 권면하고 장구한 계책으로 임금을 깨우치며, 임금의 좋은 점을 따르고 임금의 나쁜 점을 바로잡는 것은 양신(良臣)이요, 셋째 일찍 일어나고 늦게 자며 현인(賢人)을 등용하는 일에 게을리 아니하며, 자주 옛일을 일컬어 임금의 뜻을 분발시키는 것은 충신(忠臣)이요, 넷째 일의 성패를 밝게 살펴 전화위복하게 하는 것은 지신(智臣)이요, 다섯째 문(文)을 지키고 법을 받들며 녹봉을 사양하고 주는 것을 사피하며 음식을 검소하게 하는 것은 정신(貞臣)이요, 여섯째 임금의 엄안(嚴顔)을 범하여 임금의 과실을 말하는 것은 직신(直臣)이다.

6사(六邪)란 첫째 관직에 안일하고 녹봉을 탐내며 공무에 힘쓰지 않고, 세상 조류에 따라 이리저리 눈치나 보는 것은 구신(具臣)이요, 둘째 임금이 말한 것은 모두 좋은 말이라 하고 임금이 하는 일은 모두 잘한 일이라 아첨하여 임금과 좋게 지내는 것은 유신(諛臣)이요, 셋째 말을 교묘하게 꾸미고 얼굴을 보기 좋게 꾸미며 선인을 투기하고 현인을 질투하며 등용하고 싶은 사람에 대해서는 그의 착한 점만 밝히고 나쁜 점은 숨기며, 퇴출시키고 싶은 사람에 대해서는 그의 잘못된 점만 밝히고 좋은 점은 숨기어 임금으로 하여금 상벌을 부당하게 하고 호령이 행해지지 못하게 하는 것은 간신(奸臣)이요, 넷째 지혜는 족히 잘못을 정당화시킬 만하고 언변은 족히 꺼낸 말을 시행시킬 만하며 안으로는 골육지친을 이간하고 밖으로는 조정에 난을 꾸미는 것은 참신(讒臣)이요, 다섯째 권세를 독차지하여 경중을 농간하고, 당여를 조성하여 부호를 노리며, 왕명을 마음대로 하여 자신의 영화를 도모하는 것은 적신(賊臣)이요, 여섯째 임금에게 간사한 태도로 아첨하고 임금을 불의에 빠뜨리며, 붕당을 이뤄 임금의 총명을 가려 흑백과 시비를 구별치 못하게 하며, 임금의 악을 국내에 퍼뜨리고 이웃 나라에 들리게 하는 것은 망신(亡臣)이다.

또 자사육조(刺史六條)는 「한서」에 나오는데, 첫째 서민의 질고(疾苦)와 실직한 자를 살피는 것, 둘째 묵수장리(墨綬長吏) 이상의 관정에 거하는 자를 살피는 것, 셋째 백성들의 재물을 도둑질하는 자와 간교한 자를 살피는 것, 넷째 전범률(田犯律)과 사시금(四時禁)을 살피는 것, 다섯째 백성이 효제(孝悌)하고 염결(廉潔)하며 행수(行修)가 바르고 재주의 특이한 것을 살피는 것, 여섯째 관리가 전곡을 장부에 기입하지 아니하고 짐짓 흩어버리는 것을 살피는 것이다.

김심언은 그와 같은 육정육사와 자사육조를 개경과 서경의 모든 관아 및 지방 각 관청의 벽에 붙여놓아 귀감으로 삼게 하자고 제안했다. 그는 또 서경의 중요성을 설파하면서 중앙에서 사헌 한 사람을 파견하여 그곳 관리들의 비행을 살피게 하라고 건의했다.

성종은 그런 김심언의 상소를 모두 수용해 시행했다. 그 후 김심언은 목종 때에 지방관으로 나가 치적을 올렸으며, 현종 초에 우산기상시·예부상서가 되었다. 1014년(현종 5)에는 내사시랑평장사가 되었고 서경유수로 나갔다가 1018년(현종 9) 세상을 떠났다. 시호는 문안(文安)이다.

냉철한 외교전략가 서희

서희(徐熙)의 본관은 이천, 자는 염윤(廉允)이다. 광종 대에 내의령을 지낸 대쪽재상 서필의 아들로 943년 이천에서 태어났다. 그의 조부 서신일은 이천의 호족으로 태조를 도와 삼한 통일에 기여하여 이천을 본관으로 삼게 되었다. 이천 서씨 가문은 서필에 이어 서희가 재상이 되고, 그의 아들 서눌과 서유걸이 각각 문하시중과 좌복야에 올랐으며, 서눌의 딸이 현종의 왕비가 되면서 고려의 대표적인 문벌이 되었다.

서희는 960년(광종 11) 18세 때 과거에 급제한 다음 광평원외랑을 거쳐 내의시랑이 되었다. 그 무렵 고려에서 과거를 통해 관직에 오른 인물은 극소수로, 958년(광종 9)에 치러진 첫 과거에 7명, 2회 때도 10여 명에 불과했다. 그런 만큼 급제자 출신인 서희는 내외의 주목을 받았다.

972년, 그는 북송에 사신으로 파견되어 10여 년 동안 단교 상태에 놓여있던 양국의 재수교를 성사시킨 공으로 황제로부터 검교병부상서를 제수 받았다. 귀국한 뒤에는 좌승을 거쳐 983년 정3품 병관어사가 되었다.

993년 그가 내의시랑으로 봉직할 무렵 고려의 북진정책과 친송 외교정책에 불안감을 느낀 요가 고려를 침공했다. 그해 10월 중군사로 임명되어 시중 박양유, 문하시랑 최량과 함께 요군을 막아섰지만 봉산성이 함락되는 등 정세가 좋지 않았다. 그때 조정에서 항복론과 할지론이 논의되자 그는 요의 침공 목적이 영토 확장이 아니라 그들과 연운 16주를 놓고 쟁패전을 벌이던 북송과 고려의 군사 협력을 방지하려는 데 있음을 상기시키며 외교적 활로를 모색하자고 주장했다. 그러자 성종도 서희의 견해를 지지하고 소손녕에게 회담을 제의했다. 그때 요군이 청천강 남쪽의 안융진을 공격하다가 참패하자 고려의 회담요청을 받아들였다. 고려 측의 대표로 요군 진영에 들어간 서희는 고려가 점유하고 있는 고구려의 고토를 내놓고 북송과의 관계를 청산하며 요에 조빙하라는 소손녕의 요구에 다음과 같이 맞섰다.

"우리나라는 고구려의 옛 터전을 이었으므로 고려라 이름하고 평양을 도읍으로 삼았다. 만일 땅의 경계를 논한다면 요의 동경(東京)도 고구려의 고토이니 오히려 요가 우리 경내를 침식하고 있는 것이다. 이를 논외로 하더라도 압록강 안팎의 지역은 여진족이 불법 점거하여 고려와 요 사이를 이간하고 있다. 고려는 그들 때문에 길이 막혀 요에 조빙을 하고 싶어도 할 수 없는 상황이다. 만일 경계에서 준동하고 있는 여진을 쫓아내고 우리의 옛 땅을 되찾아 성을 쌓고 도로를 통하게 할 수만 있다면 조빙은 문제가 아니다."

서희는 고려의 북진정책이 역사적으로 타당함을 밝히고, 고려와 요의 외교관계를 수립하는 선결조건으로 여진족 평정을 내세운 것이었다. 소손녕으로부터 회담내용을 전해들은 요의 성종은 고려와 북송의 관계 차단이라는 일차적인 목적을 이룬 데 만족하고 군사를 철수시켰다. 얼마 후에는 고려와 요 사이에 여진족 점유 지역인 압록강 유역을 개척하는 데 동의해주었다.

그렇게 해서 국난을 외교적으로 해소한 서희는 994년부터 3년 동안 직접 군사를 이끌고 압록강 동쪽의 여진족을 몰아낸 뒤 흥화진·용주·통주·철주·구주·곽주 등 강동 6주에 성을 쌓고 그 밖에 지역에도 29개소에 성을 쌓거나 보강함으로써 강력한 북방 방어선을 구축했다. 고려의 이 서북부의 방어망은 이후 30년 동안 벌어진 요와의 전쟁에서 엄청난 위력을 발휘했다. 성종은 그 공을 크게 치하하며 종1품 태보 내사령에 임명했다.

996년(성종 15) 서희는 병을 얻어 개국사에서 요양했다. 그러자 성종은 개국사에 쌀 1천 석을 하사하고 쾌차를 기원하게 했다. 하지만 이듬해 성종이 먼저 승하했고 1년 뒤인 998년 서희 역시 56세의 나이로 그 뒤를 따랐다. 1027년(현종 18)에 성종의 묘정에 배향되었고, 1033년(덕종 2)에 태사(太師)로 추증되었다. 시호는 장위(章威)이다.

- 1000 덕주에 성을 쌓음
- 1002 개경에 6위 군영 설치
- 1004 과거법 개정
- 1007 월정사 팔각 9층석탑 건립
- 1009 강조의 반란
- 1010 거란 제2차 침입
- 1011 거란 침입으로 현종 나주까지 피난
- 1018 거란 제3차 침입
- 1027 혜일사, 중광사를 창건
- 1030 철리국, 조공을 바침
- 1031 국자감시를 신설

- 1011 독일 헨리 2세, 폴란드와 교전
- 1016 덴마크 왕국, 영국 지배
- 1024 송, 최초로 지폐 발행

제7대 목종
선령宣靈·선양宣讓

　　고려의 제7대 국왕 목종(穆宗)의 이름은 송(訟), 자는 효신(孝伸)이다. 경종과 헌애왕후 황보씨의 외아들로 980년에 태어났다. 경종이 981년 7월 승하하자 불과 두 살에 불과했던 목종이 너무 어려 보위를 이을 수가 없었으므로 목종의 당숙인 성종이 경종의 후계자가 되었다. 성종은 목종을 궁중에서 살도록 배려한 뒤 990년(성종 9) 개령군에 봉했다. 997년 10월 무오일, 목종은 18세의 나이로 성종의 선위를 받아 보위에 올랐다.

　　목종은 즉위하자마자 모후인 헌애왕후 황보씨를 응천계성정덕왕태후(應天啓聖靜德王太后)로 봉했다. 천명에 응해 신성함을 열어 고요하고 맑은 덕을 지닌 태후라는 뜻이었다. 응천(應天)이란 존호는 천자나 황제만이 사용할 수 있는 존호이므로, 당시 그녀의 위세를 추측할 수 있겠다. 그 무렵 천추궁에 거처하던 헌애왕후는 자신을 천추태후로 부르게 하면서 목종을 대신해 섭정을 선언했다. 효성이 지극했던 목종은 그런 모후의 월권을 감히 제어하지 못했다.

목종는 그해 11월 합문사 왕동영을 요에 보내 왕위계승을 통보한 다음 12월 위봉루에 친히 나와 대사령을 내리고 효자, 순손을 표창했다. 또 누명을 쓴 죄수들을 구제하고 문무관과 승려들의 품계를 한 등급씩 올려주었다. 또 명산대천의 신들에게 일일이 훈호를 붙여주었다. 그달에 요의 대장군 야율적렬이 사신으로 와서 목종의 생일을 하례했다.

태후의 섭정 시대

998년(목종 1)부터 천추태후는 목종을 대신해 의욕적으로 정사를 펼쳤다. 여걸이었던 그녀는 과거 성종이 추진했던 유교정책에 반감을 가지고 고려의 전통과 풍속을 회복시키는 데 심혈을 기울였다. 그녀는 우선 국왕의 생일을 장령절(長寧節)로 바꾸었으며, 서경을 호경[64]으로 개칭하는 등 제국의 위세를 갖추려 했다.

999년 7월에는 자신의 원찰로 진관사를 창건하고 9층탑을 조성했다. 10월에는 호경에 가서 군사들의 사기를 진작했고, 이부시랑 주인소를 북송에 파견해 요의 군사적인 압박으로 인해 교역이 어려워지는 사정을 설명하게 했다. 1000년 10월에는 왕의 원찰로 숭교사를 창건해 선종과 교종의 균형을 세웠다.

1002년 6월 탐라산에 네 개의 구멍이 뚫려서 붉은 용암이 솟아나오다 5일 만에 그쳤다. 보고를 받은 천추태후는 대학박사 전공지를 파견해 산의 형상을 그려오게 했다. 이때의 조치는 숙종 때 탐라국을 탐라군으로 개편하는 계기가 되었다.

당시 고려에서는 성종 때부터 철전을 유통시키면서 추포(麁布)의 사용을 금지시켰는데 백성들이 몹시 불편해 했다. 시중 한언공으로부터 그와 같은 민심을 전해들은 천추태후는 그해 7월 "다점·주점·음식점 등 여러 점사들에서는 예전처럼 돈을 사용하고, 백성들이 사사로 교역할 때에는 토산물을 마음대로 사용하게 하라"고 명했다. 그 무렵 고려에서 다양한 서비스업이 행해지고 있음을 알 수 있다.

1003년, 천추태후는 목종의 이름으로 교서를 내려 주현의 학교 선생들이 게을러지고 학생들의 배움이 낮아지는 것을 개탄하면서 문학과 유학, 의학, 복서에 관심을 가진 자들이 경서에 밝은 선생에게 학문을 배우도록 권장했다. 또 5품 이상의 중앙관료들에게 상소를 올리게 하는 등 성종 대 행해진 유학진흥책의 장점을 활용하기도 했다.

1004년 3월에는 과거법을 개정했다. 이전에는 문과는 매년 2월에 시험을 본 다음 가을이나 겨울에 급제자를 발표했는데, 개정 이후에는 3월에 과장을 열고 첫째 날에 예경(禮經), 둘째 날에 시(詩)·부(賦), 셋째 날에 시무책을 시험한 다음, 10일 후 합격자를 발표하게 했다. 한편 명경과 등 잡과는 전해 11월에 뽑아 두었다가 이때 함께 발표했다. 그처럼 개정된 과거법에 따라 그 해 4월 「고려왕조실록」을 편찬한 황주량이 급제했고, 이듬해 4월에는 해동공자로 일컬어진 최충 등이 급제했다. 1005년 3월에는 관찰사·도단련·단련·자사 등의 지방직을 폐지하고, 12절도·4도호, 동서북계의 방어진사, 현령·진장만 두었다.

한편 관리의 봉급제도인 기존 전시과의 불합리한 부분을 시정한 개정전시과(改定田柴科)를 시행했다. 국가의 지배 질서가 정비되고, 관인체제가 확립되면서 토지 제도도 재정비할 필요가 생겼던 것이다. 세부 사항으로는 전시과 수급자를 모두 18과로 나눈 다음 제1과로부터 제18과에 이르기까지 각기 차등을 두어 각 과등에 맞는 전시(田柴)의 수령액을 규정하고, 그 밑에 수급할 자의 해당 관직명을 자세히 기록했다.

이처럼 개정전시과는 시정전시과보다 규정 내용이 퍽 간편하고 체계화되었는데, 문·무 양반을 중심으로 하여 오직 관직과 위계의 높고 낮음만을 표준으로 삼았다. 특이한 것은 군인층이 전토(田土)의 수급 대상자로 나타나 있으며, '한외과'에 속했던 여러 잡직이 제18과로 편입되었다. 그러나 개정전시과에서도 문·무 관직 사이에 많은 차이가 있다는 점은 한계로 남았다.

김치양의 득세

천추태후는 섭정을 통해 자신의 통치 역량을 한껏 발휘했지만 사적인 애정 행각으로 인해 「고려사」를 편찬한 조선사가들로부터 푸대접을 받았다. 이는 당의 측천무후가 폭군으로 규정된 전례와 비슷하다. 남성 중심의 유교사회에서는 여성의 권력 행사가 비정상적인 현상으로 비춰졌던 것이다.

성종 사후 권력을 움켜쥔 천추태후는 유배지에 있던 연인 김치양을 궁궐로 불러들여 합문통사사인에 임명하고 공개적으로 사랑을 나누었다. 얼마 후 우복야 겸 삼사사에 임명된 김치양은 조정의 인사권을 장악함으로써 정계의 핵심인물로 부상했다. 김치양은 백성들을 동원해 3백여 간이 넘는 저택을 지어 여성전이라 명명한 뒤 그 안에서 천추태후와 밀애를 즐겼다. 그는 천추태후의 뜻에 따라 고향 동주(황해도 서흥)의 농민 수천 명을 동원해 자신의 원찰인 성숙사를 짓고 궁성 밖 서북쪽에 십왕사를 짓는 등 성종 대에 왕실과 소원했던 불교 중흥에도 앞장섰다.

그처럼 김치양이 약진하면서 친위세력을 끌어 모으자 시중 한언공은 권력을 남용하는 김치양을 중벌에 처하라고 호소했다. 하지만 목종은 김치양에게 합문사인 벼슬을 내려 궁중을 무시로 출입하게 했다. 천추태후와 목종의 후원으로 김치양은 곧 재정관부인 삼사(三司)의 삼사사를 겸임하게 되었다. 그때부터 조정은 천추태후의 위세와 인사권과 재정권을 쥔 김치양 일파에 의해 좌지우지되었다.

그 무렵 정사와 동떨어져 있던 목종은 사냥과 유희로 시간을 보낼 수밖에 없었다. 그는 교방을 확대하고 낭원정을 만들어 진기한 짐승과 새, 거북, 물고기를 풀어놓았으며, 수방을 만들어 물놀이를 즐겼다. 그 와중에 용모가 아름다운 유행간과 남색에 빠진 목종은 그를 합문사인에 임명했다. 왕의 총애를 받게 된 유행간은 발해 출신의 미남 유충정을 궁에 끌어들였다. 그로 인해 신료들은 헌애왕후를 등에 업은 김치양이나 목종을 등에 업은 유행간, 유충정의 눈치를 볼 수밖에 없었다.

대량원군 왕순의 반격

1003년(목종 6) 천추태후가 40세의 나이로 김치양의 아들을 낳으면서 정국의 양상이 급변하기 시작했다. 김치양과 천추태후는 아들을 차기 국왕으로 옹립하기 위해 왕권 후계자 제거 음모를 꾸몄던 것이다. 그들의 화살은 직접적으로 성종의 숙부인 안종 왕욱과 헌정왕후 황보씨의 사생아인 대량원군 왕순을 겨냥하고 있었다.

헌정왕후 황보씨는 경종 사후 궐 밖의 사가에서 살았는데 우연한 기회에 왕욱과 사랑에 빠져 임신하게 되었다. 그로 인해 조정이 시끄러워지자 성종은 왕욱을 사수현으로 귀양 보냈다. 연인과 헤어진 충격으로 헌정왕후는 왕순을 조산한 뒤 숨을 거두었다. 그 후 왕순은 유배지에 있던 아버지 왕욱에게 보내졌다가 그가 죽은 뒤에는 성종의 배려로 궁에 들어와 살았다.

당시 고려에 남아 있는 태조 왕건의 직계혈통은 대량원군 왕순 한 사람뿐이었다. 경종 때 시행된 복수법의 여파였다. 남색에 빠진 목종에게 후사를 기대할 수 없는 상황에서 차기 국왕 후보인 대량원군 왕순을 후원하는 신료들이 나타나는 것은 당연했다. 특히 경주 세력인 최항, 귀화인 세력인 채충순, 어사대 관원 최사위, 윤징고 등이 은밀히 대량원군을 지켜주고 있었다.

그런 내외의 시선을 의식한 천추태후는 우선 대량원군 왕순을 숭교사에 출가시켜 대궐에서 격리함으로써 보호막을 제거했다. 그런 다음 대량원군의 거처를 양주에 있는 삼각산 신혈사로 옮기게 한 다음 자객을 보내거나 시녀에게 독약이 든 음식을 보내 암살하려 했다. 그러나 대량원군은 신혈사 주지의 기지로 수차례 목숨을 건졌다.

1006년 9월, 목종은 천성전에 벼락이 떨어지자 자신의 허물을 반성하면서 전국에 사면령을 내렸다. 1009년 봄에는 숭교사에 다녀오다가 폭풍을 만나 크게 놀랐다. 그런데 며칠 뒤 벌어진 연등회 때 기름 창고에 화재가 일어나 천추전까지 불타고 궁궐 일부와 창고가 잿더미가 되었다. 그러자 상심한 목종은 병석에 누웠다.

최근 사가들은 이때의 사건을 대량원군 왕순을 지지하는 신료 측의 정변으로 해석하고 있다. 주동자는 이부시랑 중추사 최항, 급사중 중추원부사 채충순, 이부상서 참지정사 유진 등이고 목종의 총애를 받던 유충정도 합세했다. 궁궐 문을 지키고 있던 친종장군 유방, 중랑장 유종, 탁사정, 하공진도 동조 세력이었다. 당시 호부시랑 시어사 최사위는 대정문 별감으로 모든 궁문을 폐쇄한 다음 국왕 처소의 입구인 대정문과 동궁의 입구인 장춘문만 열어 사람들의 출입을 통제했다. 그들이 목종을 연금하고 대량원군에게 양위하라고 압력을 행사했다는 것이다.

「고려사」에 따르면 그 무렵 자신의 병세를 비관한 목종이 왕씨 고려를 지키기 위해 김치양 일파인 전중감 이주정을 서북면 순검부사로 파견해 격리시킨 뒤 유충정으로 하여금 대량원군을 궁궐로 불러들이게 하고, 서경 도순검사 강조를 소환했다고 기록되어 있다. 그러나 강조의 정변 전후 상황을 살펴보면 목종의 병세는 구실에 불과하다. 고려 초기 혜종이나 정종의 경우를 보더라도 강건했던 국왕의 갑작스런 칭병은 궐내에 모종의 사태가 발생했음을 보여주는 역사 기록의 암시이기 때문이다. 또 목종이 최항과 채충순과 협의해 황보유의와 낭장 문연 등 10인을 신혈사로 보내 대량원군을 데려오게 하고, 개성부의 참군 김연경이 지휘하는 군사 100명을 교외에 파견해 그를 맞이하게 한 정황은 당시 대량원군 측과 천추태후 측의 치열한 내전이 있었음을 짐작케 하고도 남는다.

강조의 변심과 목종의 최후

1009년 1월 20일 어명을 받은 서경 도순검사 강조는 군사 5천 명을 이끌고 개경으로 출발했다. 그가 용천역에 다다랐을 때 천추태후 측의 내사주서 위종정과 안북도호장서기 최창이 달려와 목종이 위독한 상태에서 대량원군 측이 서경의 군대를 끌어들여 반역을 도모하기 위해 어명을 위조한 것이라고 알려주었다. 그러자 강조는 역모의 누명을 쓰지 않기 위해 곧바로 서경으로 회군해버렸다.

그 무렵 세간에는 정변으로 인해 목종이 살해되었다는 소문이 파다하게 퍼져 있었다. 때문에 강조의 아버지가 서경으로 사람을 보내 왕이 살해되었으니 개경으로 와서 국난을 평정하라고 종용하자 강조는 다시 군사를 이끌고 개경으로 향했다. 하지만 평주에 다다랐을 때 그는 왕이 살아 있음을 알게 되었다. 장수가 왕명에 의하지 않고 도성에 군사를 이끌고 오는 것은 곧 반역이다. 이대로 정변을 제압한다면 자신 역시 천추태후 측으로부터 역신으로 몰릴 것은 뻔한 노릇이었다. 심사숙고 끝에 대량원군 측과 손잡기로 결심한 강조는 군사를 몰아 개경을 들이쳤다.

이윽고 서경 군사들이 몰려들어 개경을 장악하자 최항과 채충순은 강조의 진의를 확인한 뒤 함께 김치양 일파 제거 작업에 나섰다. 그때 목종은 천추태후와, 유충정과 함께 법왕사로 몸을 피했지만 서경 군사들에게 모두 체포되었다. 정변의 성공을 확신한 강조와 최항 등은 대량원군 왕순을 모셔와 연총전에서 즉위시킨 다음 목종을 양국공으로 강등시켜 버렸다.

강조는 이어서 김치양과 그의 어린 아들 및 유행간 등 7명을 죽이고 그의 당파 30여 명을 섬으로 귀양 보냈으며, 공부시랑 유품렴 등 143명을 하옥했다. 반정 수뇌부들은 태조의 직계이며 경종의 왕비인 천추태후를 죽이기에는 부담이 너무 컸으므로 고향 충주에 귀양 보내기로 결정했다. 그러자 법왕사에 유폐되어 있던 목종은 모후의 귀양길에 수종을 자처하고 최항에게 부탁해 말 한 마리를 얻었다. 그리하여 모든 것을 잃은 모자는 쓸쓸히 충주로 떠났다. 하지만 반정 수뇌부들은 폐위된 목종을 살려 둘 수가 없었다. 현 국왕을 추종하는 무리가 언제 그를 중심으로 세력을 규합해 반격해올지 알 수 없었기 때문이다.

1009년 2월, 강조의 명을 받은 상약직장 김광보와 안패가 파주 적성에서 목종을 살해했다. 목종의 시신은 한 달 뒤 적성현 남쪽에서 화장되었다. 그렇 듯 효성스런 아들을 잃고 홀로 살아남은 천추태후는 고향인 황주로 가서 여생을 마쳤다.

재위 11년 4개월 만에 30세의 나이로 비참한 죽음을 당한 목종에게는 정비인 선정왕후 유씨가 있었지만 소생이 없었다. 그의 시호는 최초에 선령(宣靈), 묘호는 민종(愍宗), 능호는 공릉(恭陵)이었다. 훗날 현종은 시호를 선양(宣讓), 묘호를 목종(穆宗), 능호를 의릉(義陵)으로 고쳤다. 현종과 문종과 고종 대에 각각 위혜(威惠), 극영(克英), 정공(定恭)이란 시호가 덧붙여졌다.

거대불상의 출현

고려 불교의 특징으로 일컬어지는 거대불상의 조성은 통일 이후 체제가 안정되면서 태평성대를 기대하는 지방민들의 종교적 염원이 형상화된 것이다. 거대불상의 시초는 태조의 왕사인 개태사의 석조삼존불입상이지만 광종 이후 지방에서 본격적으로 거대불상이 만들어졌다. 특히 후백제 지역이었던 충청도 지역에는 대조사 미륵보살상(보물 217호), 예산 삽교보살입상(보물 508호) 등이 연이어 건립되었다.

은진미륵으로 일컬어지는 높이 18미터의 관촉사 석조미륵보살상(보물 219호)은 실제 모양은 관음보살이다. 하지만 백성들은 새로운 세상에 찾아온다는 미륵으로 불렀다. 정복지 백성들의 한이 그때까지 남아있었던 모양이다. 은진미륵의 조성에는 기이한 설화가 함께 전해진다.

968년 논산에 살던 한 여인이 반야산에서 고사리를 캐다가 아이 우는 소리가 들려 가보았더니 아이는 없고 큰 바위가 땅에서 솟아나고 있었다. 그 소식을 들은 광종은 승려 혜명에게 그 바위로 불상을 조성하게 했다. 혜명은 백여 명의 장인들을 모아 공사를 시작해 1006년(목종 9)에 불상을 완성했다. 그런데 불상이 너무 크고 두 부분으로 나누어져 있어 바로 세울 수가 없었다. 고심하던 혜명 앞에 기이한 일이 일어났다. 공사장에서 아이 두 명이 삼등분으로 된 불상을 갖고 놀았는데 먼저 땅을 평평하게 다진 후 아래 부분을 세운 다음 여기에 흙을 경사지게 쌓고 두 번째 부분을 세우고, 마지막 부분도 앞서와 같이 흙을 경사지게 다진 다음 나머지 부분을 세운 후 채웠던 흙을 파내는 것이었다.

그 광경을 보고 혜명은 비로소 불상을 일으켜 세울 방법을 알게 되었다. 드디어 은진미륵이 일어서자 하늘에서 비를 내려 불상을 씻어주었고 옥호에서는 밝은 빛이 반사되어 사방을 비췄으므로 절 이름을 관촉사(灌燭寺)라고 했다.

고려시대에는 거대불상에 이어서 자연암벽에 불상을 새긴 마애불도 출현했다. 법주사 마애여래좌상(보물 216호), 충주 월악산에 있는 덕주사 마애불(보물 406호), 안동 이천동의 마애불 등이 있다. 그처럼 고려시대의 석조불상과 마애불은 지방민들의 종교적 열의를 통해 조성되면서 불교 신앙이 뿌리박는 데 커다란 공헌을 했다.

국내

1000 덕주에 성을 쌓음 1002 개경에 6위 군영 설치 1004 과거법 개정 1007 월정사 팔각 9층석탑 건립 1009 강조의 반란 1010 거란 제2차 침입 1011 거란 침입으로 현종 나주까지 피난 1018 거란 제3차 침입 1027 해일사, 중광사를 창건 1030 철리국, 조공을 바침 1031 국자감시를 신설

세계

1011 독일 헨리 2세, 폴란드와 교전 1016 덴마크 왕국, 영국 지배 1024 송, 최초로 지폐 발행

제8대 현종
원문대효덕위달사
元文大孝德威達思

  고려의 제8대 국왕 현종(顯宗)의 이름은 순(詢), 자는 안세(安世)이다. 태조의 아들 안종(安宗) 왕욱과 헌정왕후 황보씨의 아들로 992년(성종 11) 7월 임진일에 태어났다. 안종은 태조의 제5비 신성왕후 김씨 소생이고, 헌정왕후는 태조의 제4비 신정왕후 황보씨의 아들 대종 왕욱의 딸이므로 안종은 그녀의 삼촌이고 성종과는 남매지간이다. 여기에서 주목되는 것은 안종의 모후인 신성왕후 김씨가 신라의 왕족인 김억렴의 딸이란 사실이다. 그 때문에 현종은 경주 세력으로부터 지속적으로 후원을 받을 수 있었다.

  헌정왕후는 경종이 승하한 뒤 왕륜사 남쪽의 사가에서 살았다. 그런데 가까이에 살던 왕욱이 그녀의 집에 오가다가 정을 통하게 되었다. 삼촌과 조카 사이에 벌어진 불륜이었다. 991년 헌정왕후의 임신 사실이 알려지자 성종은 조정의 분란을 잠재우기 위해 이듬해 7월 왕욱을 사수현으로 귀양 보냈다. 그로 인해 충격을 받은 헌정왕후는 아이를 조산하고 세상을 떠났다. 시문에

뛰어났던 왕욱은 귀양지에서 '성주의 한 말씀 고치지 않으시리니 이곳에서 여생을 보낼 수밖에 없겠소'[65]란 시를 지어 바쳐 성종의 심금을 울렸다.

그렇듯 왕순은 비정상적인 과정을 통해 세상에 태어났지만 태조의 손자이며 성종의 사촌동생이었다. 부모와 떨어진 아기 왕순을 보고 애틋한 심정에 사로잡힌 성종은 궁중에 유모를 두어 기르게 했다. 그 후 왕순은 귀양지에 있던 아버지 왕욱에게 보내졌다. 풍수지리에 정통했던 왕욱은 996년 7월 죽음을 앞두고 아들에게 황금이 담긴 주머니를 주면서 '내가 죽으면 이것을 술사에게 주고 사수현 성황당 남쪽 귀룡동에 장사지내게 하되 반드시 시신을 엎드려 묻게 해라'라는 유언을 남겼다. 그것은 아들이 장차 고려의 국왕이 되기를 바라는 뜻이었다.

왕욱이 죽은 뒤 왕순은 성종의 배려로 997년부터 다시 궁궐에 들어와 살게 되었다. 그의 나이 여섯 살 때의 일이었다. 하지만 그해에 성종이 승하하고 목종이 즉위하면서 왕순은 가시밭길을 걸어야 했다. 목종은 1003년 왕순을 대량원군으로 봉하고 아껴주었지만 이모인 천추태후는 그를 몹시 미워했다. 당시 섭정으로 정사를 장악한 천추태후는 김치양 사이에서 낳은 아들을 차기 국왕으로 삼기 위해 대량원군 왕순을 제거하려 했다. 그녀는 우선 대량원군을 보호하는 경주 세력을 의식해 왕순을 승려로 만들어 숭교사로 보냈다.

그 무렵 숭교사의 승려 한 사람이 꿈을 꾸었는데 큰 별이 절 마당에 떨어져 용이 되더니 다시 사람으로 변했다. 얼마 후 대량원군이 절에 들어서는 데 꿈속에서 본 사람과 똑같았다고 한다. 이처럼 장차 그가 보위에 오를 것을 암시하는 설화는 이후 벌어질 사건을 합리화하기 위한 통속적인 수법이다. 천추태후의 우려대로 당시 대량원군을 옹립하려는 세력이 있었음을 짐작케 한다.

얼마 후 천추태후는 대량원군의 거처를 후미진 삼각산 신혈사로 옮기게 한 다음 자객을 여러 차례 보내 살해하려 했다. 다행히 신혈사 주지가 방 안에 파놓은 땅굴에 그를 숨기고 그 위에 침대를 놓아 보호해 주었다. 어느 날에는 궁궐에서 시녀가 음식을 들고 대량원군을 부르다 돌아갔는데, 그녀가 버린 음식을 먹은 까마귀가 죽은 일도 있었다. 그처럼 끊임없는 살해 위협 속에서도 왕순은 보위에 오르리라는 희망의 끈을 놓지 않았다.

어느 날 대량원군은 닭 우는 소리와 다듬이 소리가 들리는 꿈을 꾸고 술사에게 해몽을 청했다. 그러자 술사는 '닭 울음은 고귀위(鷄鳴高貴位), 다듬이 소리는 어근당(砧響御近當)'이므로 그가 곧 왕위에 오를 징조라 했다. 「고려사」에는 당시 그가 쓴 두 편의 시가 실려 있는데 그중 시냇물(溪水)[66]이란 시는 다음과 같다.

> 백운봉에서 흘러내리는 한 줄기 물
> 만경창파 멀고 먼 바다로 향하누나.
> 바위 밑에 흐르는 물 적다고 하지 말라.
> 용궁에 도달할 날 그리 멀지 않으리.

천추태후 측의 암살 시도가 거듭되자 대량원군은 자신을 추종하던 경주 세력에게 구원을 요청했다. 그러자 최항, 채충순 등은 연등회 날을 기화로 기름창고와 천추궁 등을 불태워 혼란을 조성한 뒤 정변을 일으켜 목종을 궁궐에 유폐하고 대량원군을 궁궐로 데려와 보호했다. 그리하여 정변세력과 천추태후 측과의 첨예한 대결상이 펼쳐졌다.

「고려사」에 따르면 대량원군이 목종에게 편지를 보내 구원을 요청했고, 목종이 채충순으로 하여금 그를 대궐에 데려오게 한 것으로 기록되어 있다. 하지만 효자인 목종이 모후를 적으로 돌릴 가능성은 전혀 보이지 않는다. 양측의 팽팽한 대결구도 속에서 개경의 군사력도 양분되어 있었으므로 강조가 이끄는 서경의 군사력은 균형을 깨뜨리는 중요한 요소였다. 그러므로 강조가 정변 측에 서자 천추태후 측은 굴복할 수밖에 없었다. 강조의 서경군은 순식간에 궁궐을 장악하고 김치양 일파를 모조리 제거하는 한편 목종까지 폐위시켜 버렸다. 그리하여 1009년(목종 12) 2월 대량원군 왕순이 18세의 나이로 즉위하니 그가 바로 현종이다.

군현제의 확립과 고려의 안정

현종은 즉위하자마자 강조를 중대사, 이현운을 중대부사, 채충순을 직중대, 윤여를 상서우승 겸 직중대로 임명했다. 애초에 정변을 기도했던 경주 세력보다 뒤에 정변을 마무리한 서경 세력을 우대한 조치였다. 아무래도 병권을 쥐고 있는 강조의 입김을 의식하지 않을 수 없었을 것이다.

현종은 또 사농경 왕일경을 요에 파견해 목종의 서거와 자신의 등극을 통고하는 한편 목종이 설치한 교방을 혁파하고 궁녀 100여 명을 사가로 돌려보냈다. 그 밖에 목종이 유희를 벌이던 낭원정을 헐어버리고 각종 진기한 조류와 짐승, 어류 등도 야생으로 돌려보냈다.

그해 3월, 현종은 문하시중에 유윤부, 평장사에 유방헌, 이부상서 참지정사에 강조, 형부상서 참지정사에 진적, 상서좌복야에 유진, 상서우복야에 왕동영, 좌우산기상시에 최항과 김심언, 이부시랑 좌간의대부에 채충순, 병부상서에 김려, 공부상서에 문인위를 임명했다. 앞서의 형식적인 논공행상에 이어 본격적으로 자신의 후원세력을 조정에 포진시킨 것이다. 현종은 또 대량원군 시절 자신을 보호해준 불교계에 보답하는 뜻으로 연등회와 팔관회도 부활시켰다.

5월에는 연흥궁주의 딸 김씨를 왕비로 책봉한 현종은 7월에 한림학사 최항을 사부로 임명했다. 그해 11월에는 동여진의 해적들이 동해에 출몰하자 조정에서는 과선 75척을 제작하여 진명구 폐현에 매어 두고 침습에 대비했다.

바야흐로 군부의 대표 격인 강조가 고려의 새로운 실력자로 등장한 가운데 현종은 성종 대 이후 과거로 등용된 인재들을 조정에 배치함으로써 정변으로 인한 내부의 혼란을 가라앉혔다. 그때부터 현종은 고려 왕조의 기틀을 다지기 위한 다양한 조치를 차근차근 시행해 나갔다. 그는 우선 재상들에게 현행 정책의 잘못을 숨김없이 지적하는 상소를 올리게 하고 호족 세력에 대한 통제책을 마련하게 했다. 1018년(현종 9)에는 5도 양계 체제를 정착시킴으로써

경-목-도호-군-현-진이라는 군현제의 기본 체제를 완성했다. 또 군현제를 강화하기 위해 각 군현의 호장 등 향리의 정원 규정, 향리의 공복을 제정했다. 그것은 왕권을 바탕으로 하는 중앙집권적 정치체제를 확립하기 위한 조치였다.

요의 2차 침공

요는 982년 제6대 황제 성종 야율융서(耶律隆緖)가 등극하면서 국력이 획기적으로 신장되었다. 993년 고려를 침공했을 때 요는 압도적으로 유리한 상황이었지만 대국적인 전략에 따라 강동 6주를 내줌으로써 북송과 고려의 동맹을 차단한 다음 본격적인 대륙 정벌에 돌입했다. 그 결과 1004년 요는 연운 16주를 점유하고 전연의 맹을 통해 북송으로부터 엄청난 규모의 조공을 확보했다. 그 후 요는 정치조직과 군사조직을 정비하고 법률을 공포하는 등 강력한 중앙집권체제를 갖춘 다음 재차 고려를 겨냥했다.

1010년, 고려의 북방 경계를 맡고 있던 좌사낭중 하공진이 독단적으로 동여진을 공격했다가 패퇴했다. 그러자 화주 방어낭중 유종이 화풀이로 화주관에 조공을 바치러 온 여진인 95명을 살해하는 사건이 일어났다. 그때 고려 조정은 평지풍파를 일으킨 하공진과 유종을 유배형에 처했지만 원한을 품은 동여진은 요의 성종에게 고려의 비정상적인 정권교체 사실을 일러바쳤다. 마침 고려 정벌의 빌미를 찾고 있던 성종은 1010년 7월 급사중 양병과 대장군 나율윤을 개경에 파견해 목종 폐위와 살해의 진상을 밝히라고 요구했다.

그해 8월, 현종은 내사시랑평장사 진적과 직중대 윤여를, 또 9월에는 좌사원외랑 김연보를 연이어 요에 파견해 목종의 폐정과 폐위 상황을 설명했지만 요 성종은 목종 살해의 주모자인 강조를 압송하라고 요구했다. 당시 성종은 1차 침공 때 내준 강동 6주는 물론 고려 전역을 집어삼키려는 야심을 품고 있었다. 고려가 그 요구를 거절하자 성종은 즉각 고려 원정을 선언했다. 국구인 소적열이 원정을 극구 반대했지만 소용이 없었다.

북방에서 요의 도발 기미를 포착한 현종은 즉시 강조를 행영도통사로 삼고, 상장군 안소광을 도병사, 소부감 최현민을 좌군병마사, 형부시랑 이방을 우군병마사, 예빈경 박충숙을 중군병마사, 형부상서 최사위를 통군사로 임명한 다음 30만 병력을 모아 통주(평북 선천)에 주둔시켰다.

1010년 10월, 요의 성종은 직접 40만 대군을 이끌고 압록강을 건너 고려를 침공했다. 요군은 흥화진[67]을 포위한 다음 흥화진 도순검사 양규에게 편지를 보내 항복을 종용했다. 하지만 양규는 코웃음을 치며 낭중 정성과 함께 천혜의 요새인 흥화진을 굳게 지켰다. 몇 차례의 공격을 통해 흥화진의 조기 함락이 어렵다고 판단한 성종은 군대를 나누어 20만 병력을 인주 남쪽 무로대에 배치해 후방을 봉쇄한 뒤 나머지 20만 병력을 이끌고 통주에 있는 고려군의 본진을 향해 진군했다. 그때 강조는 고려군을 세 갈래로 나누고 제1로는 자신이 직접 지휘하여 삼수에 진을 쳤으며, 제2로는 통주 근방의 산악지대에, 제3로는 통주성 내에 배치했다.

드디어 요군과 고려군이 통주성을 중심으로 전면전에 돌입했다. 요군은 기마군단을 이용해 맹공을 가했지만 고지대에서 검차(檢車)를 이용해 대항하는 고려군의 수비망을 뚫지 못했다. 양군은 한동안 득실이 모호한 일진일퇴의 공방전을 벌였다. 그런데 야음을 틈타 야율분노와 야율홍고의 선봉대와 야율적로 휘하의 우피실군이 삼수에 있는 고려군의 본영을 급습했다. 보고를 받은 강조는 요군을 진영 깊숙이 끌어들여 전멸시키려 했다.

그와 같은 고려군의 전략을 감지한 요군은 날쌘 돌격대를 앞세워 번개처럼 고려군의 진세를 갈라놓은 다음 전군을 총동원해 파상공세를 펼쳤다. 예상치 못한 요군의 속도전에 당황한 고려군은 우왕좌왕하다가 참패를 당하고 말았다. 그리하여 행영도병마부사 노정, 사재승 서숭, 주보 노제 등을 비롯한 수만 명의 고려군이 목숨을 잃고 총사령관 강조, 행영도통부사 이현운, 행영도통판관 노전, 감찰어사 노이, 양경, 이성좌 등 지휘부가 모조리 사로잡혔다. 득의양양한 요 성종은 패장 강조를 회유하려 했지만 거부하자 즉각 참수해버렸다.

지휘관을 잃고 패닉상태에 빠진 고려의 패잔병들은 인근 곽주성으로 도주하다가 요군 기병대의 추격을 받아 무려 3만 명이 학살당했다. 다행히 통주와 곽주의 중간지점인 완항령에서 좌우기군장군 김훈과 김계부, 이원, 신영한 등이 가까스로 대오를 수습한 뒤 추격대를 저지하여 더 이상의 희생을 막았다. 그때 통주성 안에 있던 고려군은 성 밖에서 벌어지고 있는 참극을 보며 치를 떨었다. 이윽고 요 성종은 생포한 노전과 합문사 마수를 성 안으로 들여보내 항복을 권유했다. 이에 전의를 상실한 지휘부가 성문을 열려 하자 중랑장 최질과 홍숙이 노전과 마수를 억류한 다음 일전불사를 외쳤고, 호장 김거와 별장 수견이 동조했다. 분개한 요군이 통주성을 공격했지만 고려군은 필사적으로 성을 지켜냈다.

요군은 흥화진에 이어 통주성마저 함락시키는 데 실패하자 배후의 위험 때문에 더 이상의 진군이 어렵게 되었다. 요 성종은 고려군 대장 강조의 명령서를 위조해 흥화진의 항복을 받아내려 했지만 이미 결전을 각오한 양규에게는 마이동풍이었다. 하는 수 없이 요군은 통주성과 인접한 곽주성을 취하기로 결정하고 전군을 총동원해 맹공을 가했다. 그때 곽주 방어사 조성우가 겁을 먹고 도주하는 바람에 남아 있던 대회덕과 이용직의 분전에도 불구하고 곽주성은 함락되고 말았다. 개전 이후 고려의 성이 함락된 것은 곽주성이 처음이었다. 그로 인해 후방의 근심을 일부분 덜어낸 요군은 서경으로 달려갔다.

12월 10일 군사를 이끌고 서경에 다다른 요 성종은 거란인 유경과 통주에서 사로잡은 고려의 감찰어사 노의를 서경성에 들여보내 항복을 권유했다. 서경은 고려의 양경 중에 하나로 3중 성벽으로 철통같은 방어막이 쳐져 있었다. 하지만 요군의 군세에 겁먹은 서경부 유수 원종석은 제장들과 협의한 끝에 항복을 통보했다. 그때 성천에 주둔하고 있다가 부대를 이끌고 서경성에 들어온 중랑장 지채문이 결사항전을 촉구했지만 받아들여지지 않자 진영으로 돌아가던 요의 사신 유경과 노의 일행을 살해해 버렸다.

그로 인해 요군과의 일전을 피할 수 없게 된 원종석은 지채문을 성 밖으로 쫓아내버렸다. 그때 서경의 대장군 정충절 만이 그를 따라왔다. 한편 요 성종은 서경성의 항복의사를 알고 기뻐하며 병사들의 약탈을 금한 다음 거란인 마보우를 개성유수로, 왕팔을 부유수로 임명하고 울름에게 기병 1천을 주어 그들을 호위하게 했다. 그런데 때마침 고려의 동북면 도순변사 탁사정의 부대가 서경에 도착했다. 탁사정은 성 밖에 있던 지채문 부대와 합류한 다음 서경성에 들어가 투항파인 원종석과 추종자들을 참수한 뒤 일전불사를 외쳤다.

그런 서경성의 정세 변화를 미처 탐지하지 못한 요군 장수 한기가 기병 200명을 이끌고 느긋하게 서경성 앞에 왔다가 고려 기병에 의해 몰살당했다. 이어서 울름의 1천 병력도 지채문 부대의 포위공격으로 전멸당했다. 그 소식을 들은 요 성종은 분노하여 전군에 총공격을 명했다.

적의 대군이 몰려오자 탁사정의 부대가 성을 지키고 지채문과 이원의 부대는 성 밖의 자혜사 근처에 진을 쳤다. 그때 승려 법언이 이끄는 승병 부대가 합류하자 고려군의 사기가 하늘을 찔렀다. 드디어 고려군과 요군은 서경성 북쪽 30리 지점인 임원역에서 마주쳤다. 치열한 전투 끝에 고려군은 법언이 전사했지만, 적 3천 명을 죽이는 대승을 거두었다. 기세가 오른 고려군은 요군을 연파하며 마탄 쪽으로 밀어붙였다. 그러나 곧 요군의 역습이 이어졌다. 고려군을 험지로 끌어들인 요군은 사방에서 맹공을 가해 수천 명을 사살하고 도망치는 고려군을 맹렬히 뒤쫓았다. 궁지에 몰린 고려군은 결국 다시 서경성으로 들어가 농성전에 돌입했다.

그때부터 요군은 서경성을 포위하고 끊임없이 공격을 가했다. 상황이 여의치 않자 지채문이 개경에 서경의 상황을 알린다는 명목으로 성을 빠져나갔고, 탁사정이 서경성 방어를 도맡게 되었다. 마침 청천강 방어선에서 패퇴한 발해의 왕손 대도수가 패잔병들을 규합해 서경성에 들어왔다. 탁사정은 대도수에게 야음을 틈타 요군을 공격하면 측면에서 협공하겠다고 제의했다. 대도수가 그 말을 믿고 성 밖으로 나가 요의 대군과 분전을 벌이자 탁사정은 재빨리 부대를 이끌고 남쪽으로 도주해버렸다. 믿었던 우군의 배신으로 인해 고립무원의 신세가 된 대도수는 어쩔 수 없이 요군에 항복하고 말았다.

주력군의 탈출과 항복으로 공황상태에 빠진 서경 백성들의 분노는 하늘을 찔렀지만 이제 와서 항복할 수는 없었다. 그간의 과정으로 미루어 요군이 서경의 장병과 백성들을 살려줄 리 만무했던 것이다. 남아 있던 통군녹사 조원, 애수 진장, 강민첨, 낭장 홍협, 방휴 등은 의논 끝에 점을 쳐 길조를 얻었다며 백성들을 달랜 뒤 조원을 병마사로 추대하고 수비를 강화했다. 이윽고 요군이 총공격을 가해오자 서경의 남은 군사와 백성들은 결사적으로 저항했다.

그처럼 요의 대군이 서경을 압박하고 있을 때 미묘한 전세의 변화가 일어났다. 12월 16일, 요군의 감시망을 뚫고 은밀히 흥화진을 빠져나온 양규의 별동대 7백여 명이 통주에 있던 잔병 1천 명을 모은 뒤 곽주성에 있던 요군 6천여 명을 기습해 전멸시킨 다음 양민 7천여 명과 함께 통주성으로 후퇴했다. 그로 인해 요군은 압록강과 대동강 사이의 중간 거점을 잃어버렸다. 정상적인 군대라면 후미가 끊기고 군량 조달이 어려운 형편에서 철수하는 것이 마땅했다. 그러나 대세판단에 남달랐던 요 성종은 일진일퇴를 거듭하던 서경성 공략을 중단하고 개경 직공을 결정했다. 그것은 무모하면서도 매우 현명한 선택이었다.

지채문으로부터 요군의 남진 상황을 보고받은 고려의 중신들은 현종에게 더 이상의 저항을 중지하고 항복하자고 권유했다. 하지만 노장 강감찬이 결사적으로 반대하자 현종은 항복을 거부하고 서둘러 몽진을 결정했다. 그러자 평소 현종을 존경하던 지채문이 호위를 자청했다.

12월 말 임신일에 현종은 왕비들과 함께 지채문, 채충순, 금군 50여 명의 호위를 받으며 개경성을 빠져나왔다. 어가가 적성현에 이르자 전왕 목종을 추종하는 무리들이 공격해 왔다. 하지만 지채문과 금군이 나서서 위기를 돌파했다. 해질 무렵 도착한 창화현에서 또 다시 반군들이 어가를 막아서자 신료들과 환관, 후궁 등이 모두 도망치고 현덕왕후와 대명왕후 및 시녀 2인, 내료인 승지 양협, 충필 등만이 남았다. 다행히 지채문의 임기응변으로 위기를 넘긴 현종은 병사 20명과 함께 달려온 하공진과 고영기의 보호를 받을 수 있었다. 그곳에서 전황을 보고받은 현종은 하공진을 요 성종에게 사신으로 보내 자신의 친조와 강동 6주의 반환을 조건으로 강화를 요청했다. 그 후 어가는 공주, 장곡, 인의를 거쳐 나주에 다다랐다.

1011년 1월 개경을 함락시킨 요군은 대묘와 궁궐, 민가를 모조리 불태워버렸다. 개경이 고려의 도읍으로 정해진 이래 처음으로 외적에게 유린당하는 치욕적인 순간이었다. 역대 국왕들이 이룩한 개경의 건물들은 잿더미가 되었고 남아 있던 백성들은 살해당하거나 포로가 되었다. 그렇듯 고려의 도읍을 점령하는 데 성공한 요 성종은 현종의 항서가 당도하기만을 기다렸다.

그 무렵 궤멸된 줄만 알았던 고려군의 저력이 각처에서 빛을 발하기 시작했다. 통주에 있던 흥화진 도순검사 양규가 이끄는 결사대가 무로대에 있던 요군 진영을 급습해 2천여 명을 사살했고, 이수에서 2천5백여 명, 여리참에서도 1천여 명을 죽이는 등 요군의 배후를 헤집었다. 또 귀주의 별장 김숙흥이 중랑장 보량과 함께 적을 기습해 1만여 명을 죽이는 대승을 거두었다. 양규와 김숙흥은 또 연합부대를 결성한 뒤 애전에서 요군 선봉대를 공격해 대승을 거두었다.

그와 같은 고려군의 공세에 지친 요 성종은 철수 조건을 내놓으려 했지만 고려 국왕 현종은 멀리 나주에 있었으므로 아무런 조치도 취할 수 없었다. 그때 마침 현종의 명을 받고 찾아온 하공진이 현종의 친조와 강동 6주의 반환을 수락했음을 알린 다음 스스로 인질을 자처하면서 성종에게 철군을 요구했다. 그로 인해 가까스로 체면치레를 하게 된 요 성종은 1011년 1월 전군 퇴각령을 내렸다.

그때 양규와 김숙흥의 결사대가 개경에서 퇴각하던 요군의 본진과 우연히 마주쳤다. 대군에게 포위된 두 장수는 부하들과 함께 분전하다 전멸당하고 말았다. 당시 양규와 김숙흥은 화살에 고슴도치가 된 채로 칼을 휘둘러 적의 간담을 서늘하게 했다. 양규 부대의 전멸 소식을 듣고 비분강개한 흥화진사 정성은 압록강을 건너는 요군의 후미를 강타해 수많은 적을 죽였다. 그와 함께 요의 2차 고려 침공은 종료되었다.

전후복구사업과 무관들의 반발

1011년 2월 중순, 나주까지 몽진했던 현종은 전주, 공주를 거쳐 개경으로 돌아온 뒤 흥화진 도순검사 양규의 전공을 표창하며 공부상서직을 추증한 다음 아내 홍씨에게는 매년 벼 1백 석을 내렸고, 아들 양대춘을 교서랑으로 임명했다. 또 별장 김숙흥에게는 장군을 추증하고 어머니에게 매년 곡식 50석을 내렸다. 1019년에 현종은 두 장수에게 공신녹권을 발급하고 1024년에는 삼한후벽상공신으로 봉했다. 그렇듯 2차 요와의 전쟁에서 양규와 김숙흥의 활약은 타의 추종을 불허하는 것이었다.

현종은 또 몽진 과정에서 자신을 필사적으로 호위한 지채문을 정2품 우복야로 승진시켜 노고를 치하했다. 지채문과 함께 현종을 끝까지 수행한 채충순은 이부상서와 참지정사를 거쳐 내사시랑평장사에 올랐고, 신하로는 최고의 영예인 유충진절위사공신에 책봉되었다. 한편 서경성에서 대도수를 배신하고 도주했던 탁사정은 종전 후 어사중승을 거쳐 우간의대부로 승진했다. 또 몽진 시절 현종을 버리고 도망쳤던 최창도 복직했다. 하지만 몇 달 뒤 현종은 탁사정과 최창을 박승, 위종정, 강은과 함께 강조의 당이라는 빌미로 섬에 귀양 보냈다.

사상 초유의 도성 함락으로 인해 고려는 수많은 궁궐과 문화재를 잃었다. 그중에 역대 국왕의 사초를 잃은 것은 매우 큰 손실이었다. 때문에 현종은 귀경하자마자 황주량에게 명하여 태조에서 목종에 이르는 7대 국왕의 실록을 재편찬하게 했다. 그에 따라 최충, 윤징고, 주저 등 4명이 수찬관으로 임명되어 실록 편찬에 착수한 뒤 21년이 지난 1034년(덕종 3)에 총 36권의 「7대 실록」[68]으로 완간된다. 현종은 또 백관들을 다시 임명하여 조정을 정비한 다음 무너진 개경의 궁성을 재건하고 서경의 황성과 송악성을 중수하게 했다.

1011년, 고려가 전후 복구 사업에 열중하고 있을 무렵 동여진의 해적 무리인 코르간(骨看)[69]이 전함 백여 척을 이끌고 동경을 공격하는 사건이 일어났다. 하지만 고려군의 철통같은 방어망을 뚫지 못하고 곧 퇴각했다. 이듬해인 1012년 5월에도 코르간이 경상도 일대를 침입했다가 문연, 강민첨 등이 이끄는 고려군에 의해 축출되었다. 요의 3차 침공을 막아낸 1019년 4월에는 코르간이 일본을 공격하고 돌아가다 덕원 근해에서 장위남이 이끄는 고려수군에 의해 8척의 해적선이 나포되었는데, 고려 조정은 당시 수군이 구출한 일본인 남녀 259명을 일본으로 돌려보내기도 했다.

1012년 요에 머물고 있던 하공진이 죽임을 당했다. 하공진은 동행했던 고영기와 함께 요에 충성하는 척하면서 은밀히 말을 구해 고려로 탈출하려다 발각되어 참형을 당했다. 그 소식을 들은 현종은 몹시 애통해하며 아들 하칙충의 녹봉과 자급을 올려주었다. 하공진은 독단적으로 여진을 공격해 요의 2차 침공의 빌미를 주었던 당사자였지만 절체절명의 상황에서 강화를 성사시킨 공을 인정받아 문종 대에 공신각에 화상이 모셔지고 공부시랑에 추증되었다.

그해 1월 현종은 동경(東京)을 경주(慶州)로 고치고 동경유수를 경주 방어사로 강등시켰다. 또 10도에 안찰사를 두었으며, 도절도사를 폐지하고 5도호부 75목 안무사를 두었다. 2월에는 여진의 추장 마시저(麻尸底)가 30성 부락의 자제를 거느리고 와서 말을 바친 뒤 매년 조공을 약속했다. 2차 전쟁의 여파로 요와 고려 사이에 있던 여진족들이 고려 편으로 돌아서고 있었다. 1013년 5월 요는 여진과 연합해 압록강을 건너 재침하려다 대장군 김승위가 이끄는 고려군의 공격을 받고 철수하기도 했다.

1014년 2월에는 철리국(鐵利國)의 사신이 와서 말과 초서피 등 토산물을 바쳤다. 철리국은 여진의 동북쪽 옛 말갈 부락에 있었다. 발해 때 철리부가 있었는데 국가를 건설해 북송에 조공을 바치다가 요의 성립으로 조공로가 끊겼다. 그러자 철리국왕 나사(那沙)는 여진족 만두(萬豆)를 파견해 고려와 통교했다. 1020년 6월에는 불라국(佛奈國)의 추장 사가문이 여진을 통해 조공했다. 불라국은 여진의 동쪽에 있었는데 발해 때 동평부 지역이라는 사실 외에는 알려진 기록이 없다. 그처럼 고려는 연이은 전쟁으로 국토가 유린되었지만 현종의 민활한 영도에 따라 빠르게 피해를 복구하고 북방의 군소 국가들로부터 적극적인 호응을 받았다.

요의 성종은 1014년 야율행평과 이송무를 잇따라 고려에 파견해 강동 6주의 반환을 요구하고, 불응하면 재차 정벌하겠다고 위협했다. 하지만 고려가 반응을 보이지 않자 소적렬이 소규모의 부대를 이끌고 통주와 흥화진을 공격했지만 흥화진 장군 정신용과 별장 주연의 완강한 저항을 받고 물러났다.

그 무렵 현종은 전공을 세운 장병들에 대한 보상과 포상문제로 고민해야 했다. 나라의 재정이 바닥난 상태였기 때문이다. 그 와중에 중추원 일직사 황보유의가 중추원사 장연우에게 건의해 무관과 군인들에게 나누어준 영업전을 문관들의 녹봉으로 전환해 지급하는 일이 벌어졌다. 그러자 무관들의 분노가 폭발했다.

그해 3월, 상장군 김훈과 최질이 황보유의와 장연우를 잡아 구타한 다음 현종에게 달려가 영업전의 반환과 6품 이상의 무관들이 문관직을 겸임하게 하라고 요구했다. 당황한 현종은 그들의 요구를 들어주고 황보유의 등을 귀양 보냈다. 김훈은 요의 2차 침공 당시 통주성과 곽주성 사이에서 요군에게 학살당하던 고려군을 완항령에서 구해냄으로써 영웅이 된 인물이다. 하지만 그는 병사들의 존경심을 악용해 권력을 움켜쥐었다.

김훈으로 인해 현종이 고립상태에 빠지자 전 화주방어사 이자림은 일직 김맹을 통해 옛날 한 고조가 운몽으로 한신을 끌어내 제거한 고사를 전해주었다. 그 뜻을 알아차린 현종은 이자림을 서경유수판관에 제수한 다음 서경의 장락궁으로 대신들을 모아 잔치를 베풀었다. 이윽고 김훈을 비롯한 무관들이 대취하자 이자림은 서경군을 동원해 김훈, 최질, 이협, 최가정, 석방현, 이섬, 김정열, 효암, 임맹, 박성, 이상, 공문, 최구 등 19명을 붙잡아 처형해버렸다.

비로소 무관들의 압박에서 벗어난 현종은 이자림에게 왕씨 성을 하사하는 은전을 베풀었다. 그러자 이자림은 감읍하며 이름을 왕가도로 고쳤다. 현종은 그때 반기를 든 무관들만 처벌했을 뿐 그들의 일가붙이나 형제들에게는 관대한 조치를 취했다. 그는 또 전사한 장군들의 관직을 추증하고 자손의 등용을 약속했으며, 여타 무관과 병사 1만여 명에게 상을 내렸다. 그것은 준 전시상태에서 국왕이 취할 수 있는 최대한의 관용이었다.

요의 3차 침공과 강감찬의 귀주대첩

2차 침공에서 소기의 성과를 거두지 못한 요는 강동 6주 탈환을 목표로 끊임없이 고려의 국경을 두드렸다. 1014년 11월 요군이 북방의 선화, 정원 두 진을 함락하고 성을 구축하자 긴장한 현종은 북송에 사신을 보내 요의 군사행동에 함께 대처하자고 제안했다. 그러나 북송은 국세가 기울어 고려의 요청에 응할 수 없었다.

1015년 1월 요군이 압록강에 다리를 놓고 성책을 구축했다. 고려군이 성책을 무너뜨리려 했지만 실패했다. 그때 힘을 얻은 요군은 거꾸로 흥화진을 공격해 왔지만 고적여, 조익 등의 반격으로 물리쳤다. 1016년에는 야율세량과 소굴렬이 곽주성을 함락시켰다가 물러났고, 1017년에는 소합탁이 국경을 침범하기도 했다.

그렇듯 요와 일진일퇴를 거듭하는 와중에도 고려는 미비한 지방행정망을 확보하기 위해 총력을 기울였다. 1018년 안무사를 폐지하고 4도호부 8목 56지주군사(知州郡事) 28진장(鎭將) 20현령(縣令)을 두었다. 이는 전쟁 발발 시 고려군의 일사불란한 명령계통을 확립하기 위한 것이었다. 그와 함께 요와 고려의 중간지대에 있는 여진족들을 회유하여 동여진의 개다불, 서여진의 개신, 목사, 목개 등의 추장들을 귀순시켰다.

1018년 12월 요 성종은 동평군왕 소배압에게 10만 병사를 주어 대대적인 3차 침공을 감행했다. 소배압은 1차 침공의 주인공 소손녕의 친형이었는데 명장으로 이름이 높았다. 그의 곁에는 전전도점검 소굴렬과 동경유수 야율팔가가 있었다. 요의 재침을 사전에 탐지했던 고려는 평장사 강감찬을 상원수, 대장군 강민첨을 부원수로 삼고 20만의 군사를 모아 만반의 수비태세를 갖추고 있었다.

개전 초기 강감찬은 흥화진에서 기병 1만2천 명을 동원해 산골짜기에 매복시킨 다음 소가죽을 큰 줄로 꿰어 흥화진 동쪽의 샛강을 막았다. 얼마 후 요의 대군이 도강할 때 강물을 터뜨려 혼란을 조성한 다음 맹공을 가해 큰 타격을 입혔다. 하지만 소배압은 주력 부대를 이끌고 개경 방향으로 맹렬히 남하했다. 그것은 거란족 특유의 속도전을 통해 개경을 함락시켜 2차 침공 때처럼 고려 국왕 현종이 몽진하기 전에 사로잡겠다는 뜻이었다.

급보를 들은 대장군 강민첨은 요군의 후미를 추격해 자주(평남 자산)의 내구산에서 요군을 격파했다. 또 개경에서 출동한 시랑 조원의 부대가 대동강 부근의 마탄에서 요군을 급습해 승리를 거두었다. 그러나 소배압은 우직하게 남진을 계속해 개경에서 백여 리 떨어진 황해도 신은현(신계)까지 진출했다.

비로소 적의 의도를 파악한 상원수 강감찬은 병마판관 김종현에게 군사 1만을 주어 개경을 방어하게 하고, 동북면의 군사 3천여 명을 개경으로 급파했다. 요군의 남하소식을 전해들은 현종은 2차 전쟁 때와는 달리 개경 사수를 선언했다. 그는 주변 백성들을 모두 성 안으로 불러들인 다음 들판의 작물과 가옥을 전부 철거하는 청야전술로 성 밖의 고려군을 후원했다. 그로 인해 후방이 막히고 군량을 조달할 길이 없어진 요군은 기아에 허덕였다.

궁지에 몰린 소배압은 개경에 편지를 보내 회군한다고 속인 다음 결사대 3백 명을 금교역으로 침투시켰다. 그러나 요군의 결사대는 고려군의 매복에 걸려 전멸당하고 말았다. 최후의 작전이 실패하자 소배압은 결국 개경을 포기하고 회군을 서둘렀다. 그러자 강감찬은 게릴라 전술로 요군을 괴롭히며 힘을 뺐다.

이윽고 1019년 2월 철수하던 요군과 추격하는 고려군이 귀주의 벌판에서 조우했다. 피차 최후의 일전임을 알고 있었으므로 치열한 전투가 벌어졌다. 요군은 지쳐 있었지만 결사적으로 저항했으므로 쉽게 승부가 나지 않았다. 그런데 한겨울에 갑자기 남풍이 불어오면서 남쪽에서 공격하던 고려군에게 몹시 유리한 상황으로 바뀌었다. 그때 개경에서 달려온 1만 명의 김종현 부대가 요군의 측면을 강타했다. 그와 함께 완강하던 요군의 대오가 모래성처럼 무너졌다. 기세가 오른 고려군이 북쪽으로 도주하는 요군을 닥치는 대로 주살했다. 그리하여 석천에서 반령에 이르기까지 요군의 시체가 가득 찼고, 압록강을 건너 살아 돌아간 요군은 소배압을 포함해 수천 명에 불과했다.

1019년(현종 10) 2월 6일, 노장 강감찬이 삼군을 거느리고 개선하자 현종은 친히 영파역까지 나가 환영한 다음 큰 잔치를 베풀었다. 당시 현종은 8가지가 난 금화를 친히 강감찬의 머리에 꽂아주고 오른손으로 금잔을 들고 왼손으로 강감찬의 손을 쥐며 치하했다.

그렇듯 두 차례의 시련을 슬기롭게 극복한 현종은 강감찬의 건의에 따라 개경 외곽에 성을 쌓았고, 강동 6주의 성곽을 정비하여 국방에 만전을 기했다. 한편 내정의 안정을 위해 과거제를 활성화하여 인재들을 조정에 불러들였다. 그해 5월 요 성종은 동경 문적, 원소감 오장공을 보내 화친을 요청했다. 이어서 동여진의 추장 나사불도 그해 6월 부하들을 이끌고 고려에 입조했고, 7월에는 서여진의 추장 아라불까지 입조해 조공을 약속했다.

평화시대의 도래

동아시아의 최강자로 군림하던 요를 연파함으로써 국가적 자존심을 드높인 고려는 현종의 영도 아래 전후복구사업을 활발하게 진행했다. 전란 중에 소실된 문화재와 서적을 복구하는 한편, 황룡사를 비롯한 사찰들을 중수하고 6천여 권의 대장경을 편찬했다. 1020년에는 현종의 부모를 위해 현화사를 창건했고, 강감찬의 주청을 받아들여 개경을 감싸는 나성을 축조했다.

1022년 4월, 요에서 사신을 보내 현종을 개부의동삼사수상서령상주국고려국왕(開府儀同三司守尙書令上柱國高麗國王)으로 책봉했다. 그것은 이제 고려와 요가 적대국이 아니라 조공 책봉 관계를 통한 외교적 동반자가 되었음을 의미했다. 현종은 그동안 폐지했던 요의 연호를 사용함으로써 상대의 체면을 살려주었다. 바야흐로 평화시대가 도래한 것이다.

그해 5월 현종은 연경궁주 김씨 소생의 맏아들 왕흠을 태자로 삼아 후계구도를 명확히 한 다음, 향리의 장의 명칭을 군현에서는 호장, 향·부곡 등에서는 장으로 간소화시키는 등 내치에 전념했다. 1024년에는 개경을 확장하여 5부 35방 314리로 정했다. 또 한동안 폐지되었던 연등회와 팔관회를 부활시켰으며, 개국 이래 처음으로 문묘종사의 선례를 만들었다. 경제 정책으로는 농업과 양잠을 적극적으로 장려하고 감목양마법을 제정했으며 조세의 균등을 기하고 양창수렴법을 실시했다.

1029년(현종 20) 9월, 요의 무장이었던 대조영의 7대손 대연림이 사신 고길덕을 보내 흥요(興遼)의 건국을 알렸다. 흥요국은 요와 고려의 교통로를 가로막은 뒤 여진과 손잡고 고려의 지원을 요청했다. 하지만 현종은 그 제안을 거절하고 서북면 판병마사 유소에게 명하여 흥요국의 침략에 대비하게 했다. 그러자 요는 1030년 9월 흥요국을 멸망시킨 뒤 나한노를 고려에 파견해 발해의 가짜국왕이 일으킨 난이 제압되었음을 통보했다.

그렇듯 재위 22년 동안 강대한 외적의 침입을 물리치며 고려를 반석 위에 올려놓은 현종은 1031년 5월부터 병석에 누웠다. 이윽고 최후를 직감한 현종은 그달 신미일에 태자 왕흠을 불러 후사를 맡긴 다음 중광전에서 40세의 나이로 세상을 떠났다. 시호는 원문대효덕위달사(元文大孝德威達思), 묘호는 현종(顯宗), 능호는 선릉(宣陵)이다.[70]

현종의 가족

현종은 13명의 부인으로부터 5남 8녀를 얻었다. 부인의 서열은 원정왕후 김씨, 원화왕후 최씨, 원성왕후 김씨, 원혜왕후 김씨, 원용왕후 유씨, 원목왕후 서씨, 원평왕후 김씨, 원순숙비 김씨, 원질귀비 왕씨, 귀비 유씨, 궁인 한씨, 궁인 이씨, 궁인 박씨의 순이다.

제1비 원정왕후 김씨는 성종의 딸로 제2비 문화왕후 김씨 소생이다. 1009년 5월 왕비에 책봉된 뒤 요의 침공으로 인해 현종과 함께 몽진하는 등 숱한 고난을 겪었다. 몽진 당시 임신했다는 기록이 있지만 소생에 대한 기록이 없는 것으로 보아 사산 내지 요절한 것으로 보인다. 1018년 4월 개경에 누른 안개가 4일 동안 머물더니 역질이 돌아 많은 사람들이 죽었다. 그때 원정왕후도 역질에 감염되어 20세의 젊은 나이로 세상을 떠났다. 능호는 화릉이다.

제2비 원화왕후 최씨도 성종의 딸로 제3비 연창궁부인 최씨 소생이다. 원정왕후와 이복자매간으로 현종이 몽진할 때 동행하면서 고난을 겪었다. 소생으로 효정공주와 천수전주 두 딸이 있다. 사망에 대한 기록은 전하지 않는다.

제3비 원성왕후 김씨는 공주 절도사 김은부의 맏딸로 덕종과 정종, 문종 비 인평왕후와 경숙공주 등 2남 2녀를 낳았다. 1011년 현종이 몽진을 마치고 돌아오다 공주에 머물렀을 때 인연을 맺었다. 그해 2월 현종은 김씨를 왕비로 맞아들이고 그녀의 동생인 원혜왕후와 원평왕후까지 궁에 불러들였다. 1028년 세상을 떠났다. 능호는 명릉이다.

제4비 원혜왕후는 원성왕후 김씨의 친동생으로 문종, 평양공 왕기, 덕종 비 효사왕후 등 2남 1녀를 낳았다. 1022년 세상을 떠났다. 능호는 희릉이다.

제6비 원목왕후 서씨는 이천 출신의 내시랑 서눌의 딸로, 강동 6주를 회복한 서희의 손녀이다. 1022년 8월 숙비에 책봉된 뒤 홍성궁주로 불렸다. 1057년(문종 11) 그녀가 세상을 떠나자 문종은 화장을 명하고 유골만 안장했다. 소생이 없었으므로 능호는 내려지지 않았다.

그 외에 제7비 원평왕후 김씨가 효경공주, 제8비 원순숙비 김씨가 덕종 비인 경성왕후를 낳았고, 궁인 한씨가 검교태사 왕충, 궁인 박씨가 아지를 낳았다.

군현제도의 확립

고려의 지방제도는 현종 초기에 12절도사를 혁파하고 5도호·75도안무사를 설치하는 등 대대적인 개편작업을 거쳤다. 그러다 1018년(현종 9) 2월에 4도호 8목을 중심으로 그 아래에 56개의 주·군, 28개의 진, 20개의 현으로 편성되었다. 그때부터 중앙의 행정력이 군·현급의 행정단위에까지 본격적으로 침투하게 되었다. 그럼에도 불구하고 당시 고려에는 지방관이 파견되지 않은 속군·속현의 수가 훨씬 많았다. 「고려사」 지리지에 기재된 현은 모두 335개소인데, 그중에 지방관이 배치된 현은 30개소에 불과했고, 속현은 305개소나 되었다. 그렇듯 속군·속현에 대한 지방관의 설치는 오랜 기간에 걸쳐 점차적으로 행해졌다.

고려의 정치체제상 큰 비중을 차지한 것은 유수관(留守官)이다. 유수관은 서경(西京)과 동경(東京), 남경(南京)이다. 이 지역은 도읍인 개경(開京)과 더불어 중앙정치의 핵심 도시로서 4도호부 8목과 함께 지방통치의 근간을 이루고 있었다.

전국적으로 남쪽의 일반 행정지역인 5도(伍道)와 북쪽의 군정지역인 양계(兩界)로 크게 나누어져 있었다. 그중에 양계는 국방상의 중요성으로 인해 고려 초기부터 병마사를 장관으로 하는 군정 체제로 운영되었다. 고려 말기에는 5도뿐만 아니라 양계 및 경기지방에도 도관찰출척사가 파견되었다. 그로 인해 고려 전역이 도관찰출척사의 통제 아래 들어감으로써 전국이 단일적인 행정조직으로 편성되었다. 이를 바탕으로 조선시대의 8도제가 성립될 수 있었다.

고려 초기 지방토착 세력들은 지방관 설치 이전에 관할지역에 독자적인 행정조직을 갖추고 직접 지배권을 행사했다. 그러다 12목이 설치되던 983년의 지방이직(吏職)에 대한 개편을 기점으로 지방 세력에 대한 중앙의 통제책이 계속 추진되었다. 987년 9월에는 모든 촌락의 대감이나 제감을 촌장과 촌정으로 고치는 등 향리의 개정이 현 아래 단위에까지 미쳤다. 995년에 개편된 12절도사 체제 역시 지방세력 통제책의 일환이었다. 현종 이후에도 지방에 대한 통제책은 더욱 보강되었는데, 문종 대에는 향리의 정치적 사회적 지위를 법으로 제약했다. 그리하여 향리들은 중앙행정의 보조자로서 지위가 격하되었고, 제도적으로는 향직으로 편제되어 중앙조정의 통제를 받게 되었다.

군사제도의 확립

건국 당시 태조의 직할부대와 호족들의 사병으로 이루어졌던 고려군의 편제는 중앙집권체제가 갖추어지고 호족들의 세력이 약화되면서 현종 대에 경군인 2군 6위, 지방군으로 주현군과 주진군으로 정비되었다.

2군의 편제는 응양군과 용호군, 6위는 좌우위, 신호위, 흥위위, 금오위, 천우위, 감문위로 편제되었다. 6위는 995년(성종 14)에 완성되고 2군은 현종 초기에 설립되었다. 2군 6위의 지휘관은 정3품 상장군이고 부지휘관은 종3품 대장군이었다. 이들 8개 부대의 장군 16명은 합좌기관인 중방(重房)을 두었는데 서열이 가장 높은 응양군 상장군이 중방의 의장이 되었다. 응양군 상장군은 반주(班主)라 불리며 병부상서를 겸하기도 했다.

2군 6위는 1개 이상의 령으로 이루어져 있는데 1령은 1천 명의 군사로 구성되고 지휘관은 정4품 장군이었는데 정5품 중랑장 2명이 그들을 보좌했다. 장군들도 합좌기관인 장군방(將軍房)을 구성했다. 또 1령은 5개 대대로 편제되었다. 정원이 200명인 대대의 지휘관은 정6품 낭장이고 합좌기관으로 낭장방(郎將房)이 있었다. 낭장 밑에는 정7품 별장, 정8품 산원이 있었다. 50명으로 구성된 오(伍)의 지휘관은 정9품 교위로 1령에 20명씩 배정되었고 합의기관으로 교위방도 있었다. 그 밑에 25명으로 이루어진 대(隊)의 지휘관은 대정(隊正)으로 1령에 40명이 있었다. 상장군부터 교위는 무반이었지만 대정은 일반 양인과 천인 출신도 있었다. 그처럼 고려 시대의 군인은 신분 상승의 지름길이었다.

2군은 국왕의 친위부대로 경호와 의장을 맡았고, 6위는 수도 방어와 국경 방어를 담당했다. 6위 가운데 좌우위, 신호위, 흥위위는 국경 방어부대였다. 전쟁이 벌어지면 이들이 중군, 좌군, 우군의 3군 편제, 혹은 중군, 전군, 후군, 좌군, 우군의 5군 편제로 출전했다. 그 외에 금오위는 수도 치안을 담당했고, 감문위는 궁성의 문을 수위했다. 천우위는 국왕을 경호하는 친위부대였는데, 그 안에 배속된 해령은 해군으로 해상이나 강에서 왕을 보위했다.

한편, 국경지대인 북계에는 안북도호부, 동계에는 안변도호부가 설치되어 있었고 각각의 주와 진에 주진군이 배치되어 있었다. 주진군의 핵심부대는 초군, 좌군, 우군과 보창군, 영새군 등으로 주진의 성내에 주둔하고 있던 상비군이었다. 북계에는 각 군사 4만 명과 신기, 보반 2천 명에 백정[71] 6만여 명이 배치되어 있었고, 동계에는 장교 780명에 군사 1만 1500명, 그 밖에 공장, 전장, 투화, 생천군, 사공 등의 특수군인이 포함되었다.

이들은 중랑장 이하 낭장신기, 별장, 교위, 대정 등의 장교들의 지휘를 받았다. 주진군의 최고지휘관은 중랑장이 임명되었는데 도령(都令)이라 불렀다. 양계의 최고사령관은 병마사로 주의 장관인 방어사와 진의 장관인 진장을 지휘했다.

현종 시대의 주요 인물

귀주대첩의 노익장, 강감찬

강감찬(姜邯贊)의 본관은 금천(衿川), 아명은 은천(殷川)으로 948년(정종 3)에 태어났다. 아버지는 고려 건국에 공을 세워 삼한벽상공신에 제수된 강궁진이다. 현재 서울 관악구 봉천동에 있는 낙성대에서 그가 태어났을 때 하늘에서 큰 별이 떨어졌다고 한다.

강감찬은 983년(성종 2) 진사시에 합격하고, 임헌복시에서 갑과에 장원한 뒤 관직에 올라 승진을 거듭하여 예부시랑이 되었다. 그 뒤 국자제주·한림학사·승지·중추원사·이부상서를 역임했고, 1018년 서경유수와 내사시랑평장사를 겸했다.

1010년(현종 1) 요 성종이 강조의 정변을 구실로 고려를 침공했다. 그때 행영도통사에 임명된 강조가 30만 군을 거느리고 통주에 나가 싸웠지만 대패한 뒤 죽음을 당하고, 지채문으로부터 서경의 패전 소식을 들은 대신들은 항복을 주장했다. 당시 서경은 대도수가 성 밖으로 나가 싸우다 항복한 뒤 애수진장 강민첨 등이 통군녹사 조원을 병마사로 추대한 뒤 잔병을 모아 지키고 있었다. 그 때문에 요 성종은 홍화진에 이어 서경도 버려 두고 개경으로 진격했다.

그때 노장 강감찬은 중신들의 항복 논의를 꾸짖으며 일시 후퇴하여 군사를 정비한 뒤 반격하면 반드시 이길 수 있다고 주장했다. 현종은 그의 말을 좇아 나주로 몽진했다. 과연 그의 예견대로 시간이 지날수록 요군은 지쳐갔고, 홍화진의 양규와 김숙흥, 강민첨 등이 끊임없이 요군을 괴롭혔다. 그와 함께 하공진이 현종의 친조를 약속하고 인질을 자청하자 요 성종은 결국 군대를 철수시켰다.

그 후 강감찬은 한림학사 승지, 중추원사를 거쳐 이부상서에 오르자 개령현의 전지 12결을 군호에 써달라고 희사하기도 했다. 1018년(현종 9) 5월 현종은 강감찬을 서경 유수 내사시랑평장사로 제수하고 고신(告身)의 뒤에 친히 다음과 같은 시를 써 주었다.

경술 연간에 오랑캐 난리가 있어
적병이 한강변에 깊이 들어왔었다.
당시 강공의 계책을 쓰지 않았다면
온 나라가 모두 오랑캐가 될 뻔했네.[72]

1018년 12월, 요의 소배압이 현종의 친조와 강동 6주의 반환이 이루어지지 않았다는 구실로 10만 대군을 이끌고 재차 고려를 침공했다. 이때 70의 나이로 서북면행영도통사로 있던 강감찬은 상원수가 되어 부원수 강민첨 등과 함께 고려군 20만 8,300명을 이끌고 도처에서 요군을 요격했다.

연이은 패전에도 불구하고 현종을 사로잡기 위해 개경을 목표로 남하하던 소배압이 고려군의 공세를 견디지 못하고 철군을 시작했다. 그때 강감찬은 연주와 위주에서 적을 공격하고 귀주에서 김종현의 군사와 합세해 총공세를 펼쳐 귀주대첩을 승리로 이끌었다. 그때부터 요의 침략 의지는 완전히 꺾였고 이후 양국은 평화적인 외교 관계로 이어졌다. 그처럼 고려를 누란의 위기에서 지켜낸 강감찬은 검교태위 문하시랑동내사문하평장사 천수현개국남 식읍 삼백호에 봉해지고 추충협모안국공신의 호를 받았다.

1031년(덕종 즉위년)에 84세의 나이로 세상을 떠나자 현종의 묘정에 배향되었다. 시호는 인헌(仁憲)이다. 그가 죽었을 때 개경의 궁성 남쪽 양온방에 있던 낙성대에서 큰 별이 떨어졌다고 한다. 그처럼 낙성대는 서울과 개성 두 곳에 있다. 저서로 「낙도교거집」과 「구선집」이 있으나 전해지지 않는다. 문종 때 수태사 겸 중서령에 추증되었다.

현종의 경호대장 지채문

지채문은 봉주 출신으로 현종 초년에 중랑장이었는데 요의 1차 침공 때 화주에서 적과 싸웠다. 당시 강조가 이끄는 고려군의 주력이 패배하자 그는 시어사 최창과 함께 서경으로 가서 군대를 주둔시킨 다음 서경부유수 원종석이 쓴 항서를 빼앗아 불태워버렸다.

그때 서경 백성들이 모두 적 편으로 돌아서자 성 남쪽으로 피신했다가 동북계 도순검사 탁사정의 군대와 합류해 성중으로 들어갔다. 얼마 후 항복 소식을 듣고 무방비 상태로 서경성 앞에 나타난 요군의 일단을 전멸시킨 지채문은 탁사정 군대와 함께 요군을 공격했다가 마탄에서 역습을 받아 대패하고 말았다. 이윽고 요군이 서경을 포위하자 지채문은 개경으로 달려가 서경의 패전소식을 알렸다.

그의 보고를 받은 현종이 강감찬의 조언을 받아들여 남쪽으로 몽진을 떠나자 지채문이 왕의 호위를 자청했다. 현종의 어가가 도성을 떠나 적성현 단조역에 이르렀을 때 현지의 병졸 견영이 역졸들과 함께 왕의 행차를 막아서자 지채문이 활을 쏘아 물리쳤다. 창화현에서는 현지의 아전 하나가 하공진이 반역하여 채충순과 김응인을 잡으러 온다고 소리치자 김응인과 시랑 이정충, 낭장 국근 등이 모두 도망치고 지채문과 채충순, 주저만이 남았다.

그날 밤 정체 모를 적이 습격해오자 시종하던 사람들이 모두 도망쳤지만 지채문이 임기응변을 발휘해 위기를 넘겼다. 새벽이 되자 지채문은 동행하던 원정왕후와 원화왕후를 북쪽으로 피신시킨 다음 직접 왕의 말고삐를 잡고 인근 도봉사로 피신했다. 지채문은 간밤의 적이 하공진의 무리가 아니라고 판단하고 창화현 쪽으로 나아가다가 마침 왕을 찾아오는 하공진과 유종을 만났다. 현종은 하공진에 대한 오해를 풀고 그를 요 성종에게 보내 화의를 청했다.

이듬해 정월 어가가 광주에 이르자 지채문은 오탐역에서 두 왕후를 찾아 현종과 상봉시켰다. 얼마 후 일행이 유종의 고향 양성으로 갔지만 고을 아전들이 모두 도망치자 유종과 김응인은 두 왕후를 고향으로 돌려보내고 장병들을 전선으로 내보내자고 제안했다. 하지만 지채문은 강력히 반대하고 사산현으로 어가를 인도했다. 그때 논에 기러기 떼가 가득하자 지채문은 화살을 날려 한 마리를 잡은 다음 현종에게 보여주며 말했다.

"이렇게 활 잘 쏘는 신하를 두셨으니 도적이 무슨 대수이겠습니까?"

어가가 천안부에 이르자 유종과 김응인이 석파역에 가서 차나 말을 가져오겠다는 구실로 도망쳤다. 파산역에 이르렀을 때 현종은 임신한 원정왕후를 인근에 있던 고향 선주로 보냈다. 이윽고 어가가 여양현에 머물 때 장병들의 분위기가 심상치 않음을 감지한 지채문은 왕에게 건의해 현안지 등 16명을 중윤으로 임명하여 달랬다.

어가가 삼례역에 이르자 전주절도사 조용겸이 현종을 장곡역에 머물게 하더니, 얼마 후 전운사 이재, 순검사 최즙, 전중소감 유승건과 함께 북을 치고 소리를 지르며 와서 현종을 위협했다. 그러자 지채문이 문밖으로 나가 조용겸과 유승건, 이재를 설득한 다음 전주로 돌려보냈다. 이들의 행위는 반역으로 규정되어 전쟁이 끝난 뒤 모두 유배형에 처해졌다.

어가가 나주에 다다르자 통사사인 송균언과 별장 정열이 요 성종이 보낸 공문과 하공진의 보고서를 가져왔다. 비로소 요군이 물러갔음을 알게 된 현종은 귀경을 서둘렀다. 그해 2월 현종은 지채문에게 토지 30결을 내리며 이렇게 칭찬했다.

"내가 적을 피해 허둥지둥 먼 곳으로 피난할 때 신하들이 모두 도망쳤지만 오직 지채문만이 풍상을 무릅쓰고 산을 넘고 물을 건너면서 수고를 서슴지 않았다. 그 송죽 같은 절개와 특출한 공훈을 생각하면 내 어찌 은전을 아끼리오."

그렇듯 현종의 경호대장으로 끝까지 어가를 지켜낸 지채문은 무관으로 우상시를 겸했으며, 1026년 우복야로 있다가 세상을 떠났다. 인종 때 그의 증손 지녹연은 이자겸과 척준경을 제거하려다 실패하고 비참한 죽음을 당했다.

국내
- 1033 해적의 침입을 격퇴
- 1034 양반, 군한인의 전시과를 개정
- 1034 덕종 사망, 정종 즉위
- 1036 정종, 모든 관리에게 녹패를 줌
- 1038 거란의 연호를 사용
- 1039 천자수모법을 제정
- 1042 묘향산 보현사 건축
- 1044 천리장성 완성

세계
- 1034 독일, 부르군드 왕국 병합
- 1036 중국 소동파 출생
- 1037 투그릴 베크, 셀주크 투르크 건국
- 1038 탕쿠트족 이원호, 서하 건설
- 1039 독일 하인리히 3세, 독일왕 겸 로마황제의 위에 오름
- 1042 송, 의옹군을 둠

제9대 덕종
경강선고강명광장
敬康宣考康明光莊

고려의 제9대 국왕 덕종(德宗)의 이름은 흠(欽), 자는 원량(元良)이다. 현종의 맏아들로 제3비 원성왕후 김씨 소생이다. 1016년(현종 7) 5월 을사일에 태어나, 1020년 5세 때 연경군에 책봉되었다. 2년 뒤인 1022년에 태자가 되었으며, 1031년 5월 신미일에 현종의 뒤를 이어 16세의 나이로 보위에 올랐다. 덕종은 그해 6월 무술일에 상복을 벗은 다음 역대 국왕의 초상을 모신 경령전으로 나아가 자신이 대위를 이었음을 고했다.

덕종은 어린 나이임에도 불구하고 부왕 현종의 업적을 이어받아 명민한 정치를 펼쳤다. 즉위하자마자 사면령을 내려 죄질이 가벼운 죄수들을 풀어주어 민심을 위로했고, 각 지방에서 진상한 말을 대신들에게 나누어줌으로써 조정 내부에 화합을 도모했다. 그해 7월에 덕종은 조정에 대대적인 인사 개편을 실시하여 중군병마원수에 유소, 병부상서에 장극맹, 형부상서에 홍빈, 공부상서에 이유섬, 우 간의대부에 김종현, 어사잡단에 황보영, 전중시어사에 문사

명, 전중승에 손위, 감찰어사에 박의부를 임명했다.

요에 대한 공세

덕종이 즉위 후 웅지를 펴나가고자 할 때 요의 사신 남승안이 고려에 들어와 6대 황제 성종의 붕어와 7대 황제 흥종의 등극을 통보했다. 성종은 일찍이 북송을 누르고 동아시아의 패자가 된 뒤 고려를 침략해 부왕 현종과 건곤일척 승부를 펼쳤던 거란족의 영웅이었다. 1032년에는 귀주에서 요 성종에게 쓰디쓴 패배를 안겨주었던 고려의 영웅 강감찬이 세상을 떠났다. 덕종은 매우 슬퍼하며 그를 후히 장사지내게 하고 현종의 묘정에 배향하도록 했다.

덕종은 요에 공부낭중 유교와 김행공을 사신으로 파견하여 성종의 국장에 참석하게 하는 한편, 새 황제 흥종에게 압록강의 다리 철거와 억류되어 있는 고려 사신들의 송환을 요구했다. 당시 요는 강동 6주의 반환을 빌미로 이예균 등 고려 사신 8명을 억류하고 있었다. 그런데 요의 새 황제 흥종이 억류된 사신들의 송환을 거부하자 덕종은 하정사(賀正使) 파견을 중지하는 등 외교적인 공세를 취했다.

1032년 1월에는 요 조정에서 사신 유사를 내원성에 파견한 뒤 고려 입국을 요청하자 덕종은 그 요청을 일언지하에 거절하고 압록강의 다리 철거와 억류 신하 송환이라는 두 가지 조건이 충족되지 않으면 국교를 단절하겠다고 선언했다. 그와 함께 삭주, 영인진(영흥)과 파천 등지에 성을 쌓아 요의 내침에 대비했다. 이듬해 8월에는 평장사 유소에게 명하여 압록강에서 영원성 등 14성을 거쳐 동해안의 도련포에 이르는 천리장성을 축성하게 했다.

그 무렵 요 황실에서 후계 분란이 일어나자 전직 고선오, 좌상 도지휘사 대광, 향공진사 이운형 등 20여 명에 달하는 관리들이 망명해 왔다. 4월에는 또 해가, 내을고 등 27명의 관리들이 뒤를 따랐고, 6월에는 요에 있던 우응, 약기 등 발해인 50여 명이 망명해 왔다. 고려는 이들을 따뜻하게 맞아들임으로써 요의 내정을 속속들이 파악할 수 있었다. 요는 고위관료들의 고려 망명 사태를 막기 위해 1033년 10월 정주를 침략했지만 고려군의 철저한 방어망을 뚫지 못했다. 그때부터 요는 고려에 단 한 차례도 군사 도발을 하지 못했다.

과거제 확립과 실록의 복원

현종과 덕종 체제 속에서 국력을 가일층 강화시킨 고려는 정치적으로도 안정을 유지하고 있었다. 성종 시대 이후 꾸준히 성장한 과거 출신 신진관료들의 역량이 발휘된 결과였다. 그와 같은 안정을 바탕으로 덕종은 왕가도를 감수국사로, 황주량을 수국사로 삼아 현종 때부터 시작한 실록편찬사업을 마무리했다. 요의 침략으로 소실되었던 7대 실록의 복원이 그의 대에서 끝난 것이다.

덕종은 즉위년인 1031년 윤10월 처음으로 국자감에 시험제도를 도입해 국자감을 고려 제일의 교육기관으로 부상시켰다. 그때부터 귀족 가문 자제들이 형식적인 절차를 거쳐 들어가던 국자감은 엄격한 선발과정을 통과해야만 입학할 수 있었다. 처음으로 치러진 국자감시에서는 부(賦)와 6운과 10운의 시(詩)로 시험을 보았는데, 급제자에 정원이 없었으므로 정공지 등 무려 60인이 합격했다.

국자감시는 고려시대 국자감에서 실시한 예부시의 예비시험인데, 합격자는 진사로 뽑혔으므로 진사시 혹은 감시, 사마시, 남성시라고 불렸다. 진사가 되면 일약 고려 사회의 상류계층에 편입되어 신역과 군역을 면제받을 수 있었다. 국자감시에는 양인 출신 중에 상층 향리의 자손이나 문무관 자제 이상이 응시할 수 있었다. 또한 중앙의 국자감생과 지방의 계수관시에서 선발된 향공에게도 응시자격을 주었다. 과거 성종이 인재 선발을 위해 지방교육을 강화한 이래 계수관시에서 국자감시를 거쳐 예부시로 이어지는 과거제도의 큰 틀이 완성되었던 것이다.

1032년 3월에는 상서봉어 박원작의 상소를 받아들여 혁거(革車)·수질노

(繡質弩)·뇌등석포(雷騰石砲), 팔우노(八牛弩) 등 24반의 병기를 만들어 변방의 성에 배치했다. 1033년 10월, 덕종은 선왕의 조상 기간이 끝나자 전국에 대사령을 내려 불충불효한 자와 탐오, 간음, 절도죄를 제외한 유형 이하 죄수들을 전부 사면해 주었다. 또 참형과 교형 대상자들을 유배형으로 감형해 줌으로써 민심을 돌보았다.

1034년 1월에는 검소와 절약을 권장하는 교서를 내리고 어의를 물들이는 홍지초의 채취를 제한했다. 2월에는 농사와 잠업은 백성들의 의식을 해결하는 기본이라 하여 관리들에게 농사철에 백성들의 부역을 금지하는 등 민생 대책에 골몰했다. 5월 그를 보좌하던 문하시랑평장사 왕가도가 죽자 덕종은 매우 슬퍼했다.평소 건강이 좋지 않았던 덕종은 그해 9월 돌연 병석에 눕더니 곧 상세가 위중해졌다. 자신의 최후를 직감한 덕종은 보위를 동생 평양군 왕형에게 물려 주고 재위 3년 만에 연영전에서 19세의 나이로 세상을 떠났다. 시호는 경강선고강명광장(敬康宣考康明光莊), 묘호는 덕종(德宗), 능호는 숙릉(肅陵)이다.

덕종의 가족

덕종은 경성왕후 김씨 외에 경목현비 왕씨, 효사왕후 김씨, 이씨, 유씨 등 5명의 부인으로부터 2명의 공주를 얻었다.

제1비 경성왕후 김씨는 현종의 딸로 원순숙비 김씨 소생으로 덕종과는 이복남매이다. 1034년 2월 왕비에 책봉되었고 1086년 7월 세상을 떠나 질릉에 묻혔다.

제2비 경목현비 왕씨는 중서령 왕가도의 딸로 1031년 왕비에 책봉되어 경성왕후보다 먼저 덕종과 혼인했지만 왕족이 아니었으므로 2비가 되었다. 소생으로 상회공주가 있다.

제3비 효사왕후 김씨 역시 현종의 딸로 원혜왕후 김씨 소생으로 덕종과는 이복남매이며, 11대 국왕 문종과는 동복남매이다.

왕비로 책봉되지 않은 이씨는 부여군 공방시랑 이품언의 딸이고, 유씨는 충추 출신의 검교소감 유충거의 딸로 공주 1명을 낳았다. 그 외에 자세한 기록은 전하지 않는다.

세계 | 국내

• 1033 해적의 침입을 격퇴
• 1034 양반, 군한인의 전시과를 개정
• 1034 덕종 사망, 정종 즉위
• 1036 정종, 모든 관리에게 녹패를 줌
• 1038 거란의 연호를 사용
• 1039 천자수모법을 제정
• 1042 묘향산 보현사 건축
• 1044 천리장성 완성

1034 독일, 부르군드 왕국 병합
1036 중국 소동파 출생
1037 투그릴 베크, 셀주크 투르크 건국
1038 탕쿠트족 이원호, 서하 건설
1039 독일 하인리히 3세, 독일왕 겸 로마황제의 위에 오름
1042 송, 의용군을 둠

제10대 정종
용혜홍효영렬문경 容惠弘孝英烈文敬

고려의 제10대 국왕 정종(靖宗)의 이름은 형(亨), 자는 신조(申照)이다. 현종의 둘째아들로 원성왕후 김씨 소생이다. 덕종의 친동생으로 1018년 7월 무인일에 태어나 5세 때 내사령, 평양군에 책봉되었고, 1034년 9월 덕종의 선위를 받아 중광전에서 17세의 나이로 보위에 올랐다.

정종의 치세에 고려는 요의 침략으로 야기되었던 혼란을 말끔하게 걷어내고 태평성대를 구가했다. 국교가 단절되었던 요와 외교를 재개하여 외침의 우려를 불식시키는 한편 북송과 여진, 탐라국과도 활발하게 교류했다. 또 다양한 대민정책을 통해 고려 사회를 안정시켰다.

정종은 우선 성종 때부터 금지되어 오랫동안 시행되지 않았던 팔관회를 서경과 개경에서 엶과 동시에 전국에 대사면령을 내려 지친 백성들을 위로했다. 그와 함께 조정을 개편하여 예부상서에 황주량, 이부상서에 최제안, 형부상서에 최충, 공부상서에 유지성 등을 임명하고 내사문하평장사에 온건파인 황보유를 임명해 요와의 외교를 맡겼다. 또 전중감에 곽신, 어사중승에 김영기, 우

산기상시에 김충찬과 이작충을 임명했다. 한편 자신의 아우인 왕서를 수태사 겸 내사령, 왕기를 수태보로 임명해 왕실의 화합을 도모했다.

당시 중용되었던 황주량은 요의 침략으로 소실되었던 「7대 실록」 36권을 완성하고 한림원과 사관의 요직을 두루 지낸 인물이고, 최제안은 태조의 「훈요십조」를 최항의 집 서고에서 발견하여 후세에 전한 인물이다. 1035년 1월에는 최충을 중추사 형부상서로 임명했다. 그 달에 연흥궁에서 왕자 왕형이 태어나면서 정종은 후사에 대한 부담을 덜었다.

평화시대의 유비무환

정종은 안정된 국가 상황 속에서도 북방에 대한 대비를 게을리 하지 않았다. 평북 창성에 성을 쌓아 창주(昌州)라 명명한 다음 백성들을 이주시켰으며, 덕종 대부터 시작된 천리장성 축조를 계속했다.

이와 같은 고려의 움직임에 주목한 요는 1035년 5월에 내원성 사절로 안서를 흥화진에 보내 장성 축조를 중지하고 외교 정상화를 요구하는 서한을 보내왔다. 그러자 정종은 영덕진에서 내원성으로 답서를 보내 국방을 위해 성을 쌓는 것은 당연한 권리이니 거론할 것조차 없다며 요에 억류되어 있는 고려 사신을 하루빨리 송환하고 압록강 유역을 반환하라고 응수했다. 답서에서 정종은 황제가 작은 나라를 사랑하고 우리의 요구를 귀담아 듣는다면 관대한 정책을 쓸 것이지 무엇 때문에 화풀이를 하겠느냐며 아무래도 요의 요구는 농담 같다며 비웃었다. 그와 함께 정종은 변경을 지키는 군사들에게 토지를 더 지급해 사기를 올려 주었다. 1037년 9월에 요는 다시 사신을 보내 고려에서 먼저 표문을 보내 성의를 보이라고 요구했다. 그러자 고려는 12월에 전중소감 최연가를 파견해 먼저 사신을 석방하라고 독촉했다.

그 무렵 요에서는 16세의 흥종이 즉위한 뒤 흠애태후가 섭정을 맡고 있었는데, 성종의 사위 소필적이 역모를 꾸미다가 처형되는 등 내정이 극히 어지러웠다. 그로 인해 고려와의 마찰을 극도로 경계한 요 조정에서는 1038년 4월 억류했던 고려의 사신들을 모두 돌려보냈다. 그러자 고려는 상서좌승 김원충을 요에 파견해 외교 관계를 정상화했고, 그해 8월부터 요의 연호인 중희(重熙)를 사용함으로써 대국의 체면을 살려주었다. 10월에 요는 사신 마보업을 파견해 고려의 조치에 감사했다.

이듬해인 1039년 4월 요에서 대리경 한보형을 책봉사로 보내 정종을 개부의동삼사수태보겸시중상주국고려국왕식읍칠천호식실봉일천호(開府儀同三司守太保兼侍中上柱國高麗國王食邑七千戶食實封一千戶)로 삼고, 수충보의봉국공신(輸忠保義奉國功臣)이란 칭호를 내렸다. 그때부터 양국은 오랜 적대관계를 접고 상호교린관계로 발전하게 되었다.

그럼에도 불구하고 고려는 국방력 강화에 몰두했다. 1040년 10월 서면 병마도감사 박원작이 발명한 수질구궁노(繡質九弓弩)가 정확도와 파괴력 면에서 놀라운 성능을 보이자 정종은 매우 감탄하며 이 무기를 대량으로 제작해 동서의 변진에 비치하게 했다. 또 서북로 병마사의 주청을 받아들여「김해병법(金海兵法)」에 있는「무략요결」을 연변의 주진에 배포했다. 1044년에는 압록강에서 동해 도련포까지 이어진 천리장성을 완성함으로써 요와 여진 등 북변 이민족들의 준동에 효과적으로 대응할 수 있게 되었다.

거듭되는 천재지변과 성군의 요절

요와의 통교로 북방에 짙게 드리웠던 전운이 사라지고 평화시대가 개막되자 정종은 내부기강을 확립하기 위해 새로운 제도를 속속 도입했다. 1039년 노비종모법(奴婢從母法)을 제정해 노비 신분이나 종사해야 할 일터, 그 주인을 결정할 때 반드시 모계를 따르도록 규정했다.

1045년에는 악공과 각 관아의 말단 이속에 속하는 잡류, 그리고 오역과 오천, 불충불효한 자와 향과 부곡인의 자손들은 과거에 응시하지 못하게 했다. 비서성에서는 「예기정의」·「모시정의」 등을 간행하여 문신들에게 나누어 주었으며, 백성들의 상거래 상 이동 편의를 위해 임진강에 부교를 놓게 했다. 1046년에는 장자상속법을 제정했다. 그와 같은 정종의 선정에도 불구하고 그의 치세에 한반도에서는 자연재해가 극심했다. 1035년 6월에 개경에 지진이 일어났고, 8월과 9월에도 개경과 경주지방의 19개 주에 지진이 일어나 조야를 놀라게 했다. 1036년 6월에는 개경과 동경, 상주, 광주, 안변부 관내 주, 현에서 지진이 일어나 수많은 가옥이 무너졌다. 8월에도 금주와 밀성 등지에서 지진이 일어났다.

또 전국에 가뭄이 들어 백성들의 근심이 높아지자 정종은 명산대찰에서 기우제를 지내게 하고 가축 도살을 금지했으며 관가 말에게 곡식을 먹이지 못하게 했다. 또 스스로 정전에서 비켜 앉고 수라의 반찬 수를 줄였고 수시로 사면령을 내려 죄수들을 석방했으며 동서대비원(東西大悲院)을 수리하여 가난하고 병든 자들에게 의복과 음식을 지급했지만 고통 받는 백성들에 대한 마음의 부담은 씻어지지 않았다.

1036년 정종은 아들 넷을 둔 자는 그중에 한 명을 영통사, 숭법사, 보원사, 동화사 등지에 승려로 들여보내 불경과 계율을 시험 보게 했다. 천재지변을 불력으로 다스려보려는 뜻이었다. 1037년 2월 고려의 하늘에 5개의 혜성이 나타났는데 길이가 5, 6척이 넘자 정종은 자신의 덕이 부족한 탓이라고 번민했다. 1038년에는 대궐의 동쪽 연못에서 기르던 백학·거위·오리·산양 등의 짐승들이 곡식을 낭비한다 하여 해도에 풀어 놓았다. 1046년 3월 1일 일식이 있었다. 그러자 정종은 정전을 피해 앉고 흰 난삼을 입어 태양에 구원하는 뜻을 표했다.

그달 3일에는 시중 최제안에게 구정에 가서 분향하게 하고 가구경행을 배송하게 했다. 가구경행이란 채색 들것에 반야경을 담아 개경 거리를 돌게 하고 불경을 외는 승려들과 감압관들이 뒤따르면서 백성들의 행복을 축원하는 행사였다. 이 행사는 경행의(經行儀)의 시초로서 그 후 매년 한 차례씩 시행되었다.

정종은 그해 4월에 농사의 신 중농(仲農)에게 풍년을 기원하는 제사를 지내는 등 백성들의 안녕을 위해 몸을 아끼지 않았다. 그러나 거듭되는 천재지변으로 인한 마음의 부담이 병이 되었다. 그달부터 병석에 누운 정종은 거처를 산호전에서 대궐 안에 있는 법운사로 옮겨 부처의 가피를 기원했다. 하지만 5월 들어 병이 더욱 위중해지자 정종은 이복동생 낙랑군 왕휘에게 왕위를 물려주고 재위 11년 8개월 만에 33세를 일기로 세상을 떠났다. 시호는 용혜홍효영렬문경(容惠弘孝英烈文敬), 묘호는 정종(靖宗), 능호는 주릉(周陵)이다.

정종의 가족

정종은 용신왕후 한씨를 비롯해 5명의 부인으로부터 4남 1녀를 얻었다. 그가 근친혼을 하지 않고 모두 족외혼을 통해 부인을 맞았다는 점이 주목된다.

제1비 용신왕후 한씨는 단주 출신 한조의 딸이다. 정종이 평양군으로 있을 때 혼인했고, 즉위 이후 연흥궁주라는 택호를 받았다. 1035년에 아들 왕형을 낳은 다음 왕비에 책봉되어 혜비로 칭해졌고, 정신왕후에 봉해졌지만 1년 뒤인 1036년 7월 세상을 떠났다. 능호는 현릉이다.

제2비 용의왕후 한씨는 용신왕후의 친동생으로 언니가 죽자, 1038년 4월 여비에 책봉되었고 창성궁주라는 택호를 받았다. 후일 현덕궁주로 고친 뒤 1040년 정식으로 왕비에 책봉되었다. 소생으로 왕자 애상군 왕방, 낙랑후 왕경, 개성후 왕개 등이 있다.

제3비 용목왕후 이씨는 부여 출신의 공부시랑 이품언의 딸로 택호는 창성궁주이다. 소생으로 도애공주가 있다.

제4비 용절덕비 김씨는 경주 출신의 문하시중 김원충의 딸로 택호는 연흥궁주이다. 1102년(숙종 7) 3월에 죽었다. 숙종이 덕비에 추증하고 시호를 용절이라 했다.

제5비 연창궁주 노씨는 궁녀로 입궁했다가 그녀의 미색에 반한 정종의 총애를 받았다. 정종 사후 문종이 즉위한 뒤 연창궁주라는 택호를 받았다. 1048년(문종 2)에 죽었다.

제3장

태평성대의 주춧돌을 심다
-각종 제도의 확립과 선진 문물의 도입

11세기 중엽 고려, 북송, 요의 3국이 정립하면서 오랫동안 동아시아에 드리웠던 전운이 사라졌다. 고려는 연운 16주를 둘러싼 북송과 요의 긴장관계 속에서 교묘한 외교정책으로 캐스팅보트 역할을 하면서 실리를 취했다. 그 무렵 요는 두 차례의 대규모 군사 작전이 실패한 뒤 더 이상 고려를 자극하지 않았다. 고려 역시 불필요한 충돌을 피하기 위해 요와 조공 책봉 관계를 맺고 북송과 단교했다. 문종 대부터 고려는 내치에 중점을 기울이면서 요를 자극하지 않는 범위 내에서 북송과의 문화 경제적 교류를 통해 국력을 신장시켰다. 숙종 대에 이르러 만주 동북방에 거주하던 흑수말갈의 일파인 완안부 여진족들이 부족을 결집하여 세를 과시하더니 예종 대인 1115년 아골타가 금(金)을 건국하면서 중원에 일대 회오리바람을 몰고 왔다.

국내

• **1047** 구분전을 제정
• **1049** 양반의 공음전시법을 정함
• **1055** 최충, 사학을 일으킴
• **1059** 서북면에 양전 실시, 민전을 균정함
• **1063** 국자감의 규율과 체제를 정비
• **1067** 승려 의천을 우세승통에 임명
• **1072** 교역 거신, 모반하다 사형됨
• **1073** 동서북장성 밖에 도전 설치
• **1076** 양반 전시과를 고치고 관제를 개편
• **1078** 흥왕사의 금탑 완성
• **1081** 참지정사 이정공, 「국사」

세계

• **1048** 송, 의종 죽위
• **1066** 영국, 월리엄 1세 즉위
• **1072** 송 정치가·문학가 구양수 사망
• **1073** 송, 군기감을 둠
• **1076** 셀주크 투르크, 예루살렘 점목
• **1077** 카노사의 굴욕
• **1079** 송, 고려와의 고역법을 세움
• **1082** 이탈리아 베네치아, 상업권을 획득

제11대 문종
인효강정명대 仁孝剛定明大

    고려의 제11대 국왕 문종(文宗)의 이름은 휘(徽), 자는 촉유(燭幽), 초명은 서(緖)이다. 현종의 셋째아들로 원혜왕후 김씨 소생이다. 1019년(현종 10) 12월 계미일에 태어나 1022년 낙랑군으로 봉해졌다. 1037년 내사령에 올랐다가 1046년 5월 정유일 동복형 정종의 선위를 받아 28세의 나이로 보위에 올랐다.

    그해 6월 상서 공부낭중 최원준을 요에 파견해 정종의 붕어와 문종의 등극을 알리자 1047년 9월 요는 복주관내관찰사 송린을 책봉사로 파견해 문종을 개부의동삼사수태보겸시중상주국고려국왕식읍칠천호식실봉일천호(開府儀同三司守太保兼侍中上柱國高麗國王食邑七千戶食實封一千戶)로 삼고, 광시치리갈절공신(匡時致理竭節功臣)의 호를 내렸다. 1049년 1월에는 사신 소유덕과 왕수도를 보내 수태부 겸 중서령(守太傅兼中書令)을 가책했다.

문종은 어렸을 때부터 매우 총명했고 장성해서는 문무의 재능이 두드러졌으며 덕과 결단력을 겸비해 내외의 기대를 한 몸에 받았다. 과연 그는 재위 27년 동안 자신의 뛰어난 능력을 유감없이 발휘하면서 정종 시대의 안정을 바탕으로 정치·경제·사회·문화·외교·학술 등 거의 전 분야에 걸쳐 괄목할 만한 성과를 이룩했다. 그리하여 사가들은 문종의 치세를 고려의 황금기로 평가하고 있다.

각종 법률의 정비

문종은 즉위하자마자 검소한 성품에 걸맞게 금은으로 화려하게 장식된 용상과 발판을 동과 철제로 고치게 하고 금실 은실로 짠 이불과 요를 견직으로 바꾸었다. 또 환관 10여 명을 줄이고, 내시도 20명에 한정하는 등 국왕으로서 절제의 모범을 보여주었다.

1046년 8월 문종은 선덕전으로 시중 최제안과 평장사 최충을 불러들여 국정의 나아갈 바와 당면정책들을 논의했다. 그러나 그해 11월 최제안이 사망하자 최충을 시중으로 임명하고 왕총지, 이자연 등 재상들과 함께 국사를 돌보았다. 1047년 4월과 6월, 7월, 11월에는 대신들과 함께 군사와 법률 등 고려의 시급한 과제를 숙의하면서 초기 국정 운영의 진로를 모색했다. 6월 무신일에 문종은 시중 최충과 대신들에게 이렇게 명했다.

> "법률이란 형벌을 판단하는 규정이다. 그것이 분명하면 억울하거나 지나침이 없고, 분명하지 못하면 죄상에 대한 경중이 바르게 처리될 수 없다. 현재의 법률은 현실성이 없거나 모순된 점이 많아 가슴이 아프다. 여러 법관을 모아 상세하고 타당하게 바꿀 것이며, 서산업(書算業) 역시 바르게 고증하여 시행하라."

그와 같은 국왕의 의지에 따라 제일 먼저 백성들에게 직접 영향을 끼치는 형법이 대폭 정비되었다. 이어서 1049년(문종 3) 5월, 5품 이상의 관료들에게 귀족 신분을 유지할 수 있도록 상속이 가능한 일정 토지의 지급을 보장하는 공음전시법이 마련되었다. 이 법에 따르면 1품 문하시랑평장사는 전(田) 25결·시(柴) 12결, 2품 참정 이상은 전 22결·시 12결, 3품은 전 20결·시 10결, 4품은 전 17결·시 8결, 5품은 전 15결을 지급했다. 관료들이 모반대역죄를 저질러 공신에서 제명되지 않는 이상 공음전은 자손에게 1/3을 상속할 수 있게 했다.

또 재해 시에 세금을 면제받는 재면법(災免法)도 제정되었다. 재면법에 의하면 농사의 피해액에 따라 4분 이상일 경우 조(租)를 면해주고 6분일 경우 조·포(布)를 면해주며, 7분일 경우 조·포·역(役)을 모두 면제해주었다. 여기에 전답의 피해분에 대해 직접적인 조사를 통해 세금을 면제하는 답험손실법(踏驗損失法)도 마련되었다.

1062년에는 죄수를 신문할 때 반드시 형관 3명 이상을 입회하게 하여 공정한 조사를 통해 죄상을 가리도록 하는 삼원신수법(三員訊囚法)이 제정되었고, 3월에는 공시(貢試)에 봉미법(封彌法)을 처음으로 실시했다. 봉미법이란 당송 시대 과거의 공정을 기하기 위하여, 답안지 오른편 끝에 성명·생년월일·주소와 4대 조상까지 써서 풀로 봉하여 제출하던 제도를 말한다.

1063년에는 국자감 학생들의 재학 연한을 제한하는 고교법(考教法)도 제정되었다. 그때부터 국자감의 유생들은 9년, 율생들은 6년으로 재학기간이 제한되면서 자질이 부족한 학생들을 퇴출시킬 수 있게 되었다.

1069년에는 양전보수법(量田步數法)이 제정되어 세금을 거두는 결의 면적을 확정함으로써 원활한 세금 징수의 근거를 마련했다. 이전까지는 토지 1결에 세금으로 5승(升)을 징수했는데 이때부터 7승 5홉으로 인상되었다.

1077년에 제정된 선상기인법(選上其人法)은 향리의 자제들을 개경으로 불러 살게 한 일종의 인질제도이다. 이는 중앙집권체제의 안정과 강화를 위한 조치였다. 이것으로 고려 초기 호족들을 견제하기 위해 실시되었던 기인제도를 법제화한 것이다.

이와 같은 일련의 법 제도 확립 작업을 통해 문종은 왕권을 강화하고 국력을 신장시켜 고려의 대외적인 위상을 한층 높였다. 문화대국 북송과 군사대국 요 사이에서 오락가락하던 고려가 어느덧 그들과 당당하게 경쟁할 수 있는 기반을 마련했던 것이다.

경정전시과의 시행

1076년(문종 30) 문종은 양반전시과를 제정하여 고려 전기의 토지제도를 마무리했다. 경정전시과(更定田柴科)라고도 하는 양반전시과는 문무백관과 유역인(有役人)들에 대한 녹봉제도인 점에서는 이전의 전시과와 다름이 없지만 몇 가지 특기할만한 조항이 있었다.

첫째, 한외과(限外科)의 소멸이었다. 이전까지 18과에 속하지 못하고 토지를 받던 계층이 모두 과내로 흡수됨으로써 전시과는 외형상 토지 분급 제도로서의 완결된 모습을 갖추었다. 특히 산관이 완전히 분급대상에서 제외되었고, 무관에 대한 차별대우가 사라졌다.

둘째, 개정전시과에서 볼 수 없었던 향직(鄕職)이 분급대상에 포함되었다. 향직은 중국식의 당풍에 대한 고려식의 국풍·향풍을 뜻하는 고려의 독자적인 질서체계로 국왕 및 왕실에 대한 공로자나 70세 이상의 관직 없는 노인, 여진의 추장 등에게 주어졌다. 대상·좌승·원보 등의 향직을 보유한 자들에게는 12~14과의 토지가 분급되었다.

분급액도 각 단계마다 달랐다. 양반의 경우 종1품에게는 제1과로 각각 전 100결, 시 50결이 분급되었다. 이하 관리는 과등에 따라 그 액수가 순차적으로 감액되어 양반 품관의 말단인 정·종 9품에게는 제15과로 시나 지가 없고 전 25결만 분급되었다. 한편 품관은 아니지만 말단의 행정업무에 종사하고 있는 서리와 기능적인 잡역을 담당하고 있는 잡로직도 15~18과로 17~25결의 토지가 분급되었다. 하지만 중앙의 하급 행정 실무자들과 달리 지방 행정 관청의 실무자인 향리에 대한 토지 분급 규정은 없었다.

군인의 경우, 마군이 15과로 전 25결을, 역군·보군이 16과로 전 20결을 받았다. 하지만 한인은 가장 적은 토지를 받았다. 한인은 과거나 음서를 통해 산직인 동정직을 받았으나 아직 실직에 임명되지 않은 관인을 말한다.

고려, 요, 북송의 삼국시대

1053년 11월 문종은 연덕궁주 소생의 맏아들 휴(烋)의 이름을 훈(勳)으로 고쳐 태자로 삼은 뒤, 이듬해 2월 그를 왕태자로 책봉하고 급사중 김양지를 요에 보내 그 사실을 통보했다. 그러자 탐라국에서 제일 먼저 사절을 파견해 태자 책봉을 축하했다.

1055년 5월, 요에서는 야율역, 진개 등을 파견해 문종을 수태사에 책봉했고, 다시 이주자사 소록을 파견해 왕훈을 왕태자로 정식 책봉했다. 2년 뒤인 1057년 3월에도 소계종과 왕수졸을 보내 상서령 벼슬을 더하는 한편 소소와 시덕자를 보내 왕태자에게 순의군절도사, 상주국, 삼한국공 등의 벼슬을 더해 주었다.

그 무렵 요와 고려는 뜨뜻미지근한 형식적 사대관계를 유지하고 있었다. 고려의 국력이 비약적으로 강화된 사실을 알게 된 요는 더 이상 침략 의도를 보이지 않았다. 그와 같은 상황에서 문종은 요가 강제 점유하고 있는 압록강 동쪽 영토를 되찾고자 했다. 그해 7월 1일 문종은 도병마사로부터 내원성에 주둔한 요의 병사들이 궁구문을 옮겨오고 우정(郵亭), 즉 역참을 설치하고 있다는 보고를 받았다. 분개한 그는 요에 국서를 보내 고려의 옛 영토를 반환하고 그동안 압록강 일대에 설치한 성벽과 보루, 궁구란자, 정사 등 일체의 시설을 철거하라고 강력히 요구했다.

당시 요에서는 흥종 사망 이후 도종 야율홍기(耶律洪基)가 즉위하면서 황실의 내분이 벌어져 문종의 요구에 즉답을 하지 못했다. 그러자 문종은 새로운 황제의 즉위축하사절단에 항의문을 함께 보내는 등 이전에는 상상조차 할 수 없었던 방식으로 외교적 압박을 가했다. 1057년에는 중서성을 통해 궁구문 바깥에 있는 우정을 없애고 송령 동북지대에 토지 개간사업을 하는 자들과 이미 설치한 암자들을 철폐하라고 요구했다. 이와 같은 문종의 강수는 요와 일전을 겨루어도 꿀릴 것이 없다는 자신감이 있었기 때문이었다.

반면 문화강국 북송에 대하여 문종은 매우 친밀하게 대했다. 요의 압력으로 인해 양국은 오래전 국교가 단절된 상태였지만 문종은 북송 상인들의 국내 출입을 제한하지 않음으로써 선진문물을 여과 없이 받아들였다. 그 무렵 왕안석의 신법을 통해 산업이 비약적으로 발달한 북송에서는 매년 주조하는 동전과 철전이 600만 관을 넘었고 남양, 인도양, 아프리카 동해안의 등지에서도 사용되었다.

고려에서는 북송의 국자감에 유학생을 파견했고, 송인 가운데 재능 있는 자들을 귀화시켜 관리로 임용했다. 1052년(문종 6) 6월 북송의 진사 장정이 입국하자 비서성 교서랑 직을 수여했으며, 1057년 7월에는 귀화인 장완의 둔갑산기법과 육수점법을 시험하고 태사감후의 벼슬을 주었다. 또 북송의 진사 출신 노인유, 진위를 비서성 교서랑으로, 소정과 소천을 합문승지로, 섭성을 전전승지로 임명했다. 서적교류도 활발해서 「송조대장경」, 「책부원구」, 「자치통감」, 「태평어람」 등 송대의 방대한 출판물과 경서, 의서, 역서, 음양서, 형법서 등이 수입되었다.

1058년 문종은 제주와 영암에서 목재를 구해 서해를 횡단할 수 있는 대형 선박을 건조하여 북송과의 외교를 재개하려 했다. 그러나 대신들이 요와의 외교적 마찰을 우려해 반대했다. 하는 수 없이 문종은 송상들을 통해 수교 의사를 꾸준히 북송 왕실에 알렸다. 그러자 북송의 신종은 1068년 상인 황신을 통해 호의적인 답신을 보내왔다. 문종은 그에 화답해 1071년 3월 민관시랑 김제를 사신으로 보냈다. 당시 신종은 고려의 사신을 우대하여 서하의 사절과 대등한 예우를 해주었다. 신종에 이어 보위에 오른 북송의 휘종 역시 고려 사신을 국신사로 격을 높이고 사신을 접대할 때 서열을 서하 위에 두었으며 요의 사신처럼 추밀원에서 접대했다. 그러자 예부상서 소철은 다른 나라들과의 형평성을 이유로 고려와의 무역을 반대하기도 했다.[73]

당시 북송은 고려와 연합해 양자강 이북의 영토를 회복하고자 했다. 하지만 고려는 북송을 통해 요를 견제하면서 그들의 선진문물을 받아들여 문화적인 발전을 도모하려 했다. 그처럼 양국은 수교하면서 각자 다른 셈을 하고 있었다. 그런 상황에서 요는 북송과 고려의 군사 협력을 우려해 양국의 교류를 방관할 수밖에 없었다.

1072년 7월에는 교위 거신의 역모가 발각되어 고려 조정이 들썩였다. 거신은 무리 1천 명을 모은 다음 평양공 왕기를 옹립해 거사를 도모하려 했다. 하지만 공교롭게도 왕기가 세상을 떠나자 모의가 벽에 부딪혔다. 그때 역모에 동참했던 병사 장선이 조정에 역모를 고변함으로써 사건이 백일하에 드러났다. 문종은 거신과 그의 삼족을 멸족시킨 다음 왕기의 아들 왕진을 남해현으로 귀양 보냈다. 또 역모에 연루된 왕무숭도 안동으로 귀양 보낸 다음 장선을 장군으로 발탁했다. 이 사건은 문종 대에 일어난 유일한 역모였다.

1073년 4월에는 동북 변강 15개 주 밖에 있는 여진인들이 귀순하여 군현을 설치해달라고 요구했다. 또 서여진의 추장 만두불 등이 찾아와 동번의 선례에 준해 자신들에게도 주군을 설치해달라고 요청했다. 또 평로진 인근의 여진족 골어부와 요결 등이 귀순하는 등 북방 지역이 고려의 체제로 편입되면서 안정되었다. 북송과 일본의 상인들도 수시로 조정에 토산물을 가져와 원활한 무역 환경 조성에 대해 사례했다.

북송과의 국교 재개와 벽란도의 융성

1078년 북송의 명주 교련사 고윤공이 고려에 와서 정식으로 사절 파견을 통고했다. 문종이 허락하자 6월에 간의대부 안도와 기거사인 진목 등이 예성강의 벽란도를 통해 고려에 들어왔다. 그리하여 993년 이래 끊어졌던 북송과 고려의 국교가 80여 년 만에 재개되었다. 당시 북송의 사절단이 타고 온 두 척의 배에는 금, 은, 그릇, 의대, 각종 비단, 칠기, 악기, 안장 등 진기한 100여 종의 물품 6천여 개가 실려 있었다. 그해 7월 고려에 파견된 북송의 사신 간의 대부 안도가 귀국하면서 고려에서 준 선물을 은으로 바꾸어달라고 요구했다. 그들은 매일 공급받은 반찬값을 아껴 은으로 바꾸는 등 탐욕을 드러내 고려인들의 조소를 받았다.

고려와 북송은 요를 의식해 예성강과 산동의 등주, 밀주를 잇는 기존의 항로를 폐지하고 예성강과 절강의 명주를 잇는 새 항로를 열었다. 그때부터 예성강변에 있던 국제무역항 벽란도(碧瀾渡)는 한중 쌍방 무역의 중심지가 되었고, 일본 상인들까지 뛰어들었다. 그들은 고려자기와 같은 고급 물자를 본국에 소개했다. 1076년(문종 30)에는 일본의 승려 25명이 와서 문종에게 불상을 바치기도 했다. 고려상인들은 국내 상품 외에도 일본산 나두와 나전, 유황, 부채, 칼 등을 북송에 중계 수출하고, 북송의 각종 견직물과 서적 등을 일본으로 중계 수출한 등 삼각무역을 통해 많은 이익을 남겼다.

그 무렵 문종은 지병인 풍비증이 심해지자 북송에 약재를 요청했다. 그러자 1079년(문종 33) 7월에 북송에서는 사신 왕순봉, 형조, 주도능 등 88명을 파견하면서 우황, 용뇌, 주사 등 희귀한 약재를 보내왔다. 1080년에는 일본상인 왕칙정을 통해 일본에 의원의 파견을 요청했지만 국서에 일본을 모멸한 글귀가 있다 하여 거절당했다.

그와 같은 벽란도의 삼각무역에서 최대의 이득을 본 집단은 송상이었다. 「고려사」에 따르면 벽란도를 드나든 송상의 규모는 1014년(현종 5)부터 1278년(충렬왕 4)까지 260년 동안 120차례, 연인원 5천여 명에 달했다. 때문에 개경에는 청하관, 충주관, 사점관, 이빈관이라는 송상들의 단골 숙소까지 운영되었다. 그처럼 송상들의 출입이 빈번해지면서 송상과 고려 여인의 관계를 묘사한 예성강곡이란 노래까지 유행하기도 했다. 고려의 대문장가 이규보는 시 '예성강루상관조시(禮成江樓上觀潮詩)'에서 변화한 예성강의 풍경

고려사

을 다음과 같이 읊었다.

조수가 들고 나매,
오고 가는 배는
머리와 꼬리가 잇대어 있고,
아침에 이 누각 밑을 떠나면,
한낮이 채 못 되어
돛대는 남만 하늘로 들어간다.

당시 국제무역항 벽란도에는 수많은 국제인들이 드나들었지만 아라비아 상인의 출입기록은 알려진 것과는 달리 미미했다. 1024년(현종 15) 9월에 열라자 등 100여 명이 토산물을 바쳤고, 이듬해 9월 하선라자 등 100여 명이 또 토산물을 바쳤으며, 1040년(정종 6) 11월 보나합의 무리가 점성향과 몰약 등의 물품을 바치고 고려 국왕으로부터 후한 대접과 함께 금, 비단 등의 선물을 받아 돌아간 일 등 고작 3차례에 불과하다. 그러므로 오늘날까지 국제사회에서 우리나라의 명칭으로 통용되는 코리아가 당시 벽란도를 드나들었던 아라비아 상인들에 의해 전파되었다는 설은 재고해야 할 것 같다.

군사력의 강화와 여진 정벌

고려는 요의 군사적 위협에서 벗어났지만 여진과 일본 등을 의식해 문종대부터 지상 및 해상병력의 전투역량을 강화해 나갔다. 1046년 6월 동남해안에 성보를 설치하고 농장을 겸하게 해 군량을 확보했으며, 10월에는 6위군 가운데 해상군령 휘하에서 200명을 엄선해 선봉군으로 편제했다. 1047년 1월에는 상을현과 하포현 등지의 해안에 경비초소를 설치하고 2월에는 서북지방에 전투용 장비를 넉넉하게 지급하는 등 여진의 책동에 대비했다. 그해 7월에는 서경을 지키는 맹군과 해군의 영에서 각 300명씩을 선봉군으로 선발해 별도의 전투소부대를 조직해 해적들의 침투에 즉각 출동하도록 했다. 그처럼 문종은 유비무환의 자세로 고려의 국방력을 가일층 정예화했다.

1049년(문종 3) 10월 병마녹사 문양렬이 원흥진 도부서 판관 송제한과 함께 동번의 해적들을 끝까지 추격해 소굴을 불태우고 20여 명을 죽인 다음 돌아왔다. 1050년 9월에는 문양렬이 23척의 수군선단을 이끌고 해적들을 추자도 부근까지 추격해 적선 8척을 파괴하고 9명을 죽인 다음 30여 동의 가옥을 불태웠다.

1051년(문종 5) 8월 여진족이 귀주와 창주에 침입하고, 9월 동번의 도발이 이어지자 문종은 그해 10월에 유음기광군이란 특수부대를 창설해 적의 도발에 신속 대응하게 했다. 1056년 7월에는 동로병마사 김단을 지휘관으로 임명해 동번의 20개 마을을 소탕하게 했다. 1058년에는 또 돌격부대인 사면기광군을 창설하는 등 소수정예의 단위부대 중심으로 군대를 운용했다. 이는 여진족이 소규모 게릴라식으로 출몰하는 데 대한 조치로 보인다.

그와 함께 고려군은 지속적으로 전투 장비를 개발했다. 1069년(문종 23) 10월 박원작이 쇠뇌를 개선시킨 수질구궁노를 만들었고, 1070년 11월에는 개경의 네 곳에 숯을 보관하는 쇠창고인 고수탄철고를 설치했다. 1071년 문종은 송나라에 세궁과 효자전, 세촉전, 금은장계기장 등 화려한 병장기를 선물로 보내 새로 개발된 고려의 전투장비의 우수성을 과시했다.

1080년(문종 34) 문종은 중서시랑평장사 문정에게 보병과 기병 3만여 명을 주어 정주성 외곽의 여진족 토벌을 명했다. 문정의 타격부대는 당시 10여 개의 여진 부락을 공격해 392명의 적을 사살하고 추장 39명을 생포한 다음 100여 필의 마소와 병장기를 노획하여 귀환했다. 그때의 전과는 크지 않았지만 고려군의 우수한 군사력을 과시함으로써 변방의 도발을 억제하는 효과를 낳았다.

유교와 불교의 진흥

문종 대에는 과거제도를 통한 신진관료 선발이 정례화 되고 다양한 법제가 마련되면서 중앙집권체제가 안정궤도에 접어들었다. 그와 함께 유학이 출세의 도구가 되면서 양반 귀족계층을 중심으로 유학 열풍이 불었다. 그때 원로 대신 최충은 은퇴한 다음 개경에 사학을 설치하여 적극적으로 유학을 보급했다. 최충이 설립한 문헌공도(文憲公徒)에 많은 학생들이 몰려들자 정배걸, 노단, 김상빈 등 11명의 유신들도 사학을 설치하고 제자들을 양성했다. 그리하여 고려에서 최초의 사립학교인 사학12도가 생겨났다.

문종은 사학의 과열현상을 긍정적으로 받아들이면서도 자신은 거꾸로 불교 발전에 총력을 기울였다. 귀족들에게는 유학이 필수학문이었지만 그때까지 백성들에게는 불교가 곧 생활이었다. 때문에 문종은 불교를 중심으로 민심을 통일시키는 한편 신권의 강화를 견제했다.

흥왕사 창건은 문종의 불교 장려정책의 백미였다. 경기도 개풍군 덕적산에 건설된 이 사찰은 1055년에 공사를 시작해 13년만인 1067년에 완성되었는데, 총 2천8백간으로 대궐의 위용에 버금가는 규모였다. 문종은 흥왕사에 금 144근, 은 427근을 들여 금탑[74]을 조성하고, 절 주변에 성곽을 쌓아 방화벽을 구축했다. 그 후 계행이 청정한 1천명의 승려를 초빙한 흥왕사는 고려 불교의 중심사찰이 되었다. 숙종 때에는 금탑에 북송에서 보내온 대장경을 보관함으로써 권위까지 더했다.

그러나 문종이 일방적으로 불교 중흥책만을 편 것은 아니었다. 그는 타락한 승려를 환속시키는 등 불교 정화작업을 병행했던 것이다. 1056년(문종 10) 문종은 다음과 같이 추상같은 조서를 발표했다.

'……지금 역사를 기피하는 무리들이 불교에 이름을 걸어놓고 재부를 축적하여 사생활에 마음을 팔고 있다. ……밖에 나가서는 계율의 조문을 위반하고 집에 와서는 청정의 결심이 없으며 몸에 입는 장삼은 술독 덮개로 굴러 떨어지고 불경을 강독하는 장소는 소채밭으로 변했다. 장사치들과 결탁하여 물건을 매매하고 잡인들과 어울려 술주정하며 놀음청에 뒤섞여 우란분을 모독하고 있다. 속인의 관을 쓰고 속인의 옷을 입고 사원을 짓는다는 명목으로 돈을 거두어 북장구와 깃발을 마련해 촌락과 시정을 오가며 사람들과 싸워 피투성이가 된다. 내가 그들 중에서 선악을 구분하고 규율을 엄격하게 하려 하니, 서울과 지방의 사원들을 깨끗이 정리하여 계율에 충실한 자는 전부 안착시키고 계율을 위반한 자는 법률로서 논죄하라.'

그와 함께 문종은 성종 때 폐지되었던 연등회와 팔관회를 공식적으로 부활시켰으며 매월 세 차례 사찰을 찾아가 기도함으로써 백성들에게 일체감을 주었다. 그는 자신의 세 아들을 출가시켰는데 그중에 한 사람인 대각국사 왕후가 북송에 유학을 다녀온 뒤 천태종을 창립함으로써 고려 사회에 선불교 열풍을 일으켰다.

고려 건국 이래 최고의 황금기를 이끌었던 문종은 1082년 인절현비 이씨가 세상을 떠나고, 이듬해인 1083년 4월 왕자 왕침마저 죽자 그만 기력을 잃고 병석에 누웠다. 그해 7월 신유일에 문종은 태자 왕훈에게 선위한 다음 재위 37년 2개월 만에 65세를 일기로 중광전에서 세상을 떠났다. 시호는 인효강정명대(仁孝剛定明大), 묘호는 문종(文宗), 능호는 경릉(景陵)이다.

문종의 가족

문종은 인평왕후 김씨, 인예왕후 이씨, 인경현비 이씨, 인절현비 이씨, 인목덕비 김씨 등 5명의 부인으로부터 15남 2녀를 얻었다.

제1비 인평왕후 김씨는 현종의 딸로 원성왕후 김씨의 소생으로 문종과는 이복남매지간이다. 택호는 홍성궁비이다. 그때까지 첫 왕비를 근친혼으로 맞아들이는 전통이 살아 있었음을 보여준다.

제2비 인예왕후 이씨는 인주 출신으로 중서령 이자연의 맏딸이다. 택호는 연덕궁주이다. 1052년 6월 왕후에 책봉되어 순종, 선종, 숙종, 대각국사 왕후, 상안공 왕수, 보응 승통 왕규, 금관후 왕비, 변한후 왕음, 낙랑후 왕침, 총혜수좌 왕경 등 10명의 왕자와 적경공주, 보령공주 등 2명의 공주를 낳았다. 문종 사후 서경에 머물다 1092년 세상을 떠났다. 능은 대릉이다.

제3비 인경현비 이씨도 이자연의 딸로 택호는 수녕궁주이다. 1082년 1월 숙비에 책봉되었고 사후 인경이라는 시호가 내려졌다. 조선공 왕도, 부여공 왕수, 진한공 왕유 등 3명의 왕자를 낳았다. 제4비 인절현비 이씨 역시 이자연의 딸로 택호는 숭경궁주이다. 1082년 7월에 세상을 떠났다 제5비 인목덕비 김씨는 시중 김원충의 딸로 택호는 숭화궁주이다. 1094년에 세상을 떠났다.

문종 시대의 주요 인물

사립학교의 창시자 최충

최충(崔冲)의 본관은 해주(海州), 자는 호연(浩然), 호는 성재(惺齋)·월포(月圃)·방회재(放晦齋)이다. 그는 목종 대부터 문종 대까지 5명의 국왕을 섬긴 원로대신이지만 은퇴한 뒤 사학 12도의 하나인 문헌공도(文憲公徒)를 창시한 유학자로 더욱 명성이 높다.

984년(성종 3) 해주에서 태어난 최충은 22세 때인 1005년(목종 8) 문과에 장원으로 급제해 우습유에 올랐고, 1013년(현종 4)에 요의 침입으로 소실된 역대의 문적을 재편수하는 국사수찬관이 되어 「7대 실록」 편찬에 참여했다. 그 뒤 우보궐·기거사인·중추직학사를 역임하고, 1025년(현종 16)에 한림학사 내사사인 지제고를 거쳐 예부시랑 간의대부에 올랐다.

1033년(덕종 2) 우산기상시에 이어 동지중추원사에 임명되자 성종 대 김심언이 봉사에서 주청했던 것처럼 각 관청에 육정육사(六正六邪)의 글과 자사육조의 글을 게시하자고 상소했다. 정종 초에는 중추사 형부상서에 오른 뒤 지공거로서 과거를 주관했다. 1037년(정종 3) 참지정사수국사로 「현종실록」 편찬에 참여했고, 상서좌복야 참지정사 판서북로병마사로 북방의 영원, 평로 지역에 진(鎭)을 설치했다. 변경에서 돌아온 뒤에는 내사시랑평장사를 거쳐 곧 문하시랑평장사로 임명되었다.

문종이 즉위한 뒤 최제안이 급서하자 문하시중에 제수된 최충은 62세의 노구에도 불구하고 왕명을 받들어 법제를 개편하고 서산(書算)을 정했다. 그는 도병마사를 겸하면서 서북 지방의 주·진의 공역을 금지하고 개경관아에 가두어둔 동여진의 추장과 염한 등 86명을 석방하게 하는 등 여진에 대한 유화책을 적극적으로 개진했다.

1055년, 72세 때 조정에서 물러난 최충은 송악산 아래 구재학당을 열고 학습 분야에 따라 낙성재·대중재·성명재·경업재·조도재·솔성재·진덕재·대화재·대빙재 등의 방을 지은 뒤 학생들을 모집해 가르쳤다. 구재학당은 무더운 여름이면 개경 탄현 밖에 있는 귀법사의 승방을 빌려 사용하기도 했다.

구재에서는 주로 9경[75]과 3사[76]를 비롯해 시부(詩賦)와 사장(詞章), 즉 문학이나 유교 교육의 일방적인 요청에 따라 문장 공부도 많이 시켰다. 그러나 과거를 위한 교육에 그치지 않고, 인격수련도 게을리 하지 않았다. 교수는 학도 가운데 과거에 급제했지만 아직 관직에 취임하지 않는 사람을 선발했다. 간혹 저명한 학자나 대관들이 들르면, 학생들과 함께 초에 금을 긋고 시간 내에 시를 지어 읊는 각촉부시회(刻燭賦詩會)를 열기도 했다. 그때 교수들은 학생들의 성적대로 앉히고 간단한 연회를 베풀었는데 주도가 분명하고 서열 사이에 예절이 명확했으며 해가 지면 깔끔하게 자리를 파해서 사람들이 감탄했다고 한다.

구재학당을 거친 인재들이 과거에 연이어 급제하자 개경 시내에는 무려 12개의 사립학교가 생겼는데, 이를 사학12도[77]라 불렀다. 사학 12도 가운데 으뜸은 역시 최충의 문헌공도였다. 최충의 시호에 따라 붙여진 이 학도의 수효는 수백을 헤아렸다. 그러자 지방에서도 사학 설립 러시가 이루어졌다.

그처럼 사학이 관학인 국자감보다 앞서가자 16대 예종은 국자감을 국학(國學)으로 개칭한 뒤 구재학당을 모방해 일곱 개의 반을 설치하고 중국 고전을 중심으로 교육하기에 이르렀다. 또 관학 중흥을 위해 육영재단인 양현고와 학술기관인 청연각과 보문각을 설치했다. 그처럼 최충의 사학은 쇠퇴해가던 관학에 일대 경종을 울림으로써 고려의 유학 발전에 크게 기여했다. 최충이 해동공자라는 별칭으로 불린 이유이기도 하다.

1068년(문종 22) 최충은 83세를 일기로 세상을 떠났다. 그의 아들 최유선, 최유길은 모두 뛰어난 학자로서 고려 사회의 학문과 정치를 주도했다. 최충은 정종의 묘정에 배향되었다가 뒤에 선종의 묘정에 배향되었으며, 문헌서원에 제향되었다. 시호는 문헌(文憲)이다.

문종 치세의 일등공신 이자연

이자연은 문종을 보위하면서 경원(인주) 이씨 가문을 인종 때까지 최고의 문벌귀족가문으로 끌어올린 장본인이다. 고려의 문벌귀족들은 왕실이나 중앙 귀족간에 혼인을 통해 기득권을 유지하면서 세력을 강화했다. 특히 문종이 공음전시과를 통해 귀족들의 생활을 안정시키면서 문벌귀족들은 고려 초기 호족공신들의 뒤를 이어 새로운 지배세력으로 등장했다.

고려의 대표적인 문벌귀족으로는 김은부의 안산 김씨, 이자연의 경원 이씨, 김부식의 경주 김씨, 윤관의 파평 윤씨, 최충의 해주 최씨 등이다. 경원 이씨는 이자연의 조부 이허겸이 현종의 처외조부로 소성백에 봉작되면서 조정에 등장했는데 이자연에 의해 만개했다.

이자연은 좌복야를 지낸 이한의 아들로 1003년(목종 6)에 태어났다. 당시 현종의 장인 김은부의 처조카였던 원성왕후, 원혜왕후, 원평왕후와 내종사촌지간이었다. 1024년(현종 15) 3월 진사 을과에 급제한 뒤 우보궐에 임명되었다. 우보궐은 내사문하성의 정6품 관직으로 임금에게 간언과 잘못을 논박하는 요직이었다. 이후 그는 이부낭중, 어사잡단, 우승선을 거쳐 지중추원사, 중추부사 등을 거쳤다. 그처럼 젊은 나이에 조정의 인사, 관리 규찰, 왕명 출납 등 조정의 핵심부서를 섭렵한 그는 문종 즉위 후 조정의 인사를 좌우하는 이부상서 참지정사에 임명됨으로써 문하시중 최충과 함께 고려의 실력자로 등장했다.

1050년(문종 4) 실무직의 최고위직인 내사시랑평장사가 되어 정계의 핵심에 도달한 이자연은 세 딸을 문종에게 시집보내며 조정의 실세로 등장했다. 1052

년에는 큰 딸이 왕비에 책봉되자 문하시랑평장사가 되었고, 1055년에는 시중이 되었다.

그 무렵 노쇠한 최충이 물러나고 불교계와 가까웠던 이자연이 약진하면서 문종은 왕권 확립에 박차를 가할 수 있었다. 당시 이자연의 아들은 금산사의 주지였고, 그의 손자와 증손자들도 승려였으므로 자연스럽게 불교 세력의 지지를 받았다. 그의 보좌를 바탕으로 문종은 흥왕사를 창건하고 북송과의 국교 수립이라는 두 가지 대사를 완성할 수 있었다. 특히 흥왕사의 건립으로 인해 덕수현을 양주로 옮기면서 하루아침에 터전을 잃은 백성들의 원성이 높았다. 그러자 이자연은 문종에게 건의해 백성들의 조세를 두 해 동안 감면해 주었다.

이자연은 1061년(문종 15) 59세를 일기로 세상을 떠났다. 문종은 그의 죽음을 매우 슬퍼하며 조회를 중단하고 시장을 파한 다음 유사에게 명해 장례를 주관하게 했다. 이자연은 사후 수태사 중서령에 추증되었고 훗날 문종의 묘정에 배향되었다. 시호는 장화(章和)이다.

이자연의 아들 11명의 아들은 고려의 정계와 불교계를 주름잡으며 문종 집권 후반기를 주도했다. 또 문종의 왕비가 된 이자연의 세 딸 가운데 맏딸 인예왕후가 순종, 선종, 숙종을 낳으면서 경원 이씨 가문은 고려의 핵심 문벌세력이 되었다. 그 후 경원 이씨 가문은 계속 세력을 강화하여 인종 대에 이르면 이자겸이 왕위를 넘보는 지경에 이른다.

국내

1083 일본, 후삼년 전쟁 • **1083** 문종 사망
1084 송, 서하가 난주에 침입 • **1084** 대각국사 의천 송나라로 구법하러 떠남
1085 송, 신종 사망 • **1085** 원주 명봉산 법천사 지광국사현묘탑비 건립
1086 북송, 왕안석 사망
1087 영국 노르망디왕조의 개창자 윌리엄 1세 승하
1088 기우제를 지냄
1089 선종, 〈헌성조사〉 지음
1090 독일 헨리 4세, 이탈리아 원정
1091 병차를 만들어 구주에 비치
1093 광인관에 봉신고를 설치
1094 선종 사망, 헌종 즉위
1095 중주원을 추일원으로

세계

제12대 순종
선혜영명정헌 宣惠英明靖憲

　고려의 제12대 국왕 순종(順宗)의 이름은 훈(勳), 자는 의공(義恭)이다. 문종의 맏아들로 인예왕후 이씨 소생이다. 1047년 12월 기유일에 태어났고, 8세 때인 1053년 2월 태자에 책봉되었다. 1083년 7월 문종이 승하하자 37세의 나이로 즉위했다. 순종은 즉위하자마자 좌습유 지재고 오인준을 요에 파견해 문종의 붕어와 순종의 즉위를 알렸다. 하지만 순종은 그로부터 불과 4개월 만에 사망함으로써 고려의 역대 국왕 34명 가운데 가장 짧은 재위기간을 기록했다.

　1083년 8월 문종을 경릉에 장사지낸 순종은 그달 경자일에 신봉루에 나아가 대사령을 내리고 전국의 감옥에 갇혀 있던 죄수들을 풀어주었다. 그해 10월 1일에는 회경전에서 사흘 동안 재도장을 열고 승려 3만여 명을 궁궐로 불러들여 대접했다. 그런데 평소 건강이 좋지 않았던 순종은 부왕의 상중에 너무나 애통해 하며 빈소를 지키다가 병세가 위중해졌다. 자신의 운명을 직감한 순종은 동복아우 국원공 왕운에게 후사를 맡기고 요양에 들어갔다. 그렇지만

병이 회복될 기미를 보이지 않자 그는 다음과 같은 최후의 조서를 내렸다.

'내가 최근 부왕의 유언을 받들어 국가의 중요한 직책을 맡았다. 부족한 역량으로 선조들의 유업을 계승하고 그분들의 공적을 영구히 빛내고자 했으나 뜻밖에도 거상 중에 과도한 애통과 근심이 쌓여 병이 생기더니 날이 갈수록 심해졌고 겨울이 오자 위중한 지경에 이르렀다. 이제 와 생각해보니 바람 앞에 촛불처럼 위태로운 몸으로 어찌 사직을 받들 수 있겠는가. 미리 대책을 세워 후일을 준비하지 않을 수 없다.

다행히 나의 아우 왕운은 본래 재능이 많고 덕행이 날로 발전하며, 민간 사정에 밝고 사업에 정통하므로 정치의 선악을 잘 알고 있다. 그가 왕위에 오르면 백성들의 소망에 부응할 만하니 내가 죽으면 반드시 보위에 올리도록 하라. 국가의 상벌에 관한 중대사는 새 임금에게 문의하여 처리하라. 또 멀리 있는 주진의 관원들은 함부로 임지를 떠나지 말고 본군에서 애도를 표하도록 하라. 또 상복 입는 기한은 한 달을 하루로 계산하여 정할 것이며 능묘는 검소하게 쓰도록 하라.

아, 슬프다. 사람의 수명이란 한계가 있으니, 태어나고 죽는 것이 한스러울 뿐이다. 바라건대 문무백관이 한마음 한뜻으로 새 임금을 보필해주기 바란다. 그리하여 국가를 길이 보전하고 이 강토를 지킬 수 있다면 내게 무슨 여한이 있겠는가.'

순종은 그날 조서를 내린 상차(喪次)[78]에서 37세를 일기로 세상을 떠났다. 시호는 선혜영명정헌(宣惠英明靖憲), 묘호는 순종(順宗), 능호는 성릉(成陵)이다. 훗날 이제현은 순종에 대해 이렇게 썼다.

'부모가 죽어 3년 동안 상주 노릇 하는 것은 왕이나 백성이나 똑같다. 하지만 소위 어머니의 상복을 입고 시래기죽을 먹으며 수척한 몰골로 슬프게 우는 것을 보고 세상 사람들이 탄복했다는 말은 옛날 중국 등문공 이후 들어보지 못했다. 그런데 순종은 부왕 문종의 상을 당하여 애통해 하다가 병이 되어 넉 달 만에 죽었으니, 비록 성인이 만든 예제(禮制)에 있어서는 지나침이 있었으나 그 친애하는 정성만은 지극했다.'

순종의 가족

순종에게는 정의왕후 왕씨를 비롯해 3명의 부인이 있었지만 후사를 얻지 못했다.

제1비 정의왕후 왕씨는 종실 평양공 왕기의 딸로 구체적인 기록은 전하지 않는다.

제2비 선희왕후 김씨는 경주 출신의 대경 김양검의 딸이다. 순종이 태자로 있을 때 간택되어 총애를 받았지만 시아버지 문종이 그녀를 싫어했으므로 친정으로 쫓겨났다. 본래 택호는 연복궁주였는데 1126년 세상을 떠난 뒤 선희왕후로 추존되었고, 1130년 4월 인종의 명에 의해 순종 사당에 합사되었다.

제3비 장경궁주 이씨는 인주 출신의 호부낭중 이호의 딸이다. 순종이 즉위하면서 왕비에 책봉되었지만 순종이 4개월 만에 죽자 청상과부가 되었다. 그 후 외궁에 살다가 노비와의 간통 사실이 발각되어 폐서인되고 궁주의 자리에서 쫓겨났다.

과거 제도

고려의 과거제도는 958년(광종 9) 당의 제도를 모방하여 제술과, 명경과, 잡과를 두었고, 무과를 실시하지 않았다. 제술과와 명경과는 급제 후 문신으로 등용되었으므로 양대업(兩大業)이라 하여 중시되었다. 1136년(인종 14) 명산(明算)·명법(明法)·명서(明書) 등의 과목이 추가되었다.

과거는 초기에 해마다 실시하다가 성종 때부터 3년에 한 번 치르는 식년시(式

年試)를 행했고, 현종 때에는 격년으로 바뀌었다가 이후에는 매년 또는 격년으로 했다. 과거 합격자의 정원은 일정하지 않았으나, 고려 중엽 이후 대체로 33명을 뽑았다.

과거의 시험절차로는 중앙과 지방에서 각각 제1차 시험을 치렀는데 중앙에서 합격한 자를 상공(上貢), 지방에서 합격한 자를 향공(鄕貢), 중국인으로서 합격한 자를 빈공(賓貢)이라 했다. 이 삼공(三貢)은 개경에 있는 국자감에서 다시 시험을 치러 일부를 걸러낸 뒤 국자감에서 3년 이상 공부한 학생, 벼슬에 오른 지 300일 이상 되는 자들과 함께 최종시험인 감시(監試)를 치렀다. 과거 급제자들에게는 홍패나 황패를 주었다. 홍패는 붉은 종이에 검은 먹으로 쓴 합격증이었다.

과거를 관장하는 부서는 예부이고 시험관은 지공거(知貢擧)라 불렸다. 제술과의 경우에 갑과의 1등 합격자를 장원(壯元), 2등을 아원(亞元) 또는 방안(榜眼), 3등을 탐화(探花)라 하였고, 빈공에서 합격한 자를 별두(別頭)라 했다. 때로는 감시에 합격한 자들만 모아 임금이 다시 시(詩)·부(賦)·논(論)으로 친히 시험을 보았는데 이것을 복시(覆試) 또는 염전중시(簾前重試)라 했다. 염전중시의 시험 사무를 관장하는 관리를 독권관(讀卷官)이라 불렀다. 이 복시는 성종 때 처음 실시되었지만 상례적인 것은 아니었다.

과거 응시자에 대한 신분제한은 매우 엄격하여 오역·오천·불충·불효 및 향·부곡의 악사와 잡류의 자손에게는 응시를 불허했고, 고급관리의 등용문인 제술·명경과에는 양반의 자제들만 응시할 수 있었는데, 대체로 주·군·현의 차관인 부호장 이상을 기준으로 했다. 하지만 잡과 즉 일종의 기술자를 채용하는 시험에는 천민을 제외한 일반 서민도 응시할 수 있었다.

고려의 과거에는 제술과와 명경과와 같은 대과 외에 국자감시(國子監試)와 승보시(陞補試)라는 소과가 있었다. 소과에 급제자는 국자감 입학 자격, 혹은 하급관리에 등용될 수 있는 자격이 주어졌다. 국자감시는 덕종 때에 시작된 것으로 성균시(成均試) 또는 남성시(南省試)라고도 하는데 시(詩)와 부(賦)로 시험을 보았다. 승보시는 의종 때 제정된 것으로 시·부·경의를 과목으로 하고 급제자를 생원(生員)이라 했다.

의종 이후 고려의 과거제도는 몹시 문란해졌지만 공민왕 때 성균관이 부활되고 성리학이 부각되면서 다시 정비되었다. 그 후 신흥사대부들이 정권을 장악한 창왕 때 향시(鄕試)·회시(會試)·전시(殿試)의 세 차례 시험을 정례화한 과거삼층법(科擧三層法)이 부활되었고 고시과목도 경학 중심으로 바뀌었다. 1391년(공양왕 3)에 최초로 무과가 설치되었지만 조선시대에 들어가서야 시행되었다.

음서 제도

고려의 관리 선발 제도는 과거 외에도 조상의 음덕에 따라 그 자손을 관리로 임용하는 음서(蔭敍)가 있다. 과거는 학문의 완성도를 기준으로 삼았지만 음서는 가문의 충성도가 기준이었다. 음서는 과거에 낙방하고 기타 특례의 적용을 받지 못하는 귀족들의 자제들을 구제하기 위한 대책으로 마련되었다. 음서제도는 고려에 새로운 지배층이 등장하고 귀족적 통치 질서가 마련된 성종 때부터 정착되었다.

고려의 음서 제도는 공신들의 자손을 등용했던 신라의 사례와 다르게 공신뿐만 아니라 5품 이상 고급 관료들의 자손들을 대상으로 했다는 점에서 특이하다. 음서는 넓은 의미에서 종실의 자손에게 주는 조종묘예음서(祖宗苗裔蔭敍)와 공신의 자손에게 주는 공신음서(功臣蔭敍)로 구분된다. 좁은 의미에서는 5품 이상 관리들의 자손에게 주어지는 음서가 있다.

일반적으로 음서는 매년 정기적으로 시행되었고, 군왕의 즉위나 왕태후·왕태자의 책봉, 국왕이 태묘에 친히 제사 지낼 때 등 특별한 시기에도 시행되었다. 그러므로 음서를 통한 관리 임용이 과거 임용자보다 훨씬 많았다. 일반적으로 음서의 최대 수혜 범위는 아들과 손자 외에 수양자, 동생, 조카까지였다.

음서로 등용되는 관직은 처음에는 실무와 관계없는 산직인 동정직(同正職)이었다. 동정직은 크게 품관 동정과 이속 동정직으로 구분되었는데, 주로 문서를 담당하는 도필(刀筆)의 임무를 띠고 문부·기록을 관리하면서 행정말단에 종사했다. 음서 출신자들의 진급은 부친과 조부의 정치적 배경에 좌우되었지만 무엇보다도 일찍 관계에 진출한다는 이점이 있었다.

음서의 연령은 18세 이상으로 규정되어 있었지만, 10세 미만의 경우도 많았고 대략 15세를 전후해 관직에 취임했다. 또 전품음서(轉品蔭敍)라 하여 이미 관직에 나아간 사람에게까지 직급을 올려주는 방식도 있었다. 이와 같이 음서제도는 고위신분층에게 유리하도록 운용되었으므로 벼슬의 제약은 없었다. 기록에 의하면 음서 출신자의 대부분이 5품 이상까지 승진했고, 그중에 50~60%가 재상까지 승진했다. 그 후 그들의 자손에게도 계속 음직이 제수됨으로써 문벌귀족가문이 형성되었다. 그렇듯 음서제도는 과거제도와는 별도로 중앙귀족들의 지배체제를 유지하는 발판이었다.

국내
- 1083 문종 사망
- 1084 대각국사 의천 송나라로 구법하러 떠남
- 1085 원주 명봉산 법천사 지광국사현묘탑비 건립
- 1088 기우제를 지냄
- 1089 선종 〈허성조사〉 지음
- 1091 병차를 만들어 구주에 비치
- 1093 광인관에 봉선고를 설치
- 1094 선종 사망, 헌종 즉위
- 1095 중추원을 추밀원으로...

세계
- 1083 일본, 후삼년 전쟁
- 1084 송, 사마가 낙주에 칩입
- 1085 송, 신종 사망
- 1086 북송, 왕안석 사망
- 1087 영국 노르망디왕조의 개창자 윌리엄 1세 승하
- 1090 독일 헨리 4세, 이탈리아 원정

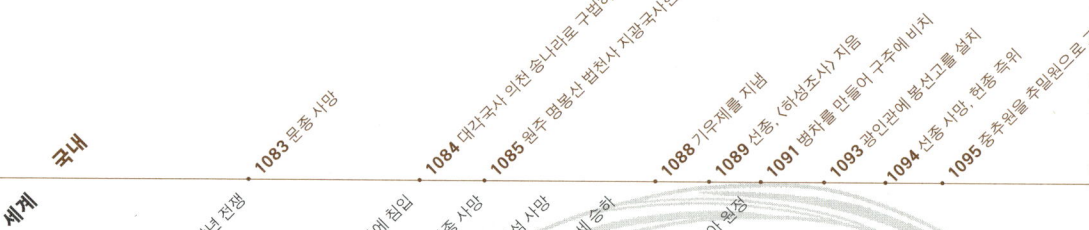

제13대 선종
사효관인현순 思孝寬仁顯順

　고려의 제13대 국왕 선종의 이름은 운(運), 자는 계천(繼天), 이전 이름은 증(蒸), 기(祈)이다. 문종의 둘째아들로 인예왕후 이씨 소생이다. 1049년 9월 경자일에 태어나 1056년 3월 국원후에 책봉되었고, 상서령을 거쳐 공작으로 승급되었다. 1083년 7월 순종이 즉위하자 수태사 겸 중서령에 임명되었는데, 10월 순종이 급서하자 선정전에서 보위에 올랐다.

　불과 4개월 만에 부왕과 친형의 죽음을 겪은 선종은 갑작스런 조정의 개편보다는 기존의 인물과 체제를 선택함으로써 변화보다는 안정을 추구했다. 이미 고려는 전대 국왕들의 뛰어난 통치를 바탕으로 정치·경제·사회·문화 면에서 확고부동한 기반이 잡힌 상태였으므로 매우 자연스런 조치로 여겨진다.

　선종은 즉위 3년 뒤인 1086년 4월에 이르러 문하시중에 이정공, 문하시랑평장사에 최석과 김양감, 중서시랑평장사에 왕석, 상서좌복야에 노단, 중추원사에 최사량, 지중추원사에 문황을 임명했다. 1089년에는 또 참지정사에 최사재, 동지 중추원사에 박인량, 삼사사에 서정, 우산기상시에 김상기를 임명

했고, 1092년 참지정사에 소태보를 임명하는 등 인사를 최소화하여 조정을 안정시켰다.

불교와 유교의 발전

선종 시대 정치의 특징이라면 불교와 유교의 균형 발전을 꼽을 수 있다. 1083년 10월 선종은 건덕전에서 금강경 도장을 베풀었고, 12월에는 역시 건덕전에서 화엄경 도장을 5일 동안 열었다. 또 팔관회를 마친 다음에는 법왕사에 순회하는 등 불교에 대한 우호적인 태도를 취했다.

1084년 1월 선종은 보제사의 승려 정쌍의 건의를 받아들여 승과를 설치함으로써 승려들에게 관직 진출의 기회를 열어주었다. 본래 승과는 광종 때 진사과와 명경과와 함께 설치된 바 있었지만 비정규적이었고, 선종 대의 승과는 진사 규정에 의해 3년에 한 차례씩 실시하는 식년제(式年制)로 격상된 것이었으므로 획기적인 제도라 할 수 있었다.

선종은 재위 내내 요와 북송 사이에서 민활한 외교 전략을 구사했다. 1084년 4월 요의 칙제사로 야율신과 야율언이 고려에 들어와 문종에게 제사를 올렸다. 그러자 8월 북송은 제전사로 좌간의대부 양경락, 부사 왕순봉, 전협, 송구 등을 파견해 문종의 혼전에서 사흘 동안 도장을 베풀고 제사를 지낸 다음, 순종의 혼당에도 도장을 베풀었다. 요와 북송 양국이 경쟁적으로 고려에 추파를 던지는 형국이었다. 1085년 12월에는 요에서 사신 소장과 온교 등을 보내 선종을 고려국왕으로 책봉하고 특진검교태사겸중서령상주국(特進檢校太師兼中書令上柱國)으로 삼았다.

그 무렵 선종의 동복아우인 대각국사 의천이 북송 유학길에 올랐다. 그는 문종 때 부왕에게 북송 행을 간청했지만 조정 대신들의 반대로 번번이 좌절되었다. 의천은 승려이지만 고려의 왕자 신분이었으므로 그를 북송에 보낸다면 자칫 요와의 외교마찰을 불러일으킬 소지가 있었던 것이다. 그러나 문종과 순종이 승하하고 선종이 등극하자 의천은 모후인 인예왕후와 선종에게 간곡한 편지를 남긴 다음 밀항선을 타고 북송으로 건너갔다.

그 후 1년 10개월 만에 귀국한 의천은 천태종을 창종하고 그때까지 선종과 교종으로 나뉘어 대립을 일삼던 고려의 불교계를 통합했다. 또 회경전에 13층 금탑을 세우고, 인예왕후의 청에 따라 천태종의 본산인 국청사를 건립하였으며, 주변국들로부터 각종 불서를 수입해「신편제종교장총록」을 편찬한 다음 팔만대장경의 모태가 되는 속장경(束欌經)을 간행함으로써 고려 불교 발전에 커다란 족적을 남겼다.

그와 같은 불교의 약진과 함께 유교도 괄목할 만한 발전상을 보였다. 1091년 예부의 주장으로 국학에 공자의 제자 안회를 비롯한 72현의 상을 그린 벽화가 조성되었다. 순서는 북송 국자감의 예를 따랐고 복장은 중국의 십철(十哲)을 모방했다. 그것은 유교가 체제 유지의 도구를 넘어서 종교적인 차원까지 승화되었음을 뜻한다. 1091년, 고려는 북송 황제의 요청으로 수백 권의 서적을 보내주었다.

동아시아 외교 주도

선종의 치세에 고려는 북송·요·일본·여진 등 주변국들과 광범위한 교역 과정에서 압도적인 주도권을 행사했다. 당시 고려는 일본이나 여진에 대해서는 강온 양면책을 구사했지만 요에 대해서는 여전히 강경자세를 견지했다. 1084년 9월 요에서 어사중승 이가급을 선종의 생일 축하사절로 고려에 파견했다. 그런데 이가급은 도중에 무슨 일이 있었는지 연회가 끝난 지 한참 뒤에야 개경에 들어왔다. 그때 고려의 대신들은 그를 보고 이렇게 놀렸다.

"그대의 이름이 가급(可及)인데 어찌하여 불급(不及)이 되었을까."

고려 대신들은 그처럼 요 사신에게 농담을 던질 정도로 자신감에 넘쳐 있었다. 1086년 5월 선종은 요에 상서우승 한영을 파견하여 압록강변의 각장

(權場)⁷⁹ 설치를 중단하라는 항의서한을 보냈다. 편지에는 과거 서희가 소손녕과 담판하여 합의한 내용, 성종 대에 요 태후가 압록강을 국경으로 하자고 고려 조정에 보낸 편지, 과거 고려 조정의 줄기찬 국경 문제 항의 전력 등이 담겨 있었다.

그럼에도 불구하고 요에서 별다른 움직임이 보이지 않자 선종은 1088년 2월 중추원부사 이원을 구주에 파견해 국방 태세를 점검하게 했다. 이는 언제라도 요와 일전을 벌이겠다는 뜻이었다. 그러자 요 조정에서는 각장 설치 건은 확정된 것이 아니라는 변명을 담은 문서를 보낸 다음 양 2천 마리와 수레 23기, 말 3필 등을 선물했다. 그로 인해 양국의 국경문제는 일단락되었다. 하지만 선종은 1093년 병사들에게 천균노(千鈞弩) 사격 훈련을 재개시키고 군복 수천 벌을 제작해 양계지방에 저장하는 등 유비무환의 태세를 늦추지 않았다.

그 무렵 고려와 일본의 교류도 활발했다. 당시 일본은 통일국가가 아니었으므로 정식 외교관계를 맺지 못하고 상인들과 대마도 관리들의 조공무역 형태를 유지했다. 1084년 6월 무자일 일본 축전주의 상인 신통 등이 와서 수은 50근을 바쳤고, 1087년에는 일본 상인 중원친종 등 32명이 토산물을 바쳤다. 대마도에서는 매년 구당관이 사절을 파견해 토산물과 진주, 수은, 보검, 우마 등을 바쳤다.

1089년 9월 선종은 자신의 생일인 천원절(天元節)에 요의 사신에게 잔치를 베풀고, 다음과 같은 하성조사(賀聖朝詞)를 지으며 태평성대를 자축했다.

    이슬 차고 바람 높아 가을밤이 맑으니
    달이 휘영청 밝네.
    피향전 안은 삼경이 되려 하는데
    노래 소리 드높네.
    뒤숭숭한 우리 인생 모든 일 허망하니
    영화를 탐내지 마오.

좋은 술 금잔에 채워

마음껏 즐겨보세.[80]

그처럼 낭만적이었던 선종은 재위 10년 7개월 동안 유학과 불교를 고루 발전시키고, 고려를 동아시아의 강국으로 발전시킨 명군이었다. 1092년부터 병석에 누운 선종은 의원이 처방한 약을 먹은 뒤 다음과 같은 시를 지었다.

약효가 있고 없는 것이야 어찌 염려하랴.

덧없는 인생 시작이 있었으니 어찌 끝이 없으리.

오직 원하는 것은 여러 가지 선행을 닦아

청정한 곳에 올라 부처에게 예를 드림이네.[81]

그때 잠시 회복되었다가 1093년 3월 다시 과로로 쓰러진 선종은 이듬해인 1094년 5월, 46세를 일기로 연영전 내침에서 세상을 떠났다. 시호는 사효관인현순(思孝寬仁顯順), 묘호는 선종(宣宗), 능호는 인릉(仁陵)이다.

선종의 가족

선종은 이자연의 후예인 경원 이씨 가문 출신의 부인 3명으로부터 4남 3녀를 얻었다.

제1비 정신현비 이씨는 평장사 이예의 딸로 선종이 국원공으로 있을 때 혼인했지만 즉위 이전에 세상을 떠났다. 소생으로 예종의 왕비가 된 경화왕후가 있다.

제2비 사숙왕후 이씨는 전 공부상서 이석의 딸이다. 그녀는 선종 즉위 이전에 혼인했고 선종이 즉위한 뒤에는 왕비로 책봉되었다. 택호는 연화궁비였는데, 헌종이 즉위한 뒤 섭정을 하면서 궁명을 중화전으로 바꾸었다. 그녀는 중화전에 영녕부를 설치하고 정사를 처결했는데 왕숙 계림공이 이자의 일파를 죽이고 왕위를 빼앗으면서 섭정도 중지되었다. 소생으로 헌종과 수안택주, 무명의 공주가 있다. 1107년(예종 2)에 선종의 사당에 합사되었다.

제3비 원신궁주 이씨는 평장사 이정의 딸로 선종이 즉위한 뒤 입궁했다. 택호는 원희궁비로 한산후 왕윤을 포함한 3남을 낳았다. 그녀의 오빠 이자의가 한산후 왕윤을 옹립하려다 죽음을 당한 뒤 그녀와 세 아들은 유배형에 처해졌다.

선종 시대의 주요 인물

천태종의 시조 대각국사 의천

고려의 불교는 경종 대의 불교 탄압과 성종의 유교 진흥정책으로 인해 정체 상태에 놓여 있었다. 현종 대에 이르러 교종 계통의 법상종이 대두되면서 기지개를 켠 불교는 문종 대에 경원 이씨의 후원으로 새롭게 가지를 뻗었다. 하지만 당대에 법상종과 화엄종의 대립으로 불교 통합과 발전이 요원해 보였다. 그 시기에 대각국사 의천은 교선일치(敎禪一致)를 역설하고, 화엄종인 규봉(圭峰)의 학설로 고려의 교종을 통일했다. 그는 또 천태종을 개창하여 선종을 통합하고 교관겸수(敎觀兼修)[82] 사상을 통해 불교의 융합을 실현시켰다.

의천은 문종의 넷째 아들로 인예왕후 이씨의 소생이다. 출가 전 이름은 후(煦)였는데, 북송 황제 철종의 이름과 같았으므로 자인 의천(義天)으로 대신했다. 11세 때인 1065년(문종 19) 5월 왕사인 경덕국사 난원에게 출가해 구족계를 받은 다음 영통사에서 화엄경을 배웠다. 학문을 좋아했던 그는 유학에도 심취했고 역사와 제자백가 사상에도 정통했다. 그의 출가는 홍왕사 완공을 1년 앞두고 이루어졌는데, 이는 문종이 왕자들 가운데 한 사람이 자신의 원찰을 맡아주기를 바랐기 때문으로 보인다.

1067년(문종 21) 의천은 13세의 나이로 승통에 임명되었고, 23세 때부터는 불교의 경전을 강의하는 등 학식과 이론을 갖추었다. 그 무렵 의천은 문종에게 북송 유학을 간청했지만 정치적 상황으로 인해 허락되지 않았다. 그때부터 의천은 북송의 대승 정원법사와 편지 교류를 나누었다. 문종이 승하한 뒤 형 선종 역시 유학을 허락하지 않자 30세 때인 1083년 4월 제자 두 사람과 함께 북송 상인 임영의 배를 타고 밀항을 시도했다.

1084년 5월 북송의 판교진에 다다른 의천은 북송 황제 철종의 환대 속에 계성사에 머물며 유성법사에게 화엄사상과 현수의 천태사상을 배웠다. 유성법사는 의천의 뛰어난 식견에 감탄하며 법왕의 아들이자 의상의 후손이라고 칭찬했다. 의천은 또 상국사에서 운문종, 홍국사에서 인도 승려 천길상에게 천축의 지식을 전수받은 뒤 상부사에서 정원법사를 만나 법문을 청한 다음 대장경 7천여 권을 기증했다. 그 무렵 북송에서는 무종의 불교 탄압과 9대에 걸친 전쟁으로 불교 서적이 희귀한 상황이었다.

그 후 의천은 중국 대륙을 주유하면서 자변대사 종간을 만나 천태종의 교리를 듣고, 천태산을 찾아가 지자대사의 부도를 참배했다. 또 영지사의 대지대사에게 계법을 받고 혜림, 선연, 원조 등 50여 명의 고승들을 만났다. 그처럼 14개월 동안 불법에 매진한 의천은 1086년 형 선종과 모후인 인예왕후의 재촉을 이기지 못하고 귀국해 홍왕사의 주지가 되었다.

그때부터 의천은 홍왕사에서 복지사업을 펼치는 한편 천태교학을 정리하고 수많은 제자를 배출했다. 불경의 판각을 맡은 교장도감을 두고 북송·요·일본 등에서 수집해 온 불경·유서 등 4,700여 권을 교정·간행했다. 이때 간행된 책의 목록이 「신편제종교장총록(新編諸宗教藏總錄)」 3권이다. 약칭으로 교장(教藏)이라고 부르기도 한다. 이 교장의 목록에 따라 4,740권의 불경이 간행되었는데 이를 「속장경」이라고 한다.

경제에도 밝았던 의천은 1095년(헌종 1)에 헌종에게 화폐 사용을 건의했고, 1097년(숙종 2) 인예왕후의 원찰인 국청사의 주지가 되어 처음으로 천태교학을 강의했다. 당시 그의 강의를 듣기 위해 전국에서 고승 수천 명이 모여들었다. 그와 같은 열기를 바탕으로 의천은 천태종을 창립했다. 본래 화엄종에 몸담았던 의천이 천태종을 개창한 것은 그것이 당시 대립하고 있던 선종과 교종을 화합할 수 있는 사상이라고 판단했기 때문이었다.

그때부터 수많은 선종 승려들이 천태종에 입문하는 등 불교가 크게 중흥하자 숙종은 자신의 넷째아들 징엄을 출가시켜 의천을 모시게 했다. 이듬해 승과가 행해졌고 1101년 나라에서 승과 급제자에게 법계를 내림으로써 천태종이 공인되었다. 이후 천태종은 고려에서 가장 체계적인 종단으로 성장했고, 훗날 조계종의 모체가 되었다.

1101년(숙종 6) 의천이 병으로 눕자 숙종이 친히 총지사로 찾아가 문병하고 국사로 책봉했다. 그러자 의천은 숙종에게 '바른 도리를 구하려 했으나 병마가 그 뜻을 빼앗았습니다. 바라건대 마음을 다해 불법을 지키고 여래의 유훈을 봉행하면 신은 죽어도 여한이 없습니다'라고 말한 다음 47세를 일기로 열반했다. 숙종은 매우 슬퍼하며 대각(大覺)이란 시호를 내렸다. 저서로 「석원사림」 250권, 「대각국사문집」 23권 등이 있다.

국내
- 1083 문종 사망
- 1084 대각국사 의천 송나라로 구법하러 떠남
- 1085 원주 명봉산 법천사 지광국사현모탑비 건립
- 1088 기우제를 지냄
- 1089 선종, 《허성조사》 지음
- 1091 병치를 만들어 구주에 비치
- 1093 광인관에 봉선고를 설치
- 1094 선종 사망, 헌종 즉위
- 1095 중추원을 추밀원으로 고침

세계
- 1083 일본, 후삼년 전쟁
- 1084 송, 서하기 난주에 침입
- 1085 송, 신종 사망
- 1086 북송, 왕안석 사망
- 1087 영국 노르망디왕조의 개창자 윌리엄 1세 승하
- 1090 독일 헨리 4세, 이탈리아 원정

제14대 헌종
회상공상정비 懷殤恭殤定比

고려의 제14대 국왕 헌종(獻宗)의 이름은 욱(昱)이다. 선종의 맏아들로 제2비 사숙왕후 이씨 소생이다. 1084년 6월 을미일에 태어났고, 1094년 5월 선종이 승하하자 중광전에서 11세의 어린 나이로 보위에 올랐다. 헌종의 나이가 어렸으므로 모후인 사숙왕후 이씨가 사숙태후로 봉해진 뒤 섭정을 맡았다.

선종 말기 유력한 왕위 계승자로 계림공 왕희, 대각국사 의천, 조선공 왕도, 상안공 왕수, 보우승통 왕규, 부여공 왕수, 진한후 왕유 등 7명의 아우들이 있었다. 그중에 의천과 왕규는 승려의 몸이었으므로 왕권을 탐내지 않았지만 다섯 명은 병약한 선종의 뒤를 잇기 위해 막후에서 치열한 후계 쟁탈전을 벌인 끝에 계림공 왕희가 선두주자로 나섰다. 그때 태자 왕욱은 지병인 소갈증으로 건강이 나빴으므로 조정 중신들은 선종이 동생 계림공 왕희를 후계자로 삼으리라 여겼다. 하지만 선종은 그런 기대를 저버림으로써 아들 헌종의 비극을 자초했다.

섭정 사숙태후는 그해 6월 소태보와 이자위를 문하시랑평장사 상주국으로, 유석을 상서좌복야 주국으로, 임개를 참지정사로, 이자의를 중추원사로, 최사추를 동지 중추원사 좌산기상시로 각각 임명했다. 또 조선공 왕도와 계림공 왕희를 수태사로 상안공 왕수와 부여공 왕수를 수태보로, 진한후 왕유와 한산후 왕균, 낙랑백 왕영을 수사도로 임명하는 등 왕족들을 회유했다.

1094년 12월 요에서는 칙제사 소준열, 양조술, 소체 등을 보내 선종의 죽음을 애도하고 헌종을 표기대장군검교태위겸중서령상주국고려국왕식읍칠천호식실봉칠백호(驃騎大將軍檢校太尉兼中書令上柱國高麗國王食邑七千戶食實封七百戶)로 책봉했다. 그달에 동여진 완안부의 추장 피라숙이 죽고, 아우 영가(盈哥)가 자리를 이어받았다. 영가의 등장과 함께 동여진은 부족 통합에 박차를 가하여 장차 북방의 근심을 안겨주게 된다.

1095년 2월에는 북송 상인 황충 등 31명이 자은종 승려 혜진을 모시고 고려에 들어왔다. 헌종은 근신 문익에게 명하여 수레와 일산을 갖추어 혜진을 영접하고 보제사에 머물게 했다. 그때 혜진은 보타락산에 있는 성굴을 참관하게 해달라고 요청했지만 조정대신들의 반대로 좌절되었다.

그 무렵 사숙태후 이씨는 자신이 머물던 연화궁을 중화전으로 개칭하고 그곳에 영녕부를 설치한 다음 정사를 돌보았다. 하지만 헌종의 건강이 나날이 약해지고 소갈증이 심해지자 대내에서 선종의 제3비 원신궁주의 아들 한산후 왕윤을 옹립하려는 움직임이 일어났다. 여기에는 왕윤의 숙부인 중추원사 이자의가 깊숙이 개입하고 있었다.

계림공 왕희의 보위 찬탈

이자의는 인주 이씨로 사숙태후와는 사촌이었는데, 가문의 위세가 막강했고 재력이 있어서 많은 사병을 보유하고 있었다. 그는 계림공 왕희가 왕위를 엿보고 있다고 공격하며 주변 사람들에게 한산후 왕윤을 받들어야 한다고 선동했다. 그리하여 왕실의 대표인 계림공 왕희와 외척의 대표인 이자의간에 치열한 암투가 벌어졌다. 당시 조정 신료들도 두 갈래로 나뉘어 평장사 소태보, 상장군 왕국모 등 원로중신들은 왕희 편에 섰고, 인주 이씨 세력인 평장사 이자위, 합문지후 장중, 중랑장 곽희, 장군 택춘 등이 왕윤 편에 섰다.

1095년 7월 경신일 밤, 계림공 왕희는 측근인 평장사 소태보, 상장군 왕국모와 거사를 결의하고 군사를 동원해 대궐을 봉쇄했다. 그때 왕국모로부터 이자의의 살해를 지시받은 장사 고의화가 군사를 이끌고 궐내에 진입하여 이자의를 선정문 근처에서 죽였다. 이어서 그의 당료인 합문지후 장중, 중추원당후관 최충백, 장군 택춘, 중랑장 곽희, 별장, 성보, 성국, 교위 노점, 대정 배신 등 17명을 척살했다. 병사들은 또 이자의의 집에 난입해 그의 아들 이작과 흥왕사 대소 지소까지 제거했다.

거사에 성공한 계림공 왕희는 곧 조정을 장악하고 대대적인 숙청 작업을 벌였다. 이자의를 지지하던 평장사 이자위 등 50여 명의 대신들이 유배형에 처해졌고 원신궁주와 한산후 왕윤도 귀양길에 올랐다. 그와 함께 중서령에 임명된 계림공 왕희는 사숙왕후의 섭정권을 빼앗은 다음 이자의 제거의 일등공신인 소태보를 특진수사도판이부사로 삼고, 김상기와 유석을 중서시랑 및 중서문하시랑 평장사, 임개를 수사공상서좌복야 판호부사, 왕국모를 우복야 참지정사 판 병부사 주국, 황종각을 동지 중추원사로 임명했다.

그렇듯 계림공 왕희가 완전히 조정을 휘어잡자 사면초가의 신세가 되어버린 사숙태후와 헌종은 목숨을 걱정해야 했다. 결국 거사 3개월 만인 1095년 10월 기사일에 헌종은 근신 김덕균을 통해 양위 교서를 내려 계림공 왕희에게 옥좌를 넘겨주었다. 그날부터 흥성궁에 머물며 고독과 싸우던 헌종은 1097년 2월 갑진일에 14세의 나이로 세상을 떠났다. 시호는 회상공상정비(懷殤恭殤定比), 묘호는 헌종(獻宗), 능호는 은릉(隱陵)이다. 헌종은 어린 나이에 죽음을 당했으므로 왕비나 후사는 없다.

| 국내 | 1096 곽찬간의 흔인을 금함 | 1097 국청사를 세웅하러 떠남 | 1098 태자부를 설치.현모탑비 건립 | 1099 윤관, 송에서 「자치통감」을 가져옴 | 1101 서적포를 국자감에 둠 | 1102 해동통보 12,000관을 주조 | 1103 대장군 고문개 모반하다 발각, 유배됨 | 1104 별무반, 웅기군 설치 | 1105 숙종 승하 |

| 세계 | 1097 북종의 명신 문언박 사망 | 1098 십자군 전쟁 시작 | 1099 십자군, 예루살렘 회복 / 1100 영국 헨리 1세, 자유 헌장 공표 | | | | 1104 송, 과거법 폐지 | 1105 서하, 송을 침공 |

제15대 숙종
남경개창도감 南京開創都監

고려의 제15대 국왕 숙종(肅宗)의 이름은 옹(顒), 자는 천상(天常)이다. 초명은 희(熙)였는데 요의 9대 황제 천조제의 이름과 발음이 비슷하다 하여 1101년 3월에 개명했다. 문종의 셋째아들로 인예왕후 이씨 소생이다. 그는 순종과 선종의 동복아우로 1054년 7월 기축일에 태어났다. 숙종은 어렸을 때부터 학문이 뛰어나 오경(五經), 제자서(諸子書), 사서(史書) 등에 해박했고, 부지런하고 과단성이 있어서 부왕 문종에게 칭찬을 받았다.

"뒷날에 왕실을 부흥시킬 자는 아마 네가 되겠구나."

1065년 2월 계림후에 책봉되었고, 1077년 계림공으로 승진되었으며, 1086년(선종 3)에 수태보 벼슬을 받았다. 1094년 조카 헌종이 즉위하자 수태사 겸 상서령이 되었다. 1092년에 선종을 따라 서경에 갔을 때 그의 장막 위에 자색 구름이 떠올랐다. 한 점술가가 그것을 보고 계림공이 장차 임금이 될 것이라고 예언했다.

1095년 7월, 계림공 왕희는 소태보와 왕국모의 도움으로 외척 이자의 세력을 제거하고 정권을 장악한 다음, 그해 10월 무기력한 헌종의 선위를 받아 42세의 나이로 보위에 올랐다. 그는 조카의 왕위를 찬탈했고, 왕권을 확립했다는 점에서 조선의 세조를 연상시킨다.

초기의 태평성대

숙종은 왕위에 오르던 날 이자의의 누이동생인 원신궁주 이씨와 그녀의 아들 한산후 형제를 모두 경원군에 귀양 보냈다. 그런 다음 좌사낭중 윤관과 형부시랑 임의를 요에 파견해 헌종이 중병에 걸려 계림공 왕희에게 정권을 이양했다고 통보했다.

숙종은 곧 소태보를 문하시중, 김상기를 문하시랑평장사, 임개를 중서시랑평장사, 상장군 왕국모를 수사도, 유석을 수사공으로 임명하고 손관, 최사추, 김선석 등 측근들을 요직에 앉혔다. 또 조선공 왕도에게 식읍 5천호를 내리고 부여공 왕수를 수태부, 진한후 왕유를 상서령, 낙랑백 왕영을 낙랑후, 황중보를 상서좌복야, 윤신걸을 용호군 상장군 병부상서, 황유현을 공부상서, 최적을 금오위 상장군으로 각각 승진시키고 공인과 상인, 친인척들에게도 높은 벼슬을 주었다. 그달 무인일에 거사의 일등공신이었던 참지정사 왕국모가 세상을 떠났다.

숙종은 즉위 과정을 통해 왕권의 미약함과 중앙군인 2군 6위제의 허점을 간파하고 국왕 직속의 견룡군을 창설하는 한편 개경과 서경의 군역을 면제시키고 재상들과 기병을 사열하는 등 군부의 친위화를 도모했다. 1096년 2월에 숙종은 우원령을 요에 파견해 전 임금 헌종의 이름으로 하루 빨리 숙종의 책봉절차를 마무리 지으라고 독촉했다.

그해에 숙종은 6촌 이내의 혼인을 금하는 법령을 공포했다. 고려 왕실은 광종 이후 왕족을 중심으로 한 족내혼을 통해 왕권을 안정시키고자 했지만 유학자들은 북송의 예를 들면서 숙종에게 압력을 가하여 족내혼을 철폐하는

데 성공했다. 그렇지만 하루아침에 악습을 떨쳐낼 수 없었던 듯 왕실이나 민간에서도 그 법령은 잘 지켜지지 않았다.

1097년 2월 헌종이 세상을 떠나자 3월에 은릉에 장사지낸 뒤 요의 동경도부서에 공문을 보내 그 사실을 통보했다. 10월에는 요의 야율사제, 이상 등이 책봉사로 고려에 들어와 옥책, 옥인, 면류관, 수레, 장복, 안마, 피륙 등의 물품을 바치면서 숙종을 특진검교태위겸중서령상주국고려국왕식읍일천호식실봉칠백호(特進檢校大尉兼中書令上柱國高麗國王食邑一千戶食實封七百戶)로 책봉했다.

그 무렵 고려에서는 왕권의 강화와 별무반 등의 유지에 따르는 재정확보가 당면과제로 떠올랐다. 그때 의천은 송 유학 시절의 경험을 바탕으로 화폐 유통을 강력히 건의했다.[83] 그는 화폐를 이용하면 운반이 편리하고, 쌀이나 베처럼 가치를 속일 수 없으며, 현물을 세금으로 바치는 고통을 없애고, 쌀을 유통시키지 않고 보관함으로써 흉년에 대비할 수 있는 점, 화재나 충해의 피해를 입지 않는다는 점을 적시했다. 이는 고려에서 상업을 활성화시키고 화폐경제를 발달시켜 경제적인 부를 축적하는 지름길이었다.

의천의 경제이론에 공감한 숙종은 윤관의 주청에 따라 주전관을 두고 주화를 만들어 통용하게 했다. 이듬해에는 고주법(鼓鑄法)을 제정하고 해동통보 1만5천 관을 만들어 문무백관과 군인들에게 분배했다. 주화는 성종 때 처음 만들어졌지만 중도에 쓰이지 않다가 이 시기에 본격적으로 유통되기 시작했다.

주화의 통용은 세금 수취과정에서 권세가나 상인들의 협잡을 막고 국가가 유통경제를 장악할 수 있는 획기적인 조치였다. 그런 만큼 기득권자들의 반발도 심했다. 참지정사 곽상은 주화의 사용이 풍속에 맞지 않는 것이라며 격렬히 반대하다가 숙종이 가납하지 않자 벼슬을 버리고 낙향해버리기까지 했다. 그럼에도 불구하고 숙종은 주화 사용을 강행했고, 1101년에는 주전도감의 건의에 따라 은 1근으로 나라의 지형을 본뜬 속칭 활구(闊口)라는 은병을 유통시켰다. 1104년에는 주군에 영을 내려 주식점(酒食店)을 열어 주화 사용의 이로움을 백성들에게 알렸다.

이처럼 숙종 치세 초반에는 조정이 안정적이었지만, 후반기 요의 힘이 약화되고 북방에 여진족이 강성해지면서 외교 관계에 난항을 겪게 된다. 그런 가운데 총애하던 둘째아들 상서령 왕필이 죽는 아픔을 겪었다. 1099년에는 이복동생 부여후 왕수를 역모 혐의로 경산부(성주) 약목군으로 귀양 보냈다. 그로부터 두 달 뒤인 1100년 1월 숙종은 장남 왕우를 태자로 책봉함으로써 후계구도를 명확히 했다.

1101년 3월 국자감에 서적포를 설치해 인판사업을 확대했다. 4월에는 61명의 선비와 21명의 현인을 선발해 공자묘에 배향함으로써 유학을 장려했다. 9월에는 남경의 중요성을 강조한 김위제의 주청을 받아들여 남경개창도감(南京開創都監)을 두고 문하시랑평장사 최사추, 어사대부 임의, 지주사 윤관 등에게 명해 궁궐지를 알아보게 했다. 그해 10월 을미일 최사추 등이 삼각산 면악 남쪽의 산수 형세가 옛 문헌의 기록에 부합되니 삼각산 주룡의 중심지점인 남향관에 그 지형대로 도읍을 건설하자는 보고를 올렸다. 그러자 숙종은 종묘사직에 남경 건설 사유를 고하고 이듬해 3월 직접 왕궁 터를 둘러본 다음 궁궐 축성을 명했다.

1102년 숙종은 예부의 건의에 따라 서경에 기자사(箕子祠)를 세웠다. 3월에는 어사대에서 진사 이제로가 눈이 먼 승려 법종의 아들이라 과거에 응시하게 할 수 없다고 상주했다. 그러자 숙종은 '공자가 중궁을 두고 이르기를 얼룩소 새끼라도 빛깔이 붉고 뿔이 바로 생겼다면 제사에 쓰지 않으려고 한들 산천 신령이 이를 버리겠느냐. 과거는 장차 어진 사람을 선발하자는 것이니 이제로가 진실로 재주와 학식이 있다면 그 아버지 때문에 버릴 수 있겠느냐' 하면서 그를 과거에 응시할 수 있게 했다.

그렇듯 유연하고 현명한 정치를 펼치던 숙종은 때때로 낭만적 기질을 발휘했다. 개경과 서경에서 연회를 열고 흥복사와 영명사에서 분향한 다음 구제궁으로 가서 친히 영명사, 부벽루, 구제궁에 대한 시를 지은 뒤 유신들에게 화답시를 바치게 했다. 8월에는 미화정에서 간소한 잔치를 열고 정자 이름을 유미정으로 바꾼 다음 절구 한 수를 짓고 유신들에게 화답시를 짓게 했다.

별무반 편성

1103년 4월 고려는 동여진 완안부의 추장 영가[84]가 보낸 사절을 맞아들였고 11월에는 은그릇 제조 기술자를 요청하자 보내 주었다. 그와 동시에 북송의 의관 모개 등에게 흥성궁을 사관으로 내주고 의사를 양성하게 했다. 당시 완안부에 고려인 의원 한 사람이 사로잡혀 있었는데 영가는 자신의 친척을 고쳐준 공으로 그를 돌려보냈다. 고려에 돌아온 의원은 흑수[85] 주변에 사는 여진 부족이 날로 강성해지고 있다고 조정에 보고했다.

실제로 완안부 세력은 그 무렵 간도 지방을 넘어 현재의 두만강 북부에서 함경도 지역으로 추정되는 갈라전(曷懶甸)까지 점유하고 있었다. 숙종은 그와 같은 여진의 힘을 인정하고 1103년 7월 정식으로 사절을 교환하여 국교를 맺었다. 그 와중에 대장군 고문개, 장홍점, 이궁제와 장군 김자진 등이 비밀리에 역모를 꾸미다 어사대에 적발되어 모두 유배형에 처해졌다.

그해 8월 여진이 정주관에 진을 치자 고려군이 추장 허정과 나불을 계교로 생포했다. 나불은 함경도 일대의 여진족 가운데 고려에 가장 적대적인 인물이었다. 그를 심문하는 과정에서 여진족들이 곧 고려를 침공하려던 사실이 드러났다. 그때 장수 이일숙 등이 여진 정벌을 건의했지만 고려 조정은 우물쭈물하면서 시기를 놓치고 말았다.

1104년 1월 영가의 뒤를 이은 동여진의 추장 오아속(烏雅束)은 여진통합전쟁을 본격적으로 수행했다. 그는 휘하의 명장 석적탄을 갈라전으로 파견해 흩어진 여진족들을 복속시켰다. 그해 봄 석적탄에게 쫓긴 14명의 족장과 1,753명의 백성들이 고려에 귀순했다. 그중에는 오랫동안 고려에 우호적이었던 부내로 부족도 있었다. 그러자 석적탄은 정주 관문 밖에 몰려와 반역자들을 내놓으라고 고려에 요구했다.

북방의 사태가 심상치 않게 돌아가자 숙종은 문하시랑평장사 임간을 판동북면 행영병마사, 위위경 김덕진을 동북면 행영병마사로, 좌복야 황유현을 병마사, 대장군 송충을 부사로 임명해 여진 정벌을 맡겼다. 그해 2월 임간은 함흥 쪽으로 섣불리 군대를 보냈다가 여진 추장 연개의 기습으로 군사의 태반을 잃는 참패를 당하고 말았다. 그때 추밀원 별가 척준경이 적장을 죽임으로써 빼어난 무용을 과시했지만 그것은 패전 속에 소소한 승리에 불과했다. 분노한 숙종은 임간과 황유현, 송충 등을 모조리 파면했다. 3월에 숙종은 다시 추밀원사 윤관을 동북면 행영병마도통으로 삼아 여진을 정벌하게 했다. 그러나 윤관 역시 석적탄의 부대를 이기지 못하고 벽등수 부근에서 대패한 뒤 고려에 망명한 여진족 추장 14명과 변방의 통치기관인 14개의 단련사를 넘겨주는 치욕을 당한 뒤 물러났다.

윤관은 그때의 패배를 통해 보병 중심인 고려의 군대 편제로는 기마병 중심의 여진족을 이기기 힘들다는 사실을 깨달았다. 그리하여 윤관은 숙종에게 상주해 기마병 중심의 별무반(別武班)을 설치하고 군사훈련을 강화했다. 별무반은 기병인 신기군(神騎軍), 보병으로 구성된 신보군(神步軍)으로 편성했는데, 20세 이상의 남자로서 거자(擧子)[86]가 아니면 모두 신보군에 속하게 했다. 별무반에는 또 승려들로 구성된 항마군(降魔軍)과 특수부대인 발화(發火)도 있었다. 그렇듯 고려가 절치부심하며 여진과의 일전을 준비하자 오아속은 6월에 성책을 헐고 공형과 지조 등 68명을 파견해 화친을 청했다. 그해 5월 남경의 궁궐조성사업이 완결되자 8월에 숙종이 직접 남경으로 가서 누각과 원림을 돌아보고 연흥전에서 반야경 도량을 베풀었다.

숙종 시대는 정치적으로나 외교적으로 고려의 전환기에 해당했다. 안정된 내정에도 불구하고 국내외의 불안 요소가 점차 누적되는 시기였다. 때문에 숙종은 군사력을 강화하면서 시시각각으로 변화하는 북방 정세에 촉각을 곤두세웠다.

1105년 9월 숙종은 서경의 동명왕릉에 제사하고 돌아오는 도중 병에 걸려 잠시 금교역에 머물렀다. 자신의 최후를 직감한 숙종은 이튿날 한밤중에 금교역을 출발해 서둘러 대궐로 돌아왔지만 결국 장평문 밖에서 숨을 거두었다. 재위 10년, 향년 52세였다. 시호는 명효문혜강정(明孝文惠康正), 묘호는 숙종(肅宗), 능호는 영릉(英陵)이다.

숙종의 가족

숙종의 명의왕후 유씨로부터 7남 4녀를 얻었고, 후비는 두지 않았다. 명의왕후 유씨는 문하시중 유홍의 딸로 태조 왕건의 첫 부인 신혜왕후 유씨와 같은 정주 유씨 가문 출신이다. 숙종이 계림후에 임명되었을 무렵 혼인했다. 숙종이 즉위한 뒤 명복궁주, 연덕궁주로 불리다 1099년 3월 왕비에 책봉되었다.

그녀는 숙종 사후 예종이 즉위하자 왕태후가 되었고 거처를 천화전으로 개칭했다. 1112년 세상을 떠나자 숭릉에 안장되었다. 소생으로 예종 왕우를 비롯해 상당후 왕필, 원명국사 왕징엄, 대방공 왕보, 대원공 왕효, 제안공 왕서, 통의후 왕교 등 7명의 아들, 대령, 흥수, 안수, 복녕 등 4명의 공주를 낳았다.

예종을 제외한 숙종의 자식들은 모두 요절하거나 이자겸에 의해 모진 핍박을 받았다. 조카를 쫓아낸 부왕의 죄업을 애꿎게도 자식들이 물려받은 셈이다. 둘째아들 상당후 왕필은 1099년 어린 나이로 요절했고, 셋째아들 왕징엄은 1098년 출가해 대각국사 의천의 제자가 되었다가 1101년 의천의 사후 승통이 되었고 1141년에 사망했다. 넷째아들 대방공 왕보는 이자겸의 모함으로 경산부로 내쫓겼다가 1128년 죽었다. 다섯째아들 대원공 왕효 역시 이자겸의 모함으로 귀양 갔다가 풀려났다가 1170년 세상을 떠났다.

현명했던 여섯째아들 제안공 왕서는 인종이 즉위한 뒤 이자겸의 모함을 피하기 위해 호위병을 없애고 손님들을 만나지 않았으며 항상 술에 취해 살았다. 그 덕에 귀양은 면했지만 건강을 해쳐 1131년에 죽었다. 그의 아들 왕장은 의종 때 역모 혐의를 받아 귀양살이하다 화병으로 죽었다. 막내인 왕교는 예종 즉위 후에 통의후에 봉해졌지만 1119년 23세의 나이로 요절했다.

국내
- 1105 탐라국을 폐하고 군으로 함
- 1107 여진족 정벌, 점령지역에 6성을 쌓음
- 1108 윤관, 함경도 북부지방에 9성을 쌓음
- 1109 9성을 여진에 돌려줌
- 1111 윤관 사망
- 1112 혜민국 설치
- 1113 예의상정소 설치
- 1116 궁중에 보문각을 설치
- 1117 의주성을 쌓음
- 1119 국학에 처음으로 양현고를 설치

세계
- 1107 남송 황제 고종 출생
- 1108 시프랑스, 루이 6세 즉위
- 1110 송, 소방부대 설치
- 1112 캄보디아 왕국 수리아바르만 2세 즉위, 앙코르 와트 대사원 건축
- 1115 여진, 아골타가 황제를 칭하고 국호를 금이라 함
- 1119 금 태조, 여진문자를 창제시킴

제16대 예종
문효명렬제순 文孝明烈齊順

고려의 제16대 국왕 예종(睿宗)의 이름은 우(俁), 자는 세민(世民)이다. 숙종의 맏아들로 명의왕후 유씨 소생이다. 1079년 1월 정축일에 태어났다. 어려서부터 유학에 깊이 몰입했고 침착하며 낭만적인 성품을 지녔던 그는 1094년 검교사공 주국으로 임명되었고, 태위에 올랐다가 1100년 왕태자에 책봉되었다.

부왕 숙종이 즉위할 즈음 17세의 청년이었던 맏아들 왕우가 5년 뒤에야 왕태자가 된 것은 숙종이 조카 헌종의 왕위를 빼앗은 전과에다 유능한 동생들이 많았기 때문이다. 숙종은 둘째아들 왕필을 후계자로 점찍고 1098년 12월 그를 검교태보 수태위 겸 상서령에 임명했다. 그러나 왕필이 갑자기 죽자 숙종은 이복동생 부여후 왕수를 후계자 물망에 올렸다. 그런데 얼마 후 왕수가 역모 혐의를 쓰고 아들 왕면과 함께 유배된다. 왕실 내부에 치열한 암투가 전개되고 있었음을 말해준다. 그렇듯 지난한 과정을 거쳐 후계자로 확정된 왕우는 1105년 10월 숙종이 승하하자 중광전에서 27세의 강건한 나이로 왕위에

올랐다.

　예종은 즉위하자마자 중서사인 김연을 요에 보내 숙종의 붕어와 자신의 즉위를 통보하고, 모후 명의왕후 유씨를 왕태후로 높이는 한편 수령궁을 대령궁으로, 장경궁을 숭덕궁으로, 연평궁을 안수궁으로 고친 뒤 세 명의 공주에게 각각 나누어 주었다. 또 대대적으로 조정을 개편해 수태위 왕영, 검교태위 및 수사도에 왕원, 수태위 문하시중 상주국에 위계정, 문하시랑 평장사에 최홍사와 이오, 중서시랑평장사에 윤관, 상서좌복야 참지정사에 임의, 검교사공 예부상서에 정문, 태자태사 수사공에 김경용, 이부상서 추밀원사에 왕가, 지추밀원사 어사대부에 오연총, 형부상서 지제고에 이위, 비서감 직 문사성에 고영선, 어사대사에 강증을 각각 임명했다.

　예종은 전국에 대사령을 발표해 죄수들을 석방하는 한편 자신이 보위에 오르던 날 호위했던 장교, 관리, 승려들에게 상을 내렸다. 이는 숙종이 죽었을 무렵 궁중에서 옥좌를 둘러싸고 모종의 분쟁이 일어났음을 암시하고 있다. 그 무렵 어사대에서 '옥공(獄空)'이란 두 글자를 형조 남쪽 거리에 붙이자고 상소했다가 개경의 식자들로부터 비웃음을 샀다.

윤관의 여진 정벌과 9성 개척

　예종 즉위 무렵 국제 정세는 여진이 약진하고 요가 퇴보하는 상황이었다. 고려의 입장에서 볼 때 영토 확장의 호기가 아닐 수 없었다. 1106년 1월 예종은 도병마사의 요청에 따라 군법을 현종 대에 정한 행사령(行師令)[87]으로 바꾸었다. 그것은 숙종 대에 여진과의 싸움에서 군령이 엄하지 못해 패배했다는 판단에 따른 것이었다. 그런 다음 예종은 친히 신기군을 사열하고 지방에 사자를 보내 군사 진법을 훈련하게 했다.

　고려의 움직임에 긴장한 여진의 오아속은 1106년 1월 공아 등 10명의 사신을 보냈고, 3월에는 그의 심복 지훈이 기병 2천 명을 이끌고 정주에 가서 고려 동북면 병마사에게 조공을 약속하며 지난일을 사과했다. 그와 같은 유화책으로 인해 고려 조정에서는 달아올랐던 여진 정벌 분위기가 많이 식었다. 그런데 1107년 북계에서 올라온 보고서에 여진족 추장이 한 개의 바가지를 까마귀 꼬리에 달아 각 부락에 돌리면서 대사를 의논하고 있다는 내용이 들어 있었다. 그로 인해 여진족의 본심을 알게 된 예종은 드디어 대대적인 여진 정벌을 선언했다.

'여진은 본래 고구려 땅인 개마산 동쪽에 모여 살았다. 대대로 우리에게 공물을 바쳐왔고 조상들에게 입은 은택도 깊은데 갑자기 무도하게 배반하여 선군께서 깊이 분노하셨다. 옛사람이 삼년상을 마치고 나서 나라 일을 본다 했으니, 내 이제 의로운 깃발을 들고 무도한 자들을 쳐서 선군의 수치를 씻으려 한다.'

1107년 윤10월 예종은 상원수에 윤관, 부원수에 오연총을 임명하고 17만 명의 대군을 주어 여진족을 정벌하게 했다. 이후 4년간에 걸친 대전역의 시작이었다. 천문관의 건의에 따라 예종은 서경에 친히 가서 군사들을 사열하고 은과 포를 배분하면서 사기를 진작시켰다.

그때 윤관은 5만3천 명의 본대를 이끌었고, 중군병마사 좌복야 김한충[88]이 3만 6,700명을 이끌고 안륙수 방면으로, 좌군병마사 좌상시 문관[89]이 3만 3,900명을 이끌고 정주 홍화문 방면으로, 우군병마사 병부상서 김덕진이 4만 3,800명을 이끌고 선덕진 방면으로 진군했다. 윤관은 병마판관 최홍정과 황군상을 정주에 파견해 이전에 생포한 허정과 나불의 석방을 미끼로 고라를 비롯한 여진 추장 4백여 명을 유인하게 했다. 고려군의 움직임에 캄캄했던 여진 추장들은 멋모르고 정주성에 들어갔다가 병마판관 김부필[90]과 병마녹사 척준경[91]에 의해 모조리 살해되었다.

기선을 제압한 윤관의 부대는 대내파지촌을 지나 문내니촌으로 진격했다. 깜짝 놀란 여진족들이 보동음성에 들어가 농성하자 윤관은 정예군을 보내 격파했다. 그때 좌군이 석성 아래서 여진족의 강력한 저항에 직면했는데 하급무장인 척준경의 맹활약으로 대승을 거두었다. 승세를 탄 좌군은 최홍정, 김부필과 녹사 이준양을 보내 이위동에 있는 여진족 1,200명을 척살했다. 또 중군은 고사한 등 35촌을 격파해 380명을 죽이고 3백 명을 포로로 잡았다. 이어서 우군은 광탄 등 32촌을 격파해 290명을 죽이고 3백 명을 포로로 잡았고, 좌군은 심곤 등 21촌을 격파해 950명을 죽였다. 윤관의 직할대는 37촌을 격파하고 2,120명을 죽이고 포로 5백 명을 잡았다.

병마녹사 유영약으로부터 승전보를 전해들은 예종은 몹시 기뻐하며 유영약에게 7품 벼슬을 주고 좌부승지 심후와 내시형부원외랑 한교여를 전선으로 보내 윤관과 오연총 등 장수들을 격려했다. 그때부터 윤관은 동으로는 화관령, 북으로는 궁한이령, 서로는 몽라골령을 고려의 국경으로 정하고 일관 최자호를 몽라골령으로 보내 950칸에 달하는 영주성을 쌓게 했다. 또 화관령 아래에는 992칸의 성을 쌓고 웅주성이라 했고, 오금림촌에는 774칸의 성을 축조하고 복주성, 궁한이촌에는 670칸의 성을 쌓고 길주성이라 한 다음 남쪽 백성들을 이주시켰다.

이주 규모는 함주에 1,948호, 영주에 1,238호, 웅주에 1,436호, 복주에 680호, 길주에 680호, 공험진에 이주민 532호 등이다. 이 6성 이외에 이듬해 진양 등지에 3성을 더 쌓아 이른바 9성을 완성했다. 당시 북방에 개척된 영토는 사방 700여 리에 달했다. 대임을 성공적으로 완수한 윤관은 선춘령에 경계비를 세워 고려의 국경선을 확정했다. 당시 병마령할 임언은 윤관의 지시로 영주의 관청 벽에 원정 시말을 기록했는데 9성의 위치를 이렇게 썼다.

'그 지방은 300리로 동쪽으로는 바다에 이르고 서북쪽은 개마산에 닿았으며 남쪽은 장주와 정주 두 개 주에 접했다. 산천이 수려하고 토지가 기름져 백성들이 살 만하다. 본래 고구려의 땅이었으므로 옛 비석과 유적이 아직 남아 있다. 예전에 고구려가 잃은 영토를 지금의 임금께서 되찾았으니 어찌 천명이 아니겠는가.'

9성의 반환

윤관이 9성을 구축하며 백성들을 이주시키는 등 점령지를 영토화하려 하자 여진족은 크게 반발하며 줄기차게 군대를 보내 고려군을 공격하는 한편 고려 조정에 9성 반환을 요구했다. 당시 고려군은 9성 지역이 너무나 광활해서 1개 지역이 집중공격당하면 다른 성에서 즉각 원병을 파견하기가 어려웠다.

1108년 1월 윤관과 오연총이 영주에서 가한촌의 병목 골짜기를 지나다가 매복했던 여진족의 기습을 받아 전멸당하고 10여 명 만이 버티는 신세가 되었다. 그때 척준경이 결사대를 이끌고 분투하는 동안 최홍정과 이관진의 부대가 당도해 윤관과 오연총을 구했다. 척준경은 이날의 공으로 정7품 합문지후가 되었다. 회심의 가한촌 전투가 실패로 돌아가자 여진족 추장 공형, 아로환 등 403명이 항복했고, 25일에도 여진족 남녀 1,460명이 항복했다. 2월에는 2만의 여진군이 영주성을 포위하자 척준경이 격퇴했고, 11일에는 여진의 대군이 웅주를 포위하자 최홍정이 불시에 4대문을 열고 공격해 적을 대파했다.

1108년 4월 8일부터 여진족은 웅주성을 포위하고 공격을 가해왔다. 웅주성의 방어책임자인 도지병마영할사 임언과 도순검사 최홍정 등이 분전하면서 성을 굳게 지켰지만 곧 함락 일보 직전까지 몰렸다. 급보를 들은 오연총이 1만 병력을 이끌고 웅주성으로 달려갔다. 그러자 여진군은 오음지와 사오, 두 고개에서 방어벽을 치고 고려군을 기다렸다. 그때 오랜 전쟁으로 전우애가 굳게 뭉친 고려 병사들은 앞 다투어 고지로 돌격하여 여진군을 궤멸시킴으로써 포위 27일 만인 5월 4일 웅주성을 구원했다. 그 공으로 오연총은 양구진국공신의 칭호를 받았다.

그럼에도 불구하고 여진의 공세는 끊임없이 계속되었다. 8월 병마판관 왕자지와 척준경이 함주와 영주에서 수시로 공격하는 여진군을 물리치느라 진땀을 흘렸다. 길주에서는 병마판관 유익과 장군 송충, 신기군 박회절 등이 여진군과 싸우다 전사했다.

1109년 5월에는 오연총이 포위된 길주성을 구원하기 위해 출동했다가 공험진에서 기습을 당해 참패하고 말았다. 이에 윤관이 다시 참전했지만 갈라수에서 아리와 석전탄이 이끄는 여진군의 맹공으로 많은 군사를 잃고 정평에서 진군을 멈추었다. 예종은 양군 양선을 통해 증원군을 보내고 중서시랑평장사 임의를 임시 동북면 병마사로, 우간의대부 김연을 병마부사로 삼아 새로운 구원부대를 편성하게 했다. 당시 길주성은 병마판관 허재의 지휘 아래 외부의 지원이 없는 상태에서 무려 100일 이상을 버티고 있었다.

그처럼 여진과의 전쟁이 장기적인 소모전의 양상을 보이자 고려 조정에서 9성 반환 문제를 놓고 내분이 일어났다. 김인존과 최홍사를 비롯한 28명의 대신들이 9성의 반환을 주장했고 예부낭중 박승중, 호부낭중 한상 등은 반환을 반대했다. 당시 김인존이 내세운 9성 반환의 이유는 첫째 여진을 공략할 때 당초에 한 통로만 막으면 여진의 침입을 막을 수 있으리라는 고려의 예측이 맞지 않았다는 점, 둘째 개척한 땅이 수도에서 너무 멀어 안전을 기할 수 없다는 점, 셋째 근거지를 잃은 여진족의 보복이 두렵다는 점, 마지막으로는 무리한 군사 동원으로 백성들의 원망이 일어나리라는 점 등이었다.

1109년 6월, 여진의 오아속은 요불과 사현 등 6명의 사신을 파견해 화친을 청하면서 9성 반환을 요구했다. 그와 함께 길주성에 대한 총공세를 준비함으로써 고려의 결단을 재촉했다. 7월, 예종은 재상들과 대성의 각 사, 지제고, 도 병마판관 이상, 문무3품관 이상의 대신들을 모조리 선정전에 모은 뒤 9성 반환에 대해 가부를 물었다. 그러자 모든 대신들이 반환을 찬성했다.

예종은 2년여의 전쟁으로 백성들의 불안감이 최고조에 달하고 경제도 피폐해져 있었으므로 대세에 따르기로 결심했다. 예종이 선정전에서 요불 등을 접견하고 9성 반환을 약속하자 그들은 감격의 눈물을 흘렸다. 그러나 진정으로 눈물을 흘린 것은 죽음 일보 직전에서 살아남게 된 길주성의 고려 병사들이었다.

예종은 내시 김향으로 하여금 그들을 국경까지 호송하게 하고 9성을 지키던 장수들에게 철수를 명했다. 그와 동시에 행영병마별감 최홍정, 병마사 문관이 9성 지역에 있던 여진 추장들에게 충성 서약을 요구했다. 그러자 여진 추장들은 성문 밖에 단을 쌓고 다음과 같이 충성과 조공을 맹세했다.

'지금부터 후일에 구부(九父) 구대(九代)의 자손 시대에 이르도록 악심을 가지지 않고 해마다 조공할 것입니다. 이 맹세에 변함이 있다면 오랑캐의 땅은 멸망할 것입니다.'

이윽고 고려군이 9성에서 철수하자 조정에서 정벌군의 총지휘관인 윤관과 오연총에 대한 탄핵상소가 이어졌다. 신하들과의 갑론을박 끝에 예종은 오연총의 파면, 윤관에게는 책임을 묻지 않는 선에서 사태를 가라앉혔다.

그 후 예종은 내정의 강화에 박차를 가했다. 1109년 국학(國學)에 학과별 전문강좌인 칠재(七齋)를 설치하여 관학의 진흥을 꾀하였으며 1110년 12월 예종은 정국을 안정시키기 위해 문하시중에 윤관, 판리예부사에 최홍사, 문하시랑 평장사에 김경용, 중서시랑평장사에 오연총, 추밀원사에 이자겸 등을 임명했다. 이는 윤관과 오연총 등 북벌세력을 중용하고 안정파인 최홍사, 김경용 등을 요직에 임명했다. 또 장인 이자겸을 등용해 외척을 배려했다.

1112년에는 혜민국을 설치하여 빈민들의 시약을 담당하게 하였고 이듬해에는 예의상정소를 설치했다. 그해 8월 승통 왕규가 상서우승 김인석, 전주목사 이여림 등과 내통해 반란을 도모했다는 고변이 들어왔다. 그리하여 왕규를 비롯해 상서우승 김인석, 전주목사 이여림, 전중소감 하언석, 형부상서 임신행, 대경 이중평, 형부 원외랑 이일숙, 장군 김택신 등이 죽거나 유배되었다.

금의 건국과 북방 정세의 불안

1115년 1월 완안부의 추장 아골타(阿骨打)가 제위에 올라 국호를 대금(大金), 도읍을 회령부(흥룡강 하성현 남쪽)에 두었고 연호를 수국(收國)이라

했다. 「금사」와 「삼조북맹회편」에 따르면 금의 시조인 함보(函普)⁹²가 고려 혹은 신라 출신이라고 했다. 「고려사」에서도 그의 이름이 김극수(金克守)로서 신라 출신이라고 했다. 함보는 그의 여진 식 이름인 듯하다. 김극수는 나말여초 시기에 여진 땅으로 도피한 신라 귀족으로 추정된다.

함보는 여진 여자와 결혼한 뒤 여진추장이 되면서 그의 성인 완안(完顏)을 부족명으로 정했다. 완안은 여진어로 왕이란 뜻이다. 함보의 4세손 석노 때부터 완안부가 두각을 나타냈고 그 아들 오고내가 요로부터 생여직부족절도사 즉태사의 칭호를 얻어 연맹장이 되었다. 그는 요와 충돌을 피하면서 은밀히 철광을 개발해 여진족의 무장을 획기적으로 강화시켰다. 그때부터 여진족이 통합의 기미를 보이다가 아들 영가의 시기에 세력을 확장했고, 오아속에 이어 조카 아골타의 시기에 만개한 것이었다.

1116년 금이 국경을 압박하자 요에서는 기병 20만, 보병 7만을 변방에 배치했다. 그해 8월 요에서 고려에 원병을 청했다. 예종이 조정대신과 6위 장군들을 불러 의견을 묻자 대부분 찬성했지만 척준경, 김부일, 한충, 김부식, 민수 등이 반대했다. 그래서 예종은 원병을 차일피일 미루며 보내지 않았다.

그 무렵 요의 동경요양부에 있던 발해무용마군의 지휘관 고영창이 반란을 일으켜 동경 유수 소보선을 죽이고 칭제하며 대발해국을 건국했다. 그들은 요동지방 50개 주 발해인들의 호응을 받아 요의 진압군을 물리쳤다. 그때 금이 고영창에게 칭제의 포기를 종용하고 함께 요를 치자고 제의했지만 묵살당하자 대군을 동원해 대발해의 수도 요양을 함락시킨 후 고영창을 죽였다.

그해 9월 금 태조는 직접 군사를 이끌고 요의 군사요충지인 황룡부를 공격해 함락시켰다. 그러자 분개한 요의 천조제가 기병 5만, 보병 40만, 친군 등 70만 대군을 이끌고 금 정벌을 시도했다. 하지만 국내에서 왕족 야율장가노가 위왕 야율순을 황제로 세우려는 반란이 일어나자 회군할 수밖에 없었다. 금군은 철수하는 요군을 사방에서 공격해 큰 타격을 입혔다. 그 전투 이후 거란족, 해족, 발해인, 숙여진, 실위, 올야, 철리 등 거란제국 내의 많은 부족들이 금에 귀순했다.

요와 금의 전쟁 상황을 예의 주시하던 고려는 금의 공격을 피해 귀순하는 내원성과 포주성의 양민을 모두 받아들였다. 그해 8월 금의 장수 살갈이 두 성을 공략하자 고려는 금에 사신을 보내 두 성이 고려의 옛 영토임을 주장해 금 태조로부터 점유를 승인받았다. 그리하여 1117년 2월 고려는 철수하던 요의 통군상서좌복야 야율녕으로부터 두 성을 넘겨받고 의주(義州)라 이름을 바꾼 다음 방어사를 설치했다. 그렇듯 금의 도움을 받아 영토를 압록강까지 확장한 고려는 120여 년간 사용해오던 요의 연호를 폐지하고 외교 관계도 끊어버렸다.

유학의 진흥과 내정의 안정

1109년 7월 예종은 국학시(國學試) 제도를 신설하여 전국에서 우수한 인재들을 선발한 뒤 태학에 최민용 등 70인, 무학에 한자순 등 8인을 입학시켰다. 그와 함께 문종 이후 사학의 유행으로 뒤쳐진 국학을 진흥하기 위해 칠재(七齋)[93]를 설치하고 학생들을 모았지만 큰 효과는 거두지 못했다.

유학의 장려와 인재 양성을 선정의 근본으로 여겼던 예종은 1116년 궁궐 내에 청연각과 보문각을 지은 다음 학사를 두어 경전을 토론하게 했다. 그때 왕은 지제고 김부일을 충보문각대제로 임명하고 추밀원 지주사 한교여, 직학사 정극공, 우부승선 문공미, 직보문각 윤해 등을 불러 주연을 행했다. 그날 왕은 전 예부낭중 곽준몽이 숙종의 스승이었고, 전중내급사 김원여가 자신이 세자 시절 함께 글을 배운 벗이라 하여 모든 학사들의 윗자리에 앉혔다.

그 후 예종은 직접 청연각과 보문각에 나가 「상서」, 「예기」, 「시경」, 「중용」 등 6경을 강의하게 하고 「정관정요」를 주해하게 했다. 또 한림학사 박승중에게 「예기」의 월령편, 기거주 김부식에게 「서경」의 열명편을 강의하게 했다. 그렇듯 예종은 6년 동안 25차례에 걸쳐 청연각에서 명유들의 강의를 들었다.

1117년에는 북송에서 대성악을 들여왔는데 이것이 바로 아악(雅樂)이다.

그해 금에서 '형인 대여진 금국 황제가 아우인 고려국 황제에게 글을 보낸다'[94]는 국서를 보내 화친을 청했다. 하지만 중신들은 분개하면서 왕에게 올리지도 못하게 했다. 1118년 금은 고려가 보낸 답서에 '귀국이 우리 땅에서 발원하여'라는 표현을 빌미로 접수를 거부했다.

1119년에는 양현고(養賢庫)라는 장학재단을 국학에 설립하고 유학(儒學) 60인과 무학(武學) 17인을 선발했다. 그해 12월 고려는 천리장성을 세 자 높여 금의 침공에 대비했다. 당시 금의 변방 군관이 이를 방해하려다 양국 간에 긴장이 조성되었지만 금 태조 아골타가 고려의 조치를 묵인해줌으로써 전쟁 위기를 넘겼다.

시인 예종의 낭만

1120년, 예종은 팔관회를 열고 개국공신 신숭겸과 김락을 추도하며 도이장가(悼二將歌)를 지었다. 그 무렵 왕은 음악을 좋아해 노래를 잘 부르는 기생 영롱과 알운에게 여러 차례 상을 주었다. 그러자 그해 5월 선비 고효충이 '감이녀(感二女)'라는 시를 지어 왕을 비웃었다. 중서사인 정극영으로부터 그 이야기를 전해들은 예종은 과거를 보러 온 고효충을 쫓아냈다가 옥에 가두었다. 그러자 대제 호종단이 간곡히 왕을 설득해 그를 석방시켰다. 이듬해 과거에서 장원급제한 고효충은 조정에 들어온 뒤에도 예의 직언을 서슴지 않아 사람들을 탄복케 했다.

어린 시절부터 문학적인 기질이 충만했던 예종은 신하들과 수시로 시를 주고받았는데, 그중에 총신 곽여와의 시 문답은 유명하다. 곽여가 벼슬을 내놓고 물러나자 예종은 궁궐 동쪽 약두산에 집을 내린 다음 여러 차례 미행을 나가 그를 동산처사라 부르며 시담을 나누었다. 언젠가 예종이 그의 집을 찾아갔는데 곽여가 보이지 않자 몹시 아쉬워하며 벽에 다음과 같은 시를 붙여 두고 돌아왔다.

어느 곳이든지 술을 잊기는 어려운데

진인을 찾아왔다가 만나지 못하고 돌아가네.

서창에는 석양빛이 밝은데

옥전은 불 꺼진 재에 가렸도다.

방장에는 지키는 사람 없고

선계의 사립문은 종일토록 열려 있네.

동산 꾀꼬리는 고목에서 울고

뜰 학은 검푸른 이끼에서 졸고 있네.

도의 의미를 누구와 함께 이야기 하겠는가.

선생이 가서 오지 않는데.[95]

저녁 때 곽여가 돌아와서 이 시를 보고는 다음과 같은 화답시를 썼다.

어느 곳이든지 술 잊기가 어려우니

임금의 수레가 헛되이 돌아갔네.

주문에는 조그만 연회가 열렸는데

단조에는 싸늘한 재가 떨어졌도다.

향음은 밤을 새우고서 그쳤으며

천문은 새벽을 기다려 열었도다.

지팡이는 봉도의 길에서 돌아왔고

신은 낙성의 이끼를 끌어 일으켰네.

나무 아래에서 푸른 동자가 말하기를

사람 사이에 옥제가 왔다 하더라.[96]

예종은 그 후 각 지방에 감사를 보내 탐관오리들을 축출했고, 쌀 속에 이물질을 섞어 파는 상인들을 엄벌했다. 또 요순의 정치를 구현한다는 뜻으로 모든 감옥을 비우기도 했다. 예종은 북송의 선진문화를 받아들여 유학의 발전에 기여했을 뿐만 아니라 토속신앙과 불교를 조화롭게 발전시켜 고려의 문화를 한 단계 끌어올린 명군이었다.

1122년 3월 예종은 순천관에서 사신 접대 상황을 검열하고 재상들을 위해 향림정에서 연회를 베풀었다. 그날 갑자기 등에 조그마한 종기가 나더니 시일이 지날수록 점점 커지자 승려 1만 명에게 공양하고 억울한 죄수들을 풀어주는 한편 문덕전과 연친전, 선정전 등에서 도장을 베풀며 치유를 기원했다. 그러나 병세가 악화되어 걷지 못할 정도가 되자 예종은 한안인에게 옥새를 가져오게 한 다음 왕태자에게 선위했다. 그해 4월 병신일 예종은 재위 17년 만에 44세를 일기로 세상을 떠났다. 시호는 문효명렬제순(文孝明烈齊順), 묘호는 예종(睿宗), 능호는 유릉(裕陵)이다.

예종의 가족

예종에게는 경화왕후 이씨, 순덕왕후 이씨, 문정왕후 왕씨, 숙비 최씨 등 4명의 부인이 있었는데, 제2비인 순덕왕후 이씨에게서 인종과 승덕공주, 홍경공주 등 1남 2녀를 얻었다.

제1비 경화왕후 이씨는 선종과 정신현비 이씨 소생으로 연화공주에 봉해졌다가 연화궁주로 택호가 바뀌었다. 어린 시절 이예의 집에서 살다가 예종 즉위 후 1106년 왕비에 책봉되었지만 3년 만인 1109년 7월 31세를 일기로 병사했다. 능호는 자릉이다.

제2비 순덕왕후 이씨는 조선국공 이자겸의 둘째딸로 1108년 1월 정묘일에 왕비로 간택되어 입궁한 뒤 택호를 연덕궁주라고 했다. 1109년 10월 맏아들 왕구를 낳았고, 이어서 승덕공주, 홍경공주를 낳은 다음 1114년에 왕비로 책봉되었다. 그녀는 병약해서 4년 뒤인 1118년에 세상을 떠났다. 그녀가 죽자 예종은 간관들의 만류에도 불구하고 궐 밖으로 나가 조제를 드리고 영구를 송별한 다음 혼당으로 가서 애도하는 등 정성을 다했다. 순덕왕후는 수릉에 안장되고 인종 즉위 후 문경왕태후로 추존되었다.

제3비 문정왕후 왕씨는 종실인 진한후 왕유의 맏딸로 1121년 귀비에 간택되었고 예종 사후 영정궁에 나와 살았다. 1138년(인종 16) 세상을 떠났다. 제4비 숙비 최씨는 참정 최용의 딸로 문정왕후와 함께 간택되었는데, 택호를 장신궁주라 했다. 그녀는 80세가 넘게 장수했다는 기록만이 남아 있다.

고려 문화의 꽃 청자의 절정시대

"도자기의 청색을 고려인들은 비색(翡色)이라고 하는데, 근년 이래로 제작이 교묘하고 색감이 더욱 뛰어나다."

북송의 서긍이 「고려도경」에서 극찬한 고려청자는 중국인들로부터 천하제일의 명품 대접을 받았다. 태평노인의 「수중금(袖中錦)」에서도 건주의 차, 촉 지방의 비단, 정요의 백자, 절강의 차와 함께 고려의 비색을 당대 최고로 쳤다.

고려자기는 문종 대 전후 북송의 화남 절강성 월주요의 영향을 받아 만들어지기 시작했다. 초기의 청자는 매우 소박했지만 예종·인종 대에 이르러 이른바 비색 청자시대를 이루며 고려청자의 꽃이라 할 수 있는 상감청자를 탄생시켰다. 상감청자는 다시 동철기에 접목되어 은동상감기를 낳았다. 11세기 초엽부터 고려의 도공들은 비색(翡色)으로 불리는 고려 특유의 청자를 만들어냈다. 그 시기의 청자는 두껍고 고르게 발라진 유약 때문에 은은한 부드러움과 유연함이 깃들어 있다. 형태로는 표주박, 연꽃, 죽순, 사자. 기린, 오리, 참외 모양이 많았다. 문양의 종류도 모란, 당초, 포도, 연꽃, 버드나무, 오리, 구름, 학 등 매우 다양했다. 그중에서 운학문과 국화문이 가장 많이 쓰였다.

전성기 때의 상감청자는 상감무늬를 전면적으로 쓸 경우에는 배경으로서의 여백을 남길 여유를 보일 만큼 충분한 공간이 설정되었고, 무늬가 단일무늬의 기계적인 반복에 그치는 것이 아니고 성격이 다른 몇 가지 무늬를 통일적으로 배열하여 화폭과 같은 효과를 내고 있다. 초기와는 달리 전반적으로 유색(釉色)이 엷고 얕아진 것이 특색인데 이는 상감청자의 발명에 따라 표면의 장식효과에 관심을 두고 배면을 등한히 여긴 때문이다.

고려청자는 원의 지배를 받게 되는 1250년경부터 쇠퇴기에 접어든다. 청자의 표면이 황록색조를 띠거나 비색을 잃으면서 상감의 무늬도 산만하고 조잡해지며 같은 무늬를 반복 사용하는 등 무의미한 도안으로 바뀌었다. 자기의 모양은 매병이 줄어드는 대신 접시류가 늘고 대접은 안이 깊어지고 측면이 평평한 광구대, 바닥이 좁아진 변형된 매병 등이 만들어졌다. 그리고 진사·화청자 같은 특수한 상감청자가 만들어지는 외에 철재자기가 등장했다. 무늬는 시대가 내려갈수록 간략해지고 조잡해지면서 조선 초기의 분청사기 및 철화백자로 이어졌다.

청자의 종류는 대체로 순청자와 상감청자, 화청자 등 세 가지로 나뉜다. 순청자(純靑磁)는 청자 일색의 무문·양각·음각·상형·투각문 등의 청자로서 상감이나 화문청자는 제외된다. 상감청자(象嵌靑磁)는 그릇이 마르기 전 무늬를 그린 뒤 백토나 흑토로 메워 초벌구이 한 다음 유약을 바르고 구운 것이다. 화청자(畵靑磁)는 무늬를 그리고 유약을 발라 굽는 유리화, 광택 위에 무늬를 집어넣는 유표화의 두 가지가 있다. 유표화는 금니(金泥)로 그릇 표면에 화문을 그리는 것인데 사치를 목적으로 만들어진 특수한 자기이다. 그와 같은 명품의 이면에는 의종 때 청자로 지붕을 덮었던 사치와, 일반백성들이 사용하던 조잡한 청자의 고통이 담겨 있다.

예종 시대의 주요 인물

냉철한 현실주의자 김인존

김인존(金仁存)은 그동안 윤관의 북방영토 확장 노력을 막아선 보수적 인물로 인식되어져 왔다. 그러나 당대의 대학자였던 김인존은 강대한 요가 주도하고 있던 국제정세를 예리하게 분석하여 고려의 평화를 지켜낸 명신이었다.

김인존의 자는 처후(處厚), 초명은 연(緣)이다. 신라 왕족이었던 각간 김주원의 후손으로 시랑평장사 김상기의 아들이다. 그는 선종, 헌종, 숙종 3대를 섬기며 내시로 복무했는데, 외직을 간청하여 상서예부원외를 거쳐 개성부사가 되었다. 그 후 기거사인 지제고, 기거랑에 임명되었을 때 직언을 서슴지 않다가 병부원외랑으로 강등당하기도 했다.

언젠가 요의 사신으로 학사 맹초가 왔을 때 김인존이 접반사로 임명되었다. 맹초는 그가 어린 것을 알고 매우 얕보았다. 하루는 두 사람이 교외에 나갔는데 마침 눈이 멎고 하늘이 개여 천지가 희디흰 설경 속에서 오직 말발굽 소리만 요란했다. 그러자 맹초는 시심이 동해 이렇게 읊었다.

'말발굽이 눈을 밟으니 마른하늘의 천둥소리 같구나.'[97]

그 소리가 끝나기도 전에 뒤쪽에서 김인존의 낭랑한 목소리가 들려왔다.

'깃발이 펄펄 바람에 나부끼니 불꽃 튀는 모양이로다.'[98]

깜짝 놀란 맹초는 그를 돌아보며 '참으로 천재로다' 하며 탄복했다. 그때부터 두 사람은 날마다 시를 주고받으며 각별한 사이가 되었다. 맹초는 귀국하면서 김인존에게 자신의 금띠를 풀어주기까지 했다.

그 후 김인존은 이부낭중 겸 동궁시강학사로 예종에게 논어를 가르쳤고, 숙종이 서거한 뒤 요에 사신으로 가서 왕의 죽음을 통고했다. 그때 지나는 주와 부에서 그에게 연회를 열어주자 군주를 잃은 슬픔을 상기시키며 풍악을 울리지 못하게 했다. 요 황제를 접견할 때도 길복을 착용하지 않고 춤도 생략해달라고 제의하자 맹초가 찾아와 춤만 중지하자고 설득하기도 했다.

예종이 즉위한 뒤 여진 정벌을 추진하자 신료들은 모두 찬성했지만 김인존은 홀로 불가함을 간했다. 하지만 예종은 윤관에게 군사를 주어 여진을 격파하고 9성을 쌓게 했다. 그 후 여진이 끈질기게 공격하자 김인존은 거란과의 분쟁 위험을 제기하며 반환을 주장했다.

"우리가 9성을 쌓을 때는 궁한리 지역이 옛날에 우리 땅이고 여진인도 고려 백성이라고 요에 통고했다. 그런데 궁한리 추장들은 요의 관직을 받은 자가 많고, 요 조정에서는 그 지역의 토지와 호구를 조사하고 있는 형편이다. 지금 우리가 9성을 반환하지 않으면 반드시 요가 반환을 요구할 것이다. 그렇게 되면 우리 고려는 동으로 여진, 북으로 요와 싸우게 될 것이니 9성은 복이 아니라 화근에 다름 아니다."

예종은 윤관의 공로를 안타깝게 여겼지만 김인존의 의견이 합리적이었으므로 미련 없이 9성을 반환했던 것이다. 김인존은 그 후 사신으로 북송에 가서 휘종에게 환대를 받았지만, 귀국길에 부친의 상사를 듣고 곧바로 장례를 치르러 갔다가 사람들의 비난을 받았다. 하지만 그는 승진을 거듭해 중서문하 평장사가 되었다. 얼마 후 금이 요를 공격하자 예종은 그를 판서북면병마사로 임명했다. 그때 김인존은 압록강변의 내원성과 포주성을 점령해 고려의 국경을 압록강까지 확장했다.

김인존은 문장과 청백리로도 이름이 높았다. 인종이 즉위한 뒤 이자겸이 정권을 잡자 그는 퇴직을 간청했다. 하지만 왕이 허락하지 않자 출근길에 아이들의 동요를 듣는 척하면서 말에서 떨어져 부상을 입었다. 그렇게 병을 구실로 재상 직에서 물러나 판비서성사 감수국사가 되었다. 그러던 어느 날 인종이 내시 김안을 보내 이자겸의 숙청을 자문하자 그는 왕이 외가에서 자란 의리가 아직 남아 있고 이자겸의 당파가 많으므로 경솔히 행동하지 말라고 조언했다. 그러나 인종이 그의 말을 묵살하고 일을 저질렀다가 역습을 당해 측근들을 잃고 궁궐까지 불탔다. 그때 인종은 산호정에 주저앉아 탄식했다.

"내가 김인존의 말을 듣지 않아 이 지경이 되었구나."

이자겸과 척준경이 조정에서 축출된 뒤 김인존은 익성동덕공신에 책봉되고 문하시중에 올랐다. 그 무렵 금군이 개봉을 공격했다가 송군에 대패하고 위급 지경에 빠져있다는 소문이 퍼졌다. 그러자 정지상, 김안 등 서경파가 금 정벌을 주장했다. 인종이 결정을 미루고 김인존에게 측근을 보내 조언을 구하자 그는 소문에 따라 섣불리 군대를 출동시켜 요를 자극하지 말고 사신으로 간 김부식이 귀환할 때까지 기다리자고 말했다. 과연 김부식이 돌아온 다음 사정을 알아보니 유언비어에 불과했으므로 서경파의 북벌 시도는 수포로 돌아갔다.

그 후 인종은 예종의 유명이라며 그를 문하시중으로 기용했지만 노구를 견디지 못하고 1127년에 세상을 떠났다. 그는 학문이 뛰어나 두 차례나 과거를 주관했고, 최선, 이재, 이덕우, 박승중과 함께 음양과 지리에 관한 책을 편찬하자 왕이 「해동비록」이라 명했다. 또 박승중과 함께 「시정책요」를 편찬하고 「정관정요」에 주석하기도 했다. 사후 예종의 묘정에 배향되었다. 시호는 문성(文成)이다.

제4장

머나먼 평화의 길
-금의 압박과 무신정권의 출현

금의 건국 이후 북송은 금과 동맹을 맺고 요가 점유하고 있던 연운 16주 수복을 노렸다. 그러자 1125년 금은 요를 멸망시킨 다음 북송을 압박했다. 그 과정에서 북송은 정강의 변이라는 전대미문의 치욕을 당한 끝에 멸망하고, 휘종의 아홉째 아들 강왕 조구가 양자강 이남으로 내려가 남송을 세웠다. 그러나 고려는 내정이 흔들리고 반란과 민란이 이어져 대륙의 정세를 효과적으로 이용하지 못했다. 인종 즉위 초기 고려 조정에서는 외척 이자겸의 전횡으로 비롯된 내홍 속에서 북진정책을 도모하던 서경파와 안정을 희구하는 개경파의 대립이 이어졌다. 그 결과 묘청의 난을 진압한 개경파가 득세했고, 강력한 문벌귀족이 등장했다. 의종 대에 이르러서는 오랜 차별에 분개한 무신들이 정변을 일으켜 왕권을 무력화시켰고 결국 최충헌 일가의 세습정권으로 귀결되었다. 그 무렵 서북방에서 호전적인 몽고족이 테무친을 중심으로 세력을 결집하면서 동아시아의 세력판도에 일대 파란을 예고했다.

세계	국내
1123 금 태조 아굴타 사망	1122 예종 승하, 인종 즉위
1124 송, 나침반 발명	1126 이자겸의 난 일어남
1125 금, 요를 멸망시킴	1129 묘청 등, 칭제 건원을 청함
1126 금, 송 침입	1131 노정의 항문을 금함
1127 금, 송의 휘종·흠종을 잡고 북으로 감(정강의 변)	1135 묘청의 난
1129 금, 남경을 점령	1136 경기 4도를 없애고 6현을 둠
1134 남송, 대장경을 간행	1141 고승 정엄 입적
1138 송의 유학자, 호인국 사망	1142 봉은사 증수를 끝냄
1143 독일, 기사단 설립	1145 김부식, 『삼국사기』 50권 편찬
	1146 무언에 따라 김제 벽골제를 헐어버림

제17대 인종
공효극안 恭孝克安

    고려의 제17대 국왕 인종(仁宗)의 이름은 해(楷), 자는 인표(仁表), 초명은 구(構)이다. 예종의 맏아들로 순덕왕후 이씨 소생이다. 1109년 10월 기해일에 태어나, 1115년 2월 7세 때 왕태자에 책봉되었다. 1122년 4월 예종이 승하하자 14살의 어린 나이로 중광전에서 보위에 올랐다.

    인종은 태자 시절 학문을 닦으면서도 음악과 서화 등에 몰두해 밤을 새울 때가 많았다. 인정이 많았던 그는 왕위에 오른 뒤 명경과 출신 신숙이 급제한 뒤에 등용되지 않아 끼니를 잇지 못한다는 말을 듣자 자신에게 춘추 경전을 강의하게 함으로써 녹봉을 받게 했다.

    그해 5월 인종은 조정을 개편하여 장인 이자겸을 수태사 중서령 소성후, 김경용을 낙랑군 개국공, 이위를 계양공, 임유문과 김준을 문하시랑 평장사, 한안인을 중서시랑평장사, 최홍재와 김약온을 참지정사, 이자양을 추밀원사로, 김고를 지추밀원사, 문공미를 추밀원부사, 윤유지를 상서좌복야, 이영천을 병부상서로 임명했다.

9월에는 부왕인 예종의 실록 편찬을 명하고 보문각 학사 박승중, 한림학사 정극영, 보문각 대제 김부식 등을 편수관으로 임명했다. 11월에는 대궐 뜰에서 80세 이상의 남녀와 의부, 절부 및 중환자, 폐질자들에게 음식을 내리고 물품을 나누어 주었다. 그때 이자겸의 모친 김씨에게는 금과 비단, 약품 등을 하사했다.

국제 정세의 변화

인종의 치세 초기 국제 정세가 급변하고 있었다. 북송은 금과 동맹을 맺고 건국 이래 숙원인 장성 이남의 연운 16주를 되찾고자 했다. 1118년 북송의 황제 휘종은 왕사중, 고약사 등을 금에 밀사로 파견해 연합을 제안했다. 곧 매년 북송이 요에 바치던 은 20만 냥과 비단 30만 필의 세폐를 금에게 주는 조건으로 함께 공격해 금은 만리장성 이북의 땅을 점유하고, 북송은 장성 이남의 땅을 취하며 서로 만리장성을 넘지 말자는 것이었다. 1120년 2월 양국 간에 동맹이 체결되면서 요의 남경은 북송이 함락시키고, 서경은 금이 공격하여 함락시킨 다음 북송에 돌려준다는 조항이 추가되었다.

그때부터 금군은 열하 방면을 압박한 뒤 5월 요의 상경을 함락했다. 그러나 북송은 절강에서 일어난 방랍의 난[99]으로 인해 북벌군을 출정시키지 못했다. 그 무렵 회남에서 양산박을 근거지로 송강 등 36두목이 활개를 쳤다. 한편 요는 금의 공세가 이어지는 가운데 천조제의 둘째 아들 진왕을 옹립하려는 역모가 발각되어 관련자들이 무수히 살해되었다. 그때 금에 망명한 진왕의 이모부 야율여도로부터 요의 내정을 속속들이 파악한 금 태조는 12월 대규모 원정군을 일으켰다.

1122년 1월 금이 요의 중경을 점령하자 천조제는 남경을 버리고 서경의 운중현으로 도주했다. 3월 서경마저 금군에 함락되자 남경을 지키던 요의 장수 야율순이 한인 관료들의 추대를 받아 천석황제라 칭하고 천조제를 상음왕으로 강봉시켜 버렸다. 야율순은 발해인과 한인으로 이루어진 상승군을 조직해 곽약사를 지휘관으로 임명하고 북송과 금의 공격에 대비했다.

그해 4월 방랍의 난을 진압한 북송은 비로소 요에 대한 공격을 개시했다. 태사 동관이 이끄는 10만 대군은 동로와 서로로 나누어 북진했다. 그해 5월 남경을 지키던 야율순은 장군 소간과 야율대석을 파견해 백구에서 북송의 동로군을 격파하고, 범촌에서 북송의 서로군을 격파했다.

그런데 6월 들어 갑자기 요의 야율순이 죽고 그의 아내 소씨가 집정하면서 내분이 일어나 요의 장수 곽약사가 8천의 상승군을 이끌고 북송에 항복했다. 풀죽어 있던 동관은 곽약사를 향도로 하여 유연경에게 10만의 병력으로 남경을 공격하게 했다. 그때 유연경은 5천의 기병으로 남경을 기습했지만 소간에게 역습당해 전멸당하고 말았다. 요의 기세에 겁을 먹은 동관은 급히 금에 원군을 청했다. 그러자 12월 친히 군사를 이끌고 남하한 금 태조는 순식간에 거용관을 돌파한 다음 남경을 함락시켜버렸다. 금은 그렇듯 거란의 5경을 모두 차지하고 장성 이남의 영토까지 얻었다.

1123년 북송의 사신 조양사가 세폐를 구실로 금에 남경과 장성 이남의 영토를 요구했다. 하지만 금은 북송군이 남경을 함락시키지 못했다는 이유로 남경 이양을 거절하고 남경 주민들도 북송의 지배를 거부하자 북송은 기존의 세폐 외에 은전 100만 냥과 군량 20만 석을 추가로 내밀었다. 그러자 금 태조는 성안의 재물과 백성을 모두 데려가고 텅 빈 연경 등 16주 가운데 6주 만을 돌려주었다. 그럼에도 불구하고 북송은 개국 이래 숙원이었던 실지를 회복했다고 기뻐했다.

그해 6월 금 태조 아골타가 병석에 눕더니 8월에 56세로 세상을 떠났다. 금 태조는 19명의 아들을 제치고 아우인 오걸매(吳乞買)에게 제위를 물려주었는데, 그가 금 태종이다. 형 아골타와 함께 전장에서 수많은 전공을 세웠던 오걸매는 태조의 근검절약 정신을 이어받아 금을 반석 위에 올려놓았다. 하지만 그는 국고를 남용한 죄로 중국 역사상 유일하게 신하들로부터 곤장을 맞앉던 황제이기도 했다.[100] 그처럼 금 태조 아골타에 이어 금 태종 오걸매가 북송과 연합해 요를 압박하던 시기에 고려에서는 예종의 뒤를 이어 인종이 즉위했던 것이다.

한안인의 실각

인종 즉위 초기 조정은 외척 이자겸 세력과 한안인을 비롯한 관료세력이 양립하고 있었다. 한안인은 단주 출신으로 과거에 급제한 뒤 한림원에 들어간 뒤 예종의 태자 시절 사부로서 이영, 이여림과 함께 학문을 가르쳤고, 예종이 즉위하자 요직에 기용되었다. 인종이 즉위한 뒤 이자겸을 비롯한 외척들이 득세하자 한안인과 문공미를 위시한 관료세력은 크게 위축되었다. 때문에 한안인은 틈만 나면 이자겸을 비방했고, 예종이 승하한 뒤에는 태의 최사전을 처벌하려 했다가 뭇 사람들의 원망을 샀다.

그 무렵 급사중으로 임명된 최유적이 이자겸에게 노비 20여 명을 뇌물로 주었다는 소문이 조정에 퍼졌다. 한안인이 이를 트집 잡자 궁지에 몰린 최유적은 이자겸에게 구원을 요청했다. 그러자 이자겸은 한안인이 어사대에서 자신의 혐의를 입증하게 해달라고 인종에게 요청했다. 이자겸의 강공에 놀란 한안인은 휴가[101]를 신청한 다음 집에서 추밀원부사 문공미와 그의 사촌인 보문각 학사 정극영, 매부인 지어사대사 이영 등과 해결 방법을 논의했다. 그런 한안인 일파의 회동사실을 최사전의 중개로 추밀원사 이자양, 참지정사 최홍재로부터 전해들은 이자겸은 그들이 대방공 왕보를 옹립하려 했다는 역모를 조작해 모조리 체포했다. 그 결과 12월 대방공 왕보는 경산부로 추방되었고, 한안인은 승주 감물도에 귀양 보냈다가 바다에 던져져 목숨을 잃었으며, 합문지후 이중약도 귀양길에 수장되었다. 또 문공미와 정극영, 이영[102] 등을 비롯한 수백여 명의 관리들이 유배형에 처해졌다.

친위쿠데타의 실패와 인종의 위기

한안인 일파를 제거함으로써 조정에서 경쟁세력을 일소한 이자겸은 막강한 권력을 누리게 되었고, 어린 인종은 허수아비 국왕으로 전락했다. 1124년 7월 인종은 이자겸을 조선국공으로 책봉했다. 8월에는 교서를 내려 조선국공의 공적을 칭찬하면서 사면령까지 내렸다.

이자겸의 인주 이씨 가문은 이자연이 세 딸을 문종에게 시집보낸 이래 인종 때까지 80여 년을 외척으로 강력한 권력을 유지하고 있었다. 또 후비, 귀인 자리도 독점했으므로 그 무렵 왕족들은 대부분 인주 이씨의 외손이었다. 그럼에도 불구하고 이자겸은 권력을 강화하기 위해 1124년 8월 셋째 딸, 1125년 1월 넷째 딸을 인종에게 바쳤으며, 군부의 대표자였던 문하시랑평장사 척준경과도 사돈 관계를 맺었다. 또 아들인 승려 의장을 수좌로 삼는 등 불교 세력과도 손잡고 무소불위의 권세를 자랑했다.

사태가 이에 이르자 어린 인종도 외조부의 국정 농단을 의식하지 않을 수 없었다. 그 즈음 내시지후 김찬, 내시녹사 안보린 등이 1126년 2월 동지추밀원사 지녹연, 상장군 최탁, 오탁, 대장군 권수, 장군 고석 등과 함께 이자겸 세력의 숙청을 종용했다. 그러자 인종은 원로인 평장사 이수와 이자겸의 처남인 전 평장사 김인존과 의논하게 했다.

당시 김인존은 거사가 시기상조라고 충고했지만 인종은 서둘러 거사를 명했다. 왕명을 받은 지녹연은 최탁, 오탁, 권수 등 무장들과 함께 대궐로 들어가 척준경의 동생인 병부상서 척준신과 척준경의 아들 내시 척순을 죽였다. 그 소식을 듣고 분개한 척준경이 사병을 이끌고 궁궐로 달려갔고 승려 의장이 승군 3백여 명을 이끌고 합세해 오탁과 최탁을 죽였다. 거사가 실패하자 인종은 신하들과 함께 산호정으로 피신했다.

그때 척준경은 신료들을 궁에서 끌어내기 위해 소부감과 장작감의 나무를 동화문 행랑에 쌓아놓고 불을 질렀다. 그로 인해 궁궐의 전각들이 화염에 휩싸였다. 그와 같은 척준경의 반격으로 거사를 일으켰던 안보린, 최탁, 권수, 고석 등과 숙위하던 좌복야 홍관 등 17명이 살해당하고 지녹연과 김찬 등은 체포되어 귀양길에 올랐다. 일찍이 현종의 호위대장이었던 지채문의 손자 지녹연은 그 후 유배지에서 비참한 죽음을 당했다. 인종은 남궁으로 옮겨졌다가 이자겸의 집인 중흥택에 연금되었다. 겁에 질린 인종은 이자겸에게 양위하는 조서를 내렸지만 당사자인 이자겸이 망설였고, 마침 이자겸의 재종형 이공수가 강력하게 반대하는 바람에 고려 국왕의 성이 바뀌는 사태는 모면할 수 있었다.

요의 멸망, 금과의 화친

1125년 2월 금군에 쫓겨 서하까지 도주했던 요의 천조제가 사로잡히면서 요가 멸망했다. 그 후 왕족 야율대석이 중앙아시아에 서요를 건국했지만 중원에는 발붙이지 못했다. 드디어 동아시아의 최강국으로 군림하게 된 금은 북송과 고려 등 주변국에 신하를 칭할 것을 요구했다. 그 무렵 북송의 휘종은 은밀히 고려에 사신을 보내 금에 대한 협격을 제안하고 있었다. 그러자 고려에서는 그해 9월 흠종 즉위 하례를 핑계로 추밀원부사 김부식과 형부시랑 이주연을 북송에 보내 정세를 탐지했다.

한편 금 태종은 요를 멸망시킨 후 대륙 일통의 기회를 노렸다. 때마침 북송이 금에 약속한 세폐를 바치지 않고, 이전에 천조제와 밀통한 사실이 밝혀졌다. 드디어 빌미를 잡은 금 태종은 10월 종한과 종망에게 군대를 주어 북송을 정벌하게 했다. 금군이 밀려오자 남경을 지키던 곽약사가 항복하고 북송에 창끝을 돌렸다. 곽약사의 두 번째 배신이었다. 12월 금군이 수도 개봉으로 진격하자 황제 휘종은 흠종에게 양위하고 강남의 진강으로 도주했다.

그때 종망은 개봉을 포위한 다음 강화조건으로 금 5백만 냥, 은 5천만 냥, 우마 1만 필, 비단 1백만 필, 금의 황제를 북송 황제의 백부라고 호칭할 것, 재상과 친왕을 볼모로 보낼 것 등 5개 조건을 내밀었다. 달리 선택의 여지가 없었던 흠종은 태원을 포함한 3진 20주를 금에 양도하고 재상 장방창과 휘종의 아홉째 아들인 강왕 조구를 인질로 보냈다. 그러자 금 태종은 연경으로 군대를 물리고 사태를 관망하면서 고려에 사신을 보내 동맹을 청했다. 그는 북송을 완전히 복속시키고 싶었지만 언제 고려가 금의 배후를 칠지 알 수 없었던 것이다.

1126년, 북송의 개봉에서는 금군이 포위를 풀고 물러나자 태학생 진동을 위시한 개봉 백성들이 주전파 이강의 복귀와 채경, 동관의 처벌을 요구하며 결사항전을 주장했다. 분노한 금 태종은 다시 종망과 종한에게 정벌 재개를 명했다. 그에 따라 종망이 윤11월 황하를 건너 개봉을 재차 포위하고 흠종의 항복을 요구했다.

1127년 1월 금군의 엄밀한 포위망을 견디지 못한 흠종은 결국 백기를 들고 말았다. 종망은 휘종과 흠종 부자를 연금한 다음, 2월에 장방창을 황제로 세우고 국호를 초(楚)로 고쳤다. 그와 함께 북송 시대는 종말을 고하고 말았다. 4월 금군은 휘종과 흠종을 비롯해 태자, 종친 등 3천 명을 포로로 잡아 회군했다. 이처럼 두 명의 한족 황제가 이민족 국가의 포로가 된 사상초유의 사건을 중국에서는 정강의 변이라고 한다.

북송이 금의 공세에 시달리고 있던 1126년 3월, 고려 조정에서 금을 상국으로 받드는 문제를 상의했다. 그때 여러 중신들은 반대했지만 실권자인 이자겸과 척준경은 작은 나라가 큰 나라를 받드는 것이 도리라며 화친을 강력히 주장했다. 그것은 당시 자신들의 권력을 유지하는 방편이기도 했지만 결과적으로 매우 현명한 선택이었다.

인종은 그해 4월 정응문과 이후를 금에 파견해 상표문(上表文)을 올리고 신을 칭했다. 그때부터 고려와 금은 우호관계를 지속했고, 분쟁의 단서가 생길 때마다 서로 은인자중함으로써 전쟁으로 확대되는 것을 방지했다. 금은 왕조를 유지한 119년 동안 고려에 118차례의 사신을 보냈고, 고려는 174차례의 사신을 보냈다.

이자겸의 난

그 무렵 십팔자도참설(十八子圖讖說)[103]에 깊이 빠져든 이자겸은 인종을 제거하고 인주 이씨의 나라를 만들고자 했다. 1126년 5월 그는 인종의 거처를 연경궁으로 옮기게 한 뒤 궁녀들을 매수해 왕을 독살하려 했다. 하지만 왕비인 넷째 딸의 방해로 두 차례나 미수에 그쳤다. 막다른 구석에 몰린 인종은 반격의 기회를 엿보았지만 내정은 이자겸이, 군부는 척준경이 장악하고 있어 도저히 힘을 쓸 수가 없었다. 궁리를 거듭하던 인종은 내의군기소감 최사전에게 이자겸과 척준경의 이간을 지시했다. 그것은 무기력한 국왕이 선택할 수 있었던 최후의 작전이었다.

왕명을 받은 최사전은 척준경을 찾아가 인종의 조서를 보여주면서 그를 회유했다. 과거 그의 동생과 조카를 죽인 것은 순전히 실수라는 변명도 빠뜨리지 않았다. 그 무렵 척준경은 이자겸의 아들 이지언의 종이 자신의 종과 다투다가 궁궐을 불태운 일을 맹렬하게 비난한 사건으로 이자겸에 대해 좋지 않은 감정을 가지고 있었다. 척준경은 일찍이 윤관과 함께 참전하여 용맹을 떨쳤던 입지전적인 인물로 왕실에 대한 충성심은 여전했다. 그는 이자겸이 역성혁명을 도모한다는 최사전과 지추밀원사 김부의의 설복이 이어지자 결국 인종 편에 서기로 결심했다.

1126년(인종 4) 5월 20일, 인종은 이자겸의 사병인 숭덕부 군사들이 대궐을 습격한다는 정보를 입수했다. 환관 조의로부터 도움을 청하는 밀지를 받은 척준경은 상서 김향과 함께 급히 장교 7명, 아전과 관노 20여 명을 인솔하고 급히 출동했다. 궁에 들어간 척준경은 천복전 문 앞에서 기다리고 있던 인종을 군기감에 대피시킨 다음 대궐에 들어온 숭덕부 군사들을 단숨에 제압했다. 위기를 넘긴 척준경은 승선 강후현을 보내 이자겸을 유인했다.

그때 이자겸은 인종이 죽은 줄 알고 소복을 입고 들어왔다가 척준경의 부하들에게 체포되어 팔관보에 구금되었다. 척준경은 곧 군사를 풀어 이자겸의 심복 강호와 고진수를 죽이고 이자겸 일당을 모조리 잡아들였다. 또 인종을 죽이기 위해 연경궁에 숨어 있던 승려 의장도 체포했다. 5월 21일 인종은 이자겸과 그의 아내 최씨, 아들 이지윤, 의장 등 30여 명을 귀양 보내고, 왕비인 이자겸의 셋째 딸과 넷째 딸을 출궁시켰다.

그해 12월 이자겸은 귀양지 영광에서 죽음을 당했다. 비로소 왕권을 되찾은 인종은 척준경에게 공신 칭호와 함께 중서문하 평장사에 임명했다. 하지만 이듬해 1127년 3월 서경에서 갔던 척준경은 좌정언 정지상의 탄핵을 받았다.

"병오년 5월의 일은 일시의 공이고, 2월의 일은 만세의 죄입니다. 폐하께서 비록 차마 할 수 없는 마음이 있더라도, 어찌 일시의 공으로 만세의 죄를 가릴 수 있겠습니까? 청컨대 법 맡은 관리에게 내려서 처벌하소서."

그로 인해 불시에 체포된 척준경은 암타도로 유배되었고 그를 추종하던 최식, 이후진, 윤한 등도 모두 유배형에 처해졌다. 그렇듯 서경세력의 힘을 빌려 척준경을 제거한 인종은 유배 중이던 문공미를 이부상서로 삼고, 한안중을 상서우승, 한충·문공유·이신의·정극영·임존·최거린 등을 모두 소환하여 관직을 회복시킨 다음 개경으로 돌아왔다. 1144년(인종 22) 인종은 척준경이 신하로서의 절개는 잃었지만 사직을 보호한 공이 있다 하여 그를 사면하고 조봉대부 검교호부상서라는 벼슬을 내렸다. 그로부터 며칠 뒤 척준경은 고향 곡주에서 세상을 떠났다.

서경파의 약진과 천도 계획의 추진

1127년 9월 금 태종은 동침서와 고백숙, 오지충 등을 고려에 파견해 사신들의 왕래를 요와 같은 수준으로 하고 보주로와 변경에 살던 여진인들을 돌려보내면 보주 지역을 넘겨주겠다고 약속했다. 그에 따라 인종은 12월 위위경 김자류와 형부낭중 유덕문을 선유사로 금에 파견해 보주 지역의 반환에 감사했다. 그런데 귀국 후 김자류의 부하들이 금인들과 몸싸움을 벌인 사실이 밝혀지자 그를 파면했다. 그처럼 고려와 금은 수교 이후 선린관계를 지속하고 있었다.

한편 1127년 2월 개봉에서 금군이 철수하자 장창방은 즉시 초 황제에서 자진 퇴위했다. 그와 함께 금에서 풀려난 휘종의 아홉째 아들 강왕 조구가 하남성 상구현에 있는 남경에서 즉위했다. 북송의 명맥을 이은 남송의 새 출발이었다. 남송의 고종은 금의 압력에서 벗어나기 위해 양자강 이남으로 천도를 계획하면서 금의 점령지에 밀사를 보내 반란을 유도했다. 그 사실을 알게 된 금 태종은 12월 다시 남벌을 실시해 산동 지역을 석권했지만 후방 지원 문제로 곧 철수했다.

그 무렵 이자겸과 척준경을 축출한 고려에서는 풍수지리설을 바탕으로 자주 개혁을 부르짖는 서경의 신흥세력과 유교 이념을 바탕으로 합리적인 정치를 지향하던 개경의 문벌귀족들이 권력을 다투고 있었다.

고려에서 서경은 권력구조 측면에서 매우 특이한 위치를 차지하고 있었다. 태조는 훈요십조에서 후대 국왕들이 서경에 1년에 100일 이상 거주하라고 명할 정도로 중시했다. 태조는 개국과 동시에 서경에 평양대도호부를 설치했고, 광종은 개경을 황도, 서경[104]을 서도라 하여 제2의 수도로 삼았으며, 목종은 서경을 호경(鎬京)으로 고쳐 부르게 했을 정도이다. 당시 서경의 대창은 서해도의 세곡 1만 7722석13두를 받아 관리의 녹봉으로 지급했을 정도로 경제적인 풍요를 누리고 있었다.

이자겸을 제거하고 왕권회복에 커다란 공을 세운 서경세력의 핵심인물은 승려 묘청과 정지상, 백수한 등이었다. 서경의 승려 묘청은 일관 백수한을 제자로 삼고 음양비술이라는 풍수론을 통해 정지상, 김안, 홍이서, 이중부, 문공인, 임경청 등을 포섭한 다음 개경의 지덕이 다했다며 인종에게 서경 천도와 함께 칭제건원, 금 정벌을 주청했다. 그들의 주장은 금나라에 유화적이었던 이자겸과 척준경이 쫓겨난 뒤라 내외의 많은 지지를 받았다.

인종도 그런 서경세력의 논리를 받아들여 임원역(평남 대동군 부산면 신궁동)에 대화궁을 짓도록 명하고 수시로 순행했다. 그러자 김부식 등 개경세력들은 서경 천도 반대 운동을 전개했다. 양측의 주장은 저마다 일리가 있었지만 실제로는 정치 주도권을 장악하기 위한 정쟁일 뿐이었다.

　1128년 금에서는 고려의 보주 영유권을 인정한 대가로 충성 서약을 요구했다. 이는 과거 9성을 반환할 때 완안부 추장들이 한 것과 같은 것이었다. 고려는 고민했지만 북송을 멸망시킨 금의 실체를 인정하고 그 요구를 수락했다. 이는 국제정세를 면밀히 관찰한 끝에 국익을 우선으로 하는 고려의 전통적인 외교방식이었다. 그렇듯 양국 간에 관계가 평화무드에 접어들면서 서경세력의 입지는 점점 좁아져 갔다.

　한편 묘청이 왕의 신임을 얻어 출세하자 세간에 사이비 승려들이 나타나 백성들의 재산을 갈취했다. 또 승려와 속인, 잡류들이 합세한 만불향도(萬佛香徒)[105]의 무리들이 거리에서 염불을 하면서 술이나 파를 팔았고 병기를 들고 춤을 추며 재물을 모았다. 그들로 인한 폐해가 줄을 잇자 1131년 6월 인종은 어사대와 금오위에 명하여 혹세무민하는 만불향도를 금하게 했다.

　1132년에 묘청은 인종에게 칭제와 연호의 제정과 금의 정벌을 주청했다. 그러자 승선 이지저는 인종에게 금은 대국이니 함부로 정벌을 논해서는 안 된다고 조언했다. 인종은 그의 말뜻을 알아듣고 결정을 유보했다. 그러자 묘청과 백수한은 인종의 결단을 끌어내기 위해 잡술을 동원했다. 어느 날 두 사람은 사람을 시켜 큰 떡 안에 참기름을 넣어 대동강에 가라앉혔다. 다음 날 인종이 강을 유람할 때 기름이 물 위에 떠올라 오색찬란한 빛을 발하자 그들은 인종에게 말했다.

　"신룡이 침을 뱉었으니 상서로운 징조입니다."

　그때 문공인은 기름 장수를 통해 묘청의 속임수를 알아내고 잠수부를 동원해 강바닥에서 예의 큰 떡을 건진 다음 인종에게 보여주었다. 그러자 참지정사 임원애가 국왕을 속인 묘청 등 서경세력을 벌하라고 상소했지만 인종은 아무런 조치도 취하지 않았다. 그때까지도 인종은 서경세력들을 굳게 신뢰하고 있었던 것이다. 그런데 2년 뒤 인종의 마음을 결정적으로 돌이키게 만든 사건이 일어났다.

1134년 인종의 서경 행차 도중 폭풍우가 몰아쳐 호종하던 인마가 다치거나 죽었다. 2월에는 또 왕이 마천정에 이르렀을 때 시종하던 장군 김용의 말이 놀라 날뛰는 바람에 김용이 죽을 뻔했다. 또 왕이 대동강에서 연회를 열 때 북풍이 불고 한기가 몰아쳐 급히 궁으로 되돌아왔다. 3월에는 대화궁에 갔을 때 폭풍과 먼지가 자욱해 일산을 앞으로 나아갈 수 없을 지경이었다. 또 6월에는 대화궁에 벼락이 떨어져 건룡전 등 30여 군데가 파손되었다.

그와 같은 천재지변은 국왕의 실정을 하늘이 징벌한다는 재이론(災異論)과 부합되는 사건이었다. 그때부터 인종은 서경 천도를 망설이게 되었다. 국왕의 변심을 알게 된 개경의 문벌 귀족들은 격렬하게 서경 천도를 반대하면서 묘청의 처단을 요구했다. 그들의 주장에 간관들까지 동조하자 인종은 결국 천도 계획의 중지을 선언하고 복구공사를 마친 개경의 수창궁으로 돌아갔다.

묘청의 난

1135년(인종 13) 서경 천도계획이 무위로 돌아가고 서경세력의 입지가 위태로워지자 묘청은 분사시랑 조광, 병부상서 유참 등과 함께 반란을 일으켰다. 그들은 국호를 대위(大爲), 연호를 천개(天開), 군대의 이름을 천견충의군(天譴忠義軍)이라 한 다음 서경을 점령하고 인종을 모셔오려 했다. 그러므로 초기 반란의 성격은 개경 세력으로부터 인종을 분리시키려는 서경세력의 친위 쿠데타였다.

반란군이 군사 요충지인 절령을 봉쇄하자 인종은 김부식을 서경정토대장(西京征討大將)으로 임명하고 토벌을 맡겼다. 김부식은 개경에 있던 서경파의 일원인 백수한, 김안, 정지상을 참수하고 평산과 관산을 거쳐 서경으로 출동했다. 토벌군이 출동하자 중도의 많은 성들이 호응함으로써 전세는 서경세력에게 불리하게 돌아갔다.

서경세력의 반란 사실이 외부에 알려지자 남송은 6월 사신을 보내 10만의 원병을 보내겠다고 제의했다. 그 무렵 남송의 고종을 추격해 양자강을 건넜던 금군은 1130년 철수했고 명장 악비가 지휘하는 의용군이 금군과 격전을 벌이고 있던 시기였다. 남송의 내심은 고려의 내란에 도움을 줌으로써 훗날 금에 대항해 공동전선을 펼치고자 했다. 그러나 고려는 9월 남송의 사신 오돈례가 돌아가는 길에 원병을 거절하는 국서를 보냈다.

서경의 반란은 무려 1년여 동안 지속되었다. 그 와중에 김부식은 여덟 차례나 반군의 지휘관 조광에게 항복을 권유했다. 토벌군의 포위망이 계속 좁혀지자 압박을 이기지 못한 조광은 항복을 선언하고 묘청과 유담, 유담의 아들 유호의 목을 베고 윤첨을 시켜 개경에 보냈다. 그렇듯 묘청은 반란의 주모자라는 명성에 걸맞지 않게 허무한 죽음을 당했다. 그런데 개경에 간 윤첨이 하옥되고 항복한 조광을 징벌하려 한다는 소식이 들려왔다. 조정의 이중적인 태도에 분개한 조광은 서경 백성들과 함께 결사항전을 다짐하고 조정에서 회유 교섭 차 보낸 전중시어사 김부, 내시 황문상을 죽인 다음 김부식이 보낸 녹사 이덕경도 죽여버렸다. 그때부터 서경의 반군들은 1,730칸에 이르는 성을 쌓고 토벌군의 공격에 대비했다.

1135년 윤2월 인종은 내시 정습명으로 하여금 남해에서 수군 4천6백여 명, 전함 1백40척을 모으게 한 뒤 서경으로 출동시켰다. 정습명이 순화현의 남강에 이르자 상장군 이녹천이 전선 50척을 이끌고 합류했다. 하지만 이녹천의 부대는 황주에 이르러 썰물이 시작되었는데도 배를 물리지 않은 탓에 그만 진흙에 갇혀버렸다. 그러자 반군들이 작은 배 10여 척에 섶을 싣고 기름을 부은 다음 불을 질러 전함에 옮겨 붙게 하고 화살을 쏘아댔다. 그로 인해 정벌군의 장군 김태수와 녹사 정준을 비롯해 전군이 궤멸되었고 이녹천만 간신히 목숨을 건졌다. 그 사건으로 수군을 통한 서경 함락은 수포로 돌아갔다. 사기가 오른 서경의 반군들은 조정을 비웃으며 농성을 계속했다.

그해 10월이 되자 서경성에 식량이 떨어지자 반군들이 성 밖으로 노약자와 부녀자들을 내보냈다. 때가 되었음을 감지한 김부식은 비로소 군사 2만 3200명과 승려 500명을 동원해 흙산을 쌓고 공격을 개시했지만 서두르지는 않았다. 어차피 시간은 토벌군의 편이었기 때문이다. 1136년(인종 14) 2월 9일 지리한 대치 끝에 드디어 총공격을 시작한 토벌군은 20일 만에 서경성을 함락시켰다. 그와 함께 조광이 성중에서 자결함으로써 묘청의 난은 완전히 종결되었다.

동북아의 안정과 인종의 죽음

묘청의 난으로 인해 고려 왕실은 서경이라는 강력한 세력기반을 잃었고 개경 문벌귀족들의 권력이 더욱 강화되었다. 문벌귀족들은 그때부터 왕실의 권위나 국익보다는 사리사욕에 몰두했고 저마다 대토지 확보에 혈안이 되었다. 그런 귀족들의 횡포를 왕실이 제어하지 못하자 농민들의 삶은 도탄에 빠졌고, 무신들의 권익도 침해당했다. 이런 상황에서 전국 각처에 유민이 발생하고 도적의 무리가 일어나 농민 항쟁으로 발전할 조짐을 보였다.

고려가 서경의 반란을 진압하느라 부심하고 있을 무렵 금 역시 몽고의 침입으로 곤경을 치르고 있었다. 1141년 11월 남송과 금은 회수와 대산관을 잇는 선으로 국경을 정하고 남송이 금에 신하의 예를 취했다. 남송은 매년 은 25만 냥, 비단 25만 필을 조공으로 바치고, 금은 그 대가로 북송 황제 휘종의 재궁과 남송 황제 고종의 생모 위씨 송환 등을 약속했다.

모처럼 대내외적으로 평온이 유지되자 인종은 은퇴한 김부식에게 「삼국사기」의 편찬을 명하여 1145년 완성을 보는 등 문화적인 업적을 쌓았다. 그러나 무학제를 폐지하여 무관들의 불만을 삼으로써 의종 시대 정변의 요소를 축적하기도 했다. 파란만장했던 삶을 살았으면서도 김부식으로부터 '이보다 더 나은 제왕이 있겠는가'라는 찬사를 받았던 인종은 재위 25년째인 1146년(인종 24) 2월, 38세의 나이로 보화전에서 세상을 떠났다. 시호는 공효극안(恭孝克安), 묘호는 인종(仁宗), 능호는 장릉(長陵)이다.

인종의 가족

인종에게는 이자겸의 난으로 폐출된 두 명의 왕비와 공예왕후, 선평왕후 등 4명의 부인이 있었지만 공예왕후 임씨에게서만 5남 4녀를 얻었다.

제1비 폐비 이씨는 이자겸의 셋째 딸로 인종의 모후 순덕왕후 이씨의 친동생이다. 그러므로 그녀는 인종의 부인이자 이모였다. 1124년 8월 이자겸의 강압에 의해 인종과 혼인했고, 1126년 이자겸 축출 뒤에는 이모라는 관계 때문에 폐출되는 비운을 맞았다. 1139년에 세상을 떠났다.

제2비 폐비 이씨는 이자겸의 넷째 딸로 역시 인종의 부인이자 이모였다. 1125년 입궁해 왕비가 되었는데 몇 차례나 인종을 독살 위기에서 구해주었다. 그 공으로 그녀는 폐출된 뒤에도 토지와 저택, 노비를 받았고 의종과 명종으로부터 후한 대접을 받았다. 1195년 그녀가 죽자 명종은 왕후의 예로 장사지냈다.

제3비 공예왕후 임씨는 중서령 임원후의 딸이자 문하시랑 이위의 외손녀로 이자겸의 딸 두 명이 폐출된 뒤 1126년 6월 왕비에 간택되어 실질적인 정비 대접을 받았다. 그녀가 태어나던 날 밤 이위는 황색 깃발이 집의 중문에 세워지면서 깃발의 꼬리가 선경전 치미를 싸고돌며 휘날리는 꿈을 꾸었다고 한다. 그것은 이씨가 훗날 선경전에 들 것이라는 뜻이었다. 그녀가 장성하여 평장사 김인규의 아들 김지효와 약혼했는데 혼례 당일 밤 김지효가 신부 집 대문간에서 사경에 빠졌다. 그때 임원후가 파혼하고 점을 쳐보니 딸이 왕비가 될 것이라는 점괘를 얻었다. 그러자 당대의 권력자인 이자겸이 그 소문을 듣고 괘씸하게 생각하여 그를 개성부사로 좌천시켰다. 훗날 이자겸이 축출되고 나서 과연 임씨가 왕비로 간택되었다. 1127년 의종을 낳은 공예왕후 이씨는 1129년 왕비에 책봉된 뒤 명종, 신종과 대령후 왕경, 원경국사 왕충희 등 5명의 아들과 승경, 덕녕, 창락, 영화 등 4명의 공주를 낳았다.

제4비 선평왕후 김씨는 병부상서 김선의 딸로 1127년 2월 입궁했다. 의종이 즉위한 뒤 왕태비 연수궁주로 불렸다. 1179년 세상을 떠나자 시호를 선평으로 했다.

인종의 넷째아들 원경국사 충희는 모후인 공예왕후 임씨의 각별한 사랑을 받았다. 그는 어렸을 때 출가해 장성한 뒤 승통이 되었다. 그는 셋째 형 명종이 재위하던 1177년 흥왕사의 한 승려가 그의 역모를 고변해 위기에 처했지만 증거 불충분으로 살아남았다.

1180년 모후 공예왕후가 유종을 앓자 충희를 불러 곁에 두었다. 그때 충희가 여러 궁녀들과 간통했고 심지어 공주를 범했다는 소문까지 돌았다. 때문에 우사간 최선이 그를 대궐에서 내쫓으라고 상소했지만 명종은 자신의 형제를 이간질시켰다며 거꾸로 최선을 파면시켜 버렸다. 1183년(명종 13) 충희가 죽었지만 명종은 모후가 놀랄까봐 죽음을 알리지 않았다. 그로 인해 공예왕후는 명종이 무신들과 짜고 충희를 죽였다고 의심하기까지 했다.

인종 시대의 주요 인물

개경 세력의 주역, 김부식

김부식(金富軾)의 본관은 경주(慶州), 자는 입지(立之), 호는 뇌천(雷川)이다. 신라 왕실의 후예로서 경주의 주장인 김위영의 증손자이고 국자좨주 좌간의대부 김근의 셋째 아들로 1075년에 태어났다. 김근의 네 아들은 모두 과거로 진출하였으며, 맏아들 김부필을 제외한 부일·부식·부철은 관리로서 가장 명예롭게 여기는 한림원 출신으로 이름을 날렸다. 훗날 김부필은 윤관과 함께 병마판관으로 여진 정벌에 참여했고, 둘째 부일은 벼슬이 중서시랑문하평장사, 셋째 부식은 문하시중, 넷째 부철은 지추밀원사에 이르렀다. 그러므로 인종 시대는 이자겸 이후 김부식 형제의 시대라고 해도 과언이 아니다.

김부식은 1096년(숙종 1) 과거에 급제하였으며 안서대도호부의 사록참군사를 거쳐 직한림원으로 임명되어 예종대의 경전과 역사 강의를 도맡았다. 당시 북송의 사신으로 고려에 왔던 「고려도경」의 저자 서긍은 김부식을 일컬어 고금에 밝고 글을 잘 짓는 박학강식한 사람이라고 평했다. 인종 등극 후에는 박승중, 정극영 등과 함께 「예종실록」을 편찬했다.

인종 초에 이자겸이 왕의 외조부이자 장인이라는 이유로 권력을 농단하자 유학자로서의 원칙을 주장해 군신의 예를 따르도록 했다. 1124년(인종 2) 박승중이 이자겸의 조부 이자연을 추증하면서 죽책으로 책봉례를 행하고 묘 앞에 음악을 갖추게 하자고 상소하자 이를 저지했고, 이자겸의 생일을 인수절로 부르자고 상소하자 '생일을 절이라 하는 것은 예전에 없던 일이고 신하의 예는 더더욱 아니다'라고 적극 주장해 관철시켰다. 이자겸이 제거된 후 김부식은 1126년(인종 4) 어사대부가 되었다가 호부상서 한림학사승지를 역임했다. 1130년 정당문학 겸 수국사로 승진하였고 이어 검교사공 참지정사가 되었으며, 1132년에 수사공 중서시랑동중서문하평장사에 이르렀다.

그 무렵 묘청을 비롯한 서경파가 천도를 주장하면서 서명을 청하자 임원애, 이지저와 함께 반대하며 서명하지 않았다. 또 1134년(인종 12) 인종이 서경을 순행하려 하자 농번기에 국왕의 행차는 민심을 어지럽힌다는 이유로 반대했다. 이듬해 1월 묘청이 조광, 유참 등과 함께 서경에서 난을 일으키자 토벌대장에 임명된 김부식은 1년 2개월 만에 반란군을 진압함으로써 수충정난정국공신에 책록되고 검교태보·수태위·문하시중·판상서이부사·감수국사·상주국 겸 태자태보에 승진했다. 1138년에 검교태사·집현전대학사·태자태사를 더했다.

권력을 장악한 김부식은 서경 토벌에 공을 세웠던 한유충을 충추목사로, 윤언이를 양주방어사로 좌천시켰다. 김부식이 윤언이를 탄핵한 것은 두 사람 사이에 사적인 원한 때문이었다. 윤언이는 아버지 윤관이 쓴 대각국사 의천의 비문을 김부식이 양해도 없이 고친 일을 두고 매우 기분이 상했다. 그러던 어느 날 국자감에 행차한 인종이 김부식에게 「주역」을 강의하게 하고 윤언이에게 질문을 하게 하자 의도적으로 날카로운 질문을 퍼부어 김부식을 궁지에 몰아넣었다. 그로 인해 두 사람의 관계는 극도로 나빠졌던 것이다.

1142년 김부식은 윤언이가 복직하자 보복을 두려워하여 인종에게 사직을 청했다. 그러자 인종은 사직을 윤허하면서 동덕찬화공신호를 더하고, 그의 장남 김돈중이 과거에서 2등으로 합격하자 1등으로 고쳐주기도 했다. 관직에서 물러난 김부식은 인종의 명으로 「삼국사기」를 편찬하면서 체재를 작성하고 사론을 직접 썼으며, 1145년 12월 완성하여, 왕에게 올렸다.

「삼국사기」는 과거에 유교의 예법과 덕치주의, 사대모화적인 관점, 유교적인 문신귀족들의 입장에서 저술되었다 하여 비판받았지만, 최근에는 이 책이 김부식을 비롯한 11명의 공동 작업에 의해 완성되었으므로 객관적인 서술이 가능했고, 사론에서 토풍을 인정하며, 천자의 기록이라는 본기(本紀)의 명칭을 붙였다는 점에서 자주의식을 가진 정사로 인정받고 있다. 한편「고려사」를 비롯한 모든 사서들이 모두 중국의 예를 모방해 전왕이 죽은 이듬해를 신왕의 원년으로 칭했지만, 「삼국사기」에서는 전왕의 말년을 차왕의 원년으로 칭하는 독특한 사관을 보여주었다.

중국의 정사체로 기록된「삼국사기」는 총 50권으로 본기 28권, 지9권, 표3권, 열전 10권으로 이루어져 있다. 중국의 사서가 열전 중심인데 비해「삼국사기」는 본기 중심인 것이 특징이다. 본기는 정치, 천재지변, 전쟁, 외교 등으로 분류되었다. 편찬의 참여자는 김부식, 최산보, 이온문, 허홍재, 서안정, 박동계, 이황중, 최우보, 김영온 등 8인의 참고(參考)와 김충효, 정습명 등 2인의 관구(管句) 등 총 11명이다.

의종은 즉위한 뒤 김부식을 낙랑군 개국후에 봉하고 식읍 1천호를 하사했고, 「인종실록」을 편찬하게 했다. 그렇듯 묘청의 난을 계기로 권력의 중추에서 활약했던 김부식은 1151년(의종 5) 77세를 일기로 세상을 떠났다. 1153년 중서령이 추증되었으며 인종 묘정에 배향되었다. 문집 20여 권을 남겼으나 전하지 않는다. 시호는 문열(文烈)이다.

「고려도경」의 주인공 서긍

서긍(徐兢)은 북송의 문신으로 자는 명숙(明叔)이다. 1123년(인종 1) 사신 노윤적과 함께 고려에 와서 개경에 1개월간 머물렀다. 그 무렵 고려는 동아시아에서 문화수준이 제일 높은 나라였다. 때문에 중국인들은 고려를 가리켜 문물예의지방(文物禮義之邦)이라고 찬양했고, 사신을 파견할 때는 학식이 높은 신하를 골라 보냈다.

서긍은 당시 시문과 서화, 음률에 정통한 지식인이었는데 개경에 머물러 있는 동안 고려의 다양한 자료를 수집한 다음 귀국한 뒤「선화봉사고려도경(宣和奉使高麗圖經)」이라는 책으로 엮었다. 선화(宣和)는 휘종 때의 연호로 서긍이 고려에 다녀온 때를 말하며 봉사(奉使)란 사신이라는 임무를 수행했다는 뜻이다. 일명 「고려도경」이라고도 불리는 이 책은 40권으로 되어 있는데, 그 내용은 28개 부문, 300여 개의 조목으로 나누었다. 그는 글과 그림을 결합해 고려의 역사와 지리, 궁전, 제도, 인물, 풍속, 습관, 교통 등 당시 고려의 실상을 자세하게 그려냈다.

그는 당시 14세였던 고려국왕 인종에 대대 '용모가 준수하고 몸집은 작지만 비만형이며 지혜롭고 엄격하며 사리분별을 할 줄 안다'고 썼고, 권신 이자겸에 대해서는 '풍모(風貌)가 단정하고 거동이 온화하며 어진 이를 좋아하고 선(善)을 즐겼다'고 극찬하고 있으며, 김부식에 대해서는 '두루 통달하고 기억력도 탁월하여 글을 잘 짓고 역사를 잘 알아 학사(學士)들에게 신망을 얻었다'라고 썼다. 그 외에도 이 책에 기록된 흥미로운 내용 몇 가지를 부기한다.

'고려인들은 은혜를 베푸는 일이 적고 여색을 좋아하며, 쉽게 사랑하고 재물을 중히 여긴다. 남녀 간의 혼인에서도 가볍게 합치고 쉽게 헤어져 전례를 본받지 않으니 참으로 웃을 만한 일이다.'

'자식을 낳으면 다른 방에 거처하게 하고, 아이가 병을 앓으면 비록 부모라도 약을 들이지 않는다. 죽으면 염(殮)만 할 뿐 관에 넣지 않는데, 왕이나 귀족들도 마찬가지다. 만약 가난한 사람이 장사지내는 도구가 없으면 들 가운데 버려두는데 봉분도 하지 않고 묘표도 세우지 않는다. 개미나 땅강아지, 까마귀나 솔개가 파먹는 대로 놓아두지만 사람들은 이를 그릇된 것이라고 여기지 않는다.'

'왕성 장랑에는 10칸마다 장막을 치고 불상을 설치하며 큰 항아리에 흰 쌀죽을 담아두고 대접과 국자 등도 놓아둔다. 왕래하는 사람이 마음대로 먹게 하되 귀천을 가리지 않는다. 승려들이 그 일을 맡는다.'

「고려도경」은 12세기 고려의 실정을 중국에 소개한 유일한 자료로서 사료적 가치는 「고려사」에 필적한다는 평가를 받고 있다. 서긍은 「고려도경」을 편찬한 공으로 북송의 휘종으로부터 포상을 받고, 관직도 대종승을 거쳐 장서학에 이르렀다.

세계

- 1151 영국 헨리, 노르망디공이 됨
- 1152 남송, 양양에 홍수
- 1153 금, 연경으로 천도
- 1155 남송, 진회 사망
- 1159 일본, 평지의 난
- 1160 남송 처음으로 회자(會子)를 사용
- 1161 금, 남송 침공
- 1163 프랑스 파리에 노틀담 성당 건축 시작
- 1164 금나라, 여진문자로 경사를 번역
- 1167 영국왕 존 1세 출생

국내

- 1150 수주를 안남도 호부로 고침
- 1153 원지 홍을 태자로 책봉
- 1154 과거법 개정
- 1158 백주에 별궁 창건
- 1159 승려 탄연 입적
- 1160 문신 신숙 사망
- 1162 이천, 동주, 선주 등에서 대규모의 민란 발생
- 1163 남도지방에 민란 발생
- 1166 동불(銅佛) 40구를 주조함
- 1168 신령 6조를 반포

제18대 의종
장효강과 莊孝剛果

고려의 제18대 국왕 의종(毅宗)의 이름은 현(晛), 자는 일승(日升), 초명은 철(徹)이다. 인종의 맏아들로 공예왕후 임씨 소생이다. 1127년 4월 경오일에 태어나, 1134년에 왕태자에 책봉되었다. 1146년 2월 정묘일에 인종이 승하하자 20세의 나이로 대관전에서 보위에 올랐다.

의종은 왕태자 시절 모후인 공예왕후 임씨가 사랑하던 동생 대령후 왕경에게 지위를 빼앗길 위기에 처했지만 인종의 신임이 두터웠던 예부시랑 정습명의 적극적인 비호로 위기를 넘겼다. 때문에 의종은 즉위하자마자 정습명을 한림학사로 임명하고 추밀원지주사로 올려준 다음 그의 보좌를 받아 정사에 임했다.

당시 고려의 정국은 인종대의 공신 원로 김부식과 문하시중 임원후가 이끄는 개경파가 주도하고 있었다. 이자겸의 난과 묘청의 난을 계기로 정권을 장

악한 문신들은 대간[106]을 동원해 국왕의 독주를 가로막았다. 때문에 의종은 환관 정함, 내시사령 영의, 형부낭중 김존중, 내시낭중 정서 등을 끌어들여 그들을 견제했다.

1146년 9월 전주 아전 출신으로 평장사에 오른 이준양이 죽자 의종은 몹시 슬퍼했다. 또 근면하고 검박하며 정직한 것으로 유명한 평장사 한유충이 죽자 사흘 동안 조회를 정지하기까지 했다. 11월에는 압록강의 도부서 부사 윤수언이 병선 11척과 군졸 209명과 함께 물에 빠져 죽는 사고가 일어나 조정을 근심에 휩싸이게 했다.

연이은 역모와 문신들과의 불화

의종이 즉위하면서 금과 북송을 등에 업고 조정을 뒤엎으려는 무리들이 나타났다. 1147년 11월, 서경에서 이숙, 유혁, 숭황 등이 금의 사신에게 군사를 이끌고 서경에 오면 안에서 호응하겠다는 글을 보냈다가 발각되어 죽임을 당했다. 이때의 역모는 금과 하등 관계가 없는 일이었다. 1148년 5월 금에서 사신을 보내 의종을 개부의동삼사상주국고려국왕(開府儀同三司上柱國高麗國王)에 책봉했다. 금의 고려에 대한 태도는 인종 때와 마찬가지로 몹시 우호적이었다.

1148년 10월, 이심, 지지용 등이 송인 장철과 공모해 반란을 도모하다 역시 송인인 도강 임대유의 고발로 일망타진되었다. 역당들은 당시 남송의 태사 진회에게 동방흔이라는 가명으로 편지를 보내 금 정벌을 빌미로 고려에 길을 빌리고 자신들이 내응한다면 고려를 점령하는 것은 식은 죽 먹기라고 부추겼다. 그때 지녹연의 아들 지지용은 그 편지와 집안에 보관해오던 고려 지도를 송상 팽인을 통해 진회에게 전달했다.

그처럼 연이어 역모가 발생하자 지어사대가 문공유, 좌정언 정지원은 왕의 방탕한 생활 때문이라며 측근인 환관과 내시들을 벌하라고 압박했다. 의종이 응하지 않자 대간들이 사흘 동안 합문 밖에서 연좌농성을 벌였다. 결국 의종은 대간들의 요구에 굴복하여 김거공, 지숙 등 7명의 내시와 환관을 귀양보낼 수밖에 없었다.

그 일로 자존심이 상한 의종은 김존중과 정함, 정서 등 측근들과 함께 매일 격구와 수박희 등을 즐기며 정사를 멀리했다. 어떤 날은 나흘 동안 격구에 몰입하기까지 했다. 당시 의종의 격구 실력은 대단해서 적수가 없을 정도였다. 이에 정습명이 자중을 호소하자 의종은 불시에 그를 파직시켜 조정에서 쫓아냈다. 이어서 김존중을 우승선으로 삼고 조회에서 간관들의 간언을 금지시켜 버렸다. 그런 의종의 행태에 실망한 정습명은 집에서 독약을 삼키고 자결해버렸다. 그때 귀법사에서 놀던 의종은 정습명의 부음을 듣자마자 달령다원까지 혼자 말을 타고 가서 이렇게 소리쳤다고 한다.

"정습명이 살아 있다면 내가 어찌 여기에 올 수 있었겠느냐."

그때부터 거칠 것이 없어진 의종은 눈엣가시 같았던 대령후 제거작업에 돌입했다. 의종의 뜻에 따라 환관 정함과 김존중은 대령후 왕경과 양벽, 김의련, 김감, 정서 등을 한데 엮어 역모로 모함했다. 곧 대령후의 종 김감과 악공 최예 등이 하옥되었고 정서는 동래, 양벽은 회진, 김의련은 청주, 김감은 박도로 각각 유배되었다. 또 대령후의 집에 그릇을 빌려준 최유청은 남경유수로, 잡단 이작승은 남해 현령으로 좌천시켰다. 그러나 공예왕후의 비호로 인해 최종 목표인 대령후 제거에는 실패하고 말았다. 당시 의종은 애꿎게 연루된 측근 정서를 가까운 시일 내에 다시 부르겠다고 약속했다. 그리하여 오매불망 왕의 부름을 기다리던 정서는 귀양지에서 유명한 고려 가요 「정과정곡」[107]을 남겼다.

1149년 의종은 관례를 깨고 환관 정함에게 합문지후 벼슬을 내렸다. 그러자 대간들이 합문 밖에서 농성하며 철회를 요구했다. 환관에게 문관직인 합문지후 벼슬은 가당치 않다는 주장이었다. 의종이 거절하자 중서문하성[108] 관원들이 단체파업에 들어갔다. 의종은 격구를 즐기며 꿋꿋하게 버텼지만 조정이 마비사태에 이르자 정함의 벼슬을 거두었다. 그와 같은 의종의 조치에 실망한 환관 이균이 대궐 동쪽 연못에 몸을 던져 자살했다.

　그때부터 의종은 미신에 의탁해 마음을 달랬다. 그는 점쟁이 영의를 궐내로 불러들여 죽은 이균의 명복을 빌어주었고, 명인전에서 72성인에게 기도했으며, 옥황상제, 태일 및 16신에게 제사를 지냈다. 또 내전에서 측근들과 함께 삼계에 기도를 올리기까지 했다. 그런 비정상적인 국왕의 행태에 분개한 문신들은 영의와 내시[109] 14명, 다방 관원 5명의 축출을 요구했다. 의종은 또 다시 눈물을 머금고 측근들을 모두 내보냈고, 뒤이어 총애하던 김존중까지 등창으로 죽자 실의에 빠졌다. 하지만 의종은 얼마 지나지 않아 다시 측근들을 궁으로 불러들였다.

　1153년(의종 7) 의종은 아들 왕기를 태자로 책봉하여 후계체제를 명확히 했다. 그해 9월에는 자신의 원찰로 서경에 중흥사를 창건했다. 이는 지나치게 자신의 행동에 제동을 거는 개경의 문신들에 대한 의종의 반격이기도 했다.

의종의 사치와 정사의 실종

　그 무렵 정사에 흥미를 잃은 의종은 이복기, 임종식, 한뢰 등 문신들을 회유하여 주연을 베풀고 시를 지으며 방탕에 빠져들었다. 대궐 동쪽에 별궁을 짓고 시중 안충의 저택을 안창궁, 참지정사 김정순의 저택을 정화궁, 평장사 유필의 저택을 연창궁, 추밀원부사 김거공의 저택을 서풍궁으로 만들고 민가 50여 채를 헐어내 태평정을 지은 다음 태자에게 현판을 쓰게 했다. 또 태평정 남쪽에 못을 파고 관란정을 세웠으며, 북쪽에는 양이정을 지어 청기와를 이었다. 또 기암괴석을 모아 절벽을 만들고 물을 끌어들여 폭포를 조성하는 등 전형적인 폐주의 모습으로 바뀌어갔다.

　의종의 사치와 향락을 위해 측근들은 화려하고 진귀한 물건을 찾아 바쳤고, 아첨과 아부가 줄을 이었다. 그러자 의종은 환관 정함을 다시 조정에 불러들여 함문지후를 제수했으며, 점쟁이 영의를 내시사령에 임명했다. 12월에는 정함의 저택을 경명궁으로 삼았다. 점술가들은 그 집터를 보고 개가 머리를 들어 주인을 향해 짖는 격이므로 국왕이 있을 자리가 아니라고 조언했지만 의종은 듣지 않았다. 의종은 또 영의의 점괘에 따라 대규모 사찰 중수작업을 벌여 불교세력을 끌어들이려 했다.

그 와중에 의종은 울릉도가 지역이 넓고 땅이 비옥하며 옛날에는 주, 현을 두었던 적이 있어 백성들이 살만 하다는 말을 듣고 명주도 감창 전중 내급사 김유립을 시켜 가보게 했다. 그러자 김유립은 돌아와 암석이 많아 살 수 없는 땅이라고 보고했다.

1157년 의종은 시중 임원후가 병사하면서 문관들이 방심한 틈을 타 모후 공예왕후를 보제사로 옮긴 다음 대령후 왕경을 천안부에 유배시켜버렸다. 또 최유청을 충주목사, 임극정은 양주 방어사, 정서의 매부 우부승선 김이영은 승평군사, 이작승은 남해 현령으로 좌천시켰으며, 정서의 유배지를 동래에서 거제도로 바꾸었다. 그 후 대령후 왕경은 궁에 돌아오지 못하고 유배지에서 숨을 거두었다. 그해 3월 예빈경 이중제의 아내 이씨가 자기 종에게 국왕을 능멸하는 발언을 하자 종의 처가 환관을 통해 그 사실을 의종에게 일러바쳤다. 그러자 의종은 이씨를 잡아들인 뒤 가족 모두를 귀양 보냈다.

1158년 9월, 최윤의, 지주사 이원응, 내시 박회준에게 명해 백주에 별궁을 짓게 했다. 그러자 박회준이 서해도에서 장정들을 징발해 중흥궐과 대화전을 지었다. 이는 중흥사와 맞물려 의종이 왕실의 중흥을 염원했다는 긍정적인 해석을 낳게 했다. 하지만 음양가들은 궁궐터가 도선이 말한 북방의 돌 호랑이가 머리를 추켜들고 와서 덮치는 형국이라 나라에 환란이 생길 것이라고 탄식했다. 그해 10월 왕이 중흥궐의 대화전에서 하례를 받는데 갑자기 천지가 캄캄해지고 바람이 불어 나무를 뽑았다. 놀란 의종은 점술가와 무당들을 동원해 액땜을 했다.

1159년 1월에는 햇무리에 귀가 달리고 청적백 3색이 나타났다. 이에 사람들은 모두 해 세 개가 한꺼번에 떴다며 탄식했다. 이와 같은 불길한 징조는 다가올 의종의 비참한 최후를 암시하는 것만 같았다.

의종의 방종과 백성들의 눈물

바야흐로 고려의 총체적인 위기가 닥쳐오고 있었지만 의종은 이를 의식하지 못했다. 그는 총애하는 무비와 문신들을 이끌고 영통사, 봉은사, 안화사, 국청사, 흥왕사, 천수사, 법왕사, 보제사, 보현사 등지를 돌면서 향락에 몰두했다. 그 과정에서 음양가들의 비결과 축원에 빠져 가는 곳마다 승려, 도사 수백 명을 동원해 재를 올리고 기도를 하면서 국고를 탕진했다.

의종은 또 개인저택을 빼앗아 별궁을 만들고 별공이라는 명목으로 긁어들이는 재보를 환관들이 받아 처리하게 했다. 이를 기화로 환관들은 사복을 채우느라 혈안이 되었다. 그 무렵 고려 전역에 한발로 인한 기근과 전염병이 돌아 길거리에 아사자와 병사자들의 시신이 방치되고 있었다. 국왕의 방만으로 고려가 도탄에 빠져든 것이었다.

의종의 사치와 주연이 늘어날수록 환관과 내시들도 활개를 쳤다. 환관 정함, 백선연, 왕광취 등과 내시 박회준, 유장 들은 모두 1백 칸이 넘는 대저택을 소유했고 수십 명의 노비를 거느렸다. 특히 정함과 백선연은 무장들을 노비처럼 부렸다. 당시 광주의 서기 김류는 백성들의 재산을 토색질해 백선연에게 바쳐 내관이 되었고 서리 출신 진득문은 하루아침에 보성판관이 되기도 했다.

1162년 5월에는 관비 선화가 임신부와 함께 곡식을 가지고 다투다가 그녀를 살해했다. 선화의 아들은 환관이었는데 지방관에게 청탁해 사형을 면하고 특사를 받아 원주로 직송했다. 이 부당한 조치에 대해 다른 관리가 따지고 들자 지방관은 그 관리를 자연도에 귀양 보냈다. 그 달에 바람이 몹시 불고 가뭄이 심해지자 사람들은 억울하게 죽은 임신부의 원한이 하늘에 사무친 탓이라고 수군거렸다.

1163년 2월 의종은 천수사에서 놀다가 길거리에서 유숙했는데 시종하던 관원과 호위 병사들은 주린 배를 움켜쥐어야 했다. 그러나 왕은 혜민국 남쪽 거리에서 어린아이들을 모아 동서 양쪽으로 나누어 대오를 꾸미게 하고 재간을 겨루게 하면서 5, 6일 동안 시끄럽게 놀았다. 그 와중에 풀을 엮어 동녀(童女)를 만든 다음 음식을 차려 주는 등 미신적인 놀이를 하곤 했다. 그처럼 의종의 황음과 기태가 심해지자 그해 8월 좌정언 문극겸이 간했다.

"백선연이 위세를 믿고 궁인 무비와 추행을 했고, 술사 영의는 좌도로 전하에게 아첨하여 재물을 모아 권세를 부리고 있습니다. 양계의 병마사들과 5도의 안찰사들에게 백성들의 재산을 빼앗아 두 사람에게 뇌물을 바치니 원성이 하늘을 찌릅니다. 또 지추밀사 최부칭이 권세를 믿고 재물을 모으고 있습니다. 부디 백선연과 무비를 참수하고, 영의를 강등, 최부칭을 파면하십시오."

당시 의종은 자태가 고운 누이 덕녕궁주를 궁으로 불러들여 어울렸는데 문극겸이 음란을 논하자 대노하여 상소문을 불살라버리고 그를 황주 판관으로 좌천시켰다. 문극겸이 상소문을 올릴 때 간의 이지심, 급사중 박육화, 기거주 윤인첨이 서명하지 않았다. 그들은 문극겸이 좌천되었지만 아무 일 없는 듯이 행동하자 사람들은 '함께 놀던 뛰어난 인물들은 얼굴이 어찌 그리 두터우냐'[110]라는 시를 읊으며 그들을 나무랐다. 그 후 문극겸이 황주에서 선정을 베푼다는 소문이 돌자 의종은 그를 진주판관으로 다시 좌천시켰다가 곧은 신하를 살피라는 유사의 충고에 따라 합문지후에 임명했다.

의종의 타락과 문신들의 권세가 이어지면서 고려의 무장들은 한숨을 내쉬어야 했다. 그들은 국왕과 문신들이 희희낙락 주연에서 노닐 때 주변을 삼엄하게 호위하는데도 아무런 보상을 받지 못했다. 더군다나 그들은 문신들로부터 무지한 자라며 무시당하기 일쑤였고, 환관이나 내시들의 시선도 다르지 않았다. 무인 왕국이었던 고려가 의종 대에 들어와 무인을 경시하는 판국으로 바뀌었던 것이다.

1167년 연등회 도중 우승선 김돈중의 말이 기병의 화살 통을 들이받아 화살이 의종의 가마 옆에 떨어지는 사고가 일어났다. 화살을 발견한 의종은 자객이 나타난 줄 알고 깜짝 놀라 황급히 환궁한 다음 범인을 잡는 자에게 은 2백 근을 주고 신분에 상관없이 본인의 소원대로 벼슬을 주겠다고 공포했다. 그러고도 떨리는 가슴을 가라앉히지 못한 왕은 현상금으로 황금 15근과 은병 2백 개를 더 내걸었다. 또 무장들을 선발해 내순검을 조직해 밤낮으로 대궐을 지키게 했다.

의종이 범인을 체포하라고 연일 독촉하자 신료들은 유배 중이던 대령후 왕경의 하인 나언을 잡아들여 고문으로 범행을 자백시킨 다음 참형에 처했다. 그 과정에서 견룡군과 순검군의 지유 14명을 귀양을 보내자 무관들의 불만이 고조되었다. 그 때 의종은 견룡군으로 이루어진 기존의 순검군 외에 내순검군을 신설해 호위를 강화했다.

그 후 의종은 귀법사, 용흥사, 흥왕사 등 사찰 미행을 재개하는가 싶더니 남경과 서경에 드나들며 승가사, 문수사, 장의사 등을 유람하는 등 또 다시 방종을 일삼았다. 3월에는 미복 차림으로 김신굴에 가서 나한제를 올리고 현화사로 돌아와 이공승, 허홍재, 각애 등과 더불어 중미정 남지에 배를 띄우고 술을 취하도록 마시면서 유쾌하게 놀았다. 청녕재 남쪽 산록에 정(丁)자 전각을 지어 중미정이라는 현판을 붙였고, 남쪽 시내 물을 토석으로 막고 못가에 모정을 세웠는데 물오리가 놀고 갈대가 선 것이 강호 경치와 흡사했다. 거기에 배를 띄우고 소동을 시켜 뱃노래를 부르게 함으로써 유흥을 마냥 돋우었다.

당시 부역에 동원된 백성들은 식사도 제공되지 않아 집에서 음식을 가져와야 했다. 그 중 한 사람이 몹시 가난해 식량을 구할 길이 없었으므로 사람들의 밥을 한 술씩 모아 먹여주었다. 보다 못한 그의 아내가 머리카락을 판 돈으로 밥과 반찬을 갖춰와 사람들에게 나누어 먹게 하자 남편이 목이 메어 음식을 넘기지 못했다.

어느 날 의종은 도성 동쪽 사천의 용연사 남방에 깎아지른 것 같은 범바위라는 이름의 석벽 밑에 물이 있고 주위에 수목이 울창하다는 말을 듣고 내시 이당주, 배연 등을 시켜 그 옆에 연복정이라는 정각을 지은 뒤 사면에 기화요초를 심었다. 그곳에 수심이 얕아서 배를 띄우지 못하자 제방을 쌓아 호수를 만들었다. 그곳은 흰 모래 땅인데 물결이 세차서 비가 내리면 제방이 매번 허물어지자 밤낮을 가리지 않고 사람들을 동원해 막게 하니 백성들의 고통이 이루 말할 수 없을 지경이었다.

간신들의 득세와 의종의 착각

1168년 3월 의종은 묘청의 난 이후 처음으로 서경으로 가서 신령(新令) 6조를 반포했다. 그것은 불교를 숭상하고 음양술의 비보를 따르라는 것이 주제였고, 말미에 백성들을 구휼하라는 내용이 약방의 감초처럼 끼어 있었다. 그럼에도 불구하고 의종의 방탕과 기행은 계속되었다.

1169년 들어서도 의종은 놀러 다니지 않는 달이 없어 어사대에서 제지하려 했지만 소용이 없었다. 당시 28숙과 삼계에 기도하는 등 각종 재를 올리는 비용이 너무 많이 들어 도제고와 도재고에서 그 비용을 감당하지 못하자 의종은 관북궁, 봉향궁, 천동궁 등 세 궁에 관료들을 두어 각도에서 비용을 징수하게 했다. 그때 내시 유방의, 진득문, 이송, 김응화, 김존위, 정중호, 희윤, 위작연 등은 환관들과 결탁해 의형제를 맺고 백성의 고혈을 짜냈다. 그들은 왕의 환심을 사기 위해 절을 짓고 부처의 화상을 그렸으며 재를 차리고 왕의 수명을 빌었다.

그해 6월에 연복정 남쪽 냇둑이 터지자 장정들을 동원해 막게 하고 제방 위에 정자를 세운 다음 기화요초를 심게 했다. 7월 들어 금에서 양 2천 두를 보냈는데 그중에 한 마리 양에게 4개의 뿔이 있었다. 그것을 발견한 추밀사 이공승이 상서로운 짐승이라며 의종에게 아첨하자 사람들은 그를 사각승선(四角承宣)이라고 조롱했다.

과거 이공승은 시어사로 금나라에 갔을 때 은 1근씩을 받는 관례를 거부해

청렴결백한 관리로 이름이 높았다. 때문에 의종도 "가을달이 맑게 개어 한 점의 먼지도 없는 것이 바로 공승의 가슴속과 같다"고 칭찬한 적이 있었다. 하지만 만년에 이공승은 의종의 광태에 동참하면서 타락의 길을 걸었다. 언젠가 그는 남경에 놀러갔다 돌아올 때 대취해 왕의 수레 위에 거꾸로 실리는 망신을 당하기도 했다.

그해에도 의종은 염영사, 홍복사, 팔경정, 패강 용서정, 보현원, 자효사, 황락정, 관북궁, 봉은사, 연복정, 귀법사, 안화사, 벽금정 등을 오가며 하루도 쉬지 않고 놀았다. 그렇지만 의종은 자신의 치세가 태평성대라고 착각하고 있었다. 1170년 5월 의종은 화평재에서 자신이 꿈속에서 지었다는 시를 문신들에게 읊어주며 희희낙락했다.

> 어진 정사 흡족하여
> 삼한에 태평을 가져왔네.[111]

당시 여러 군신들은 상서로운 물건을 구해 바치는 데 혈안이었다. 쑥대 세 줄기가 연복정에 나자 서초(瑞草)라고 아부했고, 내시 황문장은 물새를 현학(玄鶴)이라며 시를 지어 찬미했다. 또 수주의 백성이 밭을 갈다가 금 한 덩이를 얻었는데, 그 형상이 거북 같았다. 지주사 오녹지가 이를 가져다 바쳤는데, 측근들이 만세를 부르며 말하기를, "하늘이 금 거북을 내렸으니, 성덕에 응한 것입니다"라고 아첨했다.

보현원의 참극과 의종의 최후

의종이 그렇듯 매일같이 황음에 젖어 있고 내관이나 문신들의 방종이 극에 달하자 참다 못한 무신들은 결국 세상을 바꾸기로 결의했다. 주동자는 견룡행수 이의방과 산원 이고였다. 두 사람은 상급자인 우학유를 전면에 내세우려

했지만 그는 '문관을 제거하기는 썩은 나무토막 부러뜨리는 것처럼 쉽지만 그들이 해를 입으면 우리에게도 화가 미칠 것이니 삼가라'는 부친 우방제의 말을 상기하며 거절했다. 하는 수 없이 이의방과 이고는 당시 의종의 신임을 받고 있던 정중부를 끌어들였다. 정중부는 과거 김부식의 아들 김돈중이 자신의 수염을 촛불로 그을려 다툰 경험이 있던 터라 문신들에 대한 적개심이 컸다.

1170년 8월 정축일, 의종 일행은 보현원으로 가는 길에 오문 앞에서 신료들과 술을 즐겼다. 어가가 흥왕사에 잠깐 머물 때 의종은 문득 호위병들에게 미안한 생각이 들었는지 상품을 걸고 오병수박희 시합을 시켰다. 그런데 대장군 이소응이 젊은 장수와 일전을 겨루다 견디지 못하고 달아나자 한뢰가 그의 뺨을 때리는 사건이 발생했다. 그것을 본 정중부가 분개하여 소리쳤다.

"이소응은 무관이지만 벼슬이 3품인데 어찌 그리 욕을 보이느냐!"

그러자 깜짝 놀란 의종은 그에게 술을 권하며 사태를 무마시켰다. 그때 이의방과 이고 등이 칼을 뽑으려 했지만 정중부가 말렸다. 이윽고 저녁 무렵 어가가 보현원에 이르자 먼저 와서 왕명을 위조해 순검군을 모은 이고와 이의방, 채원 등이 닥치는 대로 문관과 내관들을 척살했다. 최초에 임종식과 이복기 등이 변을 당했고, 의종의 눈앞에서 한뢰가 피를 뿜었다. 더불어 호종 문관과 대소 관료, 환관 등이 모조리 죽음을 당했다. 무신들은 시체를 보현원의 연못 안에 던져 넣었는데 후세 사람들은 그곳을 조정침(朝廷沈)이라고 불렀다.

보현원의 거사가 성공하자 무관들은 곧바로 대궐로 달려가 문관 학살에 나섰다. 그리하여 추밀원부사 양순정, 사천감 음중인, 감찰어사 최동식 등을 죽이고 다시 태자궁으로 달려가 김거실, 이인보 등 10여 명을 죽인 다음 사람을 시켜 길에서 이렇게 외치게 했다.

"무릇 문관(文冠)을 쓴 자는 서리라 할지라도 죽여 버리고 씨를 남기지 말라."

흥분한 군졸들은 평장사 최부칭, 허홍재, 지추밀 서순, 최온, 상서우승 김돈시, 대사성 이지심 등 50여 명을 찾아내 죽였다. 갑작스런 무신들의 난동으로 의종은 공포에 사로잡혔지만 술의 힘을 빌어 수문전에서 짐짓 의연한 태도를 취했다. 갑작스런 무신들의 도발로 수많은 문신들이 참살당했지만 이전부터 무신들의 존경을 받았던 전 평장사 최유청과 서공 등은 군사들의 보호를 받았다. 그때 궐내에서 숙직하고 있던 전중급사 문극겸은 변란 소식을 듣고 도망치다 군사들에게 사로잡히자 이렇게 소리쳤다.

"나는 전 정언 문극겸이다. 왕께서 만약에 내 말을 따르셨다면 어찌 오늘에 이르렀겠는가? 내게 칼을 주면 깨끗이 자결하겠다."

그러자 평소 문극겸의 올곧은 성정을 알고 있던 군사들은 그를 죽이지 않고 궁중에 가두었다. 한편 무신들의 공적 1호로 지명되었던 김돈중은 도망쳐 감악산에 숨었다가 잡혀 죽었다. 또 병부 시랑 조동희는 서해도에 갔다가 변란 소식을 듣고 동계에 가서 군사를 모으려고 했지만 철령에서 호랑이가 길을 막아 지나가지 못하고 있다가 추격하는 군사에게 사살되었다. 당시 무신들은 자신들이 죽인 문신들의 집을 헐어 버렸는데, 그 후로 무신들은 원수를 죽이면 반드시 집을 헐어버리는 전통이 생겼다.

그해 9월 의종이 강안전에 들자 환관 왕광취 등이 정중부 일당의 토벌을 모의했다. 하지만 한숙의 밀고로 내시 10여 명과 환관 10여 명이 학살당하고 왕광취와 백자단, 영의 등이 참수되어 저자에 효수되었다. 그렇듯 총신들이 모두 죽었지만 의종은 수문전(修文殿)에서 태연하게 음악을 연주하고 술을 마셨다. 그것을 보고 흥분한 이고와 채원 등이 왕을 죽이려 하자 양숙이 말렸다. 정중부는 의종과 태자를 각각 군기감과 영은관에 유폐시켰다가 거제현과 진도현으로 추방하고, 왕의 손자들을 모두 죽였다. 의종의 애첩 무비는 청교역으로 도망쳐 숨었다가 사로잡혔지만 태후의 간청으로 의종을 따라가게 했다. 그때 의종은 말 위에서 이렇게 탄식했다.

"내가 일찍이 문극겸의 말에 따랐더라면 어찌 이런 욕을 당했겠는가!"

그렇듯 의종을 폐위시킨 정중부는 익양공 왕호를 국왕으로 옹립했으니 그가 명종이다. 그때부터 고려는 100여 년에 걸친 무신 집권기를 맞게 되었다.

폐주가 된 의종의 최후는 비참했다. 1173년 김보당의 난을 제압한 이의민이 그해 10월 경신일, 곤원사 북쪽 연못가에서 그의 허리를 꺾어 살해했던 것이다. 당시 의종의 나이 47세, 재위 25년만의 비극적인 최후였다. 훗날 동생 명종에 의해 희릉(禧陵)에 안장되었다. 시호는 장효강과(莊孝剛果), 묘호는 의종(毅宗)이다.

의종의 가족

의종은 장경왕후 김씨와 장선왕후 최씨 등 2명의 부인으로부터 1남 3녀를 얻었다. 애첩 무비에 관한 기록은 명확하지 않다.

제1비 장경왕후 김씨는 종실인 강릉공 김온의 딸로 의종이 태자 시절 입궁하여 의종 즉위 후 왕비에 책봉되었다. 그녀는 아들을 낳지 못해 개경 주변의 사찰에서 득남법회를 드렸고 1149년 4월 태자 왕기를 낳았다. 이후 경덕공주, 안정공주, 화순공주를 낳았다. 태자 왕기는 초명이 홍인데 1153년 태자로 책봉되었고, 1170년 무신정변으로 진도에 유배된 뒤 그곳에서 죽었다.

제2비 장선왕후 최씨는 참지정사 최단의 딸로 1148년 8월에 입궁해 왕비에 책봉되었다. 두 왕비 공히 생몰연대와 능에 대한 기록이 없다.

한편 관비 출신의 애첩 무비는 의종이 총애를 받아 3남 9녀를 낳았고, 내시 백선연과 간통했으며 의종이 폐위된 뒤 동행했다는 기록이 있지만 그 후의 행적이나 자식들에 대한 내용은 전하지 않는다.

의종 시대의 주요 인물

환관정치의 주역 정함

고려의 내관은 고자인 환관과 고자가 아닌 문관으로 임금을 시종하던 일반 내시가 있었다. 고려의 형벌제도에는 궁형(宮刑)이 없었으므로 거세된 환관의 수는 별로 많지 않았다. 그들은 정7품 이하의 직위로 조정의 관원이 될 수 없었다. 하지만 의종이 문신들의 권력 독점에 반발하여 내관들에 의지하면서 환관들은 주어진 위계를 뛰어넘을 수 있었다.

의종 대 환관정치의 주역은 정함(鄭諴)이었다. 정함은 인종 때 내시서두 공봉관으로 의종의 유모를 아내로 삼았다. 그 후 의종이 즉위하자 저택을 하사받고 내전숭반이 되어 왕을 배후조종하기에 이른다. 권력욕이 강하고 두뇌가 비상했던 그는 의종이 신하들과 주연을 즐길 때 환관에게 금지된 서대를 두르고 나타났다. 그러자 이사잡단 이작승이 대리 이빈을 시켜 정함의 서대를 빼앗아 오게 했다. 정함이 임금의 하사품이라며 버티자 이빈은 완력으로 그것을 빼앗았다. 그 장면을 목도한 의종이 내시 이성윤에게 이빈의 체포를 명하자 이빈은 재빨리 대간으로 도주해 숨어버렸다. 그러자 이성윤은 대간의 아전 민효정을 대신 잡아들여 구타한 다음 궁성소에 구금했다. 연회가 파한 뒤 의종은 자신의 서대를 풀어 정함에게 주었다.

분위기가 심상치 않게 돌아가자 대간에서는 정함의 서대를 내시집사 한유공에게 반환한 다음 집단으로 출근 거부하며 내시들의 처벌을 상소했다. 의종은 하는 수 없이 이성윤과 한유공 등 내시 5명을 해직시켰지만 사태의 몸통인 정함에게는 정4품 합문지후에 제수했다. 그처럼 원칙에 반한 인사에 분개한 중서문하성 관원들이 출근을 거부하자 왕은 정함의 벼슬을 거두었다. 그러나 얼마 뒤 의종은 재차 정함에게 합문지후를 제수했고 대신들이 반대하자 단식투쟁까지 했다. 결국 평장사 최윤의 등 중신들이 굴복함으로써 정함은 조정 백관의 대열에 설 수 있었다.

그때부터 기고만장한 정함은 남경의 관노 출신 왕광취와 백선연을 내시로 끌어들여 도당으로 삼고, 뇌물수수와 매관매직, 재산 갈취 등 온갖 방법으로 치부에 골몰했다. 당시 그의 집은 대궐 30보 밖에 무려 2백 칸이 넘었고 곳곳에 누각이 세워졌다.

정함은 단순히 내관들의 수장만이 아니었다. 첨사부 녹사 김존중을 회유하여 의종의 행동을 제약하던 정습명을 탄핵해 조정에서 쫓아내고 마침내 죽음에 이르게 했다. 그 공으로 김존중은 우승선에 이른다. 김존중은 은혜를 갚으려는 듯 정함의 라이벌인 내시낭중 정서를 대령후 왕경과 엮어 역모로 제거해버렸다.

정함은 또 점쟁이 영의를 내시로 발탁해 내시사령에 이르게 했다.

  1156년 정함이 등창으로 병석에 눕자 그를 문병하러 온 자들이 길게 줄을 섰다. 그가 죽자 의종은 몹시 슬퍼하며 수충내보 동덕공신 칭호를 수여하고 이부상서 정당문학 수문전 태학사 벼슬을 추증해 주었다.

제18대 의종

| 국내 | 1170 무신 정중부 등, 의종을 추방하고 명종을 세움 · 1173 동북면병마사 김보당의 난 · 1174 서경서 조위총 반란 · 1176 공주 명학소에서 천민 망이·망소이 난 · 1179 경대승, 정중부를 죽이고 도방을 둠 · 1182 전주에서 관노·농민 봉기 · 1184 이의민, 정권 잡음 · 1190 경주지방에 민란 일어남, 토벌 실패 · 1192 서경지방에 양전 실시 · 1193 이규보, 「동명왕편」을 지음 · 1190 경주지방에 민란 일어남, 토벌 실패 · 1192 서경지방에 양전 실시 · 1193 이규보, 「동명왕편」을 지 |

| 세계 | 1176 동로마, 셀주크 투르크와 교전 · 1180 프랑스, 필립 2세 즉위 · 1182 성 프란체스코 출생 · 1185 일본, 평씨 멸망 · 1189 제3차 십자군 출병 · 1190 몽골제국 초기의 충신 아울조제 출생 · 1192 남송, 육구연 사망 · 1193 이집트 아이유브왕조 창시자 살라딘 사망 · 1194 독일 헨리 6세, 제2차 이탈리아 원정 · 1195 일본, 나라의 동대사 재건 |

제19대 명종
광효황명 光孝皇明

　고려의 제19대 국왕 명종(明宗)의 이름은 호(晧), 자는 지단(之旦), 초명은 흔(昕)이다. 인종의 셋째아들로 공예왕후 임씨 소생이다. 1131년 10월에 태어나 1148년에 익양후에 봉해졌다가 곧 익양공으로 승진했다. 명종은 1170년 9월 정변을 일으켜 의종을 축출한 정중부 등 무신들의 추대를 받아 1170년 9월 기묘일 대관전에서 40세의 나이로 즉위했다.

　명종이 즉위하기 전 잠저에 있을 때 전첨 최여해란 자가 찾아와 신기한 꿈 이야기를 들려주었다. 그가 꿈속에서 의종에게 홀(笏)을 건네받아 용상에 앉았다는 내용이었다. 그 말을 들은 명종은 그 무렵 도참설에 빠져있던 의종에게 죽임을 당할까 두려워 최여해의 입을 단속했다.

　이 꿈 이야기는 그의 즉위를 정당화하기 위한 조작일 가능성이 있지만 한편으로 명종이 익양공 시절 승천을 꿈꾸었다는 의미도 내포하고 있다. 친형인 의종이 쫓겨난 뒤 무신들이 그를 옹립하자 선선히 승낙한 것은 그에게 야심이 있었다는 것을 증명한다.

명종은 즉위 후 정변 주동자들이 정한 대로 중서시랑평장사에 임극충, 참지정사에 정중부, 노영순, 양숙, 추밀원사에 한취, 복야에 김성미, 추밀원부사에 김천, 좌승선 급사중에 이준의, 우승선 어사중승에 문극겸, 좌산기상시에 이소응, 대장군 위위경에 이고, 대장군 전중감에 이의방을 각각 임명했다. 이때 실세인 이고와 이의방에게는 집주를 겸임시켰고 기탁성을 어사대사, 채원을 장군으로 각각 승진시켰다. 그렇듯 수많은 무신들이 서열을 뛰어넘어 고관 요직을 겸임했다.

정중부는 무신정변 당시 궁에 가두었던 문극겸을 풀어주고 승선으로 삼아 관직명단인 비목(批目)을 쓰게 했다. 문극겸은 딸이 이의방의 아우 이인에게 시집갔으므로 문신임에도 불구하고 가문을 지킬 수 있었고, 이공승도 그의 구명으로 목숨을 건졌다. 문극겸은 얼마 후 용호군대장을 겸직함으로써 장수의 벼슬을 받은 고려 최초의 문신이 되었다.

명종은 10월에 대사령을 내린 뒤 정중부, 이의방, 이고 등을 벽상공신으로 삼고 화상을 그려 전각에 붙이게 했으며, 양숙, 채원을 비롯한 조신들에게 작위 한 급씩을 올려주었다. 또 김이영, 이작승, 정서 등 의종 즉위 초기 내시와 환관들의 모함으로 귀양 갔거나 추방되었던 신료들을 모두 복직시켰다.

이의방의 권력 독점

명종은 즉위하자마자 공부낭중 유응규를 금에 보내 전왕 의종의 이름으로 건강이 좋지 못해 아우 왕호에게 선위했다는 내용의 표문과 신왕섭위청명표(新王攝位請命表)[112]를 전했다. 하지만 금에서는 고려의 갑작스런 국왕 교체에 의문을 품고 7월 순문사 완안정을 보내 폐위된 의종을 만나보게 했다. 그러자 명종은 사신에게 전왕 의종이 멀고 험한 곳에서 요양하고 있다며 접견을 허락하지 않았다.

1171년 5월 금에서는 태부감 오고론중영과 한림학사 장향을 파견해 명종을 개부의동삼사고려국왕(開府儀同三司高麗國王)으로 책봉하고, 면복·옥규·금인·상로·안마·필단·궁전 등의 물품을 내렸다. 그해 10월 궁궐에 큰 불이 나자 승려들과 군인들이 불을 끄기 위해 대궐로 달려왔다. 그때 정중부와 이준의 등이 입직하고 있었었는데 이의방 형제들은 성문을 닫고 불 끄러 온 사람들을 안으로 들이지 않아 모든 건물에 불이 옮겨 붙었다. 그러자 명종은 산호정으로 나아가 통곡했다. 명종이 그처럼 무기력한 모습을 보이자 더욱 의기양양해진 무신들은 중방(重房)을 설치한 다음 국가 대소사를 멋대로 처리했다. 당시 정변 주체인 이의방[113], 이고, 채원 등은 자신들끼리 권력을 다투며 세력 확대에 골몰했고, 형식상 무신들의 대표였던 정중부는 아무 힘도 발휘하지 못했다.

그때 이고는 대장군 위위경 겸 집주로 요직을 차지했지만 외견상 정중부와 이의방에 비해 왜소한 자신의 신분에 분개하며 재차 정변을 도모했다. 그는 은밀히 악소(惡少)라는 무뢰배들을 끌어 모으고 개국사 승려 현소, 수혜 등과 거사를 모의했다. 그러나 이고의 노복이던 교위 김대용의 아들이 아버지에게 그 사실을 알렸고, 김대용은 그 사실을 내시장군 채원에게 고했다.

채원으로부터 음모를 전해들은 이의방은 분개하며 입궐하던 이고를 궐문 앞에서 철퇴로 격살하고 현소, 수혜, 여타 악소들과 이고의 어머니까지 모조리 살해했다. 하지만 평소 자식과 사이가 나빴던 이고의 아버지는 귀양 보내는 것으로 그쳤다. 며칠 후 밀고자 채원도 이고와 함께 이의방을 비난한 사실이 탄로나 만조백관이 보는 앞에서 죽음을 당했다. 그때부터 실권은 온전히 이의방에게 돌아갔고 정중부는 그의 눈치를 보는 처지가 되었다.

문신들의 반격

1173년 8월 문신인 동북면병마사 간의대부 김보당이 전주목사 배순유와 함께 정중부, 이의방 등의 무신 정권 타도와 의종 복위를 명분으로 군사를 일으켰다. 이에 동북면 지병마사 한언국도 호응했다. 김보당은 거사의 명분을 세우기 위해 녹사 장순석을 거제도에 파견해 의종을 경주로 데려왔다. 그러자 이의방은 북계의 장군 이의민과 박존위에게 토벌을 명했다.

그해 9월 경주 사람들의 호응을 받지 못한 한언국의 반군은 이의민과 박존위가 이끄는 토벌군에 의해 궤멸되었고, 김보당과 녹사 이경직도 생포되어 개경 거리에서 살해되었다. 무신정권에 대한 문신계 최초의 저항으로 기록된 김보당의 난은 또 다시 수많은 문신들의 죽음을 불러왔다.

그처럼 의종 복위를 목표로 하는 반란이 지속적으로 일어나자 이의방은 이의민에게 의종 살해를 지시했다. 이의민은 그해 10월 1일 의종을 곤원사 북쪽 연못가로 부른 뒤 술을 몇 잔 마시게 한 다음 죽여 연못에 수장시켜 버렸다. 당시 이의민이 두 개의 솥을 마주 합한 다음 의종의 시신을 그 안에 넣고 못 가운데로 집어 던지자 느닷없이 돌개바람이 크게 일어나고 모래가 날아 올랐다고 한다.

이의민이 개경으로 돌아간 뒤 곤원사의 승려 한 사람이 연못에 들어가 솥은 가져가고 시체는 물가에 버렸다. 그러자 경주의 호장 필인 등이 관을 장만해 시신을 수습한 다음 물가에 묻었다. 그렇듯 의종이 비참하게 죽은 뒤 이의방은 3경의 4도호, 8목으로부터 군, 현, 객관, 역사의 관직을 모조리 무신으로 임명해버렸다.

그처럼 이의방의 독주와 횡포가 계속되자 이권을 빼앗긴 불교 측에서도 봉기했다. 1174년 1월 귀법사 승려 1백여 명이 이의방 타도를 목표로 도성 북문으로 침입해 선유승록 언선을 살해했다. 이의방이 군사를 풀어 그들을 공격하자 승려들은 뿔뿔이 흩어졌다. 이튿날 승려 2천 명이 다시 동문 밖에 집결했다. 놀란 이의방이 성문을 닫아걸고 싸움을 피하자 승려들은 숭인문을 태우고 대궐 안으로 난입했다. 하지만 이미 군사들을 정비한 이의방이 반격에 나서 승려들을 살해했다. 견디다 못한 승려들이 도망치자 이의방은 그들의 근거지인 중광사, 흥호사, 귀법사, 용흥사, 묘지사, 북흥사 등지로 군대를 보내 건물을 허물고 재물을 약탈하게 하여 분을 풀었다. 그때 이의방의 형 이준의가 사찰 공격을 말렸지만 듣지 않자 동생을 꾸짖었다.

"너에게 세 가지 큰 죄악이 있다. 임금을 내쫓아 죽이고 그 집과 첩을 취함이 첫째요, 태후의 여동생을 협박하여 간통함이 둘째이며, 나라의 정치를 멋대로 하는 것이 그 셋째이다."

이의방이 그 말을 듣고 낯을 붉히며 형을 죽이려 하자 문극겸이 말렸다. 그러자 울화를 참지 못한 이의방은 자기 가슴을 난자하기까지 했다. 얼마 후 이의방이 권력을 공고히 하기 위해 딸을 태자비로 들여보내자 내외에 그를 비방하는 여론이 높아졌다. 그런 상황에서 명종은 이의방, 이준의 등과 더불어 날마다 연회를 즐기며 시간을 보냈다. 그러자 좌부승선 문극겸이 명종에게 전왕이 술과 연회를 즐기다 폐위당한 사실을 상기시키며 자제를 호소했다.

1174년 9월 서경 유수 조위총이 전 왕 의종을 살해한 일에 분격하며 군사를 일으켰다. 그가 동북 양계의 각 고을에 격문을 보내자 절령 이북에 있는 40여 성이 호응했다. 그러자 이의방은 윤인첨을 토벌군 지휘관으로 삼아 3군을 통솔케 하고, 내시 예부낭중 최군을 동북로 도지휘사로 임명해 각 성을 회유토록 했다. 윤인첨이 군사를 이끌고 철령역에 이르자 조위총은 복병을 동원해 대파한 다음 개경 서쪽까지 진출했다.

조위총의 반군이 첫 승리로 기세를 올리자 이의방은 개경에 있던 상서 윤인미, 대장군 김덕, 장군 김석제 등 서경 출신 문무관들을 모조리 죽여 성문에 효수한 다음 직접 군사를 이끌고 토벌에 나섰다. 이의방이 출전하면서 전세는 금세 역전되었다. 당황한 조위총은 패잔병을 수습해 서경성으로 후퇴한 뒤 농성에 들어갔다. 토벌군이 맹공을 펼쳤지만 3중 철벽으로 이루어진 서경성은 꿈쩍도 하지 않았다. 시간이 지나 추위가 닥치자 이의방은 일단 군사를 개경으로 물렸다.

그해 11월 이의방은 다시 윤인첨을 원수로, 두경승을 후군총군사로 삼아 서경을 공격했다. 윤인첨이 조위총의 심복들이 모여 있는 연주를 공략했지만 함락시키지 못했다. 그러나 명장 두경승이 나서서 연주를 함락시키자 북계의 여러 성들이 저항을 포기했다. 그로 인해 전세가 호전되자 윤인첨은 서경을 포위하고 장기전에 돌입했다.

위기에 몰린 조위총은 김존심과 조규를 금에 파견해 원병을 요청하게 했다. 그런데 변심한 김존심이 조규를 죽이고 토벌군 측에 항복하는 바람에 그의 시도는 수포로 돌아갔다. 조위총은 다시 서언을 금에 보내 정중부와 이의방의 의종 시해사건을 고하고 절령 이북의 40개 성을 내주겠다는 조건으로 원병을 요청했다. 하지만 금의 세종은 '짐이 어찌 반신(叛臣)을 도와 고려를 학대하겠는가?' 하면서 서언을 잡아 고려로 압송하게 했다. 기대했던 금의 지원이 무산되자 조위총은 서경 주민들과 함께 결사항전을 선언하고 농성을 계속했다. 그러나 시간은 그들의 편이 결코 아니었다.

정중부의 집권

1174년 12월 18일 정중부의 아들 정균은 승려 종감과 짜고 서경 토벌을 준비하던 권력자 이의방을 기습 살해하는 데 성공했다. 이어서 이의방의 심복 고득원, 이의방의 형제인 이준의, 이인을 비롯해 추종자들을 모두 죽였다. 그리하여 고려의 권력은 마지막까지 살아남은 벽상공신 정중부의 차지가 되었다. 정중부는 최고위직인 시중에 올랐고 수하인 이광정, 정종실, 송유인 등이 득세했다. 그는 1년 7개월 전에 살해된 의종의 국상을 선포하고 그를 고려 18대 국왕으로 복권시킨 다음 희릉에 장사지냈다.

정중부의 집권과 함께 아들 정균이 실권을 쥐고 국정을 농단했다. 그는 상서 김이영의 딸을 유인해 아내로 삼고 조강지처를 버리는가 하면 심지어 부마자리까지 욕심냈다. 정중부의 사위 송유인의 횡포도 그에 못지않았다. 송유인은 본래 송상 서덕언의 딸과 결혼해 거부가 되었고, 은 40근을 환관에게 뇌물로 바쳐 대장군이 된 자였다. 그는 평소 문관들과 친해 무관들의 눈총을 받았는데 무신정변이 일어나자 본처를 섬으로 귀양 보내고 정중부의 딸에게 장가들은 다음 호가호위하고 있었다. 그의 사치는 왕실을 능가했고, 언젠가는 왕에게 주정을 하며 평장사 벼슬을 강요하기도 했다. 송유인이 권력을 남용해 문극겸과 한문준을 좌천시키자 관료들이 원한을 품었고, 훗날 경대승이 정중부 일당의 타도를 결심하는 계기가 되었다.

그 무렵 관군에 의해 포위되어 고립된 서경은 식량이 떨어지면서 주민들이 인육을 먹는 등 처참한 지경에 이르렀다. 윤인첨은 서경성의 포위를 강화하고 생포된 반군에게 의복과 식량을 내주는 등 이간책을 썼다. 그로 인해 탈영자가 늘어나자 관군은 1176년 7월 총공격을 개시했다. 윤인첨이 통양문을 공격하고 두경승이 대동문을 협격하자 궁지에 몰린 서경 주민들은 결국 조위총을 죽인 다음 항복했다. 그리하여 조위총의 봉기는 22개월 만에 끝났다.

망이와 망소이의 난

고려는 연이은 정변으로 인해 사회질서가 극도로 어지러웠고, 지방관들의 수탈로 인해 삶의 기반을 잃은 유랑민들이 전국에 들끓었다. 그러자 1176년 1월 공주의 명학소에서 망이와 망소이[114]가 천민들을 이끌고 공주성을 공격해 함락시켰다. 서경의 반란이 진압되지 않은 시점에서 남쪽의 변란은 조정을 놀라게 하기에 충분했다.

조정에서는 지후 채원부와 낭장 박강수를 파견해 회유를 시도했지만 불복하자 대장군 장황재, 장군 장박인에게 군사 3천 명을 주어 토벌하게 했다. 그런데 장황재가 이끄는 토벌군이 섣불리 망이와 망소이 군을 공격했다가 대패하고 물러섰다. 이에 정중부는 명학소를 충순현으로 승격시키고 현령과 현위를 파견하겠다며 그들을 회유했다. 그러나 망이와 망소이가 이에 불복하고 예산현과 충주까지 점령하자 조정에서는 다시 대장군 정세유와 이부를 남적처치병마사로 파견해 본격적인 토벌작전에 나섰다. 때마침 윤인첨과 두경승이 서경성을 함락하고 조위총을 참수했다는 낭보가 들어왔다.

그때 정중부는 망이와 망소이에게 무리를 해산하고 생업으로 돌아가면 죄를 묻지 않겠다고 달랬다. 그러자 망이와 망소이는 개경으로 직접 가서 정중부와 담판을 지은 다음 강화를 받아들였다. 그런데 농민군이 해산하자 공주에 주둔하고 있던 관군들이 망이의 어머니와 아내를 불시에 체포한 다음 재차 토벌을 시도했다.

 그로 인해 분개한 망이와 망소이는 다시 천민들을 모아 덕산의 가야사를 점령하고 홍경원을 불태웠으며, 곧 아산에 이어 청주 전역을 장악했다. 봉기가 재발되자 조정에서는 충순현을 다시 명학소로 강등시킨 다음 정세유를 보내 본격적인 토벌작전에 돌입했다. 1177년 7월 망이와 망소이가 관군에 생포됨으로써 천민들의 치열한 생존 투쟁은 막을 내렸다.

정중부의 피살, 경대승의 집권 5년

 조위총이 죽은 뒤에도 서경 지역은 여전히 시끄러웠다. 윤인첨이 이끄는 관군이 서경을 포위했을 때 항복한 자들이 1천여 명을 넘었는데, 성이 함락된 후 그들은 먼저 도망친 사람들의 부녀자를 능욕하고 가산을 약탈했다. 그로 인해 분개한 낭장 김단 등이 1177년 5월 군사를 일으켜 주모자인 판관 박영 등을 살해했다. 조정에서 대장군 이경백을 보내 그들을 회유했지만 소용이 없었다. 반군들은 금의 사신 도단양신 일행을 통덕역에서 죽이기까지 했다. 얼마 후 김단이 관군에게 사로잡혀 처형되었지만 잔적 3백여 명이 보향산에 모여 세를 과시하다가 이의민에게 토멸되었다.

 북계에서 그처럼 소규모 반란이 계속 발생하자 1179년 4월 서북면 지병마사 이부는 난민들에게 식량을 나누어준다는 구실로 1천여 명의 백성들을 5개 성에 불러 모은 다음 무참하게 학살했다. 귀주성에서만 3백여 명을 죽였고 가주성에서는 창고에 갇힌 백성 100여 명이 불을 질러 자결하기도 했다. 그로 인해 창고 안에 있던 군량미 10만 석이 잿더미가 되었다. 그런 조정의 음모를 알아챈 북계 백성들은 낫과 괭이를 들고 관아를 습격해 안북도호판관 함수산을 살해했다.

고려 사회 전체가 그렇듯 혼란에 빠져 있었지만 정중부 일파는 백성들의 삶은 아랑곳하지 않고 권력을 이용해 치부에만 골몰했다. 그러자 나라의 앞날을 걱정하던 청년 장군 경대승이 칼을 뽑아들었다. 경대승은 청주 출신으로 중서시랑평장사를 지낸 경진의 아들이었다. 그는 15세 때 문음으로 교위가 되었고, 실력을 인정받아 장군이 되었다.

일찍이 경진은 탐욕스러워서 타인의 토지를 많이 빼앗았는데 경대승은 부친이 죽자 토지를 모두 원래 임자들에게 돌려주어 칭송을 받았다. 그렇듯 청렴결백했던 경대승은 평소 정중부 일파의 국정 농단을 예의 주시하고 있다가 그나마 올곧은 신료 문극겸과 한문준까지 송유인에 의해 좌천되자 정변을 결심했다.

1179년 9월, 경대승은 견룡 허승, 김광립 등과 함께 30여 명의 결사대를 이끌고 궁중에 들어가 대장군 이경백과 지유 문공여를 단숨에 죽였다. 경대승은 이어서 명종의 윤허로 금군을 동원해 정중부 일파 제거작전에 돌입했다. 그 결과 정중부, 정균, 송유인, 송군수 등은 도망치다가 사로잡혀 참수당했고, 이부시랑 오광척, 장군 김광영, 지유 석화와 습련, 중랑장 송득수, 기세정 등이 처형되었다. 거사가 성공한 뒤 여러 대신들이 나타나 그의 공을 치하하자 경대승은 '임금을 시해한 자가 아직 살아 있는 데 하례할 것이 무엇이냐'고 냉랭하게 소리쳤다. 그 말을 전해듣고 겁을 먹은 이의민은 사병들을 동원해 집 주변을 철저히 경계했다.

거사 이후 경대승은 문신과 무신을 조정에 고루 등용하는 등 공평무사한 인사를 펼쳐 칭송을 받았다. 하지만 동료 무신들이 그의 정책에 불만을 토로하자 무신정권의 권력기관인 중방 대신 도방(都房)을 설치하고 사병 수백 명을 배치해 갑작스런 도발에 대비했다. 그처럼 경대승의 권력이 강화되자 이의민은 병을 평계 삼아 고향 경주로 도망쳤다.

그 후 허승과 김광립이 태자궁에서 잠을 자고 불량배들을 대궐로 끌어 모아 술을 마시는 등 방약무인한 행동을 일삼자 경대승은 자신의 거사 취지를 훼손했다는 이유로 두 사람을 참수형에 처했다. 그와 같은 경대승의 단호한 조치가 이어지자 기고만장하던 무신들이 숨을 죽였다.

명종의 일탈

1180년 6월 경술일에 난데없이 명종이 궐 안에서 통곡했다. 사정을 알아보니 총애하던 궁녀 명춘이 죽었기 때문이었다. 그러자 공예태후는 왕에게 달려가 아무리 그녀에 대한 애정이 두터워도 곡소리가 중방에까지 들리게 해서는 안 된다고 말렸다. 하지만 명종은 더욱 슬피 울면서 친히 애도시를 짓고 종친들에게 화답시를 짓게 했다.

그 무렵 명종은 여러 차례의 정변으로 인해 놀라고 두려워하다가 자포자기의 심정이 되어 여색에 빠져들었다. 그는 궁녀 순주와 명춘을 사랑했는데 두 여인이 연이어 죽자 친딸인 연희공주와 수안공주를 내전에 불러들여 동침했다. 그 사실을 알게 된 수안공주의 남편 영공이 분을 참지 못하고 파혼을 선언했다. 그러자 명종은 영공을 수창궁 동편 태후의 행궁에 불러들인 뒤 공주에게 남편을 달래게 했다.

명종은 또 여러 궁녀들로부터 얻은 아이 수십 명에게 색동옷을 입히고 후원에서 장난감 수레에 태우며 놀았다. 그와 같은 비정상적인 국왕의 행태가 세간에 알려지자 이듬해 7월에는 북쪽 담장에서 왕의 침실을 향해 돌팔매가 날아들기도 했다.

전주 관노의 난

1181년 전 대정 한신충, 채인정, 박돈순 등이 정변을 모의하고 있다는 소문이 파다하게 퍼졌다. 영사 동정 대공기로부터 소문을 전해들은 경대승은 주모자들을 일망타진한 다음, 연루된 석화를 남해 현령, 별장 박화를 하산도 구당사로 좌천시키고 주부 이돈실을 광주로 귀양 보냈다.

당시 경대승은 곧은 정치를 펼치려 했지만 조정의 정상적인 기능을 파괴한 무신정권의 한계를 벗어나지 못했다. 그로 인해 도방의 무리를 자처하는 자들이 각지에서 출몰해 민심을 어지럽혔다. 지방 관리들의 학정과 수탈도 여전했다.

1182년 2월 관성현 현령 홍언이 백성들의 재산을 빼앗아 탕진하자 분노한 아전과 백성들이 그를 잡아 가두고 애첩과 어머니, 동생들을 모두 죽여 버렸다. 그로 인해 주모자 5, 6명이 유배되었고, 당사자인 홍언도 종신 금고형이 선고되었다. 부성현에서는 현령과 현위가 백성들을 괴롭히자 백성들이 몰려가 관아의 관비들을 때려죽이고 아문을 봉쇄하여 현령과 현위를 드나들지 못하게 했다. 보고를 받은 명종은 관성과 부성의 관호를 박탈하고 현령과 현위를 두지 못하게 했다. 그 후에도 핍박받는 백성들의 항거는 각처에서 계속되었는데, 그중에 전주에서 일어난 관노들의 난이 주목받았다.

당시 조정에서 정용보승군을 파견해 선박 건조를 명하자 전주 사록 진대유는 상호장 이택민 등과 함께 공사를 진행하면서 게으름을 피우는 관노들을 가혹하게 처벌했다. 그러자 앙심을 품은 기두, 죽동 등 6명의 관노가 동료들을 선동해 진대유를 쫓아내고 이택민 등 10여 명의 집을 불태웠다. 관노들은 그길로 관아에 몰려가 판관 고효승을 위협하여 아전들을 모조리 교체했다.

갑작스런 변란 소식을 듣고 안찰사 박유보가 대책을 논의하고 있을 때 관노들이 대오를 갖추고 그를 찾아가 진대유의 불법행위를 고발하고 자신들의 무죄를 호소했다. 그러자 박유보는 진대유를 잡아 서울로 압송하고 해산을 명했다. 그러나 관노들은 그의 명에 불응하고 전주성을 탈취한 다음 완강히 저항했다.

그해 4월 합문지후 배공숙과 낭장 유영이 전주에 가서 난을 일으킨 까닭을 조사한 다음 안찰사에게 토벌을 명했다. 그렇지만 반군들의 저항이 격렬해 40여 일이 지나도록 성을 함락시키지 못했다. 결국 1품 군 대정이 승려들과 함께 반군 진영을 습격해 주모자 기두와 죽동 등 10여명을 살해하는 데 성공했다. 그러자 조정에서 파견된 낭중 임용비와 낭장 김신영이 성 안을 수색해 반군 30여 명을 잡아 죽였다. 전주 관노의 난은 규모는 작았지만 과거 망이와 망소이의 난처럼 고려의 최하층 백성들의 저항이란 점에서 사회에 커다란 파장을 일으켰다.

이의민의 무소불위 13년

1183년 7월, 5년 동안 굳건히 정권을 지키던 경대승이 갑자기 병을 얻어 30세의 창창한 나이로 사망했다. 일설에 그는 자신이 죽인 정중부가 칼을 들고 호통 치며 달려드는 꿈을 꾸고 나서 병을 얻었다고 한다.

경대승은 권좌에 있는 동안 무식한 하급 무장들을 경원했지만 경주에 은신하고 있던 이의민은 동류인 하급무장들의 지지를 받고 있었다. 이의민은 경주의 소금장수 이선과 옥령사의 여종인 어머니 사이에서 태어났다. 그를 낳기 전에 어머니는 황룡사 9층탑을 오르는 꿈을 꾸었다고 한다. 이의민은 신장이 8척에 수박희에 능숙한 한량이었다.

젊은 날 그는 형과 함께 행패를 부리다 안찰사 김자양에게 체포되어 고문을 받았는데, 그 때 두 형은 죽고 이의민만 살아남았다. 김자양은 이의민의 강철 같은 체력에 탄복하면서 개경을 수비하는 경군으로 추천했다. 졸지에 군인이 된 이의민은 뛰어난 실력으로 대정을 거쳐 별장이 되었고, 무신정변에 가담한 공으로 중랑장에 올랐다.

1173년 김보당이 군사를 일으키자 이의민은 경주에 가서 난을 진압한 다음 의종을 죽인 공으로 대장군이 되었고, 이듬해 일어난 조위총의 봉기 당시 정동대장군지병마사가 되어 무위를 떨친 끝에 정3품 상장군이 되었다. 그러나 정변을 일으킨 경대승이 정중부를 제거한 다음 의종을 죽인 자신을 노리자 측근들과 함께 경주로 피신했다. 그곳에서 이의민은 별초(別抄)라는 사병을 양성하며 재기의 기회를 노렸다.

경대승이 죽은 뒤 고려는 실로 오랜만에 무신들의 그늘에서 벗어나 정상적인 조정으로 회귀할 수 있었지만 명종의 오판으로 기회를 놓쳐버렸다. 심약한 명종은 이의민이 군사를 이끌고 상경하여 자신을 폐위시킬까 두려웠다. 그리하여 누차 병부상서를 제수하면서 그를 조정으로 불렀다.

1190년(명종 20) 12월 드디어 개경에 올라온 이의민은 정2품직인 동중서문하평장사가 되어 권력을 휘둘렀고, 그는 자식들도 요직에 임명된 뒤 갖은 횡포를 부렸다. 맏아들 이지순은 왕명을 받드는 합문지후를 구타하고 명종의 애첩을 강간했으며, 동생 이지영, 이지광의 행패도 그에 못지않았다. 이의민의 아내 최씨 역시 성질이 포악해 남편과 간통한 여종을 때려죽였고 자신도 남종과 간통하다가 쫓겨나기까지 했다. 그러나 이의민은 무소불위의 권력을 누리며 무려 13년 동안 권좌에 앉아 있었다.

효심과 김사미의 난

이의민이 권력을 독점하면서 고려의 시름도 깊어만 갔다. 장군 두경승이 그를 견제하려 했지만 역부족이었다. 무관들은 호시탐탐 이의민처럼 정권을 강탈할 기회를 노렸고 천민들은 일약 신분상승을 꿈꾸었다.

1186년 1월 교위 장언부 등 8명의 반란을 고변한 영동정 박원실이 산원이 되었다. 윤7월에는 진주 수령 김광윤과 안동 수령 이광실이 민란을 조장한 죄로 유배형에 처해졌고, 10월에는 박돈부가 장군을 무고한 죄로 체포되어 귀양 가다가 죽자 사람들이 모두 통쾌해 했다.

1188년 5월에는 소감 왕원지 일가가 여종의 남편인 평량에게 몰살당한 사건이 벌어졌다. 평량은 평장사 김영관의 종이었는데 견주에서 농사를 짓다 부자가 되자 뇌물을 바쳐 양민이 되었고 곧 산원 동정벼슬까지 얻었다. 당시 가난했던 왕원지는 평량의 아내인 여종의 집에 의탁하고 있었는데, 평량은 원지에게 여비를 주어 개경으로 보낸 뒤 동생 원량, 처남 인무, 인비와 함께 중도에 그 가족을 살해한 것이었다. 그렇게 해서 자신들의 천인 신분을 말끔히 지워버린 평량은 아들 예규를 팔관보 판관 박유진의 딸에게 장가보냈고, 처남 인무도 명경 학유 박우석의 딸에게 장가보냈다. 그들의 범죄는 결국 어사대의 수사망에 걸려들어 평량과 원량은 유배형에 처해지고 박유진와 박우석은 파면되었지만 인무, 인비, 예규는 모두 도망쳐 버렸다.

1193년 7월 경상도 청도와 초전에서 김사미와 효심이 농민들을 선동해 대규모의 반란을 일으켰다. 이 두 개의 반란은 망이와 망소이의 난 이후 17년 만에 일어난 하층민들의 봉기로 옛 신라 지역에서 농민들이 주도했다는 공통점이 있었다. 당시 신라의 재건과 등극이라는 망상에 잠겨 있던 이의민은 은밀히 그들을 배후지원하며 사회혼란을 부추겼다.

명종은 전존걸을 대장군에 임명하고 이지순, 이공정, 김척, 김경부, 노식 등을 파견했다. 하지만 이의민의 아들 이지순이 반란군과 내통하며 식량과 무기를 지원했으므로 토벌작전이 제대로 이루어질 리 만무했다. 그 사실을 알게 된 전존걸은 '만약 법으로 이지순을 다스리면 그 아비가 나를 해칠 것이고, 그렇지 않으면 적의 세력이 더욱 거세질 것이니 그 죄가 장차 누구에게 돌아가겠는가'라고 탄식하며 자살해버렸다.

그해 11월 상장군 최인과 장군 고용지가 토벌군에 가세하면서 전세가 기울자 이의민은 반군에 대한 지원을 끊고 토벌을 서둘렀다. 결국 이듬해 2월 토벌군에 밀린 김사미가 항복을 청하다 죽임을 당하고, 12월에 효심이 체포됨으로써 난은 종식되었다.

최충헌과 최충수의 정변

이의민 일가의 13년에 걸친 독재 정권은 최충헌 형제의 정변으로 갑작스럽게 몰락하고 말았다. 최충헌은 조부와 부친이 모두 상장군 출신이었지만 음서를 통해 행정을 담당하는 도필리로 관직에 등용되었다. 하지만 그는 도필리를 부끄럽게 여기고 무반으로 다시 출사해 양온령이 되었다. 1174년(명종 4) 그는 조위총의 난을 진압하기 위해 출전한 부원수 기탁성 휘하에서 공을 세워 별초도령이 되었고 곧 별장으로 승진했다. 하지만 이후 그의 진급은 매우 더뎌서 거사 당시 정4품 섭장군에 불과했다.

1195년(명종 25) 4월 이의민의 아들 이지영이 최충헌의 동생 최충수의 집 비둘기를 빼앗아간 사소한 분란이 일어났다. 그 일로 앙심을 품은 최충수가 이의민 일파를 제거하자고 청하자 최충헌은 은밀히 장군 백존유, 이경유, 최문청 등 무장들을 규합하고 거사의 기회를 노렸다.

그달에 명종이 보제사로 행차하자 이의민이 병을 핑계로 호종하지 않고 남몰래 미타산의 별장으로 갔다. 그 정보를 입수한 최충헌과 최충수는 박진재, 노석숭 등과 함께 군사를 이끌고 별장 밖에서 매복했다가 이의민을 기습 살해하는 데 성공했다.

최충헌은 곧 명종으로부터 거사를 추인 받은 다음 군대를 동원하여 이의민의 아들 이지순과 이지광, 심복인 평장사 권절평, 손석을 사살했다. 그때 이의민을 추종했던 상장군 길인이 장군 유광, 박공습 등과 함께 환관 및 금위군, 노비 등 1천여 명을 이끌고 수창궁으로 들어가 저항했다. 그러나 낭장 최윤광이 대궐 안으로 들어가 맹공을 가하자 궁지에 몰린 유광과 박공습은 결국 자살했다. 최충헌은 대궐 내의 적을 평정한 다음 인은관으로 돌아와 참지정사 이인성, 상장군 강제와 문득려, 좌승선 문적, 우승선 최광유, 대사성 이순우, 태복경 반취정, 기거랑 최형, 낭중 문홍분 등 36명을 체포해 모조리 살해했다.

그 후 쫓기던 길인은 북산으로 대피한 뒤 머리를 깎고 검은 승복 차림으로 도망치다 바위 밑으로 떨어져 죽었고, 상장군 주광미, 대장군 김유신, 권연 등도 죽임을 당했다. 최충헌은 또 서안부로 달아난 이지영을 잡아 죽이고, 지후 한광연을 경주로 보내 이의민의 삼족을 멸한 다음 일당인 최광원, 두응룡 등의 무신들을 변방으로 귀양 보냈다.

봉사10조

그와 같은 피의 숙청을 거쳐 정권을 장악한 최충헌은 거사의 정당성을 과시하기 위해 국정개혁안의 내용을 담은 봉사10조(封事十條)를 명종에게 바쳤다. 그것은 무신 정권 초기의 혼란을 수습하려는 개혁안으로 제시되었지만 실효를 거두지 못했다. 정변 세력들 스스로 개혁 조항을 지키지 않았고 지킬 생각도 없었기 때문이었다. 어쨌든 이전의 권력자들과는 달리 최충헌은 개혁의 흉내라도 낼 정도의 유연한 정치력이 있었으므로 정권을 오래도록 유지할 수 있었다. 최충헌이 내놓은 봉사 10조의 내용은 다음과 같다.

첫째, 최근 임금이 구기지설을 믿고 새로 지은 궁궐에 들지 않고 있는데, 길일을 택하여 들어갈 것.

둘째, 최근 관제에 어긋나게 많은 관직을 제수하여 녹이 부족하게 되었으니 원래의 제도에 따라 관리 수를 줄일 것.

셋째, 최근 벼슬아치들이 공사전을 빼앗아 토지를 겸병함으로써 국가의 수입이 줄고 군사가 부족하므로, 토지 대장에 따라 원주인에게 돌려줄 것.

넷째, 최근 공사조부를 거두는 데 향리의 횡포와 권세가의 거듭되는 징수로 백성의 생활이 곤란하니, 유능한 수령을 파견하여 금지하게 할 것.

다섯째, 최근, 양계와 5도에 파견된 제도사가 왕실에 바치는 공물을 구실로 가렴주구를 일삼고 사비로 빼돌리고 있으니, 이제부터는 제도사의 공물 수입을 금할 것.

여섯째, 최근 승려 한 두 사람이 궁중에 무시로 출입하고, 또 왕이 내신으로 하여금 불사를 관장하여 곡식으로 민간에게 고리대를 함으로써 그 폐가 심하니 승려의 왕궁 출입과 곡식 대여를 금할 것.

일곱째, 최근 여러 고을의 관리로서 재물을 탐내는 자가 많으니, 양계병마사와 5도 안찰사에게 명하여 그들의 능력을 가려 유능한 자는 발탁하고 그렇지 못한 자는 징벌할 것.

여덟째, 최근 조정의 신하들의 저택과 복식의 사치가 심하니, 검소한 생활을 권장할 것.

아홉째, 최근 여러 신하들이 산천의 순역을 가리지 않고 마구 원당을 세워 지맥을 손상시킴으로써 재변이 자주 일어나니 음양관에게 검토케 하여 비보사찰 이외에는 헐게 할 것.

열째, 최근 언론을 맡은 어사대 관리들이 그 임무를 다하지 못하니 인재를 골라 임명할 것.

명종의 퇴위

최충헌은 봉사10조를 올린 다음 호부시랑 이상돈, 군기소감 이분 등 50명을 내시 직에서 쫓아내고, 소군[115] 홍기, 홍추, 홍균, 홍각, 홍첩 등을 유배형에 처했다. 또 명종이 총애하던 승려 운미와 존도 등을 축출함으로써 조정을 그의 독무대로 만들었다.

1197년 9월 홍왕사의 승통 요일이 중서령 두경승과 모의해 그를 암살하려 한다는 고변이 들어왔다. 그러자 최충헌은 아우 최충수와 상의한 뒤 명종을 폐위하고 평량공 왕민을 옹립하기로 결정했다. 그때 최씨 형제가 하늘에 국왕의 폐위와 옹립을 고하자 갑자기 하늘에서 뇌성벽력과 번개가 번쩍이고 우박이 쏟아졌다. 그와 함께 회오리바람이 일어나 홍국사 남쪽 길가의 나무를 뽑히더니 옥의 담장을 모두 허물어뜨리고, 신축한 보랑 18간이 일시에 무너졌다. 회오리바람은 고달판을 넘어 현성사까지 가서 수목들이 죄다 뽑히는 이변이 일어났다.

그럼에도 불구하고 최충헌은 전혀 흔들리지 않았다. 9월 21일 그는 최충수, 박진재, 노석숭, 김약진에게 6위의 군사를 전후좌우 4군으로 나누어 성문을 지키게 하고 명종 축출 작업을 개시했다. 그는 두경승과 13명의 중신, 대선사 연담 등 10여 명의 승려, 소군 10여명을 체포해 섬으로 귀양 보낸 다음 명종을 위협하여 홀로 말을 타고 향성문으로 나서게 했다. 이윽고 명종이 궁 밖으로 나오자 최충헌은 그를 창락궁에 가두고 평량공 왕민을 국왕으로 옹립했다.

명종은 6년 후인 1202년(신종 5) 9월 이질에 걸려 병석에 누웠다. 신종이 의원과 약을 보내자 자신은 28년 동안 왕위에 있었고 72세나 되었는데 어찌 더 살기를 바라겠느냐면서 치료를 거절했다. 그해 11월 무오일에 명종은 창락궁에서 세상을 떠났다. 시호는 광효황명(光孝皇明), 묘호는 명종(明宗), 능호는 지릉(智陵)이다.

명종의 가족

명종은 의정왕후 김씨로부터 강종, 연희공주, 수안공주 등 1남 2녀를 얻었고, 여러 궁녀들에게 선사, 홍기, 홍추, 홍규, 홍균, 홍각, 홍이 등 10여 명의 소군을 얻었다. 의정왕후 김씨는 강릉공 김온의 딸로 명종이 익양후로 있을 때 혼인했고, 즉위 이후 의정왕후에 봉해졌다. 그녀는 사후 맏아들 강종이 22대 국왕으로 즉위하면서 광정태후로 추존되었다.

국내
- 1197 최충헌, 명종을 폐하고 왕의 아우 민을 왕(신종)을 세움
- 1198 개경시 만적 등, 노비폭동
- 1199 최충헌, 문무의 전주(인사권)를 총괄
- 1200 최충헌, 도방을 세움
- 1201 진주민란 평정, 정방의를 죽임
- 1202 탐라(제주도) 민란 일어남
- 1204 희종 즉위
- 1205 최충헌을 진강군개국후로 삼음
- 1208 이규보, 직한림이 됨
- 1210 지눌 입적
- 1211 최충헌, 희종 폐하고 강종을 세움
- 1212 흥녕부를 진강부로 고침
- 1213 승려 지겸을 왕사로 삼음

세계
- 1200 중국 남송시대 학자 주자 사망
- 1202 독일 철학자 알베르투스, 최초의 로봇 발명
- 1204 심자군, 콘스탄티노플 함락(라틴제국 세움)
- 1205 금, 송과 전투해 격파
- 1206 몽고 테무친, 몽고통일
- 1207 남송 시인 신기질 사망
- 1209 프란체스코 교단 성립

제20대 신종
정효경공 靖孝敬恭

    고려의 제20대 국왕 신종(神宗)의 이름은 탁(晫), 자는 지화(至華), 초명은 민(旼)이다. 인종의 다섯째아들로 공예왕후 임씨 소생이다. 1144년 7월에 태어나 평량공(平凉公)에 봉해졌다. 1197년 9월 계해일에 정변을 일으켜 이의민을 축출한 최충헌과 최충수에 의해 국왕으로 옹립되어 54세의 늦은 나이로 보위에 올랐다. 그의 이름 민(旼)이 금 황제의 이름과 같았으므로 참지정사 최당이 탁(晫)으로 지어 바쳤다.

    신종이 즉위하자 최충헌은 금에 고공원외랑 조통을 파견해 명종의 이름으로 고려의 국왕 교체 사실을 통보하고 표문을 보냈다. 그러자 금에서는 과거 의종 때와 마찬가지로 신왕의 찬탈 의혹을 거론하면서 몇 차례에 걸쳐 사신을 보내 명종을 직접 만나보려 했다. 이에 고려에서는 명종이 중병에 걸려 30일 이상 걸리는 장소에서 요양하고 있다며 얼버무렸다. 그런 우여곡절 끝에 1198년 4월 금은 신종을 고려국왕으로 책봉하고 개부의동삼사(開府儀同三司)로 삼았다.

신종의 즉위와 함께 최충헌은 조정을 개편해 스스로 상장국 주국에 오르고 최충수와 박진재, 조영인, 기홍수 등 측근들이 각각 응양군 대장군, 형부시랑, 평리부사, 판병부사 등을 차지하면서 병권과 인사권을 장악했다. 실권을 쥔 최충헌 형제는 예의 봉사 10조를 건의하면서 개혁을 거론했지만 형제 간에 일어난 내분을 처리하느라 흐지부지되고 말았다.

형제간의 권력 다툼

최충헌과 함께 정변을 일으킨 아우 최충수는 수성제란공신 삼한정광중대부에 응양군 상장군, 위위경도성지사 주국 등의 요란한 신분을 거머쥐고 위세를 떨쳤다. 그러나 서열상 형 최충헌의 위에 설 수 없자 매우 억울해 했다. 궁리 끝에 그는 국척이 되기로 마음먹고 신종에게 압력을 넣어 태자비를 쫓아낸 다음 자신의 딸을 그 자리에 들여보내려 했다. 당시 태자비는 창화백 왕우의 딸이었는데 최충수의 겁박을 이기지 못하고 궁궐에서 쫓겨났다.

뒤늦게 그 사실을 알게 된 최충헌은 과거 이의방이 딸을 태자비로 삼으려다 살해된 전력을 상기시키며 질녀의 입궁을 막았다. 그러자 앙심을 품은 최충수는 사병을 동원해 형 최충헌을 공격했다. 다혈질에 무모한 동생의 성격을 익히 알고 있던 최충헌은 사람을 보내 달래려 했지만 여의치 않자 무력으로 해결할 수밖에 없었다.

양측은 흥국사 남쪽에서 교전을 시작했다. 처음에 최충수의 사병들이 맹공을 가하면서 기세를 떨쳤지만 정변 주체였던 박진재, 김약진, 노석숭 등이 최충헌의 편에 가담하자 금세 열세에 몰렸다. 더군다나 최충헌 측이 어고에서 꺼내온 신무기 대각노(大角弩)를 마구 쏘아대자 최충수 측은 견디지 못하고 달아났다. 최충수는 측근들과 함께 임진강 남쪽으로 도망쳐 재기를 노렸지만 파평현 금강사에서 추격해온 최충헌의 부하들에게 살해되고 말았다. 최충헌은 만용 때문에 죽은 아우의 목을 보고 눈물을 흘렸다.

그때부터 권력을 독점하게 된 최충헌은 평상복 차림으로 대궐을 드나들었고, 이동할 때는 항상 3천여 군사의 호위를 받았다. 그의 전횡에 구신들이 반발하자 최충헌은 평장사 최당, 우술유 등 20여 명의 신료들을 조정에서 축출했다.

만적의 난

신종 대의 첫 민란은 최충헌의 가노 만적이 시동을 걸었다. 만적은 보잘것없는 벼슬아치였던 주인 최충헌이 정변을 통해 당대의 최고 권력자가 된 과정을 가장 가까이에서 지켜보았다. 그리하여 자신도 비록 천한 신분이지만 거사에 한번 성공하면 권좌에 오를 수 있다는 망상을 품게 되었다. 1198년 5월 만적은 개경 북산에서 나무하러 온 효삼, 소삼 등의 노비를 모아놓고 이렇게 선동했다.

"정중부와 김보당 이래 고관 중에 천출이 한둘이 아니다. 왕후장상이 어찌 씨가 따로 있겠는가. 때가 되면 누구나 할 수 있는 것이다."

그때부터 능란한 언변으로 노비들을 규합한 만적은 5월 17일 흥국사에서 집결한 다음 격구장에 모여 있는 고관대작들을 습격해 살해하기로 모의했다. 거사에 성공하면 천인의 문적을 모두 불사르고 삼한에 천인을 없애기로 약속했다. 그들은 동료들의 표시로 누런 종이 수천 장에 '정(丁)' 자를 새겨 두었다. 그런데 거사 당일 모인 노비가 수백 명에 불과하자 21일 다시 보제사에 모여 거사를 치르기로 했다. 하지만 한번 쏟아진 물은 다시 담기 힘든 법, 겁이 난 율학박사 한충의 가노 순정이 주인에게 밀고하는 바람에 만적 일당은 일망타진되었고, 모의에 참가했던 노비 100여 명이 수장되었다.

최측근 가노까지 자신의 목숨을 노리자 더욱 경각심을 품게 된 최충헌은 그해 12월, 과거 경대승이 설치했던 도방(都房)을 부활시킨 다음 날랜 무사들을 6교대로 자신을 철저히 경호하게 했다. 그 무렵 들끓는 원성 속에서 만적과 같은 생각을 가진 자들이 한둘이 아니었기 때문이다.

1199년 8월에는 황주목사 김준거가 아우 김준광, 박진재의 문객 신기지유 이적중과 함께 최충헌 암살을 모의했다. 황주에서 무사들을 이끌고 개경에 잠입한 그들은 최충헌의 집을 습격하려 했지만 김준거의 장인 낭장 김순영의 밀고로 모두 잡혀 죽었다.

지방에서도 민란이 속출했다. 명주에서 도적 금초가 무리를 이끌고 삼척현과 울진현을 점령했으며, 동경에서 봉기한 김순은 명주의 금초와 손잡고 동해안 일대에서 노략질을 일삼았다. 그러자 신종은 낭장 오응부와 차합문지후 송공작을 명주로, 장작소감 조통과 낭장 한지를 동경으로 각각 토벌대로 파견했다. 재빠른 관군의 출동에 겁먹은 김순과 금초 등이 순순히 항복하자 왕은 그들을 사면시켜 모두 고향으로 돌려보냈다.

이어지는 민란

1200년 4월, 진주에서 공사노비들이 지방관들의 횡포에 분개해 난을 일으켰다. 그들은 관리들의 집 50여 채를 불태우고 난동을 벌이다 관군에 의해 해산되었다. 그 과정에서 아전 정방의가 투옥되자 그의 아우 정창대가 불량배들을 모아 감옥을 습격하여 형을 구출한 다음 여러 마을을 돌면서 평소에 원한이 있던 자들을 마구 살해했다. 이에 소부감 조통과 중랑장 이당적이 관군을 이끌고 달려갔지만 그들의 기세가 워낙 막강해 철수하고 말았다.

남다른 협기에 잔꾀까지 갖추었던 정방의는 진주의 아전과 백성들을 위협해 입을 단속한 다음, 목사 이순중을 통해 개경의 권세가들에게 뇌물을 바쳐 사면을 받으려 했다. 안찰부사 손공례가 진주에 내려가 정방의의 죄상을 캤지만 사람들이 겁을 먹고 입을 닫은 바람에 이순중만 붙잡아 귀양 보냈다. 그러자 분개한 합주의 광명과 계발 등이 정방의를 공격했다가 거꾸로 목숨을 잃었다. 그 후에도 정방의는 무소불위로 횡포를 부리다가 1201년 12월, 참다못한 진주 백성들에게 사로잡혀 주살되었다.

그해 8월 동경에서는 이의민의 친족들과 동경 아전들 사이에 싸움이 일어나 동경의 방수, 별장, 통인들이 모두 살해되었다. 김해에서는 하층민들이 호족들의 횡포에 견디다 못해 반란을 일으켜 호족들을 내쫓고 관아를 포위하면서 관군과 대치하는 소동이 벌어졌다. 1202년 10월, 탐라에서 번석과 번수가 고려 조정에 반발하여 독립운동을 일으켰다. 그러자 소부소감 장윤문과 중랑장 이당적이 난을 평정하고 두 사람을 처형했다. 12월에는 동경의 별초군이 운문의 난민과 동화사, 부인사의 승려들과 결탁해 평소 사이가 나빴던 영주 별초군을 공격했다. 그 일로 영주와 동경 백성들 사이에 큰 싸움이 벌어졌다.

동경에서 연이어 반란이 터지자 조정에서는 김척후, 최광의, 강순의 등을 파견해 반란군을 토벌하게 했다. 그러자 반군의 주동자였던 의비는 초적 패좌와 손잡고 거세게 저항했다. 당시 의비는 반군을 운문산과 울진, 초전 등지의 3군으로 나누고 자칭 정국병마사를 칭하며 인근 고을의 복종을 요구했다. 이에 조정에서는 무력 평정에 한계를 느끼고 과거 동경에서 공평무사한 정사를 펼쳐 주민들에게 존경받았던 채정을 동경유수부사로 임명했다. 그러자 많은 백성들이 반군의 대오에서 이탈해 고향으로 돌아갔다.

1203년 1월 조정에서는 김척후를 파면하고 정언진을 동경으로 파견해 의비와 패좌 일당을 토벌하게 했다. 2월에 패좌 일당이 예천을 지나 기계현으로 들어오자 우군부사 이유성과 장군 방수정이 공격해 1천2백 명을 생포했다. 그러자 패좌는 운문산으로 들어가 농성했다. 7월에 정언진은 의비를 체포하고, 대정 함연수를 운문산으로 보내 항복을 종용했다. 그때 패좌는 단호히 거부했지만 부하들의 배신으로 사로잡힌 뒤 참수되었다. 그 후 최광의가 태백산의 도적 아지를 생포했으며, 중군판관 박인석이 잔적 김순 등을 체포함으로써 동경 일대의 난은 완전히 평정되었다.

그처럼 고려 전체가 민란으로 들끓고 있었지만 최충헌은 흔들림 없이 독재체제를 유지해 갔다. 1203년 12월 그는 중서시랑평장사 이부상서 판어사대사 태자소상의 지위에 올라 고려의 군사와 행정, 인사권을 모조리 틀어쥐었다. 고려 건국 이래 재상 한 사람이 이부와 병부를 겸직한 것은 최충헌이 처음이었다. 그는 자기 집 안방에서 이부랑 노관과 함께 문무 대신들을 임명하는 등 오만한 자세로 신료들에게 군림했지만 신종은 위세에 눌려 한 마디도 참견할 수 없었다.

그처럼 무기력한 국왕 신종은 1203년부터 등창으로 병석에 눕더니 해가 지나면서 몹시 악화되었다. 1204년 1월 정축일 신종은 최후를 예감하고 왕태자 왕덕에게 선위한 다음 그달 13일 둘째아들 덕양후 왕서의 저택에서 61세를 일기로 세상을 떠났다. 재위 6년 4개월, 시호는 정효경공(靖孝敬恭), 묘호는 신종(神宗), 능호는 양릉(陽陵)이다.

신종의 가족

신종은 선정왕후 김씨로부터 희종, 양양공 왕서, 효희공주, 경녕공주 등 2남 2녀를 얻었다.

선정왕후 김씨는 강릉공 김온의 딸로 신종이 평양공 시절 혼인했고, 1197년 신종이 즉위하자 원비에 봉해졌다. 1200년 왕비에 책봉되었고, 1204년 아들 희종이 보위에 오른 다음 왕태후가 되었다. 그녀는 최충헌에 의해 희종이 폐위된 뒤 모진 고초를 겪다가 1222년 세상을 떠났다. 능호는 진릉이다.

신종의 둘째아들 왕서는 신종 3년인 1200년 덕양후에 봉해졌고 훗날 양양공에 올랐다. 1211년 희종이 폐위되면서 그 역시 강화도 교동현에 유배되었다.

신종 시대의 주요 인물

고려 선종의 중흥조 지눌

보조국사 지눌(知訥)은 1158년에 황해도 서흥에서 태어났다. 속성은 정(鄭), 호는 목우자(牧牛子)이다. 그의 아버지는 국학의 학정(學正)을 지낸 정광우, 어머니는 개흥 출신의 조씨이다. 그는 어린 시절 중병을 앓았는데 어떤 약을 써도 낫지 않았다. 이에 아버지가 불전에 기도하면서 병만 낫으면 아들을 부처에게 바치겠다고 맹세했다. 그러자 병이 깨끗이 나았으므로 8세 때 출가하여 종휘의 문하에서 구도의 길을 걸었다.

1182년(명종 12) 23세 때 승과에 급제한 그는 보제사의 담선법회[116]에 참석한 뒤 그곳에 모인 승려들과 정혜결사(定慧結社)를 맺고 습정균혜[117]의 수행을 기약했다. 그 후 평창의 청량사로 들어간 그는 「육조단경」을 읽다가 '진여자성(眞如自性)이 생각을 일으킴에 육근(六根)이 보고 듣고 깨달아 알지만, 그 진여자성은 바깥 경계들 때문에 물들어 더럽혀지는 것이 아니며 항상 자유롭고 자재하다'라는 구절에서 큰 깨달음을 얻었다. 그때부터 지눌은 평생 「육조단경」을 지은 육조 혜능을 스승으로 모셨다. 만년에 송광산 길상사를 중창한 뒤 혜능이 머물렀던 '조계보림사(曹溪寶林寺)'의 '조계(曹溪)'를 따서 송광산을 조계산으로 개칭했다.

그 무렵 고려의 불교계는 선종과 교종의 대립이 심각하여, 선종에서는 교 밖에 따로 전하는 교외별전(敎外別傳)의 심법을 주장하면서 경전의 문자와 이론을 무시했다. 교종에서는 경전 법문만이 부처의 참된 가르침일 뿐 선은 중국에 와서 성립된 한 종파에 불과하다고 하여 정통 불교로 인정하지 않았으므로, 양측은 서로의 우열을 논하면서 시비만을 일삼았다.

지눌은 선과 교가 모두 부처로부터 비롯된 것이라 믿고 분열된 선과 교의 차이를 밝히기 위하여 화엄종장들을 차례로 방문하여 교종의 수행 방법을 물었다. 그러나 모두 교리만을 따질 뿐 '마음이 곧 부처'라는 선지와는 거리가 멀었다. 그때부터 지눌은 3년 동안 대장경을 읽으며 스스로 선교불이와 선교합일의 이론을 정립했다. 그리하여 분열된 선종과 교종을 아우르는 선교합일 회교귀선이라는 우리나라 불교의 특수한 종지를 창도하기에 이르렀다.

1190년 지눌은 몽선화상과 함께 거조사에서 동지들을 규합한 뒤 사명(社名)을 '정혜(定慧)'라 하고, 「권수정혜결사문」을 발표했다. 이 결사문에서 지눌은 마음을 바로 닦음으로써 미혹한 중생이 부처로 전환될 수 있음을 천명하였고, 그 방법은 참선과 교학을 함께 닦는 정혜쌍수(定慧雙修)[118]에 있다고 설파했다. 그는 이러한 결사운동을 통해 부패하고 타락한 고려 불교에 일대 혁신의 바람을 불러일으켰다.

8년 뒤인 1197년에 이르러 왕족과 관리를 비롯해 수백 명의 승려들이 그와 결사에 동참했지만 그때까지도 수많은 승려들이 부정을 일삼고 신도들도 따르지 않자 지눌은 스스로 도덕과 법력의 부족을 통감하며 지리산 상무주암에 은거했다. 그 뒤 도반들이 늘어나자 1205년(희종 1) 제자 수우와 함께 송광사에 머물며 120일 동안 큰 법회를 열었다.

지눌은 그로부터 10여 년 동안 송광사를 중심으로 새로운 선풍을 일으키다가 1210년 3월 27일 대중들과 함께 선법당에서 문답을 끝낸 뒤 주장자로 법상을 두세 번 치고, "천 가지 만 가지가 모두 이 속에 있다"는 법어를 남긴 뒤 앉은 채로 입적했다. 사후 국사(國師)로 추증되었다. 시호는 불일보조(佛日普照), 탑호는 감로(甘露)이다.

국내
- 1197 최충헌, 명종을 폐하고 왕의 아우 민을 왕(신종)을 세움
- 1198 개경서 만적 등, 노비폭동
- 1199 최충헌, 문무의 전주(인사권)를 총괄
- 1200 최충헌, 도방을 세움
- 1201 전주민란 평정, 정방의를 죽임
- 1202 탐라(제주도) 민란 일어남
- 1204 희종 죽음
- 1205 최충헌을 진강군개국후로 삼음
- 1208 이규보, 직한림이 됨
- 1210 지눌 입적
- 1211 최충헌, 희종 폐하고 강종을 세움
- 1212 흥녕부를 진강부로 고침
- 1213 승려 지겸을 왕사로 삼음

세계
- 1200 중국 남송시대 학자 주자 사망
- 1202 독일 철학자 알베르투스, 최초의 로봇 발명
- 1204 십자군, 콘스탄티노플 함락(라틴제국 세움)
- 1205 금 숭금 전통해 겸파
- 1206 몽고 테무친, 몽고 통일
- 1207 남송 시인 신기질 사망
- 1209 프란체스코 교단 창립

제21대 희종
성효인목 成孝仁穆

고려의 제21대 국왕 희종(熙宗)의 이름은 영(韺), 이전의 이름은 덕(悳), 자는 불피(不陂)이다. 신종의 맏아들로 선정왕후 김씨 소생이다. 1181년 5월에 태어나, 1200년 4월 왕태자에 책봉되었다. 1204년 1월 죽음에 임박한 신종의 양위를 받아 24세의 나이로 보위에 올랐다.

희종이 즉위하자 고려에서는 금에 임영령을 사신으로 파견해 신종의 죽음과 희종의 등극을 통보했다. 젊고 영특했던 희종은 내심 왕권 회복과 무신정권의 종식을 희망하고 있었다. 그는 명종이나 신종처럼 무신들에 의해 추대된 것이 아니라 정상적인 선위를 받아 즉위했으므로 왕실의 정통성을 갖고 있었다.

그해 5월에 권력자 최충헌은 경주의 동경유수를 강등시켜 지경주사(知慶州事)로 하고, 안동은 한 마음으로 반군들과 싸웠다 하여 대도호부로 승격시켰다. 이어서 도의 이름을 경상도에서 상진안동도(尙晉安東道)로 고쳤다가 훗날 경상진안도(慶尙晉安道)로 개칭했다.

6월에 금에서 소부감 장칭과 대리소경 매경, 공부시랑 석각, 이부시랑 출갑

희가 하루 간격으로 개경에 들어와 인은관, 영은관, 선은관에 머물렀다. 당시 희종은 금 사신을 위해 연회를 열어주었다. 본래 사신단을 위한 연회가 열리면 내시가 우창에 있는 겉곡 15석을 시위군에게 나누어주는 전례가 있었다. 그런데 군인들이 곡식의 분배에 불만을 품고 초군 한 명을 때려죽이는 불상사가 일어났다. 형부에서 군인들을 잡아 문초했지만 초군을 죽인 자는 잡아내지 못했다. 그처럼 무신들의 위세에 부화뇌동하여 군인들의 기강도 형편없었다.

7월에는 감검어사 안완이 예성강에 정박한 남송 상선을 검사하다가 수입금지 품목을 발견하고 해당 상인을 붙잡아 매를 쳤다. 그런데 최충헌은 안완을 파면하고 임명권자인 시어 박득문까지 파면시켰다. 최씨 일가는 당시 송상들과 짜고 밀수를 하고 있었던 것이다. 그러나 중신들은 아무도 그의 조치에 항의하지 못했다.

현실적으로 최충헌의 위세를 극복할 수 없었던 희종은 의도적으로 그의 벼슬을 부추김으로써 다른 무신들과의 분열을 조장했다. 그해 12월 희종은 최충헌에게 중서시랑평장사 이부상서 판어사대사(中書侍郞平章事吏部尙書判御史臺事)를 제수하고 수태사 문하시랑 동중서문하평장사(守太師門下侍郞同中書門下平章事) 벼슬을 더했으며, 자신을 옹립한 공로를 칭송하며 은문상국(恩門相國)이라고 불렀다. 그처럼 당시 최충헌은 막강한 위세에 걸맞은 지위를 누렸다. 그 무렵 장군 이광실 등 30여 명이 최충헌 부자를 살해하기 위해 금시동정 지귀수의 집에 모여 거사를 의논하다 발각되어 죽음을 당했다.

최충헌의 독주와 교정도감의 설치

1205년 12월 희종은 최충헌의 벼슬을 올려 문하시중으로 임명하고 진강군개국후(晉康郡開國侯)에 봉했다. 1206년에는 또 내장전 1백결을 하사하고, 우모일덕안사제세공신문하시중진강군개국후식읍삼천호식실봉삼백호

(訏謨逸德安社濟世功臣門下侍中晉康郡開國侯食邑三千戶食實封三百戶)로 봉했다. 그처럼 신하로서 전무후무한 지위에 오른 최충헌은 중신들을 수하들처럼 다루었다. 그의 권세가 하늘을 찌르자 선비들도 출세를 위해 아첨을 서슴지 않았다.

그 무렵 최충헌이 남산에 정자를 짓고 소나무 두 그루를 심자 급제 최이가 '쌍송시(雙松詩)'를 지었고, 문사들이 모두 화답했다. 최충헌은 유학자 백광신에게 시문의 등수를 매기게 한 뒤 장원으로 뽑힌 급제 정공분을 내시로 임명했다. 그때 직한림 이규보는 다음과 같은 '모정기(茅亭記)'를 지어 최충헌에게 아부했다.

"하늘과 땅이 나를 낳았지만 이 몸을 윤택하게 못하였고, 부모가 나를 길렀어도 날개를 붙여 주지는 못했다. 실로 나의 목숨은 공께서 낳아 키운 것이다."

그해 3월 희종은 최충헌을 진강후(晉康侯)로 봉하고 그를 위해 흥녕부를 세워주었다. 그때부터 최충헌은 평상복을 입은 채 수하에게 일산을 받쳐 시종하게 하면서 궁궐을 무시로 드나들었다. 그렇듯 권력의 단물이 최충헌 한 사람에게만 집중되자 함께 거사를 치렀던 외종질 박진재는 술에 취할 때마다 외숙인 최충헌을 헐뜯었다.

당시 박진재의 주변에는 수많은 문객들이 모여 세를 과시했으므로 최충헌은 자못 긴장하고 있었다. 그러던 어느 날 저자에 박진재가 최충헌을 제거하려 한다는 익명의 방이 나붙었다. 빌미를 잡은 최충헌은 불시에 박진재를 잡아들여 아킬레스건을 자르는 혹형을 가한 뒤 백령진으로 귀양 보냈다. 그를 따르던 문객들도 죽이거나 귀양 보냈다. 박진재는 귀양 간 지 두 달 만에 목숨을 잃었다.

1207년 희종은 최충헌의 청으로 유배자 3백여 명을 방면했다. 1208년 개성 시장 좌우에 긴 행랑 1,080영(楹)을 다시 짓게 하였는데 도성의 백성들과 양반가에서 그 비용을 내게 했다. 그해 12월에 희종이 최충헌을 중서령 진강공(中書令晉康公)으로 봉했다. 그러자 최충헌은 공(公)이란 오등(五等)[119]의 으뜸이며, 중서령은 신하로서 가장 높은 직위라 하면서 사양하고 받지 않았다. 정변 초기와 달리 최충헌은 그 무렵 자신에게 명예가 집중될수록 정적이 많아진다는 사실을 인식하고 있었던 듯하다.

1209년 4월, 청교역의 관리 3명이 최충헌 부자를 살해하고 나라를 바로잡겠다는 명목으로 공첩(公牒)을 위조해 각 절의 승려들을 규합했다. 그런데 귀법사에 공첩을 전달하러 갔던 자가 사로잡히면서 모의 사실이 탄로나 버렸다. 반군의 규모를 알 수 없었던 최충헌은 즉시 영응관에 임시로 교정도감(敎定都監)을 설치하고 대대적인 수사에 돌입했다. 곧 주동자들이 체포되었고 우복야 한기와 그의 세 아들, 장군 김남보를 비롯한 9명이 공모자로 지목되어 처형당했다.

그때 설치된 교정도감은 무신정권의 최고 권력기관으로 등장했고 무신들의 합좌기구인 중방은 유명무실해졌다. 최충헌은 이전에 중방에서 시행하던 국가정책결정을 이전처럼 재추회의에서 논의하게 함으로써 다른 무신들의 권력을 대폭 약화시켰다. 최충헌은 스스로 교정별감이 되어 모든 국사를 처리했고, 그의 사후에는 후계자들이 교정별감 직을 세습했다.

이듬해인 1210년에는 직장 동정 원서와 재상 우승경이 최충헌의 암살을 모의한다는 투서가 날아들었다. 그로 인해 체포된 원서와 우승경은 곧 심한 고문을 받았다. 그때 원서는 투서의 주인공이 유익겸이 분명하다고 읍소했다. 몇 해 전에 유익겸이 자신에게 은병 두 개를 빌려갔다가 돌려주지 않았으므로 원서가 그의 집을 빼앗은 적이 있었다. 아마도 그 일에 앙심을 품고 유익겸이 자신을 죽이기 위해 사건을 날조한 것이라는 것이었다. 최충헌이 사람을 보내 유익겸의 집을 수색해보니 과연 투서의 초안이 나왔다. 그로 인해 원서와 우승경은 죽음을 면하고 유익겸이 거꾸로 죽음을 당했다.

최충헌 암살 작전

당시 최충헌의 위엄과 권세는 하늘을 찔러 임금이나 신하들은 그의 앞에서 함부로 입을 열지 못했다. 또 백성들은 최씨 일가를 위한 노역과 조세에 시달려야 했다. 최충헌은 민가 1백여 채를 허물고 자신의 저택을 지었는데 규모가 대궐에 버금갈 정도였다.

그 무렵 세간에는 최충헌이 저택을 지을 때 토목의 재기를 물리치기 위해 동남동녀를 잡아다 오색 옷을 입혀 집터의 네 귀퉁이에 생매장했다는 소문이 나돌았다. 그러자 인근 백성들은 아이들을 깊이 감추거나 먼 곳으로 도주하기까지 했다. 그 때문에 최충헌은 어사대 관리들을 시켜 유언비어에 현혹되지 말라는 방을 붙이기까지 했다.

1211년 12월 경자일, 희종은 드디어 내시 왕준명 등과 함께 최충헌 제거의 칼날을 뽑았다. 그날 희종은 자신을 배알하기 위해 수창궁에 온 최충헌을 접견한 다음 내전으로 들어갔다. 그때 중관에 있던 내관들이 최충헌의 수하들에게 임금이 술과 음식을 권한다며 궁궐 후미진 곳으로 유인했다. 그들이 순순히 따라오자 미리 잠복해 있던 10여 명의 무사와 승려들이 덮치면서 격투가 벌어졌다. 순식간에 최충헌의 수하 몇 명이 쓰러지고 고함과 비명소리가 울려 퍼졌다.

최충헌은 금세 자객이 나타났음을 알고 내전에 있는 임금에게 살려달라고 애원했다. 그러나 희종은 문을 닫고 그를 안으로 들이지 않았다. 비로소 희종의 본심을 알아챈 최충헌은 다급하게 지주사(知奏事)가 머무는 다락에 몸을 숨겼다. 잠시 후 승려 몇 명이 내전으로 들어와 최충헌을 찾았지만 발견하지 못하고 돌아갔다.

그 사이 중방에 머물고 있던 최충헌의 수하 김약진과 최이의 장인 지주 정숙첨이 내전으로 달려가 최충헌을 구출했다. 곧 최충헌의 측근 신선주, 기윤위 등이 승려들과 격투를 벌이는 틈에 노영의가 대궐 지붕 위에 올라가 궁궐

밖에 모여 있던 교정도감 병사들을 불러들였다. 그리하여 최충헌은 간신히 목숨을 건질 수 있었다. 분개한 김약진이 임금과 내관들을 죽이려 하자 최충헌이 말렸다.

곧 상장군 정방보 등이 사약 정윤시와 중관들을 체포해 인은관에 가두고 국문을 시작했다. 그 결과 내시낭중 왕준명과 참정 우승경, 추밀원사 홍적, 장군 왕익 등이 공모했고 역시 왕이 배후에 있음이 드러났다. 그러자 최충헌은 희종을 폐위시키고 왕태자 왕지는 인주로, 덕양후 왕서는 교동으로, 시녕후 왕의는 백령도로 추방한 다음 관련자들을 모조리 귀양 보냈다. 이어서 최이와 평장사 임유를 시켜 명종의 아들 한남공 왕정을 국왕으로 추대했다.

그처럼 최충헌에 맞서 왕권 회복을 도모했던 희종은 재위 7년 11개월 만에 옥좌에서 끌려 내려왔다. 31세의 한창 나이에 강화도로 유배된 희종은 자연도로 옮겨졌고 1215년 다시 교동으로 이배되었다가 1219년 서울에 돌아왔다. 그 후 희종은 딸 덕창궁주를 최충헌의 아들 최성과 혼인시키면서 화해 분위기가 연출되었지만 1227년 복위 음모가 있다는 무고로 인해 다시 강화로 쫓겨났다가 교동으로 옮겨졌다.

최충헌은 자신을 노렸던 희종을 믿지 않았지만 그를 살려둠으로써 국왕 시해라는 불명예를 피했다. 그와 같은 심모원려가 있었기에 최씨 무신정권이 오래도록 지속될 수 있었을 것이다. 그로 인해 천수를 누린 희종은 1237년(고종 24) 8월 무자일에 법천정사에서 57세를 일기로 세상을 떠났다. 시호는 성효인목(成孝仁穆), 묘호는 처음에 정종(貞宗)이었지만 훗날 희종(熙宗)으로 고쳤다. 능호는 석릉(碩陵)[120]이다.

희종의 가족

희종은 성평왕후 임씨로부터 창원공 왕지, 시녕후 왕위, 경원공 왕조, 대선사 경지, 충명국사 각응 등 5명의 아들과 고종의 왕비 안혜태후, 영창, 덕창, 가순,

정희 등 5명의 공주를 얻었다.

성평왕후 임씨는 종실 영인후 왕진의 딸인데 외사의 성을 따서 임씨라고 했다. 희종이 태자 시절 입궁하여 1211년 함평궁주에 봉해졌고 즉위하면서 왕비가 되었다. 세상을 떠나 소릉에 안장되었다.

희종의 맏아들 창원공 왕지는 1211년 태자에 책봉되었으나 희종이 폐위되면서 인주로 유배되었고, 훗날 창원공에 봉해졌다. 1262년 세상을 떠났다. 둘째아들 시녕후 왕위는 1211년 시녕후에 책봉되었지만 희종이 폐위되면서 백령현으로 유배되었다. 훗날 사공 벼슬을 받았다.

셋째아들 경원공 왕조는 1211년 경원후에 책봉되었다가 부왕이 폐위되었지만 나이가 어려 추방되지 않았다. 그는 역사에 정통하고 예법에 밝았는데 원종이 항상 그에게 묻는 일이 많았다. 그의 장례에는 임금 전용의 홍대촉을 사용하였는데, 그때부터 양반이나 평민들도 홍대촉을 사용했다고 한다.

국내
- 1197 최충헌, 명종을 폐하고 왕의 아우 민을 왕(신종)을 세움
- 1198 개경서 만적 등, 노비폭동
- 1199 최충헌, 문무의 전주(인사권)를 총괄
- 1200 최충헌, 도방을 세움
- 1201 전주민란 평정, 정방의를 죽임
- 1202 탐라(제주도) 민란 일어남
- 1204 희종 즉위
- 1205 최충헌을 진강군개국후로 삼음
- 1208 이규보, 직한림이 됨
- 1210 지눌 입적
- 1211 최충헌, 희종 폐하고 강종을 세움
- 1212 흥녕부를 진강부로 고침
- 1213 승려 지겸을 왕사로 삼음

세계
- 1200 중국 남송시대 학자 주지 사망
- 1202 독일 철학자 알베르투스, 최초의 로봇 발명
- 1204 십자군, 콘스탄티노플 함락(라틴제국 세움)
- 1205 금, 송과 전투해 격파
- 1206 몽고 테무친, 몽고 통일
- 1207 남송시인 신가절 사망
- 1209 프란체스코교단 성립

제22대 강종
원효명헌 元孝明憲

  고려의 제22대 국왕 강종(康宗)의 이름은 오(璈), 자는 대화(大華), 초명은 숙(璹), 정(貞)이다. 명종의 맏아들로 의정왕후 김씨의 소생이다. 1152년 4월 을사일에 태어나, 1171년(명종 1) 관례를 올린 뒤 1173년 4월 왕태자에 책봉되었다. 1197년 9월 최충헌에 의해 명종이 폐위되었을 때 함께 강화도에 추방되었다가 1210년 12월 개경으로 돌아왔고, 1211년 1월 한남공에 책봉되자 이름을 정(貞)으로 고쳤다. 그해 12월 계묘일에 최충헌이 희종을 폐위하고 그를 옹립함에 따라 60세의 고령으로 강안전에서 보위에 오른 뒤 이름을 오(璈)로 고쳤다.

  강종은 태자 시절부터 무신들의 횡포에 짓눌려 살았고 14년 동안 강화도에서 유배생활을 했으므로 자신이 옥좌에 앉으리라고는 상상조차 하지 못했다. 그런데 희종이 최충헌 암살 실패와 함께 폐위됨으로써 즉위하게 되었으니 실로 천운이라 하지 않을 수 없었다.

  강종은 왕위에 오르자마자 최충헌이 머무르던 흥녕부를 진강부로 고치고

문경무위향리조안공신의 칭호를 내렸고, 국사 전반을 교정도감에 일임했다. 그처럼 강종은 국왕으로서의 역할보다는 지위에 만족했다.

1212년 2월 경진일에 고려에서는 중서사인 이의를 금에 파견해 희종의 양위와 강종의 즉위를 통보했다. 7월에 아들 왕진을 왕태자로 책봉하면서 관례를 치르게 했다. 그달에 금에서는 완안유기와 장한을 사신으로 보내 강종을 개부의동삼사상주국고려왕(開府儀同三司上柱國高麗王)으로 책봉했다.

당시 금의 사신은 궁궐의 정문인 의봉문(儀鳳門)으로 들어오려고 하자 학사 금의가 앞을 가로막고 서문인 광화문으로 들어오게 했다. 그런데 사신이 타고 온 수레의 높이가 19척이었는데 광화문의 높이가 15척이어서 지나갈 수가 없었다. 하지만 금의 사신이 그대로 통과해야 된다고 고집부리는 바람에 광화문 문턱 밑을 파는 등의 촌극을 벌였다. 고려는 그해 10월 1일부터 금의 연호인 숭경(崇慶)을 사용했다.

1213년 8월, 강종은 오랜 유배생활과 노령을 이기지 못하고 병석에 누웠다. 죽음을 예감한 그는 태자 왕진에게 선위하면서 자신의 능묘제도를 검소하게 치르고 한 달 입을 상복을 사흘 후에 벗게 했다.[121] 그날 저녁 태양처럼 큰 별이 서북쪽에 나타났다가 땅에 떨어지는 이변이 있었다. 강종은 별다른 치적을 남기지 못하고 재위 2년 만에 62세를 일기로 화평전에서 세상을 떠났다. 시호는 원효명헌(元孝明憲), 묘호는 강종(康宗), 능호는 후릉(厚陵)이다.

강종의 가족

강종은 사평왕후 이씨와 원덕왕후 유씨 등 2명의 부인으로부터 1남 1녀를 얻었다.

제1비 사평왕후 이씨는 이의방의 딸로 1174년 3월 태자비에 책봉되었다. 하지만 그해 12월 정균에 의해 이의방이 살해되자 입궁 9개월 만에 사가로 쫓겨났다. 훗날 강종이 왕위에 오르면서 왕비로 추존되었다. 사망 시기나 능에 대한 기록은 전해지지 않는다.

제2비 원덕왕후 유씨는 종실인 신안후 왕성의 딸이다. 사평왕후가 퇴궐당한 뒤 태자비에 책봉되었는데 1212년에 연덕궁주에 봉해졌다. 아들 고종이 왕위에 오른 뒤 태후에 봉해졌고 1239년에 세상을 떠나 곤릉에 묻혔다.

유라시아를 휩쓴 대제국 몽고의 쓰나미

1160년대 후반 몽고 보르지긴족의 후예인 예수게이의 아들로 태어난 테무친(鐵木眞)이 1188년 부족장이 되어 몽고족을 통일하는 데 성공했다. 그는 1206년 오논 강변에서 열린 쿠릴타이[122]에서 몽고의 대칸(大汗)에 즉위한 다음 칭기즈칸(成吉思汗)의 존호를 받았다. 그때부터 칭기즈칸이 일으킨 회오리바람은 엄청난 폭풍이 되어 아시아와 유럽 전역을 휩쓸었다.

칭기즈칸은 몽고의 백성들을 천 명 단위로 나누어 95개의 천호를 만들고 하위조직으로 백호와 십호, 상위조직으로 만호를 두는 등 통일국가의 조직체계를 완성했다. 그때부터 이민족 정벌을 시작한 칭기즈칸은 1210년 탕구트 족이 건설한 서하를 유린해 조공을 받아낸 데 이어, 숙적이었던 금에 화살을 겨누었다.

그 무렵 금은 황실 내부의 분란으로 인해 국력이 약화일로에 있었다. 1208년 금의 장종이 사망하자 우둔한 위소왕 윤제가 제위에 올랐다. 그러자 칭기즈칸은 서부의 위구르족 군주 이디쿠트와 카를루크족의 군주 아르슬란에게 충성을 맹세 받은 다음 1211부터 금 원정을 개시했다. 금에서 거란인 석말명안을 보내 화친을 제의했지만 칭기즈칸은 단호히 거절했다. 그때 칭기즈칸에게 감복한 석말명안은 금으로 돌아가지 않고 몽고의 신하가 되었다.

그해 9월 몽고 장수 제베가 거용관을 돌파하고 금의 수도 중도에 이르렀으며, 10월에는 군목감을 습격해 군마를 탈취하자 위녕성 방어 책임자인 유백림이 항복했다. 1212년 거란인 야율유가가 금에 반기를 들고 요동에서 군사 10만 명을 모아 도원수를 칭하며 몽고군과 함께 금군을 공격했다. 그해 가을 서경을 공략하던 칭기즈칸이 화살에 맞아 부상을 입자 막내아들 툴루이[123]에게 전권을 맡겼다. 12월에는 제베가 요동의 동경을 함락시켰다. 1213년 금 원정을 재개한 몽고군이 선덕부를 함락하자, 혼란에 빠진 금 내부에서 정변이 일어나 홀사호가 위소왕을 살해하고 선종을 옹립했다. 그해 몽고군은 산동과 하북, 산서지방을 휩쓸고 황하 이북까지 석권했다.

1214년 3월 칭기즈칸은 금의 중도(中都)를 포위하고 이슬람교도인 자파르를 보내 강화를 한 다음 금으로부터 황실의 여자, 황금, 비단, 500명의 어린이, 3천 두의 군마 등을 헌납 받고 초원으로 돌아갔다. 그해 5월 금의 선종은 도읍을 남경으로 옮기고 황태자에게 중도 방어를 맡겼다. 이 비겁한 결정으로 인해 수많은 거란족과 여진족 부대가 금에 등을 돌리고 몽고에 항복했다. 그 무렵 남송에서 금을 공격하자는 여론이 일어났지만 우유부단한 황제 영종은 결단을 내리지 못했다.

금의 천도 소식을 들은 칭기즈칸은 6월 사무하와 석말명안을 보내 중도를 포위했다. 10월에는 무할리가 요동으로 진격해 동경을 함락했고 이듬해인 1215년 2월에는 북경에 입성했다. 그때 47명의 금 장군과 32개 성읍이 투항했다. 포위된 중도에서는 식량이 떨어지자 아비규환의 참상이 일어났다. 결국 중도 유수 완안복흥이 5월 자살하고 중도는 한 달 동안 몽고군의 약탈을 받아 수많은 주민이 학살되고 성이 불탔다. 7월 칭기즈칸은 금 황제에게 사신을 보내 하북과 산동의 모든 영토를 바치고 스스로 하남왕으로 낮추면 철수하겠다고 요구했다. 하지만 금이 응답하지 않자 중국인 장수 사천예에게 공격을 계속하게 한 다음 자신은 몽고로 돌아가 경쟁부족인 메르키트족의 반란에 대비했다.

칭기즈칸은 중도의 함락과 함께 요 황족의 자손인 야율초재를 얻었다. 야율초재는 정복자 칭기즈칸에게 중원 문화의 가치와 효용을 인식시킴으로써 새로운 야망을 심어주었다. 그때부터 제국 건설이라는 원대한 목표를 설정하게 된 칭기즈칸은 후계자 오고타이에게 "야율초재는 하늘이 우리 집안에 내려주신 사람이다. 모든 국정을 그에게 맡겨라"라고 명했다. 훗날 오고타이는 야율초재를 중용함으로써 몽고제국의 기틀을 닦았다.

1217년 칭기즈칸은 숙적 메르키트 족의 멸족을 명하고, 무할리에게 금에 대한 군사작전을 일임하는 한편 정복지의 행정은 항복한 한인과 거란인들에게 맡겼다. 1218년 호라즘에 파견한 450명의 몽고 사절단이 중앙아시아의 소도시

오트라르에서 살해되는 사건이 발생했다. 분노한 칭기즈칸은 서방 원정을 결심하고 쿠릴타이를 소집해 막내아우 옷치긴에게 몽고 초원의 관리를 위임하면서 동쪽의 소국 고려를 복속시켜 형제의 맹약을 체결하라고 지시했다.

칭기즈칸의 서방원정의 첫 목표는 호라즘 왕국이었다. 술탄 알라 웃딘 무함마드가 다스리던 호라즘은 북으로 아랄 해, 남으로 페르시아 만, 동으로 파미르고원, 서로는 자그로스 산맥에 이르는 대국이었다. 1219년 칭기즈칸은 장남 조치에게 호라즘의 심장부인 우르겐치를 공략하게 하고 2남 차가타이[124]와 3남 오고타이에게 오트라르를 포위 공격하게 했다. 그와 동시에 자신은 부하라, 사마르칸트 등 주요 도시를 차례차례 격파하며 서쪽으로 진군했다.

호라즘은 주요 도시에 군사를 배치하고 격렬하게 대항했지만 몽고군의 맹공에 여지없이 무너졌다. 이슬람 사가들에 의하면 당시 메르브에서 20~130만, 니샤푸르에서는 170만, 헤라트에서는 160~240만 명의 주민들이 학살당했다. 이윽고 사마르칸트가 함락되자 호라즘 국왕은 호라산을 지나 카스피 해의 섬으로 도주했다가 그곳에서 죽었다.

칭기즈칸은 연전연승을 거두며 서진을 계속하다가 페르완에서 호라즘의 태자 잘랄 웃딘에게 불의의 일격을 당했다. 그러나 칭기즈칸은 힌두쿠시 산맥을 넘어 인더스 강 상류까지 잘랄 웃딘을 추격해 1221년 11월 25일 호라즘 군을 격멸했다.

칭기즈 칸은 정복전쟁을 수행하면서 자신에게 협력할 경우 자치권을 인정하고 많은 혜택을 주었지만 반항하는 지역의 주민은 모조리 멸족시켰다. 당시 몽고군은 살해한 사람들의 해골을 모아서 탑을 쌓았는데, 바그다드와 이스파한 등의 지역에는 거의 10만 개가량의 해골탑을 쌓기도 했다. 특히 샤리 골골라 전투에서는 조카 모토칸이 전사하자 사람은 물론 풀 한 포기조차 짓밟고 모든 건물을 파괴시켜 전대미문의 폐허로 만들기도 했다.

한편 칭기즈칸의 본진에서 분리된 제베와 수베테이의 서방원정군은 1221년 봄 그루지야를 정복하고 카프카스 산맥을 넘어 남러시아 초원지대의 유목민족인 킵차크 족을 격파했다. 킵차크 족이 러시아 제후들에게 구원을 청하자 1223년 여름 몽고군과 러시아, 킵차크 연합군이 크림 반도 부근의 칼카 강변에서 대치했다. 그때 몽고군은 뛰어난 기동력으로 적을 유린해 키예프 제후, 체르니고프 제후, 페레소프니츠 제후, 볼리니야 제후 등을 사로잡는 등 대승을 거두었다.

그들은 이어서 아조프 해 연안 도시를 함락하고, 크림반도에 있는 제노바의 식민도시 스다크 시를 점령했다. 마지막으로 볼가 강 유역의 불가르 족을 정복한 다음 몽고 본토로 귀환하는 칭기즈칸의 본대와 합류했다. 몽고의 서방 원정군은 1223년 오트라르에 결집하여 그동안의 원정 결과를 자축한 다음 1225년 수도인 카라코룸[125]으로 돌아왔다. 그렇듯 칭기즈칸의 정복전쟁이 동서에서 활발히 전개되고 있을 때 고려에서는 무신정변에 따른 정치적인 혼란이 거듭되고 있었다.

제5장

세계제국의 동반자가 되다
-몽고의 침공과 항쟁, 제국과의 밀월

칭기즈칸의 등장 이후 유라시아에 걸친 대제국을 건설한 몽고는 숙적이었던 동아시아의 강국 금을 멸망시킨 다음 사신 저고여의 살해를 빌미로 고려 정벌에 나섰다. 그때부터 고려는 무려 28년 동안 몽고의 7차례의 대규모 침공에 맞서 결연하게 투쟁했다. 그러나 오랜 전쟁으로 고려 전역이 피폐해지고 무신들의 횡포가 계속되자 고종은 몽고에 항복하면서 60여 년 동안 왕권을 농락하던 무신정권을 종식시켰다. 그 후 고려는 원 세조 쿠빌라이의 호의를 바탕으로 국체를 유지하면서 원의 새로운 천하체제 속에 안주했다. 원종 대부터 고려의 국왕들은 대를 이어 원 황실의 부마가 되어 많은 특권을 부여받았으며 황권 경쟁에 개입하기도 했다. 고려는 종주국인 원의 내정 간섭과 다양한 수탈에 시달렸지만 사상 최초로 대륙의 일류 문화를 직접 받아들이는 특혜를 누렸다.

국내

- 1222 몽고 침입 대비 선주, 화주, 철관에 성을 쌓음
- 1225 몽고사신 저고여, 환국중 압록강 연안서 피살
- 1226 왜, 금주에 침입
- 1229 동진인, 함주에 와서 화친을 청함
- 1232 몽고의 침입으로 강화로 천도
- 1233 최우, 가병(家兵)을 보내어 서경 공격
- 1234 금속활자로「상정고금예문」50권 인쇄
- 1237 몽고군, 전주 고부에서 경상도로 침입
- 1241 문장가 이규보 사망
- 1245 승려 요세 입적
- 1257 최항 죽음, 최의 정권 계승

세계

- 1215 영국 존왕, 마그나카르타에 서명
- 1217 금, 송나라 침공
- 1220 아즈텍 제국, 멕시코에서 발흥
- 1225 몽고, 서하에 침입
- 1226 프란체스코 사망
- 1227 칭기즈칸 사망
- 1228 독일, 처음으로 금화 발행
- 1234 금 멸망
- 1235 몽고 태종, 카라코룸에 수도 건설
- 1242 일본, 북조 태시 죽고 경시 집권
- 1246 몽고, 정종 즉위

제23대 고종
안효충헌 安孝忠憲

고려의 제23대 국왕 고종(高宗)의 이름은 철(瞰), 자는 대명(大明), 천우(天祐), 초명은 진(瞋), 질(晊)이다. 강종의 맏아들로 원덕왕후 유씨 소생이다. 1192년 1월에 태어난 그는 할아버지 명종이 유배되었을 때 여덟 살의 나이로 아버지 강종과 헤어져 안악현에서 홀로 유배 생활을 하다가 강종이 즉위하던 1212년 개경으로 돌아왔다. 그해 7월 왕태자에 책봉되었고, 이듬해인 1213년 8월 정축일에 22세의 나이로 강안전에서 보위에 올랐다.

그 달에 금에서도 승왕 순이 제위에 올라 연호를 정우(貞祐)로 고친 다음 고려에 사신을 보냈다. 그러자 고려에서는 낭장 노육부를 금에 보내 금은주라는 구슬을 선사하고 강종의 붕어와 고종의 즉위를 통보했다. 당시 고종은 노쇠한 최충헌을 바라보며 왕권 회복의 기대에 부풀었다. 그러나 최충헌의 위세는 더욱 드높아져서 외출할 때면 반경 10리 안팎에 무장한 병사들이 가득 찰 정도였다. 1219년 고종은 그의 비위를 맞추기 위해 왕씨 성을 내렸다.

급변하는 국제 정세

1212년 몽고의 금 정벌을 틈타 요동에서 반기를 든 거란인 야율유가는 1213년 3월 요(遼)의 재건을 선포한 다음 몽고군과 합세하여 금군을 공격했다. 1214년 금의 선무사 포선만노가 야율유가를 공격했지만 대패하고 동경으로 물러났다. 이윽고 요동 전역을 장악한 야율유가는 함평을 수도로 정하고 중경(中京)이라고 이름 붙였다.

1214년 야율유가는 무할리와 석말말선의 몽고군과 연합해 동경을 함락시켰지만 11월 내분으로 왕위에서 쫓겨나자 칭기즈칸에게 의탁했다. 그해 10월 금의 포선만노도 요동에서 자립해 천왕(天王)이라 칭하고 국호를 대진(大眞)이라 했다. 그러나 무할리의 몽고군이 요동으로 들어오자 아들을 인질로 주고 항복하더니 금세 배신하고 동진(東眞)을 세웠다. 1216년 야율유가는 몽고 군사를 지휘해 자신을 축출한 요를 공격했다.

1216년 윤7월, 금의 동경총관부는 황제 선종의 지시에 따라 고려에 공문을 보내 몽고의 발흥, 거란족의 동요, 포선만노의 반란으로 금이 곤경에 빠졌다며 미곡을 대여해달라고 요청했다. 아울러 곧 포선만노와 거란족이 고려를 침공할 것이라고 알려주었다.

거란의 침공

1216년 8월, 거란의 왕자 금산(金山)과 금시(金始)가 하(河)와 삭(朔) 지방을 공격하면서 대요수국왕(大遼收國王)을 자칭했다. 그들은 몽고군에게 쫓겨 동쪽으로 이동하다가 개주관에서 금군 3만 명과 대치상태에 들어갔다. 전쟁이 소강상태에 접어들자 거란은 고려의 북계병마사에게 군량을 원조하지 않으면 고려를 침공하겠다고 협박했다. 하지만 고려 측에서 들은 척도 하지 않자 금산왕자는 그달에 아아(鵝兒)와 걸노(乞奴)에게 공격을 명했다.

이윽고 압록강을 넘어온 수만 명의 거란군은 영덕성을 함락시킨 다음 안주, 의주, 귀주 세 고을을 포위하고 철주, 선주 두 고을을 공략했다. 그러자 고려는 13령의 군사와 신기군을 총동원하여 거란군을 막아섰다. 고려군은 군대를 3군으로 나눈 뒤 상장군 노원순을 중군병마사, 지어사대사 백수정을 지병마사, 좌간의대부 김온주를 부사로 삼았다. 또 상장군 오응부를 우군병마사, 최종준을 지병마사, 시랑 유세겸을 부사로 삼았다. 후군병마사에는 대장군 김취려가 임명되었고, 최정화를 지병마사, 진숙을 부사로 삼았다.

조양진에서 처음으로 거란군과 조우한 고려군은 적 80여 명을 죽이고 20여 명을 생포하는 등 첫 승리를 거두었다. 그 후 연주 동동과 구주 삼기역, 조종수 등지에서 수없이 적을 사살하자 거란군은 병력을 한데 모아 개평역으로 몰려왔다. 그때 간발의 차이로 전장에 먼저 다다른 고려군은 우군을 서산 기슭에 배치하고, 중군은 독산에 배치한 다음 김취려가 이끄는 후군이 총공격을 감행해 거란군을 개평역까지 밀어붙였다. 전투 도중 중군병마사 노원순이 군량이 부족하다며 연주성으로 후퇴하려 하자 김취려는 승세를 모아 한번 싸운 뒤에 의논하자고 달랬다.

이윽고 양군은 묵장의 들판에서 정면으로 맞부딪쳤다. 고려군은 중군병마사 노원순의 깃발 신호에 따라 적의 움직임을 파악하며 공격을 거듭해 세 차례나 이겼지만 거란군의 기세도 만만치 않았다. 그러나 곧 고려군의 삼면 협공에 휘말린 거란군은 묘향산으로 도주했다. 그 과정에서 고려군의 추격을 받은 거란군은 아아와 걸노를 비롯해 2천4백여 명이 죽고 남강을 건너다 빠져죽은 자가 1천여 명이 넘었다.

간신히 살아남은 금산왕자는 잔적들을 인솔해 창주로 도망쳤는데, 그들이 버려두고 간 거란 여자와 아이들이 길가에서 통곡했다. 그때 거란의 낙오병 한 사람이 용감하게 나서더니 부녀자들을 살려달라고 청하자 김취려가 술을 먹이고 풀어주었다. 고려군은 도주하는 거란군을 계속 추격해 청새진에서 수많은 적을 사살하거나 생포했다. 대승을 거둔 고려의 우군과 중군이 박주로 회군하고 후군이 군량을 가지고 사현포에 다다랐을 때 전열을 정비한 거란의 매복군이 습격했지만 고려군의 침착한 대응으로 패주했다.

그 후 거란군은 위주와 약산 등지에 주둔하면서 위주에서 고려군과 교전했다. 그런데 영주에서 문한경과 김공석이 연승을 거둔 뒤 성에 들어와 쉬는 동안 거란군이 청천강을 건너 서경으로 진군했다. 깜짝 놀란 고려군이 급히 추격하다가 기습을 받아 장군 이양승이 죽고 1천여 명이 전사했다. 드디어 서경에 다다른 거란군은 안정역과 임원역을 점령하고 사찰을 불태운 뒤 대동강을 건너 서해도에 침입했다.

급보를 접한 고려 조정에서는 11월에 참지정사 정숙첨을 행영원수로 삼고 추밀원부사 조충을 부원수로 삼은 뒤 군사를 모았다. 곧 왕족이나 과거 급제자, 승려를 총 망라한 수만 명이 모여들었다. 그런데 정숙첨이 순천관에서 군사를 점검하니 대부분 노약자들이었다. 그 사이에 날쌔고 용맹스런 자들은 모두 최충헌의 휘하에 들어가 버린 것이었다. 당시 최충헌은 전쟁 통에도 자신의 신변보호를 위해 병력을 충원하느라 혈안이 되어 있었다. 그는 측근 중에 참전하려는 자가 있으면 섬으로 귀양 보내는 등 국가 안보보다 자신의 안전을 중시하는 작태를 보였다. 때문에 뜻있는 고려인들은 몹시 분개했다.

12월 들어 거란군은 황주에 이어 안양도호부까지 함락시키고 원주로 몰려들었다. 금교역에서 전열을 가다듬은 고려군은 양근, 지평 등지에서 승리하고 맥곡의 박달고개에서 후군병마사 김취려와 신덕위, 이극인, 최문준, 주공예 등이 눈부신 활약을 펼쳐 거란군을 압박했다.

1217년 1월 새벽, 참전했던 흥왕사, 경복사, 왕륜사의 승려들이 패주를 가장해 개경의 선의문 밖에서 거란군이 뒤쫓아 온다고 소리쳤다. 놀란 수위병사들이 앞을 가로막자 승려들은 그들을 모두 죽이고 성내로 난입한 뒤 곧장 최충헌의 집을 향해 달려갔다. 그들은 곧 순검군에게 쫓겨 신창관에서 대치했다.

반군들이 자신을 해치려 한다는 보고를 받은 최충헌은 즉시 가병을 보내 순검군과 협공하게 했다. 그리하여 현장에서 3백여 명의 승려들을 살해하고 산사를 수색해 도망친 8백여 명의 승려를 모조리 잡아 죽였다. 최충헌은 변란을 진압한 뒤 아들 최우의 장인 정숙첨이 배후에 있다며 그를 전선에서 소환하여 죽이려 했다. 하지만 최우가 간곡히 탄원하자 그를 하동으로 귀양 보낸 다음 지문하성사 정방보에게 임무를 대신하게 했다.

그 무렵 민심의 이반은 심각했다. 국청사에 침입한 거란 병사를 붙잡아 심문해 보니 고려의 유랑민인 양수척과 적에게 투항한 고려 군졸이 끼어 있었다. 또 거란군 방어를 위해 동원된 전주 군대가 나주 군대와 합세해 반란을 일으켜 장군 기윤위가 신기군 2만을 이끌고 간신히 진압하기도 했다.

이듬해 3월 거란군 3만여 명이 다시 정주에 들어와 성책을 태운 뒤 안주 방면으로 몰려들었다. 이에 대응해 고려군이 안주의 태조탄에 다다랐을 때 적의 대군이 사방을 포위하고 맹공을 가해 왔다. 김취려와 박문비가 결사적으로 반격을 가했지만 중과부적으로 대장군 이의유, 백수정과 장군 이희주 등이 전사하고 치중과 식량, 병기 등을 약탈당했다. 그렇듯 고려군이 궤멸되자 지휘관 정방보와 조충은 개경으로 도망쳤다.

승세를 탄 거란군이 선의문까지 고려군을 추격해 수많은 병사들을 죽인 다음 황교를 불태우고 물러갔다. 거란군은 이어서 우봉현을 침탈하고 백령역에 이르러 혜종의 순릉을 도굴했다. 그때 일패도지한 후 파면된 조충은 다음과 같은 시를 지으며 재기를 다짐했다.

> 만 리를 달리던 준마의 단 한 번 실수로
> 비명 소리에 시절이 바뀐 줄 몰랐네.
> 혹 조보로 하여금 채찍을 가하게 하면
> 백사장 짓이겨 밟으며 오랑캐를 꺾으리라.[126]

고려군이 거란군의 공세에 고전을 면치 못하고 있을 때 금에서 사신을 보내 동진군이 곧 고려 경내로 진입할 것이라고 알려주었다. 과연 얼마 후 동진군이 거란군 공격을 빌미로 대부영을 함락시키고 서북지역으로 진군해 들어왔다. 5월에 거란군이 동주를 함락시키자 고종은 상장군 김취려를 전군병마사로 임명해 고려군의 지휘를 맡겼고, 7월에는 파면되었던 조충을 서북면병마사로 삼았다.

고려군은 거란군과 맥곡과 제주(제천)에서 일전을 겨뤄 승리한 뒤 도주하는 적을 대관령까지 추격했다. 그러자 거란군은 명주, 함주를 거쳐 여진 영역으로 들어간 다음 여진의 황기자군과 합세하여 의주성에 진을 쳤다. 10월에 황기자군이 안주, 용주, 정주에 들어서자 조충이 암림평에서 그들을 격퇴했다. 그런데 김취려가 병으로 전선에서 빠져나오면서 거란군 토벌작전은 김이 빠져 버렸다. 그때부터 고려와 거란군은 소규모 전투를 계속하며 대치상태에 들어갔다.

1218년 7월 거란군이 다시 대규모 군사를 일으켜 고려 경내를 위협하자 조정에서는 조충을 원수로, 김취려를 병마사로 삼아 출전시켰다. 조충과 김취려는 정통보의 전군, 오수기의 좌군, 신주선의 우군, 이임의 후군 등 4군을 인솔하고 장단을 거쳐 동주에서 거란군과 맞섰다. 그때부터 9월까지 고려군은 총공세를 취해 은산과 독산에서 승리를 거두자 거란의 장수 탈라가 도망치고, 남은 주력군 5만여 명은 강동성에 들어가 농성했다.

그처럼 고려에서 거란군의 횡포가 계속되자 몽고와 동진, 고려가 공히 동아시아의 이단아 거란을 함께 토벌하기로 합의했다. 1218년 12월 합진(合眞)과 찰라(扎剌)가 이끄는 몽고군 1만 명이 포선만노가 파견한 호토(胡土)의 군사 2만 명과 함께 압록강을 넘어왔다. 그들은 거란군이 장악하고 있던 화주와 맹주, 순주, 덕주를 차례대로 함락시킨 다음 거란군의 주력이 웅거하고 있던 강동성을 포위했다. 그때 합진은 '적을 쳐부순 뒤 고려와 형제의 맹약을 맺으라'는 칭기즈칸의 뜻을 고려 조정에 통보했다.

1219년 1월, 김취려와 조충이 이끄는 고려군은 몽고군, 동진군과 합세하여 강동성을 맹렬히 공격했다. 3개국 연합군의 합동작전에 견디지 못한 거란군은 지도자인 왕자 함사(喊舍)가 목을 매어 자살하자 성문을 열고 항복했다. 2년여의 기나긴 전쟁이 종언을 고하는 순간이었다.

몽고 장수 합진은 함사의 처자 및 가짜 승상·평장 이하 1백여 명의 목을 베었지만, 나머지 장졸들은 모두 살려 주었다. 그와 함께 합진은 조충의 손을 잡고 양국이 길이 형제가 되어 만대의 자손까지도 서로 잊지 말자고 다짐했다. 그는 강동성에서 항복한 거란 남녀 7백 명과 고려인 2백 명을 돌려주고, 나머지는 모두 자신이 데려갔다. 조충은 거란인들을 각 도의 주현으로 나누어 보내 빈 땅에 모여 살게 했다. 그때 고려인들은 거란인 포로들의 거주지를 거란장(契丹場)이라 불렀다.

합진은 귀국하면서 고종에게 몽고 사절 10인을 통해 칭기즈칸의 조서를 보내고 정식으로 강화를 청했다. 그러자 고종은 선선히 몽고와 형제지국의 관계를 맺었다. 이미 유라시아 전역을 휩쓸고 있던 몽고의 위세는 고려도 익히 알고 있었으므로 중신들도 별다른 이견은 없었다. 합진은 당시 자신을 접대한 김취려와 의형제를 맺고 동생이 되었으며, 조충과 헤어지기 싫다며 눈물을 흘리기까지 했다.

그해 2월 몽고군과 동진군이 고려에서 철수했다. 그때 합진은 부하 41명을 의주에 남겨두고 고려 말을 배우게 했다. 그로 인해 항간에 몽고군이 몰려올 것이라는 소문이 퍼졌다. 그러자 고종은 호부시랑 최정분 등 8명에게 북계의 황화도의 모든 성들을 분담해 순회하며 병기와 군량, 군비를 점검하게 했다.

최이의 등장과 몽고의 압박

1219년 71세의 노령인 최충헌의 병세가 악화되었다. 자신의 최후를 예감한 최충헌은 궤장을 반납하고 고종으로부터 받은 왕씨 성도 반환했다. 또 전국의 죄수들을 방면하고 유배자를 풀어주는 등 죽음에 대비했다. 그러자 아들 최이와 최향이 막후에서 그의 후계를 놓고 다투었다.

최충헌은 상장군 송청의의 딸과 결혼해 최이와 최향을 얻었고, 손홍윤으로부터 빼앗은 임씨 부인으로부터 최성, 강종의 서녀 왕씨로부터 최구를 얻었다. 맏아들 최이는 추밀원부사로서 아버지 최충헌을 도와 가문의 권력을 유지하는 데 많은 공을 세웠으므로 그가 후계자가 되는 것은 당연해 보였다. 그런데 그와 사이가 좋지 않았던 대장군 최준문, 상장군 지윤심, 장군 유송절, 낭장 김덕명 등이 둘째아들 최향을 후계자로 삼기 위해 최이를 살해하려 했다. 그러나 김덕명의 제보로 그 사실을 알아챈 최이는 최향과 추종자들을 모두 체포해 귀양 보냈다.

그해 9월, 드디어 최충헌이 71세의 나이로 세상을 떠났다. 그와 함께 교정별감에 임명된 최이는 최충헌의 재산을 조정에 바치고 그동안 권력을 이용해 강탈한 토지와 금품을 원래 임자에게 모두 돌려주었다. 그는 이규보와 최자 등을 조정에 기용하는 등 적극적으로 조정을 리드했다.

그해 10월, 의주별장 한순이 낭장 다지와 함께 반란을 일으켜 구주, 연주, 성주, 안북도호부를 제외한 북계 전역을 장악했다. 그러자 최이는 이극서, 이적유, 김취려 등을 병마사로 삼아 토벌군을 보냈다. 한순과 다지는 토벌군과의 싸움에서 패배한 뒤 압록강을 건너가 동진과 손잡고 있던 금의 원수 우가하(亏哥下)에게 투항했다. 그러나 고려와의 불화를 경계한 우가하는 두 사람의 목을 베어 개경으로 보냈다. 이어서 1221년 1월 한순의 부하였던 윤장이 체포됨으로써 반란은 완전히 진압되었다.

몽고 사신 저고여 피살의 여파

그 무렵 서방 정벌에 나선 칭기즈칸을 대신해 몽고의 정사를 돌보던 아우 옷치긴(安只女大王)은 주변국들에 고압적인 태도를 취했다. 1221년 8월 그의 명에 따라 고려에 들어온 몽고사신 저고여(著古與)는 황제의 편지와 함께 수달피 1만 장, 가는 명주 3천 필, 가는 모시 2천 필, 솜 1만 근, 용단묵 1천 장, 붓 2백 자루, 종이 10만 장, 지치 5근 등 헤아릴 수 없이 많은 공물을 요구했다. 게다가 몽고 장수 찰라와 포흑 등에게 줄 수달피와 면주, 솜 등을 따로 요구했다.

그 후 몽고에서 사신 저가와 희속불화 등을 연이어 파견해 고려를 압박하자 최이는 장차 몽고와의 군사적 충돌을 예감하고 의주, 화주, 철관 등지에 성을 쌓았으며, 1223년에는 은병 300여 개, 쌀 2천여 석을 풀어 개성의 나성을 수리했다. 1224년(고종 11) 1월 몽고 사신 찰고야와 함께 고려에 온 동진의 사신은 은밀히 고려의 신료를 찾아와 동진이 옷치긴의 횡포로 인해 몽고와 우호관계를 끊었으니 동진의 청주, 고려의 정주에서 시장을 열어 교역을 하자고 제의했다. 그러나 고려는 포선만노의 진의를 의심해 응하지 않았다.

그해 7월 대장군 이극인이 최유공, 김계봉 등과 함께 최이를 암살하려 했다가 모두 잡혀 죽고 일당 50여 명이 유배형에 처해졌다. 혼란스런 정세 속에서도 고려에서는 무신들 간에 권력 투쟁이 계속되고 있었던 것이다.

1225년(고종 12) 몽고 사신 저고여가 또 다시 고려에 들어와 수많은 공물을 뜯어낸 다음 압록강을 건너 귀국하다가 피살당했다. 고려는 사신 일행이 동진의 포선만노나 금 장수 우가하의 부하들에 의해 살해되었다고 밝혔다. 그러나 몽고는 그 사건이 고려의 소행이라고 일방적으로 단정하고 복수를 선언했다. 그와 함께 몽고와 고려의 외교관계는 단절되었다.

1227년 노쇠한 칭기즈칸은 서하 원정 도중 말에서 떨어져 부상을 입은 뒤 셋째아들 오고타이를 후계자로 선언하고, 8월에 요양지인 육반산 부근의 청수현에서 66세의 나이로 세상을 떠났다. 그는 죽으면서 서하의 멸종, 남송과의 연합을 통한 금 정벌을 유언했다. 그의 유훈에 따라 몽고군은 항복해온 서하의 국왕을 처형한 뒤 서하의 백성 전부를 학살함으로써 오늘날까지 서하인의 유전자를 가진 후손을 찾아볼 수 없게 만들었다. 당시 몽고군이 얼마나 잔학한 정복자였는지 알 수 있는 사례이다.

1229년 쿠릴타이에서 오고타이(窩闊台)가 칸(可汗)으로 승인되었다. 그때부터 칭기즈칸 일족은 황금씨족으로 일컬어졌고, 칸의 칭호는 그들의 전유물이 되었다. 오고타이 칸은 야율초재의 조언을 받아들여 향후 대외원정의 성격을 유목민족 방식의 약탈이 아니라 농경민족 방식의 영토 정복으로 바꾸었다. 그는 또 당면과제로 금, 킵차크, 서남아시아의 3대 원정을 결의하고, 피침략국에게 다음과 같은 6사(六事)를 제시했다.

첫째, 왕족이나 그 자제를 인질로 보낼 것.
둘째, 해당국가의 재원을 파악하는 호구조사에 응할 것.
셋째, 몽고군에게 식량과 조부(租賦)를 바칠 것.
넷째, 정복사업에 군사를 제공할 것.
다섯째, 몽고의 관리인 다루가치를 주둔시킬 것.
여섯째, 몽고군의 물자 보급과 연락을 위한 역참을 설치할 것.

1224년부터 호라즘왕국의 왕자 잘랄 웃딘이 세력을 규합해 이란, 이라크, 아제르바이잔 지역을 지배하며 몽고군을 괴롭히자 1229년 오고타이 칸은 초르마간 장군에게 3만의 정병을 주어 정벌하게 했다. 몽고군은 신속하게 잘랄 웃딘이 있는 아제르바이잔으로 진격했다. 그러자 놀란 잘랄 웃딘은 북쪽으로 도주하다 쿠르드 도적단에게 살해되었다. 초르마간은 원정을 계속해 1236년 그루지야, 1239년 아르메니아를 정복했다.

1230년부터 시작된 금 원정은 오고타이 칸이 직접 중군을 맡고 툴루이가 우군, 옷치긴이 좌군을 거느렸다. 또 저고여 살해 사건으로 확정된 고려 원정은 잘라이르 부족 출신의 사르타이(撒禮塔)에게 맡겼다.

최이의 독재와 사치

바야흐로 몽고의 침공이 임박하자 고려의 권력자 최이는 효율적인 권력 운용을 위해 정방(正房)을 설치했다. 국왕인 고종은 여전히 허수아비로서 최이가 결정한 사항에 형식적으로 결재만 할 수 있을 뿐이었다. 그해 최산보가 김희제 등과 함께 유배 중인 희종을 복위하려 한다는 투서가 발견되었다. 최이는 그 사실을 의심했지만 최산보와 희종 사이에 오간 편지가 발각되었다. 그러자 최이는 최산보, 김희제, 노지정 등을 체포해 바다에 수장시켜버렸다.

1226년 1월에는 의주의 분도장군 김희제가 판관 손습경, 감찰어사 송국첨과 함께 무단으로 1만 명의 군사를 이끌고 우가하의 부하들이 웅거하고 있던 석성을 공격해 항복을 받아냈다. 그것은 적이 의주와 정주 일대에 침입하여 수시로 약탈을 한 데 대한 보복전이었다. 그로 인해 고려인들은 몹시 통쾌하게 여겼으므로 권력자 최이도 눈을 감아주었다.

1227년 최이는 사저에 서방(書房)을 설치한 다음 유학자들이 3교대로 숙직하게 했다. 그렇듯 최이는 무관과 문관들을 직접 통솔함으로써 권력을 공고히 했다. 그해 4월 왜인들이 금주를 침략했다가 방호별감 노단에게 격퇴당했다. 그 일로 5월에 일본국에서 서한을 보내 사과하면서 통상을 청하자 12월 고려에서는 급제 박인을 예빙사로 일본에 파견했다. 그러자 일본국 조정에서는 금주에 침략했던 왜인들을 색출해 죽임으로써 우호적인 태도를 보여주었다. 또 북변의 정주와 장주 등지로 동진군이 월경을 일삼자 사신을 동진에 보내 내침하지 않겠다는 확약을 받아냈다.

1228년 오대진국공신에 봉해진 최이는 이듬해 민가 수백 호를 헐어 격구장을 만들고 도방의 마별초로 하여금 격구와 함께 몽고의 침입에 대비한 군사훈련을 시켰다. 또 개경에 도둑이 성하자 야별초를 조직해 야간 순찰 임무를 맡겼다. 이때 창설된 야별초는 훗날 대몽항쟁의 주역으로 맹활약했다.

1230년 8월, 홍주에서 유배생활을 하고 있던 최향이 주변의 한량들을 모아 반란을 도모했다. 그 과정에서 최향은 부사 유문거와 법조 이종, 판관 전량재 등을 살해하기까지 했다. 최이가 친동생인 그를 차마 벌하지 못하자 최향은 더욱 기고만장해져서 유배된 유송절과 측근 김수영, 박문자 등을 홍주로 끌어들이고 관청의 창고를 털었으며 근방의 수령들을 협박해 군사를 모으게 했다.

그런 동생의 일탈행위가 도를 넘자 최이는 하는 수 없이 병마사 채송년, 지병마사 왕유, 부사 김의열을 파견해 토벌하게 했다. 최향은 수하와 함께 강력하게 저항했지만 대패하고 홀로 홍주의 북산에 숨었다가 체포되어 감옥에서 죽었다. 그때 안찰사 전의는 최향을 추종하던 김수영, 박문자, 유송절과 함께 예산, 결성, 여양, 대흥 등의 현감들까지 모두 잡아 죽였다.

1231년, 최이의 부인 정씨가 죽자 고종은 장례를 순덕왕후의 전례에 따르게 했다. 그리하여 정씨의 무덤은 감실까지 금, 은, 비단으로 치장하는 등 왕후의 능보다도 사치스럽게 조성되었다. 그처럼 최이는 고려에서 국왕을 뛰어넘는 권세를 누리고 있었다. 당시 개경과 서경, 동경의 3궁과 모든 종실, 재상과 그 이하 관리들이 정씨의 제전을 차리는 바람에 물가가 폭등해 나라의 경제를 뒤흔들었다.

몽고의 1차 침공과 귀주성의 혈투

1231년(고종 18) 8월 몽고의 사르타이가 저고여의 복수를 명분으로 고려 정벌에 나섰다. 드디어 고려와 몽고 사이에 28년, 7차례에 걸친 혈전의 서막이 오른 것이었다. 몽고의 대군은 압록강을 건너자마자 금세 함신진을 포위했다. 그런데 함신진을 지키던 조숙창은 싸워보지도 않고 항복함으로써 몽고군의 사기를 올려주었다. 그는 과거 몽고장수 합진과 의형제를 맺은 조충의 아들이었다. 그렇듯 피 한 방울 흘리지 않고 함신진을 점령한 몽고군은 인근의 철주성으로 몰려들었다. 그때 철주 판관 이지성은 성이 함락되자 부녀자와 아이들을 모두 창고 안에 집어넣고 함께 자결해버렸다.

철주성의 비보를 전해들은 최이는 채송연을 북계병마사로 임명한 다음 서둘러 각도의 군사를 징발했다. 9월 초 몽고군은 귀주성으로 진군해 왔다. 당시 귀주성에는 서북병마사 박서, 정주의 분도장군 김경손, 삭주의 분도장군 김중온, 기타 정주, 삭주, 위주, 태주의 수령들이 모여 있었다.

9월 9일 몽고군이 남문을 공격해오자 김경손은 결사대 12명과 함께 성 밖으로 나가 몽고기병을 활로 쏘아 죽이고 북을 치며 독전했다. 접전 도중 적의 화살에 팔이 맞고도 물러서지 않고 분전하는 그의 투혼에 고려군들은 전율

했다. 몽고군 역시 김경손의 기세에 놀라 군대를 물렸다. 그러자 감동한 서북병마사 박서는 김경손에게 귀주성의 수비를 일임했다. 얼마 후 살리타이가 생포한 위주 부사 박문창을 보내 항복을 권하자 박서는 그를 참수하고 결전의지를 다졌다.

그때부터 잠시 소강상태를 거친 다음 본격적으로 양군의 교전이 시작되었다. 몽고군이 수레에 풀과 나무를 쌓고 굴리면서 진격해 오자 고려군은 포차를 동원해 모조리 태워버렸다. 1차 시도가 실패하자 몽고군은 누거(樓車)와 목상(木床)을 만들어 그 안에 병사를 태운 다음 성 아래로 접근해 땅굴을 파려 했다. 그러자 고려군은 썩은 풀을 태워 누거와 목상을 불사르고 땅굴에 쇳물을 부어 대항했다. 몽고군이 다시 커다란 포차 15대를 동원해 귀주성 남쪽을 공격해 오자 고려군은 성 위에 대를 쌓고 포차로 맞대응했다. 치열한 공방전 속에 포탄 하나가 독전하던 김경손의 이마 위를 스쳤지만 그는 눈도 꿈쩍하지 않았다. 그와 같은 고려 장병들의 분투가 이어지자 몽고군은 점점 지쳐갔다. 그러자 살리타이는 과감하게 귀주성 공략을 포기하고 남쪽으로 기수를 돌렸다.

한편 고려의 중앙군은 9월 초 개경을 출발해 황주의 동선역에서 적의 매복군을 격퇴한 다음 북계의 군사요지인 안북부에 다다랐다. 그때 몽고군도 안북부에 도달하면서 양군의 주력이 정면으로 충돌했다. 몽고군이 성으로 몰려들자 후군진주 대집성은 군사를 성 밖으로 내보내 전면전을 시도했다. 그러자 몽고군은 기병을 앞세운 파상공격으로 고려군을 대파하고 장군 이언문, 정웅과 우군판관 채식 등을 죽였다. 승세를 탄 몽고군은 정주를 거쳐 평산을 돌파하면서 닥치는 대로 방화와 약탈을 일삼았다. 이윽고 몽고의 원수 포도가 금교역에 닿았고, 적거가 오산에, 당고가 포리에 진을 친 뒤 선봉군을 예성강변까지 접근시켜 개경을 위협했다.

10월 중순 몽고군은 또 다시 귀주성에 몰려와 수많은 공성기로 공격했지만 박서와 김경손을 비롯한 장병들의 분전으로 성을 지켜냈다. 12월에는 몽고군이 운제를 만들어 성벽을 넘어오려 하자 고려군은 큰 날이 달린 대우포로 운제를 부수며 대항했다. 그러자 당시 70살이 넘은 몽고의 노장은 탄복하며 이렇게 말했다.

"내가 천하를 주유하며 숱한 전쟁을 치렀지만, 이와 같은 공격을 받고도 끝까지 항복하지 않은 적은 한 번도 없었다. 성중의 장수들은 다른 날 반드시 장상(將相)이 되리라."

12월 1일, 몽고군이 개경을 포위하고 흥왕사를 공격하자 고려 조정은 더 이상의 전쟁 수행이 어렵다고 판단하고 감찰어사 민회를 보내 협상을 요구했다. 그로 인해 몽고군의 공세가 멈추자 고종은 사르타이가 주둔하고 있던 안북부로 회안공 왕정을 파견해 정식으로 강화를 요청했다. 그러자 23일에 사르타이는 조숙창과 함께 사신 9명을 보내 황제의 첩문을 전했다.

첩문에 의하면 몽고는 사신 저고여를 죽인 죄를 꾸짖으며 고려의 무조건 항복을 종용하면서 금은과 의복 2만 바리, 자라(紫羅) 1만 필, 수달피 2만 벌, 말 2만 필에 왕손과 종실의 동남동녀 1천 명을 내놓으라고 요구했다. 그러자 고려는 사신들에게 황금 70근, 백금 1천3백 근, 유의(襦衣) 1천 벌, 말 1백70필을 주어 돌려보낸 다음, 사르타이와 몽고 장수들에게 장군 조시저를 보내 황금 68근, 백금 1천8백80근, 은병 2백36구, 사라(沙羅)·금수(錦繡)·주저포(紵苧布)·수달피 등의 물건을 주면서 회유했다. 그와 함께 저고여의 피살이 고려의 처사가 아님을 재차 변명하면서 항복을 약속했다. 그러자 몽고군은 서경을 위시한 서북면의 40개 성에 다루가치(達魯花赤)[127] 72명과 약간의 수비군을 남겨두고 철수했다.

이듬해인 1232년 1월 몽고 사신이 들어오자 고종은 삼군의 장수들을 보내 항복 절차를 밟게 했다. 그 과정에서 몽고는 초전에 혈투를 벌였던 귀주성 장수들의 직접 항복을 요구했다. 그러자 고종은 후군지병마사 최림수와 감찰어사 민회를 귀주성에 파견해 항복을 명했지만 지휘관 박서는 몰래 고향 죽주로 도망치게 했다. 그와 같은 왕의 단안에도 불구하고 자주성의 부사 최춘명은 항복을 거부했다. 고종이 회안공 왕정을 보내 달랬지만 그는 직접 왕명을 받지 못했다며 버텼다. 이듬해 4월 대집성과 최이가 명령 불복종을 이유로 최춘명을 서경으로 압송해 죽이려 하자 몽고의 사신이 다음과 같이 만류해 고려 조야를 부끄럽게 했다.

"그는 우리에게는 적이지만 너희들에게는 충신이다. 우리도 죽이지 않았는데 이미 항복한 너희들이 성을 온전히 지킨 충신을 죽여서야 쓰겠는가?"

강화 천도와 몽고의 2차 침공

몽고 침공의 여파가 채 가라앉기도 전인 1232년(고종 19) 1월 충주 관노들이 폭동을 일으켰다. 전년에 몽고군이 충주로 진출하자 부사 우종주는 양반별초, 판관 유홍익은 노비군과 잡류별초를 이끌고 성을 지켰는데 도중에 양측에 분란이 일어났다. 그로 인해 몽고군이 다다르자 우종주와 유홍익이 양반별초와 함께 도망쳐버렸고, 노비군과 잡류별초군만 남아 간신히 몽고군을 물리쳤다. 그런데 얼마 뒤 충주에 돌아온 우종주와 유홍익은 관가와 사가에 보관하고 있던 은식기가 없어졌다며 호장 광립을 시켜 노비군의 우두머리를 죽이려 했다. 그러자 분개한 노비군은 우종주와 유홍익을 비롯해 양반별초들을 모조리 죽여 버렸다. 그 소식을 들은 조정에서는 주서 박문수와 전 봉어 김공정 등을 안무별감으로 파견해 그들을 달랬다. 충주 관노의 난은 그해 9월 병마사 이자성에 의해 가까스로 평정되었다.

그 무렵 요동지역에 물러나 있던 사르타이는 거란인 도단을 고려에 파견하여 내정을 간섭하려 들었다. 개경에 들어온 도단은 대궐에 머물겠다고 고집해 고려 신료들을 난처하게 했고, 영송판관 낭중 민회적을 불손하다는 이유로 때려죽이기까지 했다. 사르타이는 그를 통해 고종에게 개주관 및 선성산 기슭으로 백성들을 이주시켜 농사를 짓게 할 것과, 국왕과 종친, 공주, 군주, 대신의 자제들을 몽고에 인질로 보낼 것을 강요했다. 그와 같은 무리한 요구가 받아들여지지 않자 사르타이는 고려의 사신 지의심을 억류하기까지 했다.

그렇듯 사르타이의 강압으로 인해 양국 관계가 경색되자 최이는 몽고의 재침에 대비하여 강화 천도를 구상했다. 몽고군이 육전에서는 최강이지만 수전에서는 힘을 쓰지 못한다는 것을 감안한 판단이었다. 그러자 문신 유승단은 몽고와 의례적인 사대관계를 수립하여 전쟁을 방지하는 것이 국가와 백성을 위하는 길이라고 반대하고 나섰다. 야별초의 지유 김세충도 도읍을 사수하는 것이 마땅하다고 주장했다. 그러자 최이는 어사대부 대집성의 건의에 따라 김세충을 참수한 다음 강화 천도를 강행했다.

1232년 6월, 최이는 2천 명의 병력을 동원하여 강화도에 궁궐과 관청을 짓게 한 다음 7월에 건물이 완성되자 고종과 조정 관리들을 모두 이주시켰다. 그와 함께 개경의 주민들은 강화에 가까운 산성이나 섬에 숨어 있게 하는 입보책(入保策)을 시행했다. 그처럼 1차 몽고 침공으로 빚어진 강화 천도는 고려인들의 대몽항쟁의지가 아니라 무신정권의 권력 연장을 위한 방편이었다.

최이는 그렇듯 강화 천도를 실행에 옮기면서 내시 윤복창에게 몽고인 다루가치들의 제거를 명했다. 곧 북계로 밀파된 윤복창은 다루가치를 살해하다가 반격을 받고 선주에서 죽음을 당했다. 몽고군은 그 보복으로 평주성의 백성들을 모조리 학살했다. 그해 8월 1일 서경 순무사 대장군 민희와 사록 최자온이 서경에 있던 다루가치를 죽이려 하자 평주처럼 몽고군에게 초토화될 것을 우려한 서경 백성들이 그를 잡아 가두어버렸다.

이윽고 고려의 강화 천도 사실에 접한 오고타이 칸은 분개하며 사르타이에게 재차 고려 정벌을 명했다. 그로 인해 또 다시 압록강을 넘어온 사르타이는 강화에 사신을 보내 고종과 최이의 입조와 개경환도를 요구했다. 그러나 고려의 반응이 신통치 않자 그는 10월부터 몽고군을 남하시켜 닥치는 대로 살육과 약탈 행진을 벌였다.

11월 몽고군은 광주산성을 공격하다가 광주부사 이세화의 격렬한 수비망을 뚫지 못하자 남쪽으로 방향을 바꿔 개경과 한양을 거쳐 경상도 지방까지 진출했다. 하지만 그들은 고려 전 지역에서 강력한 저항에 직면했다. 그로 인해 몽고군의 기세가 주춤하던 12월 16일 사르타이는 수주의 처인성 근처를 지나다 고려군의 기습을 받고 승려 김윤후가 쏜 화살에 맞아 목숨을 잃었다.

갑작스레 최고지휘관을 잃은 몽고군은 혼란에 빠져들었다. 그러자 부장 테르케는 급히 군사를 이끌고 요동으로 철수했다.

금의 멸망과 홍복원의 반역

사르타이가 이끄는 몽고군이 고려의 산하를 짓밟고 있을 때 대륙에서는 오고타이 칸의 군대가 금 정벌에 나서고 있었다. 오고타이 칸의 주력군이 산서성에서 황하를 사이에 두고 금군과 대치하자 툴루이의 부대가 우회하여 한수를 건너 후방을 위협했다. 그러자 금군은 황하 수비군 20만 명을 급히 남하시켰다. 그 틈을 타 1232년 1월 황하를 도강한 정벌군은 금군을 직격해 패퇴시켰고, 툴루이 부대는 개봉 교외의 삼봉산에서 금군 15만 명을 궤멸시켰다. 그곳에서 툴루이와 합류한 오고타이 칸은 3월 들어 금의 수도 개봉을 포위한 다음 장수 수베테이와 타가차르에게 정벌군의 지휘를 맡긴 뒤 황도 카라코룸으로 돌아갔다.

이윽고 몽고군이 개봉에 대한 총공격을 개시하자 금은 진천뢰와 비화창을 이용해 버텨냈다. 하지만 그해 8월 성내에 식량이 떨어지자 금의 황제 애종은 개봉을 탈출했고, 이듬해인 1233년 4월 결국 개봉성은 몽고군에게 함락되었다. 그때부터 타가차르의 부대에 쫓기는 신세가 된 애종은 남쪽의 국경지대인 채주에 다다라 남송에 구원을 요청했지만 남송은 거꾸로 몽고군과 합세해 그를 공격했다.

그 무렵 몽고는 대륙 전역을 장악하기 위해 여러 갈래의 정복전을 수행하고 있었다. 그해 9월 구유크와 알치타이가 지휘하는 몽고군이 동진의 수도 남경성을 함락하고 포선만노를 생포함으로써 만주 일대를 석권했다. 그와 함께 몽고는 살리타이의 죽음과 함께 미루어두었던 고려를 재차 노려보았다.

1233년 4월 몽고는 고려가 거란을 평정하고 찰라를 죽인 뒤 한 번도 사신을 보내지 않은 죄, 사신을 보내면 활을 쏘아 죽인 죄, 저고여를 죽이고도 포선만노의 부하가 죽였다고 거짓말한 죄, 대신을 몽고에 보내라고 했는데 불복하고 섬으로 도망친 죄, 걸핏하면 허위 보고를 통해 몽고 황제를 속인 죄 등 5개 항을 들어 고려에 대한 군사행동을 공언했다. 그런 몽고의 협박으로 인해 고려 조야는 긴장 속에 빠져들었다.

그해 5월 서경에 있던 필현보와 홍복원이 선유사 대장군 정의와 박록전 등을 죽이고 반란을 일으켰다. 서경은 과거 주민들이 다루가치를 죽이려던 최자온을 방해하는 등 이미 몽고에 심정적으로 복속된 상태였다. 때문에 서경의 반란을 좌시한다면 그 여파는 고려 전역으로 확산될 가능성이 있었다. 때문에 최이는 그해 12월 북계병마사 민희에게 가병 3천 명을 주어 서경의 반란을 토벌하게 했다. 민희는 서경성을 급습해 필현보를 체포하는 데 성공했지만 홍복원은 놓치고 말았다.

필현보는 개경으로 압송되어 저자에서 참수되었고, 1차 몽고 침공 때 항복했던 조숙창도 연루되어 이듬해 3월 처형되었다. 또 홍복원의 아버지 홍대순과 아우 홍백수, 자녀들은 모두 체포되어 처형되었고 남은 백성들은 모두 섬에 귀양 보냈다. 그때부터 서경은 1252년(고종 39) 서경유수관이 설치될 때까지 폐허로 남았다. 도망친 홍복원이 몽고에 들어가자 오고타이 칸은 요양과 심주에 심양로를 설치하고 그를 만호로 임명하여 고려인들을 다스리게 했다.

이듬해인 1234년, 북방의 영웅 아골타가 건국했던 여진족의 나라 금이 120여 년의 치세 끝에 멸망하고 말았다. 그해 1월 8일 몽고군과 남송군의 추격에서 벗어나지 못한 금의 황제 애종은 채주성에서 고립된 채 3개월을 버텼다. 그러나 식량이 떨어지고 활로가 보이지 않자 결국 목을 매 자살했다. 이어서 그를 지키던 금의 장병 5백여 명이 뒤따라 자결함으로써 비장한 최후를 장식했다. 숙원인 금 정벌에 성공한 오고타이 칸은 남송에 협력의 대가로 하남성 동남 지역을 넘겨주었지만, 6월 남송이 개봉과 낙양을 점령하자 즉시 군대를 풀어 쫓아내 버렸다.

몽고의 3차 침공

1234년 가을, 오고타이 칸은 쿠릴타이를 열고 서역과 남송, 고려에 대한 정벌계획을 확정지었다. 서역 원정은 자신의 장남 구유크와 칭기즈칸의 막내 툴루이의 아들 몽케(蒙哥), 칭기즈칸의 적손 바투 등에게 맡기고, 대륙 최후의 목표인 남송 원정은 아들 쿠텐과 쿠추에게 맡겼다. 그와 함께 동쪽의 골치 아픈 소국 고려 원정은 당고에게 일임했다.

몽고의 3차 고려 침공은 1235년(고종 22)부터 1239년(고종 26)까지 약 4년 동안 이어졌다. 당시 몽고는 고려조정과의 교섭조차 없이 잔혹한 살상과 약탈로 일관했다. 고려인들에게 공포심을 심어주기 위한 작전이었다. 1235년 5월부터 압록강을 넘어온 몽고군은 6월 들어 자주, 삭주, 구주, 곽주 등 17개 지역에 진을 친 다음 고려 전역에 군사를 내보냈다. 그해 8월에는 몽고의 본진이 서북 방면으로 들어와 용강, 함종, 삼등을 점령하고 수령들을 생포했다. 10월에는 동북과 서북 양면에서 증원부대가 들어오더니 동주성을 함락시켰다. 그러자 고려의 야별초는 정면대결을 피하고 기습 전술을 통해 몽고군을 각처에서 살해했다.

1236년(고종 23) 6월 고종은 각도에 방호별감을 파견해 산성을 쌓고 지방 수령들과 함께 몽고군에 대적하게 했다. 몽고군은 대동강을 건너 황주, 신주, 안주 등지를 거쳐 남경, 평택, 아주, 하양창까지 진출했다. 그때 고려군은 온수에서 몽고군을 격퇴했고, 죽주에서 방호별감 송문주의 활약으로 성을 지켜냈다. 하지만 몽고군의 기세는 한반도 남쪽까지 이어져 1238년(고종 25) 윤4월 유서 깊은 경주의 황룡사 9층 목탑이 불탔다. 그해 5월 고려의 장수 조현습, 이원우 등이 2천여 명의 군사들과 함께 항복하자 요양의 홍복원에게 보냈다.

몽고군의 말발굽이 고려 전역을 휩쓸고 있던 1237년 봄, 원율(담양)에서 초적 이연년 형제가 백적도원수(百賊都元帥)를 자칭하면서 난을 일으켰다. 그들은 해양(광주) 등지의 주현을 격파한 다음 전라도지휘사 김경손과 부사 최린이 있는 나주를 포위했다. 귀주성의 명장으로 이름 높은 김경손이 금성산신에게 제사 지내고 토벌에 나서자 이연년은 그를 사로잡아 도통으로 삼겠다고 공언했다. 하지만 전투가 시작되면서 김경손의 독전과 관군들의 분전으로 반란군은 궤멸되었고, 이연년은 함양 출신의 장사 박신유와 대결하다가 목숨을 잃었다.

오랜 전쟁으로 국토가 황폐해지고 내란까지 이어지자 1238년(고종 25) 12월, 고종은 장군 김보정과 어사 송언기를 몽고에 파견해 항복을 전제로 군대의 철수를 요청했다. 그 와중에 팔만대장경을 조판해 불타의 가피를 기원한 것은 당시 고려 조정이 겪고 있던 무력감의 일면이었다. 그런데 때마침 몽고 황실에서 권력투쟁이 벌어졌다. 내분으로 전쟁 수행이 어렵게 된 몽고는 1239년(고종 26) 4월 보가아질 등 20여 명의 사신을 고려에 보내 고종의 친조를 요구한 다음 몽고군을 철수시켰다.

그 무렵 몽고 황제 오고타이 칸의 아들 쿠텐과 쿠추가 지휘한 몽고의 남송 원정도 양자강과 한수, 회수 방어선을 뚫지 못했다. 당시 남송의 장수 맹홍, 여개, 두고는 몽고군의 맹공격을 결사적으로 막아냈다. 반면 구유크와 몽케가 지휘한 몽고의 서방 원정은 대성공을 거두고 있었다. 1237년 서방 원정에 나선 몽고군은 킵차크 부족과 아스 부족을 복속시켰고, 1238년에는 15만 명의 군대를 동원해 러시아의 모스크바 등지를 점령했다. 1240년에는 아스 족의 근거지인 메메스 성을 함락한 다음, 러시아 최대 도시인 키예프를 초토화시켰다.

1241년 킵차크 족 일부가 헝가리 왕국으로 피신하자 몽고군은 그 뒤를 추격하다가 진로를 가로막은 해 헝가리 군과 연합한 폴란드 군을 격파했고, 그해 4월 9일 발슈타트 전투에서 폴란드와 독일의 연합기사단을 전멸시켰다.

한편 바투가 이끄는 몽고군은 4월 11일, 셔요 강변의 초원에서 벨러 4세가 이끄는 헝가리 군을 격파하고 부다페스트에 진입하는 등 서유럽 일대를 공포에 떨게 만들었다. 그 때문에 당시 유럽인들은 몽고기병을 일컬어 종래의 타타르(Tatar) 대신 지옥이란 뜻의 타르타루스(Tartarus)라고 불렀다. 그해 가을 몽고군이 진격을 멈추자 구유크는 오고타이 칸의 귀환령을 받고 철수했다.

그때 몽고 내부에서 아버지 주치[128]의 혈통 문제로 혈족들과 불화하던 바투는 귀환하지 않고 볼가 강 하류의 초원에 정착하여 킵차크한국이라는 독립왕국을 건설하고 본국과의 관계를 끊어버렸다. 그처럼 몽고는 제국 건설과 동시에 분열 조짐을 드러내고 있었다.

몽고의 4차 침공

1239년(고종 26) 몽고는 고려에 사신을 보내 국왕의 입조와 출륙환도를 강력히 요구했다. 그러자 고종은 12월에 신안공 왕전 등 148인을 몽고에 파견했다. 이듬해 9월 몽고 사신 17인과 함께 귀국한 왕전은 오고타이 칸의 조서를 가져왔다. 그 내용은 이전에 비해 약화되어 있었는데 국왕 대신 왕자를 인질로 보내고 섬에 있는 백성을 내륙으로 옮기라는 것이었다. 그러자 고종은 1241년(고종 28) 신안군의 종형인 영녕공 왕준을 왕자라고 속이고 다른 귀족 자제 10명과 함께 몽고에 들여보내 독로화(禿魯花)[129]가 되게 했다.

1241년(고종 28) 11월 몽고의 지배자 오고타이 칸이 과음으로 세상을 떠났다. 그때 칭기즈칸의 막내동생 옷치긴이 무력으로 제위를 얻기 위해 대군을 이끌고 서진했다. 하지만 구유크(貴由)가 서방원정을 마치고 귀환하자 옷치긴은 경쟁을 포기했다. 1244년 카라코룸에서 몽고의 모든 왕족이 모인 가운데 열린 쿠릴타이에서 오고타이의 서장자인 구유크가 새로운 칸으로 선출되었다. 구유크 칸은 그 후 제위를 포기하지 않은 숙부 옷치긴을 처형하는 등 중앙집권에 힘을 쏟으면서 한동안 정벌전을 자제했다. 그러나 지속적으로 몽고를 속이면서 복속을 거부하는 고려에 대해서는 강경한 입장이었다.

1247년 7월 구유크 칸은 장군 아무간(阿母侃)에게 군사를 주어 고려 정벌을 명했다. 아무간은 심양의 홍복원을 길잡이로 삼아 청천강 상류의 희주, 평로성 등지를 공략한 뒤 곧장 남진하여 개경과 강화 연안인 염주에 주둔하면서 강화도에 있는 고려 조정을 위협했다. 그러자 이듬해인 1248년 2월 고종은 추밀원사 손변과 비서감 환공숙 등을 몽고에 보내 군사 활동의 자제를 요청했다. 그런데 1249년(고종 36) 구유크 칸이 서아시아 원정을 준비하던 도중 갑자기 사망하자 아무간의 군대는 즉시 고려 땅에서 물러났다.

최이의 죽음과 최항의 집권

1249년 11월 갑자기 최이가 병을 얻어 세상을 떠났다. 그러자 송광사의 승려였던 아들 최항이 후계자가 되었다. 최이는 부인 정씨가 요절하는 바람에 적자를 얻지 못하고 기생 출신의 첩 서련방으로부터 만종과 만전 두 서자를 얻었다. 당시 최이는 심복 김약전을 후계자로 여겼으므로 두 아들을 송광사에 승려로 내보냈다. 하지만 만전과 만종이 무뢰한들을 모아 난행을 벌이고 백성들을 괴롭히자 소문을 들은 형부상서 박훤은 최이에게 두 아들을 개경으로 불러올리라고 청하고, 경상도 순문사 송국첨이 동조했다. 그런데 개경에 온 만전과 만종이 자신들의 혐의를 완강히 부인하자 최이는 박훤을 귀양 보내고 송국첨도 좌천시켜 버렸다. 그 후 최이는 만전을 환속시켜 최항이라는 이름을 지어주고 곁에 두었다. 최항은 그 후 호부상서 등을 역임하며 측근들을 끌어 모았고 최이 사후 권력을 이어받았다.

최이가 죽자 야별초와 내외도방을 이끌던 상장군 주숙은 고종에게 병권을 이양하려 했다. 하지만 이공주, 최양백, 김인준 등 70여 명의 장수가 최항과 합세하여 병권을 빼앗았다. 고종은 자신의 무력함을 실감하며 최항에게 은천광록대부 추밀원부사 이병부상서 어사대부 태자빈객을 수여하고 동북면 병마사와 교정별감 직을 수여했다.

권좌에 오른 최항은 곧 백성들의 추앙을 받던 민회, 김경손 등을 비롯해 좌승선 최환, 장군 김안, 지유 정홍유 등과 최이의 첩 30여명을 유배형에 처했다. 그런 다음 민심을 달랜다는 명목으로 노예인 김인준과 최양백을 별장으로 임명했다. 그의 위세에 눌린 고종은 며칠 뒤 재상 직을 제수했고, 태조의 화상을 옮기는 선례에 따라 최충헌과 최이의 화상을 선원사에 옮기는 등 그의 비위를 한껏 맞춰주었다.

그 무렵 우리나라 의학사에 큰 획을 그은 두 개의 의서가 편찬되었다. 최종준의 「어의촬요방」과 정안의 「향약구급방」이었다. 그로 인해 병이 들면 민간요법과 미신에 의지하던 백성들이 실질적인 의료혜택을 볼 수 있게 되었다.

몽고의 5차 침공

몽고에서 구유크 칸이 사망한 뒤 3년 동안 황후 오굴 카이미슈가 섭정을 했다. 그동안 고려는 몽고의 요구대로 출륙환도를 구실로 1250년 강화도 맞은편 승천부 백마사 아래 궁궐을 지으면서 한편으로는 강화도에 둘레 2960여 간의 중성을 쌓아 방비를 더욱 강화했다.

1251년 12월 몽고 사신 장곤과 홍고이가 48명의 수행원을 데리고 고려에 들어와 출륙환도와 고종의 친조를 요구했다. 당시 홍복원의 일족인 홍고이는 고종을 위로하며 황후에게 동방을 소란스럽지 않게 설득하겠다고 말해 환대를 받았다.

1251년 몽고에서는 바투의 후원을 받은 툴루이 가문의 장남 몽케가 쿠릴타이를 통해 칸으로 즉위했다. 몽케 칸은 몽고제국의 행정체계를 정비하면서 그때까지 제국의 천하 질서를 거부하던 고려의 동참을 요구했다. 그해 10월 몽케 칸이 고려에 사신을 보내 고종의 친조와 개경환도를 요구하자 이듬해 1252년(고종 39) 1월 고종은 추밀원부사 이현을 몽고에 보내 이전의 답변을 거듭했다. 그러자 화가 난 몽고 조정에서는 이현을 억류하고 다가와 아사를 사신으로 보내 명확한 태도 표명을 촉구했다.

그때 몽고 사신을 안내해 온 이현의 서장관 장일은 고종에게 몽케 칸의 유화적인 태도를 알려주었다. 그러자 오랜 강화도 생활에 염증이 난 고종은 실권자 최항에게 환도를 요구했지만 거부당했다. 새삼 고려의 적대적인 태도를 확인한 몽고 사신들이 돌아가자 최항은 전국의 산성에 방호별감을 파견해 몽고의 공격에 대비토록 했다. 최항은 그해 8월에 충실도감을 설치하여 한인, 백정을 각 부대에 보충시켰다.

몽케 칸은 1252년부터 아우 쿠빌라이(忽必烈)¹³⁰를 막남한지대총독에 임명해 남송 정벌을 시작했다. 쿠빌라이는 이듬해인 1253년 대리국과 토번¹³¹을 멸망시킨 뒤 안남까지 정벌함으로써 남송을 압박했다. 그해 아우 훌라구(旭烈克)가 서아시아 원정길에 올라 페르시아를 정복하고 일한국을 세웠다. 그 와중에 고려의 항전의지를 포착한 몽케 칸은 1253년 10월 숙부인 에쿠(耶屈)¹³²에게 고려 정벌을 명했다.

1253년 5월, 에쿠는 사신 16명을 고려에 보내 최후통첩을 한 다음 7월이 되자 대군을 이끌고 압록강을 건넜다. 급보에 접한 고려 조정에서는 즉각 5도 안찰사 및 순문사에게 명해 백성들을 산성이나 섬으로 피신시켰다. 에쿠의 몽고군은 고주, 화주, 광주를 점령한 다음 고종에게 재차 출륙환도와 강화성을 허물고 몽고에 귀순할 것 등을 요구했다. 그때 몽고에 억류되어 있던 이현은 최항에게 편지를 보내 몽고인들의 성향이 바뀌었으니 태자나 안경공을 보내면 몽고군이 철군할 것이라고 조언했다. 그러나 최항은 몽고군이 태자나 안경공을 인질로 삼을 위험을 상기시키며 결사항전을 선언했다.

고려의 태도가 변함없음을 확인한 에쿠는 공격을 개시해 서해도의 경산성을 함락하고 주민 4천7백 명을 도륙했다. 8월에는 몽케 칸의 아우 송주가 1만 명의 증원군을 이끌고 합류해 중부 내륙의 동주를 함락한 다음 안찰사 박천기가 지휘하는 춘주성을 함락하고 성민을 몰살시켰다. 송주는 9월에 등주를 공격하다 실패하자 동해안을 따라 남하해 양근성과 청룡산성 등을 함락시킨 다음 10월에 충주로 들어왔다. 당시 충주산성에는 과거 사르타이를 죽인 김윤후가 방호별감으로 파견되어 있었다.

그 무렵 옷치긴의 손자 타가차르의 모함으로 고려 원정군의 총사령관 에쿠가 소환되어 몽고로 돌아갔다. 그러자 아무간과 홍복원이 몽고군을 지휘하여 충주산성을 공격했다. 그때부터 무려 70여 일 동안 혈전이 벌어졌다. 오랜 전투로 병사들이 지쳐가자 김윤후는 노비들에게 몽고군을 물리치면 귀천의 구별 없이 관작을 받게 해주겠다면서 성중의 관노비 문서를 모두 불태우고 노획한 마소를 나눠주었다. 그러자 힘을 얻은 병사들은 고군분투하여 성을 지켜냈다. 결국 12월 몽고군은 충주산성의 포위를 풀고 철수했다. 처인성의 영웅 김윤후의 두 번째 쾌거였다.

충주성 공략의 실패로 몽고군의 공세가 주춤해지자 고종은 영안백 왕희를 적진에 파견해 예물을 바치며 철병을 요구했다. 그러자 몽고군은 고종이 강화에서 나와 사신을 영접한다면 철병하겠다고 약속하고 몽고대 등 10명의 사신을 파견했다. 이에 고종은 강화에서 나와 승천부의 새 대궐에서 그들을 영접했다. 약속대로 몽고군이 1254년(고종 41) 1월 3일 철군을 시작하자 고종은 안경공 왕창을 사신으로 동행시켰다.

고종은 그해 2월 김윤후를 갑문위 섭상장군으로 임명하고 그와 함께 큰 공을 세운 충주산성의 사졸과 관노에게 약속대로 관작을 수여했다. 4월에는 충주를 국원경으로 승격시켜 주었다. 그러나 최항은 몽고에 억류되어 있으면서 협상 정보를 주었던 사신 이현의 일족을 처형하고, 몽고군에 항복했던 천룡성 방호별감 조방언과 황려현령 정신단을 귀양 보내는 등 강경한 태도를 고수했다.

몽고의 6차 침공

고려는 안경공 왕창을 사신으로 보낸 뒤에도 수차례 사신을 보내 몽고를 달랬다. 그러나 몽케 칸은 변치 않은 고려의 반몽성향을 꾸짖으며 이듬해 차라다이(車羅大)를 정동원수로 임명하고 재차 고려 정벌을 명했다.

1254년 7월 차라다이가 이끄는 5천 명의 몽고군은 신속하게 서해도에 도달해 내륙을 휩쓸었다. 몽고군은 난공불락의 충주산성과 상주산성을 공격했다가 실패하자 남하해 합주의 단계현까지 짓밟았다. 몽고군은 이전의 잔혹한 정벌군의 모습으로 고려 전역을 유린했는데, 그들이 스쳐 지나간 지역은 풀뿌리 하나 남지 않았다. 그리하여 고려는 이전의 다섯 차례 침공과 비교되지 않는 손실을 입었다. 6차 침공 당시 몽고에 포로가 되어 끌려간 고려인의 수효는 무려 20만6천8백여 명에 달했다.

그 무렵 훗날 전주에 살던 이성계의 고조부 이안사는 산성방호별감과 분쟁이 일어나자 삼척을 거쳐 의주로 이사했다. 조정에서 그를 의주방어사로 임명했지만 몽고의 산길대왕(散吉大王)이 철령 이북으로 몰려오자 김보노 등과 함께 항복한 다음 알동 지역에서 5천호의 다루가치가 되었다.

1255년(고종 42) 몽케 칸은 고려의 태도를 떠보기 위해 차라다이의 군대를 개경으로 물렸다. 그러나 2월에 철령과 등주에서 삼별초가 몽고군을 공격하는 등 저항이 계속되자 몽고군은 다시 남하하기 시작했다. 차라다이는 9월에 영녕공 왕준과 홍복원을 데리고 서경을 통해 충주, 영광, 담양, 해양, 나주까지 진입했고, 12월에는 선박을 건조해 삼별초군이 주둔한 조도를 공략했다가 패퇴했다. 개전 이후 처음으로 몽고군이 백성들이 숨어 있는 섬까지 공격하자 고종은 장군 이광과 송군비에게 수군 3백을 주어 강화의 방비를 강화시켰다.

1256년(고종 43) 3월 고종은 대장군 신집평을 담양에 있는 차라다이에게 보내 철군을 요청했다. 차라다이는 왕이 육지에 나와 사신을 맞이하고 태자가 황제에게 입조하면 철군하겠다고 약속했다. 그러자 5월 고종은 승천부에 나와 몽고 사신들에게 연회를 베풀며 회유했지만 양군의 전투는 계속되었다.

그렇듯 오랜 소모전이 이어지는 가운데 9월 낭보가 들려왔다. 1255년 6월에 몽고에 파견했던 시어사 김수강이 뛰어난 언변으로 몽케 칸을 설득해 회군을 성사시켰던 것이다. 황제의 명이 떨어지자 9월 23일 차라다이는 전국에 퍼져있던 몽고군을 집결시킨 다음 즉시 철군했다. 그 후에도 출륙환도라는 몽고와 고려의 강화 조건은 독재자 최항의 반대로 인해 지켜지지 않았다. 더군다나 최항을 추종하는 대신들은 해마다 몽고에 보냈던 봄철 공납까지 반대하고 나섰다. 자꾸만 약속 위반이 반복되자 고종은 분개했지만 실권이 없는 국왕으로서 침묵할 수밖에 없었다.

최씨 무신정권의 종식

1257년 고려 조정에 중대한 변화가 일어났다. 독재자 최항이 갑자기 병석에 눕더니 윤4월에 세상을 떠나고 그의 서자 최의가 교정별감이 되었던 것이다. 최의는 어머니가 여종 출신이었으므로 자격지심이 대단해서 외가를 언급하는 사람은 지위고하를 막론하고 살해했으며, 책이나 문서 속에 '천(賤)' 자가 나오면 읽지 않거나 지워버렸다. 최의는 집권 후 창고를 풀어 난민들을 구제하고 각 부와 영에 군량미를 보내는 등 민심을 달랬지만 나이가 어리고 우유부단한 면이 있어 측근들을 제대로 대접하지 못했다. 때문에 심복인 최양복, 선인렬, 유능 등이 힘껏 보좌했지만 무신들 가운데 은근히 권력 찬탈을 노리는 자들이 생겨났다.

1257년 6월 몽고장수 보라다이(甫波大)가 개경을 거쳐 남경에 이르자 고려에서는 문신 이응을 보내 철군을 요청했다. 몽고군이 그 요청을 무시하고 서경에 입성하자 고종은 시어사 김식을 안북부에 주둔하고 있던 차라다이에게 파견해 재차 철군을 요청했다. 그러자 차라다이는 고종이 친히 오면 즉시 회군하겠다고 강조하고, 본국에 왕자를 입조시키면 그 뒤에도 후환이 없을 것이라고 말했다. 고종은 군사를 물린다면 반드시 태자를 황제에게 보내겠다고 약속했다. 그제야 차라다이는 군대를 이끌고 돌아갔다.

1258년 2월 최의는 가노인 이공주를 최씨 3대를 섬긴 공이 크다는 이유로 낭장에 임명했다. 노비가 참직(參職)에 임명된 것은 그때가 처음이었다. 그런데 그해 3월, 대사성 유경, 별장 김인준, 임연 등이 삼별초를 동원해 최의를 죽이는 사건이 일어났다.

그것은 최의가 교정별감이 된 이후 최항의 심복들 간에 불화를 조정하지 못한 것이 원인이었다. 별장 김인준은 최의가 최양백과 유능을 총애하고 자신을 멀리하자 앙심을 품었다. 그리하여 은밀히 신의군 도령낭장 박희실, 지유낭장 이연소, 장군 박송비, 낭장 임연, 이공주 등과 함께 거사계획을 세웠다. 그들은 4월 초파일에 거사하려 했지만 중랑장 이주와 최양백이 낌새를 알아채고 최의에게 밀고하자 날짜를 하루 앞당겨 군사를 모았다.

거사 당일 김인준과 임연은 최양백과 이일휴를 척살한 다음 휘하의 야별초 군사들을 동원해 최의의 저택을 기습했다. 최의의 장인 원발이 맹렬히 저항했지만 군사들은 금세 그를 제거하고 뚱뚱해서 거동이 불편했던 독재자 최의를 참살했다. 그의 죽음과 함께 60년간 이어졌던 최씨 무신정권이 종말을 고했다. 고종은 그들의 거사를 치하하면서 김인준을 비롯한 무신 7명과 문신인 대사성 유경을 위사공신으로 책봉했다.

몽고의 7차 침공과 고종의 죽음

최씨 무신정권의 붕괴와 함께 형식적으로 고종이 왕권을 되찾은 1257년 4월, 몽고에서 약속 이행을 강요하며 1천 명의 기병을 수안으로 들여보냈다. 또 차라다이(車羅大)가 사신을 보내 고려의 상황을 탐지하려 하자 고종은 승천부로 백관들을 내보내고 저자를 옮긴 다음 궁궐과 관료의 저택을 수리했다. 5월 5일 승천부 궁궐에 들어간 고종은 몽고의 사신 파양에게 강화조건의 이행을 다짐했다.

그해 6월, 몽고의 예수데르(余愁達)와 보라다이(甫波大)가 기병을 거느리고 가주와 곽주로 들어왔다. 예수데르는 평주 보산역에 진을 친 다음 고종에게 편지를 보내 태자의 항복을 요구했다. 오랜 침략에도 불구하고 끈질기게 저항하는 고려인들의 의지에 질렸는지 그 무렵 몽고의 요구도 힘이 빠져 있었다. 그러나 고종이 태자의 병을 핑계로 시간을 끌자 예수데르는 개경까지 들어와 병사들에게 분탕질을 치게 했다. 8월에는 차라다이까지 개경에 들어왔다. 몽고군들은 강화에 가까운 승천부, 교하, 수안, 동성 등지에서 주민들을 위협해 양과 말을 방목했다.

당시 고종은 더 이상의 전쟁 수행이 불가능하다고 판단하고 몽고에 항복을 결심했다. 때마침 최자, 김보정 등의 대몽강화론이 고종의 판단에 힘을 실어주었다. 그해 12월 29일 고종은 장군 박희실, 조문주, 산원 박천식을 몽고에 파견해 그동안 강화조건을 방해했던 독재자 최의의 죽음을 알리고 출륙환도와 태자의 입조를 약속했다.

1258년 7월에는 몽고에서는 동경총관 홍복원이 영녕공 왕준을 모함하려다 죽임을 당했다. 두 사람은 처음에 몹시 친했지만 홍복원이 왕준의 심복인 교위 이조를 모해하기 위해 나무인형을 만들어 우물에 넣는 등 저주하자 왕준이 황제에게 고했던 것이다. 당시 왕준의 아내는 황족이었으므로 홍복원의 위세도 미치지 못했다. 그때부터 홍복원의 아들 홍다구와 홍군상은 고려 왕실을 원수로 알고 미워했다.

그해 12월, 몽고의 산길대왕이 화주 지역에 군사를 주둔시키자 병사사 신집평이 백성들을 저도에 피난시켰다가 다시 덕원부 동쪽에 있는 죽도로 옮긴 다음 별초를 동원해 은밀히 군량을 모았다. 그때 용진 출신의 조휘와 정주 출신의 탁청이 삭방도 백성들을 선동해 반란을 일으켜 신집평과 등주 부사 박인기, 화주 부사 김선보와 별초군을 죽이고 몽고에 항복했다. 그러자 몽고는 화주에 쌍성총관부를 설치하고 조휘를 총관으로, 탁청을 천호로 삼았다. 그때부터 화주 이북의 땅이 몽고의 영토로 편입되었다.

1259년(고종 46) 4월 21일, 드디어 태자 왕전이 참지정사 이세재, 추밀원 부사 김보정 등 40여 명의 대신과 함께 몽고에 들어갔다. 5월 태자가 요동에 도착했을 때 고려 원정군 총사령관이었던 차라다이가 갑자기 죽고 그 뒤를 이은 예수데르와 송길이 재차 고려 침공을 준비하고 있었다. 그런데 태자가 입조하러 오자 두 장수는 군대를 해산시킨 다음 주자와 도고 등 휘하 장수들과 참지정사 이세재를 강화도에 파견해 강화의 내성과 외성을 허물게 했다. 그와 함께 28년 동안의 지긋지긋한 전쟁이 종결되었다.

재위기간 내내 몽고와의 전쟁으로 밤을 지새웠던 고종은 1259년 3월부터 병을 앓았는데, 화의가 성립된 그해 6월 임인일 강화도에 있는 유경의 관저에서 68세를 일기로 숨을 거두었다. 그는 재위 45년 10개월로 고려 국왕 중 가장 오랫동안 왕위에 머물렀다. 시호는 안효충헌(安孝忠憲), 묘호는 고종(高宗), 능호는 홍릉(洪陵)이다.

고종의 가족

고종은 안혜왕후 유씨로부터 원종 왕전과 안경공 왕창, 수흥궁주 등 2남 1녀를 얻었다. 안혜왕후 유씨는 희종의 딸이다. 1210년(희종 6)에 승복궁주에 봉해졌고 고종과 혼인한 뒤 1218년에 왕비로 책봉되었다. 1232년 6월 1일 세상을 떠났다.

안경공 왕창은 고종의 둘째아들로 처음 이름은 왕간이다. 어린 시절 안경후에 책봉되었다가 1253년 안경공에 책봉되었다. 몽고 침공 당시 태자 왕전을 대신해 몽고에 들어가 황제에게 몽고군의 철병을 요구했다. 1259년 부왕 고종이 죽자 몹시 슬퍼하다 심신을 상해 지팡이를 짚고 다녔다고 한다. 1269년 무신집정 임연이 원종을 폐위시키고 그를 옹립했지만 원 조정의 문책이 있자 곧 폐위되었다. 사후 영종이라는 시호가 추증되었다.

팔만대장경의 판각

통상 팔만대장경으로 불리는 재조대장경은 몽고군의 침입으로 부인사 소장의 초조경판이 1232년(고종 19)에 소실되자, 다시 판각한 대장경판이다. 국보 제32호로 지정되어 있는 목판본은 1,516종에 6,815권으로 총 8만 1,258매인데 이 가운데 후대에 판각된 15종의 문헌은 보유판이라고 한다. 초조대장경[133]이 몽고의 침입으로 소실된 뒤 1236년(고종 23) 당시의 수도였던 강화에서 시작하여 1251년 9월에 완성되었다.

해인사 팔만대장경판에는 대부분의 경판이 각 권의 마지막 경판 맨 끝에 정유, 무술, 기해, 경자, 신축, 임임, 계묘, 갑진, 을사, 병오, 정미 등의 간지(干支)가 새겨져 있어서 실제 제작한 해를 알 수가 있다. 간지는 초조대장경에는 없는 팔만대장경만의 특징이고, 내용에서도 중국의 연호를 쓰지 않고 당당히 고려국이라는 이름과 황제의 용어인 봉칙(奉勅)을 사용했다.

이 사업은 대장도감에서 주관했으며, 제주도·완도·거제도 등에서 나는 자작나무를 재료로 사용했는데 부패를 방지하기 위해 먼저 나무를 바닷물에 절인 다음 그늘에서 충분히 말려 사용했다. 이 대장경은 조선 초기까지 강화도 선원사에 보관되어 있었는데 해인사로 언제 옮겨졌는지는 확실하지 않다. 현재 1398년(태조 7)에 옮겼을 것이라는 학설이 가장 유력하다.「조선왕조실록」에 의하면 2,000명의 군인들이 호송하고, 5교 양종의 승려들이 독경했다고 한다.

팔만대장경은 현존하는 세계의 대장경 가운데 가장 오래된 것일 뿐만 아니라 체재와 내용도 가장 완벽한 것으로 평가되고 있다. 보관함의 순서는 천자문 순서대로 배열했으며, 오자와 탈자가 거의 없다. 그리고 다음과 같은 몇 가지 특색에 의해서 그 내용도 높이 평가되고 있다.

첫째, 인류 최초의 한문대장경인 남송 관판대장경의 내용을 알 수 있는 유일한 자료이며, 현재 전하지 않는 거란판대장경의 내용을 짐작하는 데 도움을 준다. 특히「대승법계무차별론」권1은 어느 대장경에서도 볼 수 없다.

둘째, 사전류의 저술들이 수록되어 있다.「법원주림」·「일체경음의」·「속일체경음의」등 중요한 전적과「대승보살정법경」·「제법집요경」등 중요한 대승경론이 포함되어 있다.

셋째, 자체의 예술성이다. 하나의 목판에 대략 가로 23행, 세로 14행으로 310자 내외를 새겼는데 그 정교한 판각술은 타의 추종을 불허한다. 조선의 명필인 한석봉은 이를 두고 "육필이 아니라 신필이다"라고 경탄했다.

이 팔만대장경은 뒤에 5차례나 간행·유포되었다는 문헌 기록이 있다. 고려 말에 이색이 인출한 대장경 1부가 여주 신륵사에 봉안되어 있다. 조선 초기까지 왜구들이 빈번하게 침략하면서 해인사에 소장되어 있는 고려대장경판을 요구했다. 1389~1509년에 83차례나 요구했지만 대부분 거절하고 간혹 인본(印本)을 주었고, 1410년(태종 10) 경기도 황해도 충청도 관찰사에게 도내에서 생산되는 인경지 267묶음을 해인사로 보내 인경하도록 명했다.

세조는 신미·수미·학열 등으로 하여금 해인사 대장경 50부를 인출하여 각 도의 명산 거찰에 나누어 봉안하도록 했으며, 1898년 용악이 4부를 인출하여 통도사·해인사·송광사 등에 1부씩 봉안했다. 고려 중반부터 장경도량(藏經道場)이라는 이름으로 봄·가을에 6, 7일씩 거의 정기적으로 법회를 열었다. 현재 해인사에서는 1년에 1번씩 대장경판을 머리에 이고 탑 주위를 도는 행사를 하고 있다.

고종 시대의 주요 인물

민족의식을 고취시킨 문장가, 이규보

이규보(李奎報)의 본관은 황려(黃驪). 자는 춘경(春卿), 초명은 인저(仁低), 호는 백운거사(白雲居士)·지헌(止軒)·삼혹호선생(三酷好先生)이다. 1168년(의종 22) 황려현에서 전 호부낭중 이윤수의 아들로 태어났다. 9세 때 글을 지어 기동이란 별명을 얻었으며 14세 때는 성명재(誠明齋)의 하과(夏課)에서 시를 지어 기재로 알려졌다.

소년 시절 술을 좋아하며 자유분방하게 지냈는데, 과거를 하찮게 여기고 당대의 문장가인 이인로, 오세재, 임춘, 조통, 황보항, 함순, 이담지 등과 어울리며 칠현(七賢)을 자칭했다. 그로 인해 16, 18, 20세 3번에 걸쳐 사마시(司馬試)에서 낙방했다. 1189년(명종 19)에 국자감시에서 응시했는데, 전날 밤 꿈에 한 노인이 나타나 문운을 담당하는 규성(奎星)이라며 그의 급제를 암시했다. 과연 장원 급제하자 이름을 인저(仁氐)에서 규보(奎報)로 고쳤다. 그러나 거만한 성격 탓에 미관말직에 머물렀다. 재상 조영인, 임유, 최선, 최당 등이 그를 추천했지만 정적들이 많아 관직에 오래 머무르지 못했고 1199년(신종 2) 전주사록에 제수되었다가 곧 물러났다. 그처럼 급제 후 10년여를 허송세월하자 비관한 그는 개경 천마산에 들어가 장자에 심취하면서 자신의 호를 백운거사(白雲居士)라고 지었다.

그런 이규보를 요직에 앉힌 것은 무신정권의 독재자 최충헌이었다. 최충헌은 자신의 저택 곁에 모정(茅亭)이란 정자를 짓고 문사들에게 정기를 짓게 했는데 이규보가 쓴「모정기(茅亭記)」를 보고 몹시 기뻐하며 그를 중용하기 시작했다. 1207년(희종 3) 12월 권보직한림에 오르고 이듬해 6월 직한림에 올랐다. 최충헌은 그의 시와 부를 측근인 송순에게 보이며 매우 칭찬했다.

1215년(고종 2) 11월에는 진화와 함께 최충헌에게 불려가 시 40여 수를 지었다. 그런 인연으로 우정언 지제고, 좌·우사간에 오르기도 했다. 이후 예부낭중 기거주로써 1225년(고종 12) 국자감시를 주관했고 좌간의대부, 한림학사를 거쳐 판위위사 지제고에 올랐다. 1228년 동지공거가 되어 지공거 최보순을 보좌해 과거를 관장했고, 이후 지공거가 되었다. 하지만 1230년(고종 17) 팔관회 행사 때 잘못을 저질러 위도에 유배되었다가 이듬해 판비서성사로 복귀했다.

그 무렵 고려 정벌을 준비하던 몽고 황제 오고타이 칸은 이규보의 표문에 감동해 잠시 군대의 출동을 미루기도 했다. 그 공으로 추밀원사 우산기상시에 제수되었고, 곧 지문하성사 호부상서 집현전 대학사를 거쳐 정당문학 수태위 참지정사에 임명되었다.

그는 고구려 시조 동명왕의 전설을 오언시로 엮은「동명왕편」을 통해 동명왕의 영웅적인 행위와 고구려인의 긍지를 통해 민족의식을 고취함으로써 원의 강대한 무력에 맞선 국가적 위기를 극복하고자 했다. 282구에 이르는 장편서사시「동명왕편」은 역사적 사실을 반영한 문학작품으로 높은 평가를 받고 있다.「동명왕편」이 실려 있는 그의 시문집「동국이상국집」은 전집과 후집으로 나뉘어 있다. 전집은 시, 부를 비롯한 문학작품과 공문 및 사적인 편지, 조서와 교서, 묘비명, 제축 등으로 구성되어 있고, 후집은 시가 대부분이다.

「백운소설」은 삼국시대부터 고려시대까지의 여러 시화를 모아놓았는데 김부식과 정지상의 이야기 등 우리나라 고대소설의 전신으로 평가되는 패관문학 작품들을 수록하고 해설을 곁들였다. 그처럼 고려 중기의 대문장가로 활동했던 이규보는 1236년(고종 23) 69세의 나이로 사직한 뒤 외교문서에 관한 일만을 맡아보다가 1241년(고종 28) 세상을 떠났다.

국내
- 1259 고종 사망
- 1260 이인로 「파한집」 간행
- 1261 압록강 서쪽에 몽고와의 고역장 설치
- 1263 김주(김해)에 왜구 침입
- 1264 황천, 홍천 동지서 농민반란
- 1265 왜, 남쪽 해안지방을 침입
- 1266 문신 최윤의 사망
- 1270 배중손 등 삼별초 항쟁
- 1272 진주 지웅시 진명국사 보광탑비 건립
- 1273 탐라에 달로화적총관부를 둠

세계
- 1260 쿠빌라이, 원나라를 세우고 초대 황제에 오름
- 1263 영국 헨리3세, 귀족과 항쟁
- 1264 몽고, 연경을 중도로 함
- 1265 이탈리아 시인 단테 출생
- 1266 일본, 장군 종존친왕을 폐함
- 1271 이탈리아 마르코폴로, 동방여행길에 오름
- 1272 영국 에드워드 1세 즉위
- 1274 이탈리아 신학자 토마스 아쿠나스 사망

제24대 원종
순효충경 順孝忠敬

고려의 제24대 국왕 원종(元宗)의 이름은 식(植), 자는 일신(日新), 초명은 전(倎)이다. 고종의 맏아들로 안혜왕후 유씨 소생이다. 1219년 3월 을유일에 태어나, 1235년(고종 22)에 왕태자에 책봉되었다. 1259년 4월 그는 몽고가 제시한 항복 조건에 따라 황제를 배알하러 연경으로 갔다.

그해 6월, 태자 왕전이 연경을 거쳐 남송을 친히 정벌하던 몽케 칸을 찾아 육반산 부근에 이르렀을 때 황제가 사천성 합천 부근의 조어산에서 병사했다는 소식을 들었다. 갑작스런 황제의 부음으로 태자는 몹시 난감한 지경에 빠졌다. 그는 몽케 칸의 후계자로 예견되는 쿠빌라이와 아리크부케 가운데 한 사람을 선택해야 했고, 그것은 곧 고려의 미래와도 직결되는 일이었다. 태자는 고심 끝에 쿠빌라이를 선택하고 그를 찾아 남쪽으로 내려갔다.

한편 태자가 고려 땅을 떠난 지 얼마 되지 않아 고종이 승하했다. 실권자 김준은 안경공 왕창을 옹립하려 했지만 대신들이 격렬히 반대하자 태자가 귀국할 때까지 태손 왕심에게 옥좌를 맡겼다. 왕심은 별장 박천식을 몽고에 보내 고종의 부음을 전했다.

쿠빌라이와의 만남

그 무렵 남송 정벌에 여념이 없었던 쿠빌라이는 사천을 점령한 뒤 항주를 공격하기 위해 회수 상류에 있는 여남에 머물러 있었다. 9월 1일 몽케 칸의 서거 소식을 들은 그는 제위를 두고 중대한 선택의 기로에 섰다. 당시 황제 후보로는 몽케 칸의 아우인 쿠빌라이와 훌라구, 아리크부케 세 사람이었다. 그런데 훌라구는 1258년 2월 바그다드를 함락시킨 뒤 이슬람교도 8만 명을 학살하고 칼리파 알 무스타심까지 죽임으로써 압바스 왕조를 멸망시킨 다음 현지에 일한국을 건설하느라 바빴으므로 쿠빌라이의 경쟁자는 동생 아리크부케뿐이었다.

몽고 본토에 영지를 가지고 있던 아리크부케는 몽케 칸의 아들과 황후들의 지지를 받고 있었다. 더군다나 새로운 칸을 뽑는 쿠릴타이는 카라코룸에서 열리면 쿠빌라이가 제위를 차지할 가능성은 전무했다. 고민하던 쿠빌라이는 결국 남만주의 다섯 부족과 칭기즈칸의 동생들의 후손인 동방3왕가[134]의 지지를 이용해 제위를 쟁취하기로 결심했다.

9월 4일 양자강을 건너 악주를 포위했던 쿠빌라이는 남송의 장수 가사도와 화의를 맺고 개평부(상도)로 철수를 서둘렀다. 그는 상도로 가서 자신의 지지 세력들만으로 쿠릴타이를 열어 새로운 칸이 된 다음 아리크부케와 일전을 치를 심산이었다. 그리하여 몽고군이 포위를 풀고 물러나자 가사도는 남송의 영웅이 되어 재상까지 올랐다.

11월 양자강을 건너 귀국을 재촉하던 쿠빌라이에게 고려의 태자 왕전이 찾아와 무릎을 꿇었다. 후계자 경쟁이 가시화된 상황에서 오랜 세월 굴복하지 않았던 고려의 태자가 아리크부케가 아닌 자신을 선택하자 쿠빌라이는 몹시 기뻐하며 이렇게 말했다.

"고려는 만 리 밖에 떨어져 있는 먼 나라로 일찍이 당 태종도 친히 정벌하려 했으나 항복시킬 수 없었는데, 이제 그 나라의 태자가 스스로 와서 나를 따르니 이는 하늘의 뜻이다."

그해 윤 11월 20일 쿠빌라이는 왕전과 함께 대도에 입성했다. 이듬해 2월 25일 고려 국왕 고종의 승하 소식이 들려왔다. 그러자 총신 조양필과 섬서 선무사 염희헌은 쿠빌라이에게 고려의 태자 왕전을 왕으로 대접하고 귀국시키면 군사 한 사람도 쓰지 않고 나라 하나를 얻을 것이라고 조언했다. 그 말을 들은 쿠빌라이는 태자를 고려로 돌려보내면서 다루가치 속리대로 하여금 호위하게 했다.

그와 같은 쿠빌라이의 호의에 감복한 태자는 막강한 몽고의 힘을 빌려 고려의 왕권을 회복하기로 결심했다. 그런데 당시 경쟁자 유경을 밀어내고 무신정권을 이끌던 어사대부 김준은 이전의 독재자들과 마찬가지 이유로 개경 환도를 반대하고 있었으므로 두 사람의 충돌은 필연이었다.

1260년 3월 드디어 고려 땅에 귀환한 태자는 4월 무오일에 강안전에서 41세의 나이로 보위에 올랐다. 원종은 즉위하자마자 폐허가 된 개경에 궁궐과 주택을 지으라고 명했지만 김준은 원종의 명을 무시하고 강화도에서 꿈쩍도 하지 않았다. 귀국 당시의 생각과 달리 현실적인 벽에 부딪힌 원종은 궁녀들과 음란한 행위에 몰두하며 답답한 시간을 흘려보냈다.

쿠빌라이의 등극과 제위 분쟁

1261년 3월 1일 개평부에서 쿠릴타이를 개최한 쿠빌라이는 45세의 나이로 몽고의 새로운 칸이 되었다. 아우 아리크부케 역시 4월에 카라코룸 성의 서쪽에 있는 알탄 강변에서 독자적으로 쿠릴타이를 열고 칸이 되었다. 그로 인해 몽고는 제국 창건 이후 두 명의 칸이 양립한 사상 초유의 변이 일어났다. 그때부터 몽고에서는 4년 동안 계승전쟁이 벌어졌다.

사실 정통성 차원으로 보면 몽고제국의 수도인 카라코룸에서 칸이 된 아리크부케가 쿠빌라이를 압도했다. 차가타이와 오고타이 가문도 그의 계승을 지지했다. 그러나 군사적으로 우월했던 쿠빌라이는 5월 중통(中統)이라는 중국식 연호를 세우며 자신의 즉위를 합리화했다.

쿠빌라이의 군대가 1260년 말부터 북진해 옹긴 강까지 밀어붙이자 세 불리를 의식한 아리크부케는 예니세이 강 상류로 후퇴했다. 그러자 쿠빌라이는 북중국에서 몽고초원으로 향하는 식량과 물자의 이동로를 완전히 봉쇄했다. 1261년 아리크부케가 남하하면서 쿠빌라이 군을 공격했다. 그러나 시무토노르 전투에서 패배한 아리크부케는 북서쪽 몽골의 오이라트 부의 지원을 얻어 저항을 계속했다.

때마침 1262년 2월 중국 산동의 군벌 이단이 반란을 일으켰다. 그러자 쿠빌라이는 아리크부케의 전선에 주력인 몽고기마군단을 배치하고, 이단의 전선에는 소수의 기병과 토착 한인 세력, 홍복원 사후 심양로의 고려군민을 관할하던 영녕공 왕준의 부대를 동원해 지구전을 펼쳤다.

수세에 몰린 이단은 남송조정에 충성을 맹세하고 익도에 주둔했지만 한족들의 협력이 무산되면서 제남까지 쫓겨났다. 이윽고 쿠빌라이 군이 제남성을 포위하자 남송의 해군이 그를 구원하기 위해 급거 출동했다가 몽고군에 쫓겨 철수했다. 고립무원 신세가 된 이단은 애첩과 함께 제남의 대명호에 몸을 던졌지만 호수의 수심이 얕아 죽지 못하고 몽고군에 의해 끌려나와 사지를 절단 당한 뒤 효시되었다.

한편 카라코룸의 물자부족사태가 계속되자 아리크부케의 지지 세력들이 하나 둘씩 떨어져나가고 차가타이한국의 알루구마저 쿠빌라이 진영에 가담하자 1264년 7월 아리크부케는 항복을 선언했다. 그리하여 몽고의 제위분쟁은 쿠빌라이의 승리로 종결되었다.

그런데 오고타이 칸의 손자인 카이두의 호소로 킵차크한국, 일한국, 차가타이한국, 오고타이한국 등이 쿠빌라이를 반대하며 독립을 선언했다. 그로 인해 몽고 제국은 갈기갈기 찢겨졌다. 당시 킵차크한국은 모스크바와 키예프, 러시아 대부분의 영토를 관할했고, 일한국은 동쪽으로 아프가니스탄 변방에서 서쪽으로 이라크 변방까지, 차가타이한국은 중국의 신강성 일부를 포함한

중앙아시아, 오고타이한국은 그 북쪽지방을 다스렸다.[135]

쿠빌라이는 그때부터 총신 유병충[136] 등의 조언을 받아들여 과거의 유목봉건제국 체제를 청산하고 중국의 전통적인 황제 지배체제를 채택했다. '한 나라의 법으로 한 나라를 통치한다'는 불개토풍의 원칙[137]도 확정되었다. 종래의 무력과 파괴에서 벗어나 상대국의 풍속과 제도를 인정하면서 대국으로서 지배하는 한 차원 높은 방식의 대외정책을 시행했던 것이다. 그는 또 연경을 금 때의 명칭인 중도(中都)로 고쳤다. 그 후 남송정벌전이 한창이던 1271년 11월 국호를 대원(大元)[138]으로 선포했다.

무신 정권의 종식

고려의 원종은 쿠빌라이가 아리크부케를 꺾었다는 소식을 듣자 태자 왕심과 전윤문을 몽고에 파견해 축하 표문을 전했다. 당시 전윤문은 쿠빌라이를 알현한 뒤 사신 속리대의 허위보고 때문에 원과 고려의 관계가 악화되었다면서 그를 다시는 고려에 파견하지 않겠다는 약속을 얻어냈다.

1264년 9월 원종이 중도에 가서 쿠빌라이를 만나고 돌아오면서 원은 고려에 대한 경계심을 늦추었다. 그런데 얼마 지나지 않아 고려 출신의 신료인 홍주구, 조이 등이 고려와 일본이 합세해 원에 대항하려 한다고 참소하면서 관계가 다시 악화되었다. 그 무렵 원 조정에서는 조공을 거부하는 일본에 대한 정벌론이 대두하고 있었다.

1268년 원은 고려에 남송 정벌을 위한 군대 파견을 요구하며 실권자인 김준과 아우 김충이 직접 원병을 이끌고 중도에 오라고 명했다. 김준은 자신이 원에 들어가면 반드시 살해되리라 예상하고 원의 사신을 죽인 다음 섬으로 들어가 농성하려 했다. 그러나 원종이 강력하게 반대하자 측근인 차송우가 왕을 폐위시키라고 부추겼다. 김준은 도병마녹사 엄수안을 아우 김충에게 보내 동의를 구했다. 하지만 엄수안은 거꾸로 김충을 설득함으로써 원종 폐위

계획을 저지시켰다. 결국 김준 부자와 김충은 원군을 이끌고 원에 다녀왔지만 그 일로 김준과 원종의 관계는 매우 악화되었다.

1268년 12월 원종은 낭장 강윤소의 계책에 따라 삼별초의 책임자 임연을 부추겨 김준과 김충을 살해하고 김창세, 허인세 등 측근들도 모조리 처형하는 데 성공했다. 드디어 대원관계의 걸림돌이 사라졌다고 확신한 원종이 출륙환도를 서둘렀다. 하지만 새로운 권력자로 등장한 임연은 친원정책으로 일관하는 원종에게 실망하고 측근들과 함께 전격적으로 국왕 교체를 결정했다.

1269년 6월 17일 임연은 야별초를 동원해 원종을 보위하던 최은과 김경을 죽이고 어사대부 장수열과 대장군 기온을 귀양 보냈다. 그달 22일에는 삼별초와 6번 도방을 이끌고 궁궐에 들어가 원종을 협박해 하야시킨 다음 안경공 왕창을 보위에 올렸다. 무신들에 의해 태상왕이 되어 숭녕부에 들어간 원종은 이를 갈았다. 임연은 얼떨결에 보위에 오른 안경공 왕창으로부터 교정별감을 제수 받음으로써 무신정권의 전통을 이어나갔다. 그는 곧 중서사신 곽여필을 원에 파견하여 중병에 걸린 원종이 안경공 왕창에게 선위했다고 보고했다.

그해 9월 서북면 병마사영의 최탄, 한신, 심화현 전 교위 이연령, 정원도호 낭장 계문비, 연주사람 현효철 등이 독재자 임연의 처단을 구실로 반란을 일으켰다. 그들은 용강, 함종, 삼화현 주민들을 모아 함종현을 공격하여 현령 최원을 죽였다. 또 한밤중에 가도에 들어가 분사어사 심원준, 감창 박수혁 등을 죽였다.

갑작스런 반란 소식에 접한 조정에서는 이군백을 북계안무사, 현문혁을 역적방호장군으로 임명해 진압을 명했다. 그러나 서북면병마사 홍록주가 반군에게 쫓겨 개경까지 도망쳐오자 장일로 대체했고, 이군백이 두려워 전진하지 못하자 박휴를 대신 북계안무사로 임명했다. 당시 최탄은 원에서 군사를 보내 북쪽 변방을 초토화시키려 한다는 감언이설로 반군들을 끌어 모아 서경유수, 용주, 영주, 철주, 자주 등 5개 주를 점령했다. 그런 다음 몽고사신 탈타아에게 고려조정이 원을 배신하고 먼 섬에 피신하려 했기에 거사했다고 속이면서 의주부사 기효거 등 22명을 포로로 잡아 원에 투항했다.

그 무렵 원에 머무르고 있던 태자 왕심은 부왕의 하야 소식을 듣고 귀국을 서둘렀다. 그가 개경 근처를 지날 때 정주의 관노 정오부가 달려와 원종의 폐위가 임연의 음모임을 알렸다. 그러자 태자는 임연이 원에 선위서신으로 파견한 곽여필을 영주에서 붙잡아 심문했다. 드디어 양위에 대한 진상을 파악한 태자는 급히 연경으로 되돌아가 쿠빌라이에게 고려의 왕권 회복을 간청했다.

원종에게 호감을 품고 있던 쿠빌라이는 즉시 알탈아불화와 이악을 고려에 파견해 국왕 폐위사건을 추궁했다. 그런데 임연이 원종의 병중임을 고집하자 쿠빌라이는 다시 병부시랑 흑적과 치래도를 파견해 원종과 안경공 왕창, 임연의 입조를 명했다. 원의 압력이 심화되자 임연은 결국 안경공 왕창을 보위에서 끌어내리고 원종을 폐위 5개월 만에 복위시켰다.

목적을 달성한 흑적 일행은 원종에게 하례하면서 태자 왕심이 원의 공주와 혼인을 약속했으니 우리는 황제의 신하이고 왕은 곧 황제의 부마대왕의 아버지라며 남쪽 자리를 양보하고 자신들은 동쪽과 북쪽에 자리하는 예를 취했다. 이에 감복한 원종은 안경공과 함께 원으로 출발했다. 그때 겁이 난 임연은 병을 핑계로 아들 임유간을 대신 보냈다.

1270년 2월 원종이 신료들과 함께 연경에 들어오자 쿠빌라이는 몹시 반가워하며 환대했다. 그러나 동행한 임유간에게는 국왕의 폐위문제를 날카롭게 추궁했다. 그때 임유간이 이장용과 신사전, 원부 등 일부 신료들의 소행이라고 변명하자 쿠빌라이는 그를 옥에 가두고 임연에게 다시 소환령을 내렸다. 그러자 임연은 야별초와 함께 강화로 들어가 일전을 준비했다.

한편 쿠빌라이는 서경을 동녕부로 개칭한 다음 최탄을 동녕부총관으로 삼고, 자비령을 고려와의 경계로 삼았다. 황제를 배알한 원종이 출륙환도의 지연을 사과하고 귀국 후에 반드시 이행하겠다고 약속하면서 서경의 반환을 요청했지만 들어주지 않았다. 그러나 원종의 안전한 귀국을 위해 측근인 두련가에게 호위를 명했다. 이윽고 국왕 일행이 귀국하자 최탄은 원의 군사 3천 명을 이끌고 서경에서 영접했다.

그렇듯 쿠빌라이와 원종의 관계가 밀접해자 임연은 심한 압박과 고립감을 느꼈다. 결국 심화와 울분을 이기지 못한 임연은 2월 등창이 악화되면서 돌연 세상을 떠났고, 그의 아들 임유무가 교정별감의 직위를 이어받았다. 임유무는 개경 환도를 모색하는 원종의 뜻에 반하여 전국에 방호사 및 각 산성별감들을 파견해 백성들이 육지로 나오지 못하게 막았다.

그해 5월 원종은 어사중승 홍문계와 직문하성사 송송례에게 임유무 암살을 명했다. 그러자 송송례는 군사들을 모아 일거에 임유무를 처단하고 그를 추종하던 사공 이응렬, 추밀원부사 송군비를 잡아들여 귀양 보냈다. 그와 함께 1백여 년 동안 이어졌던 무신정권시대가 끝났다.

삼별초의 대몽항쟁

1270년 원종은 개경으로 환도하면서 대몽항쟁의 전위대로 활약했던 삼별초의 해산을 명했다. 삼별초는 원래 최씨 무신정권의 사병으로 창설되었는데 그 무렵에는 좌별초, 우별초, 신의군으로 확대되어 몽고와의 전쟁에서 눈부신 활약을 해왔다. 원종이 장군 김지저를 강화도에 보내 삼별초의 명부를 압수하자, 그해 6월 장군 배중손이 노영희와 함께 승화후 왕온을 옹립하고 반란을 일으켰다. 그러자 몽고군에 원한을 품은 많은 백성들은 적극적으로 호응했다.

배중손은 대장군 유존혁, 상서좌성 이신손 등을 좌우 승선으로 삼은 뒤 전선과 나룻배를 총동원해 강화도에 있던 병력을 진도로 옮겼다. 「고려사」에 따르면 당시 삼별초가 이동할 때 구포로부터 항파강까지 뱃머리와 꼬리가 서로 접하여 무려 1천여 척이나 되었다고 한다. 그때 어명을 받은 중서사인 이숙진과 낭장 윤길보가 반군을 구포까지 추격했지만 놓치고 말았다.

삼별초의 반란의지가 명확함을 알게 된 원종은 추밀원사 김방경을 전라도 추토사로 삼아 진도를 공격하게 했다. 그러자 쿠빌라이의 명을 받은 몽고의 장군 아해도 군사를 이끌고 토벌군에 합세했다. 배중손은 여몽연합군으로 구성된 토벌대를 피해 진도에 들어간 다음 남해안을 제해권을 장악하고 전라도 일대에서 위세를 떨쳤다. 삼별초가 진도를 근거지로 선택한 것은 그 지역이 경상, 전라지역의 세곡이 조운을 통해 개경으로 운송하는 길목이었고, 남해안의 승주, 보성, 강진 일대와 진도에 과거 최씨 정권의 농장이 있어 경제적 기반이 튼튼했기 때문이었다.

그 후 삼별초는 진도, 거제도 등 섬과 남해, 합포, 동래, 김해 등지에서 군사 활동을 전개하며 일본에 국서를 보내는 등 또 다른 고려 조정으로서의 존재감을 과시했다. 그러자 경상도 밀양과 청도 농민들이 삼별초의 반란에 호응해 관가를 습격했고, 개경 관노 숭겸, 공덕 등은 몽고의 다루가치와 고려관리를 살해한 다음 진도 조정에 합류하려다 체포되어 죽음을 당했다.

1271년(원종 12) 3월 김방경과 흔도(忻都), 홍다구[139], 희옹 등이 이끄는 여몽연합군은 진도 총공격을 감행했다. 그로 인해 진도의 용장산성과 남도석성이 함락되면서 승화후 왕온과 배중손이 목숨을 잃는 등 막대한 타격을 입었다. 그러자 잔병들을 규합한 김통정이 제주도에 들어가 병력을 재정비한 다음 반격에 나섰다. 얼마 지나지 않아 이전의 세력을 회복한 삼별초는 공세를 강화하여 이듬해에는 충청도 홍주 일대와 안남도호부까지 공략하는 등 위세를 과시했다.

1273년(원종 14) 2월 김방경, 흔도, 홍다구 등 여몽 연합군은 각도의 전함을 총동원하여 삼별초 재차 정벌에 나섰다. 그런데 출전하자마자 서해도 전함 20척이 가야소도 부근에서 폭풍을 만나 침몰하는 바람에 남경판관 임순, 인주부사 이석 등 115명이 물에 빠져 죽었고, 경상도 전함 27척이나 침몰하는 피해를 입었다. 하지만 연합군은 다시 전라도 전함 160척, 병사 1만여 명을 동원해 추자도를 거쳐 탐라의 함덕포에 다다랐다.

토벌군이 함덕포에 상륙하자마자 매복해 있던 삼별초군이 기습해 왔다. 그러자 대정 고세화와 장군 나유가 앞장서 적진을 돌파했다. 그때 비양도에서 남진한 토벌군 측의 전함 30척이 삼별초의 본진을 기습했다. 그와 같은 여몽

연합군의 수륙합동작전으로 인해 장수 이순공, 조시적 등이 항복하는 등 대패한 김통정은 부하 70여 명과 함께 산에 들어가 장렬히 자결했다. 그리하여 삼별초의 대몽항쟁은 3년 만에 실패로 끝났다.

작전이 종료되자 원의 장수 흔도는 제주에 몽고군 5백 명을 남겨 두었고, 고려군도 장군 송보연에게 군사 1천을 주어 머물게 했다. 그해 윤6월 원은 제주에 탐라총관부를 설치하고 다루가치를 배치했다. 그때부터 제주는 원의 관할 아래 일본 정벌을 위한 목마장과 죄수들의 귀양지로 사용되었다.

공녀들의 눈물

삼별초를 마지막으로 고려 땅에서 원에 저항하는 세력은 완전히 사라졌다. 그때부터 고려는 80여 년 동안 원의 속국이 되었다. 한편 고려와의 오랜 전쟁에 종지부를 찍은 원은 배후의 걱정을 덜고 남송 정벌에 집중할 수 있게 되었다. 그때부터 쿠빌라이는 남송에 대한 공격을 재개하는 한편 일본 정벌 계획을 본격화했다.

1274년 1월 그는 총관 찰홀을 고려에 파견해 병선 300척의 건조를 명했다. 물론 장인과 역군, 일체 자재는 고려에 떠맡겼다. 그에 따라 고려에서는 문하시중 김방경이 동남도 도독사로 임명되었고, 원에서는 소용대장군 홍다구가 감독조선관군민총관으로 임명되어 고려에 들어왔다. 곧 각도에서 장인과 역군 30,500명을 징집되어 병선 건조에 투입되었다. 그해 3월 쿠빌라이는 경략사 왕총관을 통해 일본 정벌에 필요한 고려의 군사 5천 명의 징발을 명했다. 그때가 초봄의 파종기였으므로 고려의 상장군 이분희는 홍다구를 설득해 병선 두 척 당 쌍정(雙丁)[140] 50명만 남기고 단정(單丁)은 고향으로 돌려보내 농사를 짓게 했다. 그런 과정을 거쳐 5월 30일 병선 900척의 건조가 마무리되었다.

원에서는 만자매빙사 초욱을 고려에 파견해 남송지역의 남양부에 복무하는 병사들의 아내를 모았다. 초욱은 명주 1,640단을 내밀며 남편 없는 부녀 140명을 급히 요구했다. 그러자 고려는 결혼도감을 설치하고 그해 가을까지 1인 당 명주 12필을 주고 홀어미, 역적의 처, 승려의 딸로 인원수를 채워 원에 보냈다. 원 복속 후 고려에서 처음으로 선발된 공녀들이었다. 한편 다루가치 탈타아(脫朶兒)는 고려의 대신 김련의 딸을 며느리로 데려갔다. 그때부터 고려 여인들은 신분에 고하를 막론하고 공녀로 선발되었다.

그해 5월 태자 왕심이 쿠빌라이의 막내딸 홀도로게리미실(忽都魯揭里迷失)[141]과 혼인함으로써 원의 부마가 되었다. 원 제국의 출범 이후 동아시아에서 국체를 온전히 보전한 국가는 국교로 정해진 티베트 불교를 통해 법국(法國)으로 대접받은 토번과 부마국 고려뿐이었다. 그와 같은 고려의 국제적인 지위 상승은 치열한 고려인들의 항쟁과 고종, 원종의 정치적 선택이 거둔 결실이었다. 1274년 6월 계해일, 56세의 원종은 15년 동안의 치세를 끝으로 제상궁에서 세상을 떠났다. 시호는 순효충경(順孝忠敬), 묘호는 원종(元宗), 능호는 소릉(韶陵)이다.

원종의 가족

원종은 정순왕후 김씨와 경창궁주 유씨 등 2명의 부인으로부터 3남 2녀를 얻었다.

제1비 정순왕후 김씨는 경주 출신으로 장익공 김약선의 딸이다. 1235년 원종이 태자에 오르며 태자비가 되었고, 태자 왕심을 낳은 뒤 곧 세상을 떠났다. 원종이 즉위한 뒤 정순왕후로 추봉되었고, 아들 충렬왕이 즉위하면서 순경태후로 추존되었다.

제2비 경창궁주 유씨는 종실인 신안공 왕전의 딸이다. 원종 원년인 1260년 왕비가 되어 경창궁주로 불렸다. 시양후 왕이, 순안공 왕종, 경안궁주, 함녕궁주 등 2남 2녀를 낳았다. 그녀는 원종이 즉위하면서 보위를 지켜준 맏아들 왕심을 왕태자로 봉하려 하자 자신의 소생인 순안공 왕종을 내세우며 반대했다. 그 일로 경창궁주는 충렬왕의 미움을 받았다. 그녀는 1277년 순안공을 위해 기도장을 차렸는데 충렬왕 저주의식을 치렀다는 모함을 받아 궁궐에서 쫓겨났다.

세계 | 국내

• 1276 영국 에드워드 1세, 웨일스를 정복
• 1278 녹과전을 개급
• 1279 남송, 몽골에 의해 멸망
• 1279 시패전을 녹과전에 충당치 못하게 함
• 1280 원, 수시력을 시용
• 1281 몽고, 고려군을 강제동원 일본정벌
• 1283 승려 일연을 국존으로 함
• 1284 일본, 북조정시 집권
• 1284 감수국사 원전 등, 「고금록」 편찬
• 1285 일연의 「삼국유사」 완성됨
• 1287 원, 처음으로 국자감을 둠
• 1287 이승휴, 「제왕운기」 지음
• 1288 소금 전매제 실시
• 1290 루마니아 공국 성립
• 1291 스위스, 원산주동맹 결성
• 1292 개경으로 환도
• 1295 마르코폴로, 베네치아로 돌아오다 「동방견문록」 저술
• 1298 정방 폐지
• 1299 오스만 1세, 오스만 터키를 건설하고 제1대 술탄이 됨
• 1303 교황 보니파키우스 8세, 필립 4세에게 체포되어 사망
• 1306 주지학지 안향 사망

제25대 충렬왕
충렬경효 忠烈景孝

  고려의 제25대 국왕 충렬왕(忠烈王)의 이름은 거(昛), 초명은 심(諶) 또는 춘(賰)이다. 원종의 맏아들로 정순왕후 김씨 소생이다. 1236년 2월 계축일에 태어나 태손에 책봉되었다. 1259년 6월 고종이 죽자 그는 원에 입조했던 원종을 대신해 국사를 처결하다 그가 귀국하자 왕위를 넘겨주었다. 1267년 태자에 책봉되었고, 5년 뒤인 1272년(원종 13)부터 원에 들어가 연경에 머물렀다. 그는 1274년(원종 15) 5월 원 세조 쿠빌라이의 막내딸 제국대장공주와 결혼함으로써 원의 부마가 되었다. 당시 태자의 나이 39세, 공주는 16세였다. 그해 6월 원종이 세상을 떠나자 태자는 고려로 돌아와 강안전에서 보위에 올랐다.

  충렬왕과 제국대장공주의 결혼은 고려 왕실과 원 황실 사이에 처음으로 맺은 혼인이었다. 이후 고려의 국왕은 칭기즈칸의 직계인 쿠빌라이의 혈통을 이어받음으로써 황금씨족의 일원이 되어 대내외적으로 막강한 위상을 갖게 되었다. 고려가 원과 적대관계를 넘어 동반자의 길을 걷게 된 것이다. 그것은 쿠

빌라이가 고려의 끈질긴 생명력과 발랄한 문화에 대해 깊은 호감을 갖고 있었기에 가능했던 결과였다. 당시 고려인들을 한족들보다 높이 평가했던 그는 고려 왕실의 전통을 인정해 주면서 이렇게 말했다.

"고려는 작은 나라이지만 장인이나 기술이 한인보다 나으며 유학자들은 경서에 능통하고 공자와 맹자를 배운다. 중국인은 오직 부를 짓고 시나 읊을 뿐이니 장차 어디에 쓰겠는가."

충렬왕은 귀국할 때 변발에 호복 차림으로 들어와 백성들의 눈총을 받았다. 그는 신하들에게 호복과 변발을 강요하는 등 노골적으로 친원 정책을 펼쳤다. 1274년 8월 기사일 강안전에서 즉위식을 마친 충렬왕은 9월에 추밀원부사 기온을 원에 보내 제국대장공주를 맞아오게 했다. 1275년(충렬왕 원년)에 아들 왕원(王願)을 낳고 세자에 책봉되자 공주는 4년 뒤 대도에 가서 가족들을 만났다. 그때 세조의 둘째아들인 황태자 친김의 비 발리안예키치는 세자에게 젊은 황소라는 뜻의 이지르부카(益知禮普花)라는 몽고이름을 지어주었다.

제1차 일본 정벌

원은 세조 쿠빌라이의 치세에 국세가 날로 팽창하여 중국대륙에서 양자강 이남의 남송을 제외한 모든 나라를 복속시켰다. 그런데 동북아에서 유일하게 일본만이 남송과 정식 외교관계를 맺고 무역을 계속하고 있었다. 그 무렵 원에서 복무하던 고려인 문사 조이가 고려와 일본이 내통하여 원에 저항하려 한다고 무고해 세조를 자극했다.

1267년 1월 원 조정에서는 고려인 송군비와 김찬을 안내자로 삼아 일본에 사신을 보냈지만 풍랑으로 되돌아왔다. 그해 9월 다시 원은 고려인 반부를 일본에 파견해 조공을 강요하는 쿠빌라이의 친서와 고려국왕의 국서를 전달했지만 아무런 반응이 없었다. 당시 일본은 가메야마(龜山) 천황의 통치 시기였는데 대외 사정에 어두워 세상에 원 제국이 있는지조차 알지 못했다.

1268년 3월 신사전과 진자후, 반부의 안내를 받은 원의 사신 흑적과 은홍이 대마도로 건너가 왜인 2명을 데리고 연경으로 돌아왔다. 쿠빌라이는 기뻐하며 일본의 내조를 요청했다. 그런데 환대를 받고 돌아간 왜인들은 곧 연락이 두절되었고 일본 조정에서도 감감무소식이라 자존심이 상한 쿠빌라이는 고려를 자꾸만 추궁했다. 그는 이전에 고려가 난파한 남송의 상선을 돌려보낸 일, 과거 일본이 고려에 해마다 공물을 바친 전례를 들며 고려 조정이 의도적으로 일본과 원의 관계를 가로막고 있다고 의심했다.

삼별초 진압에 한창이던 1272년, 원의 장수 홍다구는 경상도 안무사 조자일이 김해에 정박해 있던 왜선을 돌려보낸 일을 빌미로 고려가 일본과 은밀히 접촉하고 있다고 보고했다. 그러자 쿠빌라이는 기다렸다는 듯 일본 정벌을 명했다. 그로 인해 쿠빌라이의 신뢰를 얻은 홍다구는 조선 감독관으로 임명되어 일본 정벌에 소요되는 전선 건조와 사공 징집에 열을 올렸고, 1274년 원종 사후 충렬왕이 즉위하자마자 일본 정벌을 서둘렀다.

1274년 10월 드디어 원의 일본정벌군이 구성되었다. 지휘관으로는 도원수 흔도, 우부원수 홍다구, 좌부원수 유복형이 출전했고 병력은 몽고족과 한족 연합군 2만 5천 명이었다. 고려는 원의 요구에 따라 군사 8천 명을 모은 다음 별도로 중군사, 좌군사, 우군사의 삼익군을 편성했다. 중군사는 도독사 김방경이 통솔하고, 지병마사에 박지량과 김흔, 부사에 임개가 임명되었다. 좌군사로는 김선, 지병마사에 위득유, 부사에 손세정이 임명되었고, 또 우군사에 김문비, 지병마사에 나유, 지병마사에 박보, 부사에 반부가 임명되었다. 여기에 부수적으로 뱃길 안내자와 수군 6천7백 명이 따라 붙었다. 그러므로 1차 일본정벌군의 전체 수효는 4만 명에 육박했다.

정벌군은 9백여 척의 전선을 타고 합포를 출발해 대마도에 도착한 뒤 곧바로 섬을 장악했다. 이어서 가까운 일기도에 상륙해 주둔하고 있던 1천여 명의 일본군을 사살한 다음 본토를 향해 진군했다. 그런데 사태를 파악한 일본군이 대대적인 반격을 가하면서 좌부원수 유복형이 부상당하는 등 피해가 속출했다. 그로 인해 지휘관들이 본토 상륙 여부를 놓고 고민해야 했다.

그런데 갑자기 엄청난 태풍이 몰려와 정벌군 진영을 아비규환으로 만들어 버렸다. 전선은 대부분 침몰하고 고려군의 좌군사 김선을 비롯해 수많은 장병들이 수중고혼이 되었다. 그해 11월 공포의 바람이 잦아들기를 기다려 간신히 퇴각한 정벌군이 합포에 이르러 대오를 점검해 보니 무려 13,500명의 군사가 불귀의 객이 되어 있었다.

급변하는 고려사회의 변천

제1차 일본정벌전이 한창이던 1274년 10월 충렬왕은 제국대장공주가 입국하자 서북면까지 가서 그녀를 맞이했다. 그런데 고려의 수행원들 가운데 이분희 등이 변발을 하지 않았다 하여 심하게 질책했다. 11월 개경에 도착한 충렬왕은 국청사 문 앞에 나온 재상과 관원들 중에 호복을 입지 않은 사람을 골라내 회초리로 때리기까지 했다. 그와 같은 충렬왕의 성화로 인해 궁궐에서는 물론 사회 전반에 몽고풍이 불어 닥쳤다.

당시 제국대장공주과 함께 고려에 들어온 인물로 인후, 장순룡, 노영이 유명하다. 연안 인씨의 시조인 인후는 본명이 훌라타이(忽刺歹)로 몽고인이었지만, 덕수 장씨의 시조가 된 장순룡은 본명이 삼가(三哥)로 아라비아인이었다. 또 노영은 본명이 식독아(式篤兒)로 티베트 지역의 하서국 사람이었다. 그 가운데 인후와 장순룡은 많은 비행을 저질렀지만 노영은 교양이 제법 있었다고 기록되어 있다.

1275년 2월 조정에서는 대부경 박유의 상소로 서처법(庶妻法)이 논의되었다. 그 무렵 고려에서는 오랜 전쟁의 여파로 남녀의 성비가 깨지면서 여성이 절대적으로 많았다. 때문에 여러 명의 처녀와 과부들이 한 남자를 두고 경쟁하는 사태가 벌어졌다. 그리하여 박유는 이렇게 주장했다.

"우리나라에는 남자가 적고 여자가 많은데 지위가 높건 낮건 한 아내에 그치고 아들이 없는 사람도 감히 첩을 두지 못합니다. 하지만 최근 다른 나라 사람이 와서 아내를 얻는 데에는 한정이 없으니, 장차 인물이 죄다 북쪽으로 흘러들어갈 것입니다. 신하들로 하여금 첩을 얻게 하고, 평민들도 한 명의 아내와 한 명의 첩을 얻을 수 있게 하며, 서자들을 적자와 마찬가지로 벼슬할 수 있게 하면 짝 없는 남녀가 없어져서 호구가 날로 늘 것입니다."

그와 같은 박유의 방책은 아내를 두려워하던 재상들이 반대로 무산되었다. 한편 그 이야기를 들은 시중의 부녀자들은 왕을 시종하던 박유에게 일제히 손가락질하는 사태가 벌어지기도 했다.

그해 6월, 조정에서 처음으로 선전소식(宣傳消息)이 만들어 시행했다. 과거에 국왕이 명을 내리면 사신을 지방에 보냈는데 향리들이 그들을 접대하느라 몹시 고달파했다. 충렬왕은 이분성의 건의에 따라 왕명을 문서로 만들어 서명한 뒤 각 도의 안찰사와 수령에게 보냈다. 그때부터 소식(消息)이란 말이 생겨났다.

한편 원종 때부터 시작된 원의 공녀 징발 수위가 한층 높아져, 1275년 10월 전국 처녀들의 혼인을 금지하는 초유의 조치가 취해졌다. 또 원 조정은 사신 악탈연을 파견해 고려의 관제개혁, 고려 왕실의 전통으로 내려오던 족내혼 풍습의 파기, 원 황족과의 통혼 정례화, 부마국의 지위에 걸맞은 관직과 왕실의 칭호 변경 등을 요구했다.

고려는 새로운 제국의 질서에 적극적으로 순응했다. 3성 6부제가 참월하다는 원의 뜻에 따라 중서문하성과 상서성을 합쳐 첨의부로 단일화하고, 추밀원은 밀직사로, 어사대는 감찰사, 한림원은 문한서로 격하했다. 또 6부를 폐합, 변경하여 전리사와 군부사, 판도사, 전법사의 4사로 축소했다. 고려의 관직 체계는 본래 좌승선이 우승선보다 높은 것처럼 좌직이 상위에 있었지만, 그때부터는 우직을 좌직보다 높였다.

왕실의 칭호도 제후국의 수준으로 조정되었다. 국왕의 묘호 끝머리에 조

(祖)나 종(宗)이 아닌 왕(王)이라 칭했고, 변함없는 충성의 뜻으로 앞머리에 충(忠) 자를 붙이기로 했다. 또 성지(聖旨)를 선지(宣旨), 왕지(王旨)로 바꾸고, 짐(朕)을 고(孤)로, 사(赦)를 유(宥)로, 폐하는 전하로, 태자는 세자로 각각 낮추었다. 원의 직제를 따라 새로운 관직도 만들어졌다. 야간순찰을 도는 순마소, 매 잡는 일을 하는 응방, 귀족자제 가운데 국왕을 쫓아 원에 독로화로 끌려갔다가 순번제로 숙위하는 홀지(忽只), 원 말 교습소인 통문관, 원 공주를 보필하는 임무를 맡은 겁령구(怯怜口) 등이 그것이었다.

원은 또 금, 은, 포와 함께 인삼, 잣, 약재, 해동청 등 고려의 특산물을 공물로 가져갔으며 원 황실에 소요되는 동녀와 환관까지 요구했다. 그때 원의 환관으로 선발된 천민 출신의 고려인들은 몹시 영리해서 요직에 기용된 자가 많았다. 일례로 충렬왕 때 궁중의 급사였던 방신우는 원나라에 환관이 된 다음 황제와 황후의 총애를 받아 망고태(忙古台)라는 이름을 하사받았다. 그로 인해 향리였던 그의 아버지 방득세는 목사에 올랐고, 농부였던 매부는 재상인 첨의평리가 되었으며, 조카도 총랑전서가 되는 등 벼락출세를 했다. 또 충렬왕의 어의였던 설경성은 제국대장공주의 명으로 원에 가서 쿠빌라이의 병을 고쳐주어 신임을 받았다. 쿠빌라이는 그에게 수시로 왕궁을 출입하게 하고, 어전에서 바둑까지 두게 하는 특전을 베풀었다. 하지만 그는 권세를 휘두르지도 않고 환관들과 내통하지도 않아 고려인들의 칭송을 받았다.

그처럼 원과 고려의 인적교류가 활발해지면서 양국의 풍속이 뒤섞이는 현상이 일어났다. 고려 왕실과 상류층에서는 몽고식 이름을 짓고 몽고어를 사용했으며 호복과 변발이 유행했고, 원의 귀족들은 고려양(高麗樣)이라 하여 고려의 의복과 음식, 생활양식 등을 애용하기도 했다.

충렬왕은 그렇듯 원의 풍습과 제반 문물제도를 적극적으로 받아들이는 한편 경사교수도감을 설치하여 경학과 사학의 진흥에 힘썼다. 유학자 안향은 원에서 주자학을 도입해 고려 유학의 새로운 지평을 열었다.

왕실의 분란과 실지 회복

충렬왕은 어린 시절 시안공 왕인의 딸 정화궁주 왕씨를 태자비로 맞이했다. 하지만 왕이 제국대장공주와 혼인하자 정화궁주는 제2비로 밀려난 채 별궁에서 생활했다. 그런데 1276년 제국대장공주는 자신을 저주했다는 구실로 정화궁주와 왕숙, 김방경 등을 잡아 가두었다. 그때 문신 유경이 적극적으로 무고임을 간언해 모두 석방되었지만 그녀의 권세에 접한 고려인들은 무력감을 느낄 수밖에 없었다. 그처럼 제국대장공주가 정사에 간여하자 충렬왕은 그녀를 홀로 버려두고 사냥과 주색잡기로 울화를 풀었다.

1277년 7월에는 환관 양선과 태수 장이가 선왕 원종의 제2비 경창궁주 유씨와 순안공 왕종이 승려이자 장남인 종동으로 하여금 충렬왕의 수명을 줄이는 의식을 치르게 했다고 고발했다. 그러자 충렬왕은 경창궁주를 폐서인하여 사가로 내쫓은 다음 왕종과 종동을 섬으로 귀양 보냈다.

그해 12월 대장군 위득유와 중랑장 노진의, 김복대 등은 김방경이 원에 반대하여 반역을 도모했다고 무고했다. 그리하여 김방경은 평소 자신을 미워하던 홍다구로부터 심한 고문을 당하고 섬으로 유배당했다. 이듬해 연경으로 끌려간 김방경은 원 세조 쿠빌라이 앞에서 당당하게 결백을 주장했다. 그러자 쿠빌라이가 석방을 명함으로써 사건은 종료되었다.

충렬왕은 그와 같은 일련의 사건으로 빚어진 원 황실과의 오해를 풀기 위해 1278년 4월 연경에 들어가 쿠빌라이를 만났다. 그때 충렬왕은 홍다구의 월권과 비리를 고발하여 고려에서 소환케 하고, 중서성에 공문을 보내 과거 최탄 등이 원에 바친 동녕부를 되돌려달라고 요구했다. 또 그해 8월에는 별장 이봉을 원에 보내 과거 원이 점유한 수안과 곡주 땅을 되돌려달라고 간청했다. 그러자 쿠빌라이는 충렬왕의 요청을 전폭적으로 수용함으로써 고려는 대몽항쟁 시절 잃었던 서경 일대의 영토를 모두 회복했다.

1279년에 충렬왕은 쿠빌라이에게 청원해 고려에서 대도에 이르는 교통로에 이르겐(伊里干)이라 부르는 특수 촌락 3개를 세우고 심주와 요양 사이, 압록강 내에 고려 주민 400호를 이주시켰다. 이르겐의 건립 목적은 고려 국왕이나 사신들의 왕래 편의 제공이었지만, 그것은 훗날 충선왕을 심양왕으로 임명하는 주요 기반으로 작용했다. 충렬왕은 또 1294년 쿠빌라이를 설득해 삼별초의 최후 근거지로 원에 복속되어 있던 탐라를 되돌려 받아 제주로 명칭을 바꾼 다음 목사를 파견했다. 그처럼 쿠빌라이는 부마인 충렬왕의 고려 내 입지를 강화시켜주기 위해 다양한 은전을 베풀었다.

남송의 멸망

충렬왕 재위 초기 원은 강력한 군사력을 이용해 제국을 하나의 통일경제체제로 묶으려 했다. 쿠빌라이는 전국을 체계적으로 다스리기 위해 1261년 12월 태자 친김을 연왕으로 봉해 화북지역을 맡겼으며, 망갈라를 안서왕으로 봉해 중국 서부지방을 맡겼다. 또 노무간을 북평왕으로 봉해 몽고 본토를 총괄하게 했다. 그는 또 제국을 효과적으로 관리할 수 있는 행정력과 재정력의 확보를 위해 남송 복속을 서둘렀다.

그 무렵 중앙아시아에서 오고타이 가문의 카이두가 칸으로 즉위한 다음 몽고 본토와 위구르 지역을 공격했다. 그러자 쿠빌라이는 북평왕 노무간을 카이두 토벌군으로 파견하고, 동시에 남송 정벌작전을 시작했다. 그는 강과 소택지가 많은 남송 지역에는 몽고 기병보다는 전투경험이 많은 화북의 한인군벌을 동원했다. 남송의 저력을 알고 있던 그는 승리를 서두르지 않았다.

1268년 9월 아주를 주장, 사천택을 부장으로 하는 10만의 정벌군이 남송의 번성과 양양을 포위했다. 쿠빌라이는 남송의 수군을 격파하기 위해 5천 척의 배를 건조하고 7만 명의 수군을 양성하여 수륙 양면으로 공격을 개시했다. 1271년 6월 남송은 범문호 휘하의 수군 10만을 번성에 파견했다. 이윽고 양군은 양자강에서 일전을 겨뤘는데 기병과 보기혼합, 보병의 다양한 편제를 갖춘 육군과 수군이 연합작전을 펼친 정벌군의 압승으로 끝났다. 그로 인해 완전히 고립된 번성의 장한영과 양양의 여문환은 맹렬히 저항하며 2년여를 버텼다. 1273년 1월 정벌군이 신병기인 회회포를 이용해 번성을 공격하자 장한영은 결국 백기를 들었다. 그해 2월 쿠빌라이는 양양의 여문환에게 병사들과 주민의 목숨을 보장함으로써 항복을 이끌어냈다. 그가 약속대로 백성들의 털끝 하나 건드리지 않자 감복한 여문환은 쿠빌라이에게 충성을 맹세하고 원의 남송 정벌에 앞장섰다.

1274년 7월 원의 좌승상 바얀은 20만의 정벌군을 이끌고 본격적인 남송 병합 작전에 돌입했다. 그때 남송에서는 황제 도종이 죽고 네 살에 불과한 공제가 즉위하면서 태황태후 사씨가 섭정을 맡고 있었다. 바얀은 여문환의 함대와 아주의 기병을 선봉으로 삼아 남하하면서 12월 하귀가 이끄는 남송함대를 격파하고 양자강 중류의 최대 요충지인 악주에 이르렀다. 정벌군이 밀려오자 악주를 지키던 장안연과 정붕비는 싸우지 않고 항복했다.

바얀은 1275년 2월 장강의 무호에서 남송의 재상 가사도가 이끄는 2500척의 대함대를 궤멸시킨 뒤 3월 건강(남경)에 입성했다. 당시 바얀은 군사들의 약탈과 방화를 엄금하면서 남송 백성들의 공포심을 지우는 전략을 구사했다. 그렇듯 원의 군대가 점령지에서 정시(淨市)를 하지 않는다는 소문이 퍼지자 남송의 주요 도시가 연이어 항복했다.

그해 10월 정벌군이 남송의 수도 임안(항주)으로 밀려들었다. 그러자 12월 우승상 진의중이 원의 신하를 자청하며 세공으로 은 25만 냥, 비단 25만 필을 바치는 조건으로 강화를 청했다. 바얀은 선선히 그 청을 받아들였지만 1276년 1월 진의중이 약속을 어겼다는 이유로 재차 임안을 포위했다. 그러자 태황태후 사씨는 더 이상의 저항을 포기하고 항복했다. 그 후 문천상, 장세걸, 육수부 등이 공동의 애산도에서 조병을 황제로 옹립하고 최후의 저항을 펼쳤지만 1279년에 평정됨으로써 남송은 완전히 멸망하고 말았다.

이제 동아시아에서 대제국 원의 위세에 굴복하지 않은 나라는 일본뿐이었다. 몽고 제국이 분열된 뒤 동아시아 일통의 야망을 불태우던 쿠빌라이는 남송을 꺾은 기세를 몰아 또 다시 일본 정벌을 꿈꾸었다.

제2차 일본 정벌

원은 1277년(충렬왕 3) 일본 정벌에 소요되는 병마를 사육하기 위해 제주도에 목마장(牧馬場)을 설치했다. 1281년 1월에는 고려에 왕통을 파견해 허형과 곽수경이 새로 만든 수시력(授時曆)[142]을 가져다주었다. 그리하여 원과 고려는 시간을 공유하게 되었다.

1280년(충렬왕 6) 쿠빌라이는 일본 정벌을 본격적으로 추진하면서 개경에 정동행성(征東行省)을 설치했다. 1281년 5월 쿠빌라이는 아랄한(阿剌罕)을 행성 우승상, 한족 출신의 대장 범문호를 행성우승에 임명하고 일본 정벌군을 발진시켰다. 그때 고려는 원의 요구에 따라 김방경, 박구, 김주정 등을 대장으로 삼고 병선 9백 척과 길 안내자와 뱃사람 1만 5천 명, 군사 1만 명, 군량 11만 석을 동원했다.

여몽연합군은 4,400척의 병선을 타고 일본 본토를 향해 진군했다. 그런데 도중에 아랄한이 갑자기 죽자 쿠빌라이는 중서성 우승 아탑해(阿塔海)를 보내 임무를 대신하게 했다. 범문호는 아탑해가 도착하기 전에 흔도와 홍다구에게 몽고족과 한족 연합군 5만 명을 주어 선발대로 내보내고, 자신은 10만 명의 남만군과 함께 그 뒤를 따랐다.

일본 정벌은 처음부터 조짐이 좋지 않았다. 5월 26일 일기도로 향하던 홀로물탑의 수군 113명과 초공 및 수수 36명이 풍랑으로 행방불명이 된 것이다. 당시 원의 정벌군이 출동했음을 알고 있던 일본은 해안에 목책과 진지를 설치하고 방어태세에 총력을 기울이고 있었다. 드디어 6월부터 전투가 시작되었다. 정벌군은 초전에 일본군 3백여 명을 사살하는 등 선전했지만 홍다구의 부대가 대패하며 많은 군사를 잃었다.

이윽고 범문호의 후발대가 전선에 합류한 8월 1일, 갑자기 태풍[143]이 불어와 바다를 뒤엎었다. 그로 인해 정벌군의 전함 대부분 침몰하면서 수많은 병사들이 수장되었다. 그때 고려의 합포 연안에는 조류를 타고 밀려온 남만군의 시체로 가득했다고 한다. 다행히도 고려군은 김방경의 지휘 아래 급히 안전한 해안으로 대피하여 큰 피해는 입지 않았다.

8월 5일 태풍이 그치자 범문호는 태풍을 피해 오룡산에 상륙한 10만 명의 병사들을 외면하고 남은 전함에 올라 도망쳐버렸다. 그렇게 지휘관으로부터 버림받은 원의 병사들은 장백호를 사령관으로 뽑은 뒤 배를 만들어 철수하려 했다. 그러나 8월 7일 일본의 대군이 고립된 정벌군을 포위하고 맹공을 펼쳤다. 그 결과 6, 7만 명의 병사들이 죽고 생포된 2,3만 명은 8월 9일 팔각도로 옮겨진 뒤 모두 살해되었다. 그때 일본은 남송 출신의 한족 병사들만 죽이지 않고 노예로 삼았다.

그렇듯 휘하 장병들을 버리고 귀국한 범문호는 쿠빌라이에게 태풍으로 길이 막힌 데다 일부 장수들이 물러서는 바람에 철군한 다음 병사들을 모두 고향으로 돌려보냈다고 허위 보고했다. 그것은 원정군의 주력이 몽고족이 아니라 남만군이었기에 가능했던 일이었다. 「원사」에는 당시 10만 군사 가운데 살아 돌아온 사람은 3명뿐이라고 기록되어 있다.

그 시기에 쿠빌라이의 정복 전쟁은 실패를 거듭했다. 1282년 베트남 남부의 참파왕국이 원의 사신을 억류하자 몽고대장 사도가 전함 1000척을 이끌고 공격해 소도를 함락시켰지만 귀국 도중 식량 보급로가 끊겨 전멸하고 말았다. 1283년 쿠빌라이는 원의 사신을 추방한 미얀마를 공격해 1289년 복속시켰다. 1284년에는 아들 탈환으로 하여금 베트남 북부의 안남 왕국을 공격하게 했다. 그러나 정벌군은 낯선 정글과 맹수, 전염병을 이기지 못하고 철수해야 했다. 3년 뒤인 1287년 탈환은 다시 안남 왕국을 공격해 수도인 나성(하노이)을 함락시켰지만 안남군의 끈질긴 게릴라전에 시달리다 철수했다. 그때 안남 국왕 진일훤은 원 제국과의 전쟁 수행이 자멸행위라 판단하고 대도에 사신을 보내 강화를 요청했다. 그러자 참파 왕국도 그 뒤를 따랐다.

원 제국 최후의 정벌전은 인도네시아의 자바에서 벌어졌다. 1292년, 쿠빌라이는 바다 건너에 자바왕국이 있다는 소문을 듣고 사신을 보내 항복을 요구했다. 그러자 자바 국왕은 분노하며 사신의 얼굴에 칼자국을 내고 쫓아버렸다. 그러자 쿠빌라이는 역흑미실과 한족 사필에게 2만의 병사와 전함 500척을 주어 정벌을 명했다.

자바 정벌군은 천주를 출발해 이듬해인 1293년 자바 섬에 상륙했다. 그런데 마침 자바 국왕이 이웃의 갈랑국왕에게 살해당하고 사위 토한필도야가 국왕이 되어 있었다. 영리했던 토한필도야는 역흑미실에게 거짓으로 항복을 청한 다음 정벌군의 힘을 빌려 숙적 갈랑왕국을 멸망시켰다. 목적을 달성한 그는 불시에 정벌군 진영을 기습해 3천여 명을 살해했다. 그러자 역흑미실은 허겁지겁 섬을 빠져나올 수밖에 없었다. 그처럼 건국 이래 88년 동안 벌어졌던 원의 영토 확장 전쟁은 1294년 원 세조 쿠빌라이가 세상을 떠나면서 종지부를 찍었다.

카다안의 침공

1285년 원이 요양에 동경행성을 설치하고 관료들을 배치하자 만주와 요동 지역에 있던 옷치긴, 카사르, 카치운 세 왕가가 동요했다. 그리하여 1287년 옷치긴의 현손인 나얀(乃顔)이 반란을 일으켰다. 중앙아시아에 있던 카이두도 합세했다.

나얀의 반군이 요하의 지류인 니사무렌 강까지 진출하자 쿠빌라이는 73세의 노구를 이끌고 직접 정벌에 나섰다. 반란이 대도 인근 지역에서 일어났으므로 본보기를 보이려는 뜻이었다. 그해 6월에 쿠빌라이는 나얀을 죽이고 카사르 가문와 카치운 가문의 반란군까지 평정했다. 그런데 카치운 가문의 후손인 카다안(哈丹)의 잔적들이 살아남아 만주 일대에서 준동을 계속했다.

1290년 1월 카다안의 반군은 원 장수 나만대의 토벌군에 패배하자 갑자기 진로를 바꾸어 고려 땅으로 밀려들어왔다. 깜짝 놀란 고려 조정에서는 중군만호 정수기를 금기산동에, 좌군만호 박지량을 이천에, 한희유를 쌍성에, 우군만호 김흔을 환가에, 나유를 통천 등지에 파견해 카다안의 반군을 막게 했다. 그러자 원에서 도리첩목아가 군사를 파견해 쌍성 지역의 수비를 강화했다.

그해 3월 내조했던 충렬왕은 귀국하면서 쿠빌라이를 설득해 동녕부를 폐지하고 서북의 여러 성들을 되돌려 받았다. 그런 가운데 5월 들어 카다안이 해양 지경에 침입했다는 급보가 들어오자 한신에게 서경의 군사를 주어 동계로 출동시켰다. 하지만 카다안의 반군은 그 무렵 약체화된 고려군을 연파하고 개경 방면으로 진출했다.

10월로 접어들면서 전세가 급속도로 악화되자 충렬왕은 비빈과 궁인들을 거느리고 강화도로 대피했다. 그해 12월 화주와 등주를 점령한 카다안의 반군들은 인육을 먹고 부녀자들을 윤간한 뒤 죽여 포를 뜨는 등 잔학 행위를 일삼았다. 그때 개경을 지키던 송분이 패배한 뒤 강화도로 도망쳐왔다. 고려군의 무기력한 모습에 긴장한 원에서는 평장사 설도간, 도리첩목아, 탑출 등에게 기병 1천3백 명을 주어 고려를 지원하게 했다.

1291년 카다안의 반군은 철령을 넘어 교주도와 양근성을 점령한 다음 원주를 공격했지만 원충갑의 반격을 받고 물러났다. 그 무렵 원에 머물러있던 세자 왕원은 황제에게 고려를 침범한 카다안 반군의 토벌을 요청했다. 그러자 쿠빌라이는 나만대에게 1만 명의 군사를 주어 고려에 보냈다. 그해 2월 세자가 장군 오인영으로 하여금 황제에게 카다안의 횡포를 전하자 황제는 의아한 듯 물었다.

"고려는 당 태종도 이기지 못한 나라이고, 우리 원도 쉽게 이기지 못했는데, 지금 조그만 도적 떼를 왜 그리 무서워하는가?"

그러자 오인영은 진땀을 흘리며 옛날과 지금이 다르고 나라의 융성과 쇠약이 같지 않다고 변명했다. 이윽고 전열을 정비한 고려군이 나만대의 원군과 함께 반격에 나섰다. 그해 5월에 연기에서 적을 대파하고, 교주에 있던 카다안의 기병 3천을 궤멸시켰다. 6월 들어 반군 580여 명이 항복했고, 잔적들이 평양을 공격했다가 나유에게 패한 뒤 북쪽으로 도주했다.

그달에 세자는 황제에게 오랜 전쟁과 기근으로 고려 백성들이 헐벗고 있다며 원조를 간청했다. 그러자 쿠빌라이는 해도만호 황흥에게 명하여 강남의 쌀 10만 석을 보내주었다. 자신의 피를 물려받은 외손자의 부탁을 외면할 수 없었던 것이다. 충렬왕은 몹시 반가워하며 7품관 이하의 사람에게 쌀을 나누어 주었다. 이듬해에도 만호 서흥상이 원에 가서 쌀 10만 석을 원조 받았는데 운송 도중 폭풍을 만나 배가 침몰하는 바람에 겨우 4천여 석 만을 가져왔다.

그해 9월 카다안의 반군이 고려 땅에서 완전히 물러났음을 확인한 충렬왕은 개경으로 환도했다. 그러나 1년 6개월여에 걸친 전쟁으로 국토는 쑥대밭이 되었고 백성들은 초근목피로 연명해야 했다. 그때부터 고려 조정은 주체성을 잃고 모든 일을 원에 의지하려 했으므로 원 조정에서 매우 귀찮게 여겼다.

충렬왕의 하야와 복위

1294년 1월 원 세조 쿠빌라이가 세상을 떠났다. 그때 연경에 머물러 있던 충렬왕과 제국대장공주는 양 열 마리와 말 한 마리를 제물로 빈전에서 제사 지냈다. 당시 원의 국상에는 이민족의 접근이 금지되었지만 부마인 고려 국왕만은 예외였다. 그때 홍군상이 원의 승상 완택에게 일본 정벌 계획의 철회를 요청했다. 그 요청을 완택이 수락함으로써 고려에서 행해지던 전함 건조 작업이 중지되었다.

그해 4월 원의 상도에서 쿠릴타이가 열렸는데, 황태자 친김의 셋째아들 테무르 올제이투가 남송 정벌의 영웅 바얀의 지지를 받아 제위에 올랐다. 그가 원의 2대 황제 성종이다. 당시 황위계승서열 1위였던 충선왕의 장인 진왕 가말라는 선선히 물러나 북평왕 노무간의 영지였던 카라코룸 일대를 차지했다.

1301년, 오고타이한국의 카이두가 아리크부케 가문의 영수 멜릭테무르와 함께 대규모 군대를 동원해 카라코룸 일대를 공격해 왔다. 진왕 가말라와 아들 예순테무르가 맞서 싸웠지만 고전을 면치 못하자 성종은 망갈라의 둘째아들이자 안서왕 아난다와 조카 카이산에게 정벌을 명했다. 카이산은 성공적으로 카이두 군대를 격파하고 가말라를 구원하여 회녕왕에 봉해졌다. 그는 카이두의 잔적들을 뒤쫓아 알타이 산맥을 넘은 뒤 오고타이 가문의 잔존세력들을 모조리 제거하고 멜릭테무르의 항복을 받아냈다.

그 무렵 원 제국에서 고려 국왕의 서열은 7위였다. 성종은 충렬왕의 공이 크고 나이가 많다는 이유로 그가 원에 들어오면 수레를 타고 황궁에 출입하도록 하고 은 3만 냥을 하사하는 등 각별히 배려했다. 그와 같은 황제의 신임을 바탕으로 충렬왕은 탐라를 고려 영토에 귀속시켰고, 포로와 유랑민으로 원에 끌려온 많은 고려인들을 귀환시켰다.

한편 세자 왕원은 충렬왕을 대신해 도첨의사에서 적극적으로 고려의 정사에 참여했다. 때문에 11월에는 백성들이 세자의 행차를 막고 억울함을 호소하기까지 했다. 당시 충렬왕은 정사에 관심을 잃고 연회와 사냥으로 소일했다. 제국대장공주와 세자가 그의 마음을 되돌리기 위해 애썼지만 소용이 없었다.

그해 5월 충렬왕은 당 현종의 밤 연회를 주제로 그려진 그림을 보면서 "내가 비록 작은 나라의 임금이지만 노는 데 있어서는 명황만 못하랴" 하면서 기묘한 놀이와 음란한 음악을 즐기기도 했다. 충렬왕은 또 마제산 일대 사냥터에 별궁인 수강궁을 마련한 다음 도라산에서 성이 시(柴) 씨인 무비와 밀회를 즐겼다.

1296년 1월, 고려에서는 부지밀직사사 유비를 원에 보내 세자 왕원의 혼인을 요청했다. 그리하여 그해 9월 충렬왕과 제국대장공주, 세자가 연경으로 들어갔고, 11월 임진일에 세자는 진왕 가말라의 딸 보타시리(계국대장공주)와 결혼했다. 그때부터 세자는 쿠빌라이의 외손자이며 왕실의 사위로서 막강한 배경을 갖게 되었다.

이듬해인 1297년 5월에 충렬왕과 제국대장공주가 고려로 돌아왔다. 한데 그달 임오일에 현성사에 갔던 제국대장공주가 39세의 나이로 세상을 떠났다. 비보를 듣고 달려온 세자 왕원은 갑작스런 모후의 죽음에 의혹을 제기하면서 부왕이 총애하던 무비와 환관 도성기, 최세연, 전숙, 방종저, 중랑장 김근을 죽이고 관련자 40여 명을 귀양 보낸 다음 원으로 돌아갔다.

그와 같은 세자의 횡포에 충렬왕은 몹시 분개했지만 아무 대책이 없었다. 새삼 정치에 염증을 느낀 그는 1298년 1월 세자에게 양위한 다음 궁에서 나와 장순룡의 집에 거처했다. 그러자 세자는 절색인 진사 최문의 미망인 김씨를 바쳐 부왕의 마음을 달랬다.

그렇듯 엉겁결에 보위를 물려받은 충선왕은 자신의 뜻을 펴보기도 전에 쫓겨나는 망신을 당했다. 그가 조인규의 딸 조비를 가까이 하자 질투심에 눈이 먼 계국대장공주가 원 황실에 그 사실을 알리며 처벌을 요청했다. 일국의 국왕과 왕비가 여자 문제로 분란을 일으키자 실망한 원에서는 패로올을 파견해 조인규와 조비를 원에 압송하고 충선왕으로부터 국왕의 인을 회수해 충렬왕에게 되돌려주었다. 패로올은 돌아갈 때 대장군 강순의 딸을 아내로 데려갔다.

폐위 7개월 만에 복위한 충렬왕은 또 다시 연회와 사냥으로 세월을 보냈다. 그때 유학자인 오잠, 김원상은 내시 석천보와 함께 미모와 가무에 뛰어난 기녀, 무당, 관비 등을 모아 여성악대를 만들었다. 이 악대는 개경성 밖에 있는 마제산 기슭의 수강궁에서 주로 공연했는데 대원들이 남장으로 출연했으므로 남장대라고 불렸다. 남장대는 당시 고려에서 유행하던 쌍화점, 삼장사, 우물, 술집 등의 노래를 불렀고, 지방에서 채집한 가요를 연극으로 만들어 공연하기도 했다.

그처럼 국왕이 향락에 빠져들자 고려의 귀족사회에 퇴폐적인 문화가 확산되었다. 그러자 고려의 유학자들은 육체적인 사랑을 노골적으로 표현하는 가요와 연극을 음탕하다는 이유로 배격했지만 그들 자신들 역시 기녀와 즐기고 첩을 들이는 등 표리부동한 면모를 보였다.

기와르기스의 노비제도 개혁

1299년(충렬왕 25) 10월, 충렬왕의 방만한 행동을 주시하던 원 조정에서는 기와르기스(闊里吉思)를 정동행성의 평장사로, 야율희일을 좌승으로 임명해 고려에 파견했다. 그 무렵 정동행성의 승상은 고려국왕이 겸직했고, 평장사는 몽고인이 맡아 실권을 행사하고 있었다. 고려에 들어온 기와르기스는 그때부터 적극적으로 정사에 간여했다.

그해 5월, 경주에서 천고라는 승려가 붉은 글씨로 거북 모양의 기와에 주문을 새겨 혜숙사 석탑 밑에 묻은 다음 자기 손으로 파내 사람들을 현혹시켰다. 그러자 기와르기스는 천고를 붙잡아 형장을 가한 뒤 동경유수 나윤이 미신을 금지하기는커녕 신봉했다는 이유로 행성에 구금했다.

10월 들어 기와르기스는 고려의 노비제도 개혁을 천명했다. 당시 원에는 노비 제도가 없었고, 몽고인들은 동족을 노비로 만드는 풍습이 없었다. 그러므로 기와르기스는 노비제도가 고려의 미개함을 드러내는 것이라고 비판했다. 그러나 오랫동안 시행된 노비제도를 갑자기 폐지함으로써 생기는 부작용을 우려하여 부모 가운데 한쪽이 양인인 노비만 풀어주어 양인이 될 수 있도록 했다.

기와르기스는 전민변정도감을 설치한 다음 노비제도 개혁안을 발효하자 고려 전역에서 신분을 되찾으려는 노비들의 소송이 일어났고, 권세가들에 의해 불법으로 노비가 된 양인들이 해방되는 기쁨을 누렸다. 그러자 고려의 귀족들은 결사적으로 기와르기스의 정책에 반기를 들었다. 1300년(충렬왕 26) 10월 신료들의 압력을 받은 충렬왕은 원에 들어가 황제에게 강력히 항의했다. 그는 다음과 같은 태조 왕건의 훈요십조를 자료로 제시하며 고려의 노비제도가 국체와 관계되어 있다고 설득했다.

'무릇 천류는 그 종자가 다르니 그들로 하여금 양인이 되도록 하지 말지어다. 만약 양인이 되도록 허용하면 후에 반드시 벼슬길에 올라 점차 요직을 차지해

국가를 어지럽히려 꾀할 것이다. 이 훈계를 어기면 사직이 위태롭게 된다.'

그처럼 고려의 국왕과 신료들이 한 마음으로 노비제도의 정당성을 부르짖자 1302년(충렬왕 28) 1월, 원 조정은 원과 고려의 화합을 해쳤다는 명목으로 기와르기스를 정동행성 평장사직에서 해임함으로써 사태를 진정시켰다. 그러자 충렬왕은 전민변정도감에 명령하여 기와르기스의 판정으로 양인이 된 자들을 노비로 환원해 주인에게 돌려주었다. 그리하여 고려에서 사상 처음으로 시도된 노비제도 개혁은 실패로 귀결되었다.

충렬왕과 충선왕의 불화

제국대장공주와 무비의 죽음으로 어긋나기 시작한 충렬왕과 충선왕 부자의 불화는 그 무렵 심각한 상황으로 치닫고 있었다. 1303년 왕소유와 송린, 오기, 석주 등은 왕위를 10촌 종제인 서흥후 왕전에게 물려주고 계국대장공주를 그에게 개가시키라고 충렬왕을 꼬드겼다.

그와 같은 사실을 알게 된 충선왕은 원의 중서성에 역적들의 처벌을 요구했다. 그러자 원은 그해 7월 단사관 첩목아불화와 한림학사 임원을 고려에 파견해 석주 및 아들 석천보, 석천경, 석천기를 체포했고, 8월에는 홍자번, 원충갑이 오기를 체포하여 모두 연경으로 압송했다. 측근들이 하나, 둘씩 잡혀가자 충렬왕은 원에 들어가 항의하려 했지만 황제가 입조를 허락하지 않자 그냥 돌아왔다.

당시 원에서는 충렬왕과 충선왕의 불화가 공공연히 알려져 사람들의 조소를 받았다. 그해 12월 원에서 형부상서 탑찰아와 왕약을 보내 충렬왕에게 부자간에 화해를 종용했다. 그와 함께 송린과 오기의 형제인 오천, 오연, 오형, 오련, 조심 등을 정동행성에 가두었다. 그러자 충렬왕은 제안공 왕숙을 연경에 파견해 충선왕의 귀국을 요청했다.

1304년 4월 원에서 참지정사 홀련, 한림직학사 임원을 고려에 파견해 오기와 석천보 일당의 책동을 감시했다. 그해 5월 충렬왕은 찬성사 안향의 건의로 국학의 섬학전을 설치했다. 6월에 국학의 대성전이 완성되자 충렬왕은 홀련과 임원을 대동하고 대성전에 들어가 공자의 초상에 절한 다음 밀직사 이혼으로 하여금 입학송(入學頌)을 짓게 했다. 그때 임원은 애일잠(愛日箴)을 지어 국학의 학생들에게 보여주었다. 1305년 2월 홀련이 병에 걸려 위독하자 사람들이 약을 권했다. 그러자 홀련은 고개를 저으며 이렇게 말하고 죽었다.

"당신네 나라에서는 간신들이 조정을 어지럽히고 국왕 부자가 서로 음해하려 하기 때문에 황제께서 나를 보내 감독하게 한 것이다. 내가 만일 그 약을 먹고 죽으면 뒤처리를 어찌 하려는가. 죽고 사는 것은 하늘의 뜻이니 아무리 좋은 약도 소용없다."

그처럼 충렬왕 부자의 불화는 원의 신료들에게도 웃음거리였다. 1305년 11월 충렬왕은 우중찬 김혼에게 정동행성의 사업을 맡기고 광평공과 강릉후, 한희유, 왕유소, 고세, 김문연, 한신 등을 데리고 원에 갔다. 그때 왕유소, 송방영, 송린, 한신이 황후 및 좌승상 아홀태, 평장 팔도마신에게 충선왕을 참소하면서 계국대장공주를 서흥후 왕전에게 개가시키라고 부추겼다. 그러자 충선왕의 측근인 최유엄이 원의 중서성에 항의하여 왕유소를 하옥시켰다.

당시 충선왕 편에 서있던 고세, 김문연, 진양필 등은 부자간에 갈등을 조장하는 충렬왕을 귀국시키라고 원 조정에 요청했다. 그에 따라 중서성에서 귀국을 독촉하자 충렬왕은 그들이 귀로에 자신을 잡아 수장시키려 한다면서 일부러 약을 먹고 이질에 걸린 뒤 병석에 누워 여름부터 가을까지 일어나지 않았다. 그때 계국대장공주는 왕유소가 하옥되었다는 말을 듣고 분개하며 김문연을 잡아 곤장을 치고 신료들의 출입을 막았다. 그로 인해 충선왕을 수행하던 신료들이 대부분 흩어지고 비서승 이조년과 내수 최진 두 사람만 남게 되었다.

1307년 1월 원의 성종이 세상을 떠나자 회녕왕 카이산, 아유르발리파드라 형제와 안서왕 아난다 사이에 제위 분쟁이 일어났다. 그때 중재에 나선 충선왕은 카이산이 제위에 오르게 하고 아유르발리파드라는 황태자가 되게 했다. 그 공으로 충선왕이 심왕, 태자태부, 부마도위직에 책봉되었다. 그처럼 아들이 원 황실의 계승 문제를 해결하고 막강한 권력을 쥐게 되자 충렬왕은 닭 쫓던 개꼴이 되고 말았다.

이윽고 고려의 정사를 장악한 충선왕은 김문연과 김유 등을 통해 80여 명에 달하는 고려 관리들의 인사를 처리한 다음, 부왕과 자신을 이간질한 왕소유와 송린, 송방영, 한신, 송균, 김충의, 최연 등을 체포하고 충렬왕의 거처를 경수사로 옮기게 했다.

그해 4월 충선왕은 서흥후 왕전, 왕유소, 송방영, 송린, 한신, 송균, 김충의, 최연 등을 모조리 사형에 처했다. 5월 하릴없이 고려에 돌아온 충렬왕은 숙창원비의 저택에 거처하며 마음을 달랬다. 11월 충선왕은 직사관 윤기를 통해 선대의 실록 185책을 원으로 보냈다. 신료들이 조종의 실록을 다른 나라에 반출하는 것은 부당하다고 따졌지만 왕은 들은 체도 하지 않았다.

1308년 7월 기사일, 35년 동안 재위했던 충렬왕은 신효사에서 73세의 나이로 세상을 떠났다. 그는 유언으로 오랫동안 미워했던 아들 충선왕이 보고 싶다며 그에게 선위하겠다는 뜻을 남겼다. 시호는 충렬경효(忠烈景孝), 능호는 경릉(慶陵)이다.

충렬왕의 가족

충렬왕은 제국대장공주 장목왕후, 정신부주 왕씨, 숙창원비 김씨 등 3명의 부인과 시비 반주로부터 4남 2녀를 얻었다. 제국대장공주가 충선왕, 정신부주 왕씨가 강양공 왕자, 정녕공주, 명순공주 등 1남 2녀, 시비 반주가 소군 왕서를 낳았다.

제1비 제국대장공주는 쿠빌라이의 막내딸로 1274년 고려의 태자로 인질로 들어와 있던 충렬왕과 결혼했다. 1274년 충렬왕이 왕위에 오르면서 이듬해 1월 원성공주에 책봉되었다. 당시 충렬왕에게는 정비 정화궁주가 있었지만 그녀는 황제의 딸이라는 막강한 배경을 바탕으로 제1비 자리를 차지했다. 그녀는 정화궁주를 감금해 충렬왕과의 만나지 못하게 했고, 원종의 3남 순안공 왕종을 역모로 몰아 귀양 보낸 뒤 그의 재산을 차지하는 등 전횡을 일삼았다. 그녀에게 실망한 충렬왕은 궁인 무비를 총애하면서 함께 가무를 즐기고 사냥터에 동행했다. 그로 인해 제국대장공주는 속을 태우다가 1297년 5월 39세의 나이로 세상을 떠났다. 충렬왕은 그녀에게 장목인명왕후라는 시호를 내리고 능호를 고릉이라 했다. 1298년 잠깐 동안 왕위에 오른 충선왕이 그녀를 인명태후로 추존했고, 1310년 원 황제 무종이 제국대장공주로 추존했다.

제2비 정신부주 왕씨는 종실 시안군 왕인의 딸이다. 충렬왕이 태손으로 있을 때 혼인했고 남편이 왕위에 오르자 정화궁주에 책봉되었다. 그러나 제국대장공주가 들어오면서 제2비로 전락하고 별궁에 유폐되었다. 1276년 그녀가 제국대장공주를 저주하고 제안공 왕숙과 김방경 등 43명이 반역을 도모하고 있다는 모함을 받아 하옥되었다가 재상 유경의 도움으로 풀려났다. 제국대장공주 사후 충선왕이 왕위에 오르자 충렬왕과 함께 상수궁에서 지냈다. 1319년 세상을 떠났다.

제3비 숙창원비 김씨는 언양 출신으로 김취려의 증손녀이며 전 위위윤 김양감의 딸로 매우 절색이었다. 어렸을 때 진사 최문에게 시집갔지만 남편이 요절한 탓에 과부가 되었다. 제국대장공주 사후 무비를 죽인 충선왕은 그녀를 충렬왕에게 바치고 숙창원비에 봉했다. 충렬왕이 죽자 충선왕이 그녀를 취하여 숙비로 봉했다. 이는 고려 풍습으로는 불가한 일이지만 몽고에서는 부왕 사후 모후를 제외한 후궁들을 아들이 취하는 풍습이 있어 그 전례를 따른 것으로 보인다. 충선왕은 숙비에게 빠져 팔관회를 정지시켰고 원에 머물 때 연회와 나들이에는 꼭 그녀를 대동했다.

강양공 왕자는 정신부주 왕씨 소생으로 충렬왕의 맏아들이었지만 제국대장공주 소생의 충선왕에 밀려 세자가 되지 못했다. 그는 어릴 적에 다섯 살 먹은 세자 왕원을 위협했다는 이유로 제국대장공주의 미움을 받아 충청도 아산의 동심사로 보내졌다. 1283년 풀려나 강양공에 봉해졌고, 1308년 죽었다. 충선왕은 그의 둘째아들 왕고를 귀여워하며 궁중에서 키웠고, 훗날 충숙왕에게 선위할 때 그를 세자로 세웠다. 또 자신의 봉호인 심양왕 자리를 물려주기까지 했다.

정동행성(征東行省)

정동행성은 충렬왕 대에 원의 일본 정벌을 위해 인접국인 고려에 설치된 관서로 정식 명칭은 정동행중서성이다. '정동'은 일본정벌, '행중서성'은 중앙 정부 중서성(中書省)의 지방 파견 기관을 뜻한다. 원은 중국 전역에 지방행정기관으로 행중서성을 설치했는데 이것이 오늘날까지 이어져 성(省)이라는 행정 단위로 남아 있다.

정동행성은 1280년(충렬왕 6)에 처음 설치되었다가 일본 정벌 실패 후 곧 폐지되었지만 쿠빌라이의 일본 정벌 의지로 인해 수차례 설치와 폐지가 되풀이되었다. 두 번째 설치는 1283년이었고, 세 번째는 1285년이었다. 도중에 잠깐 행상서성이라고 일컬어진 일이 있는데, 이는 원에서 중서성의 권한이 상서성으로 대체된 데 따른 일시적인 현상이었다.

정동행성은 세월이 흐르면서 일본 정벌이라는 애초의 목적에서 벗어나 형식상의 기구로서 원에 하정사를 파견하는 등 의례적인 기능을 수행했다. 1299년(충렬왕 25)에 일어난 한희유 사건은 정동행성이 본격적인 내정간섭기관으로 변질되는 계기가 되었다. 당시 고려 조정은 충렬왕과 충선왕 부자의 갈등으로 인해 두 파로 나뉘어져 치열하게 대립하고 있었다. 그 와중에 충선왕을 지지하던 한희유 등 10여 명이 반란 혐의를 받아 인후 등 반대파에 의해 체포되었다. 이 사건은 배후에 원 황실까지 얽혀 있어 정동행성이 끼어들었던 것이다.

이 사건으로 인해 원 조정에서는 정동행성의 평장정사에 기와르기스를, 우승에 야율희일을 임명했다. 이들은 충선왕의 개혁정책을 저지하고 고려 조정의 고위 관료들의 처벌은 반드시 원에 보고하도록 했으며, 관리 수를 줄이고, 노비 제도를 개혁하려 했다. 그와 같은 내정간섭은 고려 조야의 맹렬한 저항을 받았다. 그로 인해 기와르기스는 1년 만에 원으로 돌아가고, 행성의 권력을 강화하는 증치행성(增置行省)도 폐지되었다. 그런데 1307년(충렬왕 33)에 증치행성이 다시 나타났다. 이는 원 황제 무종의 등극으로 부자간의 권력다툼에서 승리한 충선왕이 원에서 귀국하는 부왕에 대한 감시와 통제를 위해 추진되었다. 그러나 충선왕이 실권을 장악한 뒤에는 필요성이 없어져서 1년 만에 해체되었다.

그때부터 정동행성은 과거처럼 형식적인 기관으로 존속했지만 고려를 원 제국의 한 성으로 세우려는 입성책동이 일어나 문제가 되었다. 1310년(충선왕 2) 요양에서 세력을 떨치던 홍중희가 맨 처음 도모했다가 실패했고, 1323년(충숙왕 10)에는 심왕파인 유청신과 오잠 등이 행한 입성책동이 이제현 등의 반대로 좌절되었다.

정동행성의 승상은 고려국왕이 겸임했고, 그 아래로 평장정사·우승·좌승·참지정사·원외랑·낭중·도사 등의 직위가 있었다. 하지만 행성이 증치되었던 몇 년간을 제외하고는 평장정사 이하 참지정사까지의 고급직위(종1품에서 종2품까지)에 대한 임명은 없었고, 낭중·원외랑·도사와 같은 하급직위(종5품 이하)만이 채워져 있었다.

정동행성은 원의 정식 관제였으므로 그들의 세력을 등에 업고 횡포를 저지르는 사례가 종종 일어났다. 독자적인 관서 건물을 가지고 있었으며 자체의 옥(獄)도 있었으므로 원 왕실과 관련된 죄인이나 반원세력을 행성의 옥에 가두고 심문했다. 하지만 처벌만은 고려의 관부에서 행하거나 원에 압송해서 시행했다.

정동행성은 원과 고려의 공적인 연락기관이기도 했다. 고려 중신들이 행성에 문서를 제출하면 원 중서성으로 직행했고, 여타 행성들과의 소통도 정동행성을 통해 이루어졌다. 정동행성에는 다른 행성과 마찬가지로 이문소(理問所)가 있어 대원관계의 범죄 업무를 맡았다. 그러다 부원세력들의 불법과 전횡을 옹호하고 전민의 점탈을 방조하는 등 친원적인 감찰기관으로 바뀌어갔다. 이문소의 관리들의 횡포와 전권은 내정이 문란해지는 여말에 이르러 더욱 심화되었다. 때문에 1356년(공민왕 5) 공민왕은 반원 개혁의 첫 조처로 이문소를 혁파했던 것이다.

충렬왕 시대의 주요 인물

「삼국유사」를 쓴 국존, 일연

고려가 실질적인 원의 속국으로서 국왕까지 앞장서 몽고풍을 퍼뜨리던 13세기 말 경, 고려의 고유한 문화와 역사는 빛을 잃었고 거란과 몽고의 침입에 끈질기게 대항했던 강인한 민족성마저 희미해지고 있었다. 그 무렵 우리 민족의 위대한 역사와 설화를 한 권의 책 속에 집대성하여 민족의 자긍심을 일깨운 승려가 있었으니, 그가 바로 일연이다.

일연(一然)은 1206(희종 2) 경상도 경주의 속현이었던 장산군에서 김언정의 아들로 태어났다. 처음의 법명은 견명(見明), 자는 회연(晦然), 일연(一然), 호는 목암(睦庵)이다. 1214년(고종 1) 해양의 무량사에 가서 학문을 닦았고, 1219년 설악산 진전사로 출가하여 고승 대웅의 제자가 되어 구족계를 받은 뒤 여러 선문을 방문하면서 수행했다.

1227년(고종 14) 승과의 선불장에 응시하여 장원급제한 뒤 비슬산의 보당암에 수년 동안 머물며 수도했다. 1236년 10월 몽고의 침공으로 병화가 전주 고부 지방에까지 이르자 문수보살의 오자주(伍字呪)를 염하면서 감응을 빌었다. 얼마 후 보당암의 북쪽 무주암으로 거처를 옮겨 수행하던 끝에 대오각성한 다음 "오늘 곧 삼계가 꿈과 같음을 알았고, 대지가 작은 털끝만큼의 거리낌도 없음을 보았다"라는 오도송을 읊었다.

그 해에 조정에서 삼중대사의 승계를 내렸고, 1246년 선사를 더했다. 1249년 정안의 청을 받고 남해의 정림사로 옮겼다. 정안은 무신정변 이후 등장한 정세유의 손자로, 집권자 최이의 장인인 정숙첨의 아들이었다. 일연은 정림사에 머물며 대장경 판각 작업에 3년 동안 참여하면서 최씨 정권과 선이 닿았고 보조국사 지눌에서 비롯된 수선사와 사상적 교류를 시작했다. 1256년 여름에는 윤산의 길상암에 머물면서 「중편조동오위」 2권을 지었고, 조정의 실세였던 박송비와 교유하면서 1259년 대선사의 승계를 제수 받았다.

몽고의 침공이 계속되는 동안 일연은 남쪽의 포산, 남해, 윤산 등지에서 전란을 피하면서 수행에 전념하다가, 1261년(원종 2) 왕의 부름을 받고 강화도의 선월사에 가서 설법했다. 1264년 가을 후원자 박송비가 실각하자 일연은 경상북도 영일군 운제산에 있던 오어사에 내려갔다. 그때 비슬산 인홍사의 주지 만회가 그에게 주지 직을 양보해 주었다.

1268년(원종 9) 김준이 죽고 박송비가 조정에 복귀하자 일연은 왕명으로 개경의 해운사에서 고승 100명을 모아 대장낙성회향법회를 주관했다. 2년 뒤 조정이 개경으로 환도하자 일연은 1274년 인홍사를 중수한 다음 원종으로부터 '인홍(仁興)'이라는 친필 제액을 하사받았다. 또, 이때 비슬산 동쪽 기슭의 용천사를 중창하고 불일사로 고친 다음 '불일결사문'을 썼다.

일연은 1277년(충렬왕 3)부터 충렬왕의 명에 따라 청도 운문사에서 1281년까지 머물며 「삼국유사」를 집필했다. 「삼국유사」는 김부식의 「삼국사기」와 더불어 현존하는 최고의 역사서로, 우리나라 고대역사와 문학 연구에 귀중한 자료이다. 「삼국유사」는 일종의 야사로서 단군신화가 최초로 수록되었고, 「삼국사기」에 빠져 있는 고조선, 부여, 가야 등의 역사를 담고 있다.

이 책은 그가 세상을 떠난 뒤 제자 무극에 의해 1310년에 처음 목판본으로 간행되었다.

1282년 가을 일연은 충렬왕의 간곡한 요청으로 대전에 들어가 설법한 뒤 개경의 광명사에 머물면서 왕실 상하의 극진한 대접을 받았다. 이듬해 3월 국존(國尊)으로 책봉되어 원경충조(圓經冲照)라는 호를 받았으며, 4월에는 국왕의 거처인 대내에서 충렬왕과 문무백관으로부터 구의례(摳衣禮)[144]를 받았다.

그 후 일연은 노모를 봉양하기 위해 고향으로 내려갔다가 1284년 노모가 세상을 떠나자 군위 화산의 인각사에 머물렀다. 1289년(충렬왕 15) 6월에 병이 들자 7월 7일 왕에게 올릴 글을 쓰고, 8일 새벽 선상에 앉아 제자들과 선문답을 나눈 뒤 거처하던 방으로 돌아가서 손으로 금강인을 맺고 입적했다. 시호는 보각(普覺), 탑호는 정조(靜照)이다.

동방의 주자, 안향

안향(安珦)은 1243년(고종 30) 홍주의 죽계 상평리에서 태어났다. 호는 회헌(晦軒)이다. 그의 아버지 안부는 홍주의 아전이었는데 의술로 벼슬하여 밀직부사에 이르렀다. 1260년(원종 1) 과거에 급제하여 교서랑에 제수되었고 곧 직한림이 되어 국왕을 보필했다. 그 무렵 고려 조정이 강화에서 개경으로 환도하면서 안향은 삼별초에 체포되었다. 평소 안향의 학문과 인품을 존경하던 삼별초 지도자들은 그를 회유하려 했지만 그는 곧 개경으로 탈출했다.

1271년(원종 12) 원에 사신으로 갔다가 내시원으로 복귀한 안향은 곧 감찰어사에 발탁되었고, 1275년(충렬왕 1) 상주판관에 임명되었다. 처음으로 지방관으로 복무하게 된 안향은 미신을 타파하고 풍속을 고치는 데 전력을 기울였다. 3년 뒤 판도좌랑으로 중앙 정계에 복귀한 안향은 전중시사로 독로화에 선발되어 세자를 보위했다. 그 후 원에서 돌아온 안향은 우사의대부를 거쳐 좌부승지 겸 동지공거에 제수되어 과거를 주관했다.

1289년(충렬왕 15) 11월에 충렬왕과 제국대장공주, 세자를 호종해 원에 들어간 안향은 처음으로 성리학과 조우했다. 유학에 기반을 두고 정치 종교적 사회 체제의 변화에 따라 노자와 부처의 사상을 가미해 이론적으로 심화되고 철학적 체계를 갖춘 성리학[145]은 그에게 충격이었다.

그때부터 「주자전서」에 심취한 안향은 공자와 주자의 화상을 베낀 다음 고려에 돌아와 성리학 연구에 몰두했다. 그 후 성리학은 성균관의 유학자들에게 수용되었고 고려 후기를 대표하는 학문으로 발전해 이색, 정몽주, 길재, 이존오, 우현보, 정도전 등 수많은 유학자를 배출했다.

1294년(충렬왕 20) 안향은 동지밀직사사로 동남도 병마사에 올라 합포에 머무르며 군민들을 구휼했다. 또 지공거로서 과거를 주재한 뒤 지밀직사사, 밀직사사를 거쳤다. 1296년(충렬왕 22)에는 집 뒤에 사당을 짓고 지난날 그려 온 공자와 주자의 화상을 모셨다.

충선왕이 즉위한 뒤 안향은 참지기무 행동경유수 집현전대학사 계림부윤에 제수되었고, 다시 첨의참리수문전태학사 감수국사가 되었다. 충선왕이 반원정책을 펼치다 실각한 뒤 1300년(충렬왕 26) 찬성사에 오른 그는 학교 진흥을 위해 관리들에게 재물을 걷는 섬학전을 건의해 시행했다. 안향은 박사 김문정을 원에 파견해 공자와 72제자의 초상을 그려오게 하고, 제기, 악기, 육경, 제자백가 및 역사책을 구해오게 했다. 또 밀직부사로 사직한 이산과 전법판서 이진을 천거해 경사교수도감사로 삼았다.

그처럼 생애 후반기 대부분을 주자학의 보급에 전념하던 안향은 1306년(충렬왕 32) 사직한 뒤 64세의 나이로 세상을 떠났다. 충렬왕은 그의 죽음을 애도하며 장단 대덕산에 장지를 하사했다. 그의 장례에는 7관과 12도의 생도들이 흰 옷을 입고 나와 길에서 제사를 지냈다.

1318년(충숙왕 5) 왕명으로 초상화가 그려졌는데, 그 모사본이 현재 전하고 있다. 1319년 문묘에 배향되었다. 1542년(중종 36) 풍기군수 주세붕이 영주 순흥에 그의 사우(祠宇)를 세우고 이듬해에는 주자의 백록동서원을 본떠 백운동서원을 세웠는데, 1549년(명종 4) 풍기군수 이황의 요청에 따라 소수서원(紹修書院)이라는 사액(賜額)이 내려졌다. 그 밖에 장단 임강서원, 곡성 회헌영당에 제향 되었다. 시호는 문성(文成)이다.

고려의 대쪽 선비, 이조년

이조년(李兆年)은 경산 출신으로 자는 원로(元老), 호는 매운당(梅雲堂), 백화헌(百花軒)이다. 그는 경산부 관속 이장경의 아들로 1269년(원종 10)에 태어났다. 어렸을 때부터 학문이 뛰어났고 몹시 생기발랄한 성품에 미남이어서 고을 부사 정윤의가 단번에 반하여 사위로 삼았다. 그는 고려 말기 충렬왕·충선왕·충숙왕·충혜왕 4대에 걸쳐 왕을 보필한 충신이지만 오늘날 그는 '다정가(多情歌)'의 시인으로 더 많이 알려져 있다.

> 이화에 월백하고 은한이 삼경인제
> 일지춘심을 자규야 알랴마는
> 다정도 병인 양하여 잠 못 들어 하노라.[146]

이조년은 1294년(충렬왕 20) 향공진사로 과거에 급제하여 안남서기가 되었고 예빈내급사, 합주지사를 거쳐 비서랑이 되었다. 1306년(충렬왕 32) 왕을 따라 원에 갔을 때 왕유소와 송방영이 충렬왕과 충선왕을 이간시키자 조적을 비롯해 모든 신하들이 피신했지만 그는 자리를 지키다 체포되어 유배당한 뒤 고향에서 13년 동안 머물렀다.

충숙왕이 원나라에 입조했을 때 심왕 왕고의 세력이 강성해지자 변절하는 신하들이 많았다. 하지만 그는 단신으로 원에 들어가 중서성에 글을 보내 왕의 무고함을 강변함으로써 의기를 인정받았다. 충숙왕이 귀국한 뒤 감찰장령, 전리총랑, 관동존무사를 거쳐 판전교사와 군부판서를 겸임했다.

충혜왕이 원나라에 입조하자 이조년이 왕을 보필했는데, 원의 승상 엔티무르는 그를 아들같이 대해주었다. 충혜왕이 즉위한 뒤 태보 바얀이 엔티무르의 권력을 시기하면서 왕을 몹시 미워했다. 충숙왕이 복위하고 충혜왕이 원에서 숙위할 무렵 엔티무르가 죽고 권력을 움켜쥔 바얀이 왕을 괄시하자 수종한 신하들은 모두 두려워했다. 그때 이조년은 충혜왕에게 충고를 서슴지 않았다.

"전하께서 능히 잡배들을 멀리하고 단정한 선비를 가까이하여 행실을 고치고 스스로 삼가야 합니다. 그렇지 않으면 천자가 지척에 있는데 닥쳐올 위험을 어찌 감당하시렵니까?"

그와 같은 이조년의 충언이 날이 갈수록 강도를 더하자 질려버린 충혜왕은 어느 날 담을 넘어 달아나기까지 했다. 훗날 조적의 반란을 분쇄한 충혜왕이 원나라에 소환되자 이조년은 왕을 따라 연경으로 갔다. 그때 승상 바얀이 충혜왕과 조적 일당을 대질시키려 하자 그는 이제현에게 이렇게 말했다.

"내가 승상을 만나 억울함을 호소하려 해도 집의 경계가 엄중해 그럴 수가 없다. 하지만 다행히 남쪽 성 밖으로 사냥을 나간다 하니 길가에서 편지를 들이대고 머리를 말발굽 밑에 부딪쳐 죽음으로 우리 임금의 무죄를 해명하겠다."

이튿날 아침 이조년이 밖으로 나가려는 순간 바얀이 실각했다는 소식이 들려왔다. 그 일이 알려지자 사람들이 '담이 몸집보다 큰 사람은 바로 이조년을 두고 하는 말이다' 하면서 탄복했다. 충혜왕은 귀국한 뒤 이조년의 공을 크게 치하하며 정당문학, 예문대제학을 제수하고 성산군에 봉했다. 당시 충혜왕은 그가 입궐하면 발자국 소리만 듣고도 '아, 이조년이 온다'라면서 좌우를 물리치고 몸을 단정히 한 후 기다렸다고 한다. 이조년은 나이가 들어서도 올곧은 성품을 숙이지 않았다. 충혜왕이 북궁을 나와 송강에서 새 사냥을 하자 그 앞에 무릎 꿇고 유희를 그만두라고 강권했다. 하지만 왕이 말을 듣지 않자 고향으로 돌아가 세상과 절연했다.

훗날 충혜왕은 이조년의 아우 이연경을 만난 자리에서 '네 형이 나에게 치욕을 주었다'고 농담을 했다. 그때 이연경이 '형이 노망이 나서 그렇습니다'라고 대답하자 충혜왕은 웃으면서 그에게 쌀과 콩 50석과 포 5백 필을 하사했다. 충혜왕은 시종공신을 정할 때 이조년을 1등 공신으로 봉하고 성근익찬경절공신이라는 칭호를 준 다음 초상을 벽상에 그리게 했다. 1343년, 75세의 나이로 세상을 떠나자 시호를 문열(文烈)이라 했다.

국내
- 1308 충선왕 즉위
- 1309 5부의 민가(民家)를 기와로 덮는 것을 장려
- 1311 「원종실록」 찬수
- 1312 승인추고도감 설치
- 1313 후천사에서 불상 주조
- 1314 연경에 만권당 설치
- 1315 조적을 내려 귀천의 복색을 정함
- 1316 관리의 승려의 상암행위를 금함
- 1317 민지 등, 「본조편년강목」 찬진
- 1319 안향을 문묘에 모심
- 1322 밀양 영원사 보감국사 묘응탑비 건립
- 1326 「편년강목」을 편찬함
- 1330 이촉, 〈관동별곡〉, 〈죽계별곡〉 지음
- 1331 사학도감을 둠
- 1336 전왕의 궁신전을 거두어 본주에게 환급

세계
- 1311 원, 인종 즉위
- 1312 영국왕 에드워드 3세 출생
- 1313 원, 처음으로 과거 시행
- 1316 일본, 북조 고시 집권
- 1317 원, 군함에 의창을 둠
- 1319 이탈리아 탐험가 마젤란, 세계일주 항해 출항
- 1321 이탈리아 시인 단테 사망
- 1324 이탈리아 여행가 마르코 폴로 사망
- 1325 모로코 출신의 대여행가 이븐 바투타, 세계 여행 출발
- 1327 영국 국왕 에드워드 3세 즉위
- 1332 사라센의 역사 철학자 이븐 할둔 출생
- 1336 일본, 남북조시대 시작

제26대 충선왕
충선선효 忠宣宣孝

고려의 제26대 국왕 충선왕(忠宣王)의 이름은 장(璋), 자는 중앙(仲昻), 초명은 원(謜)이다. 몽고식 이름은 이지르부카(益知禮普花)이다. 충렬왕의 맏아들로 제국대장공주 소생이다. 1275년 9월 정유일에 태어났고, 1277년(충렬왕 3) 1월, 3세의 나이로 세자에 책봉되었다. 충선왕은 어린 시절 매우 총명해서 몇 가지 의미심장한 일화를 남겼다.

1283년 2월, 9세 때의 일이다. 어느 날 세자가 부왕 충렬왕이 충청도에 사냥을 떠난다는 말을 듣고 울음을 터뜨렸다. 유모가 그 까닭을 묻자 세자는 "백성들의 생활이 곤궁하고 농사철이 다가오는데 어찌 임금이 멀리 사냥을 떠날 수 있느냐"고 대답했다. 측근 조의순으로부터 그 말을 전해들은 충렬왕은 기이하게 여겼지만 이미 계획된 사냥을 그만둘 수 없다고 선언했다. 그러나 출발일자가 임박했을 때 제국대장공주가 병석에 누웠으므로 결국 사냥을 포기해야 했다.

세자는 또 해진 베옷을 입은 사람이 땔나무를 지고 궁문을 드나들자 그를

불러 정체를 물었다. 그가 장작서의 기인이라고 말하자 "나는 좋은 옷을 입고 있는데 백성들의 형편이 저러니 마음이 어찌 편하겠는가"라고 어른스럽게 중얼거렸다. 언젠가는 그를 모시던 관노가 밖에서 아이들의 연을 빼앗아 바치자 몹시 책망하며 돌려주었다. 또 행리별감에 새로 임명된 위선이 인사를 하러 오자 "나는 기괴하고 요망한 것은 취하지 않으니 옛사람들의 어진 일만 들려달라"라고 부탁하기도 했다.

어느 날 내관 염승익이 관상가로 유명한 천일을 궁으로 불러들여 세자의 관상을 보게 했다. 그때 천일은 세자의 눈매가 인자하니 매나 사냥개를 좋아하지 않을 것이라고 말했다. 그러자 세자는 곁에 있던 박의를 가리키며 "우리 아버지에게 매사냥을 권하는 놈이 바로 이 늙은 개다"라고 말해 그를 부끄럽게 했다.

1287년(충렬왕 13) 9월 세자가 원에 들어갈 때 전라도 왕지별감 권의가 은 40근과 호피 20장을 바치며 여비에 보태 쓰라고 아부했다. 그러자 세자는 "이 물건들은 모두 백성에게 약탈하여 원한을 산 것이니 가져가지 않겠다"라고 말하며 주인에게 모두 되돌려주게 했다.

일찍이 내관 원혁이 그를 무릎 위에 앉히고 "임금이란 모든 것을 너무 자세히 살피면 안 되는데 전하는 너무 총명하니 조금 너그러운 태도를 가지십시오"라고 말하자, 세자는 "너희들이 나를 어리석고 암둔하게 만들어 손아귀에 연한 떡 주무르듯 하려는가" 하며 화를 냈다.

1291년(충렬왕 17) 그는 외조부인 쿠빌라이로부터 특진상주국고려국왕세자에 임명되어 금인을 받았는데, 이는 번국의 세자로서는 처음 있는 일이었다. 그 후에도 수시로 원에 드나들던 세자는 1296년(충렬왕 22) 11월 심양에서 진왕 가말라(甘麻剌)의 딸 계국대장공주와 결혼했다. 그때부터 세자는 원 황제의 외손자이자 부마로서 막강한 권세를 쥐게 되었다. 그런데 결혼식에 참석하고 고려에 돌아간 모후 제국대장공주가 1297년 5월 세상을 떠나자 급히 귀국해 초상을 치렀다.

그 무렵 세자는 정사를 외면하고 주색과 사냥에 빠져있던 충렬왕을 원망했고, 모후로부터 부왕의 사랑을 뺏어간 무비를 매우 미워했다. 때문에 제국대장공주가 죽은 뒤 그는 부왕에게 무비 일당을 처벌하라고 종용했다. 하지만 충렬왕이 아무 조치도 취하지 않자 측근들을 동원해 무비, 최세연, 도성기, 전숙, 방종저, 장군 윤길손, 이무, 소윤 유거, 지유 송신단, 내관 김인경, 김근 등과 무녀, 승려 등을 체포해 고문했다. 결국 그들로부터 무비가 제국대장공주를 저주했다는 자백을 받아낸 세자는 무비와 최세연, 도성기 등을 죽이고 40여 명을 귀양 보낸 다음 원으로 돌아가 버렸다.

졸지에 자신의 권력의 원천이던 제국대장공주가 죽고 총애하던 무비까지 아들의 손에 살해되자 실의에 빠진 충렬왕은 전격적으로 선위를 선언했다. 그리하여 이듬해인 1298년 1월 충선왕이 24세의 나이로 강안전에서 고려의 제26대 국왕으로 즉위했다. 원나라에서도 별다른 이의를 제기하지 않고 충선왕을 고려국왕에 책봉한 다음 개부의동삼사정동행중서성좌승상부마상주국고려왕(開府儀同三司征東行中書省左丞相駙馬上柱國高麗王)으로 삼았다. 또 상왕 충렬왕에게는 일수왕(逸壽王)이라는 봉호를 내렸다. 기왕 왕위에서 물러났으니 오래도록 즐기며 살라는 뜻이었다.

적극적인 개혁 의지

충선왕은 즉위하자마자 30여 항의 개혁안이 포함된 즉위교서를 발표했다. 그와 함께 카다안의 반군이 침공했을 때 끈질기게 저항한 원주 백성들을 포상하고 조세와 부역을 3년간 면제해주었다. 또 공신 자손들에게 관직을 내려주고, 공신전을 환급해주었으며, 모든 관리의 직급을 1계급씩 올려주고, 중형을 제외한 범법자들을 풀어주었으며 지방 선비들을 천거하게 했다. 하지만 세력을 빙자해 5품직에서 3품 이상의 직을 뛰어 제수 받은 자, 세가의 자제로 직을 받은 자, 국왕을 호위해 원에 다녀왔다는 이유로 공신 칭호를 받은 자들은 법에 따라 강등시켜 버렸다.

충선왕은 지방행정에도 과감하게 칼을 댔다. 특수 임무를 띤 별감 파견으로 일어나는 민폐를 최소화하도록 지시했고, 지방장관인 안렴사, 수령들이 관행처럼 행하던 은과 쌀, 포의 상납을 엄금했다. 또 안렴사와 수령들이 백성에게 작은 물건이라도 선물 받는 것과 수령이 멋대로 임지를 옮기는 것을 금했다. 원의 영향으로 생겨난 홀치, 응방, 아가치, 순마 등의 관청 관원들의 뇌물수수도 법으로 철저하게 막았다.

 충선왕은 세력가들의 전횡을 엄중하게 경고하면서 부역에 시달려 고향을 떠난 유랑민들의 토지를 차지하거나 함부로 사패(賜牌)를 사칭해 사찰과 양반의 토지를 빼앗아 농장으로 만드는 경우 이를 환수케 했다. 또 세력가들에게 막대한 이익을 안겨주는 염세와 외관노비의 탈취를 금지했으며, 압량위천(壓良爲賤) 등 신분적 혼란을 야기하는 사회 문제도 타파하려 애썼다.

 당시 고려의 전통적인 신분제도는 원 제국의 우산 속에 안주하면서 급격히 무너지고 있었다. 귀족들의 횡포로 인해 양민이 천민이 되는 경우도 많았지만, 반대로 응방을 드나들며 몽고어를 익혀 재상이 되기도 하고, 원에서 공주의 겁령구나 환관으로 복무한 뒤 고려에 들어와 재상이 된 사람도 있었다. 사유가 어찌 되었든 간에 원과 관련된 일에 종사하면 부귀와 영화가 몰려오는 세상이었다. 그는 관제개혁에도 소매를 걷어붙였다. 인상행정을 담당하던 정방(政房)을 폐지하여 한림원에 합치고, 원의 간섭으로 고쳐진 고려의 관제를 복구시키려 했다. 친원적 성향의 충선왕이 기이하게도 자주적인 정책을 펼치려 한 것이다.

 그처럼 즉위 초기 충선왕은 매우 의욕적이어서 태상왕이 왕비 김씨의 노비 문제로 내전(內傳)[147]을 요구하자, 내전도 자신이 개혁하고자 하는 폐습 중의 하나라며 야멸차게 거절했다. 그 일로 인해 충렬왕과 충선왕 부자 사이가 더욱 벌어졌다.

강제 퇴위와 복위

충선왕은 즉위 5개월 만에 부인 계국대장공주가 일으킨 조비무고사건에 연루되어 퇴위당하는 신세가 되었다. 평양군 조인규의 딸인 조비는 충선왕이 18세 때인 1292년 세자빈에 책봉되었는데 부부 간에 금슬이 매우 좋았다. 그런데 고려에 들어온 계국대장공주는 투기심을 이기지 못하고 조비를 모함하는 편지를 써서 수하인 활활불화와 활활대, 대장군 김정, 오정규 등을 통해 원의 태후에게 보냈다. 남편 충선왕이 조비 때문에 자신을 소박 맞히는 데다 반원정책에 몰두하고 있다는 내용이었다.

얼마 뒤에는 궁문에 조인규의 아내를 비방하는 방문이 붙었다. 그녀가 충선왕으로 하여금 계국대장공주를 멀리하고 자신의 딸만 좋아하게 해달라고 굿을 했다는 내용이었다. 이는 계국대장공주 측의 음모가 분명했지만 아무도 문제를 제기하지 못했다. 공주는 그 방문을 빌미로 조인규와 그의 처, 척족들을 잡아 가둔 다음 철리를 원에 파견해 사건을 고해바쳤다. 그러자 원 조정에서 우승 아리회와 홍중희, 양염룡 등을 파견해 조인규를 국문하고 조비와 최충소, 장군 유온 등을 순마소에 가두었다.

그로 인해 조인규는 아내와 함께 원에 압송된 다음 심한 고문을 받았다. 강제로 그의 자백을 받아낸 태후는 조비와 내관 이온을 원에 소환한 뒤 승려 5명과 도사 2명을 보내 계국대장공주에 대한 저주를 풀어주는 의식을 치르게 했다. 그녀는 또 홍군상을 파견해 부부간에 애정을 돋우는 음식을 만들어 충선왕 부부가 먹게 했다. 그러자 충선왕으로부터 홀대를 받던 일부 신료들이 원의 중서성에 충렬왕 복위를 요청했다. 그 결과 8월 고려에 들어온 원의 사신 발로올(孛魯兀)은 충선왕으로부터 국왕의 인을 회수해 충렬왕에게 전해주었다.

충선왕의 강제 퇴위는 단순히 계국대장공주의 투기뿐만 아니라 충선왕의 정책으로 타격을 받은 국내 정치세력과 원 조정의 이해관계가 맞아떨어졌기 때문에 벌어진 사건이었다. 그 후 원에 들어간 충선왕은 10년간 계국대장공주와 함께 대도에 머물면서 황태자 친김의 손자인 카이산(海山)과 아유르발리파드라(愛育黎拔力達) 형제와 가깝게 지냈다.

그때 권좌에 복귀한 충렬왕은 왕유소, 송린, 석천보 등을 중용하고 충선왕의 측근들을 차례차례 제거했다. 당시 왕유소와 송린 등은 충렬왕의 10촌 종제이자 신종의 3세손인 서흥후 왕전에게 양위하려는 음모를 꾸몄다. 그들은 또 충선왕과 계국대장공주를 이혼시키고 그녀를 서흥후에게 개가시키려 했다. 태후의 총애를 받는 계국대장공주의 권력을 이용하려는 것이었다. 어이없게도 이와 같은 책동에 충렬왕까지 가담했다. 1305년 충렬왕은 원에 들어가 중신들을 만나 충선왕의 이혼 작전을 실행에 옮겼지만 당시 원의 내정이 극도로 불안해 목적을 달성하지 못했다.

그 무렵 원의 황제 성종은 후계자를 남기지 못하고 승하했다. 그러자 원 조정에서 치열한 후계 쟁탈전이 벌어졌다. 당시 후계서열 1위이던 카이산은 동생 아유르발리파드라와 제위를 다투었는데 두 사람과 친했던 충선왕은 카이산을 황제로 옹립하고 아유르발리파드라를 황태자로 임명하게 함으로써 분쟁을 종식시켰다. 그때 안서왕 아난다를 옹립하려던 좌승상 아쿠타이와 평장 팔도마신 등이 카이산을 암살하려는 음모를 꾸몄다. 하지만 거사 하루 전에 아쿠타이 일당을 일망타진한 무종 카이산은 대왕 도라와 원사 별불화, 충선왕에게 그들의 심문과 처단을 맡겼다. 그로 인해 충선왕의 지위가 급상승하면서 충렬왕의 작전은 자연스럽게 무산되었다.

1308년 황제 무종은 충선왕을 심양왕에 봉하고 중서성에서 정사에 참여하게 했다. 얼마 후에는 요양과 심양을 총괄하는 심왕으로 승격시켜 주었다. 그 무렵 요양과 심양에는 수많은 고려인들이 살고 있었는데, 쿠빌라이 재위 시절부터 원은 두 지역의 지배권을 분리해 요양은 홍복원[148] 집안, 심양은 영녕공 왕준[149]에게 맡기고 있었다. 그런 상황에서 충선왕이 양측을 아우르는 심왕에 책봉되었던 것이다.

그해 7월 충렬왕이 73세의 고령으로 개경 신효사에서 사망하자 왕위에 복귀한 충선왕은 수녕궁에 머물면서 정사를 처결했다. 그는 즉위 초기와 마찬가지로 혁신적인 교서를 발표해 고려의 개혁을 천명했다. 정치기강의 확립, 조세의 공평, 인재 등용의 개방, 공신 자제의 중용, 농잠업의 장려, 동성결혼의 금지[150], 귀족의 횡포 엄단 같은 획기적인 조치들이 복위교서에 담겼다. 하지만 충선왕의 그와 같은 개혁의지는 오래 가지 못했다. 문벌귀족들의 변치 않는 전횡과 조직적인 반발에 개혁의 발목이 잡힌 그는 현실 정치에 염증을 느끼고 정사를 멀리했던 것이다.

그때부터 충선왕은 과거 무비를 살해하고 충렬왕에게 바쳤던 숙창원비의 오라비 김문연의 집에 드나들며 숙창원비와 밀회를 즐겼고, 부왕의 100일재를 지낸 이틀 후 그녀를 취했다. 그것은 고려의 풍속으로는 용납될 수 없는 일이었지만 오랜 몽고풍에 젖어있던 충선왕은 거리낄 것이 없었다. 그 소문이 퍼지자 감찰규정 우탁은 소복 차림에 도끼를 메고 거적을 진 채 충선왕 앞에 엎드려 상소문을 내밀었다. 그런데 상소문을 펴든 내관이 내용을 보고 깜짝 놀라 읽지 못하자 우탁은 큰 소리로 그를 꾸짖었다.

"그대는 근신으로서 전하의 그릇됨을 바로 잡지 못하고 아첨만 하여 일이 이 지경에 이르렀으니 그 죄를 아는가?"

노신의 준열한 호통이 울려퍼지자 도열해 있던 중신들은 몸을 떨었고, 충선왕도 몹시 부끄러운 기색을 보였다. 그럼에도 불구하고 숙창원비의 교태에 빠져들던 충선왕은 그녀를 숙비(淑妃)에 봉하고 밤낮으로 탐닉했다. 그로 인해 국가의 큰 행사인 팔관회가 중단되기도 했다.

충선왕은 또 평양공 왕현의 부인인 공암 허공의 딸이 과부가 되자 궁으로 불러들여 순비에 책봉했다. 그녀는 이미 3남 4녀의 어머니였지만 충선왕은 개의치 않았다. 왕의 총애를 나눠 받게 된 숙비는 허씨를 몹시 미워해서 두 사람 사이에 불화가 끊이지 않았다. 두 여인은 연회장에서 서로의 자태를 뽐내기 위해 같은 장소에서 다섯 차례나 옷을 갈아입는 추태를 보이기도 했다.

전지 통치

1309년 1월, 어린 시절부터 몽고 풍속에 젖어있던 충선왕은 숙부인 제안대군 왕숙에게 조정을 맡기고 연경으로 갔다. 고려의 중신들은 왕이 곧 귀국하리라 믿었지만 그는 재위 기간 동안 심양에 살면서 한 번도 국내에 돌아오지 않고 전지(傳旨)를 통해 고려를 다스렸다. 당시 그는 고려의 국왕이라는 지위보다 원 세조 쿠빌라이의 외손자라는 점을 더 자랑스러워하고 있었다.

충선왕은 그해 2월 「충헌왕실록」을 편찬케 했고, 소금을 국가에서 전매하는 각염법(榷鹽法)을 제정했다. 그때부터 해안 지역의 군현에서는 백성들을 염호로 삼아 소금을 생산하게 하는 한편 개경에 염창을 설치하고 염포 4개를 개장했다. 그 해에 양광·경상·전라·평양·강릉·서해 등 6도의 염분은 6백 16개, 염호는 8백 92호였고, 염창을 통해 1년 동안 벌어들인 베는 4만 필이었다. 그로 인해 고려의 재정이 풍부해졌다.

3월에는 검교중호 배정과 내부령 강융으로 하여금 강안궁과 연경궁 두 궁을 중수하게 했다. 그때 원에서는 요양성 선사 유현 등을 파견해 고려에 배 100척의 건조하여 미곡 3천 석을 수송하게 했다. 파종기에 궁궐 중수와 전함 건조가 겹치자 해서, 교주, 양광도 백성들이 커다란 고통을 받았다.

한편 고려 조정은 심양에 머물고 있는 충선왕을 위해 해마다 포 10만 필, 쌀 4천 곡 등 막대한 경비를 지원해야 했다. 그 폐단이 심화되자 전승 최유엄을 비롯한 여러 신하들이 귀국을 요청했지만 충선왕은 꿈쩍도 하지 않았다. 그러자 일부 신료들이 세자 왕감을 고려 국왕으로 옹립해 고려로 모셔오려 했다. 짜증이 난 충선왕은 1310년(충선왕 2) 양위조서를 작성했다가 측근들이 반대하자 갈가리 찢어버렸다. 1310년 5월 충선왕은 돌연 세자 왕감과 김의중을 처형해 버렸다. 이 사건은 당시 충선왕을 시종하고 있던 권한공, 최성지, 박경량 등의 무고가 작용했던 것으로 보인다. 7월에는 원에서 계국대장공주를 한국장공주로 봉했다.

1311년 1월, 원의 무종이 재위 3년 만에 31세의 나이로 갑자기 승하했다. 그 뒤를 이어 흥성태후의 지지를 받은 황태자 아유르발리파드라가 황위에 올랐으니, 그가 인종이다. 인종은 곧 무종의 심복들을 제거하고 황권을 장악했다. 어린 시절부터 충선왕과 가까웠던 인종은 그의 원나라 체류를 공식적으로 승인해 주었다. 1313년 1월 충선왕은 양광, 전라, 서해 등 3도의 장정 5백 명을 징발해 연경궁을 짓게 하는 한편 민천사의 불상을 주조하게 했다.

그해 2월, 고려에서는 승려 효가의 사기사건이 물의를 일으켰다. 그는 꿀물과 쌀가루를 섞은 물을 자신의 몸에서 나온 감로와 사리라 속여 사람들에게 먹이고 많은 금품을 챙겼다. 그는 자신이 부처의 가호를 받아 불에 타죽은 뒤 7일 만에 되살아난다고 선전해 신도들을 끌어들였다. 당시 그는 땅에 구덩이를 파놓고 그 위에 땔나무를 쌓아둔 다음 제자들에게 불을 지르게 했다. 연기가 자욱할 때 구덩이 안에 숨은 그는 감과 밤을 먹으며 버티다가 약속 날짜가 되자 사람들 앞에 나타났다. 그와 같은 혹세무민 행각은 효가가 헌사에 체포되면서 낱낱이 밝혀졌다. 그렇듯 당시 고려 승려들의 일탈 행위는 사회 문제가 될 정도로 심각했다.

유학의 발전, 고려의 세계화

그 무렵 고려의 중신들은 충선왕에게 귀국을 간청했고, 원 황제 인종과 흥성태후까지도 귀국을 종용했다. 하지만 고려에 돌아갈 뜻이 조금도 없었던 충선왕은 의비 아수친 소생의 둘째아들 강릉대군 왕도에게 양위를 선언했다. 그와 동시에 총애하던 강양공의 둘째아들 연안군 왕고를 세자로 책봉했다.

충숙왕에게 고려 국왕의 지위를 집어던짐으로써 자유를 얻은 충선왕은 연경의 사저에 만권당을 신축하고 원의 저명인사인 염복, 요수, 조맹부, 우집 등과 교유하면서 이제현을 불러들여 그들과 학문을 토론하게 했다.

그 무렵 몽고는 고려 왕국의 수호자인 동시에 동북아 평화의 안전판이었다.

고려와 원은 실질적으로 국경이 없는 상태였으므로 한반도는 역사상 처음으로 전면적이고도 무제한적인 선진문화의 세례를 받았다. 양국 간에는 전쟁포로와 인질, 공녀, 환관 등 부정적인 인적교류도 많았지만 고려의 관료, 승려, 학자 등 다양한 분야의 인재들이 세계 일류문화와 직접 접촉하며 고려의 문화수준을 가일층 끌어올렸다.

고려는 원나라를 통해 안향과 권부, 백이정 등이 남송 지역에서 태동한 성리학을 받아들였고, 2세대인 이제현, 박충좌, 이곡, 백문보, 이인복, 안축 등이 충선왕의 지원을 받아 고려의 성리학을 발전시켰다. 그들의 학문적 성과는 3세대인 이색과 정몽주, 정도전, 박상충, 이숭인, 김구용, 김제안, 이존오 등으로 이어져 훗날 성리학을 교조로 삼는 조선의 태동을 부추겼다.

충선왕은 당시 원 제국의 실력자로서 제국의 내정에 직접 간여했다. 그는 원 조정에서 파스파 문자를 만든 국사 파스파(巴思八)의 사당을 지어 공자와 대등하게 대우해야 한다는 논의가 일어나자 강력히 반대했고, 요수가 제안한 과거제도의 시행을 찬동하며 황제를 설득했다. 그때 인종이 우승상 독로(禿魯)의 후임으로 그를 임명하려고 하자 충선왕은 "내가 작은 나라 고려도 다스리지 못했는데 어찌 영화를 탐하겠느냐"며 간곡히 거절했다. 1316년 3월, 충선왕은 조카인 세자 왕고에게 심왕의 작위를 물려주고 스스로 태위왕이라고 칭한 다음 남방의 강소, 절강 등지를 오가며 유유자적한 세월을 보냈다.

1320년(충숙왕 7) 6월, 황제 인종이 승하하고 영종이 즉위하면서 충선왕의 운명은 나락으로 굴러 떨어졌다. 영종은 즉위하자마자 흥성태후의 권력기반인 휘정원을 혁파하고 요직에 포진해 있던 태후의 측근 세력들을 모조리 숙청했다. 그 와중에 고려인 환관 임바얀투구스(任伯顔禿古思)는 충선왕이 대도에서 태후의 구신들을 규합하려 한다고 무고했다. 그러자 영종은 충선왕의 머리를 깎이고 석불사에 유폐했다가 험지인 토번의 살사결로 귀양 보냈다.

그 후 영종은 1323년(충숙왕 10) 8월 반란을 일으킨 어사대부 테그시에 의해 살해되고 충선왕의 처남인 이순 테무르가 즉위했다. 그가 태정제이다. 토번에서 무력한 나날을 보내던 충선왕은 태정제의 사면령을 받아 심양으로 돌아왔지만 오랜 유배 생활로 몸이 쇠약해진 탓에 2년 후인 1325년 12월 5일 51세를 일기로 세상을 떠났다. 시호는 충선선효(忠宣宣孝), 능호는 덕릉(德陵)이다.

충선왕의 가족

충선왕에게는 8명의 부인이 있었는데「고려사」후비열전에는 계국대장공주, 의비 아수친, 정비 왕씨, 순화원비 홍씨, 조비, 순비 허씨 등에 대한 기록만이 전한다. 한편 숙비 김씨는 충렬왕의 부인이었고, 셋째아들 덕흥군 왕혜를 낳은 부인의 이름은 전하지 않는다.

제1비 계국대장공주는 본문에서 충분히 다루었으므로 설명을 생략한다.

제2비 의비 아수친(也速眞)은 몽고의 평민여자로 추정되는데 충선왕과의 사이에서 세자 왕감과 충숙왕을 낳았다. 그녀는 연경에서 충선왕이 세자 신분으로 머물 때 맺어진 것으로 추측된다. 1316년 연경에서 세상을 떠났고 고려에서 장사지낸 다음 의비라는 시호가 추증되었다.

제3비 정비 왕씨는 서원후 왕의의 딸로 1287년 원에 공녀로 뽑혔지만 충선왕이 모후인 제국대장공주에게 간청하여 1289년 세자빈이 되었다. 그러나 그녀와의 혼인은 원에서 금한 족내혼이라는 이유로 쿠빌라이의 심한 질책을 받았다. 정비는 충선왕의 첫 정실부인이었지만 의비에 이어 제3비에 머무르다 1345년 사망했다.

제4비 순비 허씨는 본래 평양공 왕현의 부인으로 슬하에 3남 4녀를 두었지만 왕현이 죽자 의자[151]들과 함께 충선왕에게 시집갔다. 그녀의 소생은 모두 왕자와 공주 대접을 받았다.

권문세족의 등장

고려에서는 후기에 접어들면서 권문세족이 새로운 집권층으로 등장했다. 그들은 고려 전기의 문벌귀족들과는 달리 다양한 경로를 통해 집권세력으로 편입되었다. 특이한 것은 문반 가문에 무반 가문이 병존하게 된 것이다. 거란의 침입 때 공을 세운 김취려의 언양 김씨와 채송년의 평강 채씨, 몽고어 통역가로 가문을 일으킨 조인규의 평양 조씨 등이 대표적이다. 그들은 무신정권 시대를 거쳐 몽고와의 항쟁과 원과의 관계 개선을 통해 새롭게 부상한 무신 가문이었다.

충선왕 즉위년의 교시에는 황실과 혼인할 수 있는 15개의 재상지종(宰相之宗)이 열거되어 있다. 신라 왕족인 경주 김씨, 언양 김씨, 정안 임씨, 경원(인주) 이씨, 안산 김씨, 철원 최씨, 해주 최씨, 공암 허씨, 평강 채씨, 청주 이씨, 당성 홍씨, 황려(여흥) 민씨, 횡천 조씨, 파평 윤씨, 평양 조씨 등이다.

그중에 이자연의 인주 이씨, 김부식의 경주 김씨, 윤관의 파평 윤씨 등 전통적인 문벌 귀족은 왕실과 혼인관계를 맺으며 권위를 이어갔지만 실질적인 정치권력은 대부분 상실한 상태였다. 그 외에도 응방을 통해 조정에 진출한 윤수의 칠원 윤씨, 삼별초의 난과 일본 정벌에서 무공을 세운 김방경의 안동 김씨 등이 새로운 권문세족으로 등장했다.

권문세족들은 첨의부의 재상이나 밀직사의 추신이 되어 도평의사사에서 합좌해 국정을 돌보았다. 고려 후기에는 고위관직을 차지하고 최고 정무기관인 도당에서 국사를 결정하는 권한을 가짐으로써 결과적으로 왕권의 약화를 초래했다.

그들은 공식적으로 관리들에게 수여하는 녹과전이나 녹봉보다는 불법적으로 만들어낸 농장을 통해 부를 축적했다. 농장은 면세, 면역의 특권을 지니는 사적 지배력이 강한 토지였다. 그들은 또 보수적인 성향을 바탕으로 원의 세력을 이용하고 개혁에 반대하면서 부와 권력을 유지함으로써 고려의 경제를 파탄지경으로 몰아가는 데 일익을 담당했다.

활발해진 해외 인적 교류

고려는 불교를 국교로 삼았으므로 불교 사상 수입 과정에서 외국인들과 많이 접촉했고, 거란과 송나라, 일본 등과의 교역을 통해 활발한 인적교류가 이루어졌다. 그 후 대제국 원나라와의 관계를 맺으면서 수많은 외국인들이 고려에 들어왔다.

1301년(충렬왕 27)에는 원에서 탐라의 다루가치를 교지(交趾)에 귀양 보냈는데, 교지는 현재 베트남 중부지역이다. 세조 쿠빌라이가 한때 교지 정벌을 논하자 충선왕을 모시던 정가신이 우선 사신을 보내 복종하게 한 연후 불응하면 정벌하라고 조언했다가 한림학사 벼슬을 받았다는 기록이 있다. 고려인들이 교지에 대해 잘 알고 있었다는 증거이다.

1306년(충렬왕 32)에는 마팔아국의 태자가 결혼예물로 고려에 사신과 선물을 보내왔다. 고려에서는 채인규의 딸을 공녀로 원 승상 상가(桑哥)에게 보냈는데, 상가가 피살되자 황제가 채씨를 마팔아국 왕자 패합리에게 하사했던 것이다. 패합리는 그 무렵 국왕과의 불화로 원나라에 와 천주에 살다가 채인규의 딸을 받아들이게 되었다. 마팔아국은 인도반도 동해의 코로만델 해안에 있는 작은 나라로 면포가 유명해 국가명을 서양쇄리(西洋鎖里)라고 했다. 원나라에 공녀로 끌려갔다가 남편을 잃고 다시 머나먼 인도까지 시집 간 채씨 부인의 기록은 역설적으로 고려의 명성이 세계에 얼마나 널리 퍼졌는가를 알려주는 증거가 되었다. 1328년(충숙왕 15) 서역에서 온 승려 지공이 연복정에서 계를 설하자 백성들이 앞 다투어 모여들었다는 기록도 있다.

그처럼 고려의 본격적인 대외 교류는 원과 관계를 맺으면서부터 활성화되었다고 보는 것이 정설이다. 당시 원의 상위계급이었던 색목인들은 조정에서 재정 업무를 담당하기도 하고 일부는 고려에 와서 벼슬을 했다. 공민왕 때 경순부사인 설장수는 색목인이라는 이유로 부친 상중에도 상복을 벗고 과거에 응시했다는 기록이 있다. 설장수는 이성계와 함께 공양왕을 옹립한 공신이기도 하다. 또 남만인 왕삼석은 충숙왕이 원에 입조했을 때 행신의 안내로 왕을 만나 즐겁게 해준 공으로 고려까지 따라와 사부(師傅) 대접을 받았다. 그의 소개로 연남인 양재는 고려에서 권세를 누렸다. 색목인 최노성은 양재의 연줄로 봉작을 얻었지만 임명장에는 104세 노인 최노성이라고 기록해 왕을 속이기도 했다. 한편 회회인 장순룡은 제국대장공주의 겁령구로 고려에 들어와 고위직에 올랐다.

| 국내 | 1308 충선왕 즉위 · 1309 5부의 민가(民家)를 기와로 덮는 것을 장려 · 1311 「원종실록」 찬수 · 1312 승인추고도감 설치 · 1313 호천사에서 불상 주조 · 1314 연경에 만권당 설치 · 1315 조칙을 내려 귀천의 복색을 정함 · 1316 관리나 승려의 상업행위를 금함 · 1317 민지 등, 「본조편년강목」 찬진 · 1319 안향을 문묘에 모심 · 1322 밀양 영원사 보감국사 묘응탑비 건립 · 1326 「편년강목」을 편찬함 · 1330 안축, 《관동별곡》, 《죽계별곡》 지음 · 1331 사학도감을 둠 · 1336 전영의 공신전을 거두어 본주에게 환급 |

| 세계 | 1311 원, 인종 즉위 · 1312 영국왕 에드워드 3세 출생 · 1313 원, 처음으로 과거 시행 · 1316 일본, 북조고시 집권 · 1317 원, 군현에 의청을 둠 · 1319 이탈리아 탐험가 마젤란, 세계일주 항해 출항 · 1321 이탈리아 시인 단테 사망 · 1324 이탈리아 여행가 마르코 폴로 사망 · 1325 모로코 출신의 대여행가 이븐 바투타, 세계 여행 출발 · 1327 영국 국왕 에드워드 3세 즉위 · 1332 사란세의 역사 철학자 이븐 할둔 출생 · 1336 일본, 남북조시대 시작 |

제27대 충숙왕
충숙의효 忠肅懿孝

    고려의 제27대 국왕 충숙왕(忠肅王)의 이름은 만(卍), 자는 의효(宜孝), 초명은 도(燾), 몽고이름은 아자눌특실리(阿刺訥特失里)이다. 충선왕의 둘째아들로 의비 아수친 소생이다. 1294년 7월에 태어나 5세 때 강릉군 승선사가 되었고 장성한 뒤 강릉대군으로 책봉되었다. 1313년 3월 갑인일 갑작스럽게 충선왕의 양위를 받아 20세의 나이로 보위에 올랐다. 원 조정에서는 충숙왕을 금자광록대부정동행중서성좌승상상주국고려국왕(金紫光祿大夫征東行中書省左丞相上柱國高麗國王)에 책봉하고, 후에 의동삼사부마고려국왕(儀同三司駙馬高麗國王)을 가책했다.

    그때 충선왕은 양위와 함께 이복형 왕자의 아들 연안군 왕고를 세자로 책봉하여 장차 왕위 분쟁을 조장했다. 본래 충선왕의 후계자로는 충숙왕의 형 왕감이 예정되어 있었지만 그는 신료들의 양위 책동에 휘말려 죽임을 당했다. 하지만 계속되는 고려 중신들의 귀국 종용과 원의 압력에 지친 충선왕이 둘째아들인 그에게 왕위를 내던지다시피 물려준 것이었다. 그처럼 충숙왕이 아무 준비 없이 왕위에 오른 데다 실권은 충선왕이 행사함으로써 고려 조정은 또 다시 파행을 겪어야 했다.

재위하는 동안 한 번도 귀국하지 않았던 충선왕은 충숙왕에게 양위하면서 개경에 들어와 각도의 결재서류를 자신이 처리하는 등 월권을 행했다. 그는 또 언양군 김문연을 원에 보내 세자 왕고를 독로화로 삼게 함으로써 심양에 계속 머물 수 있게 해주었다.

일찍이 충선왕은 고려 국왕으로 재임하면서 108만 명의 승려에게 음식을 먹이고 108만 개의 등불을 밝히겠다고 부처에게 서원한 바 있었다. 그 약속을 지키기 위해 충선왕은 그해 10월 만승회를 열어 승려 2천 명에게 음식을 대접하고 연경궁에서 2천 개의 연등을 5일 동안 밝혔고, 이듬해까지 쉬지 않고 같은 행사를 반복함으로써 고려의 재정을 크게 악화시켰다. 그와 함께 왕은 자신이 불교를 널리 신봉하고 이를 유지했으므로 국가가 태평하다는 내용이 포함된 공덕 10여 조목을 척어 식목도감에 보내고 그들로 하여금 전문을 올려 축하하게 했다.

충선왕은 또 궁궐을 중수하게 하고, 민지와 권보로 하여금 태조로부터 원종에 이르는 역대 왕들의 실록을 7권으로 축약한 「본국편년강목」을 편찬케 하는 등 고려 왕실의 권위를 세웠다. 실권이 없었던 충숙왕은 그와 같은 상왕의 일방적인 조치를 방관할 수밖에 없었다.

그 무렵 고려는 원을 통해 중국의 고급문화를 아무 장애 없이 받아들이고 있었다. 성리학의 발흥과 함께 충숙왕 원년에는 성균제거사에서 강남에 관리를 파견해 서적 1만 800권을 구입했고, 원의 황제도 고려에 서적 4,371책 1만 3천권을 보내주었다.

내정의 혼란과 복국장공주의 죽음

1314년 1월 충선왕이 원으로 돌아가자 충숙왕은 비로소 왕권을 행사할 수 있었다. 충숙왕은 즉위한 1313년 8월 임오일 익성군 홍규의 딸 공원왕후 홍씨를 비로 맞이했는데, 1315년 1월 정묘일에 왕자 왕정이 출생했다. 1315년 1월 무오일 원에서 사신을 보내 고려의 귀족과 천민들의 복색을 지정해 주었다.

그 무렵 충선왕으로부터 심왕의 지위를 물려받은 세자 왕고가 세력을 확대하면서 충숙왕에게 큰 부담을 안겨주었다. 충숙왕은 왕고의 형 왕유를 단양부원대군으로, 동생 왕훈을 연덕부원대군으로 책봉하면서 타협의 손길을 내밀었지만 별다른 효과를 거두지 못했다. 그런 상황에서 충숙왕은 왕고에 필적할 만한 배경을 갖기 위해 원의 공주와 혼인을 서둘렀다.

1316년 2월 충숙왕은 원에서 영왕 에센티무르(也先帖木兒)의 딸 복국장공주와 혼인하여 원 황실의 부마가 되었다. 하지만 충숙왕과 복국장공주와의 관계는 별로 좋지 않았다. 충숙왕은 매우 깔끔한 성격이어서 한 달에 10여 동의 향과 60여 필의 수건을 쓸 정도의 목욕광이었다. 그런데 몽고여인인 복국장공주는 그런 충숙왕의 결벽증을 만족시킬 만큼 깔끔하지 않았던 것이다. 게다가 복국장공주가 총애하던 공원왕후 홍씨를 대궐에서 쫓아내자 충숙왕은 수시로 복국장공주와 다투었고, 그 와중에 주먹을 휘두르기도 했다.

그럼에도 불구하고 충숙왕은 나름대로 활발하게 국정을 운영해 나갔다. 1318년 제주의 백성 사용과 김성이 반란을 일으켜 성주 왕자를 축출하자 충숙왕은 검교평리 송영을 제주에 파견했는데 반적들이 먼저 괴수 2명을 죽이고 항복해 왔다. 그러자 왕은 송영을 제주목사로 임명한 다음 반란의 빌미를 제공한 대호군 장공윤과 제주부사 장윤화를 각각 자연도와 영흥도로 귀양 보냈다.

충숙왕은 또 말썽 많았던 주군의 사심관을 혁파하는 강수를 두었다. 그러자 핍박받던 백성들이 환호성을 질렀지만 얼마 후 지방의 토호들이 사심관을 자처하여 탐오를 일삼는 바람에 피해가 이전보다 훨씬 커졌다. 1319년 9월, 충숙왕은 각 주현의 사심관이 부당하게 점유한 토지와 노비 등을 몰수했는데, 그 총 규모가 양민 2,360호, 노비 137명, 토지 19,789결, 사전 1,227결,

위전 315결이었다. 당시 사심관의 폐해가 얼마나 극심했는지를 알 수 있는 기록이다.

그해 5월에는 사헌집의 김천일을 경상, 전라, 충청도에, 지평 장원조를 서북면에 파견해 백성들을 보살피고 관리들을 감찰하게 했다. 그러나 김천일이 현지 관리들과 짜고 사욕을 채우자 형장을 치고 파면했다. 장원조는 상왕을 시종하던 재상 김이의 횡령사실을 들춰냈다가 무고죄를 뒤집어쓰고 인월도로 유배되었다.

그달에 왕비 복국장공주가 의문의 죽음을 당했다. 원에서는 그녀의 사인에 의혹을 품고 선사 이상지를 파견해 내막을 알아보게 했다. 개경에 들어온 이상지는 복국장공주의 궁녀들과 요리사 한만복을 잡아 엄중하게 심문했다. 그때 한만복은 1318년 8월 왕이 연경궁에서 충숙왕이 덕비 홍씨와 함께 있는 것을 본 복국장공주가 투기를 하다 왕에게 맞아 코피를 흘린 적이 있으며, 9월에는 유련사에서도 비슷한 일이 있었다고 자백했다. 공주의 죽음에 왕이 관련되어 있음을 짐작한 이상지는 본국 조정의 판단을 구하기 위해 호라적 출신 궁녀 1명과 한만복을 원으로 압송했다.

궁지에 몰린 충숙왕은 백원항, 박효수 등으로 하여금 원의 중서성에 한만복이 심한 고문에 못 이겨 거짓 자백을 했다는 공문을 보내게 했다. 그로 인해 원에서는 충숙왕에게 더욱 의심을 품었지만 양국 간의 관계를 우려해 더 이상 추궁하지 않았다. 그때부터 마음이 불안해진 충숙왕은 주색에 빠져들었고 시중드는 기생에게 돈을 마구 뿌려댔다. 그로 인해 왕실의 금고가 바닥나자 내서사 안균을 경상도에 파견하여 세금을 거둬오게 했고, 술에 취해 재상인 밀직부사 윤신걸을 때리기까지 했다.

백응구 사건과 입성책동

1320년 6월 원의 인종이 승하하고 황태자인 시디발라(孛兒只斤碩德八

剌)가 5대 황제로 즉위했으니, 그가 영종이다. 본래 인종은 형 무종 카이산의 자식을 후계자로 삼기로 약속했지만 권력을 쥐고 있던 태후 다기가 인종 사후 그들을 모두 귀양 보낸 다음 시디발라를 옹립했던 것이다. 그로 인해 카이산 추종세력들이 된서리를 맞았다.

영종의 신임을 받고 있던 심왕 왕고는 고려의 왕권을 노리고 충숙왕의 행패와 실정을 일러바쳤다. 공교롭게도 그 와중에 백응구 사건이 발생해 충숙왕을 궁지로 몰아넣었다. 사복정 백응구는 원에서 충선왕을 수행하던 인물로 심왕부의 사무를 주관했는데 갑자기 금고를 털어 고려로 도주했다. 왕고의 고변으로 그 일을 알게 된 영종은 원외랑 아도랄을 파견해 그를 체포하게 하고 충숙왕에게 협조를 명했다. 그러나 고려에서 백응구 체포에 실패하자 왕고는 충숙왕이 황제의 조서를 찢어버렸다고 무고했다. 분노한 영종은 1321년 3월 충숙왕의 옥새를 회수하고 원으로 불러들였다. 어쩔 수 없이 왕유에게 서무를 맡기고 연경으로 간 충숙왕은 그곳에서 3년여 동안 붙잡혀 있어야 했다.

그 사이 원에서는 한림대제 사적을 파견해 사건의 진상을 알아보게 했다. 고려에 도착한 사적은 식목도감 녹사 이윤함을 국문하고 조서를 넘겨받았던 이윤함, 안규, 서윤공 등을 고문했지만 충숙왕이 조서를 찢었다는 자백은 얻어내지 못했다. 그때 왕고는 심복 박구를 고려에 보내 재상들을 협박하여 충숙왕의 실정을 알리는 편지를 쓰게 하는 한편 충숙왕의 측근인 환윤전, 김성만, 이공, 강려 등을 귀양 보내게 했다. 그와 같은 왕고의 월권을 보다 못한 허유전과 민지가 원에 들어가 충숙왕의 귀국을 요청했지만 거절당했고, 1322년 경사만 등이 다시 귀국을 요청했지만 역시 무산되었다. 그 때문에 고려는 3년 동안 국왕의 궐위 상황이 지속되었다.

그 무렵 심왕 왕고는 원 황실의 실력자인 양왕의 딸의 결혼함으로써 정치적 입지를 강화했다. 양왕은 충선왕 비 계국대장공주의 오빠였다. 그와 함께 영종이 충선왕을 토번으로 귀양 보내자 그를 따르던 유청신, 오잠, 조연수 등이 심왕파로 변신하여 충숙왕을 압박했다. 특히 고려 출신 환관 양안길은 황제 영종을 부추겨 고려국왕의 교체를 요구하기도 했다.

1322년 8월 병술일 전 찬성사 권한공과 조적, 채하중 등이 자운사에 백관들을 모아놓고 충숙왕을 비방하는 문서에 서명을 강요했지만 윤선좌, 민종유, 김륜 등이 강력히 저지하고 나섰다. 그러자 왕고파는 경사만, 김인윤, 김지경 등 중신들을 순군에 가두고 남은 사람들에게 서명을 받은 다음 원의 중서성과 한림원에 제출했다. 그와 함께 유청신, 오잠 등은 원 조정에 고려의 국호를 폐하고 성을 설치해 달라는 소위 입성책동을 도모했다.

그 무렵 제주 백성 1천여 명이 만호 임숙의 학정에 반발해 그의 처벌을 요구하는 상소를 올렸고, 전라도에서는 왜구가 침입해 노략질을 일삼았다. 고려 조정에서는 임숙을 파면하고 박순인을 후임으로 임명하는 한편, 송기로 하여금 왜구를 정벌하게 했다.

충숙왕의 반격

고려에서는 충숙왕의 궐위로 국정의 난맥상이 이어지는 가운데 1322년 8월 원에서는 어사대부 테그시가 반란을 일으켜 영종을 살해하고 진왕 가말라의 아들 진왕 예순테무르(孛兒只斤也孫鐵木兒)가 6대 황제로 옹립했다. 그는 재위 시절 태정제로 불렸고, 사후에 진종이란 묘호가 붙여졌다. 그때 태정제는 군대를 연경에 파견해 자신을 옹립한 반란군을 소탕한 다음 대도에 입성했다.

태정제는 즉위하자마자 토번에 유배 중이던 매부 충선왕을 불러들이고 충숙왕도 고려에 돌려보냈다. 1324년 2월, 3년여 만에 권좌에 복귀한 충숙왕은 곧 왕고의 동생 연덕대군 왕훈을 위사 김영장의 처와 간음했다는 죄목으로 체포해 순군부[152]에 가두었다. 하지만 왕고가 강력히 항의하자 충숙왕은 그를 석방해 원으로 보냈다. 그때부터 충숙왕과 심왕 왕고는 본격적인 왕권 다툼을 개시했다.

그해 3월 상왕 충선왕은 오위 방련과 내시 방원을 붙잡아 형구를 씌워 고려로 압송했다. 두 사람은 충선왕이 토번에 있을 때 호종이 어렵다는 이유로 왕을 암살하려 했고, 왕의 숙소에 불까지 지른 죗값을 치른 것이었다. 당시 원 내부에서 권력을 회복한 충선왕은 심왕 측의 입성책동에 분개하면서 태정제에게 고려의 체제 유지를 요청했다. 그러자 태정제는 그의 요청을 수락하면서 고려 국왕으로 복귀하라고 권했지만 거절했다.

심왕 왕고와 경쟁하면서 새삼 자신의 입지에 한계를 느낀 충숙왕은 8월 무오일, 원 위왕 에무게(阿木哥)의 딸 조국장공주와 결혼함으로써 자신의 입지를 강화했다. 하지만 조국장공주는 이듬해인 1325년 10월 남경의 용산행궁에서 용산원자를 낳은 다음 18세의 어린 나이로 죽고 말았다. 그로 인해 충숙왕은 또 다시 위기에 봉착했다.

1326년 7월 충숙왕은 교서를 발표해 입성책동을 분쇄하는 데 공을 세운 찬성사 김이, 전영보, 감천군, 선언, 평리 윤석, 지밀직사사 이능간, 밀직부사 박중인, 좌상시 윤신계, 상호군 최안도, 중랑장 손수경 등을 1등공신에 봉하고 토지와 노비를 하사했다.

1328년 2월에는 세자 왕정을 원에 보내 숙위하게 하고 좌상시 윤신걸을 보내 공녀를 바쳤다. 4월 원에서 돌아온 이자성이 황제가 고려의 화평군 김심의 딸 달마실리를 황후로 책봉했다고 보고했다. 하지만 달마실리 황후에 대한 기록이 전해지지 않아 자세한 내막은 알 수 없다.

그 무렵 심왕파인 유청신과 오잠은 원 중서성에 가서 충숙왕이 눈이 멀고 귀가 먹은 벙어리가 되어 친히 정사를 돌볼 수 없는 상태라고 보고했다. 그들은 또 과거 충선왕이 인종 황제에게 청해 왕도를 고려국왕으로 왕고를 세자로 책봉했는데 영종 황제 대에 왕도와 임바얀투구스가 공모해 김이로 하여금 상왕을 꾀어 왕고의 세자인을 훔쳐갔으며, 상왕이 지급했던 왕고의 토지와 사택, 심왕파 신료 140며 명의 토지와 사택을 강탈했다고 참소했다. 그러자 태정제는 7월 평장정사 매려와 사인 역특미실불화를 고려에 파견하여 진상을 파악하게 했다. 그때 심왕파인 홍례군 박중인, 조유, 조운경, 상호군 고자영 등이 동행했다.

그때 충숙왕은 매려를 만나 유청신과 오잠의 무고 사실을 확인시켜주었고, 왕고가 심왕 직에 있는 이상 고려 세자를 겸할 수 없다고 설득했다. 두 가지 왕 직을 겸하는 것은 불가하다는 것이었다. 또 유청신 등의 토지와 사택을 몰수한 것은 백성들로부터 부당하게 탈취한 것을 되돌려준 것이라고 설명했다. 그와 같은 충숙왕의 조리 있는 응답에 매려는 할 말을 잃었다. 결국 매려는 충숙왕이 무고하다고 본국에 보고했고 왕고파 일당들은 원으로 소환되었다. 충숙왕은 곧 왕고를 지지하던 조식, 김온, 권하, 전굉 등을 순군옥에 가두었다가 귀양 보내는 등 왕권 강화에 박차를 가했다. 그때부터 왕고는 더 이상 충숙왕을 압박하지 못했다.

원 황실의 분란과 순제의 등장

1328년 7월 태정제가 상도에서 36세의 나이로 갑자기 사망하자 무종 카이산의 심복이었던 킵차크 부족의 지도자 엘테무르가 무종의 아들 투그테무르를 옹립했다. 그리하여 9월 대도에서 황제로 즉위한 투그테무르는 형 쿠살라(孛兒只斤和世剌)가 차가타이한국에서 돌아오면 양위하겠다고 선언했다. 그런데 상도에서 이란계 무슬림 우승상 다우랏 샤가 태정제의 황태자 라기바그(孛兒只斤阿速吉八)를 옹립했다. 그가 7대 황제 천순제이다. 그러자 심왕 왕고의 장인 양왕은 라기바그 진영에 가담했다.

그로 인해 원에서는 대도와 상도를 거점으로 하는 두 황제의 내전이 발생했다. 대도의 관문인 거용관에서 엘테무르가 상도의 군사를 격파했는데 양왕도 이때 전사했다. 10월 카사르 가문의 제왕 우룩테무르가 상도를 포위하면서 내전은 투그테무르의 승리로 끝났다. 1329년 1월 쿠살라가 카라코룸에서 즉위했는데, 그가 8대 황제 명종이다. 4월에 엘테무르가 문무백관을 거느리고 찾아가 옥새를 바치자 쿠살라는 그를 황태자로 삼았다.

8월 1일 쿠살라가 상도에 가까운 옹구차투에 도착해 토그테무르와 만났는데 나흘 만인 6일 쿠살라가 갑자기 죽었다. 그와 함께 투그테무르가 즉위하니 그가 9대 황제 문종이다. 그러자 충숙왕은 사신을 보내 문종의 즉위를 축하하면서 자신의 하야를 청했다.

1330년 2월 충숙왕은 세자 왕정에게 선위하고 상왕으로 물러앉았다가 그해 7월 원에 가서 부마 상주국 일수왕의 칭호를 받았다. 충숙왕은 이때 원의 황족인 경화공주와 혼인했다. 1331년 원에 복무하던 고려인 주테무르와 조고이가 요양행성과 고려가 공모하여 토곤테무르를 태자로 옹립하려 한다고 무고했다. 그러자 문종은 대청도에 유배 중이던 토곤테무르를 소환해 정강으로 유배했다. 그와 함께 1332년 1월 충혜왕을 폐위시키고 충숙왕을 복위시켰다.

문종은 치세 3년 만인 8월, 29세의 나이로 사망하면서 토곤테무르를 후계자로 삼으라고 유언했다. 하지만 엘테무르는 7세에 불과한 명종 쿠살라의 둘째아들 린친발(孛兒只斤懿璘質班)을 즉위시켰는데 그가 10대 황제 영종이다. 하지만 영종이 불과 43일 만에 죽자 엘 테무르는 다시 문종의 아들 엘테크시를 옹립하려 했지만 문종의 황후 보타시리는 엘테크시가 어리다는 이유로 그의 제안을 거절했다. 엘테무르는 하는 수 없이 기와르기스를 정강으로 보내 영종의 형 토곤테무르(孛兒只斤妥懽帖睦爾)를 대도로 불렀다. 그러자 변량에 있던 바얀이 달려와 그를 호위했다. 얼마 후 쇠약해진 엘테무르가 사망하자 토곤테무르가 1333년 6월 제위에 올랐으니, 그가 11대 황제 순제이다. 순제의 등극과 함께 13년 동안 7명의 황제가 교체된 원의 이상사태가 종식되었다.

순제는 즉위한 지 두 달 만에 엘테무르의 딸 타나시리를 황후로 맞이했다. 또 12월에는 숙모 보타시리 황후를 태황태후로 봉하고 휘정원을 설치했다. 그때 휘정원사로 복무하던 고려인 환관 투만아르가 고려인 궁녀 기씨를 순제에게 시중들게 했다. 그러자 순제는 미모가 빼어난 기씨를 몹시 총애해 황후의 질투심을 불러일으켰다.

1335년 6월 30일 바얀(伯顔)은 엘테무르의 아들 탄키시와 타라하이를 역모험의로 죽이고, 타나시리 황후도 유폐했다. 그때 바얀의 조카인 동지추밀원사 톡토가 군대를 이끌었다. 7월에 우승상이 된 바얀은 타나시리 황후를 독살했다. 그러자 순제가 기씨를 황후로 책봉하려 했지만 바얀의 반대로 무산되었다. 한족을 몹시 미워했던 바얀은 장, 왕, 유, 이, 조씨를 모두 죽이자고 제안하기도 했고, 중국의 전통적 인재 등용제도인 과거도 폐지했다. 1337년 3월 순제는 바얀의 강요로 바얀후투그를 황후로 맞이했다.

충숙왕의 재기와 최후

그 무렵 정치일선에 복귀한 충숙왕은 민상정과 조염휘를 고려에 파견해 재상 윤석, 손기, 김지경, 배전, 오자군, 강서 등을 유배형에 처한 다음 경화공주와 함께 1333년 3월 귀국했다. 심왕 왕고는 이제 더 이상 충숙왕의 상대가 아니었다. 그 후 충숙왕은 원의 순제에게 무리한 세공을 삭감하고 공녀와 환자의 선발을 중지하도록 청원하는 등의 업적을 남기기도 했지만 사냥과 유흥에 집착해 정사를 돌보지 않았다. 게다가 대인기피증이 심해져 신하는 물론이고 원 사신들까지도 만나지 않았다.

1335년 9월 원의 사신 흑시가 온다는 소식을 들은 충숙왕은 홀로 해주를 출발해 국청사로 갔다. 그때 국왕을 몰래 뒤따라가던 이서가 벌을 받았다. 이튿날 백관들이 영빈관에서 사신을 맞이하려는데 왕이 사람을 시켜 모두 쫓아내기까지 했다. 11월에는 왕이 꿈을 꾸고 나서 이름 도(燾)를 만(卍)으로 고치고 전리사에 게시문을 붙여 그 사실을 공포했다.

1338년 6월 고려에서는 연일 대지진이 일어났다. 충숙왕은 천기가 심상치 않자 금주령을 내리고 근신했지만 7월 들어 폭풍까지 닥쳐 농작물을 휩쓸자 백성들의 고통이 심화되었다. 그런 와중에 원에서 실리미를 보내 환관과 숫처녀, 군마를 공물로 요구하자 충숙왕은 병을 핑계로 그를 피했다. 1339년 3월 계미일에 병이 악화된 충숙왕은 충혜왕에게 왕위를 계승하라는 유언을 남기고 재위 25년 만에 46세를 일기로 세상을 떠났다. 시호는 충숙의효(忠肅懿孝), 능호는 의릉(懿陵)이다.

충숙왕의 가족

충숙왕은 복국장공주, 공원왕후 홍씨, 조국장공주, 경화공주, 수비 권씨 등 5명의 부인으로부터 3명의 아들을 얻었다. 공원왕후 홍씨가 충혜왕과 공민왕, 조국장공주가 용산원자를 낳았다.

제1비 복국장공주는 원 영왕 에센티무르의 딸로 1316년 7월 충숙왕과 혼인했다. 당시 충숙왕은 덕비 홍씨를 총애했고 둘 사이에 아들 왕정도 있었다. 그 때문에 복국장공주는 심하게 투기하다가 충숙왕에게 구타를 당하기도 했다. 1319년 그녀가 갑자기 죽자 원 중서성에서 파견한 선사 이상지가 궁녀 호라적 여자와 요리사 한만복을 심문해 충숙왕의 구타 사실을 밝혀냈다. 그때 충숙왕은 백원항, 박효수를 원에 파견해 한만복의 거짓을 항변해 위기를 모면했다. 1343년 복국장공주로 추봉되었다.

제2비 공원왕후 홍씨는 남양 출신으로 부원군 홍규의 둘째 딸이다. 홍규의 첫째 딸은 충선왕의 부인 순화원비이다. 홍비는 입궁하자마자 덕비에 책봉되었고 1315년 아들 왕정을 낳았다. 그러나 1316년 충숙왕이 복국장공주와 혼인하자 대궐에서 쫓겨나 종실 정안공의 집에서 살았다. 그녀를 잊지 못한 충숙왕이 밀회를 즐기자 복국장공주가 질투 끝에 화병으로 1319년 요절했다. 1330년 공원왕후는 둘째아들 왕기를 낳았다. 그해 왕위를 세자에게 물려준 충숙왕은 정만길, 강융, 김원상의 참소로 인해 그녀를 고향으로 추방했지만 1332년 복위하면서 그녀를 다시 대궐로 불러들이고 거처를 덕경부로 격상시켰다. 덕경부는 1351년 공민왕이 즉위한 뒤에는 문예부로 개칭되었다.

공원왕후는 공민왕의 개혁정책을 반대하고 신돈을 미워했다. 1371년 공민왕이 유탁을 신돈의 추종자로 몰아 죽이려 하자 그를 구명하는 과정에서 모자간에 사이가 극도로 나빠졌다. 1372년 공민왕은 그녀가 병석에 눕자 숭경왕태후라는 존호를 올리고 문예부를 숭경부로 개칭하면서 화해 무드로 바뀌었다. 하지만 공민왕이 왕우를 세자로 책봉하려 하자 홍씨는 그가 신돈의 자식이라며 반대했고 왕릉공사도 반대하는 등 모자간에 대립이 지속되었다. 공민왕이 피살된 후 그녀는 왕우 대신 종실의 인물을 옹립하려다 실패했다. 1380년 1월 83세를 일기로 세상을 떠났다. 능호는 영릉이다. 훗날 명덕태후로 추존되었다.

제3비 조국장공주의 이름은 금동(金童)이었으므로 금동공주로 불리기도 한다. 그녀는 원 순종[153] 다루마바라의 아들인 위왕 에무게(阿木哥)의 딸로, 원 세조 쿠빌라이의 고손녀이기도 하다. 1324년(충숙왕 11) 원에 들어와 있던 14세 연상의 충숙왕과 혼인했다. 이듬해인 1325년(충숙왕 12)에 남편을 따라 고려에 들어왔다. 그 해 10월에 충숙왕을 따라 한양의 용산에 갔다가 아들 용산원자를 낳았는데 산욕을 이기지 못하고 18세의 어린 나이로 세상을 떠났다. 공민왕의 정비 노국대장공주는 에무게의 손녀였으므로 조국장공주는 그녀의 고모였다. 그녀가 낳은 용산원자는 원에 갔다가 1341년 17세로 요절했다. 1343년 조국장공주로 추봉되었다.

제4비 경화공주는 몽고인으로 이름은 바얀후투그(伯顔忽都)이다. 충숙왕이 원에 머물던 1330년 혼인했고, 1334년 함께 고려에 들어왔다. 1337년 경화공주에 봉해졌다. 그녀는 1339년 충숙왕이 죽은 뒤 충혜왕에게 강간을 당하자 1343년 원 사신 두린에게 사실을 고해바침으로써 충혜왕을 하야시키는 데 결정적인 단서를 제공했다. 그때부터 고려의 실권을 움켜쥔 그녀는 또 찬성사 정천기를 정동성에 감금하고 김지겸에게 업무를 맡겼다. 1344년 충혜왕이 귀양길에 죽었는데 그녀 역시 그해에 세상을 떠났다. 1367년 숙공휘령공주로 추봉되었다.

제5비 수비 권씨는 복주 출신의 좌상시 권형의 딸이다. 본래 밀직상의 전신의 며느리였던 그녀는 이혼을 원했지만 남편의 거부로 벽에 부딪쳤다. 그때 권형이 1336년 충숙왕의 내지를 받아 이혼시킨 다음 딸을 왕에게 바쳤다. 이 사건은 고려 시대에 부인이 남편에게 이혼을 요구한 유일한 사례로 기록되었다. 충숙왕은 권씨에게 수비 칭호를 주고 총애했는데 그의 사후 충혜왕이 그녀를 강간하자 충격을 받아 1340년 4월 세상을 떠났다.

농장의 확산과 폐해

고려 후기에 권문세족들은 막대한 농장을 통해 경제적 기반을 강화했다. 농장은 왕실·귀족·고급 관료·사원 등 권력자들이 지배한 사적인 대토지를 말한다. 전장·전원·장원·별서·별업 등으로 불리기도 했다. 그와 같은 대토지를 농장이라고 칭하는 것은 전시과 체제와 달리 면세, 면역의 특권을 누렸기 때문이다.

고려의 토지제도인 전시과 체제는 12세기 초엽 이자겸을 비롯한 문벌귀족들의 토지 겸병으로 인해 동요했는데, 무신 정권기에 무신들이 남의 토지를 탈취하고 대토지를 겸병함으로써 완전히 붕괴되었다. 원종은 개경 환도 후 1271년(원종 12) 전시과를 대신하는 녹과전(祿科田)[154]을 제정해 경기 8현의 땅을 지급했지만 농장의 폐단은 시정되지 않았다.

농장의 확대는 여러 가지 경로가 있지만 불법적인 탈점과 개간이 대표적이었다. 권력자들은 가혹한 수탈을 통해 농민들을 권문세족의 전호가 되게 하여 땅을 빼앗았다. 또 불법 개간한 토지는 국왕의 사패(賜牌)[155]를 받아 공신전으로 등록함으로써 면세 특권을 얻어냈다. 이와 같은 권력자들의 횡포는 최충헌 집권 당시부터 심각한 사회 문제로 대두했다.

농장의 규모는 대체로 30~40결 정도의 비교적 규모가 작은 것도 있었지만 '미주과군(彌州跨郡)'이니 '표이산천(標以山川)' 식으로 표현될 만큼 그 면적이 광대해져서 몇 개의 촌락이 몽땅 한 덩어리로 농장이 되거나, 혹은 하나의 촌락이 촌락 단위로 농장이 되기도 했다.

농장에는 지배의 거점으로서 장사(莊舍)가 설치되어 있었고, 여기에는 장주·장두·간사 등의 노복이 상주하면서 농장의 경영·관리에 관한 일을 맡아 개경에 있는 농장주의 대리인 구실을 했다. 농장 안에는 경작노동을 담당하는 많은 양인 전호(佃戶)가 있었다. 경작노동은 노비가 맡을 경우도 있고, 양인의 전호가 맡을 경우도 있었는데, 양인 전호일 경우에도 억량위천·압량위천 등의 방법으로 노비가 되었다. 당시 농장주가 지배하는 사노비에 대하여는 국가의 공적인 세역이 면제되어 공과의 부담이 없었기 때문이다.

농장을 비롯하여 대토지가 집적된 사유지 안에서 노동하는 전호를 당시에는 '처간(處干)'이라고 불렀다. '처간'은 '곳한'의 이두식 표현인데 소작인이라는 뜻이다. 본래 처간은 남의 토지를 소작해서 지대를 부담하는 단순한 전호였는데, 뒤에는 국가에 바쳐야 할 용(庸)·조(調)마저 포탈하여 농장주의 사적 예속민처럼 되어버렸으므로 공민이라는 성격을 잃었다

농장의 확대 과정에서 권력자들의 전호들에 대한 독점적 지배가 강화되는 한편, 양천의 신분 관계가 급속히 문란해져서 큰 사회적 혼란을 야기했고 국가 재정의 궁핍과 연결되어 정치적 파국을 초래했다.

충렬왕 대의 전민변정도감과 홍자번이 건의한 '편민 18사', 충선왕 대의 재정개혁, 충숙왕 대의 찰리변위도감, 충목왕 대의 정치도감, 공민왕 대의 전민변정도감은 바로 농장을 혁파하고 토지제도를 정상화하기 위한 노력이었지만 원을 등에 업은 권문세족의 저항으로 번번이 좌절되었다. 그와 같은 농장의 폐단은 공양왕 대에 이르러서야 무력을 바탕으로 한 신흥사대부들의 사전개혁으로 고삐가 잡혔다.

국내
- 1340 충혜왕 복위 됨
- 1341 이존오 출생
- 1342 이제현, 「역옹패설」 지음
- 1343 문신 이조년 사망
- 1345 정방을 다시 둠
- 1346 승려 보우, 원에 유학
- 1347 정치도감 설치
- 1348 진제도감을 두어 굶주린 사람에게 죽을 나누어 줌
- 1350 왜구 20척이 합포에 침입
- 1351 왜선 1300여척 경기지방을 노략질

세계
- 1341 영국 의회, 상·하원으로 분리
- 1342 스코틀랜드 독립
- 1345 일본 북조, 정화(貞和)로 개원
- 1347 유럽에 흑사병 유행
- 1348 유럽, 페스트 유행. 농촌인구 격감
- 1348 영국 종교 개혁자 위클리프 사망
- 1349 일본, 북조 숭광친황 즉위
- 1351 원, 홍건적의 난

제28대 충혜왕
충혜헌효 忠惠獻孝

고려의 제28대 국왕 충혜왕(忠惠王)의 이름은 정(禎), 몽고 이름은 보타실리(普塔失里)이다. 충숙왕의 맏아들로 공원왕후 홍씨 소생이다. 1315년 1월에 태어나, 1328년 2월 세자에 책봉된 뒤 원에 가서 숙위했다. 1329년(충숙왕 16) 10월 정치에 흥미를 잃어버린 충숙왕이 황제 문종에게 양위를 청했다. 그러자 1330년 2월 1일 문종은 전서원사 아로위두만태와 객성태사 구주를 시켜 세자 왕정에게 책봉서를 보냈다.

호방한 성격의 세자 왕정은 원에 있을 때 틈만 나면 사냥, 격구, 수희, 각저희, 수박희, 탄환 쏘기 등 놀이와 여색에 탐닉했다. 충숙왕으로부터 국왕의 인을 회수하기 위해 객성부사 칠십견이 고려에 다녀오는 동안에도 평측문 밖에서 6일 동안 매사냥을 즐겼다.

1330년 2월 정미일, 드디어 규장각에서 황제로부터 고려 국왕의 인을 받은 충혜왕은 전 재상 김태현에게 정동행성의 관리를 맡겼다. 또 지인방을 설치한 다음 삼사 우윤 윤지현, 기거주 이담, 도관 정랑 이군해, 전참 김한룡 등에게

임무를 나누어주고 원의 우승상 엔티무르(燕帖木兒)와 유림에서 매사냥을 했다.

3월에는 측근 배전과 주주 등에게 정무를 일임하고 내시들과 씨름을 하는 등 놀이에 열중했다. 그런데 유학자 이담이 사관이 국왕의 행동을 모두 기록한다며 근신을 주청하자 유학자들과 사관을 미워했다. 그런 아들의 행태를 바라보며 충숙왕은 한숨을 내쉬었다. 그달 무인일에 충혜왕은 원의 관서왕 초팔의 장녀 덕령공주와 결혼하여 권력기반은 다졌다. 그러나 충혜왕이 여전히 정사를 외면하자 참다못한 충숙왕은 정동행성을 맡고 있던 김태현과 윤석, 원충 등을 하옥하고 정방길에게 정동행성을 맡겼다.

입성책동의 무산

1330년 5월 기미일에 황제 문종은 연일 음주와 사냥에 빠져 있는 충혜왕에게 귀국령을 내렸다. 그런데 낭장 김천우가 놀라운 소식을 가져왔다. 전 정동행성 좌우사낭중 장백상의 건의에 따라 원 조정에서 고려에 성(省)을 설치할 것이라는 내용이었다. 그러자 충혜왕은 엔티무르에게 서한을 보내 장백상의 간교한 말에 속지 말고 고려가 스스로 풍속을 지키고 조상 대대로 물려온 유업을 편안히 계승케 해달라고 요청했다. 엔티무르는 평소 절친했던 충혜왕의 요청을 쾌히 받아들였다. 그리하여 장백상 일파의 입성책동은 무산되었다. 그렇듯 원 내부에서 정치적 승리를 거둔 충혜왕은 8월 들어 원 한림학사 아탑대, 호부낭중 독련, 선사 맹사태 등의 호위를 받으며 고려로 들어가 강안전에서 정식 즉위절차를 마쳤다.

충혜왕은 그렇듯 보위에 올랐지만 정사에는 무관심했다. 측근인 중랑장 한불화가 왕명을 위조해 죄수를 풀어주어도 모른 체했고, 전리판서 박연이 모친 상중에 결혼했지만 책망하지 않았다. 오히려 승려가 환관의 노예로서 사족과 대등한 대우를 하면 안 된다고 박연을 공격하자 술을 주어 위로하기까지 했다. 그해에 왕명으로 「충경왕실록」을 편찬하게 했다.

그해 7월 원에서는 명종 쿠살라의 장남인 11살의 토곤테무르를 대청도에 귀양 보냈다가 12월 추밀원사 윤수곤, 중승 궐간 등을 보내 귀국시켰다. 이듬해인 1332년 1월에는 요양과 고려가 공모해 토곤테무르를 옹립하려 한다고 무고했던 주티무르와 조고이를 체포했다.

그 무렵 원에서 충혜왕을 후원하던 엔티무르가 죽고 승상 바얀이 정권을 잡았다. 바얀은 충혜왕이 엔티무르의 자식들과 함께 회족 소년들과 어울리고 회족 여자를 사랑하여 숙위에 결근한다는 이유로 그를 발피(撥皮), 곧 망종이라 비난하면서 끊임없이 황제에게 고려국왕의 교체를 주청했다. 결국 황제는 2년 뒤인 1332년 2월 장백상을 파견해 충혜왕을 폐위하고 연경으로 소환했다.

1336년 12월 충숙왕은 고려에 돌아온 충혜왕을 바얀처럼 발피라고 부르며 건달 취급했지만 혈연의 정 때문이었는지 1339년 3월 세상을 떠나면서 그에게 권좌를 물려주었다. 그때 전 평리 이규를 통해 연락을 받은 원 승상 바얀이 그의 행실을 문제 삼아 심양왕 왕고를 고려 국왕으로 삼아야 한다고 황제에게 상소했다. 때문에 충혜왕은 한동안 책봉 문서를 받지 못했지만 원 황실에서 충숙왕의 유지를 존중함으로써 그는 고려 국왕으로 인정받을 수 있었다.

충혜왕의 엽색행각과 조적의 난

충숙왕의 승하와 함께 고려 땅에서 더 이상 눈치 볼 사람이 없게 된 충혜왕은 타고 난 방탕한 행동에 패륜을 더했다. 1339년 5월 부왕의 후비인 수비 권씨를 강간했다. 수치심을 이기지 못한 수비 권씨는 이듬해 스스로 목숨을 끊었다. 충혜왕은 또 수하 구천우와 강윤충과 함께 유성의 집에 가서 그의 아내를 겁탈했고, 장인 홍탁의 후처인 황씨와도 간음했다.

충혜왕은 성적 흥분을 위해 정력제를 복용했는데 무차별한 여성편력으로 인해 임질에 걸렸다. 그래서 황씨가 임질에 감염되자 의술에 능한 승려 복산을 시켜 치료하게 했다. 과거 충숙왕은 남씨라는 미녀를 강간하고 노영서라는 심복에게 주었는데, 충혜왕 역시 그녀를 강간하고 노영서에게 돌려주기까지 했다. 그와 같은 충혜왕의 엽색행각이 전국에 파다하게 퍼지자 의주와 정주 고을의 딸 가진 사람들은 압록강 건너편으로 이사하기까지 했다.

그런 이유 때문이었는지는 몰라도 8월 초 조유 등이 왕궁을 습격해 충혜왕을 죽이려다 위사들에 의해 참살되기도 했다. 충혜왕은 그달에 부왕의 후비인 몽고 출신의 경화공주를 위로한다는 구실로 연안궁에서 향연을 베풀어주었다. 그러자 경화공주는 답례로 자신의 궁에서 향연을 열고 충혜왕을 초대했다. 그때 충혜왕은 일부러 술에 취한 척하다가 갑자기 경화공주를 덮쳤다. 깜짝 놀란 공주가 완강히 저항하자 수하들을 시켜 꼼짝 못하게 한 다음 강간했다. 분개한 공주는 며칠 동안 식음을 전폐하고 있다가 원에 가서 충혜왕을 고발하려 했다. 그러자 충혜왕은 말 시장을 폐쇄시켜 그녀가 말을 구하지 못하게 했다.

기실 몽고에는 부친이 사망한 뒤 생모가 아닌 어머니를 아내로 삼는 풍습이 있었다. 때문에 과거 충선왕도 충렬왕의 후비 숙창원비를 취한 적이 있었다. 그렇지만 고려인들의 입장에서 보면 충혜왕의 후궁 겁탈은 도에 지나쳤다.

그때부터 속앓이를 하던 경화공주는 심양왕 왕고의 측근인 조적에게 저간의 사건을 털어놓았다. 그러자 조적은 심양왕을 옹립할 수 있는 절호의 기회라 생각하고 군사를 모았다. 그 무렵 심왕 왕고는 서경에 머물러 있었다. 조적은 영안궁에 백관들을 모아 심왕 추대를 결의하고 평양부의 관리 대부분을 포섭했다. 그 사실을 알게 된 충혜왕은 방을 붙여 조적 일파를 회유했다. 하지만 조적은 민후로 하여금 수레 여러 대를 연결하여 영안궁 문 밖에 늘어놓아 기습에 대비했다.

8월 24일 밤, 조적은 홍빈, 이안, 오운 등과 함께 군사 1백여 명을 이끌고 충혜왕을 습격했다. 그러나 충혜왕이 수백 명의 위사들과 함께 직접 활을 쏘며 역습하자 조적 일파는 금세 수세에 몰렸다. 충혜왕은 도망치는 조적을 추격하다가 이안의 화살에 맞았다. 그 틈에 조적이 영안궁으로 달아났지만 곧 뒤쫓아 온 위사들에게 덜미가 잡혀 참살당했다. 이튿날 충혜왕은 전 대호군 유방세를 서북면으로 보내고 응방의 호르치(忽赤) 60기를 평양부로 보내 심왕 체포에 나섰지만 왕고는 이미 달아나고 없었다.

원의 실력자 바얀의 실각

연경으로 도주한 왕고는 승상 바얀에게 충혜왕의 경화공주 강간행위를 고발했다. 그러자 바얀은 그해 11월 충혜왕에게 국왕의 인을 내린다는 핑계로 중서성 단사관 두린과 직성사인 구통을 개경에 파견했다. 두린 일행은 경화공주로부터 자세한 내막을 전해들은 다음 기회를 엿보다 궁궐을 기습했다. 그리하여 충혜왕을 비롯해 조적의 난에 관련된 홍빈, 한티무르부카, 조운경, 황겸, 백문거, 왕백, 주주, 조영휘, 이안, 한승, 장거재, 배성경 등을 모조리 잡아들여 원으로 압송했다.

충혜왕이 사라지자 경화공주는 강간을 방조했던 찬성사 정천기를 정동행성에 가두는 한편 김지겸을 정동행성 서리, 김자를 제조 도첨의사사로 임명하는 등 조정의 관리들을 대거 교체했다. 그때 충혜왕의 정비인 덕령공주가 옥에 갇혀 있던 정천기를 몰래 석방해 궁중에 숨겨주었다. 이는 두 사람이 내연관계였음을 암시하고 있다.

1340년 3월 원에 끌려간 충혜왕은 형부에 하옥된 다음 중서성, 추밀원, 어사대, 한림원, 종정부 관리들의 공동 심문을 받았다. 비록 제후국의 국왕이지만 그의 위상이 매우 높았음을 말해준다. 그 무렵 좌승상 톡토는 순제와 짜고 한족 억압 정책을 펼치고 있던 우승상 바얀 제거 작전을 펼치고 있었다. 2월 초 바얀이 엘테크시와 함께 유림으로 사냥을 나가자 톡토는 성문을 봉쇄하고 대신들을 소집해 바얀을 우승상 직에서 해임한 다음 하남행성 좌승상으로 좌천시켜 버렸다. 궁지에 몰린 바얀은 은퇴를 청했지만 순제가 받아들이지 않자 하남성으로 가던 중 병사하고 말았다.

당시 바얀 축출에는 왕가노, 시레반 등 기황후의 측근들이 깊이 관련되어 있었다. 목적을 달성한 톡토는 순제에게 청하여 충혜왕을 복위시켰다. 당시 톡토의 아내는 고려인이었고 그의 아우 에센테무르의 아내도 고려인이었다. 거사에 개입한 왕가노의 처도 고려인이었다. 그처럼 고려 여인들의 입김이 원 최고의 권력자였던 바얀을 쓰러뜨린 것이었다.

바얀이 사라지자 순제는 총애하던 기씨를 제2황후로 봉하고 보타시리태후와 아들 엘테크시를 고려에 귀양 보냈다. 엘테크시는 고려로 가는 도중 심양에서 살해되었다. 중국의 문화 전통을 존중했던 톡토는 그 후 우승상이 되어 과거제를 부활시키고 조정에 유학자들을 등용하는 등 적극적인 중화정책을 시행했다.

그해 12월 기황후는 휘정원을 자정원으로 바꾸고 보타시리태후가 긁어모은 엄청난 재물을 관리했으며, 집경로(남경)의 전량을 수입하면서 막대한 재산을 보유하게 되었다. 그때부터 기황후는 제1황후인 바얀후투그를 누르고 원 최고의 권력자로 등장했다.

충혜왕의 복위

1340년 4월 여유만만하게 개경으로 돌아온 충혜왕은 편민조례추변도감을 설치함으로써 권세가들에게 피해를 입은 백성들을 구제했다. 또 상인들에게 시장에 직영 점포를 차리게 하는 등 국가 재정을 충실히 하려 했다. 그와 함께 충혜왕은 의성고, 덕천고, 보흥고에서 포목 4,800필을 시장에 풀었다. 그처럼 국왕이 시장에 직접 개입한 것은 사상 초유의 일이었다. 그것은 마궁신, 임회, 윤장, 임신 등 상인세력과 연계하여 정치자금을 확보하고 정치기반을 안정시키려는 왕권강화책의 일환이었다.

충혜왕은 또 은천옹주를 청을 받아들여 1343년 개경의 삼현에 신궁을 지었는데 곡식과 비단으로 가득 찬 창고가 100칸이 넘었다. 행랑에는 채단을 짜는 여공을 선발해 배치했으며 방아와 맷돌까지 구비했다. 그처럼 신궁은 국왕의 거처라기보다는 비단을 생산하고 곡물을 가공하여 시전에서 처분하기 위한 공장이었다.

한편 충혜왕은 시위부대인 응방을 강화해 사냥과 격구를 즐겼는데, 이는 군사훈련의 성격을 띠고 있었다. 그처럼 충혜왕의 파격적인 국정운영을 통해 왕권을 강화했다. 1343년 7월에는 공신전과 폐쇄된 사찰의 사원전을 내고에 소속시킴으로써 기씨 일문에 타격을 주었다.

여색을 좋아했던 충혜왕은 권세가의 미녀 노비들을 차출해 연경궁의 북쪽에 위치한 내전 북전(北殿)에 소속시켰다. 그곳은 왕비와 후궁들의 생활공간이며 왕의 숙소였다. 그 때문에 고려 사회에서는 충혜왕의 음행을 풍자하는 선정적인 노래 「북전」[156]이 유행하기도 했다.

1341년 충혜왕은 예천군 권한공의 둘째 처 강씨가 미인이라는 소문을 듣자 호군 박이라적을 시켜 데려오게 했다. 그런데 박이라적이 먼저 그녀와 간통한 사실을 알고 두 사람을 직접 때려 죽였다. 윤5월에는 현효도가 충혜왕을 독살하려다 실패하고 죽음을 당했다. 그해 11월 충혜왕은 내시 전자유의 집에 가서 그의 처 이씨를 강간했고, 며칠 뒤에는 자신이 죽인 박이라적의 첩을 강간했다. 이어서 임홍보의 시비와 간음했고, 재상 배전이 원 사신으로 간 사이에 배전의 처와 그의 동생 배금오의 처를 강간했다. 그와 같은 충혜왕의 엽색 행각은 주체 못할 정력에도 원인이 있었던 것으로 보인다. 당시 충혜왕에게 만족을 줄 수 있는 여인은 제4비인 은천옹주 임씨뿐이었다.

그렇듯 국왕이 닥치는 대로 강간을 일삼자 전국에 모방범죄가 들끓었다. 개경의 불량배 세 사람이 밤중에 국왕이라 사칭하고 주부 공보의 처를 강간했다가 체포되어 정동행성에서 처형되는 웃지 못할 사건이 벌어지기도 했다. 또 만포 전찬이 이포공의 처를 강간했다가 유배형에 처해졌다.

1343년 3월 충혜왕은 동교에서 탄환을 발사하며 희롱하자 사람들이 놀라 도망쳤다. 또 내구(內廏)라는 마구간을 짓기 위해 민가 백여 채를 철거하고 담장과 집들을 세웠다. 또 백성들이 토지를 강탈해 내구에 속하게 하고 호군 한범을 시켜 도조를 거둬들이게 했는데 수송하는 수레가 날마다 백여 대가 넘었다.

그해 4월에는 총애하던 승려 학선이 왕명을 빙자해 죄수를 풀어주었다가 충혜왕의 분노를 사 국문 당하고 제주도에 유배되었다. 그는 거문고와 서화에 능했고 의술과 한어, 몽고어에 능통해 충혜왕이 스승으로 삼았던 사람이었다.

그 무렵 충혜왕은 신궁을 장식하기 위해 각도에서 칠을 거두어들였다. 단청의 안료를 수송하는 기간을 어기는 자는 몇 곱의 베를 벌로 내야 했다. 그로 인해 백성들의 원성이 높았지만 감히 간언하는 신하가 없었다. 1343년 7월 원의 사신 실덕은 그와 같은 사실을 알고 분개했다. 농번기에 백성들을 동원하고 엄청난 벌금을 물리는 행위는 어느 나라에도 없는 일이었다. 측근으로부터 그 말을 전해들은 충혜왕은 채하중을 실덕에게 보내 황제에게 보고하지 말아달라고 간청했다.

납치, 독살

1343년 8월, 원에 들어간 기철과 이운, 조익청 등은 충혜왕의 탐음과 부도를 이유로 중서성에 그를 고발했다. 당시 기씨 일문과 충혜왕의 관계는 최악이었다. 과거 1340년 11월에 충혜왕은 내시 전자유의 부인 이씨를 강간한 적이 있었는데, 이씨는 기철의 동생 기륜의 인척이었다. 당시 분개한 기륜이 궁에 들어가 충혜왕의 내관 임신을 구타했다. 그러자 충혜왕은 임신의 편을 들며 기륜의 집을 허물어버렸다. 그와 같은 왕의 행패는 기황후의 분노를 사기에 충분했다.

당시 원에서는 그와 같은 충혜왕의 행태를 몹시 위험스런 눈길로 바라보고 있었다. 그는 여차하면 군사적 저항까지도 불사할 위험인물이었다. 그 와중에 기철의 상소를 받자 순제는 충혜왕을 왕위에서 끌어내리기로 결정했다. 하지만 공식적인 조치는 충혜왕의 반발을 살 위험이 있었으므로 그해 10월 우선 자정원사 고용보와 태감 박테무르부카를 개경에 보내 황제의 선물이라며 의복과 술을 하사했다. 그 달에 충혜왕은 거처를 신궁으로 옮겼다.

11월이 되자 말안장과 교자를 구입한다는 구실로 내주 등 8인의 특수요원들이 고려에 들어왔다. 그 뒤를 이어 원의 사신 대경 타치(朶赤)가 낭중 별실가 등 6명과 함께 개경에 도착했다. 그들은 하늘에 제사하고 대사령을 반포하라는 순제의 조서를 가져왔다며 충혜왕을 정동행성 관서로 유인했다. 충혜왕이 병을 구실로 나가지 않으려 하자 고용보가 황제의 의심을 살까 두렵다며 출행을 부추겼다.

이윽고 충혜왕이 정동행성에 나타나자 타치는 갑자기 그를 걷어차 쓰러뜨린 뒤 포박케 했다. 놀란 충혜왕이 고용보에게 구원을 청했지만 그는 오히려 큰 소리로 왕을 꾸짖었다. 그때 어가를 수행하던 신하들은 놀라 달아났고 왕을 경호하던 좌우사 낭장 김영후, 만호 강호례, 밀직부사 최안우, 응양군 김선장 등은 반항하다 창에 부상당했으며, 지평 노준경과 용사 두 명이 목숨을 잃었다. 고용보의 처남인 신예는 행성 주변에 병사들을 매복시켜 고려군의 공격에 대비했다. 작전이 성공하자 타치는 고용보에게 기철과 홍빈, 채하중 등과 함께 정동행성에서 국사를 처결하게 한 다음 충혜왕을 연경으로 끌고 갔다.

그날부터 고려에서는 충혜왕 측근들에 대한 일대 체포령이 내려졌다. 곧 악소년 박양연, 임신, 최안의, 김선장, 승신 등 10여 명이 체포되어 원으로 끌려갔다. 하지만 송명리, 조성주, 윤원우, 한휘, 강찬 등은 고용보의 비호로 무사했다. 고용보는 은천옹주를 비롯한 충혜왕의 애첩과 궁인 126명을 궁궐에서 추방한 다음 원으로 돌아갔다.

그해 12월 고려의 재상과 원로들이 중서성에 충혜왕의 선처를 청했지만 소용이 없었다. 순제는 충혜왕을 연경에서 2만 리나 떨어진 게양현으로 귀양 보냈던 것이다. 당시 순제는 끌려온 충혜왕에게 이렇게 말했다.

"그대 왕정은 윗사람으로서 너무나 심하게 백성들의 고혈을 빨아들였으니, 그대의 피를 온 천하의 개에게 먹인다 해도 오히려 부족할 지경이다. 하지만 내가 살인을 즐겨하지 않으므로 게양으로 유배를 보내는 것이다. 부디 나를 원망하지 말라."

1344년 1월 병자일, 한 나라의 국왕에서 졸지에 죄인이 된 충혜왕은 귀양을 가던 도중 악양현에서 30세의 나이로 목숨을 잃었다. 그때 왕이 독주를 마셨다고도 하고 귤을 먹고 죽었다고도 한다. 그 무렵 고려에서는 '아야 마고지나 이제 가면 언제 오나?'[157]라는 노래가 유행했다. '왕이 악양에서 재난을 당했으니 오늘 가면 언제 돌아오겠는가' 라는 뜻이었다. 그해 6월 충혜왕의 시신이 개경으로 옮겨져 장례가 치러졌다. 시호는 충혜헌효(忠惠獻孝), 능호는 영릉(永陵)이다.

충혜왕의 가족

충혜왕은 덕령공주, 희비 윤씨, 화비 홍씨, 은천옹주 임씨 등 4명의 부인으로부터 3남 1녀를 얻었다.

제1비 덕령공주는 몽고이름이 역련진반으로 원의 진서무정왕 초팔의 딸이다. 1330년 충혜왕과 결혼해 덕령공주에 책봉되었고 충목왕 왕흔과 장녕공주 등 1남 1녀를 낳았다. 그녀는 평소 충혜왕의 엽색행각으로 속을 끓였는데 투기의 흔적이 없지만 찬성사 정천기, 배전, 강윤충 등과의 수상한 관계가 눈에 뜨인다. 1348년 12월 충목왕이 죽자 덕성부원군 기철과 정승 왕후에게 정동행성의 사무를 일임했다. 희비 윤씨의 아들 충정왕이 즉위하자 정사에 간여했다. 그녀는 1350년 원에 갔다가 시동생 공민왕이 즉위한 1354년 귀국해 태후 대접을 받았고, 1367년 원으로부터 정순숙의공주에 책봉되었다. 1375년 세상을 떠나 경릉에 묻혔다.

제2비 희비 윤씨는 파평 출신의 찬성사 윤계종의 딸이다. 1331년 입궁해 경순공주에 봉해졌다. 1348년 아들 충정왕 왕저가 12세의 어린 나이로 보위에 올랐지만 덕령공주의 위세에 눌려 기를 펴지 못했다. 1351년 공민왕에 의해 충정왕이 강화도에 유폐되자 왕의 허락을 받아 강화도에 가서 며칠 동안 함께 살았다. 1380년 세상을 떠났다.

제3비 화비 홍씨는 평리 홍탁의 딸이다. 재색이 뛰어나다는 소문을 들은 충혜왕이 1342년 그녀를 보지도 않고 화비로 봉한 다음 재상 윤침의 집으로 데려와 관계를 맺었다. 하지만 충혜왕은 곧 그녀에게 싫증을 내고 만나지 않았다.

제4비 은천옹주 임씨는 상인 임신의 딸로 단양대군 왕유의 종이었다. 민간 여인들을 닥치는 대로 섭렵하던 충혜왕을 만족시킨 유일한 여인이기도 했다. 그녀는 충혜왕이 홍탁의 딸에게 화비(和妃) 칭호를 주자 자신에게도 칭호를 달라고 보채 은천옹주라는 칭호를 얻었다. 하지만 사람들은 그녀가 과거 사기그릇을 팔던 시절을 빗대 사기옹주라고 불렀다. 충혜왕은 그녀를 위해 도성 안 동남쪽에 삼현궁과 묘련사를 세웠다. 사기옹주는 그곳에서 왕실 재정을 위한 물품 생산과정 감독했던 것으로 보인다. 그녀는 1343년 충혜왕이 원에 납치되어 제거당한 뒤 고용보에 의해 궁궐에서 추방당했다. 소생으로 아들 석기가 있다.

충혜왕 시대의 주요 인물

공녀에서 황후가 된 여인, 기씨

「원사」 후비열전에는 순제의 황후 10명이 기록되어 있는데, 그중에 올제이후투그(完者忽都)라는 이름의 여인이 고려 출신의 기황후이다. 1231년(고종 18)부터 원은 28년 동안 7차례에 걸쳐 고려를 침공했다. 그러나 원종이 쿠빌라이의 부마가 되면서 새로운 관계가 정립되었다. 그때부터 수많은 고려 여인들이 공녀로 끌려갔다.

고려에서는 원의 요구에 따라 과부처녀추고별감을 만든 다음 전국에서 과부와 처녀를 수집했다. 그러자 백성들이 딸을 빼앗기지 않으려고 조혼을 시키거나 여자들을 감추었다. 그로 인해 충렬왕은 전국에 금혼령까지 내렸다. 그 폐단이 이루 말할 수 없었으므로 유학자 이곡은 「공녀반대상소문」을 올리기도 했다.

본래 원 제국의 민족분류에 따르면 고려인은 몽고족, 색목인에 이어 3등급이었지만 기본적인 학문 소양을 갖춘 고려 여인은 품격은 남다른 바 있었다. 때문에 원의 대신들은 너도 나도 공녀로 데려온 고려 여인을 아내로 삼았다. 그 무렵 양광도 행주의 사족 출신으로 총부 정6품직 산랑을 지낸 기자오의 막내딸도 공녀로 선발되어 원 궁중에 들어갔다. 당시 원의 황제는 순제, 토곤테무르였다. 그는 어머니가 북방을 순력하던 명종과 관계해 몽고 초원에서 태어났는데 고려의 대청도에서 유배 생활을 하는 등 성장 과정에서 심한 고초를 겪었다.

내성적이었던 순제는 머나먼 타국 땅에 끌려와 차 시중을 들던 고려 여인 기씨에게 연민의 정을 느끼고 가까이했다. 그러자 정비인 타나시리(答納失里) 황후는 분개하며 기씨를 심하게 매질했다. 그녀는 문종을 옹립했던 엘테무르의 딸이었는데 1335년 엘테무르 일족을 멸문시키려는 승상 바얀에 의해 독살당하고 말았다. 그러자 순제는 기씨를 황후로 책봉하려 했지만 몽고부족의 전통을 지키려던 바얀이 강력히 반대하자 몽고족인 바얀후투그(伯顏忽都)를 제1황후로 맞아들였다.

1337년 기황후는 황자 아유르시리다르를 낳으면서 입지를 공고히 했다. 타고난 미모에 영민함까지 갖추었던 그녀는 1339년 좌승상 톡토와 함께 바얀을 제거한 다음 태황태후가 관리하던 휘정원의 막대한 재정을 손에 쥐었다. 1340년 기씨는 사랄반의 건의로 제2황후에 책봉되었다. 기황후는 휘정원을 개칭한 자정원의 재물과 고려 출신 환관 및 공녀를 이용해 중신들을 회유하면서 제1황후를 무력화시키고 황실을 장악했다. 그로 인해 연경에는 고려풍이라 하여 기황후가 애용하던 고려식 의복, 모자, 신발, 장식품 등이 대유행했다.

그와 함께 고려의 기씨 가문도 지위가 급상승했다. 당시 고려는 충혜왕이 복위한 상황이었는데, 순제는 환관 고용보와 박불화를 고려에 보내 이미 사망한 부친 기자오를 영안왕에 추증하고, 살아있던 모친 이씨를 영안왕대부인에 책봉했다. 그와 함께 기황후의 오빠 기철, 기원, 기주, 기륜 등이 모두 고위관직에 임명되었다. 그처럼 기씨 일문이 원 제후의 반열에 오르면서 고려 국왕을 넘어서는 권력자가 되었다.

1356년 고려의 공민왕은 기철 일파가 왕권을 위협하자 기철을 비롯한 기씨 일족을 처단했다. 그러자 기황후는 1364년 공민왕을 폐위하고 덕흥군 왕혜를 고려국왕으로 책봉하는 한편, 기철의 아들 기삼보노를 원자로 삼았다. 그것은 장차 고려를 기씨의 나라로 바꾸겠다는 뜻이었다. 하지만 1만 명의 군사를 이끌고 덕흥군과 함께 압록강을 건넌 최유가 최영의 군대에 패함으로써 그녀의 의도는 좌절되었다.

「원사」 후비열전에 따르면 기황후는 흥성궁에 거처했는데 「여효경」과 역사서를 즐겨 읽었고 역대 황후들의 좋은 덕행에 대해 공부했으며, 전국 각지에서 올라온 진상품 중에 진귀한 것이 있으면 먼저 태묘에 제사지낸 뒤 먹었다고 한다. 원 말기에 기근으로 인해 대도에서 20만 명의 백성들이 굶어죽고 거리에 시체가 나뒹굴자 기황후는 자정원의 자금을 풀어 대규모 구호사업을 벌이고 시체들을 경도 11문 밖에 묻었다.

기황후는 그 무렵 자정원의 환관들을 우대했고 고려인 환관 박불화에게 2품직인 영록대부를 제수할 만큼 강력한 권력을 행사했다. 자정원 출신의 신료들은 순제가 방탕한 면모를 보이자 기황후의 뜻에 따라 황태자에게 양위를 요구하기도 했다. 그와 같은 시도는 순제의 반발로 무산되었지만 논란의 와중에 순제 편에 섰던 인물들은 모조리 숙청되었다.

그 무렵 황태자 아유르시리다르를 반대하던 볼루드테무르가 대도를 점령하고 기황후는 포로가 되었다. 하지만 이듬해 코케테무르의 반격으로 복귀한 기황후는 황태자를 즉위시키려 했으나 실패했다. 그때까지 25년간 제2황후였던 기황후는 1365년 제1황후 바얀후투그가 죽자 제1황후의 자리에 올랐다.

기황후가 활약하던 시기에 원은 양자강 유역, 강남, 황하유역 등지에서 일어난 한족들의 반란으로 시달리고 있었다. 이윽고 주원장이 반란군을 통합한 뒤 명을 건국하고 북진을 개시하자 원 황실은 연경을 버리고 상도, 응창을 거쳐 북쪽 초원으로 도망쳐야 했다. 그때 기황후는 원병을 보내지 않는 모국 고려를 몹시 원망했다고 한다. 1370년 순제가 죽은 뒤 그녀의 아들 황태자 아유르시리다르가 카라코룸에서 제위에 올랐으니, 그가 북원의 초대 황제 소종이다.

「원사」와 「고려사」에서는 공히 여자로써 권력을 휘두른 기황후를 부정적으로 묘사했지만 그것은 유교적인 관점이 깊이 개입되어 있다. 물론 기황후의 권세를 등에 업은 기씨 일문이 득세하면서 충목왕의 개혁을 좌절시키고 농장을 개통해 수탈을 일삼았으며 충혜왕이 원으로 연행될 때 앞장서는 등 매국 행각을 벌인 사실을 지나칠 수는 없다. 그러나 기황후는 충렬왕 이후 80여 년 동안 계속되던 공녀 징발을 금지시키고 고려의 자주성을 빼앗으려는 입성책동을 폐지시키는 등 나름대로 모국 고려를 지키기 위해 애썼다는 점을 외면해서는 안 된다. 실제로 그녀는 참담한 공녀의 신분에서 제국의 제1황후에 오른 입지전적인 인물이다. 그러므로 기황후에 대한 평가는 정치적 분쟁 상황으로만 추궁할 것이 아니라 명확한 사실부터 복기하는 것이 정도일 것이다.

국내 · 1340 충혜왕 복위 됨 · 1341 이존오 출생 · 1342 이제현, 「역옹패설」지음 · 1343 문신 이조년 사망 · 1345 정방을 다시 둠 · 1346 승려 보우, 원에 유학 · 1347 정치도감 설치 · 1348 진제도감을 두어 굶주린 사람에게 죽을 나누어 줌 · 1350 왜구 20척이 합포에 침입 · 1351 왜선 130여척 경기지방을 노략질

세계 · 1341 영국의회, 상·하원으로 분리 · 1342 스코틀랜드 독립 · 1345 일본 북조, 정화(貞和)로 개원 · 1347 유럽에 흑사병 유행 · 1348 유럽, 페스트 유행, 농촌인구 격감 · 1348 영국 종교 개혁자 위클리프 사망 · 1349 일본, 북조 숭광천황 즉위 · 1351 원, 홍건적의 난

제29대 충목왕
충목현효 忠穆顯孝

고려의 제29대 국왕 충목왕(忠穆王)의 이름은 흔(昕), 몽고 이름은 팔사마내아사(八思麻朵兒只)이다. 충혜왕의 맏아들로 몽고 출신의 정비 덕령공주 소생이다. 1337년 4월 을유일에 태어났는데 충혜왕 집권 시기에 원에서 숙위하고 있었다.

충혜왕을 전격적으로 보위에서 끌어내린 순제는 1344년 2월 환관 고용보에게 불과 8세에 불과한 왕흔을 데려오게 한 다음 부모 가운데 누구를 본받겠느냐고 물었다. 그와 같은 질문은 왕흔에게 국왕의 자질이 있는지를 알아보려는 뜻보다는 아버지 충혜왕을 본받지 말라는 뜻이 강하게 담겨 있다. 하지만 사가들은 충목왕이 어머니를 닮겠다고 대답함으로써 어린 시절 그가 선을 좋아하고 악을 미워했다고 미화했다. 어쨌든 원에서는 어머니 품에서 어리광이나 부릴 나이의 왕흔을 고려국왕으로 책봉했다.

당시 원 조정에서는 충혜왕의 동생 강릉군 왕기와 맏아들 왕흔 두 사람을 국왕 후보로 물망에 올렸었다. 그러나 원은 충혜왕처럼 젊고 총명한 왕기보다

는 철없는 왕흔을 보위에 올려놓고 덕령공주를 통해 고려 조정을 마음껏 요리하는 쪽을 선택했던 것이다.

유학자와 노비출신 신료들의 대결

역대 고려 국왕 가운데 제일 어린 나이에 즉위한 충목왕이 정사를 알리 만무했다. 때문에 모후 덕령공주가 섭정을 맡으면서 도평의사사[158]의 재상들과 함께 조정을 이끌어갔다.

1344년 2월, 덕령공주는 재상 채하중, 사공 강호례, 정당문학 정을보, 동지밀직사사 김상기와 설현고, 밀직제학 장항 등을 조정에 불러들이고 함양군 박충좌, 양천군 허백을 판전민도감사로 임명하는 등 조정을 일신했다. 그와 동시에 충혜왕이 중용했던 한범, 장송, 심노개, 전두걸불화 등 15명을 귀양 보내고 정천기, 소경부, 조성주를 고향으로 쫓아냈다. 5월에는 최화상, 임신, 박양연, 민환 등을 귀양 보냈으며, 충혜왕 시절 감찰사에서 악소들에게 내려준 직첩을 회수했다. 그렇듯 정적들을 일소한 덕령공주는 서연을 열고 우정승 채하중, 좌정성 한종유, 판삼사사 이제현 에게 충목왕의 제왕수업을 맡겼다.

당시 새로운 권력자로 등장한 신예는 원의 환관 고용보의 처남으로 충혜왕을 납치할 때 공을 세운 인물이었다. 또 배전과 강윤충 역시 덕령공주가 총애하는 신하들이었다. 신예의 동생 신귀, 신순, 신부는 매부인 고용보의 위세를 등에 업고 세력을 강화했는데, 그중에 신귀는 강윤충의 조카사위을 겸한 터라 그의 집 앞에는 벼슬을 청탁하는 사람들이 줄을 섰다. 그래서 사람들은 그를 일컬어 신왕(辛王)이라고 불렀다.

한편 이제현을 중심으로 하는 유학자들이 대거 관직에 복귀하면서 조정은 유학자 대 노비 출신 신료들의 대결 양상이 되었다. 이제현은 유학자를 중심으로 정통관료집안들이 결집하여 개혁운동을 전개했다. 그는 무신정권 시절 최이가 설치했던 인사기구인 정방을 폐지한 다음 인사권을 전리사(이부)로,

군권을 군부사(병부)로 이관해버렸다.

본래 정방은 권력자들에게 사적으로 이용하는 단점이 있었지만 평민이나 노비 출신 관리들에게는 실무에 밝거나 충성을 다하면 지위를 급상승할 수 있는 장점도 있었다. 원칙을 중시하는 유학자들이 그와 같은 편법을 배척하는 것은 당연했다. 그렇지만 덕령공주는 내외의 여론을 의식해 정방을 다시 설치하고 찬성사 박충좌와 김영후, 참예 신예, 지신사 이공수 등을 제조관으로 임명해 관리의 인사행정을 담당하게 했다.

덕령공주의 개혁과 좌절

1344년 덕령공주는 권신들이 탈취한 녹과전을 빼앗아 주인에게 되돌려주었고, 충혜왕이 건립한 신궁을 헐어버린 다음 그 자리에 숭문관을 세워 학풍을 일으켰다. 1345년에는 충선왕 때 편찬된 민지의 「편년강목」을 보충하도록 했고, 부원군 이제현, 찬성사 안축, 한산군 이곡 등에게 충렬왕과 충선왕, 충숙왕의 3대 실록을 편찬하게 했다.

그해 8월 원의 기황후가 병부상서 부화, 동지자정원 타치를 고려에 파견해 기씨 일족들에게 세력을 믿고 토지와 농민을 강탈하지 말라고 경고했다. 그 무렵 기씨 일족들의 행패가 원 조정에까지 알려져 기황후의 입지에 영향을 주었기 때문이다.

1345년 봄부터 지진이 계속되었고 4월에는 우박이, 5월에는 가뭄이 이어졌다. 또 7월에는 혜성이 출현하고 태백성이 낮에 보이는 괴변으로 왕실이 긴장했다. 때문에 덕령공주는 사면령을 내려 죄수들을 석방하고 금주령을 내려 곡식을 아끼게 하는 등 내정에 힘썼다.

1346년(충목왕 2) 덕령공주는 계림군공 왕후와 조정승 김영돈을 원에 파견해 고려의 내정개혁의 필요성을 설득한 다음 1347년 2월 정치도감(整治都監)을 설치했다. 정치도감은 재추 급의 판사 4명, 사 9명, 부사 7명, 판관

12명, 녹사 6명으로 이루어진 강력한 개혁 기구였다.

정치도감의 운영을 총괄하는 판사에는 계림군공 왕후, 좌정승 김영돈, 찬성사 안축, 판밀직사사 김광철이 임명되었고 정연 등 33명의 속관이 임명되었다. 왕후는 본래 권보의 아들 권재인데 충선왕의 총애를 받아 양자가 된 뒤 성명을 바꾼 인물이었고, 과거 급제자 출신인 김영돈은 명장 김방경의 손자였다. 그들은 안렴존무사를 겸임하며 각 도에 내려가 토지를 측량하는가 하면 지방권력자나 관리의 토지 점탈 여부를 조사했다.

토지가 모든 부의 원천이자 정치권력의 기반이었던 그 시대에 토지 소유의 변동은 혁명이나 마찬가지였다. 전시과 제도에 의하면 관리는 퇴임시 국가에 토지를 반납해야 했지만 잘 지켜지지 않았다. 국가는 그 땅을 신임관리에게 주었으므로 고려 말에는 하나의 땅에 주인이 여러 명이었다. 때문에 소작인들은 여러 명의 지주에게 소작세를 내야 했다. 덕령공주는 그와 같은 농민들의 고통을 덜어주려 했던 것이다. 그리하여 김민슬을 양광도로, 이원구와 김영리를 전라도로, 남궁민과 이배중을 경상도로, 박광후와 최원우를 서해도로, 정인을 평양으로, 김구발을 강릉도로, 곽연을 교주도에 각각 파견하여 제도의 시행 여부를 감독하게 했다.

정치도감의 적극적인 개혁 정책으로 인해 권세를 쥐고 있던 부원세력들이 큰 타격을 입었다. 3월에 기황후의 동생 기삼만이 남의 토지를 강탈한 사건으로 순군옥에 갇힌 뒤 장독으로 죽었다. 4월에는 기황후의 친동생 기주가 체포되었고, 5월에는 신예의 동생 신순이 체포되어 곤장을 맞았다. 이어서 불법으로 인구를 은닉하고 압량위천으로 양인을 노비로 만든 노책과 전영보도 하옥되었다. 원나라 내시 이숙의 처형 전영보는 제석원에서 금박을 제작하던 노비였는데 세도를 얻으면서 반강제적인 고리대금업을 통해 노비로 만든 양민이 160명이나 되었다. 그처럼 고려의 개혁이 친족들의 피해로 나타나자 기황후가 딴죽을 걸고 나섰다.

그녀의 입김에 따라 정동행성의 사법기구인 이문소에서 정치도감의 관리인 서호와 전녹생을 잡아가두었다. 그러자 고려의 개혁을 긍정적으로 바라보던 원의 어사대에서 기황후 일파를 공격했고 감찰어사 이직이 자정원사 고용보를 탄핵했다. 그러자 순제는 고용보를 금강산으로 귀양 보내고 정치도감을 격려하기 위해 사신을 보냈다. 하지만 원에서도 실세는 기황후 측이었으므로 고용보는 곧 석방되어 원으로 돌아갔다.

9월에는 기황후가 파견한 직성사 승가노가 정치도감의 정치관 백문보, 신군평, 전성, 안하즙 등 16명의 관리를 처벌했다. 그로 인해 정치도감이 와해됨으로써 고려의 기강과 사회체제를 바로잡으려던 덕령공주의 노력은 수포로 돌아갔다.

1348년 4월 덕령공주는 종실 왕혜를 덕흥부원군으로, 왕저를 경창부원군으로, 왕원을 연창군으로 봉했다. 그 무렵 개경에 기근이 들고 전염병이 유행하자 진제도감(賑濟都監)을 설치하고 창고의 비축미 5백 석으로 죽을 쑤어 굶주린 사람들에게 먹였다. 또 전라도의 쌀 1천4백 석을 가져다 경성 및 충청, 서해 양도에 풀었지만 굶어죽은 시체가 길바닥에 널렸다.

당황한 조정은 정동성 도사 악우의 상소에 따라 곡식을 바치면 관직을 주는 입속보관법(入粟補官法)을 시행했다. 그러나 재이는 끊이지 않아 5월에는 큰 비가 내려 송악산이 허물어지고 홍수가 인가를 덮쳐 큰 피해를 입었다.

그해 8월에 어린 충목왕이 병석에 누웠다. 그러자 덕령공주는 충목왕을 건성사로 옮겨 요양시키고 자신을 밀직부사 안목의 집에 거처하면서 정사를 처결했다. 또 충목왕의 쾌차를 위해 진휼도감을 설치한 다음 기아에 허덕이는 백성들을 구제했다. 하지만 왕의 병이 악화되자 김영돈의 집으로 거처를 옮기기까지 했다. 모후의 지극한 정성에도 불구하고 충목왕은 그해 12월 정묘일 김영돈의 집에서 12세의 어린 나이로 세상을 떠났다. 시호는 충목현효(忠穆顯孝), 능호는 명릉(明陵)이다.

충목왕 시대의 주요 인물

혼란기의 현실주의자 이제현

이제현의 본관은 경주(慶州). 초명은 지공(之公). 자는 중사(仲思), 호는 익재(益齋)·실재(實齋)·역옹(櫟翁)이다. 1286년(충렬왕 12) 검교정승 이진의 아들로 태어나 대학자 권보의 문하에서 공부한 그는 1301년(충렬왕 27) 15세 때 성균관시에 장원급제했고, 이어 문과에도 급제했다. 1303년(충렬왕 29)부터 권무봉선고판관과 연경궁녹사를 거쳐 1308년에는 예문춘추관, 1309년에는 사헌규정에 발탁되었다. 이어서 선부산랑, 전교시승, 삼사판관을 거쳐 서해도 안렴사가 되었고, 성균악정, 풍저창사, 내부부령 풍저감두곡을 지냈다. 당시 이제현이 말과 삼을 감찰하고 치수를 교열하는 데 거리낌이 없자 사람들이 불기군자라고 칭송했다. 불기군자(不器君子)란 「논어」 위정편에 실려 있는데, 군자는 한 가지 구실밖에 못하는 기계가 아니라는 뜻이다. 이제현의 다재다능함을 보여주는 사례이다.

1314년(충숙왕 1) 상왕 충선왕의 부름을 받고 연경에 간 이제현은 만권당에서 요수, 염복, 원명선, 조맹부 등 한족 출신 문인들과 교류하여 학문과 식견을 선보였다. 1316년 성균좨주에 임명되어 3개월 동안 서촉의 명산 아미산을 다녀왔고, 1319년에는 권한공과 함께 절강의 보타사에서 유람하는 충선왕을 수행했다. 1323년에는 토번에 유배되었다가 3년 만에 감숙성으로 거처를 옮긴 충선왕을 위로하기 위해 그를 찾아가기도 했다.

1323년 이제현은 유청신, 오잠 등의 입성책동을 저지하기 위해 원에 들어가 격렬한 반대상소를 올렸다. 그와 함께 최성지와 손잡고 충선왕의 석방 운동을 펼쳤다. 그는 원 낭중에게 고려가 해온 사대의 예와 함께 부마국임을 강조하고 속국을 회유하면서 친척과 정을 나누는 것이 선왕의 도리이며, 공으로 허물을 덮어주는 것이 춘추의 법이라고 역설했다. 또 승상 배주에게도 충선왕이 세조의 친 외손이며 선제의 공신이라며 석방을 요구했다. 그의 노력으로 충선왕은 삭막한 토번 땅에서 따뜻한 감숙 땅으로 유배지를 옮길 수 있었다.

1339년(충숙왕 복위 8) 충숙왕이 죽자 조적이 심왕 왕고를 옹립하기 위해 역모를 꾸몄다가 충혜왕에게 잡혀 죽었다. 그때 연경에 있던 그의 무리들이 충혜왕을 참소하자 이제현은 원에 들어가 왕의 무고함을 역설했다. 그 후 충혜왕이 원에 납치되자 이제현은 은거하면서 「역옹패설」을 지었다. 「역옹패설」은 역사서에 기록되어 있지 않은 기이한 일과 경전, 인물, 시문, 서화 등에 대한 비평, 자신의 시문 등을 싣고 있어 이인로의 「파한집」, 최자의 「보한집」과 함께 고려의 3대 비평문학서로 손꼽힌다.

1344년(충목왕 즉위년)에 판삼사사로 조정에 복귀한 이제현은 문란해진 정치 기강을 바로잡기 위해 애썼고, 충목왕이 4년 만에 승하하자 원으로 가서 강릉대군 왕기를 옹립하려는 정치 활동을 벌였지만 실패했다. 그로부터 3년 뒤 충정왕이 하야하고 공민왕이 즉위하자 그는 정승에 임명되어 공민왕 초기 개혁을 이끌었다.

공민왕은 이제현을 섭정승, 권단정동성사로 임명해 정동행성의 업무를 총괄하게 했다. 이어 도첨의정승에 제수되자 권신 배전, 박수명, 노영서 등을 잡아 가두는 등 조정을 일신했다. 하지만 노쇠한 이제현이 사직을 청하자 공민왕은 그에게 추성양절동덕협의찬화공신으로 봉하며 달랬다. 그 후 이제현은 세 차례의 사직 상소 끝에 간신히 조정에서 몸을 뺐지만 조일신의 난 이후 다시 우정승에 올라 순성직절동덕찬화공신의 호를 받았다. 1353년(공민왕 2)에는 계림부원군으로 과거를 주관해 이색을 등용했다. 1356년(공민왕 5) 기철 일파를 숙청하는 등 반원운동이 거셀 무렵 문하시중에 올라 사태를 수습하고 관직에서 물러났다.

1363년(공민왕 12) 아들 이창로와 손자 이보림이 간행한 그의 시문집 「익재난고」는 10권 4책으로 이루어져 있는데 시와 문, 역대 왕들의 사찬과 주요기사, 습유, 묘지, 연보 등을 수록하고 있다. 책머리에는 그의 화상이 들어있다. 이제현은 또 효자 62명의 전기를 모아 화공을 시켜 그림으로 그린 「효행록」을 편찬했고 호복을 입은 다섯 사람이 말을 타고 얼어붙은 겨울 강을 건너는 「기마도강도」를 그렸다. 그는 역사 편찬에도 힘을 쏟아 「본조편년강록」을 증수하고, 충렬왕, 충선왕, 충숙왕의 「삼조실록」을 수찬했다. 그처럼 다재다능했던 이제현은 1367년(공민왕 16)에 81세를 일기로 세상을 떠났다. 공민왕 묘정에 배향되었으며, 시호는 문충(文忠)이다.

세계 / 국내

- 1340 충혜왕 복위 됨
- 1341 이존오 출생
- 1342 이제현, 「역옹패설」 지음
- 1343 문신 이조년 사망
- 1345 정방을 다시 둠
- 1346 승려 보우, 원에 유학
- 1347 정치도감 설치
- 1348 진제도감을 두어 굶주린 사람에게 죽을 나누어 줌
- 1350 왜구 20척이 합포에 침입
- 1351 왜선 130여척 경기지방을 노략질

- 1341 영국 의회, 상·하원으로 분리
- 1342 스코틀랜드 독립
- 1345 일본 북조, 정화(貞和)로 개원
- 1347 유럽에 흑사병 유행
- 1348 유럽, 페스트 유행. 농촌인구 격감
- 1348 영국 종교 개혁자 위클리프 사망
- 1349 일본, 북조 숭광천황 즉위
- 1351 원, 홍건적의 난

제30대 충정왕
충정 忠定

 고려의 제30대 국왕 충정왕(忠定王)의 이름은 저(胝), 몽고식 이름은 미사감내아사(迷思甘朶阿只)이다. 충혜왕의 둘째아들로 희비 윤씨 소생이다. 1338년에 태어났고, 1348년 4월 경창부원군에 책봉되었다. 그해 12월 충목왕이 죽자 덕령공주는 덕성부원군 기철과 정승 왕후에게 정동행성의 업무를 맡기고 호군 신원보를 원에 보내 충목왕의 죽음을 알렸다.

 왕후는 얼마 후 이제현을 원에 파견해 고려 국왕 책봉에 관한 표문을 올렸다. 표문의 내용은 충목왕이 어려서 죽었으므로 후손이 없는데, 고려는 원에 귀순하지 않은 일본과 이웃해 있으므로 하루라도 임금이 없어서는 안 된다. 강릉대군 왕기는 충혜왕의 동복아우로 오래전부터 원에 입시하고 있는바 나이가 19세이고, 왕저는 충혜왕의 서자로 본국에 있는데 나이 12세이다. 부디 우리 백성의 소원을 참작하여 두 사람 중에 한 사람으로 끊어진 왕대를 계승

하게 해달라는 내용이었다.

1349년 2월 원의 순제는 전지 도첨의사 최유에게 왕저를 입조시키라는 조서를 보냈다. 그러자 경양부원군 노정, 전판삼사사 손수경, 전찬성사 이군해, 민평, 윤시우, 최유 등이 왕저를 보좌해 원으로 출발했다. 대간과 전법관들이 회의를 소집하고 그들의 원행을 막으려 했지만 역부족이었다. 당시 충혜왕의 구신들은 경창부원군 왕저를 지지했고, 이제현, 이곡, 윤택, 이승로 등 유학자들은 강릉대군 왕기를 지지했다.

그 무렵 원의 승상 톡토는 순제에게 왕기의 즉위를 요청해 황명까지 이끌어 냈다. 하지만 왕저를 지지하던 기황후는 환관 고용보로 하여금 순제를 설득하게 했다. 순제는 결국 입조한 왕저에게 고려 국왕의 인을 내리고 그가 즉위할 때까지 철성군 이군해에게 국무를 대리하게 했다. 원은 충목왕의 경우처럼 자신들이 조종 가능한 왕저를 선택했던 것이다. 그해 7월에 한림학사 쌍가의 호위를 받으며 고려에 돌아온 왕저는 강안전에서 12세의 나이로 보위에 올랐다.

충정왕이 즉위하자 고려 조정은 충목왕의 모후 덕령공주와 충정왕의 모후 희비 윤씨, 윤씨의 고종사촌 윤시우, 기철 등의 손에 휘둘렸다. 덕령공주는 정동행성을 기반으로 세력을 확장했고, 희비 윤씨는 왕의 측근들을 중심으로 세력을 폈다. 그러나 현실적으로 원의 황후 가문이 된 기씨 가문의 권세가 하늘을 찌르자 강릉대군을 지지하던 정승 왕후의 아들 왕중귀가 기철의 딸과 혼인했고, 이제현의 손녀도 기철의 조카 기인걸과 혼인했다.

1348년 10월 중국 절강성의 대주에서 방국진이 이끄는 해상세력이 반란을 일으켰다. 그와 함께 기근과 홍수가 이어지자 각처에서 민란이 줄을 이었다. 그러나 원 조정은 내부에 권력다툼으로 인해 민란에 신속하게 대응하지 못했다. 이와 같은 원 내부의 분열은 강릉대군에게 호재로 작용했다.

1349년 8월 고려에서는 개혁의 주체였던 정치도감이 폐지되었고 희비 윤씨를 위해 경순부가 설치되었다. 또 희비 윤씨의 인척인 윤시우는 윤왕(尹王)으로 불릴 만큼 세도를 부렸다. 반면 강릉대군 왕기의 지지 세력이었던 유학자들은 대거 유배와 좌천에 시달려야 했다.

1350년 2월 임진일에는 경상도 안렴사로 임명된 최용생이 원을 배경으로 가렴주구를 일삼는 내시들의 악행을 폭로하는 방문을 써 붙였다. 그러자 어향사의 환관 주완지가 덕령공주에게 그 사실을 일러바쳐 파면시켜 버렸다. 그 해 6월 참리 최유는 자신이 과거 충목왕을 옹립한 공이 있는데 벼슬이 부족하다며 동생 최원과 함께 불평이 일삼았다. 그러자 민사평이 노비의 후손으로 재상에 되었으면 그것으로 만족하라고 꾸짖자 그를 붙잡아 구타했다. 그 사실을 탐지한 감찰사가 최유와 민사평을 탄핵하고 최원까지 잡아들이려 하자 형제가 원나라로 도망쳤다. 그렇듯 내시들은 물론 관료들까지 이권다툼에 몰두하는 바람에 고려 사회는 불안정하기 이를 데 없었다.

왜구의 등장과 홍건적의 출현

1350년 무렵부터 왜구들이 고려 전역에 출몰하기 시작했다. 2월 왜구들이 고성, 죽말, 거제 등지를 침범하자 합포 천호 최선과 도령 양관 등이 출동해 300여 명의 왜구를 척살했다. 그해 3월 충정왕은 연성군 이권을 경상전라도지휘사로, 첨의참리 유탁을 전라양광도 도순문사로 임명하여 왜구를 방어하게 했다. 하지만 4월 순천부로 침입한 왜구는 남원, 구례, 영광, 장흥 등지에서 운수선을 약탈해갔다. 6월에는 왜선 20척이 합포에 침입해 병영, 고성, 회원 등지의 민가를 약탈하고 방화했다. 11월에는 동래군도 왜구의 침습을 받았다.

이듬해인 1351년 8월 왜선 130척이 자연도와 삼목도에 침입해 민가를 모두 불사르고 약탈한 뒤 돌아가자 조정에서는 만호 원호를 서북면에, 만호 인당과 전 밀직 이권을 서강에 주둔시켜 왜구를 방비하게 했다. 그때 왜구가 남양부와 쌍부현을 침범하자 충정왕은 인당 등에게 왜구를 추포케 했다. 그런데 이권은 자신이 장수가 아니고 녹봉도 받지 않는 신분이라며 출전을 거부했다. 그처럼 신하가 왕명을 무시할 만큼 고려의 왕권은 땅에 떨어져 있었다.

고려가 왜구의 침탈에 시달리고 있을 때 원에서는 1348년 연안 지역의 해적 방국진으로부터 촉발된 반란이 전국으로 확산되어 골머리를 싸매고 있었다. 1351년 4월 황하가 범람하자 공부상서 가노가 황하 치수공사를 시작했다. 그때 변량, 대명 등 하남지방 13로의 농민 15만 명과 군대 2만 명이 징발되자 농민들의 불만이 고조되었다. 그와 같은 농민들의 동요를 이용하여 당시 화북 지역에서 성행하던 백련교도들이 봉기를 획책했다. 백련교는 명교(明敎)라 불리는 마니교의 교리를 받아들인 미륵신앙교파였다.

최초에 봉기의 주동자는 유복통, 두준노, 나문소, 성문욱 등이었다. 그들은 백련교주 한산동을 황제로 추대하고 반란을 일으키려다 사전에 모의가 발각되어 한산동이 잡혀 죽자 영주로 피신한 다음 백련교의 상징인 불과 남송의 운수인 화덕(火德)을 상징하는 붉은 띠를 두르고 10만 명 이상의 반군을 끌어 모았다. 그 뒤를 이어 황하 연변의 서주에서 지마리, 팽대, 조균용이 10만의 병력을 모아 봉기했고, 호광 지방에서 포왕삼, 맹해마가 거병했으며, 기주에서는 팽영옥, 추보승이 서수휘를 주군으로 받들고 기세를 올렸다.

그처럼 대륙 전역이 소요상태에 빠져들자 원의 승상 톡토는 정벌군을 운용하면서 유사시 고려 병력을 동원하려 했다. 그러기 위해서는 고려의 내정을 안정시켜야 하는데 적임자는 강릉대군 왕기뿐이었다. 그의 판단에 기황후도 동의하자 원의 순제는 1351년 10월 충정왕을 폐위하고 강릉대군 왕기를 국왕으로 책봉했다. 곧 원의 단사관 올제이부카가 고려에 들어와 궁궐의 모든 창고와 궁실을 봉인하고 충정왕으로부터 국왕의 인을 회수해 원으로 돌아갔다.

그해 12월 공민왕이 노국대장공주와 함께 귀국하면서 충정왕의 운명도 결정되었다. 공민왕은 재위 2년 3개월 만에 폐위된 충정왕을 강화도로 귀양 보내고 시종 1명만을 허락하는 차가운 면모를 보였다. 14세의 어린 왕은 두려움에 떨다가 이듬해 3월 신해일에 독살되었다. 시호는 충정(忠定), 능호는 총릉(聰陵)이다.

제6장

열정과 자존의 불꽃이 지다
-명의 건국과 고려의 멸망

원 제국이 실정을 거듭하던 14세기 중반, 중원에서는 한족들의 반란이 줄을 이었다. 그 가운데 양자강 이남에서 일어난 홍건적의 세력이 가장 컸다. 홍건적은 원의 토벌군에 쫓기다 두 차례나 고려에 침입해 갖은 만행을 저질렀다. 1364년 중국의 저항세력을 통합한 오왕 주원장이 금릉에서 명을 건국했다. 그 무렵 고려는 공민왕이 반원정책을 실시하면서 오랜 원과의 밀월관계를 청산했다. 1368년 명 태조 주원장은 대도를 함락시키고 원을 중원에서 축출한 뒤 주변국들에 대한 공세를 강화했다. 그러자 고려의 우왕은 무주공산이 된 요동 지역을 목표로 군사작전을 도모했지만 이성계의 위화도 회군으로 무산되었다. 그 후 정국은 성리학을 추종하는 신흥사대부들에 의해 주도되었고, 내부 추동력을 잃어버린 고려는 1392년 7월, 공양왕의 퇴위와 함께 475년의 역사에 종지부를 찍었다.

국내 | •1352 조일신, 난을 일으킴 •1356 쌍성총관부를 정벌 •1358 부석사 무량수전 소실 •1359 홍건적 제1차 침입 •1361 이성계, 홍건적을 대파 •1363 문익점, 원에서 목화씨를 가져옴 •1364 전라도에 왜인민호부를 둠 •1367 이제현 사망 •1369 원나라의 연호를 폐함 •1370 이성계 등, 중국 원나라 동녕부 공격 •1372 응방을 다시 둠 •1373 도총도감 설치

세계 | •1353 이탈리아 보카치오, 『데카메론』 완성 •1356 신성로마제국 칼 4세, 〈황금문서〉 발표 •1358 자크리의 반란 일어남 •1363 티무르 제국 성립 •1366 송 멸망 •1367 신성로마제국, 한자시의 쾰른 동맹 •1368 주원장, 황제를 칭하고 국호를 명이라 함 •1370 원 순제, 응창서 사망 •1371 명, 허를 멸하고 촉을 평정 •1373 명, 대명률을 정함

제31대 공민왕
인문의무용지명열경효대왕
仁文義武勇智明烈敬孝大王

    고려의 제31대 국왕 공민왕(恭愍王)의 이름은 전(顓), 호는 이재(怡齋)와 익당(益堂), 초명은 기(祺)이다. 몽고식 이름은 바얀티무르(伯顔帖木兒)이다. 충숙왕의 둘째아들로 공원왕후 홍씨 소생이다. 1315년(충숙왕 2)에 태어나, 12세 때인 1341년(충혜왕 2) 순제의 입조 요구에 따라 원에 들어가 연경에서 살았다.

    충숙왕은 평소 맏아들 충혜왕보다 둘째아들 왕기를 사랑하여 말년에 전라도 무송 출신의 과거 급제자 윤택에게 어린 왕기의 장래를 부탁했다. 그 때문에 왕기는 대원자(大元子)라 불리면서 언제나 유력한 왕위계승 후보자로 사람들의 시선을 끌었다. 1344년 충혜왕이 원에 끌려가 죽임을 당하자 15세의 왕기는 당연히 국왕 물망에 올랐지만 원은 충혜왕의 맏아들인 8세의 충목왕을 선택했다. 기황후와 기씨 일문이 영민한 그를 의도적으로 배제시켜 버린 것이다.

그해 강릉부원대군에 봉해진 왕기는 절치부심 세력을 확장시켜 나갔다. 그림[159]과 서예 실력이 당대 최고이었던 왕기는 자신의 다재다능한 능력과 다정다감한 성격을 통해 원 조정의 실력자들과 친분을 나누었다. 시간이 지날수록 원의 신료들은 사사건건 원과 대립했던 형 충혜왕과 왕기는 전혀 다른 사람이란 생각을 갖게 되었다. 그러나 충목왕이 병사한 뒤 원은 또 다시 그를 외면하고 12세에 불과한 충정왕을 고려 국왕으로 책봉했다.

1349년(충정왕 1) 원의 황족 위왕(魏王)의 딸 노국대장공주를 아내로 맞이하면서 든든한 배경을 갖게 된 왕기는 원 조정의 실세인 기황후에게 충성하면서 자신이 보위에 오르면 장차 기씨 세력을 친위세력으로 삼기로 약속했다. 그 무렵 원은 각처에서 일어나는 반란으로 혼란스러운 상황에서 고려 연안에 출몰하는 왜구로 인해 해로까지 막혀 골머리를 앓고 있었다. 하지만 어린 충정왕을 대행하던 희비 윤씨가 마땅한 해결책을 내놓지 못하자 승상 톡토는 총명하면서도 순종적인 왕기로 고려국왕을 대체하기로 마음먹고 기황후의 동의를 얻어냈다.

1351년 10월, 드디어 원은 강릉대군 왕기를 고려 국왕으로 책봉하고 노국대장공주와 함께 고려로 돌려보냈다. 그 상황은 외면적으로는 22세의 숙부가 13세 조카의 왕위를 빼앗은 모양새였지만, 내면에는 왕기의 와신상담이 짙게 드리워져 있었다.

그해 12월 고려에 귀국하여 보위에 오른 공민왕은 충정왕을 강화도에 유폐시킨 다음 이듬해 3월 독살시켜 버렸다. 그때부터 고려의 조정은 연경에서 공민왕을 수행했던 조일신, 조익청, 유숙, 김유, 환관 신소봉 등 연저수종공신들이 장악했다. 당시 재상 이제현은 공민왕 즉위의 일등공신이었지만 조일신의 견제로 실권을 잃고 자신이 애써 구상한 정책마저 공민왕에게 외면당하자 단호하게 조정에서 물러났다.

은인자중의 초기 개혁

공민왕의 초기 개혁을 견인한 인물은 이색이었다. 그는 어린 시절 이제현이 주관한 예비 과거에 급제한 뒤 원의 과거인 제과에도 급제하여 황제의 문필비서로 봉직하고 있었다. 그는 당시 황제에게 공녀 폐지와 강릉대군의 왕위 계승을 주청하기도 했다.

이색은 공민왕이 즉위하자마자 즉시 개혁상소를 올려 토지에 대한 농민들의 소유권과 관리들의 수조권이 권세가들에게 위협받고 있다고 직간했다. 그는 또 문무의 균형발전을 도모하기 위해 무과 실시를 권유했으며, 답보 상태에 있는 교육제도의 정상화를 요구했다. 구체적으로 지방 향교와 중앙 학당이 초등교육을, 12도가 중등교육, 성균관이 고등교육을 담당하게 하고 성균관 학생들만 과거에 응시할 수 있도록 제한하자는 것이었다. 한편 불교의 타락을 비판하면서 승려신분증인 도첩제를 실시하고 신축 사찰들의 철거를 강력히 요구했다. 1356년(공민왕 5)에 영구 귀국한 이색은 이부시랑 겸 병부낭중에 임명되어 문무반의 인사를 총괄함으로써 공민왕의 개혁을 뒷받침해 주었다.

1352년(공민왕 1) 2월, 공민왕은 이색의 건의를 받아들여 최이의 무신정권 이래 문무인사권을 독점하던 정방의 폐지와 토지, 노비에 관한 개혁정책을 발표했다. 그때부터 문반의 인사권은 전리사(이부), 무반의 인사권은 군부사(병부)로 이관되었고, 전민변정도감이 신설되어 전민의 탈점, 즉 토지와 노비의 불법점유상황을 조사해 시정하도록 했다. 그해 8월에는 첨의사, 감찰사, 전법사, 개성부, 선군도관에게 명해 판결송사를 5일에 한 차례씩 보고하게 했다. 이는 각 부서의 중요 안건을 직접 다룸으로써 관계와 민생 전반에 대한 통치기반을 확립하려는 뜻이었다.

그달에는 또 무신 정권 이후 끊어졌던 서연(書筵)을 열고 원로와 사대부들에게 교대로 경서와 사기, 예법 등을 강의하게 했으며, 그 자리에서 정치 논의를 통해 당면한 토지와 주택, 노비, 죄수 문제 등에 대한 해결책을 제시하라고 재촉했다. 또 첨의사와 관찰사에게 백성들의 현안을 기탄없이 보고하라고 명령했다. 그에 따라 오랫동안 부정을 저질러온 인당, 성사달 등 비리관료들이 하옥되었고, 간통사건을 일으킨 상장군 진보문의 아내 송씨 등을 처벌하는 등 관료들의 기강을 바로잡았다.

공민왕은 보우를 왕사로 임명하고 송악산 남쪽에 있는 선종사찰 광명사에 원융부를 세운 다음 보우에게 선종과 교종 사찰의 주지 임명권을 주었다. 그것은 불교를 통해 민심을 끌어들여 유학자 출신 관료들의 독주를 견제하기 위함이었다. 그때 왕이 치국의 법을 묻자 보우는 측근 중에 간사한 자를 제거하고 바른 자를 등용하면 나라가 평온할 것이라고 충고했다. 그것은 왕이 원에 있을 때 시종했던 대신들의 권력 남용을 경계하라는 뜻이었다. 보우는 또 개경의 기운이 쇠했다며 한양으로 천도하면 36국이 조공하고 나라가 중흥할 것이라고 간언했다. 그 말에 솔깃해진 공민왕이 한양에 궁궐 조성을 추진하자 은퇴한 유학자 윤택은 과거 묘청의 난을 예로 들면서 혹세무민하는 불교를 억누르고 유교적인 왕도정치를 행하라고 왕을 압박했다.

즉위 초기 공민왕은 연경에서 생활하던 습관대로 변발과 호복 차림을 한 채 정사를 돌보았는데, 이승휴의 아들인 감찰대부 이언종의 간언에 따라 몽고식 변발을 풀어버리고 백성들에게 고려의 옛 풍습을 따르게 했다. 그것은 고려인으로서 최소한의 자존감을 되찾기 위한 몸짓이었지만 별다른 주목을 받지는 못했다.

그처럼 공민왕의 초기 포석은 순조로워 보였지만 실제로 대부분의 권력은 기황후의 비호를 받는 기씨 일문에게 쥐어져 있었고 왕은 형식적인 서무결제권만 행사하는 형편이라 어명의 권위가 서지 않았다. 그것이 충혜왕 이후 약화된 왕권의 현주소였다. 당시 실권자인 기씨 형제는 왕을 조정 신료 대하듯 했다. 어느 날 왕이 순제의 생일을 하례하기 위해 정동행성으로 행차하는데 기원이 다가와 말머리를 나란히 하며 말을 걸었다. 기분이 상한 왕은 호위병들을 불러 그를 멀찍이 떼어놓기까지 했다.

조일신의 난

1352년(공민왕 1) 9월 판삼사사 조일신이 전직 재상인 정천기, 최화상, 장승량 등과 함께 장사들을 동원해 정변을 일으켰다. 조일신은 담대하게도 최고의 권력자였던 기철, 기륜, 기원과 환관 고용보의 저택을 습격해 기원과 최덕림을 살해했다. 그는 다시 무리를 이끌고 공민왕이 머물던 성입동 이궁을 포위한 뒤 숙직하던 내관들을 모조리 살해한 다음 왕의 거처를 천동의 이궁으로 옮기고 의성과 덕천의 두 창고를 봉쇄함으로써 왕권 행사를 마비시켰다.

정변의 성공과 함께 우승상의 자리에 오른 조일신은 그해 10월 갑자기 정변 동지였던 최화상과 장승량을 살해하더니 공민왕에게 지난 거사가 자신의 뜻이 아니었다면서 반역자들의 처단을 요구했다. 공민왕은 하는 수 없이 개경의 십자거리로 나아가 역적들을 참수케 하고 정천기를 붙잡아 하옥시켰다. 그와 함께 조일신은 좌정승에 판군부감찰을 겸직하며 찬화안사공신의 칭호를 받는 등 권력을 독차지했다.

이윽고 정변의 혼란 상황이 가라앉자 단양대군의 집으로 거처를 옮긴 공민왕은 전직 재상 이인복을 불러 조일신의 폭압을 종식시킬 방책을 논의했다. 며칠 뒤 김첨수가 어명에 따라 조일신을 정동행성으로 유인한 뒤 불시에 체포했다. 공민왕은 그를 참수형에 처하고 일당인 정을보, 이권, 나영걸, 고충절, 이군상 등 28명을 하옥함으로써 난을 종결지었다.

「고려사」에서는 조일신이 자신의 출세를 위해 난을 일으켰다고 기록되어 있지만 앞뒤 상황을 살펴보면 그 배후에 공민왕이 있었음을 알 수 있다. 조일신은 공민왕의 명에 따라 기씨 일파를 제거하려다 기원을 제외한 대부분의 사람들이 원으로 도주하자 자구책으로 최화상 등 동지들을 희생시키고 자신만 살아남으려 했고, 공민왕은 사건의 몸통인 자신의 흔적을 지우기 위해 깃털인 조일신을 살인멸구했던 것이다. 이와 같은 추리는 이후 공민왕의 행적으로 여실히 증명된다.

조일신의 난을 평정한 공민왕은 기황후의 어머니 영안왕대부인 이씨를 궁궐로 초청해 잔치를 열어주고, 순제에게 편지를 보내 이씨에게 발아찰(孛兒札) 연회를 열게 해달라고 간청했다. 발아찰 연회란 황제가 황실의 단합을 위해 친인척에게 베푸는 연회를 말한다. 그와 같은 방식으로 공민왕은 정변이 결코 자신의 뜻이 아님을 웅변했던 것이다.

1353년(공민왕 2) 6월, 원에서 기황후의 아들 아유르시리다르가 황태자에 책봉되면서 기씨 일문의 권력은 더욱 강화되었다. 그해 8월 순제는 만만태자를 고려에 보내 공민왕의 요청대로 영안왕대부인에게 발아찰 연회를 베풀게 했다. 그러자 공민왕은 이씨를 위해 경창부를 설치하는 등 극진하게 대접했다. 순제는 또 처남인 기철을 요양행성의 최고위직인 평장으로 임명하여 요동 지역과 쌍성총관부를 다스리게 했고, 그의 직함에 대사도를 추가해 주었다. 또 살해된 기원의 아들 기울제이부카를 고려에 파견해 장인 기자오를 영안왕에서 경왕으로 승격시켰으며 3대에 걸쳐 왕호를 추존했다. 그러므로 당시 고려는 왕씨의 나라가 아니라 기씨의 나라와 다름이 없었.

그처럼 딸을 잘 둔 덕에 기씨 일문의 위세가 욱일승천하자 고려의 중신들은 너도나도 딸을 원 황실에 바쳤다. 권겸은 딸을 원의 황태자 아유르시리다르에게 바쳐 태부감 태감 벼슬을 얻었고, 노책은 1354년(공민왕 3) 공녀로 끌려간 딸이 순제의 후궁이 되면서 원의 집현전 학사 벼슬을 받았다.

홍건적의 맹위와 남벌

공민왕 초기 중국 남부에서 일어난 한족들의 반란은 요원의 불길처럼 확산되고 있었다. 황하 연변 서주의 지마리, 팽대, 조균용, 호광 지방의 포왕삼, 맹해마, 기주의 서수휘, 안휘성 정원의 토호 곽자흥, 손덕애 등의 기세가 등등했다. 탁발승 출신의 주원장은 그 무렵 곽자흥의 사위가 되어 홍건군에 가담하고 있었다.

1352년 원의 승상 톡토는 직접 대군을 이끌고 반적 토벌에 나서 서주성을 함락시킨 다음 지마리를 처형했다. 그러자 정벌군에 쫓긴 팽대와 조균용이 호주에 있는 곽자흥의 휘하에 들어갔다. 그해 겨울 톡토가 파견한 원의 장수 가노가 호주를 포위했다. 그러나 1353년 봄 가노가 갑자기 죽자 정벌군이 철수했다. 그때 급히 고향으로 돌아가 병사 7백여 명을 모은 주원장은 서달 등 24명과 함께 정원으로 가서 민병 3천 명을 규합했다. 그는 휘하 병사들을 이끌고 횡간산의 산채를 점령하면서 민병 2만을 확보함으로써 독자세력을 형성했다.

1354년 7월 주원장은 저주(안휘성 저현)을 함락하고 장인 곽자흥을 데려와 저양왕으로 추대했다. 당시 주원장에게는 서달, 이선장 등 24인의 무장이 있었고 송렴, 유기 등 강남의 지주집단이 합세하면서 정예화된 군대의 면모를 갖추었다. 그들은 엄격한 군율을 적용해 병사들의 일탈행위를 통제함으로써 백성들의 지지를 받았다. 그 무렵 정원의 토호이자 지식인이었던 이선장은 주원장에게 한 고조 유방의 패업을 따르라고 충고했다.

원 조정에서는 반란군 진압에 한계를 느끼고 향촌의 지주들에게 의병 모집을 종용하며 만호 등의 벼슬을 제수했다. 그러자 영주(안휘성 부양현)에서 일어난 차칸테무르가 한인 지주 이사제의 도움으로 대군을 모아 홍건적 토벌에 나섰다. 또 타시파투루, 오록테무르 등 원의 지방관들도 의병을 조직했고, 톡토의 아우 어사대부 에센테무르도 군대를 모아 하남의 홍건적을 토벌했다.

그 무렵 원 조정에서는 홍건적보다 장사성의 반란을 더욱 심각하게 여겼다. 장사성은 태주의 소금 밀매업자였는데 1353년 토호 구의와의 충돌을 계기로 반란을 일으켰다. 그는 백성들의 호응을 받아 세력을 확장한 다음 강북의 요충지인 고우성을 점령하고 기세를 떨쳤다. 1354년 1월 장사성은 원으로부터의 독립을 선언하고 국호를 대주(大周), 연호를 천우(天祐)라고 선포했다. 원의 국가 재정의 8할은 소금 전매수입이었는데 그 소금의 주요 산지가 장사성이 점령하고 있던 강회지방이었다. 또 대도를 비롯한 북방 도시에 소요되는 식량은 대운하를 통해 보급 받고 있었는데 태주와 고우 지역은 양주로 북상하는 대운하 접경 지역이었다.

1354년(공민왕 3) 톡토는 장사성 토벌을 위한 대규모 남벌군을 추진하면서 6월 1일 고려에 파병을 요구했다. 이는 공민왕을 고려국왕으로 세울 때부터 예견된 일이었다. 6월 13일 공민왕은 우정승 채하중과 수상 염제신을 총사령관으로 임명하고 유탁, 권겸, 인당, 김용, 강윤충, 정세운, 최영, 이방실, 안우 등 40여 명의 장수를 선발한 다음 정예병사 2천 명을 출동시켰다. 고려군이 연경에 도착한 뒤 염제신은 공민왕의 소환령을 받아 귀국하고 유탁이 총지휘권을 인계받았다. 유탁은 연경에 사는 고려인 2만1천 명을 끌어 모아 총 2만 3천 명의 대군을 편성한 다음 원의 남벌군에 합류했다.

원과 고려의 남벌군은 곧 장사성이 주둔하고 있던 고우성을 공격해 외성을 함락하고 내성을 포위했다. 그런데 고우성 함락이 임박하자 톡토는 고려군을 전방에서 빼낸 뒤 인근 육합성을 공략하게 했다. 이는 전공을 고려군에게 빼앗기지 않으려는 술수였다. 하는 수 없이 고려군은 육합성을 함락시킨 다음 회안로의 팔리장, 사주, 화주, 회안성 등지에서 반란군과 27차례의 치열한 교전을 벌였다. 그 과정에서 이권, 최원 등 6명의 장수가 전사하고 최영은 수많은 부상을 입으면서 분전했다.

그해 12월 고우성의 함락이 임박한 상황에서 원의 선정원사 하마가 기황후와 황태자에게 톡토를 참소했다. 곧 황제의 칙사가 고우성에서 톡토를 연행하고 중서평장사 오코차르와 지추밀원밀사 설설에게 임무를 맡겼다. 명장 톡토가 사라지자 고우성 함락은 수포로 돌아갔다. 그때 곽자흥과 주원장의 근거지인 저주도 남벌군에 토멸 위기를 맞았다가 간신히 살아남았다.

그때부터 기세가 되살아난 장사성 부대는 남벌군을 연파했고, 수많은 한족 병사들이 남벌군에서 탈출해 홍건군에 투신했다. 그로 인해 세력이 배가되자 자신감을 얻은 유복통은 1355년 2월 한산동의 아들 한림아를 황제로 추대하고 국호를 대송(大宋), 연호를 용봉(龍鳳)이라 하여 남송의 후계를 자임했다.

한편 저주에 주둔하고 있던 곽자흥 부대에 군량이 떨어지자 주원장은 그를 설득해 양자강 북변의 화주를 점령했다. 1355년 3월 곽자흥이 병사하면서 홍건군의 지도자가 된 주원장은 유복통의 송 조정으로부터 부원수 직위를 제수 받았다. 얼마 후 주원장 부대에 상우춘이 투신했고, 4월에는 화주의 서쪽 소호의 도적인 유통해, 조보승, 요영안 등이 1만여 명의 부하와 군선 1천척을 이끌고 투항해 왔다. 그로 인해 강력한 세력을 얻게 된 주원장은 6월 양자강을 넘어 교통 산업의 요지인 집경로(남경)로 진군했다. 2주3현으로 이루어진 집경로는 21만여 호에 인구 107만 명의 대도시였다. 그처럼 주원장은 성큼성큼 원의 요충지를 집어삼키며 북쪽을 노려보고 있었다.

기씨 일파의 제거와 반원정책의 가동

원에서 남벌이 한창이던 1355년(공민왕 4) 봄 공민왕은 쌍성등처 천호 이자춘을 은밀히 개경에 불러들여 장차 쌍성 지역의 회복을 의논했고, 이후 수차례 만나 동북지역의 정세를 탐색했다. 1356년(공민왕 5) 5월 남벌에 참여했던 장군들이 귀국해 중원 각처에서 벌어지고 있는 반란군의 기세와 원의 방만한 내정을 낱낱이 보고했다. 공민왕은 원이 번국에 대한 통제력을 잃었다고 판단하고 이 기회에 부원세력을 제거함으로써 땅에 떨어진 왕권을 회복하기로 결심했다.

그해 5월, 공민왕은 경천흥, 황석기, 신청 등과 상의한 뒤 궁중에 강중경, 목인길, 이몽대 등 장사들을 매복시킨 다음 잔치를 핑계로 기철, 노책, 권겸, 기철의 아들 기유걸과 조카 기올제이부카, 권겸의 아들 권항과 권화상, 노책의 아들 노제 등을 불러들였다. 이윽고 목표한 친원파 인사들이 모두 연회장에 모이자 공민왕은 일거에 그들의 척살을 명했다.

어명이 떨어지기가 무섭게 기철은 철퇴에 맞아 즉사하고 권겸은 달아나다 살해되었다. 그때 기유걸, 기올제이부카, 노제, 권화상 등이 모두 살해되었지만 권항은 평소 주변 사람들에게 덕을 베푼 까닭에 죽이지 않고 제주도 유배형으로 그쳤다. 또 기철의 부인은 도주해 비구니가 되었지만 체포되어 하옥되었고, 아들 흥왕사에 숨어 동자승 행세를 하다 발각되어 살해되었다. 당시 기철의 아들 기세걸과 기사인테무르는 원에 있어 목숨 건졌다. 그와 동시에 강중경은 근위병들을 이끌고 궁에 들어오지 않은 노책의 집을 습격해 그를 죽인 다음 북천동길에 시신을 전시했다. 그렇듯 친위정변을 마무리한 공민왕은 기철과 권겸, 노책이 역모를 꾸며 황제의 사신을 사칭해 선동하고 거사하려 했으므로 치죄한 것이라고 발표했다.

공민왕은 후속조치로 남양부원군 홍규의 손자이며 자신의 외사촌 형인 홍언박을 우정승으로 임명하고 개혁교서를 발표해 정치체제의 정비, 부원세력의 경제적 기반 해체, 민생 안정책 수립, 군사제도 정비 등을 표방했다. 정치면에서 정방을 폐지하고 인재선발의 공정화, 지방관의 비리 근절, 관제개혁을 단행했다. 부원세력의 토지는 국가에 귀속하고 미곡을 몰수해 빈민구제용으로 사용했다. 민생안정책으로 염세를 3분의 1로 경감하고 고리대금 문제를 해결했다. 군사 제도면에서는 병력을 확충하고 군역 부과 방식의 개선, 역참제의 정비, 둔전제의 실시 등을 내놓았다.

그해 6월 공민왕은 또 정동행성의 감찰기구로 고려의 내정을 간섭하던 이문소를 혁파하고, 원의 연호를 쓰지 못하게 했다. 7월에는 고려의 관직을 과거 황제국의 위상에 맞게 복원했다. 또 북방의 실지회복을 명분으로 재상 인당과 유인우에게 압록강 서쪽의 8역참과 쌍성총관부를 공격하게 했다. 그런데 인당이 출전 도중 술주정을 빌미로 신예의 아우 신순으로 하여금 친원파 제거의 일등공신이었던 강중경을 참수케 하는 사건이 벌어졌다. 보고를 받은 공민왕은 분개했지만 군사작전 중이었으므로 인당에 대한 처벌을 유보했다. 그런 왕의 내심을 알 리 없었던 인당은 6월 원의 파사부 등 3개의 요충지를 점령했고, 유인우는 7월에 이자춘과 이성계, 조휘의 손자 조돈과 조인벽, 조인옥 부자의 내응을 받아 쌍성총관부를 함락시킴으로써 함주 이북의 영토를 수복했다.

원 조정은 갑작스런 고려군의 적대행위에 분노하면서 사신 김구년을 요양성에 가둔 다음 80만 대군을 동원해 복수하겠다고 위협했다. 그러나 현실적으로 고려에 대한 군사행동이 불가능했던 원은 다시 유화적인 내용의 조서를 보내 양국의 우호관계를 지속시키자고 달랬다. 그와 같은 원의 대응을 예상하고 있었던 공민왕은 압록강을 넘어 역참을 공격한 것은 인당의 단독행위라고 해명하고 그를 체포해 처형해 버렸다. 인당은 그렇듯 왕이 아끼던 강중경을 죽인 대가를 치러야 했다.

공민왕은 또 원의 공격에 대비해 양광도에 거주하던 제주도민과 화척, 재인 등을 징발해 서북면의 군사로 충원하고, 서북면도원수에 염제신, 부원수에 형부상서 유연, 판사재사사 김지순, 상장군 김원명을 임명했다. 그와 함께 개경에 외성을 쌓게 하고 여차하면 남경으로 물러나 결사항전하겠다는 뜻을 밝혔다. 그러자 순제는 10월 사신을 보내 고려가 차지한 북방 영토의 점령을 묵인해 주었다.

고려 여인들의 방종과 편조의 등장

1356년(공민왕 5) 무렵 고려에서는 기씨 일문의 제거로 파생된 채하중 사건, 석기 사건 등이 줄지어 일어나면서 수많은 개경의 고관대작들이 연루되어 유배형에 처해졌다. 그로 인해 남편을 잃고 생과부 신세가 된 부인들의 외도가 사회문제로 비화되었다. 그중에 대표적인 것은 밀직사 신귀의 아내가 벌인 간통 사건이었다.

채하중의 아버지 채홍철은 정계의 실력자였고, 어머니는 명장 김방경과 관청 노비 사이에서 태어났다. 그런 부친과 외조부의 배경을 바탕으로 채하중은 출세를 거듭해 재상을 역임했다. 그는 원의 남벌군을 지원하는 고려군의 파견을 주선한 공으로 재차 재상이 되었는데 기씨 일문이 숙청당할 때 연루되어 순천으로 유배되었다. 그런데 갑자기 그가 유배지에서 반역을 도모했다는 이유로 개경에 압송되어 국문을 당하게 되었다. 이에 채하중은 억울함을 호소하며 국문 도중 자살해 버렸다. 당시 이인복은 그의 혐의가 확실치 않다며 탄식했다.

　강윤충은 또 충혜왕과 사기옹주 소생의 석기를 옹립하려는 역모사건에 연루되어 동래현령으로 좌천되어 있다가 채하중의 역모 사건에 연루되어 국문을 받았다. 밀직사 신귀도 그 사건에 연루되어 지방으로 유배되었다가 봉화를 담당하는 병졸로 강등된 상태였다.

　신귀의 처 강씨는 강윤충의 형 강윤성의 딸이었다. 그녀는 남편이 오랫동안 집안을 비우자 외로움을 견디지 못하고 재상들을 유혹해 간통을 일삼았다. 그러자 신귀의 어머니는 며느리가 상대한 김용, 황상, 양백연 등 재상들을 간통죄로 어사대에 고발했던 것이다. 그렇듯 한 여인의 간통 사건에 고관 출신들의 인연이 복잡하게 얽혀 있었다.

　그뿐만이 아니었다. 재상 조석견의 처 장씨는 정변을 악용해 미남인 강윤충을 유혹하여 재혼에 성공했지만 계속 다른 남자를 끌어들이자 이혼을 당했다. 그러자 장씨는 고위관료 출신의 구영검을 유혹해 세 번째 결혼에 성공했다. 하지만 구영검이 원 남벌군의 지원군으로 파견되자 그 틈에 다른 남자를 만났다가 발각되어 또 다시 이혼을 당했다. 그러자 앙심을 품은 장씨는 기씨 일파가 숙청당할 때 전 남편 구영검을 참소해 죽게 만든 뒤 대장군 이구축과 간통했다. 그처럼 정변 이후 엉뚱한 방면에서 문제가 일어나자 경복흥은 공민왕에게 건의해 유배 중인 중신들의 부인들을 고향으로 돌려보내게 했다.

　그 무렵 편조라는 승려가 신예의 후원을 받으면서 기씨 일족인 기현의 집에 머물고 있었다. 그는 옥천사 노비의 아들이었는데 뛰어난 언변과 처세로 기현의 아들 기중수의 장인이자 왕실의 외척인 김원명을 사로잡았다. 어느 날 공민왕은 잠을 자다가 자객이 나타나 자신을 죽이려는데 홀연히 나타난 승려 한 사람이 자객을 물리치는 꿈을 꾸었다. 이튿날 김원명이 편조를 궁궐에 데려와 소개해 주었는데 꿈에 본 바로 그 승려였다. 공민왕은 편조와 대화를 나누다가 그의 개혁에 대한 의지, 정치에 대한 탁월한 식견에 감복하여 자주 궁궐로 불러들였다.

　왕이 갑자기 정체가 불분명한 승려 편조와 자주 밀담을 나누자 이조년의 조카 이승경은 나라를 위태롭게 하는 요승을 쫓아내라고 상소했고, 재상 정세운은 한술 더 떠 편조를 죽이려고 했다. 대쪽 같은 재상들의 직언이 계속되자 공민왕은 편조에게 도피를 권하며 훗날을 기약했다. 그때부터 편조는 머리를 기르고 두타(頭陀), 곧 중 아닌 중으로 매골승 노릇을 하며 천하를 유랑해야 했다.

홍건적의 1차 침공

중국 각처에서 일어난 반군 세력은 날이 갈수록 강성해졌다. 유복통의 송(宋)은 허난성, 산서성 등지로 세력을 확장했고, 장사성의 주(周)는 평강부(소주)를 점령했다. 주원장은 집경로(남경)를 점령한 다음 이름을 응천부로 고치고 근거지로 삼았다.

그때 주원장과 방국진의 세력 확충에 위협을 느낀 장사성은 형식적으로 원에게 투항한 뒤 1363년까지 해로를 통해 미곡을 대도로 운송했다. 그 대가로 장사성은 태위 직을 제수 받아 공식적으로 송강, 호주, 가흥, 항주, 소주 등 강남 6부와 산동까지 세력을 확대했다.

1357년 유복통 휘하의 홍건적 장군 모귀가 산동 반도 남쪽 교주를 시작으로 내주, 익도 등지를 함락하면서 산동 반도 전역을 점령했다. 유복통은 북송의 수도였던 변량으로 진군하며 부대를 세 갈래로 나누어 북진시켰다. 모귀의 동로군은 산동 북방으로, 관선생과 파두반의 중로군은 진녕과 기녕으로, 백불신의 서로군은 동관을 넘어 관중으로 진격했다.

모귀의 동로군은 대명로를 함락하고 청주, 창주, 제남로를 함락시킨 뒤 빈흥원이라는 행정기구를 세우고 원의 관리들을 그대로 기용했다. 모귀의 부대가 대도에 인접한 계주를 함락하자 순제는 제신들과 함께 천도를 논의했다. 그때 좌승상 타이핑이 극력 반대하면서 동지추밀원사 유하라부카를 파견해 모귀의 반군을 대파하고 제남으로 쫓아냈다.

당시 원의 명장 차간테무르와 볼로드테무르는 북진하는 홍건적을 맞아 분전하고 있었다. 백불신의 서로군은 흥원을 점령한 뒤 차칸테무르와 이사제의 정벌군에 연패하면서 사천지방으로 달아났다. 그때 변량을 점령한 유복통은 안풍에 있던 한림아를 맞이해 수도로 정했다. 하지만 그 무렵 홍건적은 상호 연계의 미흡, 보급물자의 부족과 원의 반격으로 고전했으며, 점령지역에 대한 무차별적인 약탈로 민심마저 잃어버렸다.

한편 산서성으로 북상한 관선생과 파두반의 중로군은 퇴로가 막히자 태항산을 넘어 원의 여름수도인 개평부(상도)를 점령하고 궁궐을 불태웠다. 급보를 들은 차간테무르가 장수 백쇄주를 보내 공격해오자 중로군은 갑자기 방향을 동쪽으로 틀어 1359년 요양행성을 함락시킨 뒤 요동으로 진출했다. 기겁을 한 요동지역의 고려인들이 압록강을 넘어 고려로 밀려들었다. 그와 같은 홍건적의 움직임을 예의 주시하고 있던 고려의 공민왕은 김득배를 서북면홍두군왜적방어도지휘사로 삼고 북방의 경계를 강화했다.

그해 4월 동로군의 지휘관 모귀가 조균용에게 암살당하면서 지휘체계가 무너지자 그의 부대 일부가 요동의 홍건적과 합류했다. 그 무렵 관중, 농서지방을 수복한 차간테무르가 5월 변량을 공격하자 유복통과 한림아가 안풍으로 달아나면서 홍건적은 산동과 요동 지역에만 남아 있게 되었다. 그때 요양행성에 머물던 홍건적 가운데 모거경이 지휘하는 4만 병력이 압록강을 넘어 고려를 침공했다. 이에 공민왕은 도원수 이암, 부원수 경천흥, 도지휘사 김득배, 서경윤 이춘부, 서경 존무사 이인임, 일선 지휘관으로 안우, 이방실, 최영 등을 동원하고 2만의 병력으로 전군을 재편성한 다음 수비태세에 돌입했다.

이윽고 홍건적이 의주, 정주를 점령하고 인주로 몰려들자 급거 출동한 안우가 적을 철주까지 밀어붙였다. 안우는 곧 이방실 부대와 합류하여 모귀의 부대를 격파했다. 기세가 꺾인 홍건적은 인주와 정주에 주둔하면서 선주의 곡식을 약탈했는데 안우와 김득배가 섣불리 추격했다가 매복에 걸려 대패하고 정주까지 물러났다. 그 무렵 부원수 경천흥이 안주에서 머뭇거리는 바람에 고려군의 합류가 불가능해지자 도원수 이암은 서경을 포기하고 남쪽 길목인 황주에 포진했다. 그 틈을 타 청천강을 건넌 홍건적이 서경을 함락시켰다. 그러자 공민왕은 이암을 파직하고 이승경을 도원수에 임명했다.

1360년(공민왕 9) 1월 공민왕은 정세운을 도순찰사로 임명하고 결사항전을 명했다. 그에 따라 형부상서 김진, 환관 김현 등이 서경 부근에서 홍건적을 물리쳤고, 상장군 이방실, 서북면 병마사 최영 등이 황주의 철화에서 홍건적을 격퇴했다. 이어서 고려군은 절령을 넘어 서경 남쪽 생양역에 집결하여 서경 탈환을 준비했다. 그러자 고립된 서경의 홍건적은 포로로 잡은 의주, 정주, 서경의 백성 1만 명을 살해하는 만행을 저질렀다. 분개한 고려군이 도원수 이승경의 지휘 아래 안우, 이방실, 김득배, 최영 등이 서경을 총공격하자 홍건적은 더 이상 버티지 못하고 퇴각해 서경 서쪽의 함종과 용강까지 물러났다.

2월에 안우와 이방실의 부대가 함종을 탈환하려다 대패하고 전멸 위기에 몰렸지만 동북면 천호 정신계가 병사 1천 명을 동원해 적을 막아냈다. 전열을 재정비한 고려군은 다시 함종에 있는 홍건적을 맹공해 적 2만여 명을 죽이고 적장 심자와 황지선을 생포하는 대승을 거두었다. 홍건적의 잔당들은 급히 도주하다 압록강에서 수천 명이 익사했다. 그렇듯 홍건적의 침공을 성공적으로 격퇴한 고려군이 개경으로 개선하자 공민왕은 연회를 열고 이승경, 경천흥, 안우, 김득배, 이방실 등에게 공신 칭호를 하사했다.

얼마 후 홍건적이 전함 70척을 동원해 해로를 타고 서해도를 침공했지만 이방실이 출동해 격퇴했다. 황주에서는 황주목사 민후가 홍건적을 물리쳤다. 그 무렵 왜구들이 전라도, 충청도, 양광도 연안에 침입해 방화와 약탈을 일삼았다. 윤5월에는 강화도에 상륙해 선원사와 용장사의 승려 3백여 명을 살해하고 쌀 4만여 석을 약탈하기까지 했다. 그러자 공민왕은 개경에 계엄령을 선포하고 유탁, 이춘부, 이자춘에게 임진강과 예성강의 방어임무를 맡겼다.

그때 공민왕은 문관을 포함한 모든 관리들에게 징집령을 내렸지만 간관들만은 특별히 종군을 면제시켜 주었다. 그러자 국자감의 학관들이 공자의 문묘를 지켜야 한다며 종군 면제를 간청했다. 이에 공민왕은 나라의 안위보다 공자의 위패를 중요시하는 유학자들의 행태를 비판하며 허락하지 않았다.

홍건적의 2차 침공

1357년부터 유복통의 송이 북진하며 원의 토벌군과 싸우는 동안 화중 이남의 반란군은 진우량, 주원장, 장사성의 3대 세력으로 재편되었다. 1353년 말 몰락했던 서수휘 휘하의 진우량은 원 승상 톡토가 실각한 뒤 한림아와 장사성이 세력을 만회하는 틈을 타 재기에 성공했다. 당시 실권을 잡은 예문준이 호북과 강서 일대를 장악한 뒤 1357년 서수휘를 죽이려다 실패하고 진우량에게 죽임을 당했다. 진우량은 1359년경 절강과 복건지방을 장악하고 1360년 5월 서수휘를 살해한 뒤 스스로 제위에 올라 국호를 대한(大漢)이라 했다.

1360년 주원장은 절강, 안휘 지역과 양자강의 강소 남부지역에서 웅거했다. 그때 장사성은 곡창지대인 강남 지역을 차지하고 있었는데 진우량이 주원장을 협공하자고 제의하자 단호하게 거절했다. 남경에 머물고 있던 주원장은 경제적인 여유를 바탕으로 문인과 예술가들을 우대하면서 대륙의 형세를 관망하고 있었다.

그해 7월 공민왕은 이공수와 주사충, 방도치를 원에 보내 정세를 살펴보려 했지만 요동에 진주한 홍건적 때문에 길이 막혀 되돌아왔다. 홍건적의 재침을 우려한 공민왕은 임진현 북쪽 5리 지경에 있는 백악에 궁궐을 짓고 11월에 거처를 옮겼다.

그때 원의 차간테무르가 산동 지역의 홍건적을 평정하기 위해 수륙 양면으로 진격했다. 그는 아들 코코테무르와 장수 관보, 호리치에게 5만 병사를 동원해 부교를 만들게 한 다음 염하를 건너 장청을 점령하고 동평과 제녕을 수복했다. 이어서 전풍과 왕사성을 선봉장으로 산동 전역을 평정한 뒤 홍건적 최후의 거점인 익도를 포위했다.

그 무렵 고려에서는 독로강 만호 박의가 반란을 일으켜 천호 임자부와 김천룡을 죽이자 형부상서 김진으로 하여금 토벌하게 하고 동북면 상만호 이성계에게 김진을 돕게 했다. 그러자 이성계는 휘하의 친병 1500명을 이끌고 출전하여 반란을 성공적으로 진압했다.

1361년(공민왕 10) 10월, 차간테무르의 정벌군에 쫓긴 반성, 파두반, 관선생, 사유이, 주원수 등이 지휘하는 홍건적 20만 명이 압록강을 넘어 고려를 침공해 왔다. 급보에 접한 공민왕 안우를 도원수로 임명해 대적케 했지만 중과부적이라 급히 퇴각했다. 그러자 이방실은 순주, 은주, 성주 등 3개 주와 양암, 수덕, 강동, 삼등, 상원 등 5개 현의 백성과 미곡을 절령으로 옮겼다.

그해 11월 이방실과 김경제가 태주와 개주에서, 안우가 박주에서 각각 홍건적을 격퇴했고 이방실은 연주에서 1천여 명의 적을 물리쳤다. 하지만 홍건적의 본대는 파죽지세로 청천강을 넘은 뒤 안주에서 고려군을 대파하고 조천주와 상장군 이음을 죽였다. 그들은 생포한 김경제를 원수로 삼고 고려 조정에 편지를 보내 항복을 권유했다. 공민왕이 김용을 총병관으로 임명하고 절령을 막아서게 했지만 대파당하고 금교역을 지키던 고려군까지 궤멸되었다. 적군이 코앞에 닥치자 다급해진 공민왕은 왕후와 제신들을 이끌고 남쪽으로 급히 도망쳤다.

11월 24일 개경을 점령한 홍건적은 닥치는 대로 건물에 불을 지르고 약탈과 강간을 일삼았다. 그리하여 개경의 황도에 있던 전각은 물론 수많은 문화유적이 잿더미가 되었다. 홍건적의 주축인 백련교도들은 미륵을 숭배하는 무리들이었지만 이는 허울뿐 야만적인 도적떼일 뿐이었다. 고려의 도성인 개경은 현종 때 요군, 고종 때 몽고군에 이어 공민왕 때 홍건적에 의해 세 번째로 유린되었다.

12월에 조령을 넘어 복주[160]에 다다른 공민왕은 고려군의 총병관을 정세운으로 교체한 뒤 20만의 군사를 모아 임진강 전선에 집결시켰다. 1362년(공민왕 11) 1월, 고려군은 개경 동쪽 천수사 앞에 주둔시킨 뒤 개경성을 포위하고 도성탈환작전을 개시했다. 이때 고려군의 총지휘관은 도원수 안우, 원수 이방실, 김득배 등 3명이었고 장수는 이여경, 황상, 이귀수, 한휘, 양백익, 최영, 이성계 등이었다. 드디어 공격 명령이 떨어지자 이여경 휘하의 장군 권희가 기병을 이끌고 돌격해 적을 혼란시킨 다음 사방에서 총공격을 감행했다.

그때 28세의 상장군(정3품) 동북면 상만호 이성계는 2천여 명의 친군을 이끌고 선봉에 나서더니 제일 먼저 성벽 위에 뛰어 올라 용맹을 떨쳤다. 홍건적은 성중에서 맹렬히 저항했지만 고려군은 집중공격으로 대장인 사유이와 관선생이 목숨을 잃자 사기를 잃고 우왕좌왕했다. 이때 고려군이 동문인 개경성의 동문인 숭인문과 동북문인 탄현문 방면을 열어주자 살아남은 홍건적 10여만 명이 그 길로 빠져나가 압록강 북쪽으로 도주했다.

한편 차간테무르는 홍건적이 농성하고 있던 익도성을 포위하고 맹공을 퍼부었지만 저항이 만만치 않았다. 그런데 갑자기 휘하의 전풍과 왕사성이 반기를 들어 차간테무르를 살해한 다음 홍건적 진영에 투항해 버렸다. 그러자 차간테무르의 아들 코코테무르가 아버지를 대신해 전쟁을 이끌었다. 1362년 11월 정벌군은 땅굴을 파고 성내에 군대를 잠입시켜 성문을 열어젖혔다. 익도성을 함락시킨 코코테무르는 홍건적을 모조리 죽이고 배신자 전풍과 왕사성의 심장을 꺼내 차간테무르의 영전에 바쳤다. 그로써 홍건군은 봉기 12년 만에 완전히 소멸되었다.

3원수의 비극

1362년 1월, 승전보에 접한 공민왕은 그해 2월 복주를 출발해 상주행궁에 도착했다. 그때 김용이 안우와 이방실, 김득배에게 조카 김림을 보내 총병관 정세운을 척살하라는 왕의 밀지를 전했다. 외적을 격퇴한 군대의 최고지휘관을 죽이라는 이해할 수 없는 어명에 김득배가 의문을 표시했지만 안우와 이방실은 어명을 따라야 한다고 고집했다. 결국 그들은 주연을 마련하고 정세운을 초청한 뒤 자객을 동원해 그를 죽였다. 홍건적을 대파한 지 4일 만에 일어난 비극이었다.

총병관 정세운을 성공적으로 제거했다는 세 원수의 보고를 받은 공민왕은 그들에 대해 사면령을 내리고 상주 행궁으로 소환했다. 명을 받은 안우가 경상도 함창현에 이르자 왕은 시중 유탁을 보내 접대하면서 그를 방심하게 했다. 이윽고 안우가 행궁 안으로 들어오자 김용의 명을 받은 장사들이 그를 격살했다. 이방실은 용궁현(예천)에서 외삼촌인 간관 신순, 안렴사 성원규의 영접을 받았다. 그때 박춘과 오인택, 정지상이 어명을 빙자해 그를 무릎 꿇게 한 뒤 갑자기 목을 베었다. 한편 행궁으로 가던 김득배는 경상도 기주(영풍)에 이르러 두 장수의 비보를 전해 듣고 산양현(문경)으로 숨었지만 그해 3월 거처를 알아낸 김유, 박춘, 정지상, 성원규 등에 의해 목숨을 잃었다. 그때 김득배의 문생이었던 직한림 정몽주는 통곡하면서 그의 시신을 거두어 고향 상주에 장사지냈다.

「고려사」에 따르면 3원수가 총병관 정세운을 살해한 것은 김용의 가짜 밀지에 속은 것이고, 이들의 죽음 역시 김용의 술수라고 기록하고 있다. 하지만 당시 공민왕은 그들이 임금을 능멸했기 때문에 사사했다고 공표했다. 연이은 외침과 내홍에 시달리던 공민왕은 당시 원 조정에 강력한 군벌이 등장해 국체가 흔들리는 것을 보고 백성들의 지지를 받는 장수들의 출현을 경계하고 있었다. 때문에 그는 측근인 김용을 이용해 홍건적 격퇴의 영웅들을 일거에 제거한 것이다. 하지만 그와 같은 공민왕의 비정한 선택은 자신의 권위와 신하들의 충성심을 갉아먹음으로써 흥왕사의 난으로 이어졌다.

나하추의 침입

1362년(공민왕 11) 2월, 원의 심양행성 승상 나하추가 삼살과 홀면으로 침입했다. 나하추는 몽고제국의 창업공신인 무할리의 자손으로 무할리가 칭기즈칸으로부터 흥안령 방면의 순무로 임명된 뒤 대대로 만주의 일부를 통치했다. 나하추 군이 몰려오자 고려의 도지휘사 정휘가 앞을 가로막았지만 일패도지하자 공민왕은 이성계를 동북면병마사로 임명해 대적하게 했다. 나하추는 이성계와 일전을 겨룬 뒤 패배하자 곧 철수했다.

그해 7월에 또 다시 나하추가 다시 군사 수만 명을 거느리고 홍원 땅으로 들어오자 이성계는 덕산에서 나하추 군과 맞서 대승을 거두고 적을 달단동으로 밀어붙였다. 그때 이성계는 개인적인 무예뿐만 아니라 뛰어난 병법을 통해 자신의 능력을 유감없이 발휘했다.

그는 요지에 복병을 설치한 다음 군대를 셋으로 나누어 좌군은 성곶, 우군은 도련포로 진군하게 하고 자신은 중군을 거느리고 송두로 나가 함흥 들판에서 나하추와 정면으로 맞섰다. 교전이 시작되자 이성계는 맨 앞으로 나서 싸우다 패한 척 나하추의 군대를 유인한 다음 좌우의 복병을 일으켜 적을 궤멸시켰다.

본래 나하추는 쌍성총관으로 있던 이자춘과 친교가 있어 그 아들 이성계가 무용이 뛰어나다는 소문을 들었지만 믿지 않고 있었다. 그러나 실제로 싸워보고는 감탄을 금치 못했다. 그때 진중에 있던 나하추의 부인은 계속 퇴각을 종용했고, 나하추의 누이는 이성계의 용맹에 반했다는 기록도 있다.

흥왕사의 변란

1363년(공민왕 12) 1월 청주에 도착한 공민왕은 연산의 개태사에 사람을 보내 개경 환도의 길흉을 점쳤다. 다행히 좋은 점괘가 나왔으므로 길을 재촉했는데 서운관이 음양에 꺼림이 있으므로 개경 남쪽에 있는 흥왕사에 잠시 머물며 강안전을 수리할 때까지 기다리자고 주청했다. 공민왕은 2월에 청주를 떠나 진주와 죽주를 거쳐 한강과 임진강을 건넌 뒤 흥왕사에 도착했다. 그해 윤3월 1일 한밤중에 공민왕을 살해하기 위한 변란이 발생했다.

그날 밤 김용의 사주를 받은 김수와 조련 등이 50여 명의 자객들과 함께 흥왕사를 습격해 첨의평리 왕자문, 판전교지사 김한룡, 우정승 홍언박과 호위병들을 마구 죽이고 공민왕의 생명을 노렸다. 그들은 '제지(帝旨)' 곧 '황제의 명령'이라 외치며 왕의 침전으로 뛰어들었다. 그때 환관 이강달이 공민왕을 태후의 거처에 있는 밀실에 숨긴 다음 왕과 용모가 흡사한 환관 안도적을 침전에 눕혔다. 그러자 자객들은 안도적을 무참히 살해하고 도망쳤다.

김용은 그날 개경에 있는 공신 유숙을 노리고 자객을 보냈지만 그가 묘련사에서 법회에 참석하고 있었으므로 죽이지 못했다. 홍왕사의 변고를 전해들은 좌정승 유탁 등은 순찰부대인 순군부로 달려가 최영과 우제, 안우경, 오인택 등에게 변란의 진압을 명했다. 곧 순군이 출동해 대대적으로 자객 추포에 나서 김수 일당을 잡아들였다. 당시 순군의 책임자였던 김용은 거사가 실패했음을 알고 자신의 존재를 감추기 위해 자객들이 잡혀오면 심문도 하지 않고 닥치는 대로 목을 베게 했다. 공민왕은 강득룡의 집으로 거처를 옮긴 다음 변란을 진압한 최영과 오인택 등 장수들을 크게 치하하며 상을 내렸다. 그 와중에 주모자인 김용도 일등공신으로 책봉되었다.

얼마 후 염제신이 시중으로 임명되자 그의 집에서 축하연회가 열렸다. 그때 술에 취한 김용은 자신이 왕의 세 가지 우환을 제거했지만 조금도 즐겁지 않다고 한탄했다. 세 가지 우환이란 홍언박, 정세운, 3원수를 뜻하는 것이었다.

공민왕은 귀경에 앞서 김용을 이용해 왕권을 뒤흔들 가능성이 있는 정세운과 막강한 군부의 지도자 3원수를 죽인 데 이어 문신의 지도자 홍언박과 유숙까지 노렸다. 그와 함께 자신의 비밀을 속속들이 알고 있는 심복 김용까지도 함께 제거하려 했다. 이는 즉위 초기 조일신의 난을 처리하는 방법과 크게 다르지 않을 것이었다. 그런 공민왕의 내심을 알아챈 김용이 홍언박과 유숙을 제거하기로 한 날 원 황제의 명령을 빙자해 공민왕까지 살해하려 했던 것이다. 그와 같은 김용의 속셈은 환관 이강달의 기지와 안도적의 희생 때문에 수포로 돌아갔다.

얼마 후 대호군 임견미가 변란 당시 김용의 수상쩍은 행동을 포착하고 급거 체포했다. 김용은 모진 고문 끝에 대역죄를 뒤집어쓰고 환형에 처해진 다음 개경에 효수되었다. 하지만 홍왕사 변란의 진정한 배후는 공민왕이었다. 그런 참혹한 숙청과정을 통해 왕은 훼손된 권위를 세운 뒤 개경으로 귀환했던 것이다.

두 명의 고려 국왕 덕흥군과 공민왕의 대결

공민왕은 두 차례에 걸친 홍건적 침공으로 국세가 크게 위축되고 자신의 입지가 좁아지자 원의 원조가 절실했다. 때문에 그는 홍건적의 침탈이 극에 달했던 1361년에 정동행성을 다시 설치하고, 1362년에는 관제도 개혁 이전의 상태로 되돌림으로써 원에 유화적인 제스처를 취했다. 하지만 현실은 3원수의 살해로 민심을 잃고, 흥왕사의 난으로 측근들에게까지 신뢰를 잃어버린 상태였다. 공민왕에게 가족들을 잃은 기황후에게는 복수할 수 있는 절호의 기회였다.

기황후는 순제로 하여금 공민왕을 폐위하고 덕흥군 왕혜를 고려 국왕으로 삼으며 기삼보노를 원자로 삼는다는 교서를 발표하게 했다. 그것은 공민왕 축출만이 아니라 왕씨 고려를 멸하고 기씨 왕조를 세우겠다는 단호한 의지의 표현이었다.

덕흥군 왕혜는 충선왕의 셋째아들로 몽고 이름은 타시테무르(塔寺帖木兒)이다. 그는 고려에서 승려 생활을 하다 충정왕이 살해되자 원에 망명 중이었다. 그가 고려 국왕에 책봉되자 사신으로 갔던 김첨수, 유인우, 강지연, 황순, 안복종, 문익점 등이 덕흥군의 편에 섰고, 홍순, 이자송, 김유, 황대두는 공민왕 편에 섰다. 기황후는 최유에게 군사 1만 명을 주어 덕흥군을 호위하여 고려로 들어가게 했다. 서북면 용주 출신의 최유는 노비 출신으로 재상에 오른 최안도의 아들이었다.

그때 원에 있던 이득춘의 보고를 통해 원 황실의 조치를 알게 된 공민왕은 1363년(공민왕 12) 6월 서북면 도원수 경천흥을 총사령관으로 임명하고 청천강 남쪽 안주에서 최유의 공격에 대비하게 했다. 그와 함께 도지휘사에 안우경을 임명하고 의주 도순찰사 이귀수는 안주, 도체찰사 이순은 니성, 도병마사 홍선, 우제, 박춘은 각각 정주, 강계, 독로강에, 순무사 지용수는 용주에 파견했다. 또 이인임은 서북면 도순문사 겸 평양윤으로 보급을 담당하게 했다.

개전 초기 최유의 부대는 압록강을 사이에 두고 고려군과 지루하게 대치했다. 당시 고려군 장병들은 3원수의 죽음으로 인해 공민왕에게 반감을 품고 있었다. 그들에게 있어 원이 책봉한 덕흥군이 새 국왕이었고 공민왕은 폐위된 옛 국왕이었다. 그런 군부의 분위기를 감지한 공민왕은 장수들에게 직접 지휘권을 주지 않았다.

1364년(공민왕 13) 1월, 드디어 최유의 정벌군이 압록강을 넘어와 의주를 포위했다. 도지휘사 안우경이 전투를 벌여 7차례나 승리했지만 결국 대패하고 도병마사 홍선이 사로잡혔다. 최유의 부대는 의주를 통과하여 안주로 몰려왔다. 그러자 공민왕은 찬성사 최영을 도순위사로 삼고 경천흥을 대신해 고려군을 지휘하게 했다. 그때 동북면에 있던 이성계가 기병 1천 명을 이끌고 안주 방면으로 출동했다.

최영은 안주에 도착하자마자 전군을 재편성했다. 좌익은 도지휘사 안우경, 도순찰사 이귀수, 순무사 지용수, 도병마사로. 우익은 도체찰사 이순, 도병마사 우제, 박춘, 동북면 병마사 이성계를 포진시켰다. 또 겁에 질려 탈영하는 병사들을 참수하는 등 일벌백계로 다스려 군기를 가다듬었다. 그렇듯 오합지졸을 정예군으로 탈바꿈시킨 최영은 수주의 달천에 진을 치고 있던 최유의 부대를 공격해 대승을 거두었다.

그 무렵 동북면에서는 도지휘사 한방신, 도병마사 김귀가 이성계의 인척인 삼선과 삼개가 이끄는 여진족과 싸우고 있었다. 삼선과 삼개는 고려군이 최유의 부대와 전투를 벌이는 동안 화주를 함락시키고 철령까지 밀어붙였다. 그러자 이성계는 최유의 군대를 격파한 다음 신속하게 동북면으로 이동해 한방신과 김귀의 군대와 합류하여 삼선과 삼개의 여진족을 격파했다. 그때의 공으로 이성계는 30살의 나이에 밀직사의 재상이 되었다.

최유의 부대가 싱겁게 패배하자 기황후는 순제에게 재차 정벌을 권했다. 하지만 볼로드테무르와 어사대부 토켄테무르가 고려를 자극해 반란군과 양면에서 공격당한다면 황실이 위험하다고 순제를 설득했다. 당시 주원장은 막강한 세력을 확보해 호남, 호북, 강서 지역을 장악하면서 고려에 사신을 보내 우호관계를 맺으려 하고 있었다. 진퇴양난에 빠진 순제는 하는 수 없이 그해 5월 덕흥군 추대 모의에 관련된 권신 삭사감의 처벌을 알렸고, 9월 억류하고 있던 고려 사신 장자온을 돌려보내 공민왕의 복위를 통고했다. 그때 원에 사신으로 갔던 홍순, 이자송, 김유, 황대두, 문익점 등도 귀국했다. 공민왕은 그들이 덕흥군을 지지할 수밖에 없었던 상황을 고려해 파직으로 처벌을 대신했다.

그해 10월에 최유는 고려에 압송되어 11월 개경에서 처형되었다. 그러자 공민왕은 찬성사 이인복을 원에 보내 형식적으로 충성을 맹세했다. 1365년 1월에는 밀직부사 김유를 원에 파견해 덕흥군 왕혜의 신병 인도를 요구했지만 원 조정에서는 그의 병을 핑계로 송환을 거부했다.

신돈의 등장과 후기 개혁의 시작

수차례의 외침과 내홍으로 심신이 지쳐버린 공민왕은 편조를 개경으로 불러들여 청한거사라는 호칭을 내렸다. 과거 편조를 위협하던 이승경과 정세운이나 그를 후원하던 신예도 이미 죽고 없었다. 편조는 신예의 동생 신순의 도움으로 기현의 집에 머물렀다.

어느 날 공민왕이 편조를 찾아가자 그는 시중들던 노비 반야를 왕에게 바쳤다. 그녀를 통해 성적 자신감을 회복한 공민왕은 궁에 돌아온 후 그동안 소원했던 노국공주를 가까이했다. 그리하여 1364년(공민왕 13) 노국공주는 여름에, 반야는 늦가을에 수태했다. 그러나 결혼 15년 만에 임신한 노국공주는 1365년(공민왕 14) 2월 출산 도중에 산고를 이기지 못하고 세상을 떠났다.

연경에서 혼인한 이래 간난신고를 함께했던 노국공주가 죽자 공민왕은 몹시 슬퍼하며 공주의 장례를 위한 관청을 17개나 설치하고 대규모 장례식과 불사를 연이어 치른 다음, 4월이 되어서야 송악산 서쪽 봉명산 기슭의 정릉(正陵)에 안장했다. 왕은 또 노국공주의 초상을 그리고 밤낮으로 마주하며 음악을 들려주고 슬피 울었으며, 그 후 3년 동안 고기를 먹지 않았다. 그해 7

월 반야가 사내아이를 낳았지만 공민왕은 정릉의 단장에 몰두하느라 그 사실을 알지 못했다. 편조는 아이의 이름을 모니노(牟尼奴)라고 짓고 개경 인근 낙산사에 측근 오일악을 보내 아이의 무사평온을 빌었다.

공민왕은 오랜 전쟁으로 인한 국정의 혼란과 문벌귀족, 신진사류, 무장세력 등이 엄연한 현실에서 자신을 대신해 그들의 반발을 억누르고 조정을 쇄신할 인물로 편조를 점찍었다. 미천한 출신 성분에 학연이나 지연에 얽매이지 않은 편조야말로 자신의 대행자로서는 적임이었다. 얼마 후 공민왕으로부터 국사가 되어 달라는 제안을 받은 편조는 명철하면서도 주변 사람을 잘 믿지 않는 왕의 성격을 잘 알고 있었다. 그동안 이용가치가 떨어진 측근들을 가차 없이 제거했던 공민왕이었다. 그러므로 편조는 왕에게 다음과 같은 맹세문을 쓰게 했다.

'사부는 나를 구하고 나는 사부를 구하리라. 죽고 살기를 함께하여 남의 말에 미혹함이 없으리라. 부처님과 하느님이 증명하리다.'

그때부터 편조는 자신이 꿈꾸던 미륵세상을 만들기 위해 기존의 정치판을 개혁하고 권세가와 문벌을 숙청하는 악역을 맡았다. 편조는 기현의 집에서 나와 밀직재상 김란의 집으로 거처를 옮긴 다음 국사에 참여하기 시작했다. 그러자 김란은 자신의 두 딸을 편조에게 바치며 아부했다. 그 사실을 알게 된 최영이 김란을 질책하자 편조는 개혁의 첫 제물로 최영을 선택했다.

대대적인 숙청과 신돈의 비상

당시 50세의 최영은 동서강[161] 도지휘사로서 개경 수비의 중책을 맡고 있었다. 1365년(공민왕 14) 3월 왜구가 교동도와 강화도를 침범하면서 개경을 위협했다. 얼마 후 예성강 하구에 상륙한 왜구들이 세조 용건의 무덤인 창릉을 파헤치고 초상을 꺼내가는 사건이 일어나자 신돈은 최영을 파면하고 후임에 김속명을 임명했다. 4월에 왜구가 교동도와 강화도, 임진강, 예성강 일대를 침범하자 편조는 나라가 위기에 처했는데 최영이 경복흥과 함께 고봉산 일대에서 사냥을 즐겼다는 죄목으로 군권을 회수하고 계림윤으로 좌천시켜 버렸다.

그렇듯 군부의 실력자인 최영 축출에 성공한 편조는 대대적으로 조정을 개편했다. 김보와 이춘부가 첨의부의 고위 재상인 찬성사에 임명되었고, 임군보와 김란은 밀직사의 재상 자리를 꿰어 찼다. 편조는 또 시중 유탁과 삼사우사 이인임으로 하여금 도당에서 모든 국무를 관장하게 하고 김란과 임군보, 목인길을 내재추[162]로서 궁중의 업무를 관장하게 했다. 당시 인사의 특징으로는 편조의 측근 김란, 공민왕의 측근 임군보가 동시에 임용되었고, 승려의 정치참여에 부정적이었던 목인길이 캐스팅보트로 영입했다는 점이다.

그해 5월 편조는 개혁에 반대하는 신료들을 조정에서 대거 축출했다. 찬성사 이귀수, 첨의평리 양백익, 판밀지사사 박춘, 예성군 석문성, 환관인 부원군 김수만, 이녕을 유배형에 처하고, 영도첨의 이공수, 수시중 경천흥, 판삼사사 이수산, 찬성사 송경, 정당문학 원송수, 밀직재상 조희고, 홍사범, 최맹손, 한공의, 박희 등을 해임했다. 이어서 양천군 허유, 허유의 아들 전리사 판서 허서, 전직 전공판서 변광수, 판사 홍인계, 첨의평리 김귀, 춘성군 박희 등도 제거했다.

편조가 조정의 전면에 나서면서 축출한 신료들의 면면을 살펴보면 공민왕의 기대에 철저하게 부응했음을 알 수 있다. 최영, 경천흥, 송경, 이귀수, 양백익, 허유, 김귀, 조희고, 박춘 등은 전장에서 무공을 세운 공신들이었고, 경천흥과 홍사범 등 외척 일부, 또 청주 한공의와 한방신 형제, 남양 홍사범, 양천의 허유와 허서, 원주의 원송수 등은 고관대작을 배출한 명문세족 출신이었다.

7월, 공민왕으로부터 후작인 진평후에 책봉된 편조는 상호군 이득림, 순군 오계남이 최영, 이귀수, 양백익, 석문성, 박춘을 개경으로 압송해 국문했다. 그때 편조가 최영을 죽이려 했지만 정사도가 파직을 감수하면서 극구 변호했고, 이인임까지 구명운동을 벌이자 생각을 바꾸었다. 가까스로 목숨을 건진 최영은 절치부심하며 은둔생활에 들어갔다. 훗날 최영이 무진정변을 일으켰을 때 이인임을 살려준 것은 그와 같은 인연이 작용한 것으로 보인다.

그해 12월 편조는 이름을 돈(旽)으로 바꿈으로써 신돈(辛旽)이라는 이름이 역사의 전면에 등장했다. 공민왕은 그의 활약에 만족한 듯 수정이순논도섭리보세공신[163] 칭호를 내린 다음 영도첨의사 사사, 판중방 감찰사사, 취성부원군, 제조승록사사 겸 판서운관사로 삼았다.

영도첨의사 사사는 제1재상부인 도첨의사사의 최고재상이고, 판중방 감찰사사는 상장군과 대장군의 회의기구인 중방과 관리를 규찰하는 감찰사의 우두머리이다. 또 취성부원군은 신돈의 고향인 영산이 취성이라 불린 데서 유래했으며, 제조승록사사는 승려들을 관장하는 승정기구인 승록사의 우두머리, 판서운관사는 천문지리와 음양오행을 다루는 서운관의 수장이다. 그처럼 신돈은 고려의 정무권과 군 통수권, 감찰권, 승정권 등을 총괄하는 막강한 권한을 쥐었다. 공민왕은 또 신돈의 복식과 의전, 호위를 국왕에 준하게 함으로써 그의 대리 정권을 적극 응원해 주었다. 그리하여 팔관회가 열렸을 때 왕을 대리한 신돈이 의봉루에 올라 신료들의 하례를 받기까지 했다.

유학자들의 반발과 내정의 안정

공민왕이 떠돌이 승려 신돈을 이용해 정상적인 조정의 절차를 무너뜨리고 공신과 권신들을 적대시하자 기존 신료들과 유학자들의 반격이 시작되었다. 임군보와 김보는 최영과 이귀수 등은 계묘년에 난을 평정한 공신으로 반역죄가 아니라면 10대 후손까지 죄를 물을 수 없다면서 그들의 신원을 요구했다. 그러자 신돈은 김보를 해임하고 임군보를 정무에서 소외시켰다가 여주로 귀양 보냈다. 또 목인길은 노국공주의 권위를 훼손시켰다는 죄목으로 전주에 귀양 보냈다.

그와 같은 신돈의 조치에 이제현, 이인복, 유숙, 원송수 등 유학자들이 반기를 들었다. 그들은 신돈이 오랜 과거의 전통인 좌주문생제[164]를 비판하고 과거도 중단시켰다며 공민왕에게 처벌을 요구했다. 그중에서 신돈을 공개적으로 비난한 사람은 간관 이존오와 정추였다.

이존오는 1366년(공민왕 15) 정추와 함께 신돈의 권력남용을 비판하는 상소문을 대언사에 접수시켰다. 그는 신돈이 재상의 신분임에도 불구하고 문수법회가 열렸을 때 국왕과 나란히 앉았던 불경함을 거론했다. 승려의 신분으로 국왕을 무시하고 재상들을 하인 다루듯 하는 그의 방자함을 치죄하지 않으면 사회질서가 무너질 것이라는 준엄한 상소였다. 이는 장차 고려사회의 신분질서를 파괴하려는 신돈의 의중을 파악한 결과였다. 그러자 공민왕은 이존오와 정추를 소환해 두 사람을 질책했다. 그때 이존오는 신돈이 왕과 마주 앉아있는 것을 보고 큰 소리로 질책했다.

"노승이 어찌 이처럼 무례한가?"

젊은 간관의 호통에 놀란 신돈이 황망한 표정으로 의자에서 일어났다. 그러자 분노한 공민왕은 두 사람을 순군옥에 가둔 다음 첨의사 재상 이춘부, 밀직사 재상 김란과 이색, 김달상 등에게 국문하게 했다. 이춘부와 김란은 두 사람을 심문하며 경천흥과 원송수를 연루시키려 했지만 그들은 완강하게 버텼다. 분개한 김란이 그들을 죽이려 하자 이색이 만류하고 나섰다.

"태조 이래 오백 년 동안 고려에서는 간관을 죽인 적이 없다. 그런데 오늘 간관을 죽인다면 영공에게 나쁜 소문이 돌 것이다. 무엇 때문에 그리 작은 유생의 말에 연연하는가."

그와 같은 이색의 변호로 이존오와 정추는 지방의 하급 관리로 좌천되는 데 그쳤다. 그 소식을 들은 유학자 원송수는 신돈 일파를 저주하며 화병을 앓다가 그해 6월 세상을 떠났다. 그런 분란 속에서도 신돈 정권은 차츰 안정을 찾아갔다. 시중 유탁, 수시중 이춘부, 판삼사사 이인복, 찬성사 이인임 등이 신돈의 개혁정책에 협력했고, 정방의 책임자인 지인에 고향 창녕 출신의 유학자 성석린이 임명되었다.

당시 반대파들의 저항을 의식한 신돈은 측근들을 요직에 임명해 세력을 강화했다. 1367년에는 안동 출신의 유학자 임박을 정방의 지인으로 임명하고 대간과 대언, 6사의 관원들을 경상도 출신으로 대폭 물갈이했다. 자신을 공민왕에게 소개했던 김원명을 삼사좌사 겸 응양군의 상호군으로 삼아 중앙군의 전 병력 총괄하게 했고, 친족인 신귀 형제의 영산 신씨, 기현의 행주 기씨 등을 우군으로 삼았다. 공민왕은 그와 같은 신돈의 절대 권력을 후원하면서 신소봉, 이강달, 윤충좌, 김사행 등 환관 세력을 키워나갔다.

신돈의 개혁과 수구세력의 반동

1366년(공민왕 15) 신돈은 전민변정도감을 설치하고 스스로 판사가 되어 개혁을 총지휘했다. 이인임, 이춘부도 전민변정도감의 판사로 임명되어 권문세가나 문벌가문에서 강압적으로 빼앗은 토지를 원주인에게 돌려주고, 억울하게 노비가 된 양민들을 환속시켜 주었다. 그 과정에서 신돈은 노비 소유주의 의견이 아니라 노비의 의견을 존중해 주었으므로 백성들은 '고려 땅에 성인이 났다'며 기뻐했다.

본래 고려는 사족과 서인을 구별하는 사서제(士庶制)와 양인과 천민을 구별하는 양천제(良賤制)를 두 축으로 유학자 중심의 귀족사회를 구현하고 있었다. 그런데 무신정권시대와 원 간섭기를 거치면서 평민과 노비의 신분 상승에 따라 사서제 기능이 상실되었고, 양천제도 원의 영향으로 무너져가고 있었다. 그러므로 신돈의 노비개혁정책은 시대의 흐름과 맞아떨어졌지만 수백 년 동안 내려온 제도의 벽과 수구세력의 저항은 만만치 않았다.

불교도들의 정신적 지주였던 국사 보우는 신돈을 멀리하라는 자신의 주청이 받아들여지지 않자 미련 없이 국사직을 버리고 전주 보광사로 내려가 버렸다. 신돈이 후임으로 천희를 국사, 선현을 왕사로 책봉하자 불교계의 반발이 거세게 일어났다. 그렇듯 우군으로 믿었던 불교계와 척을 지게 된 신돈은 궁리 끝에 유교 측을 회유하기로 결정했다.

1367년(공민왕 16) 5월, 신돈은 임박의 건의에 따라 개경 서대문인 선의문과 십자거리 사이에 있던 국립대학 국자감을 도성 안 동북쪽 숭문관 자리로 옮겨 짓게 하고 성균관(成均館)이라 명명했다. 그때 신돈은 성균관 건축의 비용을 전담하면서 이색에게 '문선왕은 천하 만대의 스승'이라고 칭송했다.

이윽고 건물이 완성되자 이색이 성균관의 수장인 대사성에 취임했고 임박이 성균좨주, 유교경전에 밝은 김구용, 정몽주, 박상충, 박의중, 이숭인 등이 교수인 학관으로 임명되었다. 그때부터 성균관은 이색학파의 산실이자 성리학의 요람으로 거듭나게 되었다. 1370년(공민왕 19)에는 정도전, 1374년(우왕 즉위년)에는 권근이 학관이 되었다.

성균관의 부흥을 통해 답답한 정국을 타개한 신돈이 개혁 정책에 박차를 가하자 이번에는 현직 군부 실력자들이 반발하고 나섰다. 1367년(공민왕 16) 10월 첨의재상 오인택이 첨의시중 경천흥, 전직 처의재상 목인길, 삼사재상 안우경, 삼사재상 김원명, 전직 밀직재상 조희고, 판개성부사 이순, 첨의재상 한휘, 상호군 조린, 상호군 윤승순 등과 함께 신돈을 제거하려 했다. 그런데 모의에 동참했던 판사 강원보가 판서 신귀를 통해 신돈에게 밀고함으로써 작전은 수포로 돌아갔다.

신돈은 주동자인 오인택과 경천흥, 목인길 등을 모두 귀양 보내고 노비와 재산을 몰수했지만 자신이 임명한 군부 장수들까지 등을 돌렸다는 사실에 커다란 충격을 받았다. 그 무렵 사족들은 신돈을 신분질서의 파괴자, 요승으로 단정하고 있었다. 파도는 연이어 밀어닥쳤다. 얼마 후 전 밀직재상 김정, 김흥조, 조사공, 유사의, 김제안, 김귀보, 이원림, 윤희종 등이 신돈을 살해하려다 조사공의 고변으로 발각되어 죽음을 당했다.

명의 건국과 원의 축출

공민왕이 신돈을 앞세워 개혁과 왕권 회복이라는 두 마리의 토끼를 쫓고 있을 때 원에서는 황권을 둘러싼 내홍이 점입가경을 이루고 있었다.

1364년(공민왕 13) 기황후는 순제의 퇴위를 종용하고 황태자 아유르시리다르를 보위에 올리려 했다. 그러나 순제의 완강한 거부와 측근들의 방해로 뜻을 이루지 못했다. 기황후는 환관 박테무르부카를 이용해 황제파 좌승상 타이핑을 회유하려 했지만 실패하자 그를 척살하고 군벌 코코테무르와 손을 잡았다. 그러자 황제파는 군벌 볼로드테무르를 끌어들여 강력하게 저항했다. 그 와중에 황제파인 로테샤가 환관 박테무르부카를 숙청하려다 실패하자 볼로드테무르 진영으로 도주했다. 분개한 기황후가 볼로드테무르의 군권을 박탈하자 그는 불시에 대도로 몰아닥쳐 기황후 일파를 제압하고 우승상에 올랐다. 그로 인해 박테무르부카는 유배되고 황태자 아유르시리다르는 고북구로 도주했다.

그때 태원으로 달려간 아유르시리다르는 감숙, 요양, 섬서 지방의 군사를 모은 뒤 1365년(공민왕 14) 3월 코코테무르, 이사제와 여러 친왕들에게 볼로드테무르의 토벌을 명했다. 그러자 볼로드테무르는 기황후를 제색총관부에 유폐하고 장군 토켄테무르, 예수부카 등으로 하여금 코코테무르 군을 공격하게 했다. 그런데 중도에 예수부카가 배신하여 코코테무르에게 귀순하면서 전세가 역전되었다. 승리를 잡은 코코테무르가 대도를 함락하고 볼로드테무르를 죽이자 토켄테무르와 로테샤는 도주했다.

권력을 재장악한 기황후와 아유르시리다르가 순제를 퇴위시키려 했지만 실권자인 코코테무르가 동의하지 않았다. 그러자 기황후는 윤10월 그를 하남왕에 봉한 뒤 반군 토벌을 명하고, 이사제, 장량필, 토리포, 공흥 등 군벌들을 함께 보냈다. 1366년 하남에 부임한 코코테무르가 반군 토벌에 나서자 함께 출전했던 군벌들이 그의 지휘를 거부하면서 내전이 벌어졌다. 그 무렵 바얀후투그 황후가 죽자 제1황후에 책봉된 기황후는 황태자 아유르시리다르에게 천하 병마의 지휘권을 준 다음 코코테무르의 부하였던 맥고에게 코코테무르 정벌을 명했다. 하지만 맥고는 거꾸로 코코테무르에게 잡혀 죽었다.

1365년 10월 주(周)의 장사성은 원의 토벌군과 합세해 홍건적의 본대가 주둔하고 있던 안풍을 공격했다. 다급해진 유복통이 구원을 청하자 주원장은 급히 군대를 보내 장사성군을 격퇴하고 한림아를 구출함으로써 홍건적 내부의 주도권을 쟁취했다. 주원장은 파양호에서 진우량 군을 궤멸시킨 뒤 휘하의 서달, 상우춘, 풍국승으로 하여금 장사성 토벌을 명했다.

1366년 2월, 주원장은 고우성을 점령하고 회안로, 서주, 숙주, 호주, 사주, 영주, 안풍로까지 차지했다. 얼마 후 그는 장사성의 본거지였던 태주와 호주로, 항주로, 소흥로, 가흥로를 석권하고 주의 수도인 평강부(소주)를 포위했다. 1년여의 지루한 공방전 끝에 1367년 9월 결국 평강성이 함락되었고 생포된 장사성은 스스로 목숨을 끊었다. 그때 주원장은 한림아를 죽임으로써 백련교도들과 결별한 뒤 유학자들과 손잡고 몽고족의 축출과 한족 국가 건설을 결의했다.

그해 10월 주원장은 탕화와 오정에게 방국진을 토벌하게 했다. 그와 동시에 25만의 북벌군을 일으켜 서달을 정로대장군, 상우춘을 정로부장군으로 삼고 북진을 개시했다. 서달은 회수를 돌아 황하 유역으로 진군했고, 11월 탕화가 경원을 함락하자 방국진이 항복했다. 서달은 또 기주를 함락하고 익도를 점령했다.

1368년(공민왕 17) 1월 4일 주원장은 응천부에서 황제 즉위식을 올리고 국호를 명(明), 연호를 홍무(洪武)라 했다. 드디어 남송이 멸망한 이래 한족들만의 국가가 재건된 것이었다.

북진을 계속한 명군은 금세 산동을 평정하고 3월 동관으로 들어가 이사제를 축출한 뒤 하남까지 북상했다. 그해 8월 명군이 대도로 몰려오자 순제는 황족들과 함께 몽고 초원으로 도망쳤다. 주원장은 8월 1일 응천부를 남경(南京)으로, 개봉을 북경(北京)으로 정한 다음, 2일 대도(大都)에 입성했다. 14

일에는 대도를 북평(北平)으로 고쳤다.

새로운 관계

1369년(공민왕 18) 2월 신돈은 삼사의 상소를 통해 공민왕에게 사심관의 부활을 요청했다. 그는 5도 사심관이 되어 지방에 대한 개혁을 확실하게 완성시키고자 했다. 그런데 공민왕은 예로부터 사심관은 나라의 큰 도적이라 하면서 상소문을 불태워버렸다. 6월에는 신돈의 측근 상장군 노숙이 환관의 아내와 간통한 사건이 발생하자 800대의 장형을 쳐 죽였고, 대호군 정희계도 붙잡아 400대의 장형을 쳤다. 그렇듯 공민왕과 신돈의 관계가 눈에 띄게 벌어지고 있었다.

그해 4월, 명은 부보랑 설사를 고려에 파견해 명의 건국과 주원장의 즉위를 통보했다. 그는 고려에 귀화한 위구르인 설손의 아들이자 설장수의 동생이었다. 그러자 고려는 5월부터 원의 연호를 폐지하고 예부상서 홍상재와 상호군 이하생을 사신으로 보내 황제의 등극을 축하했다. 8월에는 다시 총부상서 성준득과 공부상서 장자온을 보내 황제의 생일을 축하했다.

1370년 7월에는 전라도를 시찰하고 올라온 체복사 최용소가 왕보다 신돈을 먼저 만났다는 이유로 곤장을 맞았다. 그 무렵 공민왕은 직접 국정에 손을 대면서 신돈을 멀리했다. 그해 10월 공민왕은 겨울에 천둥이 치고 눈이 나무에 얼어붙었으니 천도가 순조롭지 못하다며 화를 냈고, 전민추정도감이 제대로 일을 못하고 있다며 시중 이춘부를 질책했다. 그처럼 신돈에 대해 노골적인 질책을 퍼부은 왕은 드디어 공식적으로 정사에 복귀하겠다는 뜻을 밝혔다.

그해 11월, 노책의 아들 노은이 원병을 청하는 원 순제의 친서를 가지고 황주에 오자 대장군 송광미를 보내 척살해 버렸다. 북원에 기황후 세력이 건재한 이상 공민왕은 그들에게 아무런 도움도 줄 생각이 없었다. 12월이 되자 공민왕은 보평청에 나아가 직접 정사를 돌보았고 신돈에게는 매월 2일과 16일

이틀만 정사를 보게 했다. 그 와중에 공민왕은 명덕태후를 통해 외척을 결집하여 신돈 제거 공작을 벌이고 있었다.

1370년(공민왕 19) 4월, 명 황제 주원장이 도사 서사호[165]를 파견해 고려의 산천에 제사지내고 비석을 세웠다. 그때 공민왕은 병을 핑계로 황제의 조서를 받지 않았고, 서사호가 돌아가자 그가 세운 비석을 뽑아버렸다. 명의 강압적인 태도에 적극적으로 불만을 표시한 것이다.

그해 5월, 명은 공민왕을 고려국왕에 책봉하고 대통력을 하사했다. 당시 주원장은 친서를 통해 고려의 의식과 제도를 인정하고 양국 간에 형식적인 사대자소 관계를 추인하면서도 왜구에 대한 대처가 미흡하다고 따지고, 궁궐을 제후국의 법식에 맞게 축조하며, 유교의 왕도를 따르라는 식의 잔소리를 했다. 고려는 그해 7월부터 명의 연호 홍무(洪武)를 사용했다.

이성계의 요동 정벌

1368년 명에 의해 원이 몽고 초원으로 쫓겨나면서 요동 지역은 고려와 명의 완충지대로 남아 있었다. 원의 동녕부는 충렬왕 대에 서경이 고려에 귀속된 뒤 압록강 건너 요양로의 동쪽에 옮겨져 있었는데 기철의 아들 기사인테무르와 평장 김백안이 북원의 잔당들과 함께 지키고 있었다.

공민왕은 명의 세력이 요동 지역까지 미치지 못하고 있음을 알고 1369년 12월 이성계를 동북면상원수, 지용수를 서북면상원수, 이인임을 서북면 도통사로 삼아 요동 정벌을 명했다. 그때 공민왕은 이인임에게 천자의 친정군을 상징하는 깃발인 대독(大纛)을 주어 보냈고, 원구단(圓丘壇)에서 하늘에 제사지냄으로써 칭제건원(稱帝建元)의 뜻을 내비쳤다.

1370년(공민왕 19) 1월 이성계는 기병 5천, 보병 1만을 이끌고 황초령을 지나 압록강을 넘었다. 그때 동녕부 동지 이오룩테무르(이원경)는 우라산성으로 옮겨 방어태세를 취했지만 이성계가 야둔촌에 이르자 3백여 호를 거느리고 항복했다. 그러나 추장 고안위는 항복하지 않고 버티다가 이성계가 70여 차례 화살을 쏘아 병사들을 명중시키자 겁을 먹고 도망쳤다.

그 무렵 명은 서달을 정로대장군, 이문충, 풍승, 등유, 탕화를 부장군으로 임명해 북정에 나섰다. 서달과 등유는 섬서, 감숙 방면으로 출정해 흥화를 함락했고, 서달은 코코테무르군을 심아욕에서 대파한 뒤 카라코룸으로 쫓아냈다. 그해 4월 28일 원의 순제가 대피하고 있던 응창에서 이질에 걸려 세상을 떠났다. 그 정보를 입수한 이문충은 응창을 기습해 함락하고 국상 중이던 원의 황족과 백성 5만 명을 생포했다. 그때 황태자 아유르시리다르는 포위망을 뚫고 간신히 카라코룸으로 도망쳤다. 드디어 완벽하게 중원을 통일시킨 명 태조 주원장은 토곤테무르의 묘호를 순제(順帝)라고 지음으로써 원을 중국의 정통왕조로 인정했고, 자신이 천명을 받아 원의 뒤를 이어받아 명을 건국했다고 선언했다.

명의 사신 맹원철을 통해 이문충이 응창 점령 사실을 알게 된 공민왕은 상원수에 지용수, 부원수에 양백연, 이성계, 안주상만호에 임견미를 임명하고 재차 동녕부 정벌을 명했다. 1370년 11월 2일 고려군은 재차 압록강을 넘어 요동에 들어선 뒤 12월 3일 나장탑에 이르자 군대의 짐을 남겨두고 7일치 양식만 가지고 행군했다. 12월 4일 지용수는 비장 홍인계와 최공철에게 3천 명의 기병을 주어 요성을 급습했다. 요성의 수비군은 고려군의 수효가 적자 안심했지만 뒤이어 이성계의 본진이 도착하자 긴장에 휩싸였다.

이윽고 고려군이 공성무기를 동원해 맹공을 가하자 기사인테무르는 완강히 저항했지만 곧 성이 함락되었다. 그때 고려군은 김백안을 생포하고 장수 처명의 항복을 받았지만 수괴인 기사인테무르는 급히 성을 빠져나가 나하추에게 의탁했다. 상원수 지용수는 성 안에 양식이 없음을 알고 성 밖으로 나와 각처에 나하추와 에센 부카 등에게 투항을 권유하는 방문을 붙였다.

그달 5일에 일관 노을준이 수상한 붉은 기운이 진영에 비친다며 회군을 건의했다. 그러자 지용수는 나하추 군의 기습을 우려해 야영할 때 반드시 변소와 마구간을 짓게 했다. 과연 얼마 후 나하추가 군대를 이끌고 고려군을 뒤쫓다가 빈 군영에 변소와 마구간이 있는 것을 보고 군대가 정비되었으리라 판단하며 물러갔다. 당시 굶주림에 신음하던 고려군은 사흘 만에 송참에 도착해 진무 나천서의 도움으로 배를 채울 수 있었다. 고려군이 안주에 이르자 지용수가 포로 김백안을 참수했다. 당시 고려군은 전투에는 이겼지만 소수의 군세로는 요동 지역의 관리가 불가능하다는 사실을 뼈저리게 체험했다. 군량도 부족했고 나하추의 위협도 현실적인 장애물이었다.

12월 2일 공민왕은 도평의사사 명목으로 동녕부에 자문을 보내 기사인테무르를 소환하라고 경고하며 요동지역이 고려의 영토임을 주장했다. 이듬해 9월에 안우경이 다시 압록강을 건너가 우라산성을 함락하고 원의 추밀원부사 하라부카를 생포하는 등 전과를 올렸지만 더 이상 진격하지 못하고 압록강 이남으로 철수하고 말았다. 그렇듯 원명 교체기에 고려의 공민왕이 행했던 3차례에 걸친 요동 정벌은 비록 요동 지역의 점령으로 이어지지 않았지만, 고려를 노리던 기씨 가문의 잔당을 제거하고 원에 대한 고려의 확고부동한 결별 의지를 보여주었다.

신돈의 제거와 무장들의 약진

1371년 봄, 공민왕은 회암사에 머물고 있던 나옹화상 혜근을 만나 신돈에 대한 불신감을 표명했다. 그 사실이 알려지자 승려 석온이 신돈의 반역설을 세간에 퍼뜨리는 등 정적들의 십자포화가 신돈에게 집중되었다. 5월에는 공주의 석탄에 은거하던 이존오가 '신돈이 죽어야 내가 죽는다'라는 유언을 남기고 31세의 나이로 요절했다.

그해 7월 신돈의 문객인 선부의랑 이인이 공민왕의 외척인 재상 김속명의 집에 신돈의 반역음모를 담은 익명서를 집어던졌다. 그것은 얼마 전 공민왕이 광종의 헌릉과 문종의 경릉을 참배하는 길에 신돈 일파가 왕을 암살하려다 삼엄함 경비로 인해 포기했다는 내용이었다.

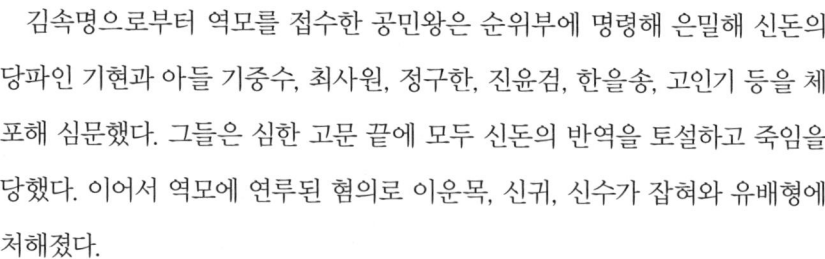

　김속명으로부터 역모를 접수한 공민왕은 순위부에 명령해 은밀해 신돈의 당파인 기현과 아들 기중수, 최사원, 정구한, 진윤검, 한을송, 고인기 등을 체포해 심문했다. 그들은 심한 고문 끝에 모두 신돈의 반역을 토설하고 죽임을 당했다. 이어서 역모에 연루된 혐의로 이운목, 신귀, 신수가 잡혀와 유배형에 처해졌다.

　한밤중에 일어난 참극은 공민왕의 명에 의해 엄중 보안이 유지되었다. 이튿날 신돈은 모니노의 생일 축하차 광명사를 방문한 다음 정릉을 참배하고 돌아오는 길에 전격 체포되어 이성림과 왕안덕에 의해 수원으로 옮겨졌다. 두 사람은 이미 신돈을 배신하고 공민왕 편에 서 있었다. 신돈의 체포 소식이 전해지자 신돈에 대한 탄핵상소가 줄을 이었다. 그러자 공민왕은 망설임 없이 신돈을 참수형에 처했다. 그 후 공민왕은 신돈의 악행 증거를 모았지만 탐오나 치부에 관한 내용은 찾을 수가 없었다. 다만 숙청, 인사, 주색 등 온통 정치적인 내용뿐이었다. 그로써 공민왕에 의해 기획되었던 신돈의 6년 정권이 막을 내렸다.

　신돈의 실각과 함께 경천흥, 최영, 안우상, 이순, 윤승순 등이 속속 조정에 복귀했다. 그때부터 시중 경복흥, 수시중 이인임이 정권을, 찬성사 최영이 군권을 장악했다. 그때 44세의 이색과 37세의 이성계가 문하부 재상에 임명되었다.

　공민왕은 그동안 박절하게 대했던 태고화상 보우를 국사에 책봉하고 나옹화상 혜근을 왕사에 책봉했다. 그런데 왕사 혜근에 대한 백성들의 신망이 높아지자 무장들은 그를 참소해 밀양의 영원사로 추방하고 독이 든 다과를 먹였다. 그로 인해 혜근은 여주 신륵사에서 57세의 나이로 열반했다. 독살의 이유는 혜근이 제2의 신돈이 되지 않을까 두려워했기 때문이었다.

　1371년(공민왕 20) 9월 공민왕은 최영을 견제하기 위해 서경 도만호 안우경과 안주 상만호 이순에게 요동의 오로산성 정벌을 명하고 염제신을 서북면 도통사로 삼았다. 그러나 이듬해 4월 재상 안우경이 죽으면서 최영의 권력은 더욱 공고해졌다.

이듬해 공민왕은 최영을 육도도순찰사로 삼아 장수와 수령의 승진과 퇴출, 군호 작성, 전함 건조, 죄인 판결 등을 맡겼다. 그러자 최영은 부정한 관료들을 쫓아내고 70세 이상의 노인에게까지 쌀을 거두어 군량미를 확보함으로써 백성들의 원성을 들었다. 빌미를 잡은 대사헌 김속명이 최영을 탄핵했다가 무고죄를 뒤집어쓰고 유배형에 처해졌다.

그처럼 주류무장들의 권력이 통제할 수 없는 지경에 이르자 신변에 위협을 느낀 공민왕은 1372년(공민왕 21) 10월 자제위를 설치하고 홍언박의 아들 홍륜, 홍관을 비롯해 한안, 권진, 노선 등 문벌귀족 가문 출신의 소년들을 선발한 다음 환관 김흥경에게 지휘를 맡겼다. 또 고관들의 자제들을 선발해 두리속고적이라 이름 붙이고 궁궐 내부의 호위를 맡겼다. 그것은 잦은 암살음모에 대한 대비와 함께 문벌귀족들에 대한 인질효과를 노린 것이었다.

「고려사」에 따르면 그 무렵 공민왕은 자제위 소년들과 남색을 즐기는 한편 여자 노비와 소년들에게 성교를 강제하고 훔쳐보기도 했다. 급기야 공민왕은 후계자를 잉태시킨다는 이유로 미소년들에게 여러 왕비들을 범하게 했다. 하지만 그와 같은 기록은 공민왕을 의도적으로 깎아내려 역성혁명을 합리화하려는 조선 사가들의 마타도어로 여겨진다.

최영의 탐라 정벌

공민왕이 신돈 일파를 숙청하면서 그동안 추진되었던 개혁 정책들이 자취를 감추고 내정이 혼미를 거듭하자 바다 건너 탐라에서 반란의 기운이 싹텄다. 탐라인들과 몽고인 목동들은 이미 1356년(공민왕 5) 조정에서 반원군사작전의 일환으로 파견한 도순문사 윤시우와 목사 장천년 등을 살해한 적이 있었다. 하지만 고려 조정이 급변하는 북방 정세와 남방의 왜구들로 인해 적극적으로 대응하지 못하자 더욱 기세가 등등해졌다.

1362년(공민왕 11) 8월에는 몽고인 목동들이 성주 고복수를 앞세워 반란을 일으켰고, 그해 10월에는 원에 사신을 보내 복속을 청했다. 그러나 원에서는 고려의 제주만호 박도손을 살해하고 탐라의 왕자족인 재상 문아단불화를 탐라만호로 삼았다. 고려는 원의 조치에 강력하게 항의하며 성준덕을 제주목사로 제수하고 탐라가 고려의 영토임을 주장했다.

탐라를 둘러싸고 원과 고려 사이에 영토분쟁이 야기되자 1366년(공민왕 15) 10월 전라도 도순문사 김유가 선박 100척을 동원해 탐라를 공격했지만 패퇴하고 말았다. 고려 조정의 강경책에 두려움을 느낀 몽고인 목동들은 사신을 원에 보내 탐라를 직접 통치해 달라고 요청했다. 그러나 전국적인 반란에 시달리던 원 조정에서는 탐라의 통치권을 고려에 이양하고 주민들에게 협력을 종용했다. 하지만 탐라인들과 몽고인 목동들은 고려에 대한 협력을 완강히 거부하고 독립국가 건설을 추진하기에 이른다.

그 무렵 명 태조는 과거 서수휘의 부하였던 명옥진의 아들 명승이 다스리던 사천 지역을 완전히 평정했다. 명옥진은 1358년 성도를 함락하고 사천을 지배하다가 1360년 진우량이 서수휘를 살해하고 자립하자 그 역시 자립하여 농촉왕을 자처했으며 국호를 하(夏)로 선포했고, 그의 뒤를 이어 명승이 다스리고 있었다. 1371년 명 태조는 탕화를 서정장군으로 부우덕을 전장군으로 임명해 사천을 공격하자 명승은 버티지 못하고 항복했다.

1372년(공민왕 21) 중원에서 쫓겨난 북원의 황태자 아유르시리다르가 카라코룸에서 순제의 뒤를 이어 즉위했으니, 그가 북원의 초대 황제 소종이다. 소종은 코코테무르와 함께 명에 대한 반격 채비를 갖추었다. 명은 1372년 정월 15만 명의 군사를 출동시켜 카라코룸 정벌을 단행했지만 별다른 전과를 올리지 못했다. 그해 11월에는 나하추가 명의 요동 공략 거점인 우가장을 공격해 5천 명을 죽이고 군량 10만 석을 불태웠다.

분개한 명 태조는 요동에 웅거하고 있는 북원 세력을 축출하기로 마음먹고 고려에 사신을 보내 배후를 안정시키려 했다. 그런데 명의 사신으로 개경에 파견된 명의 고려인 환관 손내시가 불은사에서 목매 죽은 시체로 발견되자 명은 고려 조정이 북원과 짜고 그를 독살한 것으로 의심했다. 하지만 요동 정벌이 더욱 시급했던 명 태조는 고려의 사신 장자온에게 북원과의 관계를 끊으라는 정도의 항의와 함께 말썽 많은 탐라의 고려 귀속을 받아들일 것이며, 조공도 3년에 1회로 토산의 베 2~5건 정도면 충분하다고 구슬렸다.

얼마 후 명은 요동에 정요중위, 정요좌위, 정요우위를 설치하고 자국의 세력권임을 강조함으로써 고려의 북방 영토 확장 의지를 견제했다. 당시 고려와 명은 요동을 둘러싸고 광범위한 정보전을 벌이고 있었다. 때문에 명 태조는 고려 사신과 상인들의 정탐행위를 몹시 경계했다.

그처럼 탐라에 대한 고려의 영유권을 확보한 공민왕은 그해 3월 예부상서 오계남과 비서감 유경원을 탐라에 파견해 귀속 절차를 밟게 했다. 그러자 몽고인 목동들이 반란을 일으켜 유경원과 목사 겸 만호 이용장을 비롯해 고려군 300명을 살해해 버렸다. 이에 고려 조정에서는 탐라를 정벌하기로 결정하고 명에 국서를 보내 허락을 구했다.

1374년(공민왕 23) 4월, 명은 사신 임밀과 채빈을 보내 고려의 탐라 정벌을 허락하는 대가로 북원 원정에 소요되는 말 2천 필을 요구했다. 그해 7월, 한방언이 탐라에 가서 말을 요구하자 몽고인 목동 석질리필사, 초고독불화, 관음보 등은 '세조가 풀어놓아 기른 말을 우리가 어찌 감히 명에게 바치겠는가' 하면서 거부했다. 하지만 한방언이 국제정세의 변화를 알려주며 회유하자 겨우 350필의 말을 내주었다. 그와 같은 몽고인 목동들의 행위에 화가 치민 공민왕은 곧바로 탐라 정벌을 명했다.

곧 탐라정벌군의 총사령관으로 최영, 도병마사에 염흥방이 임명되었다. 병력은 전함 314척에 군사 2만 5,600명이었다. 그때 탐라의 반군과 목동들의 수효는 5천 명을 넘지 못했으므로 정벌의 성공은 명약관화했다. 하지만 최영은 확실한 승전 뒤에 닥쳐올 위험을 감지하고 주변을 경계했다. 그는 과거 홍건적을 물리치고 개선했다가 죽임을 당한 3원수의 비극을 잊지 않고 있었다. 과연 의심스런 움직임이 포착되었다. 공민왕의 매부이자 처남인 유연이 양광도 도순문사로 임명되었고, 측근인 홍사우가 전라도 도순문사로 부임해 정벌군의 귀환로를 장악하고 있었다.

이윽고 나주 영산포를 출발한 탐라 정벌군의 대선단은 검산곶과 보길도에 연달아 정박하며 탐라 공격을 최대한 늦추었다. 드디어 정벌군이 제주 서쪽 명월포에 다다르자 몽고인 목동 석질리필사, 초고독불화, 관음보 등이 기병 3천 명을 이끌고 맹렬히 공격해 왔다. 그러나 전신으로 불리던 최영의 지휘 아래 정벌군은 반군들의 저항을 금세 평정하고 효성, 어음 들판에서 연승을 거둔 다음 적을 한라산 남쪽 호도까지 밀어붙였다. 정벌군의 함대가 섬을 포위하자 전의를 상실한 적장 석질리필사는 백기를 들었지만 초고독불화와 관음보는 끝까지 저항하다 바다 속으로 몸을 던졌다. 그렇듯 반군의 주력을 완파한 정벌군은 탐라 동쪽 방면에서 저항하던 몽고인 목동 석다시, 만조장, 홀고손 등의 잔적들을 전멸시켰다.

그때 최영은 백성들의 우마를 잡아먹은 휘하 병사를 참수하고 팔을 끊어 효시함으로써 군율을 명확히 했고, 항복한 적까지도 모조리 참수함으로써 반역자는 살려줄 수 없다는 자신의 원칙을 실천했다. 이윽고 탐라의 반란을 완전히 평정한 최영은 조정에 승전보와 함께 말 1천 700필을 보내겠다고 보고했다. 그러자 고려 조정에서는 먼저 도착한 말 350필 가운데 건강한 말 200필을 골라 명의 사신 임밀과 채빈에게 내주었다. 목적을 달성한 두 사람은 재상 김의와 함께 요동으로 떠났다.

공민왕의 최후

최영이 탐라 정벌에 한창이던 1374년(공민왕 23) 9월, 환관 최만생으로부터 익비가 임신했다는 보고를 받은 공민왕은 그녀와 동침한 홍륜을 죽이라고 명령했다. 그러나 최만생은 공민왕이 자신까지 제거하려는 것을 알고 홍륜, 권진, 홍관, 노선 등과 모의한 뒤, 그날 밤 자남산 니현의 화원 안에서 만취해 잠들어 있던 공민왕을 함께 살해했다.

그날 새벽 명덕태후가 달려와 공민왕의 죽음을 확인하고 내관들에게 보안

유지를 당부했다. 그러나 내시 이강달이 수상 경복흥, 부수상 이인임, 찬성사 안사기에게 비보를 전했다. 곧 궁궐로 달려온 이인임은 최만생과 자제위 소년들을 모두 체포하고 잔혹한 국문을 가했다. 그리하여 죄를 자백한 최만생과 홍륜이 환형에 처해졌다. 한안, 권진, 홍관, 노선 등은 끝까지 무죄를 주장했지만 모두 참수형에 처해졌다.

그해 8월 탐라 정벌을 성공적으로 완수한 최영은 10월이 되어서야 전선에 군마를 가득 싣고 느긋하게 귀환했다. 11월 명으로 말을 호송하던 재상 김의가 11월 요동에 이르자 명의 사신 채빈과 그의 아들을 살해한 뒤 임밀을 생포해 북원으로 도주했다. 이어서 재상 안사가 김의를 사주한 혐의로 수배되자 도주하다가 자살했다. 이런 여러 가지 정황으로 보아 기록에는 없지만 그때까지 고려 내부에 남아 있던 친원 세력이 북원의 사주를 받아 공민왕을 살해했을 가능성도 엿보인다.

원 제국 말기 고려의 자주독립과 내정개혁을 추진했던 공민왕은 어느 정도 성공을 거두었지만 그것은 원에 대한 복수심과 생존 투쟁의 산물이었다. 그는 자신에게 충성했던 조일신, 김용, 신돈 등 측근들을 냉정하게 제거했고, 홍건적의 침공을 물리친 구국의 영웅들을 살해함으로써 백성들과 군부의 신뢰를 잃어버렸다. 그로 인해 고립을 자초한 공민왕은 결국 비참한 죽음을 맞이하고 말았다. 재위 23년, 향년 45세에 일어난 비극이었다. 공민왕은 사후 노국공주의 정릉 곁에 조성해 두었던 현릉(玄陵)에 안장되었다. 시호는 인문의무용지명열경효대왕(仁文義武勇智明烈敬孝大王) 묘호는 공민(恭愍)이다.

공민왕의 가족

공민왕에게는 노국대장공주 인덕왕후를 비롯해 혜비 이씨, 익비 한씨, 정비 안씨, 신비 염씨 등 5명의 부인이 있었지만 자식을 얻지 못했고, 신돈의 시비 반야로부터 아들 왕우를 얻었다.

제1비 노국대장공주 인덕왕후는 원 위왕의 딸로 몽고 이름은 보타실리이다.

공민왕이 원에 있던 1351년에 혼인했고 고려에 들어온 뒤 숙옹공주에 책봉되었다. 왕은 그녀와 혼인한 지 8년 동안 후사를 얻지 못하자 이제현의 딸 혜비를 후궁으로 받아들였다. 그 후 노국대장공주는 8년 만에 임신에 성공했지만 난산으로 세상을 떠났다. 그때부터 공민왕은 정사를 신돈에게 위임하고 슬픔에 잠겨 지냈다. 1365년 인덕공명자예선안왕태후에 책봉되었고, 원에서는 노국휘익대장공주라는 시호를 내렸다. 공민왕은 그 시호를 다시 노국휘의대장공주로 바꾸었다. 능호는 정릉이다.

제2비 혜비 이씨는 대학자 이제현의 딸로 1359년 입궐했다. 그녀는 유학자의 자손답게 공민왕이 자제위 소년들을 시켜 왕비들을 강간하려 하자 끝까지 저항해 절개를 지켰다. 1374년 9월 공민왕이 살해되자 출가하여 여승이 되었다.

제3비 익비 한씨는 종실 덕풍군 왕의의 딸로 노국공주 사후 궁궐에 들어왔다. 그녀는 공민왕의 강요에 못 이겨 홍륜과 관계하여 임신했고, 공민왕이 암살된 뒤 딸을 출산했다. 중랑장 김원계가 그 딸을 맡아 키웠는데 우왕 때 간관들이 그녀가 사내아이인 줄 알고 살해를 청했다. 익비는 1388년 위화도 회군으로 집권한 이성계, 조민수 일파의 강요에 따라 우왕을 폐하고 창왕을 세우는 교서를 내렸고, 뒤이어 창왕을 폐하고 공양왕을 세우는 교서도 내렸다. 공양왕은 그녀에게 정숙선명경신익성유혜왕대비라는 칭호를 올린 다음 딸 경화궁주의 양육을 맡겼다. 그 이후의 기록은 전하지 않는다.

제4비 정비 안씨는 죽주 출신으로 죽성군 안극인의 딸로 매우 미인이었다. 1364년 왕비에 간택되었는데 아버지 안극인이 시중 유탁과 함께 영안전 공사 중단을 간했다는 이유로 그녀를 내쫓았다. 얼마 후 다시 궁궐에 들어온 그녀는 공민왕이 자제위 소년들로 하여금 강간하게 하려 하자 목을 매는 등 강력하게 저항하여 절개를 지켰다. 공민왕 사후 우왕이 미인인 그녀에게 욕심을 품자 동생인 판서 안숙로의 딸을 바쳐 위기를 넘겼다. 그녀는 훗날 공양왕을 폐위하고 이성계를 옹립하는 전교를 내림으로써 고려 5백년의 문을 닫고 조선 5백년의 문을 열어준 인물이 되었다.

제5비 신비 염씨는 서원현 출신의 곡성부원군 염제신의 딸이다. 노국공주 사후 왕비에 간택되었는데 자제위 소년들의 능욕을 강력히 거부했다. 공민왕이 피살된 뒤 혜비 이씨처럼 머리를 깎고 여승이 되었다.

반야는 신돈의 여종이었는데 공민왕과 동침해 수태했다. 그 후 신돈의 친구 능우의 어머니 집에서 아들을 출산한 반야는 1년 뒤 다시 신돈의 집으로 돌아갔다. 1371년 신돈을 제거한 공민왕은 반야의 아들 모니노를 궁궐에 데려온 뒤 명덕태후 홍씨에게 양육을 맡기고 이름을 왕우로 바꾸었다. 당시 공민왕은 왕우의 출신을 감추기 위해 이미 사망한 궁인 한씨를 왕우의 생모라고 발표하고 그녀의 3대 조상과 외조부에게 벼슬을 추증했다. 우왕은 즉위 후 한씨에게 순정왕후라는 시호까지 내렸다. 그러자 반야는 명덕태후의 궁에 들어가 자신이 우왕의 모친임을 주장하다 쫓겨났다. 그러자 이인임은 우왕이 신돈의 자식으로 오해받을까 염려하여 그녀를 임진강에 수장시켜 버렸다.

공민왕 시대의 주요 인물

가문의 매국 이력을 벗겨낸 이자춘

몽고가 강대한 기세로 중원을 정복하고 고려를 위협하던 시기에 동북면에서 조휘와 탁청이 반란을 일으켰다. 탁청은 정주(정평) 사람, 조휘는 한양에서 용진(문천)으로 이주한 가문의 후예였다. 두 사람이 동북면에서 원에 반대하는 고려인들을 살해하고 화주(영흥) 이북의 바치자 원은 화주에 쌍성총관부를 설치한 다음 조휘를 총관, 탁청을 천호에 임명했다. 그때부터 쌍성총관부는 요동에 있던 요양행성의 지휘를 받았다. 그 무렵 이자춘(李子春)은 조상들의 벼슬을 이어받아 남경 천호와 다루가치를 역임하면서 그 지역의 실력자인 조휘의 집안과 혼인관계를 맺고 막강한 세력을 형성하고 있었다.

인종 때 이자춘의 조상인 대장군 이용부에게는 이준의, 이의방, 이인 등 세 아들이 있었다. 이의방이 무신정변을 주도하여 집권하자 이준의와 이인도 출세 길을 걸었다. 당시 이인은 대학자 문극겸의 딸과 혼인하여 장군 이양무를 낳았다. 그런데 이의방이 정균에게 살해되자 이인은 전주로 내려갔다. 그 후 이양무의 아들 이안사가 지방 관리와의 마찰로 가솔들을 이끌고 삼척을 거쳐 동북면으로 이동했다. 「조선왕조실록」에 따르면 이안사가 산성별감과 관비를 둘러싸고 분쟁이 벌어져 주관에게 쫓긴 것으로 되어 있지만 이동한 무리의 규모를 보아 반란을 도모했다가 도피했을 가능성도 배제할 수 없다.

동북면에 안착한 이안사는 원의 산길대왕에게 항복하고 남경천호와 다루가치를 겸했고, 그 아들 이행리, 손자 이춘에 이어 증손자 이자춘까지 그 직책을 세습했다. 몽고의 전통에 따르면 천호는 1,000명을 거느리는 군사지휘관이고, 다루가치는 몽고의 지배를 관할하는 감찰관으로 몽고인 외에는 임명되기 어려운 벼슬이었다. 이자춘의 가문이 얼마나 원에 충성했는지를 알 수 있는 대목이다.

이자춘에게는 이원계, 이성계, 이화 등 뛰어난 세 아들이 있었고, 쌍성 총관 조휘의 증손자 조인벽을 사위로 맞아들임으로써 동북 지역에서 강력한 영향력을 갖게 되었다. 특히 그의 아들 이성계는 어린 시절 원의 동방 경략에 적극적으로 참여했다.

이자춘은 고려 무인의 후예답게 기마술과 궁술에 능했고 통솔력이 뛰어나 쌍성 일대에 살던 고려 유민들의 정신적인 지도자로 부상했다. 1355년(공민왕 4) 원은 중서성, 요양성, 정동행중서성의 원주민과 이주민을 구분해 호적을 작성하려는 삼성조마호계(三省照磨戶計)를 획책했다. 이는 원주민을 우대하고 이주민을 제거하려는 뜻이었다. 그로 인해 세력 상실을 우려한 이자춘은 마침 내홍을 겪고 있던 원과 결별하고 고려와 손잡기로 결심했다.

그 무렵 고려의 내정에 커다란 변화가 일어났다. 공민왕이 기철 일파를 제거한 뒤 그가 쌍성의 관리 조소생, 탁도경이 결탁했다는 이유로 밀직부사 유인우에게 쌍성 정벌을 명했던 것이다. 그때 유인우는 원의 군대를 두려워하여 쌍성 인근에 있는 등주에서 진군을 멈추고 머뭇거렸다. 그러자 공민왕은 이자춘에게 시소부윤에 이어 중현대부라는 벼슬을 제수한 뒤 병마판관 정신계를 보내 고려군의 쌍성 정벌을 알렸다.

그 소식을 들은 이자춘은 즉시 군사를 일으켜 유인우와 함께 쌍성을 공격해 함락시켰다. 그 결과 고려는 화주, 등주, 정주, 장주, 예주, 고주, 문주, 의주와 선덕진, 원흥진, 영인진, 요덕진, 정변진 등 여러 성과 함주 이북의 합란, 홍헌, 삼살

지역을 빼앗음으로써 강역을 크게 늘렸다. 공민왕은 이자춘의 공을 높이 치하하여 대중대부 사복경으로 삼고 개경에 집을 주고 살게 했다.

그때부터 고려의 정식 무장으로서 중앙 무대에 발을 들여놓은 이자춘은 판군기감사로 승진했고, 이어 양광도[166]에 침입한 왜구 방어 임무를 띤 서강병마사에 임명되었다. 얼마 후 그는 고려의 중앙군이자 왕의 직속친위대인 정3품 천우위상장군으로 승진하여 무장으로서 최고의 지위에 올랐다. 제2차 홍건적의 침입이 우려되던 1361년(공민왕 10) 공민왕은 어사대의 반대에도 불구하고 이자춘을 삭방도만호 겸 병마사로 임명하여 본거지인 동북지방을 경영하게 했다. 그와 같은 왕의 신임을 바탕으로 이자춘은 호부상서까지 벼슬이 올랐다.

이자춘이 46세의 나이로 세상을 떠나자 26세이던 둘째아들 이성계가 동북면에 대한 지배권 행사하며 고려인과 여진인 등의 다양한 종족으로 구성된 사병을 거느리게 된다. 이자춘은 원명 교체기에 공민왕의 반원정책과 연대하여 군사적 업적을 쌓음으로써 조상들의 매국 전력을 깨끗이 씻어낸 다음 고려 정계에 가문의 정치적 위상을 각인시킨 최대 공로자였다. 그가 마련해 놓은 확고부동한 기반이 있었기에 훗날 아들 이성계가 고려를 무너뜨리고 조선 왕조를 창업할 수 있었던 것이다.

고려의 의복 혁명을 이룩한 문익점

문익점(文益漸)의 본관은 남평(南平), 첫 이름은 익첨(益瞻), 자는 일신(日新), 호는 삼우당(三憂堂)이다. 1329년 강성현, 지금의 산청에서 문숙선의 아들로 태어났다. 1360년(공민왕 9) 문과에 급제하여 김해부사록과 순유박사 등을 지냈다.

1363년 사간원 좌정언으로 있을 때 서장관으로 임명된 그는 계품사 이공수를 따라 원에 갔다. 그 무렵 기씨 일문에 대한 숙청에 분개한 기황후는 홍건적의 침공으로 고려사회가 일대 혼란에 휩싸이고 공민왕의 권위가 땅에 떨어진 틈을 타 덕흥군 왕혜를 고려 국왕으로 책봉하고 최유에게 1만 명의 군사를 주어 고려로 파견했다. 그때 문익점을 비롯한 사신 일행은 대부분 원의 뜻에 따라 덕흥군 왕혜를 지지했고, 홍순, 이자송, 김유, 황대두만이 공민왕을 선택했다. 그러나 최영이 최유의 군대를 격파함으로써 공민왕의 위치가 공고해지자, 1364년 귀국한 문익점은 파직되었다.

문익점이 오늘날 주목받는 것은 그의 정치적 행보보다는 고려 백성들의 의복생활에 혁명을 이룩한 점이다. 당시 그는 원에서 돌아올 때 길가에 피어 있는 목화를 보고 종자 김룡에게 몇 송이를 따오게 한 다음 주머니에 넣어서 고려에 들여왔다. 귀국 이후 벼슬을 빼앗기고 낙향한 그는 장인 정천익[167]과 함께 시험 재배를 시작했다. 그러나 두 사람은 목화의 재배법을 알지 못했으므로 겨우 싹이 튼 세 그루 가운데 한 그루만 살아남았다.

그 후 두 사람은 3년간의 노력 끝에 목화의 대량 재배에 성공했지만 실 뽑는 법을 알지 못했다. 그런데 마침 정천익의 집에 머물던 원의 승려 홍원(弘願)이 목화송이에서 씨를 빼는 씨아와 실을 뽑는 물레 만드는 기술을 알려주었다. 그 때부터 정천익은 여종에게 베를 짜게 하여 시범으로 1필을 완성한 다음, 목화 재배법과 베 짜는 방법을 이웃 사람들에게 알려주었다. 그리하여 채 10여 년이 지나지 않아 고려 백성들은 솜옷을 입고 솜이불을 덮게 되어 한겨울을 따뜻하게 날 수 있었다. 그리하여 훗날 조선의 유학자 남명 조식은 「목면화기」에서 문익점을 고대 중국의 후직에 비견하기까지 했다.

문익점은 우왕이 즉위하자 전의주부에 임명되었고, 창왕 때는 좌사의로 어전에서 강론하기도 했다. 하지만 그는 이색, 이림, 우현보 등과 함께 이성계를 추종하던 신흥사대부들의 전제개혁에 극력 반대하다가 조준의 탄핵을 받고 관직에서 물러났다.

그는 조선 태종 때 참지정부사 강성군에 추증되었고, 1440년(세종 22)에는 영의정과 부민후에 추증되었다. 시호는 충선공(忠宣公)이다. 그의 고향 단성의 도천서원과 전라남도 장흥의 월천사우에 사당이 세워졌다. 문익점과 정천익이 처음 목화를 시험 재배했던 경상남도 산청군 단성면 사월리에는 오늘날까지 면화 시배지가 남아있는데, 현재 사적 제108호로 지정되어 있다.

세계 / 국내

- 1374 연의 문인화가 예찬 사망
- 1375 이탈리아 문학가 보카치오 사망
- 1375 제주의 반란
- 1376 교황 그레고리우스 11세, 아비뇽의 교황청을 폐함
- 1376 영주 부석사 무량수전 재건
- 1376 제주민란 주모자 김중광 등 13명, 사형됨
- 1377 타무르제국, 사루쿠 출생
- 1377 최무선, 화약을 발명
- 1378 로마교회, 교회가 로마와 아비뇽으로 분리
- 1380 최영, 해도통사를 겸함
- 1380 독일, 바이에른시 쫀포트투쟁 발생
- 1381 전민변위도감 설치
- 1381 영국 와트 타일러 주도 농민 봉기, 런던 점령
- 1382 고려 승려 보우 입적
- 1382 일본 북조, 후소송천황 즉위
- 1383 신록사 대장각 장경비 건립
- 1383 영국 위클리프, 성서를 영어로 번역
- 1384 무예도감을 설치하고 군사훈련을 강화
- 1388 이성계, 위화도회군으로 실권 장악

제32대 우왕

고려의 제32대 국왕 우왕(禑王)[168]의 이름은 우(禑) 초명은 모니노(牟尼奴)로 1365년에 태어났다. 공민왕의 외아들로 신돈의 여종 반야 소생이다. 공민왕은 1371년 신돈을 제거한 뒤 수시중 이인임에게 자신이 반야에게 아들을 얻었음을 밝히고 그를 보호를 명했다. 그 후 궁중에 들어온 모니노는 연덕궁에 거처하던 명덕태후 홍씨에게 양육되면서 우(禑)라는 이름을 얻었다. 공민왕은 왕우를 강녕부대원군으로 봉하고 유학자 백문보, 전녹생, 정추 등에게 교육을 맡겼다.

1374년 9월, 공민왕이 불의에 죽음을 당하자 명덕태후와 경복흥은 다른 종친을 후계자로 추천했지만 이인임은 밀직 왕안덕과 영녕군 왕유와 함께 선왕의 유지를 강조하며 10세에 불과한 강녕대군 왕우를 옹립했다. 그와 함께 조정의 권력은 수시중 이인임, 판삼사사 최영에게 돌아가고 경복흥은 소외되었다.

공민왕은 서거 이전 왕우가 신돈의 자식으로 오해받을까 염려하여 오래전에 죽은 궁녀 한씨를 생모라고 발표한 다음 순정왕후를 추증하고 그녀의 조

상 3대와 외조부에게 직함을 추증했다. 그러자 1375년(우왕 1) 3월 생모 반야는 명덕태후의 거처인 연덕궁에 들어와 자신이 우왕의 생모임을 주장하며 억울함을 호소하다가 이인임에 의해 죽음을 당하고 임진강에 수장되었다.

고려의 공민왕이 죽었다는 소식이 알려지자 북원에서는 심양왕 왕고의 손자 톡토부카를 고려국왕에 책봉했다. 이인임은 곧 판밀직사사 김서를 북원의 요동승상 나하추에게 보내 공민왕의 부음과 우왕의 즉위를 정식으로 통보했다. 명에도 판종부시사 최원을 보냈지만 그는 고려의 사신 살해를 빌미로 구금되었다. 그 와중에 고려의 처지는 난감하기 이를 데 없었다. 명으로부터 사신 살해를 이유로 침략 위협을 받고 있었으며, 북원도 톡토부카를 국왕으로 임명하며 적대적인 자세를 취했기 때문이다.

그해 5월 북원의 사신이 강계에 와서 입국을 청하자 삼사좌사 김구용, 전리총랑 이숭인, 전의부령 정도전, 예문응교 권근 등이 격렬히 반대했다. 성균대사성 정몽주는 한술 더 떠서 명의 정요위와 협공해 북원을 치자고 요구했다. 그는 고려가 북원의 사신을 받아들이면 명의 침공을 받을 것이라고 주장했다.

진퇴양난에 빠진 이인임은 찬성사 황상과 좌부대언 성석린을 강계로 보내 북원 사신을 설득시켜 돌려보냈다. 당시 그는 명과 북원의 동시 통교를 통해 고려의 안전을 확보하려 했다. 하지만 신진 관료들의 반대로 자신의 의도가 벽에 부딪치자 그해 7월 우인열과 한리의 탄핵을 빌미로 임박, 정몽주, 정도전, 전녹생, 전백영 등 반원파 22명을 처벌했다가 이듬해 대부분 석방했다. 그러나 반골로 낙인찍힌 정도전만은 풀어주지 않았다.

줄타기 외교 전략

1375년 명은 요동지역의 군비를 강화하면서 정료전위를 설치하고 요동위를 영요후위로 명칭을 바꾸었다. 또 10월에는 요양의 정요도위를 요동 조지휘사사로 확대개편하면서 요동지역에는 총 5개의 기관이 설치되었다. 그것은 요동을 자국의 영토로 상정하고 있던 고려 조정의 반감을 사기에 충분했다. 때문에 이인임은 북원과 은밀히 통교하면서 북방의 정세를 예의 주시했다.

1376년 명은 정요위의 지휘 고가노의 명의로 보낸 국서를 통해 조만간 나하추를 공격할 것이니 고려는 명에 복종하여 요동 지방의 백성을 송환하고 조공으로 약속한 군마를 보내라고 협박했다. 10월에는 북원에서 사신을 보내 우승상 코코테무르의 편지를 전했다. 그들은 이전에 톡토부카를 고려국왕에 책봉한 것은 공민왕에게 후사가 없는 줄 알고 벌인 착오였다며 하루빨리 힘을 합쳐 명을 몰아내자고 제안했다. 1377년(우왕 3) 북원의 소종이 죽고 토구스테무르가 새로운 황제로 즉위했다. 그해 7월에 원의 사신이 고려에 들어와 그 사실을 통보하고 정요위 협공을 제의했지만 고려는 아무 조치도 취하지 않았다.

1379년(우왕 5) 명 태조는 하정사 심덕부를 통해 보낸 조서에서 고려가 약속한 조공을 바치지 않으면 정벌군을 파견하겠다고 노골적으로 위협했다. 그때 명은 우선 말 1천 필을 보낸 뒤 내년부터는 금 100근, 은 1만 냥, 말 100필, 세포 1만 필을 바치라고 요구했다. 이에 반발한 고려 조정은 문천식과 오계남을 북원에 사신으로 파견했고, 북원도 고려에 사신을 보냈다. 또 나하추의 아들 문하라부카도 고려에 다녀가는 등 외교관계를 강화하며 명을 압박했다. 그러자 명의 요동도사는 고려를 극력 비난했지만 특별한 군사 행동은 취하지 않았다. 그해 10월에 고려는 명에 조공으로 금 31근 4냥, 은 1천 냥, 백세포 5백 필, 흑세포 5백 필, 잡색마 2백 필을 보냈다. 그러자 명은 수량이 약속과 다르다며 수납을 거절했다. 그때부터 1382년(우왕 8)까지 명은 고려 사신의 입국을 불허했다.

1381년(우왕 7) 9월 명 태조는 27만 명의 군사와 군마 22만 필을 동원하고 부우덕을 남정장군, 남옥과 목영을 부장군으로 임명해 운남의 양왕을 정벌했다. 이듬해 1월 운남을 평정하는 데 성공한 명 태조는 7월 양왕의 가솔을 고려에 보내 제주도에 살게 했다. 그로 인해 고려 조정의 긴장감은 더해갔다.

1383년(우왕 9) 문하라부카가 북원의 사신으로 들어왔다. 그때 명의 요동도사는 고려의 도평의사사에 압력을 가하며 그를 명에 압송하라고 위협했지만 듣지 않았다. 그해 8월에 고려 조정은 문하찬성사 김유와 밀직부사 이자용을 명에 파견해 우왕의 책봉을 요청했다. 만일 명이 그 요청을 받아들인다면 침략을 하지 않겠다는 의도로 받아들이겠다는 뜻이었다. 하지만 기대와는 달리 명은 사신 일행을 구금해버렸다.

그렇듯 명이 고려에 전쟁이냐 복속이냐의 양자택일을 강요하자 분개한 우왕은 명과 일전을 치르기로 결심했다. 우왕 즉위 초기부터 최영은 육도도통사로써 해마다 승려 2천 명, 장인 100여 명을 동원해 800척의 전함을 건조하여 고려 수군을 재건했고, 1380년부터는 해도도통사를 겸했다. 1382년에는 승려들을 동원해 거함 130척을 만들어 요충지에 배치해 두었다.

최영과 우왕의 결전의지에도 불구하고 도평의사사에서는 명의 요구를 받아들여 평화를 유지하자고 주장했다. 곧 공물마련을 위해 진헌반전색이라는 특별관청이 설립되자 문무백관들이 많은 재물을 내놓았다. 1384년(우왕 10) 윤10월 연산군 이원굉이 세공을 가지고 명으로 갔다. 약속한 공물이 도착하자 명 태조는 그동안 억류했던 고려 사신들을 방면했고, 이듬해인 1385년 우왕을 고려 국왕으로 책봉했다. 고려는 비로소 전쟁 가능성이 사라졌다고 기뻐했지만 그것은 나하추 정벌을 위한 명 태조의 기만책이었다.

그 무렵 요동승상 나하추의 세력은 북으로 북원, 남으로 고려와 연결되어 명의 북벌을 가로막고 있었다. 고려의 군사 행동을 외교적 방법으로 저지하는 데 성공한 명 태조는 불시에 압록강, 동가강, 휘발하 상류 일대를 공략해 나하추와 고려의 교통을 차단하고 여진족과 몽고 잔여세력을 회유해 나하추를 고립시켰다. 그렇듯 목적을 달성한 명 태조는 1386년(우왕 12) 고려가 정몽주를 파견해 세공의 삭감을 청원하자 3년에 1회 조공, 공마 50필로 확정했다. 그러나 명은 곧 태도를 바꾸어 나하추 토벌을 빌미로 말 5천 필을 요구했다. 명의 변심으로 곤경에 빠진 고려에서는 12월 전객령 곽해룡을 파견하여 시간을 벌었다.

1387년 1월 명 태조는 풍승을 정로대장군으로, 부우덕과 남옥을 부장군으로 삼고 20만 대군을 동원해 나하추 토벌을 시작했다. 그와 동시에 곽해룡을 고려에 파견해 고려인들의 요동 출입을 막아 정보를 차단시켰다. 그해 6월 명의 임강후 진용의 부대가 나하추 군의 공격을 받아 전멸당했다. 그러나 풍승의 대군이 나하추의 근거지인 금산을 포위하자 나하추는 20만 명의 무리를 이끌고 항복했다. 그로써 명과 고려 사이에 있던 완충지대가 사라져버렸다.

그와 같은 북방 정세를 예의 주시하고 있던 고려에서는 은밀히 군사력을 증강하며 명과의 일전에 대비했다. 그러나 조정에서는 임견미와 염흥방이 국정을 주도하면서 대외적으로 화평책을 폈다. 당시 유생들은 명에 대한 사대를 당연시했지만 우왕과 최영은 미구에 닥칠 명과의 일전을 위해 칼을 갈고 있었다.

왜구의 침습과 홍산 전투

공민왕과 우왕의 치세에 고려는 북방의 긴장과 함께 남쪽에서 밀려드는 왜구의 침탈로 인해 전국이 소란스러웠다. 특히 1350년(경인년) 이후 발호한 왜구는 일반적인 해적이 아니라 일본의 내전에서 궁지에 몰린 북 규슈 지방의 영주 쇼니 요리히사 휘하의 정규군이 대부분이었다. 그들은 쓰시마 섬, 이키 섬, 후쿠오카 현 일대를 근거지로 삼고 군량과 전쟁물자의 확보를 위해 고려를 침입했던 것이다. 때문에 고려 조정에서는 1375년에 판전객시사 나흥유를 일본 조정에 파견해 왜구 토벌에 협조해줄 것을 요청했다.

1376년(우왕 2) 7월, 왜구가 부여와 공주 지방을 침공했다. 목사 김사혁이 정현에서 대패하고 공주성이 함락되자 양광도 원수 박인계는 원군을 보내지 않은 회덕현의 감무 서천부를 참수해 버렸다. 그러나 왜구는 석성을 공격해 박인계를 살해하고 연산의 개태사[169]까지 점령해 버렸다. 그러자 종1품 판삼사사였던 61세의 노장 최영이 정벌을 종묘사직을 보위한다는 명분으로 양광도 도순문사 최공철, 조전원수 강영, 병마사 박수연과 함께 홍산으로 달려갔다. 당시 왜구들이 삼면이 절벽에 가로막힌 요처에 웅거하며 고려군에 대항하자 최영은 적의 화살에 입술을 맞아 유혈이 낭자한 모습으로 선봉에서 맹공을 가해 왜구를 전멸시켰다.

기록으로 볼 때 당시 홍산 지역에는 지형 상 불과 수십여 명의 왜구가 있었을 것으로 추정된다. 그럼에도 불구하고 홍산 전투의 승리가 주목받는 것은 노장 최영의 분전으로 인해 왜구에게 공포심을 안겨주었을 뿐만 아니라 땅에 떨어졌던 고려군의 사기를 끌어올렸기 때문이었다.

최무선의 진포구 전투

고려 전역에서 왜구와의 혈전이 벌어지고 있을 때 장군 최무선은 화약과 화약무기, 화약무기를 탑재할 수 있는 군선 개발에 박차를 가하고 있었다. 광흥창사 최동순의 아들이었던 최무선은 부친이 관리하는 조운창들이 왜구들의 주요 공격 목표가 되자 몹시 분개하고 있었다. 시간이 지날수록 왜구들의 침습이 강화되자 최무선은 그들을 단숨에 전멸시킬 수 있는 화약무기의 개발에 관심을 갖고 수전 화공책을 집중 연구했다.

1377년 5월에는 왜구들이 개경 지역까지 출몰하자 조정에서는 천도론까지 거론되었다. 그러자 우왕은 대사성 정몽주를 일본에 파견해 왜구에 대한 대책마련을 요구하고 큐슈와 아마카와에 억류되어 있던 고려인 포로 수백 명을 귀환시켰다. 또 경상도와 전라도에 왜인만호부를 두는 등 유화책을 실시했지만 별다른 효과를 거두지 못했다.

그해 10월 화약 개발에 성공한 최무선은 조정에 건의해 화통도감을 설치하고 화약과 화포의 대량 제작에 착수했다. 그와 함께 화포를 장착할 수 있는 군선 건조를 서둘렀다. 당시 그가 발명한 화약무기로는 대장군, 이장군, 삼장군, 육화석포, 화포, 신포, 화전, 피령전, 질려포, 철탄자, 천산오룡전, 유화, 주화, 촉천화 등이 있었다.

1380년(경신년) 8월, 충남과 전북의 경계인 금강 하구의 진포구(장항)에 5백 척이 넘는 왜구의 대선단이 출현했다. 진포구에 함선을 정박시킨 왜구들은 인근 각 주군에 쳐들어가 닥치는 대로 살상과 방화, 노략질을 일삼았다. 급보에 접한 조정에서는 해도원수 나세, 심덕부, 최무선에게 전함 100척을 주어 왜구를 섬멸케 했다. 급히 진포구로 내려간 고려의 수군은 최무선이 발명한 화포를 쏘아 정박되어 있던 적선을 무수히 침몰시켰다. 예상치 못한 고려군의 화포 공격으로 왜구 수천 명이 폭사하고 물에 빠져죽은 자도 무수히 많았다.

자신들의 선박이 모두 파괴되자 옥주 방면으로 달아난 왜구들은 먼저 상륙한 왜구들과 합세한 다음 이산과 영동현을 초토화시켰다. 왜구들이 그처럼 낯선 내륙을 휩쓸고 다닐 수 있었던 것은 고려 사회에서 소외된 천민들이 길잡이 노릇을 했기 때문이었다. 그 후 왜구들은 경남 함양의 사근내역 인근의 혈계와 남원의 인월역 인근의 황산, 이듬해 광주 무등산 규봉사에서 고려군과 세 차례의 치열한 전투를 벌였다.

당시 왜구의 총대장 아지발도의 부대는 사근내역을 점령한 다음 본진[170]을 설치했다. 그는 병력을 나누어 사근내역 뒤에 있는 사근산성을 공격해 그곳에 대피해 있던 감무 장군철 이하 주민들은 모조리 도륙했다. 그때 왜구를 뒤쫓던 원수 배극렴과 김용휘, 지용기, 오언, 정지, 박수경, 배언, 도흥, 하을지 등이 혈계 인근에서 아지발도와 정면대결을 벌였다가 대패하고 물러났다. 그로 인해 함양 지역은 완전히 왜구들의 소굴이 되었다.

이성계의 황산전투

진포구에 정박했던 왜구의 대선단이 최무선의 화포 공격으로 궤멸된 후 아지발도가 이끄는 2만여 명의 왜구들은 한 달 넘게 충남북, 경남북, 전북 등지의 남부 내륙지방을 떠돌면서 약탈, 방화, 살인, 전투를 되풀이해 고려 사회를 일대 혼란에 빠뜨렸다. 그러자 우왕은 고려 최고의 명장 이성계에게 왜구 토멸을 명했다.

1380년 9월, 이성계는 지리산 운봉의 황산 지역으로 진군했지만 왜구들의 정체를 구체적으로 파악할 수가 없었다. 그러자 전라도 원수 지용기 휘하의 젊은 장수 배검이 사자를 자원하여 적진에 들어갔다. 그는 인근 고을의 할양을 미끼로 왜구들을 구슬리면서 적정을 자세히 파악한 다음 귀환했다.

배검이 보고에 의하면 적장 아지발도는 매우 용맹스럽고 총명했으며 명령체계나 부대배치가 매우 정밀했다. 그들은 전투에 앞서 종교적 의식[171]을 행했으며, 장수들은 대장 아지발도에게 나아갈 때 잰걸음으로 나아가 무릎을 꿇고 앉았고, 대장에게 말할 때 투구를 벗고 무릎을 꿇고 오른손을 땅에 대고 아뢴 뒤 왼쪽으로 돌아서 나는 등 일본 무로마치 시대 무사의 전형적인 예절을 갖추었다. 그렇듯 당시 고려에 들어온 왜구는 중장갑 기병까지 보유하고 있던 일본의 전문적인 무사집단이었다.[172]

왜구의 대장 아지발도는 이성계의 토벌군이 도착하자 삼면이 산으로 둘러싸이고 서쪽으로부터 광천, 북쪽으로부터 풍천이 합류해 만수천이 되는 인월역 부근을 전장으로 선택하고 일전을 준비했다. 병법에 통달했던 그는 고려군의 진용을 살펴본 뒤 이전과 다른 장수가 지휘하고 있음을 알고 부하들에게 각별히 경계하라고 명했다. 그때 이성계는 군대를 황산 서북쪽에 있는 정산봉으로 이동시켰는데 왼쪽에는 평평한 길, 오른쪽에는 험로가 있었다. 그는 장병들에게 평지로 나아가 공격하라고 명하고 자신은 왜구가 기습할 가능성이 높은 오른쪽 험지를 맡았다.

이윽고 전투가 시작되자 고려군과 왜구는 치열한 접전을 벌였는데 쉽게 승패가 갈리지 않았다. 해질 무렵 이성계가 험지로 들어가자 적의 정예기병이 뛰쳐나와 강주원수 배극렴이 지휘하는 부대의 배후를 찔러왔다. 그러자 고려군은 적장 패가대만호가 이끄는 철기병을 흙탕물로 유인하여 기동력을 마비시킨 다음 모조리 도륙했다.

고려군의 강력한 공세에도 불구하고 아지발도가 지휘하는 왜구의 중군은 흔들리지 않고 맹렬히 저항했다. 이성계는 온몸을 장갑으로 감싼 채 백마 위에서 창을 휘두르는 아지발도의 무용에 감탄을 금치 못했다. 인재를 아끼던 그는 아지발도를 생포해 휘하에 두고 싶어 했다. 그러자 곁에 있던 이두란은 고려군의 희생을 염려하며 척살을 권유했다. 마음을 굳힌 이성계는 아지발도의 투구를 화살로 쏘아 맞춰 이마가 드러나게 했다. 그와 동시에 이두란이 쏜 화살이 아지발도의 면상을 관통했다. 대장이 쓰러지면서 급격히 사기가 저하된 왜구는 고려군의 총공격에 여지없이 무너졌다. 전투가 끝나자 고려군은 수많은 병장기와 말 1,600필을 노획한 다음 철수했다.

황산 전투는 고려와 일본 양국의 정예전투부대가 사투를 벌인 왜구사 최대의 격전이었다. 이때의 승리로 인해 고려 땅을 뒤흔들었던 왜구의 세력이 결정적으로 약화되었고 이성계는 조정에서 확고한 토대를 구축했다. 이성계가 개경으로 귀환하자 노장 최영은 그의 손을 잡고 눈물을 흘리며 이렇게 말했다.

"삼한의 생사가 이 한 번의 싸움에 달려 있었소. 이제부터 공이 아니라면 누구를 믿을 수 있겠소."

한편 황산 전투에서 이성계에게 패배한 왜구의 잔당은 지리산으로 이동한 뒤 겨울을 보낸 다음 무등산으로 들어가 규봉사의 바위 사이에 목책을 세우고 농성했다. 그러자 전라도도순문사 이을진이 결사대 백 명을 동원해 불화살로 목책을 태운 다음 총공격을 감행하니 왜적들은 벼랑에서 떨어져 죽고 잔적은 바다에 도주하여 작은 배를 훔쳐 타고 숨었다. 전 소윤 나공언이 이들을 쫓아 섬멸하고 13명을 포로로 잡았다.

그 후 1383년 5월 왜구들이 120척의 대선단을 구성하여 남해현 지역에 나타났다. 그때 수군 무장 정지는 지리산의 산사에 들어가 '나라의 존망이 이 걸음에 달렸으니, 이 음산하게 내리는 비를 걷어서 나를 도우소서'라고 기도한 다음 관음포에서 화포를 동원해 총공격을 퍼부었다. 그 결과 왜구의 전선 17척을 불태우고 왜구 2,400명을 섬멸하는 대전과를 올렸다.

최영의 무진정변

　1387년(우왕 13) 8월, 이인임이 노병을 이유로 14년 동안 머물렀던 권좌에서 물러났다. 그러자 장성한 우왕은 권신들에게 빼앗겼던 왕권을 되찾고자 했다. 왕은 중신들 사이에 신망이 높은 최영에 의지해 일대 쇄신을 도모하려 했지만 그가 좀처럼 행동에 나서지 않아 애를 태웠다.

　그해 12월, 우왕은 부패관리 김봉, 김중기 등 8명을 처형하는 한편, 모든 창고와 궁사에 속한 전민을 침탈한 자는 명부를 갖추어 아뢰라고 명했다. 그러면서 남의 노비와 땅을 빼앗은 장인 신아의 아들 신효온과 사위 박보녕을 유배형에 처하고, 함부로 역마를 사용한 유인길을 참수하는 등 자신이 먼저 모범을 보였다. 하지만 신료들의 비협조적인 태도로 우왕이 실의에 빠져 있을 때 돌부처 같은 최영을 움직인 사건이 벌어졌다.

　그 무렵 백주에 살던 전 밀직부사 조반은 염흥방의 농장을 관리하던 가노 이광에게 땅을 빼앗긴 뒤 염흥방에게 애걸해 돌려받은 일이 있었다. 그런데 이광이 다시 그 땅을 빼앗아가자 조반은 더 이상 참지 못하고 이광을 죽인 다음 집을 불살라버렸다. 그러자 염흥방은 조반과 그의 가족을 반역죄로 체포한 다음 옥에 가두고 혹형을 가했다. 조반의 옥사는 조정에 큰 파장을 불러일으켰지만 염흥방의 세도가 막강했기에 아무도 문제를 제기하지 못했다. 그런데 얼마 후 염흥방을 후원하던 이인임이 물러나면서 상황이 완전히 바뀌었다.

　1388년(우왕 14) 무진년 1월 5일, 최영은 조반과 그 가족을 석방한 다음 군사를 동원해 염흥방과 그를 추종하던 임견미, 도길부를 체포했다. 그때 우왕은 권신들의 반격을 우려하여 이성계에게 숙위를 명했다. 그때부터 최영의 친위정변은 신속하고 잔인하게 진행되었다.

　1월 10일부터 18일까지 최영은 이성림과 반익순 등 조정에 있는 염흥방과 임견미의 추종세력 50여 명을 처형하고 가산을 몰수했으며, 전국에 안무사를 파견해 1,000여 명에 이르는 잔당들을 제거했다. 최영은 국사에는 사적인 정분을 개입시키지 않는다는 신조 하에 권신들과 관련된 사람들은 이유여하를 막론하고 철저하게 연좌시켜 목을 베었다. 그로 인해 서경윤으로 선정을 펼치던 이인임의 종손 이존성과 청렴했던 염흥방의 매제 이직도 죽임을 당했다. 하지만 그는 이인임을 살려둠으로써 쇄신의 한계를 드러냈다. 최영은 이인임이 계책을 결정하고 대국을 섬겨 국가를 안정시켰으니 공이 허물을 덮을 만하다는 명분을 내세웠다.

정변이 마무리되자 우왕은 최영의 서녀를 영비(寧妃)로 맞아들여 안전판을 확보한 다음 최영을 추종하는 문달한, 송광미, 안소, 인원보 등과 함께 이색, 안종원, 성석린 등 유학자들이 대거 조정에 불러들였다. 또 전국에 찰방을 파견해 권신들에게 빼앗겼던 토지들을 주인에게 모두 돌려주었으며, 신돈 이후 와해되었던 전민변정도감을 다시 설치하여 임견미 일족이 탈점한 전민을 조사하게 했다. 그와 함께 각 도에 안무사를 파견해 횡포를 부리던 권신들의 가신과 노비를 처형함으로써 민심을 다스렸다.

요동정벌과 위화도 회군

14세기 말, 동북아의 정세는 혼돈에 휩싸여 있었다. 원은 신흥 강국 명에 의해 북쪽으로 쫓겨났지만 고려는 명의 새로운 압박에 시달려야 했다.

1387년 9월 명은 남옥을 정로대장군으로 임명하고 15만 대군을 동원해 북원 정벌에 나섰다. 그때 고려에서는 명의 나하추 평정을 축하하며 지문하부사 장방평을 사신으로 파견했지만 요동도사의 입국 불허로 그냥 돌아왔다. 그로써 명의 우왕 책봉은 책략임이 분명해졌다. 과연 이듬해인 1388년, 명은 고려에 단교를 선언하고 원이 다스리던 철령 이북의 영토를 점령하겠다고 통보하더니, 사신 장자온을 억류하는가 하면 뒤이어 파견한 장방평, 정몽주, 조임 등의 입경을 불허하는 등 적대적인 조치를 취했다. 그로 인해 우왕은 명의 공격이 임박했음을 감지하고 조세 중 절반을 군량으로 전환하는 한편 한양산성을 수축하고 전함을 수리하게 했다. 또 백성들의 호적을 작성에 동원병력을 파악하는 등 전쟁준비에 박차를 가했다. 그해 2월, 명은 철령[173] 이북의 개원로 지역을 자국 영토에 귀속시키겠다고 선언했다. 그와 함께 요동백호 왕득명을 파견해 철령위 설치를 통고했다.

고려의 중신들은 명의 일방적 조치에 분개하면서도 외교적인 해결책을 찾느라 부심했다. 그러자 우왕은 최영과 협의한 뒤 명을 선제공격하기로 결심했다. 당시 명의 주력군 15만 명이 북원을 원정하고 있었고, 요동에 있던 부대도 대거 참전해 요동 지역의 명군은 소수에 불과했다. 그것은 고려에 있어 분명한 기회였다. 우왕은 곧 전국 5도의 성을 수축하고 군사를 서북방면에 배치하는 등 적극적인 군사행동을 개시했다. 그는 또 개경의 방리군을 동원해 한양의 중흥성을 축조하여 비상시 왕족들의 피난처로 삼았다. 그 과정에서 요동 정벌에 반대한 공산부원군 이자송을 임견미의 도당이라는 죄명으로 처형해 버렸다. 드디어 우왕은 전국에 징집령을 내려 군사를 모은 다음 조정의 관리들에게 원의 관복을 착용케 함으로써 자신의 반명정책을 노골적으로 드러냈다.

그해 3월 26일, 우왕은 문하찬성사 우현보에게 개경의 수비를 맡긴 다음 최영과 함께 서해도로 가서 군사력을 점검했다. 4월 1일, 개경과 평양의 중간에 있는 봉주에 도착한 우왕은 이성계를 불러 요동 정벌에 대한 구체적인 의견을 물었다. 이때 이성계는 처음으로 요동 정벌이 불가함을 상주했다.

첫째, 작은 나라가 큰 나라를 치는 것은 옳지 않다.
둘째, 여름에 군사를 일으킴은 옳지 않다.
셋째, 왜구들에게 빈틈을 보이게 된다.
넷째, 장마철이라 활에 입힌 아교가 풀어지고 전염병이 번질 우려가 있다.

이른바 이성계의 4불가론으로 알려진 이 정벌 반대 상소는 첫째 사대론 외에는 모두 무장으로서 전문적인 견해를 피력한 것이었다. 하지만 우왕의 요동

정벌 의지가 완강하자 이성계는 한발 물러서 가을까지 출병을 연기해달라고 요청했다. 군대를 움직이는 일은 쉽지만 보급이 끊기면 싸워보지도 못하고 전멸당하기 쉽다는 이유였다. 기실 그가 공민왕 대에 동녕부 정벌에 성공하고도 급히 철수한 것도 보급 문제 때문이었다. 그러나 우왕은 이자송의 예를 들며 이성계를 강력하게 압박했다. 더 이상의 반론이 무의미하다는 사실을 알게 된 이성계는 입을 다물었다.

이윽고 우왕은 최영을 팔도도통사, 조민수를 좌군도통사, 이성계를 우군도통사로 임명함으로써 요동 정벌군의 진용을 갖추었다. 그때 좌군에는 서경도원수 심덕부, 서경부원수 이무, 양광도도원수 왕안덕, 양광부원수 이승원, 경상도 상원수 박위, 전라도 부원수 최운해, 계림원수 경의, 안동원수 최단이 속했고, 우군에는 안도주도원수 정지, 상원수 지용기, 부원수 화오림, 동북면부원수 이빈, 강원도부원수 구성로 등이 소속되었다. 군사의 수효는 좌우군을 합쳐 5만 명, 군마는 2만 1천6백82필이었다.

그런데 출전을 코앞에 두고 갑자기 우왕이 정벌군 총사령관으로 임명된 최영의 출전을 만류했다. 우왕은 과거 최영이 탐라 목동들의 난을 진압하러 갔을 때 공민왕이 시해되었던 일을 상기했던 것이다. 그러나 최영은 5만 명의 대군을 태도가 불분명한 이성계에게 맡기는 것이 불안했다. 하는 수 없이 그는 좌군도통사 조민수에게 이성계의 견제를 지시한 다음 이성계의 아들 이방우와 이방과, 이성계의 심복 이지란의 아들 이화상을 인질로 개경에 잡아두었다.

1388년 4월 19일, 드디어 요동 정벌군이 평양을 출발했다. 고려의 출병소식을 들은 명 태조 주원장은 크게 당황해 종묘에 나아가 전쟁의 길흉을 점치기까지 했다. 당시 북원을 공격하던 대장 남옥은 호어아 해에서 토구스테무르 부대를 격파하여 남녀 7만 7천 명을 생포하고 가축 15만 필을 노획하는 등 개가를 올렸지만 오랜 원정으로 인해 요동으로 달려올 수 없는 상황이었다. 20일 니성을 탐색하고 돌아온 고려 첩자의 보고에 의하면 현재 요동성이 북원 원정으로 인해 텅 비어 있으므로 대군이 이르면 싸우지 않고도 항복을 받을 수 있다고 단언했다.

그런 호기에도 불구하고 이성계는 정벌군의 행군을 최대한 늦춰 5월 7일이 되어서야 압록강에 다다랐다. 이윽고 하중도인 위화도에 상륙한 이성계는 홍인계, 이의 등을 선발대로 내보내 요동의 적정을 살피게 했다. 그런데 입도한 그날부터 일대에 폭우가 쏟아지고 강물이 불어나 도강이 불가능한 상태가 되었다. 이성계는 일주일 동안 비가 멎기를 기다리다가 마침내 조정에 회군을 청하는 장계를 올렸다. 회군의 이유는 이미 설파했던 4불가론이 핵심이었다. 그러자 우왕은 환관 김완을 보내 도강을 재촉했다.

드디어 이성계에게 정벌이냐 회군이냐, 양자택일의 순간이 왔다. 고심하던 이성계는 좌군도통사 조민수를 설득한 다음 회군을 선포했다. 목종 대에 강조가 그랬던 것처럼 국왕에 대한 장수의 명령 불복, 그것은 곧 반역이었다. 말머리를 개경으로 돌리면서 이성계는 장병들에게 다음과 같이 선언했다.

"왕에게 친히 화복을 진술하고, 왕 옆에 있는 악을 제거하여 생령들을 편안하게 하겠다."

그것은 우왕에게 자신이 직접 회군의 정당성을 알리고 부당한 정벌을 종용한 최영을 희생양으로 삼겠다는 뜻이었다. 그는 잡아 두었던 환관 김완을 풀어주고 우왕에게 최영을 처벌하라는 편지를 보낸 다음 개경으로 진군하기 시작했다. 요동 정벌군의 회군은 출발했을 때와 마찬가지로 매우 느렸다. 백성들의 동요를 염려한 것이었다.

이성계의 회군 소식이 알려지자 이방우와 이방과, 이화상 세 사람은 개경을 탈출했고, 이방원은 포천에 있던 어머니 한씨와 계모 강씨를 급히 피신시켰다. 그러자 의주에 머물러 있던 우왕과 최영은 서둘러 개경으로 돌아온 다음 이성계와 조민수를 삭탈관직하고 최영을 문하시중, 우현보를 우시중, 송광미를 찬성사로 삼아 수비태세를 갖추었다. 이성계의 위화도 회군으로 고려는 급거 내전상태에 돌입했던 것이다. 그러자 동북면에서 여진족 1천여 명이 이성계를 지원하기 위해 달려왔다.

6월 3일 요동 정벌군이 개경에 들어오면서 양측은 일촉즉발의 긴장감이 감돌았다. 개경 근교에 군대를 주둔시킨 이성계는 우왕에게 글을 올려 최영을 죽이라고 종용했다. 그러자 우왕은 설장수를 보내 군대 해산을 명했다. 더 이상 타협이 불가능하다는 것을 알게 된 이성계는 공격 명령을 내렸다. 이윽고 지문하사 유만수가 숭인문, 조민수가 선의문 쪽으로 공격을 개시했다. 초전에 조민수가 검은 큰 기를 세우고 영의교 쪽으로 밀어붙이다 최영의 군사에게 격퇴당했다. 그런데 이성계가 황룡기를 앞세우고 선죽교에서부터 남산 방향으로 맹공을 취하자 수비군이 맥없이 무너졌다.

사세가 기울자 최영은 우왕을 모시고 궁궐의 화원으로 대피했다. 이성계는 화원을 수백 겹으로 포위하고 군사들을 시켜 최영을 내놓으라고 소리치게 했다. 하지만 최영이 나오지 않자 군사들이 화원을 부수고 들어갔다. 곽충보가 전정으로 들어가니 최영은 우왕에게 두 번 절하고 순순히 끌려나왔다. 그때 이성계는 최영에게 이렇게 말했다.

"오늘의 일은 나의 본뜻이 아니오. 그러나 요동을 치려는 계획은 대의를 거스르는 일일 뿐만 아니라 나라가 편안하지 못할 것이므로 부득불 이렇게 된 것이오. 잘 가시오."

이성계는 곧 최영을 고봉현으로 귀양 보내고 그의 휘하 장수와 신료들까지 모두 유배형에 처했다. 최영은 그해 12월에 개경으로 압송되어 처형되었다. 그렇듯 성공리에 회군 절차를 매듭지은 이성계는 우왕을 배알한 다음 성문 밖으로 군사를 돌렸다. 이튿날인 6월 4일, 회군파 장군들은 궁궐 옆에 있던 흥국사에 모여 명의 연호를 다시 사용하고 명의 의관을 착용하기로 결정했다. 그와 함께 조민수가 좌시중, 이성계가 우시중, 조준이 첨서밀직사사 겸 대사헌에 임명되었으며, 우왕에 의해 삭직되었던 모든 장군들의 직위가 복구되었다.

그날 밤 자포자기 상태에 빠진 우왕이 환관 80여 명을 무장시켜 회군파의 핵심장수인 이성계, 조민수, 변안령의 집을 습격했다. 하지만 그때까지 장수들이 집에 돌아가지 않고 숙영지에 머물고 있었으므로 거사는 무위에 그쳤다. 다음 날 그 사실을 알게 된 회군파 장수들은 즉시 우왕을 폐위시키고 강화도에 귀양 보냈다. 우왕은 1389년 12월 강릉으로 이배된 뒤 정당문학 서균형에 의해 25세의 나이로 죽임을 당했다. 그는 조선 개국세력에 의해 신돈의 자식으로 매도당하여 시호나 능호도 받지 못했다.

우왕의 가족

우왕에게는 근비 이씨를 비롯해 영비 최씨, 의비 노씨, 숙비 최씨, 안비 강씨, 정비 신씨, 덕비 조씨, 선비 왕씨, 현비 안씨 등 9명의 부인을 두었다. 자식은 근비 이씨에게서 창왕 하나만을 얻었다.

제1비 근비 이씨는 고성 출신 이림의 딸로 1379년 4월에 왕비에 책봉되었고, 이듬해인 1380년에 왕자 왕창을 낳았다. 얼마 후 우왕이 폐위되고 창왕이 등극하자 이림은 문하시중이 되었지만 1389년 창왕이 폐위되자 이림은 충주로 유배된 뒤 현지에서 병사했다. 그때 근비 이씨 역시 서인으로 강등되어 궁에서 쫓겨났다.

제2비 영비 최씨는 최영의 딸로 1388년 3월 왕비에 간택되었다. 우왕은 당시 최고 권력자였던 최영의 후원을 받기 위해 서녀인 영비를 막무가내로 요구해 관철시켰다. 그로 인해 국구가 된 최영은 우왕에게 적극 협력했다. 그러나 그해 6월 위화도 회군으로 최영이 실각하고 왕이 폐위되자 영비는 우왕과 함께 강화도로 유배되었다. 이듬해 11월 우왕이 강릉으로 이배되고 한 달 뒤에 살해되자 영비는 10여 일이나 음식을 먹지 않고 밤낮으로 곡을 했다. 당시 그녀는 밤이면 반드시 우왕의 시체를 끌어안고 잤으며, 곡식을 얻으면 정성껏 밥을 지어 우왕의 영전에 올렸다고 한다. 그녀의 최후는 전하지 않는다.

제3비 의비 노씨는 서운부정 노영수의 딸로 근비 이씨의 궁녀였다가 승은을 입고 의비에 봉해졌다. 우왕은 그녀를 위해 덕창부를 설치했는데, 오빠 노귀산이 과거의 중시에서 낙방하자 종시를 보게 해주었다. 그녀는 우왕이 축출되면서 함께 폐출되었다

제4비 숙비 최씨는 최천검의 서녀로 이름이 용덕이었는데 의비 노씨의 궁녀였다가 승은을 입고 숙비에 봉해졌다. 그 후 숙비는 덕비 조씨의 모함을 받아 전주에 유배되었고 어머니와 오빠가 교살되었지만 우왕에 의해 다시 궁에 돌아왔고

최천검은 천양부원군에 봉해졌다. 그녀 역시 우왕이 축출되면서 폐출되었다.

제5비 안비 강씨는 판삼사사 강인유의 딸로 다른 사람과 정혼했지만 1385년 1월 강제로 입궁된 뒤 안비에 봉해졌다. 공민왕의 제4비인 정비 안씨의 거처에 살다가 우왕의 축출과 함께 폐출되었다.

제6비 정비 신씨는 판사 신아의 딸로 1385년 11월 왕비로 봉해졌다가 폐출되었다.

제7비 덕비 조씨는 노비 조영길의 딸로 이름은 봉가이였다. 조영길은 이인임의 여종과 결혼해 봉가이를 낳았는데 미모가 절색이었으므로 이인임이 우왕에게 바쳤다. 그 덕분에 조영길은 면천되어 전농부정이라는 하급관료가 되었고 곧 밀직부사까지 올랐다. 그녀는 숙비 최씨가 자신을 질투하자 우왕에게 모함하여 대궐에서 쫓아낸 뒤 덕비에 봉해졌다. 덕비 역시 우왕이 축출되면서 폐출되었다.

제8비 선비 왕씨는 왕흥의 딸로 변안열의 아들과 정혼 중이었지만 혼인 전날 우왕이 왕명으로 결혼을 파하고 입궁을 명했다. 그때 왕흥은 완강히 거부했지만 결국 우왕의 위협에 굴복해 딸을 입궁시키고 말았다. 선비 역시 우왕이 축출되면서 폐출되었다.

제9비 현비 안씨는 공민왕의 제4비 정비 안씨의 남동생 안숙로의 딸이다. 정비 안씨는 우왕이 즉위 후 계모 격인 자신의 미모에 반해 유혹하려 들자 조카인 현비 안씨를 소개시켜 마음을 돌리게 했다. 현비는 정비 안씨 덕분에 우왕이 축출된 뒤에도 폐출되지 않았다.

세계 최고(最古)의 금속 활자본 「직지심체요절」

1377년(우왕 3) 청주 흥덕사에서 백운화상의 제자 석찬이 「직지심체요절(直指心體要節)」을 간행했다. 이는 서양 최초의 금속활자본인 구텐베르크의 「42행 성경」[174]보다 70여 년이 앞선 것이다. 본래 상하권으로 발간되었는데 현재 하권만 전해지고 있다. 이 책은 구한말 프랑스 초대 주한공사로 부임한 콜랭 드 플랑시(colin de plancy)가 수집해 프랑스로 건너갔다. 그 후 1911년 파리의 한 보석상이 경매장에서 180프랑을 주고 사들여 보관하다가 1950년경 프랑스 국립도서관에 기증되었다.

이 책의 정식 명칭은 「백운화상초록불조직지심체요절」이다. 고려 말의 고승 백운화상이 선을 수행하는 데 도움이 될 만한 어록을 엮어 쓴 불서이다. 참선을 통해 마음을 바르게 볼 때 그 심성이 곧 부처의 마음이고, 욕심과 번뇌를 버리고 마음을 비우면 그 마음이 곧 불심이라고 강조하고 있다. 「직지심체요절」은 백운화상이 열반에 든 지 3년 뒤에 홍덕사에서 제자 석찬이 금속활자로 인쇄한 활자본과, 이듬해 여주 취암사에서 제자 법린 등이 간행한 목판본 두 종류가 전해져 왔다.

총 39장으로 구성된 「직지」 하권은 2장부터 39장까지 38장만 보존되어 있다. 이 책은 본래 프랑스 국립도서관 일반서가에 보관되었는데, 1972년 국립도서관에 근무하던 서지학자 박병선 박사가 그해 유네스코가 지정한 '세계도서의 해' 기념도서전에 내놓을 한국작품을 찾다가 우연히 발견했다. 그 후 「직지심체요절」은 세계에서 가장 오래된 금속 활자본임을 인정받아 2001년 9월 유네스코 세계기록유산으로 등재되었다. 국내에서는 목판본 두 권을 보물 1132호로 지정되어 국립중앙도서관과 정신문화연구원에 보관하고 있다.

「직지심체요절」의 하권 맨 끝장의 마지막 문장에는 '선광 7년 정사7월에 청주목 바깥의 홍덕사에서 활자를 주조, 인쇄하여 널리 펼친다'[175]란 문장이 새겨져 있다. 선광(宣光)이란 북원의 연호로 고려 우왕 3년에 해당한다. 이 책에는 글자가 비스듬히 누워 있거나 거꾸로 뒤집히는 등 금속활자라는 증거가 명확하게 드러나 있다. 이는 곧 우리나라가 세계 최고의 금속활자 제조국임을 확인시켜주고 있는 것이다.

사실 「직지심체요절」이 고려 최초의 금속활자본은 아니다. 기록상으로는 「상정고금예문」과 「남명천화상송증도가」가 먼저이다. 이규보의 「동국이상국집」[176]에는 인종 재위 시절 최윤의 등이 「상정고금예문」을 편찬했고, 최이가 1234년(고종 21)에 주자(鑄字)로 인쇄했다는 기록이 남아있다. 또 「남명천화상송증도가」는 당나라의 승려 현각이 쓴 선종 지침서를 송나라의 남명선사 법천이 다시 풀어 쓴 것으로 1239년(고종 26) 최이가 기존에 인쇄된 금속활자본을 목판에 다시 새겨낸 책이라고 기록되어 있다.

현재 고려의 금속활자 실물은 '산 덮을 복(覆)' 자가 남한의 국립중앙박물관에 소장되어 있고, '이마 전(顚)' 자가 북한의 개성박물관에 소장되어 있다. 고려의 우수한 금속활자 기술은 조선에도 이어져 1403년(태종 3) 주자소를 설치하고 계미자를 만들었으며, 세종 때는 경자자, 갑인자, 병진자 등이 만들어졌다. 하지만 조선시대에 한자 금속활자 실물은 전해지지 않고, 다만 1461년(세조 7) 만들어진 한글 금속활자 31점이 국립중앙박물관에 보관되어 있다.

우왕 시대의 주요 인물

여말 선초의 풍운아 정도전

정도전(鄭道傳)은 고려 말기의 사회모순을 해결하고 이를 실천하기 위하여 새로운 왕조 개창을 주도했던 인물이다. 정도전의 본관은 봉화(奉化). 자는 종지(宗之), 호는 삼봉(三峰). 형부상서 정운경의 아들로 1342년(충혜왕 3년) 태어났다. 그의 어머니는 우연(禹延)의 딸로서 노비의 피가 섞여 있었다.[177]

어린 시절 경상북도 영주에서 살던 그는 아버지를 따라 개경에 와서 아버지의 친구 이곡의 아들 이색의 문하에서 정몽주·이숭인·이존오·김구용·김제안·박의중·윤소종 등과 함께 유학을 배웠다. 1360년(공민왕 9) 성균시, 1362년 진사시에 합격하여 충주사록·전교주부·통례문지후 등을 지냈다. 1366년 부모님이 연이어 죽자 영주에 내려가 3년간 시묘살이를 하면서 지방 자제들과 동생들을 가르쳤다. 1370년 성균관이 세워지고 이색이 대사성이 되자 성균박사에 임명되었다.

1374년 공민왕이 암살당한 뒤 그 사실을 명에 고하자고 주장해 권신 이인임의 미움을 받았다. 1375년(우왕 1) 성균사예·지제교로 봉직할 때 이인임과 경복흥이 친원정책을 주장하고 원 사신이 명 공격을 제안하러 오자 이와 관련된 업무를 거부하고 전라도 나주목 회진현 거평부곡으로 유배되었다.

1377년 고향으로 옮겨져 4년간 머물다가 유배가 풀리자 삼각산 밑에 삼봉재를 짓고 제자들에게 유학을 가르쳤다. 하지만 정적들의 압력으로 삼봉재가 헐리자 부평부 남촌으로 갔다. 하지만 그곳에서도 재상 왕모의 압박을 받자 김포로 이사했다. 그처럼 정도전은 유배와 유랑의 세월 속에서 고려를 근본적으로 개혁하려는 의지를 불태웠다.

1383년 함주 막사로 동북면도지휘사 이성계를 찾아가 인연을 맺은 뒤 조정에 복귀한 정도전은 1384년 성절사 정몽주의 서장관으로 명에 다녀온 뒤 성균좨주·지제교를 지냈다. 1387년 남양부사를 거친 다음 이성계의 천거로 성균관대사성이 되었다.

이듬해 이성계가 위화도회군을 일으켜 정권을 장악한 뒤 우왕을 폐하고 창왕을 세운 다음 밀직부사가 되어 조준, 윤소종 등과 함께 전제개혁을 추진했다. 그 과정에서 스승 이색과 친구 정몽주와 멀어졌다. 1389년 11월 이성계, 조준 등과 협의하여 창왕을 폐위시키고 공양왕을 즉위시켰다. 그 공으로 정도전은 봉화현 충의군(忠義君), 윤충논도좌명공신(輪忠論道佐命功臣)에 봉해지고, 삼사좌사(三司左使)가 되었으며 공신전 100결과 노비 10명을 하사받았다.

1390년 성절사 겸 변무사로 명에 가서 윤이·이초의 무고를 논박한 뒤 동판도평의사사사 겸 성균관대사성이 되었다. 1391년 삼군도총제부가 설치되자 우군총제사가 되어 이성계·조준과 함께 병권을 장악했다. 이어 개혁반대세력 제거의 일환으로 성균관 학생들과 함께 척불 상소를 올렸고, 이색과 우현보 등을 신우(辛禑)·신창(辛昌) 옹립의 죄를 물어 처형할 것을 상소했다. 그해 9월 평양윤에 임명되었으나 정몽주의 반격으로 인해 탄핵받아 봉화, 나주 등지에서 유배생활을 하다가 이듬해 봄 영주로 돌아왔다. 그 무렵 이성계가 해주에서 사냥하다가 낙마하여 부상을 입자 이성계 세력을 제거하려는 정몽주 등에 의해 보주의 감옥에 투옥되었다.

1392년 4월 정몽주가 이방원에게 살해되고 반대세력이 제거되자, 7월 조준·남은 등과 함께 이성계를 새로운 왕으로 추대하여 조선왕조를 개창했다. 개국 직후 17조목의 편민사목(便民事目)에 관한 태조의 교지를 지어 새 왕조의 국정 방향을 제시했다. 이어 개국공신 1등으로 문하시랑찬성사·동판도평의사사사·판호조사·겸판상서사사·보문각대학사·지경연예문춘추관사·겸의흥친군위절

제사를 겸직하여 정권과 병권을 장악했다. 그해 10월 사은사 겸 계품사로 명에 가서 조선 건국의 당위성을 알렸다. 1393년(태조 2) 7월 문하시랑찬성사로 동북면도안무사가 되어 여진족을 회유했으며,「문덕곡」·「몽금척」·「수보록」등 악사 3편을 지어 태조에게 창업과 수성의 어려움을 충고했다.

1394년 1월 판의흥삼군부사로 병권을 장악하여 병제개혁에 대한 상소를 올리고, 3월 경상·전라·양광 삼도도총제사가 되었다. 조선왕조의 제도와 예악의 기본구조를 세운「조선경국전」과 부병제의 폐단을 논한「역대부병시위지제」를 편찬했다. 한편 태조가 세자로 책봉한 강비 소생 이방석의 스승이 되었다.

그해 8월부터는 한양에 새로운 도읍 건설을 추진, 경복궁의 궁궐과 문의 이름을 짓고 수도의 행정분할도 결정했다. 1395년 1월 정총 등과 함께「고려국사」를, 6월에는 정치제도·재상·대관·간관·부병제도·감사 등의 임무와 실례를 논하고 방침을 제시한「경제문감」을 찬진했다.

1396년 명에서 표전문(表箋文)을 트집 잡아 명에 입조하라는 압력을 가했으나, 병을 이유로 거부했다. 1397년 사은사가 가지고 온 자문(咨文)에서 명은 정도전을 일컬어 '화(禍)의 근원'이라고 비난했다. 그해 6월 정도전은 요동정벌을 목적으로 진도(陣圖) 훈련을 하면서 왕에게 출병을 요청했으나 조준의 반대로 실행하지 못했다. 그해 12월 동북면도선무순찰사가 되어 주군의 구획을 확정하고 성보를 수리했으며 호구와 군관을 점검했다.

그 와중에도「경제문감별집」을 저술하여 군주의 도리를 제시했으며,「불씨잡변」을 저술하여 불교의 여러 이론을 비판했다.

1398년 정도전은 진법 훈련을 강화하면서 요동정벌을 추진하고, 태조로 하여금 절제사를 혁파하여 관군으로 편입하고 왕자와 공신들이 나누어 맡고 있던 군사지휘권을 박탈한 다음 이방원을 전라도로, 이방번을 동북면으로 보내려 했다. 하지만 그해 8월 이방원 세력의 기습 공격으로 방번·방석·남은·심효생 등과 함께 목숨을 잃었다.

세계 / 국내

- 1388 이성계, 우왕을 폐하고 왕자 창을 세움
- 1389 경상도원수 박위, 왜구의 쓰시마 정벌
- 1389 이성계, 창왕을 폐하고 공양왕을 세움
- 1390 이성계, 영상시기가 됨
- 1391 과전법 제정
- 1392 공양왕, 왕위에서 축출 당함(고려 멸망) 이성계, 수창궁에서 즉위(조선왕조 개창)

- 1389 오스만 투르크, 세르비아 정복
- 1391 북원, 명에 멸망
- 1392 한자동맹 체결, 노브고로드와 상업협정

제33대 창왕

    고려의 제33대 국왕 창왕(昌王)의 이름은 창(昌), 우왕의 외아들로 근비 이씨 소생이다. 1380년에 태어났다.

    1388년 위화도 회군 이후 권력을 장악한 이성계와 조민수 등 군부 세력은 우왕을 폐위시킨 다음 후사를 놓고 논란을 벌였다. 당시 이성계는 정창군 왕요를 옹립하려 했지만 조민수 일파는 세자 왕창을 내세웠다. 이성계는 우왕이 신돈의 자식이란 입장을 취하고 있었으므로 세자 왕창 또한 신돈의 후예로서 그의 즉위를 받아들일 수 없었다. 그러나 이인임의 후원으로 성장한 조민수는 그의 친족인 이림의 딸 근비 소생의 왕창을 옹립함으로써 세력을 재결집하려 했다.

    당시 양측의 의견이 팽팽하게 맞서자 조민수는 명망 높은 이색에게 도움을 청했다. 이색은 이성계의 야심을 견제하고자 했으므로 공민왕의 제3비 익비 한씨로 하여금 세자 왕창을 후계로 삼으라는 교지를 내리게 했다. 왕실에서 왕창을 왕씨로 인정하자 이성계는 더 이상 반대할 명분이 없었다. 그리하여 조민수 일파의 주장에 따라 당시 9세에 불과한 세자 왕창이 보위에 올랐다.

그 결과 외면적으로는 이색과 조민수가 권력의 헤게모니를 장악한 듯 보였지만 실권은 군권을 장악하고 개혁파들의 지지까지 받고 있던 이성계의 몫이었다. 당시 이성계는 자신의 의도가 좌절되자 병을 핑계로 사직을 청했지만 이는 정치적인 제스처일 뿐이었다. 그때부터 조민수는 개혁파들의 제거대상 1호가 되었다. 그해 7월 대사헌 조준은 조민수를 부정부패 혐의로 탄핵해 8월 창녕으로 귀양 보냈다. 애당초 그는 세력 면에서 이성계의 적수가 될 수 없는 인물이었다.

제33대 창왕

개혁의 높은 파고

이성계를 지지하던 정도전, 조준, 유영경 등 신흥사대부들은 관제, 신분, 국방 등 국정 전반에 대한 일대 개혁을 주창했다. 그때까지만 해도 역성혁명의 음모는 베일에 가려져 있었으므로 정몽주 역시 개혁을 적극 지지했다. 개혁의 전면에 나선 사람은 대사헌 조준이었다. 그는 오랜 원의 지배와 귀족문벌세력의 부패로 썩어가는 고려를 되살리기 위해 발 벗고 나섰다.

1388년 7월 창왕이 즉위하자마자 조준은 전제 개혁과 지방정치개력을 골자로 하는 장문의 상소문을 올렸다. 당시 전제개혁은 고려의 가장 절실하면서도 실질적인 과제였다. 권문세족의 겸병과 조세 체계의 혼란은 극에 달한 상태였고 남의 토지와 노비를 빼앗는 것은 일상적인 일이었다. 그 무렵 조정에는 병사들에게 지급할 토지는 물론이고 재상들에게 지급할 녹봉조차 부족했다. 권문세족은 자신들의 이권을 챙기는 데 골몰했고, 백성들은 관아에 몰려들어 억울함을 호소하는 바람에 행정기능이 마비될 지경이었다. 이런 폐습을 단절시키기 위해 조준은 기존 권문세력의 재산권을 완전히 부정하고 전답을 몰수한 다음 국역에 따라 재분배했다.

"백성이 사전의 세금을 낼 때 남에게 빌려서도 능히 충당하지 못하며, 처

자식을 팔아도 빌린 것을 능히 갚을 수 없고, 부모가 굶주리고 추위에 떨어도 봉양할 수 없으니 원통하게 부르짖는 소리가 위로 하늘에 사무쳐 화기를 해쳐서 물난리와 가뭄을 부릅니다. 그리하여 호구가 텅 비고, 왜구가 깊이 들어와 천리에 시신이 널려 있어도 막을 자가 없습니다."

조준의 탄식처럼 당시 고려는 백성들의 보호라는 국가기능을 상실한 지 오래였다. 보수적인 지식인들도 위기의식을 느끼고 개혁파의 극단적인 정책에 일정부분 동조하지 않을 수 없었다. 그러나 이색은 개혁파가 시도하는 공전제를 불법 소유권 침해로 단정하고 개혁의 선을 그었다. 그는 국역의 봉사 여부에 따라 토지를 분배한다면 관리되지 않은 지식인 집단은 존폐의 위기를 맞을 것이라며 우려를 표시했다.

그와 같은 이색의 주장에 외척세력과 무장 변안열, 신진 유신 가운데 권근과 유백유가 지지하고 나섰다. 개혁파는 그에 맞서 언론기관과 감찰기관, 군대를 단계별로 이용하기로 결정했다. 대간은 명분논쟁에 나서고, 사헌부는 적극적인 개혁의 추진세력으로, 그도 저도 안 될 때는 군대를 최후의 무기로 사용하겠다는 뜻이었다.

조준은 당시 지방행정개혁에 전력을 기울였다. 대대적인 숙정을 통해 자질이 떨어지는 지방관을 축출하고 수준 높은 과거급제자를 지방관으로 임명해 행정의 효율성을 높였다. 호적을 정비하고 급여를 정상화했으며 황무지를 개간하는 백성에게 부역과 세금을 20년간 면제해주었다. 그 외에도 국정합의기관인 도당의 인원을 줄이고 대신의 처벌은 예를 갖추어 시행하며 연좌법을 폐지하는 등 공공의 이익에 부합되는 다양한 개혁정책을 내놓았다.

군정의 개혁도 이어졌다. 1390년 4월, 도당은 무과 설치 건의 33명을 선발해 무관으로 채용했다. 또 병역의무자들에게 정당한 보수를 지불했다. 이는 그때까지 권문세족이 가지고 있던 군대의 지휘권을 환수하기 위한 조치였다. 1391년 1월에는 삼군부를 설치해 군통수권을 일원화시켰다. 그렇듯 군대의 체제를 정비하면서 고려는 종래 수비 일변도였던 왜구에 대해 공격적인 정책을 취할 수 있었다.

그와 같은 개혁정책이 하나 둘씩 실효를 거두면서 정치적 혼란이 종식되었고 민심이 안정되었으며, 군사력도 강화되었다. 1389년 2월, 경상도원수 박위가 왜구의 소굴인 대마도를 정벌[178]을 단행할 수 있었던 것도 개혁의 결실 가운데 하나였다. 개혁파는 그렇게 잠들어 있던 고려의 저력을 이끌어내어 자신들의 진가를 증명해 보였다.

박위의 대마도 정벌

왜구들은 최영의 홍산 전투, 최무선의 진포구전투, 이성계의 황산전투 등에서 심각한 타격을 입어 기세는 많이 수그러들었지만 여전히 고려 해안에 출몰하여 백성들을 괴롭혔다. 당시 일본은 남북 말기의 내전 기간이었기 때문에 군량미 확보 차원에서 고려 원정은 생존과도 직결된 문제였다. 그 무렵 고려군의 우수한 화약무기의 위력을 절감한 왜구들은 그때부터 함부로 도발하지 못했지만 여전히 남해에 소규모로 출몰했다. 그러자 정지는 1387년 8월, 우왕에게 그때까지의 연안방어개념을 넘어서 장거리 기동선단을 이용해 왜구의 본거지를 치자는 획기적인 내용을 담은 상소를 올렸다.

"모든 왜인이 다 도적은 아닙니다. 다만 그 나라의 일부 반역민들이 대마도와 일기도의 두 섬에 웅거하고 있는데, 이 두 섬은 우리 고려의 합포와 거리가 가까워 때를 가리지 않고 빈번히 침략해 오고 있습니다. 만약 그들의 죄를 성토하고 대대적인 공격을 가해 소굴을 엎어놓으면 변방의 우환이 영원히 제거될 것입니다. 또 지금 우리나라가 보유하고 있는 수군은 신사년의 일본정벌 당시의 해전에 미숙하기 그지없던 몽고병이나 한병과는 비교가 되지 않는 강병입니다 순풍을 타고 가면 두 섬은 일거에 요절낼 수 있습니다."

위화도 회군 이후 왜구들이 양광도, 전라도, 교주도 등 3개 도에 침입하여 노략질과 살인, 방화를 저지르자 조정에서는 정지를 양광, 전라, 경상도 지휘사로 삼아 대대적인 소탕전을 펼친 다음 그의 건의대로 왜구의 본거지에 대한 원정 토벌을 결정했다.

1389년 2월 경상도원수 박위가 군선 100척의 기동선단을 이끌고 대마도 정벌에 돌입했다. 고려군은 대마도 해안에 다다르자마자 화약무기를 이용해 정박해 있던 3백 척에 달하는 왜구의 전투용 선박을 모조리 불태웠다. 이어서 박자안의 후속부대가 합류하자 대마도에 상륙해 곳곳을 수색하며 왜구 퇴치에 나섰다. 하지만 고려의 화약무기에 겁을 집어먹은 왜구들이 깊은 산중에 숨는 바람에 더 이상의 교전은 벌어지지 않았다. 때문에 고려군은 포로로 잡혀 갔던 고려인 남녀 1백여 명을 구출한 것으로 만족해야 했다.

박위의 대마도 정벌은 고려군이 그 동안의 수세적인 군사작전에서 벗어나 원거리 기동타격을 통한 왜구 토벌이 현실화되었음을 알려주는 신호탄이었다. 작전이 완료되고 2년 뒤에 정도전은 공양왕에게 다음과 같은 상소를 올려 왜구 토벌에 대한 자신감을 표명했다.

"지금 안으로는 직분에 따른 임무에 충실하고 서민들은 편안히 생업에 종사하고 있으며, 밖으로는 중국의 평화를 가져왔고, 섬 오랑캐가 굴복했으니 어지러움이 어디로부터 나오겠습니까."

이색의 실각

위화도 회군 이후 고려의 새로운 권력자로 등장한 이성계는 대국 명을 상대로 외교적인 시험을 치르게 되었다. 명에서 설치한 철령위 문제와 요동 정벌 시도에 대한 해명이 필요했고, 우왕 폐위 문제도 납득시켜야만 했다. 또 내정에서 사사건건 개혁의 발목을 잡고 늘어지는 이색에 대한 처리도 당면과제였다. 이색은 개혁파 성리학자들의 스승이면서 백성들의 신망을 한 몸에 받고 있는 석학인지라 섣부른 조치는 역풍을 불러올 위험이 다분했다.

첫째 철령위 문제는 1388년 6월, 사신 박의중이 명에서 돌아오면서 자연스럽게 풀렸다. 명에서는 고려를 비난하면서도 철령위 문제를 재고하겠다고 알려왔던 것이다. 이로써 고려와 명 사이에 드리웠던 전운이 말끔히 사라졌다. 그것은 명에 호의적인 이성계에 대한 화답이었다. 둘째 요동 정벌의 책임 역시 최영의 죽음으로 깨끗이 매듭지었다.

셋째 우왕의 폐위 문제는 10월 이색과 이숭인이 창왕의 등극을 추인받기 위해 사신을 자청하면서 미묘하게 풀렸다. 이색은 자신이 자리를 비운 사이에 이성계가 왕위를 찬탈할까 우려해 동행을 요구했다. 노학자의 기개에 이성계는 감탄하면서 다섯째 아들 이방원을 동행시키는 것으로 무마했다. 그때 명 태조를 알현한 이색은 고려에 관리를 보내 국정을 감독하게 해달라고 간청했다. 이성계의 찬탈을 막기 위한 고육지책이었지만 명 태조는 받아들이지 않았다. 주원장이 위화도 회군을 감행한 이성계의 왕위 찬탈을 은연중에 조장하고 있었음을 보여준다.

1389년, 이색은 이성계의 묵인 하에 각각 자신과 이림과 이성계로 대표되는 반개혁파, 왕실, 개혁파의 연립내각을 구성하는 데 성공했다. 그러자 창왕은 세 사람에게 칼을 차고 신을 신은 채 전상에 오르고 친견할 때 이름을 부르지 않는 특별대우를 취했다. 이색에게 사부, 이림에게 원구, 이성계에게는 원훈의 역할이 주어졌다. 이성계는 그로 인해 자신의 정치적 위상이 일정 부분 격하되었지만 개의치 않았다.

그와 같은 대타협은 막후에서 정몽주가 이색을 지원했기에 가능한 것이었다. 당시 정몽주는 정적들에게 이성계파로 분류되어 있었다. 하지만 정몽주는 역성혁명을 꿈꾸는 이성계와 고려를 보전하려는 스승 이색의 대립을 지켜보면서 갈등하고 있었다. 그런 상황에서 그는 이성계를 설득해 정도전으로 상징되는 고강도 개혁안을 저지하고 자신의 저강도 개혁안을 관철시켰던 것이다. 하지만 그의 이중적인 태도는 강경파들을 더욱 자극하는 결과를 가져왔다.

정도전과 조준 등은 이색의 수제자이자 이인임의 인척인 이숭인을 공격하여 이색을 축출하려 했지만 이성계의 소극적인 태도 때문에 본격적인 공세를 미루고 있었다. 그런데 갑자기 명에서 낭보가 날아들었다. 명 태조가 고려의 사신 윤승순에게 폐위된 우왕이나 새로 등극한 창왕이 왕씨가 아니라며 친조를 거부했던 것이다. 그와 같은 명의 명확한 태도 표명으로 불안하게 유지되던 연립정권의 존재 이유가 깨끗이 사라졌다. 이제 정통성을 잃어버린 창왕은 권좌에서 물러나야 했고, 외척들은 끈 떨어진 연이 되었다. 남은 것은 이색 일파뿐이었는데, 그들 역시 신돈의 손자인 창왕을 옹립했다는 뚜렷한 전과가 있었다.

그렇듯 명으로부터 자신들의 정당성을 추인 받은 개혁파는 이숭인에 대한 공격을 재개해 그를 유배형에 처했다. 이숭인은 개혁파의 수장격인 정도전과 가까웠고 당대 최고의 지식인이자 문장가로 외교문서를 작성하는 등 높은 명성을 얻고 있었지만, 자신을 지키기에는 역부족이었다. 갑작스런 상황변화에 아연실색한 이색은 사직상소를 올리고 향리 장단으로 내려가 버렸다.

김저, 정득후 사건, 창왕의 폐위

1389년 11월, 최영의 조카 김저와 정득후가 이성계의 암살과 우왕 복위를 도모했다가 발각되었다. 두 사람은 변안열, 우현보, 우인열, 왕안덕, 우홍수, 곽충보 등과 함께 모의하고 팔관회가 열리는 날 거사하려 했지만 변심한 곽충보의 밀고에 의해 수포로 돌아갔다.

그달 12일 김저는 이성계의 집에 갔다가 호위병에 둘러싸이자 자살했고, 정득후는 순군옥에 갇힌 뒤 혹독한 고문을 받고 죽었다. 이 사건을 계기로 반 이성계파였던 무장 정지, 이거인, 이을진 등 27명이 숙청되었다. 개혁파 신료들은 이 사건을 빌미로 강화도에 있던 우왕을 멀리 강릉으로 이배시켜버렸다.

드디어 조정 내에 걸림돌을 일소한 개혁파는 흥국사에 모여 이후의 국정방향을 논의했다. 참석자는 이성계를 비롯해 정도전, 조준, 심덕부, 지용기, 설장수, 성석린, 박위, 정몽주 등 아홉 명이었다. 이른바 흥국사 9공신들로 일컬어지는 개혁파 요인들은 그 자리에서 폐가입진(廢假立眞), 곧 '거짓 임금을 폐하고 진짜 임금을 세운다'라는 명분을 정립하고 외척 이림과 아들 이귀를 귀양 보낸 뒤 창왕을 폐위하고 45세의 정창군 왕요를 고려의 제34대 공양왕으로 추대했다. 그렇듯 재위 1년 만에 폐위된 어린 임금 창왕은 강화에 유폐되었고, 12월에 왕명을 받은 대제학 유구에 의해 죽음을 당했다. 그렇듯 비극적인 최후를 맞은 창왕의 나이는 10세에 불과했다.

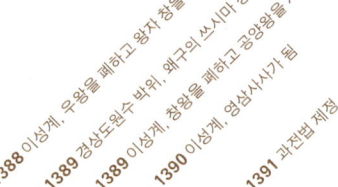

- 1388 이성계, 우왕을 폐하고 왕자 창을 세움
- 1389 경상도원수 박위, 왜구의 쓰시마 정벌
- 1389 이성계, 창왕을 폐하고 공양왕을 세움
- 1390 이성계, 영삼사사가 됨
- 1391 과전법 제정
- 1392 공양왕, 왕위에서 축출 당함(고려 멸망) 이성계, 수창궁에서 즉위(조선왕조 개창)

- 1389 오스만 투르크, 세르비아 정복
- 1391 북원, 명에 멸망
- 1391 한자동맹 체결, 노브고로드와 상업협정

제34대 공양왕

　고려 왕조 최후의 국왕인 제34대 공양왕(恭讓王)[179]의 이름은 요(瑤), 제20대 국왕 신종의 둘째 아들 양양공의 6대손으로 정원부원군 왕균의 차남이다. 1345년 2월에 태어나 정창군에 봉해졌다. 그는 형 정양군 왕우의 딸이 이성계와 신덕왕후 강씨의 아들 이방번과 결혼한 인연으로 사돈 이성계의 추대를 받아 1389년 11월 보위에 올랐다.

　창왕의 폐위와 정창군 왕요의 옹립은 흥국사 9공신 이성계, 심덕부, 지용기, 정몽주, 설장수, 성석린, 조준, 박위, 정도전 등에 의해서 이루어졌다. 당시 조준은 왕요가 군왕의 그릇이 아니라고 반대했지만 성석린은 인품이 그만하면 충분하다고 반박했다. 그러나 논쟁은 오래 가지 않았다. 지도자인 이성계가 정창군 왕요를 선택했기 때문이었다. 공신들은 공민왕의 제3비 익비 한씨에게 창왕의 폐위와 정창군을 등극을 추인하는 교지를 받아내 형식적인 절차를 마무리했다.

　공양왕은 즉위하자마자 이성계 일파로부터 우왕과 창왕의 사사 압력에 직면했다. 하는 수 없이 그는 정당문학 서균형을 강릉에 보내 우왕을 사사하고,

대제학 유구를 강화도에 보내 창왕을 사사했다. 공양왕을 옹립한 이성계는 문하시중에 올랐고 흥국사 9공신에게는 공신녹권이 주어졌다. 1390년(공양왕 2) 1월에는 이성계는 8도 군마를 인솔하고 독자적 친군영을 설치해 신변을 지켰다. 이는 과거 무신정권 시기 독재자들의 처신과 하나도 다를 것이 없었다.

개혁의 박차

그때부터 신진개혁파들은 고려의 전 분야에 걸쳐 다양한 개혁 조치들을 실행에 옮겼다. 조정에 경연을 도입해 정치 논쟁을 활성화시키고, 과거에 무과를 신설하여 군대의 질을 높이는 한편 관제를 전면적으로 개편했다.

전리사, 판도사, 예의사, 군부사, 전법사, 전공사 등의 명칭을 이조, 호조, 예조, 병조, 형조, 공조 등의 6조로 개편하여 성종 조에 확립되었던 6부제를 부활시켰으며, 유학의 진흥을 꾀하기 위해 개성의 5부와 동서북면의 주, 부에 유학교수관을 두었다. 또 주자가례를 시행하여 집집마다 가묘를 세우게 하고 양반 출신으로 승려가 된 자들을 환속시켜 본업에 종사하게 했다. 또 불교의 경제적 기반을 없애기 위해 사찰의 재산을 몰수하여 국고에 환수했고, 오교양종을 해산한 다음 승려들을 병역에 종사케 했다.

경제면에서 서강에 광흥창과 풍저창, 개성오부에 의창을 세워 곡식을 비축했으며, 조준의 주장에 따라 전국의 토지조사사업과 함께 새로운 토지대장을 작성하고, 전 현직 관리의 직급에 따라 토지를 지급하는 과전법을 실시했다. 1391년 9월에는 개경 거리에서 옛 토지대장을 불태웠다. 그로 인해 구세력은 경제적 기반을 상실했지만 신진세력들은 공신전과 녹봉 등을 통해 부를 축적할 수 있었다.

그 밖에도 인물추고도감을 설치해 민형사법에 해당하는 노비결송법과 결송법을 제정했고, 도선비기에 따라 1390년 도읍을 한양으로 옮겼지만 민심이 동요하자 이듬해 개경으로 환도했다. 이와 같은 신진세력의 급박한 개혁에도 불구하고 정도전, 조준, 남은은 만족하지 않았다. 그들은 낡은 고려왕조를 뒤엎고 이성계를 옹립하여 새로운 유교 국가를 세우고자 했던 것이다.

윤이, 이초 사건과 공양왕의 반발

1390년 5월, 명에서 귀국한 왕방과 조반의 고변으로 인해 윤이, 이초 사건이 일어났다. 이성계의 정적이었던 윤이와 이초가 명 조정에 가서 고려 국왕 왕요는 종실이 아니고 이성계의 친척인 데다 이성계는 이인임의 아들이라면서, 이색과 이숭인의 이름으로 군대를 요청했다는 것이었다. 그로 인해 대간이 벌떼처럼 일어나 이색과 이숭인을 탄핵했지만 공양왕은 확실한 증거가 확인될 때까지 조치를 미루게 했다. 그런데 관련자 명단에 들어 있던 전라도 원수 김종연이 지용기의 제보를 받고 도망치면서 소문이 사실로 둔갑해 버렸다.

이성계 일파는 윤이, 이초를 고발한 상소문에 실린 인물들에 대한 대대적인 수사를 고집했다. 그리하여 우현보, 권중화, 경보, 장하, 홍인계, 윤유린, 최공철, 최칠석, 조언 등 11명이 순군옥에 갇히고, 이색, 이림, 우인열, 정지, 이숭인, 권근, 이종학, 이귀생 등은 청주의 옥에 구금되었다. 그 과정에서 윤유린이 가혹한 고문을 견디지 못하고 죽자 공양왕은 그의 목을 시장에 효수하고 가산을 몰수했다.

그 무렵 이색이 청주에서 국문을 받는 도중 갑자기 하늘에서 뇌성벽력이 울리더니 큰비와 함께 냇물이 범람하여 성의 남문을 부수었다. 성안으로 밀려든 물이 한 길이 넘어 관사와 민가가 떠내려갈 정도였다. 당시 이색을 심문하던 옥관은 나무에 올라가 간신히 목숨을 건졌다. 그 이야기를 전해들은 사람들은 간신들이 석학을 무고하는 바람에 하늘이 노했다며 조소했다.

이 사건은 좌사의 김진양이 세 살짜리 아이도 무고임을 알 수 있다고 말했듯이 대부분의 중신들은 중상모략으로 여겼다. 게다가 수사 과정에서 최공철이 옥사하고 홍인계가 자살을 시도하는 등 파문이 깊어지자 공양왕은 정몽주의 요청에 따라 그들을 모두 사면했다.

그럼에도 불구하고 이성계 일파는 도주한 김종연의 친척과 친구를 문초해 문하시중 심덕부, 판삼사 지용기 등과 함께 군사를 일으키려 했다는 자백을 받아냈다. 그것을 기화로 박위, 윤사덕, 이무, 진을서, 이옥 등 7명의 무장을 잡아들여 유배형에 처했다. 심덕부는 문하시중에서 파면되어 토산으로 유배되었고, 김종연은 곡산에서 체포되어 죽음을 당했다. 그렇듯 윤이, 이초 사건은 무장들의 숙청으로 마무리되었지만, 그 후 조선 왕실을 200년 동안 골치 썩이게 했던 종계변무(宗系辨誣)[180]의 단초가 되었다.

공양왕의 반발

윤이와 이초 사건을 처리하는 과정에서 이성계는 숙청한 무장들의 사병들을 흡수하며 더욱 권력을 강화했다. 그러자 공양왕은 그를 회유하기 위해 화령부왕으로 책봉했다. 역대 고려의 독재자들 가운데 왕에 봉해진 사람은 이성계가 처음이었다. 공양왕은 또 회군 공로자들에게 공신전을 하사하고 54명의 공신을 책봉했다.

1390년 12월 최고사령부인 삼군총제부에 이어 이듬해인 1391년 1월에는 삼군도총제부가 설치되었다. 그와 함께 이성계의 심복인 배극렴, 조준, 정도전이 중군총제사, 좌군총제사, 우군총제사가 되어 전국의 모든 군사를 통솔하게 되었다.

한 차례의 태풍이 스쳐간 뒤 공양왕은 이색을 판문하부사에 임명해 조정에 복귀시키는 한편 김저 사건에 연루되었던 변안열과 왕안덕도 조정에 불러들였다. 개혁파는 그 조치에 크게 반발하여 곧바로 이색과 아들 이종학을 파면하고 귀양지에 있던 조민수를 서인으로 강등시켰으며 권근을 유배형에 처했다. 또 홍영통, 우현보, 왕안덕, 우인열, 정희계 등을 비롯한 외척과 반개혁파 지식인들을 모조리 쫓아냈다.

그렇듯 이성계 일파의 압박이 심해지자 공양왕은 단식투쟁까지 하며 저항했다. 그는 허수아비 국왕노릇을 하다가 내팽개쳐지고 싶지 않았던 것이다. 그 후 공양왕은 원상 석방, 대간들의 직접 건의 폐지, 문묘 배향, 전함 순시 명령을 내리는 등 적극적으로 왕권을 행사하려 했다. 이런 왕의 일방적인 행보를 개혁파 대간들이 막아서자 왕릉 참배를 명목으로 예성강에 가서 전함을 순시한 다음 개혁파 윤소종을 추방하기까지 했다. 그러자 이성계가 병을 핑계로 사직해버렸다. 여차하면 정국을 뒤엎겠다는 경고였다. 화들짝 놀란 공양왕은 환관을 이성계에게 보내 사과하고, 흥국사 9공신에게 교서를 내려 입에 발린 칭송을 늘어놓았다.

정몽주의 공세와 이방원의 역습

그 무렵 정신적으로 방황하던 정몽주는 자신의 신념에 따라 이성계파에서 이색파로 정치적 개종을 단행했다. 젊어서부터 이성계와의 인연도 각별했고 흥국사 9공신의 일원이었으며 정도전과 친구사이였던 그의 변심은 궁극적으로 역성혁명을 지향하던 개혁파의 행보를 저지하고 고려의 국체를 지켜내기 위한 것이었다.

이윽고 정몽주는 조정에서 강력한 발언권을 행사하며 이성계의 대변자 격인 간관들을 추방하고 그 자리에 반개혁파 신료들을 배치했다. 또 군사적 영향력을 가지고 있던 심덕부를 축출한 다음 반개혁파 무장들을 규합해 광범위한 반이성계 네트워크를 만들어냈다. 하지만 그때까지도 고려의 군권은 중군총제사 배극렴, 좌군총제사좌 조준, 우군총제사 정도전 3인방이 확고하게 장악하고 있었으므로 무력으로 이성계를 제압한다는 것은 불가능했다. 그가 믿는 것은 오로지 이성계의 방심뿐이었다.

당시 정도전은 이성계에게 대망을 일깨우면서 목적을 이루지 못하면 모두

가 목숨을 잃을 것이라고 경고했다. 하지만 이성계가 정몽주의 행동을 방관하면서 개혁파가 수세에 몰리자 정도전은 1391년 5월, 장문의 상소를 올려 공양왕을 공개적으로 비판하고 스승인 이색과 우현보를 탄핵했다. 위화도 회군 이래 처음으로 정도전이 정쟁의 전면에 나선 것이었다. 그러자 정몽주는 거꾸로 정도전이 아직 공표되지 않은 사헌부의 우현보 탄핵사실을 누설했다는 구실로 강력하게 맞받아쳤다. 당시 정몽주는 이성계의 두뇌인 정도전을 제거해야만 고려를 지켜낼 수 있다고 확신했으므로 그의 가문까지 거론하며 맹공을 퍼부었다.

9월 13일, 이성계가 판문하부사, 심덕부가 문하시중, 정지가 판개성부사, 정도전이 외직인 평양부윤으로 임명되었다. 그때 정몽주 세력으로 포진한 사헌부와 형조에서는 정도전이 규정을 몰래 꾀어 대간을 논핵했다며 극형에 처하라고 요구했다. 그리하여 정도전은 공신녹권을 박탈당하고 귀양길에 올랐으며 두 아들도 벼슬을 빼앗기고 폐서인되었다.

9월 22일 공양왕이 세자 왕석을 하정사로 명에 보내자 이성계는 심덕부와 민개를 감시역으로 딸려 보냈다. 10월에 판개성부사 정지가 죽자 정몽주 측은 커다란 타격을 입었다. 하지만 이성계 일파에 대한 공세는 계속되어 개성부사 조반을 죽주로 유배하고, 정도전을 나주로 이배했으며 그의 아들 정진과 정담의 관직도 삭탈했다. 그러자 겁에 질린 밀직부사 남은은 칭병하며 사직했다.

11월 6일 공양왕은 윤이, 이초 사건으로 투옥되었다가 물러났던 권중화와 김진양을 재기용하고 유배지에 있던 이색, 이숭인, 우현보, 심덕부, 이종학 등을 조정에 불러들였다. 그로 인해 순식간에 개혁파와 반개혁파의 힘이 균형을 이루었다. 그와 같은 정몽주의 조치는 이성계가 결코 무력으로 왕위를 찬탈하지는 않을 것이라는 확신이 있었기 때문이었다. 그해 12월 24일에는 이색이 한산부원군 영예문춘추관사, 우현부가 단산부원군에 임명되는 등 이성계 반대세력들이 요직을 차지했다. 그러자 밀직사 이염이 신년 연회에서 머리에 쓴 관을 벗어 땅에 던지며 공양왕을 힐난했다.

"전하께서는 정창군으로 있을 때를 생각하십시오."

노한 공양왕이 그를 순군옥에 가두고, 간관들이 극형을 청했지만 이성계의 중재로 곤장 100대에 합포 유배로 마무리되었다. 그렇듯 고려 유신들이 이성계 일파를 압박하는 가운데 명에서 이성계의 향처인 강씨의 조카 강올제이투를 사신으로 고려에 파견했다. 강올제이투는 사신의 권세를 내세우며 인척 630명의 벼슬을 요구했다. 그리하여 무려 300여 명이 지방관, 호군, 중랑장, 낭장 등에 제수되었다. 이는 분명 명이 이성계를 지원하는 조치였으므로 정몽주는 긴장하지 않을 수 없었다.

그해 3월 이현이 명에서 돌아와 세자 왕석의 귀국을 알리자 공양왕은 이성계와 정양군 왕우에게 세자를 맞이하게 했다. 그런데 황주에서 세자의 출영을 마친 이성계가 해주에서 사냥을 하다 낙마하여 위독한 지경에 빠졌다. 명장으로 이름 높던 그가 말에서 떨어졌다는 것 역시 기이한 일이었다. 이를 이성계 제거의 호기로 판단한 정몽주는 대간을 부추겨 개혁파의 선봉장이었던 조준, 남은, 윤소종, 남재, 조박 등을 탄핵하여 유배형에 처했다. 정도전은 봉화에서 보주로 옮겨졌다. 이제 그들을 제거하기만 하면 고려를 지켜낼 수 있었다. 하지만 이성계에 대한 정몽주의 도전은 거기까지가 한계였다. 그에게는 기린아 이방원이 있었던 것이다. 당시 모친 한씨의 묘소에서 시묘살이를 하고 있던 이방원은 벽란도로 달려가 이성계에게 정몽주의 음모를 고한 뒤 그를 개경으로 데려갔다.

이성계의 귀환 소식에 놀란 정몽주는 공양왕에게 유배자들을 신속히 처형하라고 간청했다. 그러나 공양왕은 사태가 어떻게 변할지 몰라 결정을 차일피일 미루었다. 그 와중에 이방원은 정적 정몽주의 처단을 이성계에게 건의했다. 그가 살아 있는 한 평화적인 정권교체는 불가능하다고 판단했기 때문이었다. 그러나 이성계는 "죽고 사는 것은 명이 있으니, 다만 마땅히 순하게 받을 뿐이다"라며 이방원에게 어머니의 삼년상이나 제대로 마치라고 종용했다. 이성계의 허락을 받지 못한 이방원이 숭교리 옛집으로 돌아와 시름에 잠겨 있자 광흥창사 정착이 결심을 재촉했다.

"백성들의 이해가 이 시각에 결정이 납니다. 왕후와 장상이 어찌 따로 종자가 있겠습니까."

결국 이방원은 정몽주 척살을 결심하고 형 이방과, 매제 이제와 함께 방법을 논의했다. 그 과정에서 이성계의 의제 이두란까지 끌어들이려 했지만 그는 주군의 뜻을 거스를 수 없다는 이유로 거절했다. 하는 수 없이 이방원은 조영규, 조영무, 거려, 이부 등 자신의 심복들만으로 도평의사사에 쳐들어가 정몽주를 죽이기로 방침을 정했다. 그런데 함께 모의했던 변중량이 정몽주에게 달려가 이방원의 계획을 밀고했다.

비로소 정몽주는 여태까지의 모든 노력이 수포로 돌아갔음을 깨달았다. 이성계 일파가 무력을 동원한다면 고려 경내에서 대항할 세력은 아무도 없었던 것이다. 그것이 과연 이성계의 본인의 뜻인가. 그날 정몽주는 대담하게도 말을 타고 이성계의 집으로 문병을 갔다. 병석에 누워 있던 이성계는 평소와 다름없이 정몽주와 기꺼운 대화를 나누었다.

이윽고 이성계의 집을 나선 정몽주가 판개성부사 유원의 상가에 들렀다가 선죽교를 지날 때 이방원의 명을 받은 조영규가 그를 말 위에서 떨어뜨리자 거려 등이 달려들어 칼을 휘둘렀다. 충신의 피로 선죽교가 붉게 물드는 순간 정몽주는 충렬의 화신이 되었고, 이방원은 고려의 멸망과 조선의 건국을 최종적으로 결정한 인물이 되었다.

고려 왕조의 최후

정몽주의 죽음과 함께 반 이성계파의 모든 저항은 끝났다. 이튿날 이성계는 황희석을 공양왕에게 보내 그동안 개혁파들을 공격했던 신료들을 벌하라고 요구했다. 그리하여 이색을 비롯해 이숭인, 우현보, 이종학, 김진양, 이확, 이래, 이감, 권홍, 정희, 김묘, 서견, 이작, 이신 등 반대파들이 줄줄이 귀양길에 올랐다. 반면 이성계의 오랜 방관 속에 유배지에서 절치부심하던 조준과 정도전 이하 모든 공신들이 조정에 복귀했다. 그들은 곧 역성혁명에 걸림돌이 되는 잔여세력 척결작업을 시작해 이첨, 이사형, 설장수, 강희백, 유기, 최함 등을 유배형에 처했다.

1392년 7월 12일, 고립무원의 신세가 된 공양왕은 이성계에게 대대로 서로의 자손들을 해치지 않는 동맹을 맺자고 제의했다가 대신들의 비웃음만 샀다. 이제는 그가 떠나야 할 시간이었다. 공양왕이 머뭇거리자 그날 밤 정도전, 남은, 조준, 배극렴 등이 왕대비 안씨에게 공양왕의 폐위와 이성계의 옹립을 명하는 교지를 받아냈다. 그날 이후 4일 동안 고려에는 국왕이 없었다.

7월 16일, 왕대비 안씨로부터 옥새를 건네받은 신료들은 이성계의 집으로 몰려가 즉위를 청했다. 형식적으로 몇 차례의 사양과 권유가 오간 뒤 마침내 이성계가 즉위를 수락했다. 드디어 고려국왕에 오른 이성계는 고려 왕조의 종묘를 헐고 그 자리에 새 종묘를 짓게 했다. 이듬해 2월 이성계는 국호를 조선(朝鮮)[181]으로 하는 새 왕조를 개창했다. 그렇게 해서 태조 왕건이 문을 연 고려왕조는 개국 474년 34대 국왕을 끝으로 숨을 거두었다. 실로 고려는 원 제국의 흥기와 함께 평화를 얻었고 원 제국의 몰락과 함께 황혼을 맞았던 것이다.

1397년 3월 예문춘추관학사 권근이 명 태조의 칙위조서, 선유성지, 어제시와 예부의 자문 2통을 받아 귀국했다. 당시 명은 요동을 자국 영토로 인식하며, 자국에 무력 대응을 불사하는 고려의 존속을 원치 않았다. 게다가 고려는 원의 부마국으로서 언제든지 북원과 연합해 명을 위협할 수 있는 국가였다. 때문에 이성계의 찬탈로 비롯된 조선의 성립은 너무나 반가운 사건이었다. 더군다나 신생국 조선은 고려와 달리 명에 철저한 사대주의를 표방하고 있었다.

폐위된 공양왕은 원주로 유배되었다가, 8월에 공양군으로 강등돼 간성으로 쫓겨났다. 1394년(태조 3) 3월 14일에 삼척 궁촌리로 유배지가 옮겨진다. 4월 17일 강원도 고성군 간성읍 고돌산의 살해재에서 왕태자 왕석, 왕우와 함께 교살되었다. 현재 공양왕의 능은 삼척시 근덕면 궁촌리와 고양시 원당동

두 곳에 있다. 삼척의 능은 그가 처음 묻힌 곳이고, 고양의 능은 조선 왕실에서 시신을 확인하기 위해 불러 올린 뒤에 묻은 곳으로 추정된다. 1394년(태조 3)에 고릉(高陵)이라는 능호가 붙여졌다. 1416년 조선의 태종은 그를 공양왕(恭讓王)으로 추봉했다.

공양왕의 가족

공양왕은 순비 노씨로부터 세자 왕석, 숙녕궁주, 정신궁주, 경화궁주 등 1남 3녀를 얻었다.

순비 노씨는 교하 출신의 창성군 노진의 딸로 공양왕이 정창군으로 있을 때 혼인했다. 1389년 11월 공양왕이 즉위하자 순비에 책봉되었고, 그녀를 위해 의덕부가 설치되었다. 1392년 공양왕이 폐위되자 남편과 함께 원주로 유배되었고, 고성, 삼척 등지로 옮겨졌다. 1394년 공양왕이 사사될 때 함께 죽임을 당했다. 그녀의 능도 공양왕과 마찬가지로 경기도 고양과 강원도 삼척 두 곳에 있다.

세자 왕석은 공양왕의 외아들로 초명은 왕서이다. 어린 시절 정성군에 봉해졌다가 공양왕 즉위 직후 세자에 책봉되어 조준, 서균형, 이지 등에게 학문을 배웠다. 1391년 이원굉의 달을 세자빈으로 맞이했다. 그해 말 공양왕을 대신해 명에 갔다가 이듬해 3월 귀국했다. 그는 공양왕 폐위와 함께 원주에 유배되었고 삼척에서 부왕과 함께 사사되었다.

공양왕 시대의 주요 인물

단심과 충절의 대명사, 정몽주

지극한 충절의 노래 '단심가(丹心歌)'의 주인공 정몽주(鄭夢周)의 본관은 영일(迎日), 1337년(충숙왕 복위 6) 경상도 영천에서 태어났다. 인종 때 지주사를 지낸 정습명의 후손으로, 아버지는 성균관 복응재생 정운관이다. 자는 달가(達

可), 호는 포은(圃隱)이다. 그의 어머니 이씨가 그를 잉태한 뒤 난초화분을 품에 안고 있다가 땅에 떨어뜨리는 꿈을 꾸었으므로 초명을 몽란(夢蘭)이라 지었다. 몽란이 아홉 살 때 흑룡이 동산의 배나무에 올라가는 꿈을 꾼 어머니가 밖을 보니 배나무 가지에 몽란이 있었으므로 이름을 몽룡(夢龍)으로 고쳤다. 몽주(夢周)는 훗날 관례를 치른 뒤 지어준 이름이다.

정몽주는 1360년 과거에서 세 차례나 연달아 장원급제하면서 문명을 떨치기 시작했다. 1362년 예문관 검열·수찬에 임명되었으며, 이듬해 동북면도지휘사 한방신의 종사관으로 서북면병마사 이성계와 함께 여진 토벌에 참가했다. 1366년부터 예조정랑과 성균박사를 겸임하면서 고려의 「주자집주」에 대해 강설했는데 그의 견해가 남송 유학자 호병문의 「사서통(四書通)」과 통한다는 것을 알고 사람들이 탄복했다. 스승인 이색도 '동방 이학(理學)의 시조'라며 그의 학문적 성취에 감탄했다.

1372년 정몽주는 사신으로 명에 다녀오던 중 풍랑으로 배가 난파되어 일행 12인이 익사했지만, 홀로 13일 동안 표류하다가 명 어선에 구출되기도 했다. 1376년(우왕 2) 성균관 대사성으로 재임할 때 이인임, 지윤 등의 배명친원 외교방침에 반대하다가 언양으로 유배되었지만 이듬해 풀려났다. 그 후 전국에 왜구의 폐해가 극심해지자 구주 지방의 패가대(覇家臺)에 가서 일본 관리들과 담판을 지은 끝에 고려인 포로 수백 명을 송환시킴으로써 뛰어난 외교 역량을 선보였다. 1380년, 정몽주는 조전원수로 이성계를 따라 전라도 운봉에서 왜구를 토벌했고, 1385년에는 명에 가서 증액된 세공의 삭감과 5년간 미납한 세공의 면제를 요청해 성사시켰다.

그는 오랜 귀족사회의 모순으로 인해 피폐된 민생을 살리기 위해 신진 유학자들과 함께 개혁의 선봉에 섰다. 1389년(공양왕 1) 흥국사 9공신의 일원으로 이성계와 함께 우왕과 창왕을 축출하고 공양왕을 옹립하는 데 선도적인 역할을 했다. 그러나 이성계를 추종하는 조준, 남은, 정도전 등이 역성혁명을 도모하자 정몽주는 고려의 국체를 지키기 위해 개혁 동지들과 등을 돌렸다. 이윽고 그는 이성계가 황주에서 부상당해 조정을 비운 틈을 타 이성계 일파의 전위인 조준, 정도전, 남은 등을 제거하려 했다. 하지만 이방원[182]이 이성계를 개성으로 데려온 다음 문병을 핑계로 이성계의 동정을 살피고 돌아가는 그를 선죽교에서 살해했다.

그렇듯 고려의 충신으로 죽은 정몽주는 드높은 학식과 충신불사이군(忠臣不事二君)이라는 유교적 덕목을 실천에 옮긴 인물로 조선 선비들의 사표가 되었다. 1405년(태종 5) 권근은 왕에게 요청해 그에게 대광보국숭록대부 영의정부사 수문전대제학 감예문춘추관사 익양부원군(大匡輔國崇祿大夫領議政府事修文殿大提學監藝文春秋館事益陽府院君)으로 추봉했다. 조선의 중종은 '정몽주는 조선의 원수와 같다. 하지만 지금으로서는 이 사람을 포장(褒奬)해야만 나라의 규범을 세울 수 있다'라고 말했다. 또 권근은 '고려 500년 동안에 이 한 사람이 있을 뿐이다'라고 칭송했다.

1517년(중종 12) 태학생 등의 상서로 정몽주는 문묘에 배향되었고, 개성의 숭양서원 등 13개의 서원에 제향 되었다. 그의 비석에는 고려의 벼슬만을 쓰고 조선에서 내려준 시호를 적지 않음으로써 두 왕조를 섬기지 않은 충절을 기렸다. 시호는 문충(文忠), 문집으로 「포은집」이 있다.

고려 선비들의 절개, 두문동 72현

두문동 72현은 고려가 멸망하자 조선 개국에 반대하여 경기도 개풍군 광덕산 서쪽 기슭에 위치한 두문동(杜門洞)에 들어가 은거한 72명의 선비들을 뜻한다. 기록에 전해지는 인물의 면면을 보면 세종 대 영의정을 지낸 황희처럼 처음부터 적극적으로 조선 왕조에 협력한 사람도 있고 정몽주, 김약항처럼 죽음으로 절개를 지킨 사람들도 있다. 길재와 이양소, 원천석, 서견, 배상지, 민유, 김선치, 맹희도, 문익점 등 은둔과 낙향으로 조선을 외면한 사람도 있고 안성, 조견, 하자종, 이행, 김자수처럼 은거·낙향·유배 이후 다시 정계에 진출한 사람도 있다.

조선의 3대 국왕 태종은 왕권강화의 일환으로 개국공신들을 견제하면서 고려 유신들의 자손들을 적극적으로 포섭했다. 그리하여 자신이 살해한 정몽주의 자손뿐만 아니라 태조의 정적이었던 이색의 자손들까지 요직에 기용했다.

기실 고려 멸망 당시에는 두문동 72현의 존재 자체가 모호했다. 그들이 본격적으로 등장한 시기는 조선 후기 영조 때부터이다. 1740년(영조 16) 9월 1일 영조는 한양을 떠나 송도에 가서 신의왕후 한씨의 제릉을 참배하고 2대 국왕 정종의 후릉으로 향하면서 신하들에게 부조현(不朝峴)에 대해 물었다. 그러자 주서 이회원은 태종이 송도의 인재들을 등용하기 위해 과거를 열었는데 그곳의 명문대족 50여 가가 과거에 응하지 않아 부조현이라 이름 붙였으며, 그들이 두문불출(杜門不出)했으므로 두문동이라 했다고 대답했다. 그러므로 두문동의 충신 때문에 두문불출이라는 단어가 생긴 것이 아니라 충신들이 두문불출했기 때문에 두문동이란 지명이 생긴 것임을 알 수 있다.

당시 영조는 직접 부조현이라는 세 글자를 써 주고 비석을 세워 기념하게 했으며, 후손들을 적극적으로 등용했다. 영조가 두문동의 충신들을 발굴해 기념한 것은 그들과 같은 충신들이 절실했기 때문이었다. 하지만 영조 때 확인된 인물은 임선미와 조의생 둘뿐이었고, 정조 때 개성 숭절사에 배향된 인물은 임선미, 조의생, 맹희도 셋뿐이었다.

그 후 두문동 출신의 조상의 사적을 발굴 수집해 국가로부터 공인받으려는 가문들의 노력으로 인원이 72명에 달하게 된 것이다. 하지만 72라는 숫자가 공자의 72제자[183]를 본뜬 탓에 의도적인 조작 혐의도 받고 있다.

주

1. 「본조편년강목(本朝編年綱目)」은 1319년 정승 민지가 고려 왕실의 역사를 정리한 책으로 위로 국조문덕대왕(國祖文德大王)으로부터 제23대 고종(高宗)까지 모두 42권으로 편찬되었다.

2. '진흥대왕의 왕비 사도의 시호는 백숭부인인데, 그녀의 셋째아들 구륜공의 아들은 파진간 선품이고, 선품의 아들 각간 작진이 왕교파리를 아내로 삼아 원선을 낳았는데, 그가 곧 아자개다. 아자개는 첫째부인 상원부인과 둘째부인 남원부인으로부터 아들 다섯, 딸 하나를 얻었다. 맏아들이 상보 훤이요, 둘째아들이 능애, 셋째아들이 장군 용개, 넷째아들이 보개, 다섯째아들이 소개, 맏딸이 대주 도금이다.'(「삼국유사」 '이제가기')

3. '견훤은 상주 가은현 사람이요, 함동 8년 정해(867년) 태어났다. 본래의 성은 이씨였는데 뒤에 견(甄)으로 성을 삼았다. 아버지는 아자개로 농부였지만 광계 연간에 사벌에 자리 잡고 자칭 장군이라 했다. 아들 넷이 있었는데 특히 훤은 유명하고 지혜와 책략이 많았다.'(「삼국유사」 '삼국사')

4. 원래의 국명은 백제(百濟)이나, 앞서의 백제와 구별하기 위해 오늘날 사가들은 후백제로 칭하고 있다.

5. 당시 고려(高麗)는 고구려(高句麗)와 같은 뜻으로 사용되었다. 때문에 고구려의 뒤를 이었다는 점에서 사가들은 후고구려라고 칭하고 있다.

6. 마진(摩震)이란 마가진단(摩訶震旦)의 약칭이다. 진단은 범어 치니스티나(Cinisthana)로 천축에서 중국을 가리키는 말이었는데, 나말여초에 풍수가들은 그 말이 우리나라를 뜻한다고 여겼다.

7. 신라에서는 897년 진성여왕이 죽고 15세의 효공왕이 왕위에 오르면서 외척인 박예겸이 조정을 농단했다. 그 영향으로 효공왕 사후에는 신덕왕, 경명왕, 경애왕 등 박씨들이 대위를 이었다.

8. 홍유, 배현경, 신숭겸, 복지겸 등 4명의 무장은 고려 건국의 일등공신으로 개국벽상공신에 봉해졌다. 이들은 모두 출신이 보잘것없었다. 특히 홍유, 배현경, 복지겸은 성도 없었던 병졸이었다. 신숭겸의 본명은 능산으로 역시 성이 없었는데 춘천 또는 곡성 출신으로 알려지고 있다.

9. 「고려사」의 기록이다. 「삼국사기」에서도 궁예는 부양(평강)의 주민에게 살해당했다고 기록되어 있다. 그러나 「삼국사기」 경명왕 2년 조에는 궁예가 도주하다 부하들에게 피살된 것으로 기록되어 있다.

10. 광평성은 국가의 정책, 정무를 논의하는 부서로 오늘날의 국회나 국무회의와 유사하다. 장관은 시중, 차관은 시랑이다.

11. 내봉성은 국가의 정책이나 정무를 집행하는 부서로 인사권을 가지고 있었다. 오늘날의 행정부와 유사한데 하위기관으로 이결(理決), 평찰(評察) 등의 감찰기관이 있었다. 장관은 내봉령, 차관은 내봉경이다.

12. 순군부는 군대의 출동 명령하는 군령권을 가진 부서로 장관은 순군부령, 차관은 순군부경이다.

13. 병부는 오늘날의 국방부와 유사한 부서로 군사 행정을 담당했다. 장관은 병부령, 차관은 병부경이다.

14. 원봉성은 임금의 명령을 작성하는 비서실과 같은 부서로. 장관은 원봉령이다. 광종 때 한림원(翰林院)으로 개칭되었다.

15. 내의성은 임금과 신하의 명령을 전달하고 자문하는 부서로 장관은 내의령이다.

16. 9세기말 당의 정치적 혼란을 틈타 발흥한 거란의 8부족 가운데 질라부의 야율아보기가 당의 절도사를 연파하고 거란족의 영웅으로 등장했다. 야율은 성이고 아보기는 원음이 아부치로서 '약탈자'라는 뜻이다. 916년 야율아보기는 8부의 대인들을 살해한 다음 텡글리칸(天河汗)으로 즉위하고 상경임황부를 도읍으로 하여 거란국을 세웠다. 그 후 거란은 서쪽으로는 탕구트·위구르 등 여러 부족을 제압했고, 동쪽으로는 926년 발해를 멸망시킴으로써 외몽고에서 동만주에 이르는 광활한 지역을 확보했다.

17. 「고려사」 악지에 실려 있는 '풍입송(風入松)'에서는 고려의 국왕을 해동천자로 지칭했다. '해동천자이신 지금의 황제에 이르러/부처와 하늘이 도우사 교화가 널리 퍼져/세상이 다스려지도다./깊은 은혜, 원근과 고금에 드물어라./외국이 직접 찾아와 모두 귀의하니/사방이 편안하고 깨끗하여 무기를 버리니/성덕이 요임금 탕 임금에게도 견주기 어려워라.'

18. 고려(高麗)와 고구려(高句麗)는 같은 명칭이다. 고(高)는 한자에서 높임말이나 미칭으로 쓰

는 접두사이다. 구려(句麗)는 성(城)이나 고을을 뜻한다. 때문에 고구려는 고씨의 성이나 위대한 성읍을 의미하는 홀, 골, 구루 등을 음차한 것이다. 중국과 일본의 역사서에는 고려와 고구려를 같은 나라로 표기하고 있고, 「삼국유사」에서도 고구려를 고려로 표기하고 있다.

19. 무차대회(無遮大會)란 승려·속인·남녀노소·귀천의 차별 없이 평등하게 일반대중을 대상으로 하여 잔치를 베풀고 물품을 골고루 나누어주면서 행하는 법회를 말한다.

20. 사마광의 「자치통감」에서는 거란이 국호를 고친 시기가 947년 2월로 기록되어 있다.

21. 태조의 정략결혼정책은 후대에도 계속 이어졌다. 2대 혜종은 4명, 3대 정종은 3명, 8대 현종은 13명, 11대 문종은 5명의 부인을 맞아들임으로써 호족들의 후원을 받았다.

22. 정종 왕요와 광종 왕소의 외가인 충주는 여러 방면의 호족과 연합할 수 있는 위치였지만 혜종 왕무의 외가인 나주는 변방에 고립되어 있었다. 때문에 후일 혜종-정종-광종으로 이어지는 왕권다툼에서 개경 세력권, 특히 4명의 부인을 배출한 평주의 움직임이 캐스팅보트가 될 수밖에 없었다.

23. 태조 이후 일반 왕자들에게 붙여졌던 태자 칭호는 965년 태조의 손자인 왕주(경종)가 광종의 유일한 태자로 책봉된 뒤 사라졌다. 그 뒤로는 왕위계승권자 한 사람에게만 태자란 칭호가 붙여졌다.

24. 고려의 본관제에 대하여 과거 일본학자들은 신분 차별적인 군현 편성책으로 해석했지만, 최근에는 개경에 있는 문벌 귀족들의 가문 차별 목적이라는 견해, 신라의 골품제 붕괴 이후 친족 공동체가 분립하면서 정체성 확보차원에서 시행되었다는 견해가 유력해졌다.

25. 부곡(部曲)은 천민들의 거주 단위로 삼국시대부터 있었다. 고려에서는 통일 전쟁 당시 태조에 저항한 호족 세력 지역의 주민들을 부곡민으로 편성했고, 통일 이후에는 이 지역들을 부곡제라는 행정 구획으로 편성하여 군현의 하부기구로 예속시켰다. 부곡 주민들은 부곡리와 부곡인으로 구성되었는데 둔전·공해전·학전 등을 경작하거나 군사 요충지에서 부역을 담당했다. 부곡인들은 국학(國學) 입학과 출가, 관직 진출이 금지되었다. 부곡은 고려 중기 이후 군현제의 변동으로 수취 체계가 변질되면서 점차 소멸되었다.

26. 팔관의 '관(關)'은 금한다는 뜻으로 살생·도둑질·음행 등 여덟 가지 죄를 금하고 막아서 범하지 않는 것이다. '재(齋)'는 하루 오전 중에 한 끼 먹고 오후에는 먹고 마시지 않으며 마음의 부정을 맑히는 의식, '계(戒)'는 몸으로 짓는 허물과 그릇됨을 금하여 방지한다는 뜻이다.

27. 육재일에 팔계를 지켜서 복덕(福德)을 닦는 전통은 고대 인도에서부터 시작되었다. 불교 이전의 인도 외도(外道)들은 육재일이 악귀가 사람의 생명을 빼앗고 질병을 안겨주는 날이라 하여 당

일 날 목욕재계하고 오후불식(吾後不食)하며 지냈다. 불교에서 이 풍습을 수용하여 출가 수도자와는 달리 죄를 지으며 살아가는 재가 신도들을 위해 육재일만은 하루에 한 끼만 먹도록 했다.

28. 3악도(三惡道)는 지옥·아귀·축생의 세 가지 나쁜 세계를 뜻한다.

29. 8난(八難)은 '배고픔·목마름·추위·더위·물·불·칼·전쟁'의 8가지 고통을 뜻한다.

30. 供佛樂神之會(공불낙신지회)

31. 사중(四仲)이란 자(子)·오(吾)·묘(卯)·유(酉)가 들어있는 해를 말한다.

32. 금강의 유역이 남에서 북으로 역류함을 말함인 듯하다.

33. 안일, 방심하지 말라는 뜻이다.

34. 개태사의 석조삼존불입상은 보물 219호로 지정되어 있다.

35. 정윤(正胤)은 태자(太子)이다.

36. 자황포(柘黃袍)는 산뽕나무 열매처럼 붉은 빛이 은은히 도는 황색 도포로 황제의 의복이다.

37. 혜종은 항상 물로 침상을 깨끗이 닦았고, 큰 물병에 물을 담아 팔을 자주 씻어 용의 아들이라는 별명을 얻었다. 한편 반대파들이 의도적으로 그를 모욕하기 위해 퍼뜨린 주름살 임금이라는 별명도 있었다.

38. 왕요와 왕소의 외가인 충주는 월악산, 남한강을 낀 한반도의 중심에 위치하고 있는데 육상과 수상 교통의 요지이자 유통의 요지였다. 고구려 때는 남진정책의 전초기지인 국원성이 있었으며, 온달 장군이 신라의 팽창 작전을 저지하다 단양에서 전사하기도 했다. 신라의 진흥왕은 이 지역의 중요성을 인지하고 소경을 설치했다. 통일신라 때에는 국원(國原)을 중원(中原)으로 개칭했다.

39. '군주는 일(逸)을 경계하고, 국가를 가진 자는 근면함으로써 흥하고 편안함으로써 망한다. 편안하지 말라. 나날이 정무에 힘쓰라.' 무일편은 중국은 물론 고려 군주들의 제왕 지침서이다. 고려 왕실에서는 태조의 유훈대로 정전이나 편전에 '무일편(無逸編)'이라는 글귀를 걸어두었다.

40. 개국사(開國寺)는 태조 18년 진정한 개국인 후삼국 통일을 기념하고 고려 왕조의 안녕을 기원하는 목적으로 지어졌다. 사방이 산으로 둘러싸여 홍수에 취약한 개경을 불력으로 보호하고자 하는 뜻도 있었다.

41. 발해가 거란에 멸망당한 뒤 말갈족은 여진(女眞)으로 불렸다. 거란은 길림성 동북지방에 살던 여진을 생여진, 서남쪽에 살던 여진을 숙여진이라 했는데, 생여진은 거란의 지배를 받지 않았지만 숙여진은 거란에 복속되었다. 그 후 여진족은 함경도 일대, 압록강 남쪽 평안도 일대까지 내려왔는데, 대체로 흑수말갈 계통이 많았다. 고려에서는 함경도 방면의 여진을 동여진 혹은 동번, 평안도 일대의 여진을 서여진 혹은 서번이라고 불렀다.

42. 고승 탄문의 비문에 의하면 태조는 왕후 유씨가 임신하자 대추열매처럼 붉은 마음에 의지하여 옥과 같이 넉넉하고 빼어난 아기가 태어나기를 바라며 탄문에게 순산을 기원해 달라고 청했다. 이에 탄문이 향을 사르고 경전을 펼쳐 기원했는데, 과연 이마가 해처럼 불룩하고 천자가 될 용안에 자태가 기이한 아이가 태어났다. 그리하여 아이의 이름을 빛, 세상을 두루 비추는 존재라는 뜻의 소(昭)라고 지었다. 같은 뜻으로 광종은 자신의 자(字)를 일화(日華)라고 지었다.

43. 평주는 통일신라 때 북방방어의 요새인 패강진이 있던 곳으로 서북지방의 중심지였다. 고려 초기 박지윤과 유금필 등 막강한 군벌이 이 지역에서 탄생했다. 유금필의 사병은 외손인 효목태자와 효은태자가 계승했고, 박지윤의 사병은 아들 박수문, 박수경 형제가 계승했다. 이들은 왕요, 왕소 형제가 혜종을 몰아낼 때 모두 왕소 편에 가담했다.

44. 오대십국(伍代十國)은 당이 멸망한 907년부터 북송이 건국한 960년까지를 말한다. 당시 중국은 황소의 난으로 중앙정권이 무력화되자 번진의 절도사들이 제각기 독립해 15국으로 나뉘었는데 북송의 사가들은 5개국만을 정통왕조로 인정해 오대(伍代)라고 불렀다. 5대는 화북의 후량, 후당, 후진, 후한, 후주의 5개국. 10국은 양자강 일대와 그 남쪽의 오, 남당, 전촉, 후촉, 형남, 초, 오월, 민, 남한, 북한의 10개국이다.

최고원	왕조	창시자	국도	흥망시기
오대	후량(後梁)	주전충	동도개봉부(대량)	907~923
	후당(後唐)	이존욱	동도(낙양)	923~936
	후진(後晉)	석경당	동경개봉부(대량)	936~946
	후한(後漢)	유지원	동경개봉부(대량)	947~950
	후주(後周)	곽위	동경개봉부(대량)	951~960
십국	전촉(前蜀)	왕건	성도부	907~925
	후촉(後蜀)	맹지상	성도부	934~965
	오(吳)	양행밀	강도부(양주)	902~937
	남당(南唐)	이변	서도강녕부	937~975
	형남(荊南)	고계흥	강릉부	907~963
	오월(五越)	전류	서부(항주)	907~978
	민(ロ)	왕심지	장락부(복주)	909~945
	초(楚)	마은	장사부(담주)	907~951
	남한(南漢)	유암	흥왕부(광주)	909~971
	북한(北漢)	유숭	태원부	951~965

45. 경기도 여주 사찰 고달원의 원종대사 비문과 경기 하남시 교산동의 암석에 새겨진 약사불상에는 경종이 황제로 호칭되고 있다.

46. 이천은 서필의 본관으로 본래 남천현이었는데 태조 왕건이 후백제를 공략할 때 부친 서목이

이섭(利涉), 곧 내를 건너는 데 이롭게 했다 하여 이천(利川)으로 바뀌었다.

47. 노비안검법에 대해 최승로는 기득권자의 입장에서 다음과 같이 비판적인 의견을 내놓았다. '광종에 이르러 비로소 노비를 안험하여 그 옳고 그름을 변별하게 했다. 이에 공신들이 탄식하고 원망했지만 간언하는 자가 없었다. 대목왕후가 절실하게 간언했지만 듣지 않았다. 천예가 뜻을 얻어 존귀한 자를 능멸하고 다투어 허위를 만들어 주인을 모함하는 일이 수도 없이 발생했다.'

48. 원래의 국호는 송(宋)이지만 사가들은 남송(南宋)과 구분하여 북송(北宋)이라 칭했다.

49. 비서실의 권력화는 필연적으로 국왕의 독재를 불러온다. 예를 들어 고려 말 충선왕은 한림원의 후신인 사림원을 통해 독재를 했다. 또 조선의 태종은 승정원 승지를 통해 독재체제를 구축했다.

50. 쌍기는 광종 9년, 11년, 12년 세 차례, 왕융은 17년, 23년, 24년, 25년 4차례 고시관을 역임했다.

51. 원복(元服)이란 성인식에 갖추는 의관을 말한다.

52. 「보현십원가 참회업장가」는 업장, 곧 악업을 참회하는 노래로 광종의 무자비한 숙청을 참회하라는 암시가 담겨있는데, 그 내용은 다음과 같다. '뒤집혀 깨달음 향한 길을 헤매/조장해온 악업은/법계에 남아 나타나네./나쁜 습속에 떨어져 지은 업/맑은 계행을 지니고서/오늘 별안간 깨달은 참회를/모든 곳의 부처는 알아주소서./아아, 중생계에서 나의 참회를 다해/내세에서는 영원히 악업을 버리고자.'

53. 최근 학자들은 신인의 현몽을 광종의 최대후원세력인 황주 황보 씨의 압력으로 해석하고 있다.

54. 왕욱의 자식으로 효덕태자, 성종 왕치, 경장태자가 있었다. 성종 왕치는 할머니 신정왕후 황보씨에 의해 궁중에서 양육되었다. 광종에게 살해당할까 염려하여 보호한 것으로 보인다.

55. 그 무렵 경상도 김해의 지방관이 '어느 날 이상한 중이 바닷가에 보이기에 정체를 묻자 여(如) 자 이름을 쓰고 송악산 기슭에서 포교하다 일본으로 가려 한다고 대답하더니 홀연 사라졌다'는 장계를 보내왔다. 균여가 귀법사 연금 상태에서 빠져나가 일본으로 망명, 혹은 망명 도중 살해 가능성을 보여주고 있다.

56. 성종 때 설치된 6개 주점의 이름은 '성례(成禮)·낙빈(樂賓)·연령(延齡)·영액(靈液)·옥장(玉漿)·희빈(喜賓)'이다.

57. 국자감(國子監)은 예종 대 7제(七制)라 하여 「주역」·「서경」·「시경」·「주례」·「대례」·「춘추」·「무학」 등의 전문 강좌제로 운영되다가 인종 대 국자학·태학·사문학의 유학부와 율학·서학·산학의 기술학부로 학제를 갖추어 일종의 종합대학체제로 만들었다. 한편 국자감의 중앙에는 문

선왕전을 짓고 공자와 안자, 증자, 맹자 등 12위를 봉안했는데 신라의 최치원과 설총의 신위도 함께 봉안했다.

58. 요의 최상층 귀족은 알루트 족과 사르무트 족인데 한자로 각각 야율(耶律) 씨와 소(蘇) 씨로 표기되었다. 왕족은 야율씨족에서 나왔고 소씨는 부마족이었다. 그러므로 1차 침공의 책임자 소손녕이나 2차 침공의 책임자 소배압은 모두 요의 부마들이었다.

59. 시중(侍中)은 고려의 수상으로 종1품 수상직이다. 중서문하성의 최고 관직이며 재상직의 통칭으로 고려 후기에는 도첨의시중이라고도 했다. 성종 때 내사문하성의 설치와 동시에 시작되었고, 문종 때 정원 1인, 종1품 관직으로 정해졌다. 1275년(충렬왕 1) 때 중서문하성이 첨의부로 되면서 첨의중찬으로 바뀐 뒤 몇 차례 명칭이 달라졌다. 1362년 중서문하성이 다시 도첨의부로 개편되자 도첨의 정승으로 고쳐졌고, 이듬해에는 도첨의시중으로 바뀌었다. 1369년(공민왕 18) 도첨의부가 문하부가 되면서 다시 문하시중으로 환원되었고,, 창왕 때 좌시중은 문하시중, 우시중은 수시중으로 명칭을 바꾸었다.

60. 강동 6주는 지리적으로 전략의 요처이자 동아시아 무역의 요지였다. 11세기 이후 고려의 대외무역이 활발해진 이면에는 강동 6주가 있었다. 당시 압록강 일대는 여진, 북송, 거란과 고려의 교역 중심지였다. 북송은 여진으로부터 말, 무기, 모피 등 전략물자를 구입했고, 거란은 식량, 모직, 종이 등 생필품을 조달했으며, 고려는 중개무역으로 이득을 취했다. 이전에는 압록강 일대 서 여진인이 중개를 독점했지만 고려가 압록강 일대를 점령 한 뒤 중개무역권을 독점했다.

61. 연운 16주는 북경 이북에서 요동반도 사이의 만리장성을 중심으로 한 유주, 운주 등 16개주 지역으로 전략의 요충지이다. 본래 후진(後晉)의 영토였으나 요가 936년에 점령했고, 960년 북송 건국 이후에는 두 나라 사이의 치열한 분쟁지역이 되었다.

62. 「동사강목」의 저자 안정복은 이때의 외교적 승리를 이렇게 칭송했다. '일단 싸워 보고 화친을 요구해야 화친이 이루어질 수 있다. 만약 적을 두려워하여 한갓 화친만을 주장한다면, 적은 농락과 능멸을 못할 짓 없이 할 것이다. 이때 만약 대도수의 승첩과 서희의 불굴의 의지가 없었더라면 화친은 필시 이루어지지 않고 적의 무한한 요구를 채워주기 위해 갖은 곤욕을 치렀을 터이니, 후세의 귀감이 될 만하다.'

63. 전연의 맹(澶淵之盟)은 중국의 북송을 공격한 요의 성종과 이를 막기 위해 북상했던 북송의 진종이 전주(澶州)에서 체결한 강화조약이다. 그 조건은 첫째, 북송은 군비로서 요에 매년 비단 20만 필, 은 10만 냥을 보낸다. 둘째, 진종은 성종의 모친을 숙모로 삼고 양국은 형제의 교분을 갖는다. 셋째, 양국의 국경은 현상태로 한다. 양국의 포로 및 월경자는 서로 송환한다. 이 조약 체결 후 요와 북송 사이에는 오래 평화가 유지되었으며, 그때부터 요는 문화적 경제적 약진을 거듭해 동아시아 제1의 강국이 되었다. 전연(澶淵)이란 전주(澶州)의 다른 이름이다.

64. 호경(鎬京)은 중국 고대 주나라의 도읍명이다. 천추태후는 고려의 근원이 서경임을 강조하면서 고구려를 계승하는 황제국임을 부각시키려 했다.

65. '聖主一言應不改/可能終使老漁磯'(성주일언응불개/가능종사노어기)

66. '一條流出白雲峯/萬里滄溟去路通/莫道混湲巖下在/不多時日到龍宮'
(일조유출백운봉/만리창명거로통/막도혼원암부재/부다시일도룡궁)

67. 홍화진은 조선시대에 백마산성으로 불린 천혜의 요새지이다. 이 성의 최대 장점은 풍부한 수원으로 성 안에 우물이 30개가 넘어 장기 농성전에 유리하다는 것이었다. 병자호란 때 이곳을 지킨 임경업은 성의 수비에 필요한 인원을 4,235명으로 산정하기도 했다.

68. 「7대 실록」 편찬 이후 고려는 각 왕대마다 실록을 편찬했다. 처음에는 사관의 수찬관이 직접 편찬하는 당(唐)의 방식을 원용하다가 인종 대에 편찬된 제16대 「예종실록」 이후 실록편수관을 따로 두는 북송의 방식을 채택했다. 고려의 실록은 조선 중기까지 잘 보존되어 「고려사」 편찬에 활용되었지만 임진왜란 때 춘추관이 불타면서 사라졌다.

69. 코르간(骨看)은 동여진족 중에 어업을 하던 부족인데 대규모 선단을 이끌고 울릉도와 대마도, 일기도, 박다만의 지마, 조량, 송포 등지에서 약탈을 일삼았다.

70. 사관 최충(崔冲)은 이렇게 적었다. "현종이 왕위에 오르자 이모 천추태후가 끼친 화근으로 병권을 가진 신하가 반역을 일으키고, 강한 이웃 나라가 틈을 엿보아 경도의 궁궐은 모두 잿더미가 되고 왕이 파천하였으니, 비운이 극도에 달했다. 반정 이후에 거란과 화친을 맺고, 전쟁을 그치고 문덕을 닦으며, 조세를 탕감하고 부역을 줄이며, 준량한 인재를 등용하고 공평한 정사를 베풀어서 내외가 편안하고 농사가 잇달아 풍년이 들었으니, 주의 성왕·강왕과, 한의 문제·경제에 비해도 부끄럽지 않을 것이다."

71. 고려시대 백정(白丁)이란 조선시대 도살업에 종사하던 천인과 달리 일반 백성들의 총칭이었다. 백정층은 자신들의 토지를 경작하는 자영농민들로 조세와 노역을 담당했다. 그 와에 남의 토지를 빌려 경작하는 전호(佃戶) 층이 있었다.

72. '庚戌年中有虜塵/干戈深入漢江濱/當時不用姜公策/擧國皆爲左袵人'
(경술년중유노진/간과심입한강빈/당시불용강공책/거국계위좌임인)

73. 당시 구법당의 대표였던 소철은 신법당 왕안석의 정책을 뒤엎는 과정에서 북송의 대 고려정책까지 비판했다.

74. 고종 때 무신 정권의 실력자인 아들 최이는 흥왕사에 황금 200근으로 13층탑과 화병을 조성해 헌납했다. 그러나 충렬왕 때에 왕비가 금탑을 빼앗아 대궐로 가져왔는데, 장식품들은 공주의

노비들이 훔치고 탑은 공주가 차지했다. 흥왕사 승려들은 간절히 되돌려 주기를 청했지만 응하지 않았는데, 갑자기 왕이 괴질에 걸려 백약이 효험이 없었다. 이에 공주가 금탑을 흥왕사에 돌려주자 왕의 병도 완쾌되었다고 한다.

75. 9경(九經)은「주역」·「상서」·「모시」·「의례」·「주례」·「예기」·「춘추좌씨전」·「춘추공양전」·「춘추곡량전」을 말한다.

76. 3사(三史)는「사기」·「한서」·「후한서」이다.

77. 사학 12도는 최충의 문헌공도, 정배걸의 홍문공도, 노단의 광헌공도, 김상빈의 남산도, 김무체의 서원도, 은정의 문충공도, 김의진의 양신공도, 황영의 정경공도, 유감의 충평공도, 문정의 정헌공도, 시랑 서석의 서시랑도, 설립자 미상의 귀산도 등 12개의 사설학원이다.

78. 부모의 신위를 설치한 곳. 빈소(殯所).

79. 각장(榷場)이란 국가에서 교역을 허가한 다음 상인들에게 전매세를 징수하는 일종의 국경시장이다.

80. '露冷風高秋夜淸/月華明/披香殿裡欲三更/沸歌聲/擾擾人生都似幻/莫貪榮/好將美醁滿金觥/暢懽情' (노냉풍고추야청/월화명/피향전이욕삼경/불가성/요요인생도사환/막탐영/호장미녹만금굉/창환정)

81. '藥効得否何敢慮/浮生有始豈無終/唯應願切修諸善/淨域超昇禮梵雄'
(약효득부하감여/부생유시기무종/유응원절수제선/정역초승예범웅)

82. 교관병수(教觀並修)라고도 한다. 고려 불교의 선종(禪宗)은 태조의 옹호를 받아 그 세력을 떨쳤으나, 현종 이후에는 화엄종·법상종 등의 교종이 융성하면서 선종과 교종이 타 종파를 배척하기에 이르렀다. 그러자 의천은 선종과 교종이 어우러진 수행방법이야말로 진정한 불교 수행방법이라고 역설하며 모든 종파의 단합을 호소했다. 이와 같은 의천의 교관겸수(教觀兼修)는 지눌의 정혜쌍수(定慧雙修)와 함께 우리나라 불교의 뚜렷한 전통이 되었다.

83. 의천은 승려이면서 탁월한 경제이론가의 면모를 보여주었다. 그는 돈의 기능을 전(錢), 천(泉), 포(布), 도(刀)의 네 가지로 비유했다. '돈은 몸은 하나지만 그 뜻은 네 가지입니다. 첫째, 몸은 둥글고 구멍은 네모난데 둥근 것을 하늘, 네모는 땅의 모양으로 만물을 완전히 덮고 끊임없이 도는 것이니 전(錢)이라 합니다. 둘째 돈은 샘처럼 끝없이 흘러 퍼지는 것이니 천(泉)이라 합니다. 셋째 민간의 위아래를 골고루 돌아다녀 막힘이 없으니 이를 포(布)라 합니다. 넷째, 칼처럼 이롭게 쓰는 데에 따라 빈부가 생기고 날마다 써도 둔해지지 않으니 이를 도(刀)라 합니다.'

84. 영가는 훗날 금의 목종으로 추존된다.

85. 흑수(黑水)는 현재 중국의 헤이룽강(黑龍江)이다.

86. 거자(擧子)는 과거를 준비하는 선비를 말한다.

87. 「고려사」 형법지에 나오는 현종의 행사령(行師令)은 다음과 같다. '처음 훈련할 때에 이르지 않는 자는 관직의 높고 낮은 것을 논할 것 없이 척장(脊杖) 15대, 두 차례 이르지 않는 자 및 전진하고 퇴각할 때 대오를 잃는 자 혹은 점쟁이의 거짓말을 믿고 군중을 미혹시킨 자, 잘못하여 병장기를 잃는 자, 대정 이하가 명령을 듣고 전하지 않거나, 이를 전해도 행하지 않는 자, 병졸이 되어 비록 그 상관을 구원하더라도 죽음을 면하지 못하게 한 자, 혹은 몰래 계획을 적군에게 새어 나가게 하고, 혹은 적군이 군중에 들어왔는데도 알면서 알리지 않는 자는 모두 척장 20대, 군사를 출동시키면서 시기에 미치지 못한 자, 도망갈 마음이 있어 혹은 진용에 임하여 싸우지 않거나 혹은 싸움에 당하여 함부로 행동하는 자, 사졸이 그 장수의 절제를 따르지 않는 자, 병장 기계를 적중에 던져 버린 자, 병졸이 되어 그 상관을 구원하지 아니하여 패몰을 초래한 자, 전쟁하는 사람이 위급한 것을 보고도 자기의 부대가 아니라 하여 구원하지 않는 자, 남의 활과 칼을 빼앗고 남의 수급을 다툰 자, 장군과 장교가 전쟁에 임하여 싸우지 않고서 혹은 군중에 도망해 들어가거나 혹은 적에게 항복하자고 말하는 자, 혹은 진을 치고서 능히 적을 막지 못하여 적으로 하여금 충돌하게 한 자는 모두 참하고, 그 적에게 가서 항복한 자는 그 가산을 적몰하고 그 처자를 노복으로 삼고, 적이 스스로 항복했는데도 알리지 않고서 함부로 죽인 자는 참형에 처한다.'

88. 김한충은 경주 김씨로 문과 급제자였지만 기골이 장대한 무골이었다. 재상까지 역임했지만 장모가 문종의 여종이자 첩이었으므로 대간 같은 정치적으로 중요한 자리에는 들어가지 못했다. 당시 그는 65세의 고령이었다.

89. 문관 역시 과거급제자였지만 곧 정변진 부장으로 임명되어 여진족과 싸운 경험이 있어 국경지방의 업무에 정통한 인물이었다. 당시 그의 나이는 66세였다. 여진 정벌 이후 서북면 병마사를 역임했다.

90. 김부필은 「삼국사기」의 저자 김부식의 맏형이다.

91. 척준경은 1104년 임간의 원정 때 공을 세웠지만 장주에서 문제를 일으켜 체포되었다가 윤관의 비호로 풀려난 뒤 그 무렵 병마녹사가 되어 기병부대를 이끌었다. 당시 그의 동생 척준신도 함께 참전했다.

92. 「고려사」 세가 예종 10년의 기사에는 다음과 같이 기록되어 있다. '평주의 승려 김준이 여진으로 도망쳐 아지고촌에 살았는데 그가 금의 시조라고 한다. 혹은 형주의 중 김행지의 아들 극수가 여진의 아지고촌에 들어가 여진 여자와 결혼해 아들 고을태사를 낳았고 고을이 활라태사를 낳았다. 활라에게는 아들이 여럿이었는데 맏아들이 핵리발, 둘째는 영가이다. 영가가 가장 뛰어나 인심을 얻었는데 그가 죽자 핵리발의 맏아들 오아속이 그 뒤를 이었고, 오아속의 사후 아

우 아골타가 금을 세웠다.'

93. 칠재(七齋)는 7개의 교실이란 뜻인데, 「주역(周易)」은 여택재(麗澤齋), 「상서(尙書)」는 대빙재(待聘齋), 「모시(毛詩)」는 경덕재(經德齋), 「주례(周禮)」는 구인재(求仁齋), 「대례(戴禮)」는 복응재(服膺齋), 「춘추(春秋)」는 양정재(養正齋), 무학(武學)은 강예재(講藝齋)에서 가르쳤다.

94. 「고려사」에는 이 부분이 '고려왕에게로' 나와 있다. 사대주의에 빠져있던 조선의 사가들이 상국을 대하는 예에 맞지 않는다 하여 고친 것이다. 이승휴는 「제왕운기」에서 금의 국서 원본대로 황제라고 기록했다.

95. '何處難忘酒/尋眞不遇廻/書窓明返照/玉篆掩殘灰/方丈無人守/仙扉盡日開/園鶯啼老樹/庭鶴睡蒼苔/道味誰同話/先生去不來'(하처난망주/심진불우회/서창명반조/옥전엄잔회/방장무인수/선비진일개/원앵제노수/정학수창태/도미수동화/선생거불래)

96. '何處難忘酒/虛經寶輦廻/朱門追小宴/丹竈落寒灰/鄕飮通霄罷/天門待曉開/杖還蓬島逕/履惹洛城苔/樹下靑童語/人間玉帝來'(하처난망주/허경보연회/주문추소연/단조낙한회/향음통소파/천문대효개/장환봉도경/이야낙성태/수하청동어/인간옥제래)

97. '馬蹄踏雪乾雷動'(마제답설건뇌동)

98. '旗尾翻風烈火飛'(기미번풍열화비)

99. 방랍의 난은 1120년 절강의 청계에서 일어났는데 450일 동안 6주 52현에 걸쳐 15만의 관군과 싸우다가 1122년 4월 진압되었다. 방랍은 칠원의 주인으로 항주에서 궁정의 기물을 제조하는 제조국의 징발이 강제적이고 악랄하자 반란을 일으켰다. 그들은 화석강(꽃과 기석을 운반하는 배의 행렬)의 책임자를 죽이고 관리와 토호를 벌한다는 목적으로 한때 항주를 함락하는 등 기세를 떨치다 동관이 지휘한 관군에게 토벌 당했다.

100. 금 태종 오걸매는 두어연(頭魚宴)에서 꼿꼿이 서있던 형 아골타 대신 춤을 추어 요 천조제를 기쁘게 함으로써 위기를 극복했고, 아골타가 금을 세우고 요를 정벌할 때 경도에 머물며 내치에 전념했다. 당시 금 태조 아골타는 절약을 생활화하면서 차후 황제가 국고를 남용하면 곤장 20대를 맞겠노라고 신하들에게 맹약했다. 금 태종도 즉위 초기 태조의 유훈대로 생활했지만 생활이 너무나 빈곤해 국고에서 자금을 꺼내 썼다. 그 사실을 알게 된 승상과 대신 점한은 조회 때 대신들에게 진상을 공개하고 맹약대로 황제를 끌어내려 곤장 20대를 쳤다. 그런 다음 모두 엎드려 대죄를 청하자 태종은 하는 수 없이 그들을 용서해주었다. 그러나 분한 마음은 어쩔 수 없었던지 죽을 때까지 동굴에서 살면서 두부와 야채만 먹었다고 한다.

101. 「고려사」에 따르면 고려 관리들의 휴가는 매월 초1일, 초8일, 15일, 23일이었다. 그 외에 새해 첫날인 원정(元正) 전후 7일, 대보름날인 상원(上元) 전후 3일, 연등회인 2월 15일 하루, 한식 3

일, 7월 15일인 중원(中元) 전후 3일, 삼복(三伏) 3일, 추석 하루, 11월 15일 팔관회 전후 3일, 농신에게 제사지내는 납향(臘享) 전후 7일, 단오 하루, 하지 전후 3일의 휴가가 주어졌다.

102. 당시 진도에 유배된 이영은 어머니가 관비가 되었다는 소식을 듣자 분통이 터져 술 한 말을 마시고 죽어 버렸다. 이자겸이 술사를 보내 그의 시체를 길가에 묻으니 지나가던 소와 말이 그 땅을 밟지 않았고 학질을 앓는 사람이 빌면 병이 나았다고 한다. 훗날 이자겸이 실각하자 이영의 아들이 무덤을 옮겼는데 시신을 꺼내보니 살아있는 것 같았다고 한다.

103. 십팔자도참설(十八子圖讖說)은 이(李) 씨가 왕이 된다는 예언으로 나라가 어지러울 때마다 유행했다. 훗날 이성계 일파도 이 십팔자도참설을 이용해 역성혁명을 도모했다.

104. 정지상의 시 「서도(西都)」에는 당시 서경의 풍요로움이 잘 묘사되어 있다. '호화로운 거리 봄바람에 가랑비 지나가니/먼지 하나 일지 않고 버들가지 줄줄이 비껴있네./푸른 창 주홍 문에 피리 섞인 노래 가락/목 멘 듯 들려오나니 집집이 기생방일세.'

105. 향도(香徒)란 고려시대에 출현한 신앙결사체로 불상을 만들거나 절을 조성할 때 주도적인 역할을 했다.

106. 대간(臺諫)이란 대관(臺官)과 간관(諫官)을 통칭하는 말이다. 대관은 어사대의 관리로서 백관의 비위, 불법을 규찰, 탄핵하는 일을 맡았으며, 간관은 중서문하성 낭사의 관원으로 정3품 좌우 상시 이하 종6품 좌우 습유 등 7개 직 14인으로 구성되어 있다. 간관들은 군주의 불가한 처사나 과오에 대해 간언하는 간쟁과 부당한 조칙을 돌려보내는 봉박(封駁)을 담당했다. 또 문무관의 임명이나 법의 개폐 등을 심사, 동의하여 서명하는 서경(署經)의 권한을 가지고 있었다. 이들의 직능은 뚜렷이 구분되지 않고 모두 대간으로 불려졌다.

107. '정과정곡(鄭瓜亭曲)'은 고려 시대 유일하게 저자가 밝혀진 가요이다. 정서는 동래현의 남쪽 10리쯤 되는 곳에 정자를 짓고 오이(瓜)를 심고 자신의 호를 과정(瓜亭)이라 했다. 자연을 벗 삼아 세월을 보내면서 왕을 그리는 애틋한 정을 읊은 노래를 불렀는데 이것이 정과정곡이다.

108. 중서문하성(中書門下省)은 고려의 최고위 정치기구이다. 고려는 창업 직후 당의 삼성체제를 도입하여 내사성·문하성·상서성을 설치하였는데, 기능이 비슷한 내사성과 문하성을 통합하여 982년(성종 1년) 내사문하성으로 했다가 1061년(문종 15년) 내사성이 중서성으로 바뀌면서 중서문하성으로 고쳤다.

109. 고려의 내시(內侍)는 거세된 환관이 아니라 문벌귀족 집안의 자제로 과거에 합격한 신진기예들이었다. 왕명을 초안하고 중요 업무를 관장했으며 유교 경전을 강의하는 등 국왕의 정책 결정 과정에 적극적으로 참여했다. 대표적인 인물로 최충의 손자 최사추, 예종의 측근 한안인, 김부식의 아들 김돈중, 안향 등이 있다.

110. '並遊英俊 顏何厚之'(병유영준 안하후지)

111. '布政仁恩洽/三韓致太平'(포정인은흡/삼한치태평)

112. 신왕섭위청명표(新王攝位請命表)란 새 왕이 왕위를 맡아보며 황제에게 임명을 청하는 표문이다.

113. 이의방은 의종 말기 정8품 산원으로 견룡행수 직에 있었다. 그는 전주 출신으로 대장군 이용부의 아들이었는데, 그의 아우 이인은 무신정변 당시 살아남은 문극겸의 사위로 훗날 조선왕조를 세운 이성계의 직계 조상이다.

114. 당시 남쪽의 망이 망소이의 무리를 남적(南賊), 조위총의 무리를 서적(西賊)이라 불렀다.

115. 고려 왕실에서는 천한 신분의 궁인이 국왕을 모시다가 아들을 낳으면 출가시켜 승려가 되게 하고 소군(小君)이라 불렀다. 소군에게는 왕위계승권이 주어지지 않았다.

116. 담선법회(談禪法會)란 선의 이치를 추구하는 모임이다.

117. 습정균혜(習定均慧)란 참선과 교학을 함께 수행한다는 뜻이다.

118. 정혜쌍수(定慧雙修)란 선정·지혜를 함께 닦는 불교의 수행법이다. 정혜는 본디 계·정·혜의 3학으로서 서로 떼어놓을 수 없는데, 후세에 선을 닦는 자가 선정에만 치우치고, 교를 공부하는 자는 혜학에만 치우치는 폐단을 낳았다. 그러므로 지눌은 정혜쌍수를 통해 올바른 깨달음을 얻어야 한다고 주장하고, 그것을 성적등지문(惺寂等持門)이라 했다. 정혜쌍수는 보조국사 이후 우리나라 선종의 중요한 수행법이 되었다.

119. 오등은 공(公)·후(侯)·백(伯)·자(子)·남(男)을 말한다

120. 강화도 양도면에 있는 희종의 석릉(碩陵)은 고종의 홍릉과 함께 남한 지역에 있는 두 개의 고려 왕릉 중 하나이다.

121. 이일역월지제(以日易月之制)는 달을 날로 바꾸어 탈상하는 간소한 장례절차이다. 본래 유교의 장례의식은 3년상(24개월)에는 참최(斬衰)와 재최(齊衰)의 구별이 있고, 기년(朞年)은 1년, 대공(大功)은 9개월, 소공(小功)은 5개월, 시마(緦麻)는 3개월이다. 이 달수를 날수로 바꾸어, 3년은 24일, 기년은 12일, 대공은 9일 등의 복제로 바꾸어 탈상하는 것이다. 이 제도는 고려 왕실에서는 자주 행해졌지만, 유교국가 조선에서는 최고의 불효로 규정되었다. 연산군은 인목대비의 장례를 이일역월제로 간략하게 했다가 비참한 최후를 맞이했다.

122. 쿠릴타이(Quriltai)란 13~14세기 몽고 제국의 족장회의이다. 칸의 선출, 대외원정, 법령 공포 등 국사를 논의할 때 칸이나 황후, 황족의 대표자가 소집했다. 쿠릴타이의 참가는 칸에 대한 복종의 의미도 있어 불참자를 사형에 처하기도 했다. 새로 칸을 선출할 때는 여러 정파가 제각기 쿠릴타이를 개최하여 경합하기도 했다.

123. 툴루이(1190~1232)는 칭기즈칸의 막내아들로 원 세조 쿠빌라이의 아버지이다. 그의 아내 소르칵타니는 네스토리우스 교도로 매우 현명해 툴루이 가문을 빛나게 했다. 그는 용맹스러웠지만 통찰력이 부족했으므로 칭기즈칸은 정치적 능력이 뛰어난 셋째아들 오고타이를 후계자로 정했다. 칭기즈칸 사후 쿠릴타이에서 툴루이는 대칸으로 선출되었지만 아버지의 뜻대로 형 오고타이에게 양위했다. 또 금 정벌 도중 오고타이 칸이 중병에 걸린 뒤 무당이 금 장병들의 원혼 탓이라며 황족을 제물로 바쳐야 한다고 하자 자원하여 독배를 마셨다. 그 후 몽고제국의 운명은 툴루이 가문에 네 아들 몽케, 쿠빌라이, 아리크부케, 훌라구가 좌우했다. 몽케는 4대 칸, 아리크부케는 5대 칸이 되었고, 쿠빌라이는 원 제국을 세웠으며, 훌라구는 바그다드와 다마스쿠스를 일통한 일한국을 세웠다.

124. 차가타이(?~1242)는 칭기즈칸의 차남으로 위구르 지방 서쪽으로 부하라와 사마르칸트에 이르는 옛 카라키타이 제국의 초원과 탈라스 지역을 물려받았다. 그는 형제들과는 달리 정착하지 않고 유목생활을 계속했는데, 몽골령 투르키스탄이라고 부르기도 한다. 그는 차가타이한국을 1227년부터 1242년까지 통치하였으며, 그는 칭기즈칸으로부터 몽고의 생활규범인 예삭의 수호자로 불렸다.

125. 칭기즈칸은 1220년 몽고 중북부에 있는 오르혼 강 상류에 제국의 수도 카라코룸(Kharakhorin)을 건설하고 중국 정복의 기지로 삼았다. 몽골어로 '검은 자갈밭'을 뜻하는데 현재 몽골어 발음으로 '하르호린'이라고 한다. 중국 문헌에는 '객라화림'(喀喇和林), 또는 약칭 '화림'으로 나온다. 프랑스 학자 펠리오는 카라코룸이 칭기즈칸 시대에는 군사기지의 본영 정도였다가. 오고타이 칸에 의해 본격적인 제국의 도읍으로 발전했다. 1235년 봄 오고타이 칸은 '달란 다비스(일흔 고개)'에서 소집한 '쿠릴타이'에서 카라코룸을 제국의 수도로 선포하고 건설공사를 시작해 불과 1년 만에 '만년궁'(萬年宮)을 지었다. 그 후 오고타이 칸은 금을 정복하고 개선한 후 위세를 과시하기 위해 북중국과 이슬람 세계를 정복하고 데려온 장인들을 동원해 화강암 반석 위에 64개의 나무기둥으로 떠받쳐진 직사각형의 궁전을 지었고, 부속된 상공업 지역을 설치했다. 당시 카라코룸에는 수많은 벽돌 건물과 12개의 무속신당 및 2개의 이슬람 사원이 있었다. 1267년 원 세조 쿠빌라이 칸이 아리크부케와의 제위 분쟁에서 승리한 뒤 수도를 현재의 베이징인 대도(大都)로 옮겼다. 1388년, 명 태조 주원장이 이끄는 명군이 북원을 공략하면서 베이얼 호[貝爾湖] 전투에서 7만 명의 몽고인을 사로잡으면서 카라코룸을 파괴했다. 1889년 2명의 러시아의 동양학자가 몽고의 오보칸가이 주 지방에서 카라코룸의 정확한 위치를 알아냈고, 1948~49년 당시의 소련 과학 아카데미 회원들이 유적을 발굴했다.

126. '萬里霜蹄容一蹶/悲鳴不覺換時節/儻敎造父要加鞭/踏躪沙場摧古月'
　　(만리상제용일궐/비명불각환시절/당교조보요가편/답인사장최고월)

127. 다루가치는 원에서 총독·지사 등을 호칭한 직명이다. 한자로는 달로화적(達魯花赤)·달로갈제(達魯恪齊)로 쓰는데「몽고비사」에는 다루가친(宮藜合臣)으로 되어 있다. '진압에 종사하는 사람', '속박하는 사람'의 뜻이다. 다루가치는 몽고가 원으로 국명을 바꾸기 전인 태조·태종 때부터 민정을 관장하는 관청의 책임자에 붙인 관명이었다.「원사」백관지에 의하면 중서성을 비롯한 고급관청에는 다루가치를 두지 않고, 그 예하관청인 국이나 과에 두었으며, 지방의 행정관청은 위로는 제로총관부에서 아래로는 주현에 이르기까지 반드시 다루가치를 두고 통치했다. 또한 제왕·부마·공신들에게 나누어준 이른바 투하주(投下州)에도 반드시 다루가치를 두었다.

128. 주치(?~1227)는 칭기즈칸의 장남으로 큰아들이 가장 먼 땅을 물려받는 몽고 풍습에 따라 유럽에 가까운 투르가이와 우랄스크 지방을 차지했다. 주치는 어머니 보르테가 메르키트 족에게 납치되었을 때 임신했는데, 칭기즈칸 사후 혈통 문제로 사촌들에게 모욕을 당한 그의 아들 바투는 서방 원정 도중 킵차크한국을 건설하고 몽고 본국과의 직접적인 관계는 끊어버렸다.

129. 독로화(禿魯花)는 몽고어로 뚤루게, 곧 인질 시종이다. 한어로는 질자(質子)라고 한다.

130. 그 무렵 쿠빌라이는 중원문화에 관심을 갖고 휘하의 유병충, 요추, 허형 등 성리학자들에게 한족의 통치방법을 배웠고, 1253년에는 성리학자 왕순에게 황태자 친김의 교육을 맡겼다.

131. 헌종 몽케는 토번 정복 후 법왕 파스파를 몽고제국의 국사로 책봉했다. 티베트불교의 승려인 그는 몽고의 국자인 파스파 문자를 만들었다. 그것은 훗날 조선의 한글 창제에도 커다란 영향을 끼쳤다.

132. 에쿠는「조선왕조실록」에서 태조 이성계의 조상인 목조 이안사가 전주에서 산성별감과의 불화로 동북면으로 피신한 뒤 항복했다는 몽케 칸의 숙부 야굴대왕이다.

133. 속장경으로 불리는 초조대장경은 불력을 통해 국난을 타개하고자 했던 고려 백성들의 열망이 담겨있다. 10세기 말엽 북송에서 동양 최초의 거질 대장경인 개보칙판대장경이 판각되었는데, 991년(성종 10) 고려에 들어왔다. 그 후 요의 침공이 거듭되자 고려에서는 1011년(현종 2) 무렵 대장경 판각에 착수해 1087년(선종 4) 571함 6,000권의 초조대장경을 완성했다.

134. 동방3왕가는 칭기즈칸의 동생인 카사르, 카치운, 옷치긴이 세운 세 왕가를 말한다.

135. 몽고제국의 조직표

최고원수	자국	자국원수	도성	관할구역	흥망연대
대칸(大汗)	원 제국	황제	대도(북경)	중국	1271~1381
	토번국	법왕	라사(라싸)	서장, 청해	
	차가타이한국	칸(汗)	알말리크 (신강성 곽성현)	신강성 서부, 중앙아시아 남부	1224~1369
	오고타이한국	칸	에밀 (신강성 액민현)	신강성 북부, 하사크 동부	1224~1369
	킵차크한국	칸	사라이(러시아 볼가 강 하구)	동유럽 평원	1242~1480
	일한국	칸	타브리즈(아제르바이잔)	이란, 이라크, 코카서스	1258~1386

136. 유병충은 원 세조 쿠빌라이의 책사로「원사」에 박학다식하고 다재다능한 인물로 기록되어 있다. 쿠빌라이는「주역」에 정통한 그의 제안에 따라 국호를 대원(大元)이라 하고 연경(베이징)을 수도로 정했다. 또 관복의 제정, 조정의 의식, 봉록의 지급, 관료제도의 확립 등은 모두 유병충의 아이디어였다. 그는 개평에 성곽을 쌓아 상도(上都)라 했고, 연경에 궁궐을 지은 뒤 중도(中都)라 하여 도읍으로 삼게 했다.

137. 원 세조 쿠빌라이는 28년 저항한 고려의 저력을 인정하고 기존의 제도와 풍속을 존중하겠다는 불개토풍(不改土風)의 원칙을 시행했다. 이 원칙은 훗날 세조구제(世祖舊制)라는 명목으로 고려가 원의 내정간섭을 막아내는 지침으로 활용되었다.

138. 대원(大元)이란「주역」의 대재건원(大哉乾元), 곧 '위대하구나, 하늘이여!'에서 따왔다. 몽고족이나 투르크족에게 텡그리(하늘)는 모든 것의 근원이었다.

139. 홍다구는 서경의 낭장으로 있다가 몽고에 항복한 홍복원의 아들이다. 그는 원 세조 쿠빌라이의 신망을 얻어 출세한 뒤 고려 조정을 수시로 궁지에 빠뜨렸다. 그는 삼별초 진압의 선봉에 섰고, 1차 일본정벌에 실패한 뒤 고려의 문하시중 김방경을 고문하고 모함해 물의를 일으켰다. 2차 일본정벌에도 참여했다.

140. 쌍정(雙丁)은 한 호에 부역 해당 노역자 2명이 있는 집안의 장정, 단정(單丁)은 1명만 있는 집안의 장정을 말한다.

141. 홀도로게리미실(忽都魯揭里迷失)의 몽고 이름은 쿠툴룩켈미시로 사후 제국대장공주로 추존되었다. 사료에서는 세 가지 이름이 혼용되는데, 이 책에서는 혼란을 피하기 위해 제국대장공주로 칭한다.

142. 고려의 역법은 점성술이나 천인감응설에 따른 재이현상을 극복하기 위해 사용되었다. 초기에는 신라대부터 내려온 당의 선명력(宣明曆)을 썼지만 오류가 심하자 원의 수시력을 받아들였다. 하지만 고려의 천문관리들은 수시력의 개방술을 이해하지 못해 일식이나 월식의 추산법을 몰랐으므로 선명력의 방법을 계속 사용했다. 공민왕 대에는 명의 대통력(大通曆)을 사용했지만

불편이 가시지 않았다. 이와 같은 역법의 오류는 조선 세종 때 「칠정산외편」으로 해결되었다.

143. 일본은 이때 여원 연합군의 대군으로부터 본토를 지켜준 폭풍을 신풍(神風), 곧 가미카제라고 불렀다. 훗날 태평양 전쟁 말기 자살특공대의 이름으로 쓰이기도 했다.

144. 구의례(摳衣禮)란 옷의 뒷자락을 걷어 올리고 절하는 예식을 말한다.

145. 성리학은 남송, 명대에 발달한 유학의 한 갈래로 정호, 정이 형제와 주돈이 등이 널리 펼친 학설을 남송의 주희가 집대성했다. 정주학, 또는 주자학이라고 한다. 이(理)와 기(氣)의 개념으로 우주의 생성과 구조, 인간심성의 구조, 사회에서의 인간의 자세 등을 깊이 사색하여 형이상학적, 내성적, 실천철학적인 분야에서 새로운 유학사상을 수립했다.

146. '梨花月白三更天/啼血聲聲怨杜鵑/儘覺多情原是病/不關人事不成眠'
(이화월백삼경천/제혈성성원두견/진각다정원시병/불관인사불성면)

147. 내전(內傳)이란 왕의 사적인 명령을 말한다.

148. 홍복원은 양광도 당성(남양)에서 서북면 인주로 이주한 뒤 고려를 배신하고 몽고의 침략을 도운 매국노였다. 당시 홍복원은 원에서 승승장구하여 아들 홍다구, 손자 홍중희까지 고려군민 총관으로 요양행성의 고위직을 유지했다.

149. 영녕공 왕준은 고려의 종실로 홍복원 가문이 요양에서 심양까지 힘을 뻗치자 그들을 견제하기 위해 심양을 관할했다. 그 무렵 충선왕이 심양왕에 책봉되고 고려국왕에 복귀하자 홍씨 일문은 입성책동을 펼쳐 고려 왕실을 붕괴시키려 했다.

150. 이때부터 고려 왕실과 통혼할 수 있는 대상으로 15개 귀족가문이 선정되었다.

151. 고려에서는 재혼한 여자가 데려온 전 남편의 자식을 의자(義子)라고 불렀다.

152. 순군부(巡軍部)는 고려 초기 도둑을 잡거나 반란을 평정하는 임무를 맡았다. 충렬왕 때 야별초 대신에 몽고의 제도를 모방한 순마소를 설치하여 개경의 야간 경비를 담당하게 했다. 그 후 순군부는 왕실 내의 정치적 갈등, 정권 쟁탈, 반대당의 제거에도 이용되었다. 특히 1156년(공민왕 5년) 이래 반원 개혁 정책의 추진 역할을 담당했다. 조선 초에는 의금부로 이름이 바뀌어 형옥을 다스리고, 재판 기관의 역할을 하는 등 직능이 강화되었다.

153. 다루마바라(答剌麻八剌)는 황태자 친김의 차남으로 무종에 의해 순종(順宗)으로 추숭되었다. 시호는 연효황제(衍孝皇帝) 휘는 패아지근답랄마팔랄(孛兒只斤答剌麻八剌)(다르마바라)이었다.

고려사

154. 고려 후기 농장의 팽창으로 인하여 국고의 조세수입이 격감한 결과 관료들에 대한 녹봉의 지출이 어렵게 되자 재정난을 타개하고 관인들의 생계를 보장해 주기 위하여 13세기 중엽 녹과전(祿科田)이 설치되었다. 또 녹과전과 병행하여 구분전이라는 새로운 형태의 분급지가 설정되기도 했다.

155. 사패(賜牌)는 토지, 노비의 합법적인 소유를 인정하는 국가 발행의 공문서였지만, 부당하게 사패를 받는 경우가 많았고, 심지어 사패를 받지 않고도 받은 것처럼 하여 토지를 겸병하는 사례도 많았다.

156. 「북전」의 가사는 다음과 같다. '온몸이 녹도록 사랑해주시면/어디든지 따라갈래요./까닭에 벗님인 까닭에/가시덤불처럼 얽혀져 놀래요.'

157. '아야마고지나종금거하시래(阿也麻古之那從今去何時來)'

158. 도평의사사(都評議使司)는 1279년(충렬왕 5년) 도병마사를 개칭한 것이다. 국가의 중대사가 생기면 3품 이상의 소속 관원이 한 자리에 모여 만장일치제로 처리했다. 원 간섭기에는 첨의부·밀직사 등의 고관도 참석했는데 국사를 합의·시행하는 최고정부기관이었다. 하급 관리로는 이·예·호·병·형·공의 6방 녹사와 지인 20명 등이었다. 공양왕 때에는 소속관청으로 경력사(經歷司)가 설치되었다.

159. 공민왕은 고려의 대표적 화가로 글씨에도 능했는데 특히 대자(大字)에 뛰어났다. 주요 작품으로 「천산대렵도」, 「노국대장공주진」, 「석가출산상」, 「아방궁도」, 「현릉산수도」 등이 전한다.

160. 이때의 공으로 공민왕은 훗날 복주를 안동대도호부로 승격시켰다.

161. 동강은 임진강, 서강 예성강으로 개경을 사이에 두고 흐르는 두 강이다.

162. 내재추 제도는 도평의사사의 권한을 제한하기 위해 궁중에 재신과 추밀의 일부를 두어 주요 정무를 처리하는 제도이다.

163. 수정이순논도섭리보세공신(守正履順論道燮理保世功臣)이란 바름을 지키고 도리를 따르며 도를 논하고 이치를 조화롭게 하여 세상을 보호하는 공신이란 뜻이다.

164. 고려의 과거제도에는 지공거를 좌주(座主)로 삼고, 그 해 지공거에 의해서 선발된 합격자를 문생(門生)이라 하는 좌주문생제가 있었다. 좌주와 문생은 긴밀한 유대감을 바탕으로 문벌을 형성했다. 이를테면 김득배와 정몽주, 이인복과 정도전 등이 좌주문생의 관계였다. 폐단을 초래했으므로 국왕들은 종종 친시(親試)를 시행하여 스스로 좌주를 자청했지만 제도화되지는 못했

다. 그러다 공민왕 대에 과거삼층법이 시행됨으로써 전시를 통해 왕이 최종 합격자를 결정할 수 있게 되었다. 1388년에는 과거의 시관을 2명에서 8명으로 늘린 것도 좌주의 권한을 분산시키려는 뜻이었다.

165. 서사호는 도성 남대문인 회빈문 밖 근처에 비석을 세웠는데, '명의 황제가 신하를 칭한 고려 임금을 고려 국왕에 책봉했으니 고려국의 산천은 명의 영토에 귀속된다'라는 글을 새겨 넣었다. 그와 같은 조치는 고려인들의 민족정신을 자극했고, 우왕 대에 이르러 그 비석은 조정의 결정으로 깨뜨려버렸다.

166. 고려시대에 지금의 충청도 지역에 둔 행정구역. 1314년(충숙왕 원년)에 제정했다가 1356년(공민왕 5)에 충청도로 고쳤다

167. 「고려사」에는 정천익이 문익점의 외삼촌으로 기록되어 있다.

168. 우왕(禑王)의 왕호가 이름인 우(禑)에 임금을 뜻하는 왕(王)을 붙인 것은 이성계 일파가 우왕을 폐위하면서 그를 신돈의 아들이라며 폐가입진(廢假立眞), 곧 '가짜를 내쫓고 진짜를 세운다'란 명분을 내세웠기 때문이다. 훗날 우왕의 귀양지가 경기도 여흥이었으므로 여흥왕(驪興王)으로 불리기도 했다.

169. 개태사는 태조 왕건이 후삼국 통일 기념으로 세운 사찰로 태조의 어진이 봉안되어 있다. 때문에 홍건적의 침입으로 개성을 떠나 남천했던 공민왕도 개태사에서 환도날짜를 점쳤을 정도로 중요한 성역이었다.

170. 일본의 중세무사들은 전투에 앞서 산악지역에 임시로 진영을 설치했는데 전망이 뛰어나고 지휘에 편리하며 수비에 용이했다.

171. 배검의 보고에 의하면, 왜구들은 전투에 앞서 두세 살 정도 되는 여아를 납치한 뒤 머리털을 깎고 배를 가른 후 물에 깨끗이 씻어서 쌀, 술과 함께 제단에 올려놓고 제사를 지냈다. 제사가 끝나면 쌀을 두 손으로 움켜쥐어 나누어 먹고 술을 석 잔씩 마신 다음 여자아이의 시체를 불에 태웠다.

172. 일본학자들은 황산전투 당시 참전한 왜구들은 고려의 제주도민 내지 화척, 재인 등이 기존 왜구들과 연합했거나 왜구를 가장한 것이라고 주장하고, 소년 장수 아지발도 역시 제주도 출신이라고 주장하고 있다. 하지만 당시 왜구의 복장이나 무기, 대장의 뛰어난 무예, 병법의 교묘한 운용, 적지에서 자연지형을 활용한 포진, 죽음을 두려워하지 않는 장병, 중장기갑병의 존재, 산악전의 운용, 엄격한 진중의례, 조직화된 군대의 특징 등 여러 가지 측면에서 일본 남북조 시대의 전문적인 무장집단이라는 것이 최근의 정설이다.

173. 철령의 소재에 대해서는 학자들 사이에 의견이 구구하다. 현재의 철령은 함경남도 안변군과 강원도 회양군 사이의 고개이다. 철령은 1258년 원에 복속되었다가 1356년(공민왕 5)에 수복된 지역이다.

174. 「42행 성경」은 1456년 구텐베르크가 금속활자로 찍어낸 42행으로 된 성경책이다. 이를 계기로 인쇄술이 전 유럽에 보급되었고, 종교개혁을 촉진하는 계기가 되었다.

175. 宣光七年丁巳七月日淸州牧外興德寺鑄字印施(선광칠년정사칠월일청주목외흥덕사주자인시)

176. 「동국이상국집」은 문신 이규보가 남긴 시문집으로 고구려의 시조 동명왕에 대한 신화를 기록한 동명왕편이 수록되어 있다. 5언 282구로 구성된 동명왕편은 우리 민족의 영웅서사시로 높이 평가된다.

177. 정도전 가문의 비하는 두문동 72현의 한 사람인 차원부의 일대기가 기록되어 있는 「차문절공유사」에서 비롯되었다. 정도전의 외조부인 우연은 원래 중랑장 차공윤의 딸을 아내로 맞이했고 그 뒤에 정도전의 외할머니를 첩으로 거느렸다. 차원부는 조선 개국에 반대했으므로 그 주모자인 정도전의 외가에 관한 흠결을 기록으로 남겨 그를 깎아내린 것이다. 「조선왕조실록」에는 다음과 같이 기록되어 있다.

 '세족 우현보의 일족에 김전이 있었다. 그는 일찍이 중이 되어 자신의 종인 수이의 아내와 몰래 정을 통해 딸 하나를 낳았다. 뒤에 김전은 환속한 다음 수이를 내쫓고 그의 아내를 빼앗아 자신의 처로 삼았다. 그는 딸을 벼슬하지 않은 선비 우연에게 시집보내고 노비와 땅을 주었다. 우연은 딸을 하나 낳아 정운경에게 시집보냈다. 훗날 정운경은 벼슬이 형부상서에 올랐다. 정운경은 아들 셋을 두었는데, 정도전이 맏아들이다.'

178. 박위(朴葳)는 고려 말 조선 초의 무장으로 우왕 때 김해 부사가 되었고 요동 정벌 때 이성계를 따라 위화도에서 회군하여 최영을 축출하는 데 공을 세웠다. 1389년 2월, 경상도 도순문사로서 전함 100척을 거느리고 대마도를 정벌했고, 이성계와 함께 창왕을 폐하고 공양왕을 추대하는 데 앞장섰다. 그는 김종연의 옥사에 관련되어 유배당했으나 곧 사면되었고, 조선 건국초기 양광도 절도사로 왜구를 물리쳤다. 그 후 이흥무의 옥사로 파직되었고, 1398년 일어난 제1차 왕자의 난으로 목숨을 잃었다.

179. 공양왕은 훗날 폐위된 뒤 강원도 삼척에 유배되었다가 원주를 거쳐 간성으로 옮겨졌다. 이로 인해 간성왕(杆城王)이라는 시호가 붙여졌다.

180. 종계변무(宗系辨誣)는 1394년(태조 3)부터 선조 때까지 200여 년 동안 윤이와 이초의 고변으로 명의 「태조실록」과 「대명회전」에 잘못 기록된 조선 왕가의 세계를 시정해 달라고 주청했던 사건이다.

181. 신채호는 "조선의 건국은 한민족이 암흑에 들어간 것이며, 김부식 이래 성장해 온 노예성의 완성을 뜻한다. 조선의 사대주의 때문이다"라고 비판했다.

182. 야사에 따르면 그 무렵 이방원은 잔치를 베풀어 정몽주를 초청한 다음 '하여가(何如歌)'를 지어 내심을 떠보았다고 한다. '이런들 어떠하며, 저런들 어떠하리./성황당 뒷담이 무너진들 또 어떠리./우리도 이와 같이 하여 안 죽으면 또 어떠리.' 이에 정몽주는 다음과 같은 '단심가(丹心歌)'로 응수했다. '이 몸이 죽고 죽어 일백 번 고쳐 죽어/백골이 진토 되어 넋이라도 있고 없고/임 향한 일편단심이야 가실 줄이 있으랴.'

183. 「사기」에는 "공자의 제자는 3000명에 달했는데, 육예(六藝)에 통달한 자만 해도 72명에 이르렀다"고 기록되어 있다.

찾아보기

가

각촉부시회 173
강감찬 133, 138~140, 145~147, 150
강동 6주 107, 109, 155, 129, 133~134, 137~138, 140, 142, 146, 150
강조 97, 121~124, 127~128, 130~131, 135, 145, 147
개정전시과 118, 163
거신 166
견훤 33~35, 38, 40~48, 77, 98
경대승 258~264, 272
경정전시과 163
계국대장공주 351~353, 355, 367, 370~371, 373, 376, 384
계수관시 151
고교법 162
고려도경 212, 233, 235~236
공음전시법 162
공해전 105
과거제도 151, 170, 178~179, 181, 375
관촉사 123~124
광군 74~75
광군사 75
광평성 39, 50, 72, 84~85, 91
교위방 144
교정도감 279~281, 283, 286
교종 80, 87, 117, 184, 187~188, 276, 423

9성 201, 203~206, 214, 228
구진 72
국자감 106, 151, 162, 165, 173, 179, 184, 196, 434, 448
국자감시 323~324, 151
군부사 341, 410, 497
궁예 33~40, 44, 47, 58, 64, 71, 82
권문세족 377~379, 392~393, 489~490
권수정혜결사문 276
귀법사 87~90, 173, 239, 244, 246, 255
귀주대첩 138~140, 145
균여 80, 87~91
기와르기스 353~354, 358, 388
기인 제도 57~58
기철 401~406, 414~416, 424~425, 428~429, 453, 464
김보당 248, 254~255, 263, 272
김부식 174, 207~208, 215, 219, 223, 227, 229, 230~231, 233~237, 247, 361, 377
김사미 264~265
김숙흥 146
김심언 103, 112~113, 128
김인존 205, 213~215, 222
김인준 313, 318~319
김저 494~495, 499
김치양 97, 119~122, 126~127

나

나하추 438~439, 454~455, 458, 468~471, 477

남송 217, 227, 229~231, 238, 279, 288, 300, 308~311, 315, 322, 325~329, 334, 338, 339, 344~345, 347, 350, 375, 418, 427, 451, 506

낭장방 144

내봉성 39

내의성 39, 84, 91

노비안검법 82~83, 92, 104

노비종모법 155

노비환천법 104

녹과전 377, 392, 410

농장 168, 333, 369, 377, 392~393, 407, 476

다

다루가치 301, 305, 307, 309, 317, 327, 333~335, 378, 463~464

답험손실법 162

대각노 271

대마도 185, 339, 491~492

덕령공주 395, 398, 403~404, 409~412, 415~417

도방 260, 262, 272, 302, 330

도선 24, 28~30, 61, 64~65, 241

도평의사사 377, 409, 455, 469~470, 503

독로화 312, 362, 381

동서대비원 156

동정직 164, 180

두문동 72현 507

마

만권당 374, 413

만적 272~273

망소이 258~259, 263, 265

망이 258~259, 265

명경업 83

몽케 310~311, 314~317, 325~326

묘청 65, 217, 227, 229~231, 234~235, 237, 245, 423

문공미 208, 218, 221, 226

문극겸 243, 248, 253, 256, 258, 260, 463

문익점 441, 443, 465~466, 507

문헌공도 170, 172~173

물장성 84

바

바얀 345, 350, 364, 388~389, 396, 398~399, 405

박수경 69, 74~75, 78~80, 88, 473

박술희 52, 60, 66~69, 72

박양유 108

박영규 47, 72, 77, 98

박위 479, 491~492, 494, 496, 499

백련교 418, 436

백응구 383~384

법상종 80, 87, 187

법안종 87

법왕사 59, 87, 122, 183, 242

벽란도 166~168, 502

별무반 195, 197~199

병부 39, 105, 231, 248, 275, 410, 422

병산 전투 43~44

보문각 173, 208, 219

보육 24~27, 30

보천 84

보현십원가 89~90

보현원 246~247, 249

복국장공주 381~383, 390

복수법 94, 120

봉미법 162

봉사10조 267~268

봉은사 60, 80, 87, 242, 246

북송 84, 86, 88, 90~94, 102~103, 106~110, 114~117, 129, 136, 138, 150, 153, 159, 163~167, 171, 174~175, 183~184, 187~188, 191, 194, 197, 208, 210, 212,

214~215, 219~220, 223~224, 227~228, 231, 235~236, 238, 432
불라국 136
불일사 80, 87, 361
빈공과 106

사

사르타이 301, 303, 305~308, 315
사서제 448
사심관 제도 56~57
사학12도 170, 173
삼별초 317~318, 330, 332~334, 339, 344, 362, 377
3성 6부 104, 341
삼원신수법 162
서긍 212, 233~236
서방 302
서적포 196
서하 165, 223, 287, 300
서희 86, 91, 108~110, 114~115, 142, 185
선상기인법 162
성균관 179, 362, 422, 449, 285~486, 505~506
성리학 180, 362, 375, 381, 419, 492
소동파 110
소배압 138~140, 146
소손녕 108~111, 114~115, 138
소수서원 363
속장경 184, 188
송광사 277, 313, 323
송악 30, 33~38, 41, 47, 74, 87, 98
수서원 107
수시력 346
수질구궁노 155, 169
순군부 35, 39, 84, 385, 440
숭유억불정책 106
승보시 179
시무28조 103~104
시정전시과 95, 118

시중 26, 39, 72, 75, 81, 85, 94, 108, 114, 117, 119, 156, 161, 175, 240~241, 257, 341, 383, 388, 405, 438, 443, 445, 447, 452, 456, 462, 481
신돈 28, 57, 65, 390~391, 443~450, 452~457, 461~466, 477, 481, 488, 494
신명순성왕후 53, 67, 71~73, 80
신편제종교장총록 184, 188
10도 104~105, 136
12목 104~106, 143
쌍기 81~86

아

아골타 159, 206~207, 209, 220~221, 309
아리크부케 325~329, 350
아자개 32, 38
안무사 136, 138, 142, 330, 339, 476~477, 487
안찰사 136, 243, 262~263, 267, 303, 315, 341
안향 342, 355, 361~363, 375
야별초 302, 307, 310, 313, 319, 330~331
야율아보기 39~40
야율융서 129
야율초재 288, 300
양계 128, 143, 145, 185, 243, 256, 267
양광도 56, 373, 405, 411, 417, 430, 434, 465, 471, 479, 491
양규 130~131, 133, 134~135, 146
양전보수법 162
양천제 448
양현고 173, 209
역분전 50, 95
연등회 59~63, 80, 104, 106, 108, 121, 127~128, 141, 171, 244
연운 16주 23, 51, 109, 114, 159, 217, 219
영통사 87, 156, 187, 242
예부시 151
오고타이 288, 300~301, 307~312, 324,

327~329, 344, 350~351
5도 57, 128, 143, 243, 267, 315, 452, 478
오연총 201~206
오조치적평 103
왕건 23~24, 26, 29~31, 34~41, 44~46, 48~49, 53, 57, 64~65, 71, 98, 120, 199, 353, 504
왕선 94
왕소 53, 67~69, 71~72, 74~76
왕순 98, 120~122, 126~127
왕승 96
왕식렴 39, 68~69, 71~76, 78
왕요 53, 67~69, 71~73, 77, 495~496, 498
왕융 24, 33~34, 81, 86, 110
왕혜 376, 406, 412, 441, 443, 465
왕희 190~194, 316
원구단 49, 106, 453
원봉성 39, 86
위화도 회군 419, 462, 477, 480, 482, 486, 488, 491~493, 501
유권열 71~72
유금필 44~47, 89, 98
유수관 143, 309
6위 144, 168, 194, 207, 268
육정육사 103, 112~113, 172
윤관 174, 194~196, 198, 201~206, 213~214, 225, 233~234, 377
윤언이 234
윤이 486, 498~499, 501
은병 195, 281, 300, 305
음서 83, 164, 180~181, 265
응방 342, 369, 377, 398, 400
의천 73, 183~184, 187~190, 195, 199, 234
2군 144, 194
이고 246~248, 253~254
이규보 280, 299, 323~324, 484
이문소 359, 411
이방원 480, 486~487, 493, 500, 502~503, 506
이색 322, 362, 375, 414, 422, 447, 449, 456,

466, 485~486, 488~490, 492~494, 498~501, 503, 506~507
이의민 248, 255, 259~260, 263~266, 274
이의방 246~247, 253~257, 271, 286, 463
이자겸 148, 175, 199, 206, 211, 215, 217~219, 221~223, 225~227, 232~234, 236~237, 392
이자연 161, 172, 174~175, 186, 222, 234, 377
이자의 186~187, 191~194
이자춘 429, 434, 439, 463~465
이제현 30~31, 177, 359, 364, 374~375, 409~410, 413~416, 421~422, 446, 462
이조년 355, 363~365, 431
이존오 362, 375, 447, 455, 485
이지백 108
이초 486, 498~499, 501
일리천 전투 48, 67, 86
일연 360~361
임연 318~319, 330~332
입속보관법 412

자

자사육조 112~113
작제건 26~28, 30~31
장군방 144
장위부 84
장유 86
장자상속법 156
재면법 162
저고여 291, 299~301, 303, 305, 308
전리사 341, 389, 409, 422, 445, 497
전민변정도감 353~354, 393, 422, 448, 477
전시과 49~50, 84, 95~96, 118, 163, 392, 411
전연의 맹 110, 129
정강의 변 217, 224
정도전 362, 375, 449, 468, 485~487, 489, 492~494, 496, 498~502, 504, 506

찾아보기

533

정동행성 346, 353~355, 358~359, 394~395, 398, 400, 402~403, 411, 414~415, 423~424, 429, 441
정득후 494
정몽주 362, 375, 438, 449, 468, 470, 472, 477, 485~486, 489, 493~494, 496, 499~503, 505~507
정방 301, 409~410, 422, 429, 447
정수 89~90
정중부 247~248, 252~254, 257~260, 263, 272
정치도감 393, 410~412, 416
정함 238~242, 249~251
정혜쌍수 277
제국대장공주 337~338, 340, 342~343, 350~351, 354, 356~357, 362, 366~368, 376, 379
제술업 83
조광윤 23, 84
조민수 462, 479~481, 488~489, 499
조위총 256~259, 263, 266
조일신 414, 421, 424~425, 440, 461
조적 363~364, 385, 396~398, 413
조준 466, 481, 486~487, 489~490, 493~494, 496~500, 502~506
종계변무 499
좌주문생제 446
주원장 406, 419, 425~428, 432, 435, 442, 451~454, 479, 493
주진군 144~145
주현군 144
주현제 105
중방 144, 254, 260~261, 281~282, 446
중폐비사 54
지공거 179, 324, 362
지녹연 222~223, 238
지눌 275~277, 360
지채문 131~133, 135, 145, 147~148, 223
직지심체요절 483~484
진교의 변 23, 84

진포구 전투 472, 491

차

참회업장가 89~90
척준경 148, 198, 202~204, 207, 215, 222~227
천리장성 150, 154~155, 209
천추태후 116~123, 126~127
천태종 87~88, 171, 184, 187~189
철령 248, 256, 317, 349, 442, 477~478, 492~493
철리국 136
청새진 96, 294
청연각 173, 208
청자 212~213
최량 86, 108, 114
최무선 472~473, 491
최섬 83, 86, 112
최승로 59, 63, 73, 81, 86, 103~104, 112
최언위 67
최영 65, 406, 427, 433~434, 436, 440, 442, 444~446, 456~457, 459~461, 467, 470~472, 475~482, 491, 493~494
최의 318~320
최이 280, 282~283, 298~303, 305~307, 309, 313~314, 360, 409, 422, 484
최제안 63, 153~154, 156, 161, 173
최지몽 64, 72, 86, 96
최충 118, 135, 153~154, 161, 170, 172~175
최충수 265~266, 268, 270~271
최충헌 217, 265~275, 278~283, 285, 292, 295~296, 298~299, 314, 324, 392
최항 63, 120~122, 127~128, 154, 313, 315, 317~318
최행귀 86, 90
칠재 206, 208
칭기즈칸 287~291, 293, 297~300, 310, 312, 326, 337

카

카다안 348~350, 368
카라코룸 290, 308, 312, 326~328, 350, 387, 406, 454, 458
쿠릴타이 287, 289, 300, 310, 312, 326~327, 350
쿠빌라이 291, 315, 325~329, 331~332, 334~335, 337~339, 342~351, 356, 358, 367, 371, 373, 376, 378, 391, 404

65, 74, 86, 94, 123
훈요십조 52, 60, 63, 73, 227, 353
흥왕사 170, 175, 187~188, 192, 233, 242, 244, 247, 268, 295, 305, 429, 438~441
흥요국 141
흥화진 115, 130~131, 133~135, 137~139, 145~146, 154

찾아보기

타

탄문 90~91
탐라국 117, 153, 164
태봉 35~37, 39, 50, 53, 58
통주성 130~131, 133, 137

파

팔관회 58~63, 80, 104, 106, 108, 128, 141, 153, 171, 183, 209, 324, 357, 372, 446, 494
팔만대장경 184, 311, 321~323
편년강목 24, 31, 381, 410
포선만노 293, 297, 300, 308

하

하공진 81, 84, 86, 106, 154, 221, 233, 341, 369, 385, 398
한림원 121, 129, 133~136, 146~148
한산동 418, 427
한안인 211, 221~222
해동통보 195
향교 106, 422
혜거 90~91
홍건적 417, 419, 425~426, 432~438, 441, 451, 465
홍산 전투 471~472, 491
화엄종 80, 87, 187~188, 276
황산전투 473, 475, 491
황주량 31, 118, 135, 151, 153~154
효심 264~265
후백제 23, 33~35, 38, 40~48, 53, 56, 61, 63,

참고문헌

「고려도경」
「고려사」
「고려사절요」
「금사」
「동사강목」
「명사」
「삼국사기」
「삼국유사」
「송사」
「신증동국여지승람」
「요사」
「원사」
「조선왕조실록」

「개경의 생활사」 한국역사연구회, 휴머니스트, 2007.
「건국의 정치」 김영수, 이학사, 2006.
「고려 500년 의문과 진실」 김창현·김철웅·이정란, 김영사, 2001.
「고려 귀족사회와 노비」 홍승기, 일조각, 1983.
「고려 대몽항쟁사 연구」 윤용혁, 일지사, 1991.
「고려 사회사 연구」 허흥식, 아세아문화사, 1981.
「고려 정치제도사 연구」 변태섭, 일조각, 1971.
「고려 중기 서경세력의 정치적 성향」 강옥섭, 백산학보 36, 1987.
「고려 중기 정치세력 연구」 남인국, 신서원, 1999.
「고려 충선왕의 원 무종 옹립」 고병익, 「역사학보」17·18 합집.
「고려사회사연구」 홍승기, 일조각, 2001.
「고려시대 봉작제 연구」 김기덕, 청년사, 1998.

「고려시대 음서제와 과거제 연구」 박용운, 일지사, 1990.

「고려시대사」 상·하, 박용운, 일지사, 1987.

「고려시대의 연구」 이병도, 아세아문화사, 1980.

「고려의 무인정권」 김당택, 국학자료원, 1999.

「고려의 여성과 문화」 김창현, 신서원, 2007.

「고려의 지방사회」 박종기, 푸른역사, 2002.

「고려의 황도 개경」 한국역사연구회, 창작과비평사, 2002.

「광종의 개혁과 귀법사」「고려광종연구」 김용선, 일조각, 1981.

「광종의 제국」 김창현, 푸른역사, 2003.

「교양한국사」 이덕일, 휴머니스트, 2003.

「단재 신채호 전집」 단재신채호선생기념사업회, 형설출판사, 1972.

「대장경의 조판」 한국사-16, 천혜봉, 국사편찬위원회, 1994.

「맨얼굴의 중국사」1-5, 백양/김영수 역, 창해, 2005.

「몽고의 침입에 대한 항전」 윤용혁, 「한국사」7, 국사편찬위원회, 1973.

「박물관 속의 한국사」 최형철, 휴머니스트, 2007.

「북역 고려사」1-11책, 신서원, 고전연구실 편찬, 1992.

「새로 쓴 5백년 고려사」 박종기, 푸른역사, 2008.

「신돈과 그의 시대」 김창현, 푸른역사, 2006.

「신흥사대부의 대두」 김윤곤, 「한국사」8, 국사편찬위원회, 1974.

「역동적 고려사」 이윤섭, 필맥, 2004.

「역사스페셜-2 가야인도 성형수술을 했다」 효형출판, 2003.

「역사스페셜-5 미스터리 인물들의 숨겨진 이야기」 효형출판, 2003.

「원 간섭하의 고려정치사」 김당택, 일조각, 1998.

「유라시아 유목제국사」 르네 그루쎄, 사계절, 1998.

「이야기 고려왕조실록」 이은식, 청목산, 2008.

「이중텐, 제국을 말하다」 이중텐/심규호 역, 에버리치홀딩스, 2008.

「인물로 보는 고려사」 송은명, 시아출판사, 2003.

「잊혀진 전쟁 왜구」 이영, 에피스테메, 2007.

「전쟁과 역사」2. 임용한, 혜안, 2004.

「정도전의 생애」 한영우, 「정도전 사상의 연구」 서울대출판부, 1973.

「제국의 슬픔」 이중텐/강경이 역, 에버리치홀딩스, 2007.

「조선왕조실록-영광과 좌절의 오백년」 이상각, 들녘, 2009.

「중국역사」 상·하, 이근명 편역, 신서원, 1993.

「중국의 역사」 진순신, 한길사, 1995.

「중국정사 조선전」1~3, 국사편찬위원회, 2004.

「천추태후 역사 그대로」 김창현, 푸른역사, 2009.

「태조대왕과 친인척」 지두환, 역사문화, 1999.

「한 권으로 읽는 고려왕조실록」 박영규, 들녘, 2000.

「한국사 연표」 이만열, 역민사, 1996.

「한국사 오디세이」 김정환, 바다, 2003.
「한국사 이야기」 이이화, 한길사, 2000.
「한국사 통론」 변태섭, 삼영사, 2000.
「한국사」13, 고려 전기의 정치구조, 국사편찬위원회, 1993.
「한국사」14, 고려 전기의 경제구조, 국사편찬위원회, 1993.
「한국사」15, 고려 전기의 사회와 대외관계, 국사편찬위원회, 1995.
「한국사」16, 고려 전기의 종교와 사상, 국사편찬위원회, 1994.
「한국사」17, 고려 전기의 교육과 문화, 국사편찬위원회, 1994.
「한국사」18, 고려 무신 정권, 국사편찬위원회, 1993.
「한국사」4, 고려 귀족사회의 성립, 국사편찬위원회, 1981.
「한국사」7, 원과의 관계의 변천, 국사편찬위원회, 1973.
「한국사」8, 고려 후기의 권문세족, 국사편찬위원회, 1974.
「한중관계사」1·2, 김한규, 아르케, 1999.
「황하에서 천산까지」 김호동, 사계절, 1999.